山东大学儒学高等研究院教授自选集

民俗之学：有温度的田野

张士闪 著

山东大学出版社
SHANDONG UNIVERSITY PRESS
·济南·

图书在版编目(CIP)数据

民俗之学:有温度的田野/张士闪著.—济南:
山东大学出版社,2023.4
(山东大学儒学高等研究院教授自选集)
ISBN 978-7-5607-7711-5

Ⅰ.①民... Ⅱ.①张... Ⅲ.①民俗学-调查研究-中国 Ⅳ.①K892

中国国家版本馆 CIP 数据核字(2023)第 002121 号

责任编辑　肖世伟
封面设计　王秋忆

民俗之学:有温度的田野
MINSU ZHI XUE YOU WENDU DE TIANYE

出版发行　山东大学出版社
社　　址　山东省济南市山大南路 20 号
邮政编码　250100
发行热线　(0531)88363008
经　　销　新华书店
印　　刷　山东新华印务有限公司
规　　格　880 毫米×1230 毫米　1/32
　　　　　20.5 印张　460 千字
版　　次　2023 年 4 月第 1 版
印　　次　2023 年 4 月第 1 次印刷
定　　价　98.00 元

总　序

山东大学素以文史见长,人文学科为山东大学学术地位和学术声誉的铸就做出了极为重要的贡献。而在目前山东大学的人文学科集群中,2012年重组的儒学高等研究院当之无愧地位于第一方阵,是打造“山大学派”的一支生力军。山东大学儒学高等研究院已成为目前国内规模最大、实力突出的国学研究机构。而儒学高等研究院的前身和主体是2002年成立的文史哲研究院。如此说来,儒学高等研究院已然走过了20年的岁月,恰如一个刚刚走出懵懂、朝气蓬勃的青年。

在这20年的生命历程中,儒学高等研究院锻造形成了鲜明的学术特色,即以中国古典学术为重心,以古文、古史、古哲、古籍为主攻方向。本院学者在中国古典学术领域精耕细作,取得了一批具有时代高度的标志性成果,受到学术界广泛赞誉。这一学术特色使儒学高等研究院积极融入了当代学术主流。20世纪90年代以降,中国人文学术发展的大趋势是从西方化向本土化转型,而古典学术是实现本土化的一项重要资源。儒学高等研究院顺应时势,合理谋划,全力推进,因此成为近20年来中国古典学术研究复兴与前行的重要参与者和推动者。

儒学高等研究院的另一特色是横跨中文、历史、哲学、社会学(民俗学)四个一级学科,并致力于打破学科壁垒,在合理分工的基础上力求多学科协同融合。儒学高等研究院倡导和推行的儒学研究实质上是广义的国学,不以目前通行的单一学科为限。在这种开放多元的学术空间中,本院学者完全依据自身的兴趣和能力进行自主探索、自由创造,做到术业有专攻。目前,本院在史学理论、文献学、民俗学、先秦两汉文学、杜甫研究等若干领域创获最丰,居于海内外领先地位。今后的工作重点是在学科协同和学科整合上做进一步探索尝试,通过以问题为轴心的合作研究产生新的学术优势和学术生长点。

在20年的发展中,儒学高等研究院一方面继承前辈山大学者朴实厚重、精勤谨严的学风,一方面力图贯彻汉宋并重、考据与义理并重、沉潜与高明并重、传世文献与出土文献并重、国学与西学并重、历史与现实并重、基础研究与开发应用并重、个人兴趣与团队合作并重、埋头做大学问与形成大影响并重的科研方针,致力于塑造一种健康、合理、平衡的新学风。本院学者中,既有人沉潜于古籍文献的整理考释,也有人从事理论体系的创构发明,他们能够得到同等的尊重和支持。古典学术研究的学派或机构具有自身特色或专长无可厚非,但必须克服偏颇和极端倾向,摒弃自大排他心态。唯有兼顾各种风格、路向的平衡,才能更好地契合学术发展规律,更大限度地释放学术创造力。

当下，古典学术研究正面临五四以来百年未有的历史机缘。中央高度重视中华优秀传统文化的创造性转化、创新性发展，注重发挥传统文化在提升国家文化软实力、推动世界文明交流互鉴、为社会治理提供历史智慧等方面的独特功用。儒学高等研究院将顺势而为，与时俱进，将现有的学术优势与国家重大需求相对接，在古典文献整理研究、儒家思想理论阐释、传统文化精华推广普及等领域齐头并进，努力为古典学术研究的全面繁荣做出新的贡献。

2005年的“山东大学文史哲研究院专刊”第一辑出版说明中曾提出：“‘兴灭业，继绝学，铸新知’，是本院基本的科研方针；重点扶持高精尖科研项目，优先资助相关成果的出版，是本院工作的重中之重。”这是当年我们这项学术事业“筚路蓝缕，以启山林”时的初心。而今机构名称虽已更易，但初心不变。“山东大学儒学高等研究院教授自选集”即是这一事业的赓续和拓延。这套书是本院33位专家学者历年学术成果的集中盘点和展示，有的甚至是毕生心血之结晶。这同时也是对文史哲研究院成立20周年暨儒学高等研究院重组10周年的一个纪念。期待学界同行的检阅和批评。

山东大学儒学高等研究院
教授自选集编辑委员会
2022年10月

自　序

自揣平生学术，始则转俗成真，终乃回真向俗。

——章太炎《菿汉微言》

对于这本学术自选集的出版，最初我颇犹豫。

2019年出版《礼与俗：在田野中理解中国》一书，我是以“礼俗”“田野”为线索，从过去13年的写作中选文13篇结集。没过几年“再作冯妇”，能提供多少新东西呢？难不成要把不久前出版的文章再结集一次？

按照儒学高等研究院副院长王加华教授的解释，这次组织出版学术自选集的目的，一为庆祝建院20周年做纪念，二是期望资深学者总结学术。我远非“资深”，却也不再年轻，借此反思学术正大有必要。

如果从上大学时算起，我一入高校“深似海”，竟已超过40个年头。历经新时期中国社会变迁特别是学术转向，我在时移势易大潮中曾发出过怎样的声音？即便喑哑，无人听见，但至少对我自己来说还是有意义的。

为什么有些课题我一直关注，另一些则“花自飘零水自流”? 20世纪90年代初,我尝试从民俗学角度理解华北梅花拳活动以及义和团运动,并非如老友们所言——立意在民俗学与武术学之间搭建桥梁;同时期我对“艺术民俗学”的摸索,也首先与谋求个人生存改善有关——我当时任教于一所艺术高校,因教大学语文而边缘化。又过数年,我忽然发现艺术民俗学并非我之“发明”,20世纪30年代即有日本学者竹内胜太郎、民国学者岑家梧等倡导在先。尴尬之余,却又欣然于“英雄所见略同”,潜积心头多年“为稻粱谋”而生造学科的忐忑竟由此冰消雪融。再看从民俗学角度展开的传统武术研究,近年来渐有不少年轻学者涉足,每看到一篇篇博硕士学位论文新鲜出炉,即一口气读下来,深觉吾道不孤。

1985年,科学家钱三强预言说:

> 在某种意义上说,本世纪末到下世纪初将是一个交叉科学的时代。各门自然科学之间、自然科学与社会科学之间的交叉地带,一贯是新兴学科的生长点。到本世纪末,还将产生出一系列的新生交叉学科,这将使存在于自然科学与社会科学之间的宽阔鸿沟渐渐缩小,并终将形成列宁所预言的自然科学奔向社会科学的强大潮流。①

虽然他说的是在自然科学内部、自然科学与社会科学之间

① 钱三强:《迎接交叉科学的新时代》,《光明日报》1985年5月17日。

发生的学科交叉现象，但在社会科学内部其实亦同样如此，我上述所为不过顺应时势而已。武术、艺术与民俗等领域，就这样一直缠结于我的学术之旅。我知道，缠结始于情结，情结不舍终至缠结，但何以我心成结？却难一言蔽之。

按照高校学术的专业分工，我属于民俗学。所谓“民俗”“风俗”或“习俗”，即指生活文化，此已成为古今中外学者之共识。但对于这一生活文化的认知与评价，特别是对其主体——民众的文化态度，则显示出巨大差异。180多年前现代民俗学的诞生，即以将非西方社会的生活文化视作“文化遗留物”为标志，而现代民俗学的成熟，则以文化相对主义理论为根基，以面向民众日常生活的平视和共情为基本学术理念。当然，我并不相信当今民俗学者都能做到这一点。因此，我和山东大学民俗学同人近年来持续倡导“有温度的田野”，仍具现实意义。此外，民俗学的研究范围是如此宽泛，作为学科的独特价值与合法性究竟何在呢？这也是多年来我一直萦怀的问题。

> 现代民俗学是否到了说明的阶段呢？虽不能是完全停止在表明叙述阶段上，其说明的成数实在是太少了。许许多多的收集工作只能算是叙述的准备，还够不上叙述，至于把一民族的种种风俗作详尽的描写，就一民族中某一风俗考列其演变，也只是表明叙述，即是把既得材料作比较研究，以推求某种民俗由何起源向何发展，以何事为母体，加何种的修饰，这也只是近于说明的叙述，还不是说明本身。

我对此深以为然,民国学者80年前的这番话语至今仍未过时。作为一位职业民俗学者,我在平视日常生活、与普通民众共情与“说明”民俗现象等方面究竟做了多少呢?编选本书,正是我学术自省的良机。

面对这些年来拉拉杂杂的百余篇文章,我确定了“分板块”“重两头”的选文原则。“分板块”,即按照所涉领域划出四个板块,各有统属,以便阅读。“礼俗互动”偏重学术理念讨论,“有温度的田野”是对田野研究技术路线的总结,而“艺术民俗学”“梅花拳”则是我持续关注的两个学术专题。“重两头”则是尽可能多地收录我早期和新近的文章,算是在一定程度上对我的《礼与俗:在田野中理解中国》一书的拾遗补缺,不过,这虽说是照应了“板块”的完整性,却有不少文章前书重复收录——这是我要向读者诸君特别致歉之处。在编选早期关于梅花拳、梁祝故事、妈祖信仰等方面文章的时候,我很是尴尬——当年我仅凭感觉“自说自话”是何其莽撞!体味尴尬,我更加庆幸后期义无反顾地选择走向田野的学术路径,这不仅是为搜集田野调查材料,更为获得一种“田野的眼光”,否则,何以从日常生活的视角来理解包括传世文献在内的各种资料呢?我以为,所谓“田野的眼光”应成为现代学术所必须遵循的基本原则。再看20多年前的旧作,某些在当时合乎“时尚”的语词,现今读来颇显含混,我做了某些微调,有必要在此声明。我将这些旧作“立此存照”的目的,是自期能不时地开卷扪思，返顾来路，辨识前程。

再回到开篇提及的章太炎的“真”“俗”之辨，不难看出，那是他一段痛切人生经历后的惊魂未定乃至幻思荡漾。“转俗成真”抑或“回真向俗”，无非他在身与心、执着与超脱、宿命与超越等两端辗转之间谋求精神的安顿。君子固穷之际，不妨放下身段，在“真”“俗”之间思谋曲径通幽。或许，“真”的归宿即在“俗”中，唯从“俗”中方可得“真”。“真”“俗”之间，正宜立命安身。

张士闪

2022年7月12日

目　录

礼俗互动

有温度的田野

艺术民俗学

梅花拳专题

礼俗互动

礼俗互动与中国社会研究*

在中国社会语境中,"礼""俗"既是一种社会现象,又是一种话语形式。虽然从根本意义上来说,话语形式乃社会现象之一种,但又是对社会现象的认知与表达,是所谓"社会思想"的直接呈现,因而在社会研究方面具有特殊意义。大致说来,无论是作为社会实在还是话语形式,"礼""俗"都代表了自古及今中国社会的某种普遍现象与社会思想的一般特征,二者之间的互动实践奠定了国家政治设计与整体社会运行的基础,并在"五四"以来的现代民族国家建构中有所延续,因而应该成为"理解中国"的基本视角。本文拟将"礼"(国家礼制)、"俗"(民众文化)、"礼俗互动"作为学术分析

* 本文原载于《民俗研究》2016 年第 6 期,转载于《新华文摘》2017 年第 6 期、中国人民大学书报资料中心《社会学》2017 年第 3 期,山东大学儒学高等研究院重点项目"礼与俗:近现代民间儒学传统与传承——以山东百村田野考察为中心"、国家社科基金艺术学项目"新时期乡民艺术发展与公共社会建设"系列成果之一,并受到山东省"齐鲁文化英才"项目资助。收入本书时有改动,以下各篇同,不再一一说明。此外,本文在写作过程中曾与中国传媒大学副教授耿波有过多次讨论,并得到北京大学教授赵世瑜、中国社会科学院研究员施爱东的指点,均受益匪浅,在此一并致谢。

工具①,聚焦中国社会中的礼俗现象及话语形式,关注其在社会变迁时期的突出表现,并试图在国家历史进程与民众生活实践的分析框架中,理解中华文明内部一种自我制动、制衡的传统政治智慧与社会运作机制。

一、"礼""俗"话语的传统建构

与"礼""俗"有关的话题在中国由来已久,且在千百年间被持续言说。作为中国传统社会中的自我表述,即对本土社会事实的认知与概括,在不同历史语境中表现出多主体的建构特征。

作为一种语汇现象,"礼""俗"在先秦时期即多见于文献,并延至后世。二者既可分开单用,也可合为一词。分开单用时,"礼"是指制度化的国家礼仪,"俗"是指民众自然生成的生活习惯;合为一词,"礼俗"特指中国传统社会中礼俗相交、以礼节俗的一种社会状态或文化特质。溯其源流,礼本是先秦时期上层社会的建构,俗则是各地民众长期形成的生活习惯,但

---

① 在中国历史上,"礼""俗"无论是作为社会实在还是话语形式,均呈现出复杂样态。赵世瑜教授认为,对"礼俗互动"概念必须采取充满弹性的态度,原因有三:虽然儒家最热衷"礼""俗"话语,而且努力以"礼""俗"之分强调"礼"的价值,但在其推行"礼"的实践过程中却往往是礼俗合一的;道教、佛教也认为其教义、仪式都属于"礼";乡村生活中的礼与俗也不经常是二分的,比如某些仪式活动和言行规范,不仅民众自认为是礼,甚至连士大夫也认为是"礼仪存焉"。本文试图借助"礼""俗""礼俗互动"等工具性概念,辨析和归纳中国社会的相关现象和一般性质,受益于与赵世瑜教授的私下讨论,特此说明。

在中国社会语境中,二者之间的联系似乎从未割断,而一直是互动互补的关系。正如彭牧所言:

> 儒家的礼作为从上古习俗中固定化、文本化的传统,始终与其根源之俗遥相呼应。在漫长的历史中,一方面是精英以礼化俗,另一方面是民间的俗不断改变礼。
>
> 礼与俗代表了不同社会等级阶层中彼此平行而并行不悖的社会实践行为。精英之所以鄙视俗,正是出于保证礼的纯洁与正统的目的,因为俗很容易影响到礼。
>
> 历史上的礼不仅产生、提炼于俗,而且始终与俗的实践传统密切互动。而俗和现实生活、具体实践密切相关,敏于变化,又为礼提供了根本的动力。可以说,两者在彼此的对立和紧张中依存发展。①

以儒学思想为本的中国知识精英,向来是文化建构与生活践行并重,在生活中建构文化,以生活践行为文化根本。"允执厥中"②"执其两端取其中"③"允执其中"④等经典话语,所表达的既是一种哲学思想,也是一种实践策略,旨在通过对所谓"立德""立功""立言"等生命理想的设定,保持向现实社会与未知世界的双重开放,以维持个体身心平衡,葆育群体文化创造活力。这种"执两用中"的主张,推之于社会治理,则表现为一种灵活调谐的政治智慧,前述"礼""俗"话语即是其重要

---

① 彭牧:《同异之间:礼与仪式》,《民俗研究》2014 年第 3 期。

② 《尚书·大禹谟》。

③ 《礼记·中庸》。

④ 《论语·尧曰》。

表达。虽然“礼”“俗”本身即有上下、高低之区分,但因为主张“两端”的“共执”,在个人修养层面便指向“致中和”的境界,在社会运作层面便指向所谓“政通人和”的目标。中国传统官员、文人、绅士往往以教化百姓为己任,在“礼”“俗”二字的互相涵纳上大做文章,认为其上通国运,下维众生,兼为个人立身之本,也就在情理之中。毫无疑问,由上古知识精英所引发的“礼”“俗”话语,无论是自上而下的“移风易俗”,还是从下到上的“因俗治礼”,不过是其因应现实情境而采取的不同策略。

在三礼之学中,“礼俗”问题已是中国古典思想的一大命题,如“以八则治都鄙……六曰礼俗”①,“礼俗、丧纪、祭祀,皆以地美恶为轻重之法而行之”②,“古者……其岁时聚会以为朝觐、聘问,欢欣交接以为射乡、食飨,合众兴事以为师田、学校,下至里闾田亩,吉凶哀乐,凡民之事,莫不一出于礼;由之以教其民为孝慈、友悌、忠信、仁义者,常不出于居处、动作、衣服、饮食之间。盖其朝夕从事者”“乡饮酒之礼,六十者坐,五十者立,以听役政,所以明尊长也……孔子曰:‘吾观于乡,而知王道之易易也’”③,“道德仁义,非礼不成;教训成俗,非礼不备”“礼从宜,使从俗”“君子行礼,不求变俗”④等。至汉代,犹有传言:“子曰:礼失而求诸野。”⑤由此可见,在“礼”愈来愈制度化的大趋势下,“俗”逐渐转为潜在的却又是坚韧地继续参与国家政治运作,这其实是世界文明进程中的一般规律。不过,

---

① 《周礼·大宰》。

② 《周礼·地官司徒》。

③ 《礼记·乡饮酒》。

④ 《礼记·曲礼》。

⑤ 《汉书·艺文志》。

将国家政通人和的实现，与“命太师陈诗，以观民风”①“君民者，章好以示民俗”②等制度设计予以高度关联，却是先秦时期的“中国特色”，并在后世有所延续。如一则民俗国策关乎国家兴亡的典型案例，常被后人提及。

> 鲁公伯禽之初受封之鲁，三年而后报政周公。周公曰：“何迟也？”伯禽曰：“变其俗，革其礼，丧三年然后除之，故迟。”太公亦封于齐，五月而报政周公。周公曰：“何疾也？”曰：“吾简其君臣礼，从其俗为也。”及后闻伯禽报政迟，乃叹曰：“呜呼，鲁后世其北面事齐矣！夫政不简不易，民不有近；平易近民，民必归之。”③

被誉为“近代中国走向世界第一人”的黄遵宪，依然是以“礼俗”话语表述其“救时弊”之理想，将“移风易俗”“治国化民”等传统礼俗政治奉为中国政治现代化的出路。十多年的外交生涯，使他有着比较开阔的海外视野，领悟到“太平世必在民主”，而更加意识到“俗”的力量。

> 礼也者，非从天降，非从地出，因人情而为之者也。人情者何？习惯是也。光岳分区，风气间阻，此因其所习，彼亦因其所习，日增月益，各行其道。习惯既久，至于一成而不可易，而礼与俗皆出于其中。

---

① 《礼记·王制》。
② 《礼记·缁衣》。
③ 《史记》卷三三《鲁周公世家》。

> 风俗之端,始于至微,抟之而无物,察之而无形,听之而无声,然一二人倡之,千百人和之,人与人相接,人与人相续,又踵而行之。及其既成,虽其极陋甚弊者,举国之人,习以为然,上智所不能察,大力所不能挽,严刑峻法所不能变。夫事有是有非,有美有恶,旁观者或一览而知之,而彼国称之为礼,沿之为俗,乃至举国之人,辗转沉锢于其中而莫能少越,则习之囿人也大矣!①

黄宗羲、顾炎武、黄遵宪等近代政治思想家之后②,以北京大学《歌谣周刊》为代表的现代歌谣运动,以现代知识分子对民歌、故事、风俗的发掘为标志,开启了礼俗传统的现代嬗变之路。民歌、故事、风俗等传统之“俗”,在当时是以正统文化的异己或他者的形象而呈现的。1928 年,顾颉刚在《民俗周刊》发刊词中说“要打破以贵族为中心的历史,打破以圣贤文化为固定的生活方式的历史,而要揭发全民众的历史”③,大声疾呼要以圣贤文化传统为批判对象,高扬民众历史观。这些接受过现代文化教育的新智识阶层,基于救亡图存、唤醒民众的强烈历史使命感,通过对民间价值的“发现”而建构关于“革命”“改革”的叙事话语,实是时势使然。以此为旨归,就必然要将当下社会和文化理解成“礼”“俗”分立甚或对立的状态,如提倡

---

① 黄遵宪:《日本国志》卷三十四《礼俗志》,李绍平校点,岳麓书社 2016 年版,第 1121 页。

② 如顾炎武在《亭林文集·华阴王氏宗祠记》中,即有“有人伦然后有风俗,有风俗然后有政事,有政事然后有国家”之语,颇具现代意识。

③ 顾颉刚讲,钟敬文记:《圣贤文化与民众文化》,《民俗周刊》第 5 期,1928 年。

“白话文运动”，以与贵族文言文对立；发动启蒙民智的“文学革命”，以颠覆“旧文化”的一统天下；等等。传统的“礼”“俗”话语，此时被设定出明确的二元边界，然后以“民”“民俗”“民间文艺”指称当时社会绝大多数人的生活或文化，将“民心”“民智”“民生”等概念用作社会革命或改革的依据。吕微认为，现代国家赖以奠基的民族主义意识形态其实是重新发掘、转换某种文化传统的建构结果，而通过发掘蕴藏在民间的文化传统，一个想象中的“民族国家”的文化共同体就可以被虚构出来。“五四”时期从传统中发掘的“民间”表象，首先被用来表达一种社会性和现代性的理念，当学者和革命家发现“民间”所附着的表象与理念可以超越狭隘的历史民族观念时，民间文化就理所当然地被视作一种“现代民族国家”的文化建构力量。[①] 赵世瑜则进一步说：“中国的民俗学家通过最初的发现民众和认识自我，最终在试图解释和解决中国的社会问题和文化问题这里，找到了自己的归宿。”[②]

不难看出，讲究知行合一、文化建构与生活践行并重的儒学传统，同样在“五四”一代知识精英中绵延并别开生面。一方面，他们以认同“民间”的姿态与传统的“士子”身份告别，其实是在近现代社会语境中为自己创设了一种“新式精英”的角色。另一方面，传统社会中的“礼”“俗”二分并不是简单地与“官”“民”二分叠合，但“新式精英”基于“启蒙”之需，将文化范畴的“礼”“俗”与社会身份“官”“民”直接对位，开了现代意

---

① 参见吕微：《现代性论争中的民间文学》，《文学评论》2000 年第 2 期。

② 赵世瑜：《眼光向下的革命——中国现代民俗学思想史论（1918～1937）》，北京师范大学出版社 1999 年版，第 258 页。

义上的“礼”“俗”对立或对抗之先河。虽然“五四”精英群体远非铁板一块,个体之间差异很大,但就其整体思想而言,则大致在传统与现代、“学问”与“事功”①之间摇摆不定。于是,在胡适、刘半农、鲁迅、周作人、顾颉刚等“五四”人物身上,都呈现出大致相仿的“时代症候”:在倡导民间歌谣运动时,设定“学术的”与“文艺的”的双重目的②,初则风云际会壮怀激烈,继则潇洒去来不为所拘,坚持到底的绝少③;在文化使命上,看似天马行空,而大致在文学革命、文史学术与社会启蒙之间游走和纠结;其人生多困惑于仕隐之间,随时代而沉浮。此后的整个民国时期,“礼俗改造”是中国社会内部官方和知识精英共同关注的论题,相关学术实践因应社会问题而展开。虽有少量学者通过反省自身与民众、学术与政治之间的关系,试图理解和呈现整体意义上的民众生活与民间文化,但因其与时代政

① 钟敬文:《老东岳庙会调查报告·序言》(1936),《钟敬文文集·民俗学卷》,安徽教育出版社2002年版。

② 北京大学研究所国学门歌谣研究会编:《〈歌谣〉周刊发刊词》,《歌谣》第1号,1922年12月17日。

③ 施爱东曾以生动的语言描述当时的民俗学活动:“在20世纪初期的北大,各种新学科和新学会的出现如同雨后春笋,仅与民俗学相关的学术团体就有歌谣研究会、风俗调查会、方言调查会、风谣学会等,拟成立的学会更多。这是一个抢夺学科话语权的时代……周作人等一批先行者却急不可待地把它引入了中国。而常惠、顾颉刚等一批年轻学者所理解的民俗学与欧洲源头的民俗学本不是一回事,他们想象的民俗学是一门研究民间风俗、信仰,以及流行文化的学问,是对平民文化的一种关注。他们强烈地意识到了民俗学与中国传统学术的互补作用,以及民俗学在社会历史研究格局中的重要性,因而极力地为之鼓吹。”(施爱东:《民俗学是一门国学——中山大学民俗学会的工作计划与早期民俗学者对学科的认识》,中山大学民俗研究中心编:《民俗学刊》第2辑,澳门出版社2002年版,第9页)

治需求不够“合拍”，只能在当时的社会运动与学术话语系统中处于双重边缘的地位。① 传统的“礼”“俗”话语，一旦进入近现代社会之中，二者在复杂的纠结、互动中均酝酿着新变。正如沈洁所言：

> 当这些带着悲悯目光的改造者真正进入到中国民众的生活世界和精神世界，进入到这些包含着历史性的当下生活，他们是否会对此前所抱有的自明“正确”的立场、乐观的“进步”观念产生怀疑？对于是否需要改造、如何改造产生新的态度和想法？
>
> 正是这样一种肯定的态度以及走进民间社会的努力，使得以学术研究方式展开的文化革新运动具备了一种全新的视界：这不再是上层社会对下层民众俯身而行的悲悯式改造，而是因了解进而珍视的平等对视。于是，历史中极富戏剧意味的事件发生了，“改造者”在某种程度上却成为了民间文化的“被改造者”。②

---

①　如顾颉刚、吴文藻、钟敬文等。顾颉刚说：“我们要站在民众的立场上来认识民众！我们要探险各种民众的生活，民众的欲求，来认识整个的社会！”（顾颉刚：《〈民俗〉发刊词》，《民俗》第1期，1928年3月）吴文藻说：“必须把社区看作一个统一的体系，然后来决定它在这整个社会生活中所占的地位。”（吴文藻：《花篮瑶社会组织·导言》，广西省政府，1936年）钟敬文说：“对于民间文艺的注意、探究，以至系统的科学的建设，在目前社会的境况中很感到必要。”［钟敬文：《民间文艺学的建设（1935年11月4日）》，《钟敬文学术论著自选集》，首都师范大学出版社2004年版］详见沈洁：《礼俗改造的学术实践——20世纪二三十年代中国民俗学家的礼俗调查》，《史林》2008年第1期。

②　沈洁：《礼俗改造的学术实践——20世纪二三十年代中国民俗学家的礼俗调查》，《史林》2008年第1期。不过，作者认为这场文化革新运动已经具备所谓平等对视下层民众的“一种全新的视界”，显然是言过其实。

由此可以看出，中国很早以来就已形成所谓“礼俗社会”，呈现出国家政治与民间自治之间联合运作的社会形态。首先，作为一种社会事实，“礼”与国家政治结合成为一种文化制度，是有着一个逐渐联结的过程的，“俗”则在地方生活的运作中呈现出民间“微政治”的多种社会样态。以此为基础，在中国社会悠久历史进程中的“礼俗互动”，起到了维系“国家大一统”与地方社会发展之间平衡的作用。其次，在话语建构层面，礼与俗逐渐成为中国传统社会中勾连官方、文人精英与普通民众的重要话语工具，并在不同社会阶层中间发挥着不同的功用。礼与俗的话语，在国家统治阶层是治国驭民之术，在文人精英群体是安身立命之本①，在民众手中则是社会交往的工具，由此形成一种所谓“礼俗社会”的文化认同，并内化为“局内人”操持生计、理解社会、运作政治的潜在规则。还需要指出的是，虽然传统社会视以礼驭俗、礼俗相交为社会政治的理想状态，但在现实的社会运行框架中，却往往要强调以各社会阶层的各安本分、自行其是为前提。这其实是意味着，唯“礼”“俗”分立并各自稳守传统，才能保证“礼俗互动”在社会秩序的有效控制下有序运行。直至近现代中国遭遇“数千年未有

① 杨念群认为：“把‘大一统’看作是一种节省治理成本的技术。宋以后儒家成为主流意识形态的秘密不在于它的人生观和价值观多么炫目动听，这是理学家最容易惑人心智的说法，而是在于它能节省统治成本……到了宋代家礼渗透到民间，百姓聚宗收族，祭祖修谱，儒家才真正具有了‘世俗’的意义。官家用科举笼络平民，构成上下循环的官吏选拔系统，基层士绅阶层由此形成，使得道德教化变成了一种可以替代行政管理的技术。”（杨念群：《“大一统”：诠释“何谓中国”的一个新途径》，《南方文物》2016年第1期）

之变局”,一批知识精英致力于“民众在学术史上光荣的抬头”①,“礼俗社会”的传统框架才受到空前的冲击。

二、“礼”“俗”意蕴的现代发掘

传统中国作为一个复杂社会系统,在民间生活与国家政治之间有着复杂而深厚的同生共存关系,向为学界关注。但在关于中国“社会性”的已有研究中,注重“国家大一统”者往往过于强调“礼制下行”的社会流向,而注重地方社会者则过于强调地方自治系统的发育过程与自主运行,由此形成了关于中国社会观察的某种偏狭。其极端者,在处理官与民、集权与民意之关系时,生硬切断二者关联,甚或着意强调两者之间的对抗,而轻忽了中国“礼俗社会”中曾有的社会事实、政治智慧与话语形式。② 长期以来的中国社会,是一种超稳固的结构,过于强调官民之间的疏离与对抗,而轻忽民间力量和国家集权之间的多样合作,必失之偏颇。对于二者之间复杂而深厚的同生共存关系,近些年一批学者从田野实地调查出发,综合使用历史学、民俗学、人类学等研究方法,“将文化作为能动的因素,把个人作为历史的主体,探讨他们在日常生活或长时段里对历史

---

① 钟敬文:《钟敬文学术论著自选集》,首都师范大学出版社 2004 年版,第 7 页。

② 如甘阳认为:“民间社会者,说穿了,对立于乃至对抗于官府者也。”(甘阳:《“民间社会”概念批判》,张静主编:《国家与社会》,浙江人民出版社 1998 年版,第 26 页)

进程的影响"[1],显现出强劲的学术活力。其研究路径,是通过发掘细微的地方社会生活,自下而上地对中国社会传统予以上溯和寻绎,然后进行整体性的理解与阐释,这无疑是具有创造性的。与此同时,与上述致力于"田野研究"的学术旨趣不同,一批秉承知行合一、济世致用儒学传统的所谓"现代新儒家"[2],倾向于自上而下地寻绎中国传统,在本土与海外、思想与实践的多重互动中,已经成为绵延百年、卓有影响的一种社会文化运动。上述两者都注重从细微的社会生活细节印证社会秩序之建构而各有所本,并在客观上形成了互补与呼应的关系。本文限于篇幅,将主要以前者为描述对象。

近代关于中国"礼""俗"的早期研究,在概念使用层面,往往以"礼俗"代指宽泛之"民俗",或专指"民间信仰"[3],或以"礼俗社会"作为中国社会的特殊性质而不予深究[4],至今皆有

---

① 赵世瑜、行龙、常建华:《走向多元开放的社会史——中国社会史研究30年的回顾与前瞻超越名实之辩的社会史》,《光明日报》2009年3月24日。

② "现代新儒家"群体学者众多,有"三代四群""新儒学八大家"等说法。影响较大的有梁漱溟、熊十力、马一浮、张君劢、冯友兰、贺麟、钱穆、方东美、唐君毅、牟宗三、徐复观、余英时、刘述先、成中英、杜维明等。

③ 如中国现代民俗史上早期的代表性人物之一江绍原,在美国芝加哥大学修习西方宗教学后,借鉴西方的宗教观念,将中国礼俗等同于民间信仰。

④ 如柳诒徵:《中国礼俗史发凡》,《学原》第1卷第1期,1947年;邓子琴:《中国礼俗学纲要》,中国文化社出版社1947年版。有意思的是,邓子琴通过对风俗、民俗与礼俗等三个概念进行分析与比对,认为礼俗代表了较高的文明层次——"凡依理智的指导形成之惯习,构成一定之仪式,而流行于一般社会中"的事物,"但此亦须文明民族中始有之"。显然,这种在中西比较视野中对"礼俗中国"的总体价值的体认,与动荡时局中振奋民族精神、凝聚社会力量的设想密切关联,是"五四"以降学界礼俗研究的重要转向,可视为传统"礼""俗"话语在遭遇五四新文化运动冲击后重整旗鼓的努力。

余韵。[①] 在研究面向上，虽普遍关注到礼与俗之间的关系，但往往以礼生于俗、礼下为俗、礼俗转化等话语大略言之，以对中国社会与文化历史的宽泛梳理为共同特征。20 世纪 80 年代以降，有学者从官民同构、礼俗互渗等视角出发，致力于对中国社会性质的深化理解。常金仓的“周代礼俗研究”虽然集中于周代礼仪制度的发生与变迁，但关于“礼生于俗”“礼俗对举”“礼有等级，俗却随便”等方面的判断持之有据。[②] 杨志刚较早注意到“礼俗在中国文化中耦合成一个特有的系统，发挥极重要的功能，并以矛盾运动的态势影响和制约历史的发展”，但其文主要是就其整合与导向功能所做的历时性梳理，未就相应社会系统或机制展开论述。[③] 王贵民对中国历史上“礼俗”一词的出现、“礼”“俗”之间的分合予以梳理，虽其着眼点仍在于对中国文化史的宽泛梳理，但其将礼与俗理解为“一种相互吸收、结合的运动形式”，并构成了中国传统政治统治基础及社会根基等判断[④]，颇具启发性。邵凤丽注意到“礼”“俗”话语所表征的中国社会性质——“礼俗是中国传统文化的词语概

---

① 如李万鹏、姜文华：《中国礼俗概说》，《民俗研究》1989 年第 1 期；张鸣：《私塾消失背后的黑洞》，《书城》2004 年第 5 期；项阳：《功能性、制度、礼俗、两条脉——对于中国音乐文化史的认知》，《中国音乐》2007 年第 2 期；王子今：《中国古代惩治盗墓行为的礼俗传统和法律制度》，《重庆师范大学学报》（哲学社会科学版）2009 年第 3 期；等等。

② 参见常金仓：《周代礼俗研究》，黑龙江人民出版社 2004 年版，第 7—10 页；常金仓：《周代礼俗研究》，（台北）文津出版社 1982 年版；常金仓：《周代礼俗研究》（全二册油印本），吉林大学博士学位论文，1989 年。

③ 参见杨志刚：《礼俗与中国文化》，《复旦学报》（社会科学版）1990 年第 3 期。

④ 参见王贵民：《中国礼俗史》，（台北）文津出版社 1993 年版。

括，是寓礼于俗、以礼节俗的生活文化模式”，同时也注意到了生活事实层面“礼”“俗”二者紧密相连、很难划分的状况。① 刘志琴在礼俗研究方面用力颇勤，主张从“礼”“俗”之别出发，“从礼俗互动的视角考察中国人的衣食住行，有助于深入认识中国的国情和民性”。由此出发，她提出“中国思想史应该突破观念史的局限，从礼俗互动中阐明思想的发展脉络，这是对中国思想史价值的重新评估”，可谓切中肯綮。

> 礼与俗，分处于国家与民间的不同层次。俗一旦形成为礼，上升为典章制度就具有规范化的功能和强制性的力量，要求对俗进行教化和整合。精英文化通过以礼化俗把观念形态推向下层民众，从而使世俗生活理性化，精英思想社会化。礼俗整合的后果，使得礼中有俗，俗中有礼，礼和俗相互依存、胶着，双向地增强了精英文化与民间文化的渗透……礼俗社会的存在，以礼化俗的教化使命，推动了精英思想的社会化，有关礼俗思想、日用之学等富有中国特色的命题，留下大量的文献资料，至今尚未得到充分的发掘。研究中国思想史，应该突破观念史的局限，贴近社会生活考察，从礼俗互动中把握中国思想的发展脉络，这是历史的实际，也是对中国思想史价值的

---

① 邵凤丽指出：“如果从文字学角度看，礼与俗各有其内涵，分指不同的事物，即使是郑玄也不会否认二者的差异。但若从生活事实角度看，二者却紧密相连，很难划分……庶民社会的礼俗文化也在国家礼制推行过程中获得了发展契机，日常生活礼俗形式日趋规范，最终形成传统社会礼俗文化模式。”（邵凤丽：《话说礼俗》，《百科知识》2014年第18期）

重新评估。①

大致而言，上述专题研究的最大价值，是从中国社会历史中与“礼”“俗”相关的话语形式与社会事实出发，认为“礼”“俗”之间的分立与互动关联着中国社会的一般性质，这一见识至为可贵，尽管其关注的重点多在于对中国历史上自上而下“以礼化俗与精英思想社会化”②的阐释。而对民间社会的能动性关系相对忽略，难以呈现中国社会“礼俗互动”的完整景观——这一任务至今仍未完成，而仅有个案研究层面的局部突破。另有少数学者不再以“礼”“俗”眼光通观中国历史，而聚焦于某一具体历史时段，试图阐释中国社会的整体政治结构和具体社会运行机制的关系。罗志田认为，从南宋开始，士人针对大一统下形成的“郡县空虚”，开启了以“礼下庶人”的方式构建下层民间社会的持续努力，提醒“我们不必总是关注‘地方’与‘国家’对立甚或对峙的一面，还要看到其互补的一面”③。耿波溯源周代礼治政治，将“礼俗互动”视为乡民、士人

---

① 刘志琴：《礼俗互动是中国思想史的本土特色》，《东方论坛》2008年第3期。相关表述另见刘志琴《礼俗文化的再研究——回应文化研究的新思潮》（《史学理论研究》2005年第1期）、《从本土资源建树社会文化史理论》（《近代史研究》2014年第4期）、《礼俗互动的国情与民性》（《北京日报》2014年10月27日）。

② 刘志琴：《礼俗互动是中国思想史的本土特色》，《东方论坛》2008年第3期。

③ 罗志田指出：“‘国家’与‘民间’、体制与乡俗调和（negotiating）于其间，代表国家者常不行使其功能，而行使国家功能者常不代表国家。在或隐或现的‘国家’身影下，逐步形成一种‘借士大夫之势以立国’的取向。在乡之士不仅要化民成俗，还要凝聚社会。‘道’与乡土的衔接，使‘地方’

与君主的政治联动与社会实践，阐述了中国礼俗传统中的全民动员性质：

> 从礼俗互动而言，成功的政治实践既需要宗法价值秩序向人格价值秩序、政治价值秩序的升华，更需要人格价值秩序与政治价值秩序在民众中的再落实，而这种落实能够真正实现，却需要民众本身的崇敬心理。[①]

与上述研究路径有所不同的是，一批学者从田野实地调查出发，将中国社会中的“礼”“俗”话语与礼俗互动传统，与国家和地方社会的大小政治传统联系起来，显示出比较开阔的学术视野与强劲的研究活力。在这方面，首先应该提及的是科大卫，他长期致力于中国不同地方社会的田野调查，将地方宗教、祖先祭祀、社区节诞、民众文字传统、庙宇建筑等视作“有意义

(接上页)具有更多自足的意义，减轻了上层政治变动的影响。”(罗志田：《地方的近世史——“郡县空虚”时代的礼下庶人与乡里社会》，《近代史研究》2015年第5期)罗氏还认为，在中国社会中“法与俗的关联互动，大体也在‘礼俗互动’的范围之中”，主张通过对旧俗与定制之间关联互动的理解，“不仅从大局看一个个地方，而更从一个个地方去看大局……揭示出更长远的整体政治结构和政治文化的宏观问题”。参见罗志田：《俗与制：历史上基层设置与记载的“大率”特性》，《民俗研究》2015年第4期。

① 耿波认为：“殷周之变中，士人群体‘忧患意识’的发生只是一方面，与‘忧患意识’同时发生的是农民群体的‘崇敬意识’；‘忧患意识’形成了礼治传统，而‘崇敬意识’则形成了民俗传统，礼治传统与民俗传统相互结合，形成了周代政治传统的内涵……礼俗互动，即在‘崇敬化’与‘社会化’的互动逻辑中乡民群体与士人群体的联合而与君主政治共舞，这是周代礼治政治的整全含义……”(耿波：《礼俗互动传统中的徐复观农本政治观》，《中国政法大学学报》2014年第2期)

的礼仪标签”，阐述地方社会如何获取及认同自身特性的历史，以及如何接受并整合到国家大一统的文化之中的历史，旨在“重建地方社会整合到中华帝国的过程”。

> 在不同时间不同空间，尽管人们都同样追求大一统，但他们用来定义大一统的标签往往不一定相同。在把地方传统纳入大一统范畴的过程中，尽管他们总是会努力把对自我的认知与对大一统认知之间的距离拉近，他们建构的大一统样式与其他人建构的大一统样式在概念和行为上仍然可以有很大的差异，问题不在于这种差异有多大，而在于他们对正统的理解和定义是否有规律可循。
>
> 一个要求每一个地域都表现相同的大一统肯定只是一个表象，但是，因为大一统是重重迭迭的卷标组合，而不是一个要求各地划一的标准，经历了一千年建构的大一统，就绝对不是一种表象。
>
> 中国大一统形成的历史，就是形成中国的历史。以儒家为主导的大一统只是历史上一个特定的时期、由小部份的人所推广的历史；中国大一统的历史，是由很多人参与建构的历史，要明白大一统的历史，也就是要明白这个参与的过程。①

这段话对中国社会历史进程中大一统的国家建构与地方

---

① 科大卫、刘志伟：《“标准化”还是“正统化”？——从民间信仰与礼仪看中国文化的大一统》，《历史人类学学刊》第 6 卷第 1、2 期合刊，2008 年 10 月。

社会发展之间的互动关系予以明确表述，视作“形成中国的历史”①，其实是将中国社会“礼俗互动”的发生，归之于不同社会阶层对“礼仪标签”的多元交叉运用。诚然，民间社会中普遍存在的对于国家正统意识的建构活动，无论在外人看来是多么地异端或荒诞不经，却一直作为一种传统绵延至今，保持着对国家权威、天地全神、宇宙之道等符号形式的尊崇心态。赵世瑜在大量田野个案研究的基础上，致力于将大历史与小历史贯通合一，认为“历史本来就是一个，就像生活本来就是一个那样”②，由此提出将“自上而下”“自下而上”两种研究视角的结合。由这两种研究视角交织而成的“上下互动”的理念，在中国社会语境中是以“礼俗互动”为基本依托的。他在新近研究中，以山西太原晋祠为例，细致描述了“俗”在进入“礼”后如何为国家与地方社会所广泛共享的情形。③ 这种由多种社会力量共同作用下的礼与俗的分合关系，实际上代表了中国社会“文化政治”的一般性运作机制。笔者认为，正是建基于地方社会的多样性与国家大一统之间相互吸纳、不断磨合的历史过

---

① 科大卫在新近研究中，对这一互动关系做了进一步表述：“国家对地方社会的影响，不一定是控制，也可以是地方社会很主动、很巧妙地把国家制度引入来处理地方上的问题。所谓“地方整合到国家”，就是一种认同的过程。我们在田野考察的基础上注意到，这种认同跟地方社会与国家机构打交道的形式很有关系。”（科大卫、张士闪：《“大一统”与差异化——历史人类学视野下的中国社会研究——科大卫教授访谈录》，《民俗研究》2016年第2期）

② 赵世瑜：《小历史与大历史：区域社会史的理念、方法与实践》，生活·读书·新知三联书店2006年版，第10页。

③ 参见赵世瑜：《二元的晋祠：礼与俗的分合》，《民俗研究》2015年第4期。

程,以礼俗互动为特征的中国传统社会结构才得以奠定,而民间社会的文化认同乃是“礼”“俗”政治框架之本。① 刘铁梁认为,国家政治与民间自治之间的互动关系,不仅形塑着社会组织的基本形式,也由此产生了社会生活层面的文化交织现象。

> 国家对村落的政治干预与民间自治之间有长期互动的历史,结果是形成了今天(家族村落)聚落联合体的基本组织形式。②
>
> 任何一种文化,如果仅仅停留在一种精英或士大夫的言论之中,这种文化就不能成为关乎民族命运的根性文化。民族文化应该而且必须在社会生活层面有所表现,才能成为民族的生命。自然,在生活层面上的一些风俗习惯,不经过文人士大夫的具有一定逻辑性的总结或心有灵犀式的妙悟,大家也不容易体会到这种文化的意蕴所在……我们的圣贤文化,如果它完全没有进入民间生活,就不会具有坚韧的生命力,也不会变成我们民族的东西。

---

① “在中华文明传承发展史上,国家意识形态经常借助于对民间艺术活动的渗透而向民间社会生活中贯彻落实,形成‘礼’向‘俗’落实、‘俗’又涵养‘礼’的礼俗互动情势,官民之间良好的政治互动框架由此奠定。民间艺术中的礼俗互动态势,就其本质而言,既是民众向国家寻求文化认同并阐释自身生活,也体现为国家向民众提供认同符号与归属路径。换言之,借助民间艺术等文化形式,民间社会始终发挥着对主流传统文化的葆育传承能力。”(张士闪:《眼光向下:新时期中国艺术学的“田野转向”——以艺术民俗学为核心的考察》,《民族艺术》2015 年第 1 期)

② 刘铁梁:《传统乡村社会中家庭的权益与地位——黄浦江沿岸村落民俗的调查》,《北京师范大学学报》2001 年第 6 期。

可见,无论哪一种文化,如果在民众生活中不能表现出来,必将难以久存。①

由此也可以看出,尽管国家之礼与民间之俗在话语形式上存在明显差异,但不应视作两种不同文化的并置,而是同一种文化内部密切关联着的不同表达,只不过前者偏重于国家政治层面的制度规定,后者偏重于民众生活层面的自发性传承。②由此也就不难理解,郑振满何以将历史人类学的研究范式归结为"注重民间文献,注重田野调查,力求回到历史现场,从民俗研究历史"③。不过,要想真正实现"从民俗研究历史",就必须将民俗与国家行政运作、地方社会发展等进行综合研究,亦即将长时段、大区域与"微政治"等视角结合起来。

可以说,在贴近国家政治、建构地方社会价值的层面积极

① 刘铁梁:《村落生活与文化体系中的乡民艺术》,《民族艺术》2006年第1期。

② 史华慈认为,在早期中国文明发展进程中,新兴的统治阶层在为合法化权威寻求宗教基础的努力中,都面临着他们在乡村经验中从未有过的新问题,努力将其社会政治秩序观念"内化"到民间文化之中,但也许从来就没有完全被民间文化接受,"尽管中国的精英文化与民间文化可能都有共同的新石器时代起源,但后来与民间文化发生了决定性的分离……在随后的历史中,精英文化与民间文化并非同一种文化的两种版本,它们也不必然地呈现出平行并列的关系,它们之间的关系是两个既相互影响又相对分离的领域之间动态张力的互动关系……问题的关键不在于同一种文化有两种版本,而是高层文化和民间文化之间颇为有趣的重叠与动态互动,以及两者之间存在的张力关系"。参见[美]史华慈:《古代中国的思想世界》,程钢译,江苏人民出版社2008年版,第547、549页。

③ 郑振满:《华南学者的历史人类学:传承与互动》,《开放时代》2016年第4期。

地有所作为，是民俗的政治性面向之一，而以稳定性和反复性为特征持续地作用于地方社会生活，特别是赋予民众个体以生命归属感和人生意义，则是民俗的根性所在。在社会实践层面，“礼”所代表的国家制度的规约性，与“俗”所代表的民间生活的自发性之间存在很大张力，既互益互补，又互制互斥。所谓“互益互补”，是指国家治理改变了民俗文化的生存空间，促使其不断发生新的变化，而民俗的发展也在一定程度上影响到政府治理方略的制定与修正；所谓“互制互斥”，则是指二者之间所造成的控制与反控制关系。在中国社会政治传统中，人们总是借助“礼俗互动”将国家政治与民间“微政治”贯通起来，将国家政权的合法性建基于民俗传统的神圣性之上，从而将二者之间可能的互制互斥关系巧妙地予以弱化或规避。

三、“礼俗互动”的田野发现

我们在华北地区的田野考察中发现，如前所述的“礼俗互动”，不仅作为一种社会现象在民间有着丰富表现，而且作为一种观念普遍内化于民众心中。村民待人处事，其实是兼具礼与俗的双重规则，既讲究“按理（礼）说”，也必须“来点俗的”，二者相加才是生活的全部。一个人言行是否妥当，社会交往是否得宜，在乡村舆论中常要归之于讲不讲理、懂不懂礼。这类话语的背后，隐然存在着一套礼俗逻辑与公共机制。

比如在鲁中洼子村，关于村落历史记忆的建构，即包含着多时多地多人多次的互动交流，表现为从诸多个人记忆向集体记忆的整合过程。在冬天暖洋洋的大街上，在亲友礼尚往来的宴席上，在田间地头或是集市、小工厂、杂货店里，许多老年村民经常围绕一个或旧或新的话题而长时间地“拉呱”①，既在反复表述中咂味意趣，又在不断咂味中对内容添枝加叶，丰富或修正既有表述。在看似漫无边际的东拉西扯中，或讨论事体及细节的有无，或评判其人其事的对错。隐然对位于“真”和“善”的不同指向。前者是要辨清“真相”，后者则是指向“事理”，如讨论当事人是“明白事理”“通情达理”，还是“不明事理”“不通情理”。评判既要根据具体的“事”，也会根据常规的“理”，有时还会涉及更具权威的“礼”。在当地方言系统中，“礼”与“理”发音完全一致，内涵大致是重叠同构的关系，仅有微妙差异。② 注重口头交流的村民，对于“礼”与“理”、“讲礼”与“讲理”等话语，大约感觉不到明确区分的必要，“老理”即“老礼”，礼即理也。当然，在分家、葬礼等比较庄重的场合，村民有时会借助“老话说”“论老礼说”，以强调仪式的神圣及细节的不可更易，表现出乡村生活贴近以“礼”为代表的国家话语的倾向。这可能是因为华北地区开发较早，历经国家大一统的长期进程，民间话语与“官话”之间的相互渗透较为充分。萧凤霞认为，在“中华帝国晚期国家的威权”及文化观念“无远弗届”的背景下，“本地的民众自有他们自己一套方法运用帝

---

① 参见张士闪：《乡民艺术的文化解读——鲁中四村考察》，山东人民出版社 2005 年版，第 180—188 页。

② 只有长期生活于当地的人，才能辨别出“礼”与“理”的微妙差异：“理”是关乎现实公平的生活常识，与“俗”相联系；“礼”则是指来自上层集团的处世法则，并在悠久历史中积累了巨大的权威性，代表着更高层次的“理”。不过，只有在极罕见的场合，这种微妙差异才会被当地人注意到或运用。

国的隐喻,去确立他们在地方上的成员身份”①。至于民众这套方法如何养成,如何运用帝国的隐喻确立在地方上的成员身份等,本文认为还有进一步探讨的必要。

细究之,在乡村生活中讲究“老礼”、主张“正儿八经过日子”的人,与热衷于社区表演或家族仪式活动的“好折腾”的人,都是在维护心中的“正统”观念,只不过对“正统”的理解有所不同而已。王斯福认为,在民族国家中以警察和国家防卫力量为代表的武力独占的大原则下,现实社会中依然存在着一种武力组织。这类游离于国家机构之外的武力组织具有两种本质:一种是对抗性的,对国家秩序构成一定的威胁;另一种是交流性的,它以表演的形式与日常生活有着暗中或象征的联系,是一种有选择的文化创造。他以冀南赵县范庄的龙牌会为例,认为中国传统庙会中带有武术表演成分的活动显然属于后者,并推测“是否可以说它们有维护市民发言权的潜力,尽管它只是一种表演?”②有学者据此认为王斯福对中国农民的政治意

---

① 萧凤霞:《廿载华南研究之旅》,《清华社会学评论》2001 年第 1 期。

② 冀南赵县范庄龙牌会上的武术表演活动,给王斯福留下了深刻印象。他特别注意到的是正式演出前的“打场子”表演:“鼓队、武术队、乐队不是军队,但它们是军队的表演。它们甚于出于取乐而身着制服进行模仿和扮演。但当我观看他们表演时,我不认为是一种舞台表演,舞台上没有任何东西可以像我们最近在范庄龙牌会前所体验的那样令人兴奋。最令人兴奋的一刻是我们被一排年轻人往后推,他们用装有真的金属头的矛高高地刺向我们的头顶。很清楚,他们并非针对我们的头,但他们的武器足够接近有点令人兴奋的威胁,以便我们后退,为他们展示力量腾出更大的场地。”([英]王斯福:《农民抑或公民?》,王铭铭、[英]王斯福主编:《乡土社会的秩序、公正与权威》,中国政法大学出版社 1997 年版,第 610 页)

识和热情有所夸大[①],是很有道理的。进一步说,参加庙会演武活动的农民,是在按照想象中的国家礼仪,以象征性表演的方式整饬社区秩序,而不是要从国家权力系统中争取政治资源。或者说,民间社会这类公共仪式的周期性操演,意在与国家共享文化,而非竞争权力。再看鲁中洼子村的"拉呱",其实是村民在熟稔的乡村交流语境中,以"礼"的名义为"俗"的议题找寻神圣根据,召唤神圣之"礼"在日常生活中现身显形。当然,这种"拉呱"不免要延伸到对时政的品评。对于当下官家是否"合理""合礼"的评判,往往就是在"拉呱"场合"卒章显其志"的关键之处。换一个角度来说,这是村民根据当下之需借助传统"礼""俗"话语的神圣性转换或创设新的公共话语,乃是中国礼俗互动传统之重要一端。

又如每年正月,冀南广宗县盛行以村落为单元的"打醮"仪式,所请道士都来自周边地区,因主家之需而临时结成六七人至十几人的班子。道场上会摆放一本纸色古旧的科仪书,但道士在操持仪式过程中却并不参阅,而是依凭与主家的事先约定演礼三日或五日,有时也会根据现场情景,与主家商议后做出某些细节调整。我们在访谈中得知,他们属于道教系统中的正一派,其技艺除了得自师徒传承的仪式传统(以科仪书为标志)之外,也包括如何满足不同主家需求的一套办法。后者其实已经形成了一种"因俗而变"的传统,作为生存智慧极为重要,但通常仅作为一种内部知识秘不外宣。在当地村民心目

---

① 邓正来对王斯福《农民抑或公民?》一文的"主评议",参见王铭铭、[英]王斯福主编:《乡土社会的秩序、公正与权威》,中国政法大学出版社1997年版,第18—19页。

中,“打醮”固然需要礼聘道士来演礼,但也离不开本村大大小小众多会首[①]的精心组织,以及当地善于察言观色、能说会道的“表功师傅”[②]的帮场。更重要的是,由上述各色人等共同襄助的这种打醮仪式,是以祈愿“国泰民安”“吉祥如意”“天下太平”等为名义的。也就是说,村民并未将上述宏大目标的实现,完全托之于国家的“有道”和清官的“善治”,而是坚信必须加上自己亲自操持之力。不言而喻,这种打醮仪式与赵县范庄龙牌会演武、鲁中洼子村拉呱一样,都寄寓着民众根深蒂固的神圣意识,代表着中国礼俗互动传统中至为深厚的民间基础。

笔者还注意到,我国各地普遍存在“皇封御赐”“先有庙,后有村”等民间叙事话语。这应是礼俗互动传统的积存。姑且就华北地区“先有庙,后有村”的说法略作剖析。在这一话语的背后,隐含着民间借神圣立村、纳入国家系统的诉求。村落语境中的建庙之举,类似于家庭分家时的“分灶”仪式。“分灶”绝不仅仅是父子之间分配家什器具和家财债务的经济行为,而是要赋予一个新家庭社会交往的独立身份。同理,当人们聚居某地,无论人数多少,没有建庙就只是一处生活聚落,而不被视为独立的村落共同体。唯有兴修了庙宇,建立起人鬼神俱全的天地宇宙系统,这一聚落才具有了立村资格,而更重要的是

---

① 在冀南乡村,菩萨会等信仰活动的组织者称为“会首”,由会员推选产生,采取轮值制度。会首并非固定一人,一村之内少则几人,多至几十人,人选推选时会兼顾不同的家族和居住地片,因而能比较广泛地代表民意。

② 表功师傅,又称“香头”“大师傅”“师傅”等,都是周边村落中号称有“通灵”能力的村民,其共同特点是记忆力好、口才好、处事灵活,一般都在家中设有“佛桌子”,为人看香、治病。

可以进一步建立与“国家”的直接联系，人们成为“化内之民”。即使地处偏远，人们也要以皇权之下、神明在上的名义，确立一套天地时空秩序和价值系统。此外，我国几乎所有历史题材的传说、戏曲、话本都与皇权、神灵有关，其实是同样的道理。

毫无疑问，国家制度“深深地影响着乡村社会的日常生活”①，但在乡村社会语境中，国家制度又经常被视作一种可供谈论、交流、改装或化用的“文化文本”。这一文化文本如何在乡村落地？是蜻蜓点水一掠而过，还是落地生根嵌入地方传统，甚或衍生出新的价值？我们不应忽略民众的应对之道，自上而下贯彻的国家制度是必须接受的“既成事实”，接受的过程也是尝试、斟酌、置换、再造的过程，以谋求与自身当下的生存状态恰当对接。“国家”与“民间”的这种对接，因为是基于日常生活，自然会附加种种地方策略，产生多元意义。在最根本的意义上，国家制度其实是应该扎根于民众生活土壤之中的，正如国家的运行要靠民众缴纳赋税来维持一样，而礼俗互动的政治智慧亦应服务于地方社会的良好发展。换言之，国家

---

① 刘志伟、陈春声认为：“中国的传统乡村社会中，除了流传着丰富的口述传说外，也保留了大量的族谱、契约、碑刻、书信、民间唱本、宗教科仪书等民间文献，保存着关于本地历史的各种解释。这些特别被从事乡村基层社会研究的学者所钟情的所谓‘民间’的文献，普遍有着所谓‘文人’传统和国家制度的渊源，而又深深地影响着乡村社会的日常生活。”（刘志伟、陈春声：《“历史学本位”的传统中国乡村社会研究》，中国史学会《中国历史学年鉴》编辑部编：《中国历史学年鉴 1997》，生活·读书·新知三联书店 1998 年版，第 7 页）笔者在同意这一判断的同时也认为这些民间文献毕竟长期为乡村社会所有，或实用，或虚存，或以象征的方式影响生活，情形不一，不仅是国家制度和文人传统“深深地影响着乡村社会的日常生活”的产物，而且也是民众运作生活、蕴积力量、影响国家和地方社会的一种文化工具。

政治的礼俗一体化追求，必须借助全社会广泛参与的生活实践才能实现。国家为社会预留“微政治”空间，与民众在社会公共领域中的主体能动性发挥，是至为关键的要素。

结　语

在中国，无论是传统还是现代，国家政治与民间社会之间一直是互动共生的关系，这是西方政治传统一直忽视的命题。中国有“礼”“俗”结合的社会传统，以此引导和规范民众的言行举止，而不同于讲究绝对法治的西方社会。民俗文化毕竟贯穿着一方民众的生活智慧与集体意志，承载着民间社会千百年来形成的道德观念、精神需求、价值体系等，构成了一种相对稳定的群体行为规范。民间自我生成的规范力量，与国家权力意志之间既有分立又有合作，既有纷争又有对话，并谋求在对话、合作中由日常规范上升为公共价值。刘铁梁提醒说：

> 民众创造、传承的文化没有全部被纳入到既有的文人视野之中，而所有的文人文化也不一定都要经过生活层面的过滤。很多精英的思想老百姓并不了解，反之，老百姓的思想也不一定被精英们了解，它们之间毕竟有着一定的隔膜，所以文化分层理论才是有意义的……但是我认为所有文化只要成为传统，它就或多或少地在生活层面有所表现。①

---

①　刘铁梁：《村落生活与文化体系中的乡民艺术》，《民族艺术》2006年第1期。

也就是说,在“礼”“俗”两种话语之间,无论如何都会存在不能或未能通约的一面。然而,换一个角度来看,这其实正是中国礼俗互动传统的价值与活力所在。① 礼俗互动的核心要义,正是借助全社会的广泛参与,将国家政治与民间“微政治”贯通起来,保证社会机制内部脉络畅通,以文化认同的方式消除显在与潜在的社会危机。近现代社会以降,这一传统尽管遭遇现代文明的巨大挑战,似乎退出了中华文明的主流传承谱系。但这只是表象,这一传统其实并未真正失去传承,而是在地方社会生活中一直有所维系,并在 20 世纪 80 年代以降出现复振态势,形成了与国家改革持续深入的社会呼应。特别是在以“时空压缩”为特征的当代社会格局中,国际动向、国家政治与地方社会之间呈现出空前复杂的互动态势。与礼俗有关的话题,不仅涉及国家与地方生活的建构,也会涉及国际地缘政治问题。随着全球化、信息化进程的加快,跨时空联系变得简单而直接,为“礼俗互动”开辟了更为广阔的舞台。我国面临国际规则、国家法权与民间治权等方面的多重考量,“礼俗互动”所寓含的传统政治智慧与社会运作机制或有助益。

---

①　正如冯建民所言,“正因为礼与俗既有差异性,又有同一性,所以在历史的过程中,‘礼俗’才联结为一个专门词语,耦合成中国文化中一个特有的系统,形成了独具特色的社会礼俗,在社会生活中发挥着极其重要的功能”[冯建民:《科举制度对中国传统礼俗的影响及启示》,《南京邮电大学学报》(社会科学版)2010 年第 3 期]。

山东民间文化背景下的梁祝故事*

——关于济宁马坡《梁山伯祝英台墓记》的民俗学分析

2003年10月28日，我们一行数人在济宁市文物局副局长、济宁梁祝文化研究会会长樊存常先生的陪同下，对刚刚挖掘出土、始立于明正德十一年（1516）的一块墓碑进行了考察，同时对墓碑所坐落的微山县马坡乡马坡村村民进行了随机性访谈。

这块《梁山伯祝英台墓记》（以下简称《墓记》）碑高1.84米，宽0.82米，上刻有碑文833字，是在明朝南京工部右侍郎、前都察院右副都御史、奉敕总督粮储的崔文奎的主持下，为重修梁祝墓而立。该碑是国内发现的十处梁祝墓中立碑时间最早、记叙梁祝故事字数最多的一块。《墓记》反映的是当时山东地区部分文化精英，在面对基于一则民间传说故事形成的纪念性建筑遗迹的文化态度，既载录了长期流传于济宁地区的梁祝故事，也表明了他们对该故事以及修复遗迹之举的评价。

本文试图从《墓记》（主要是载录梁祝故事的前半部分）的行文风格、所述梁祝故事中情节冲突的内在张力及其山东特色

---

* 本文原载于《齐鲁艺苑》2005年第2期。

入手,以民俗学视角予以分析。本文认为,山东民间文化的历史传承具有相当的稳定性。在《墓记》撰写的特定时期与梁祝故事流传的较长历史时段中,山东民间文化所体现出来的一些主要特征是相似或相同的,这是本文立论的逻辑依据。

一、在朴实无华的文本语言中浸染着浓重的教化色彩

碑文的撰写者是土生土长的本地人士赵廷麟,丁酉年贡士,曾任都昌县令,此时大约退养在家。整篇碑文共有833字,按照其叙事内容可分为前后两个部分。前半部分载录了在当时济宁地区广泛流传的梁祝故事,后半部分则叙述了重修梁祝墓的大致过程,并援引司马迁"以忠臣烈女同传"的修史传统,为此次立碑将"烈女"祝英台、"忠臣"崔文奎并置共赞提供合法性。

《墓记》碑为什么要载录当时流传于济宁地区、看似离经叛道的这样一则梁祝故事?当时正奉敕总督粮储、视察河道的南京工部右侍郎崔文奎为什么要倡修颓圮已久的梁祝墓并隆重立碑?《墓记》碑给出了确切答案——一切皆与教化有关。

既然事关教化,《墓记》在载录这则民间故事时便格外慎重。"近来访诸故老,传闻……"一句,显示出撰写碑文者曾为此下过调查功夫,亦可看出梁祝故事在当时济宁一带普遍流传。后面一句"乡党士夫,谓其令节,从葬山伯之墓,以遂平生之愿,天理人情之正也",说明梁祝故事中对于美好爱情生活的追求,得到了当时地方社会的广泛认同,特别是其悲剧性结

局获得普遍同情。相应地，碑文朴实无华，没有其他梁祝故事版本中常见的离奇扑朔的神话色彩。

《墓记》表达了一种重礼而能容情、顺情而不逾礼的文化观念，追求情与礼的和谐统一。比如，祝英台出外求学为的是“以谢亲忧”，而其笃信好学以至于“三年衣不解”，以及最后“舍生而取义”的行为选择，都是符合这一文化观念的。进而言之，只要依照心灵的导引，去做真心喜爱、真正有价值的事情，而不破坏当时的社会秩序与通行的道德伦理法则，就已接近至圣先师孔子所谓“从心所欲，不逾矩”的境界。也正是以此为逻辑基础，《墓记》认为祝英台的举动“推之可以为忠，可以为孝，可以表俗”，“可以垂节义于千载之上，挽节义于千载以下”，因为其“有关世教之大不可泯”的礼教精神。

二、情与礼的矛盾冲突，构成《墓记》中梁祝故事情节往前推进发展的内在张力

正如上文所述，在《墓记》文本的表层叙事中，我们看到了传统知识精英试图运用情与礼和谐平衡的理想模式来抹平梁祝故事中的悲剧性，似乎这一爱情悲剧的发生只是偶发的情礼失衡所致。然而，情与礼的冲突在传统社会生活中自有其必然性，这在历史上的山东尤其是济宁地区表现得更为突出。

山东是中国儒家文化的发祥地。作为齐鲁文化最高成就的儒学文化，对中国社会历史进程发挥了重要作用。在东方文化—中国文化—齐鲁文化—山东民间文化这一链式结构中，由前往后是一层层典型性类推的关系，由后往前则可以视为某种

象征性的浓缩展示。《墓记》碑出土的济宁地区,正处于古代邹国、鲁国。在周朝分封的诸多诸侯邦国中,作为周朝重臣周公之封国的“鲁”(以现今济宁地区所辖的曲阜市区为中心,周公长子伯禽代其就封)是姬姓宗邦,与周文化一脉相承。伯禽赴鲁时,周王室特别分赠一套典册、礼器以示优渥,因而鲁国大致保存了周朝礼乐制度。后来,周王室日益受到西北戎狄诸部的侵袭,许多典册、礼仪散落,后人遂有“周礼尽在鲁矣”之叹。邹国作为亚圣孟子的出生地,则是后世儒者心中的另一“圣域”。一言以蔽之,作为邹、鲁故地的济宁地区代表了饱受传统儒学文化浸润的“首善之区”,而“风近邹鲁”则成为传统社会对民风淳朴、教化良好之地的最高褒奖。

再看《墓记》碑载录的梁祝故事,有着谦谦君子之风的梁山伯,恐怕做梦也不会想到一个年轻女子竟然可以女扮男装外出求学,甚至自择婚姻伴侣。我们还可以进一步推想:如果祝英台不采用山东琴书《梁祝下山》中即景即事百般设喻以启迪的方式,而将一往深情直言相告,饱受传统礼教熏陶的青年男子梁山伯,难免不会发生“文化震惊”甚或“文化休克”的现象。即便没有马文才的横刀夺爱,性情单纯、迂执的梁山伯能否经受得住祝英台的惊世骇俗之举,亦未可知。同样生活在儒学核心区域的祝英台,当然洞悉“梁兄”内情,山东琴书《梁祝下山》中最动人的“十八相送”即由此铺衍而成——这与其说是梁山伯对“契弟”祝英台的依依不舍、深情相送,不如说是冲破了传统桎梏的祝英台,锲而不舍地引领她心爱的“梁兄”共同打破传统礼教、追求自由爱情的大胆尝试。

为什么“梁兄”如此晚熟?在以儒学文化为主体所构建的传统社会中,男子一生往往被一条“正统”之路——苦读,赶考，获取功名入仕或科场失利沉于底层社会，娶妻生子承继香火，课子读书“诗礼传家”所框约。女子则迥然不同。祝英台如果不女扮男装外出求学，她将终生没有接受常规社会教育的机会；如果她不能大胆追求自由爱情，就将像千千万万中国传统妇女一样，将自己婚姻大事托付于父母的安排。就此而言，祝英台可谓传统妇女群体中的幸运者。在传统社会中，不是每个女子都有女扮男装外出求学、见识众多青年男子并自择人生伴侣的机会并付诸行动的。事实上，她一度生活于只有男性才有特权进入的社会空间，深受儒学文化熏陶，并对现行社会规则有所了解。按照《墓记》中的溢美说法，她“明乎道义”，“其心皎若日月，其节凛若秋霜”。

也正因为此，梁祝二人不可能超越时代社会的局限，而只能以自己的方式行动，最终走上一条让人扼腕叹息的不归之路。当美好的爱情理想破灭之时，他们难以采取私奔的方式“一走了之”。在传统社会中，青年男女为爱私奔并非罕见，但在梁祝故事的诸多版本中，即使男女主人公的思绪再昏乱、生活再痛苦，也未闪现过这样“惊世骇俗”的念头，这也正是这一爱情悲剧的深刻之处。在饱受儒学文化熏陶的济宁地区，以私奔的方式争取婚姻自由，时至今日依然不是绝大多数青年男女的选择。而勇敢地做出私奔选择的极少数人，必然会在其所处的地方社会中承受巨大的文化压力，即便是背井离乡身处异域，也会留下终生难以抹去的精神阴影。

因而，在以儒学文化为主体的传统社会中，梁祝悲剧的发生具有一定的必然性与普遍性，是人人都可能遭遇的悲惨命运，这也正是其得以引起人们广泛共鸣的关键所在。

三、《墓记》与“山东琴书”“山头花鼓戏”等民间艺术，共同建构了梁祝文化的山东特色

艺术本自社会生活中产生，又试图以艺术的方式影响社会生活。这样，我们不仅可以从民俗学的角度考察社会生活如何产生了艺术，而且还应关注某一艺术发挥了怎样的社会功能及其如何参与社会进程的整个过程。对于梁祝故事，我们应作如是观。

无疑，历史上真的发生过这类爱情悲剧事件，这是梁祝故事的生活之源；人们既知其然，也希望知其所以然，于是便不断地为这类故事附会想象，这本身便是一个感悟生活、思索人生、创造艺术的过程，“梁祝艺术”由此出现；人们为了避免类似的悲剧发生，吸取生活教训，于是“梁祝民俗”得以层累形成，如梁、祝、马三姓禁止通婚，梁祝故里禁演与梁祝有关的影视、曲剧（据说20世纪60年代济宁地区马家后人曾因之损毁县电影院），山东琴书艺人演出梁祝戏前先要拜梁祝碑，等等。

梁祝故事，实际上是一个关于痴情男与血性女的故事。无论在上述《墓记》中，还是在济宁地区流行的“山东琴书”“山头花鼓戏”等地方戏曲中，祝英台都是性格最为突出、形象最是鲜明的主人公，很容易让人联想到敢爱敢恨、重情义轻生死的山东传统妇女形象。相形之下，一提及山东男人，人们便容易想起大碗喝酒、大块吃肉、粗豪爽朗的梁山好汉形象。但在实际生活中，相较于以武松为代表的梁山好汉，梁山伯的形象其

实更有代表性,更具“良民”风范。这里暂且不论历史上梁山好汉与梁山伯之类“良民”之间所可能存在的基于时势的互相转化关系,而集中阐述济宁地区的《墓记》与“山东琴书”“山头花鼓戏”中的梁山伯形象为何与传统的山东男人群体意象相叠合。

性情至诚至憨,心理内倾,迂直乃至呆气,对女性悉心呵护不够,怜香惜玉情调稍缺,却又忠于情感,一诺千金,乐于助人,急公好义,乃至认定死理一条路走到黑,这是被广泛认可的山东男人群体特征,无论是作为英雄好汉还是莘莘学子,抑或是寻常的“山东汉子”。上述《墓记》和“山东琴书”“山头花鼓戏”中的梁山伯形象,显然很符合以上“山东特色”。他受礼教所拘,情感受挫,怯于抗争,再加上功业难成,沉郁自责,乃至“疾终于家”,其悲剧命运发人深思。

梁祝故事,其实与南宋时期陆游、唐琬生离死别的爱情悲剧颇多相似。两相比较,男女主人公的生死结局或许是最大差异。陆游痴情如斯,而在爱侣唐琬逝后选择了含悲忍泪度残生、金戈铁马建功的壮阔人生,终以爱国志士、杰出诗人闻名于世。《墓记》中的梁山伯,却没有类似的人生选择,而是在对爱情婚姻绝望后返乡,“别来不一载,疾终于家”,“山东琴书”中则有临终前托付老母将自己葬于祝英台出嫁马家的必经之路旁,在祝英台下轿拜墓时亡魂现身,向她表白“阳间咱不能成双对,死后你随我上天台”的热切愿望。陆游以75岁高龄挥毫写下《沈园二首》,一抒魂断心伤之情,显示出其个人情感世界的长期压抑与沉重,梁山伯则以血肉之躯为代价,短暂人生迸发出耀眼的生命光芒,留下了一段生难相伴、以死相许的千古佳话。

本文无意论证梁祝故事发生于济宁地区——所谓“梁祝故里”之争本身即是庸人自扰的无聊之举——而将其视作一种内涵丰富、形式多元的文化现象。梁祝文化的发生至少已有1600余年历史,从晋代即有的传说,宋代的诗词,元、明的戏剧,清代的歌谣,全国各地为数众多的庙宇、名胜、碑刻等,直至现今纷繁多样的影视剧、地方戏、绘画、书法、音乐、舞蹈、工艺品、邮票、主题公园等,足以说明梁祝故事在人们心中的情结之深。关注上述这一文化现象的历史脉络,挖掘其文化内涵,使其在当代社会中焕发新的文化光彩,或许才是我们的应尽之责。

附:山东省微山县马坡《梁山伯祝英台墓记》

外纪二氏,出处弗详。迩来访诸故老,传闻在昔济宁九曲村祝君者,其家巨富,乡人呼为员外。见世之有子读书者,往往致贵,显耀门间,独予无子,不贵其贵,而贵里胥之繁科,其如富何?膝下一女名英台者,聪慧殊常,闻父咨叹不已,卒然变笄易服,冒为子弟,出试家人,不认识;出试乡邻,不认识。上白于亲:毕竟读书,可振门风,以谢亲忧。时值暮春,景物鲜明,从者负笈。过吴桥数十里,柳荫暂驻,不约而会邹邑西居梁大公之子,名山伯,动问契合,同诣峄山先生授业,昼则同窗,夜则同寝,三年衣不解,可谓笃信好学者。一日,英台思旷定省,言告归宁。倏经半载,山伯亦如英台之请,往拜其门。英台肃整女仪出见,有类木兰将军者。山伯别来不一载,疾终于家,葬于吴桥迤东。西庄富室马郎亲迎至期,英台苦思:山伯君子,吾尝心许为婚,第无父母之命,媒约之言,以成室家之好;更适他姓,是异初心也。与其忘初而爱生，孰若舍生而取义！悲伤而死。少间，愁烟满室，飞鸟哀鸣，闻者惊骇，马郎旋车空归。乡党士妇，谓其令节，从葬山伯之墓，以遂生前之愿，天理人情之正也。越兹岁久，松楸华表，为之寂然。俾一时之节义，为万世之湮没，仁人君子所不堪。矧惟我朝祖宗以来，端本源以正人心，崇节义以励天下，又得家相以之佐理，斯世斯民，何其幸欤！

时南京工部右侍郎、前督察院右副都御史奉敕总督粮储、新泰崔公讳文奎，道经顾兹废圯，其心拳拳，施于不报之地，乃托阴阳训术鲍恭干，昔有功于张秋，升以奉禄，近有功于阙里。书以奏名，授今兹托，无用其心哉！载度载谋，四界竖以石，周围缭以垣，阜其冢，妥神有祠，出入有扉，守祠有役。昔之不治者，今皆治之；昔之无有者，今皆有之。始于十年己亥冬，终于今岁丙子春。

恭干将复公命，请廷麟具其事之本末、岁月、先后，文诸石。不得已而言曰：土帝降哀，不啬于人，惟人昏淫，丧厥贞耳。独英台得土地之正气，萃扶舆之倩淑，真情隐于方寸，群居不移所守，生则明乎道义，没则吁天而逝。其心皎若日星，其节凛若秋霜，推之可以为忠，可以为孝，可以表俗，有关世教之大，不可泯也。噫！垂节义于千载之上，挽节义于千载之下。伊谁力欤？忠臣力也，忠臣谁欤？崔公谓也。不然，太史尝以忠臣烈女同传。并皆记之。

丁酉贡士前知都昌县事古郓赵廷麟　撰

文林郎知邹县事古卫杨环　书

亚圣五十七代世袭翰林院五经博士孟元　额

传统妈祖信仰中的民间叙事与官方叙事*

多年前的一位寻常女性，既无著作等身，又无片言警世，也未建立显赫教派簇拥于生前身后，围绕她的只有一堆支离破碎、不成体系的神话传说，却能成为历史上中国东南沿海和海外华人供奉的影响最大的海神，这不能不算是一个奇迹。据不完全统计，现今世界各地有妈祖庙近4000座，信众达两亿人之多。而历代学者对于妈祖文化所表现出来的久热不衰的兴趣，也就不难理解了。

乍看起来，妈祖似佛非佛，似道非道，似儒非儒，似巫非巫，既多次受过皇封，又作为一种民间信仰长期兴盛于各地，信众队伍庞大而成分复杂。而其研究价值则正与此有关，它不仅是民间信仰生活的某种形式，也是传统社会上层文化与民间文化之间一个极其重要的复合点。细察之，妈祖信仰最初是在我国东南沿海一带的渔民中兴起，自宋代始逐渐引起上层社会的注意、重视与推崇，它在屡受皇封的同时也在民间社会中不断扩展着其影响力，至今仍盛而不衰。在这种官民互动的发展态势中，妈祖自身也经历了诸多变化，从功能的累积到角色的转变，

---

* 本文原载于《齐鲁艺苑》2007年第6期。

从性质单一的区域保护神到神性无限追加的万能海神，从民间信仰的原初内涵到逐渐附会的多重文化意蕴，不一而足。本文试图借鉴法国历史学家哈布瓦赫的集体记忆理论，从官方叙事、民间叙事的角度对千百年间围绕妈祖信仰而孕生出的神话传说、庙记碑文等文本进行分析。

一、围绕妈祖家世的官方叙事与民间叙事

民间传说也罢，庙记碑文也罢，都只是对历史的叙事，而不是对历史的实录。认识到这一点，我们对于妈祖信仰诸多叙事文本中的矛盾之处，就不会惊讶了。

尽管历代皇帝加封在妈祖身上的封号颇多，但我们注意到，在关于妈祖的诸多神话传说中，越是靠近妈祖出生的年代，关于其人其家的说法就越是语焉不详，矛盾之处甚多。而这些传说都显示出妈祖作为寻常村姑的一面，如沉默寡言、聪颖好学、急公好义以及向往自由生活、避婚畏育、定时省亲等，即使是在诸多官方叙事文本中亦是如此。这实际上是以妈祖为中心而形成的众多叙事文本的基础。

对于同一历史事件，一个社会中有多少群体，就可能有多少种叙事立场。而在一个有着比较稳定的结构系统的社会中，不同的叙事文本乃是由各社会阶层在较长的时段中逐渐建构出来的。哈布瓦赫认为，“过去”是一种社会建构，这种社会建构主要是由现在的关注所形成的，这就是其“现在中心观”(presentist)的基本理念。换言之，在每个历史时期分别体现出来的对于“过去”的各种看法，都是由某一社会群体基于当下

的信仰、兴趣、愿望而形塑的。这不仅对于那些经常处于断裂的、突变时期的社会具有意义,对于那些很久以来一直保持着结构相似性的社会一样具有阐释的力度。而且,由于后一种社会从过去和现在盘根错节的交互作用中生发出来的错综交织的复杂性,集体记忆理论尤其是“现在中心观”理念就更有助于我们厘清其中的逻辑。对于在我国传统社会中有着悠久传承历史的妈祖信仰,也应作如是观。

比如关于妈祖的身家状况,常见有两种说法:一种认为她是“莆田九牧”之后,一种认为她是父兄出海劳作、自己在家耕织的普通村姑。就现存历史文献所见,有宋一代,所谓“莆田九牧”与妈祖尚无任何关系,只是于元代中叶以后才有此说。程瑞学在《灵慈庙记》中,首先将妈祖的出身拉入国家体制内的官宦之家:“谨案神姓林氏,兴化莆田都巡君之季女。”后来有人便在林氏谱系中为她“寻找”双亲,明人倪中在《天妃庙记》中认为她乃林孚之女,黄仲昭的《八闽通志》辩称是都巡检林愿之女,丘人龙的永乐版《天妃显圣录》最是言之凿凿:“天妃,莆林氏女。始祖唐林披公,生子九,俱贤。当宪宗时,九人各授州刺史,号九牧林氏……孚子惟悫讳愿为都巡官,即妃父也。”这很明显地反映出,对于同一个妈祖,官方社会与民间社会有着不同的叙事选择。

显然,上述林家历代高官、系“莆田九牧”之后的说法不太符合常理。一个宋代的官宦之家,任由家中女子年长不嫁,而兴装神弄鬼之巫风(所谓“善走阴走阳之术”),这是很难想象的。然而,在传统社会中,即使是寻常宗族也惯于追认达官贵族为祖先,借以自抬身价,何况“妈祖”在历代屡受皇封,并陆续兴修多座庙宇为之“推波助澜”,由此形成的妈祖信仰遂有风起云涌之势，而这本身又是颇值得仔细研究的。

从这个角度而言，妈祖到底出生于官宦之家还是寻常百姓之家，这种考证或许并无太大价值，值得关注的是官方政治与民间社会如何以之为载体，各自建构那些他们认为是至关重要而又合情合理的历史叙事。当然，这两种叙事的边界是模糊的，并没有一个绝对固定的内在规定性，而是在为人们确信曾真的发生过或应该发生过的那些事件的基础上随机延伸。这些事件可以是有着传奇色彩的，如预知祸福、走阴走阳的传说，也可以是有着轰动效应的，如诞生时瑞霭凝香以及后来的古井受符、铁马渡江、水族来朝等奇闻，还可以只是一个平凡村姑的日常生活，如勤于耕织、孝敬双亲、向往自由生活、避婚畏育的少女心性等。

二、关于妈祖的民间叙事的建构

由清人叶德辉序跋、据称是“明人以元版画像《搜神广记》翻刻”的七卷本《三教搜神大全》（又名《三教源流搜神大全》），里面保存了关于妈祖生平神迹的大量民间传说。其卷四载：“妃林姓，旧在兴化路宁海镇，即莆田县治八十里滨海湄洲地也。母陈氏，尝梦南海观音，与以优钵花，吞之，已而孕，十四月始身得妃，以唐天宝元年三月二十三日诞。诞之日，异香闻里许，经旬不散……兄弟四人业商，往来海岛间。忽一日，妃手足若所失，瞑目移时，父母以为暴风疾，急呼之。妃醒而悔曰：‘何不使我保全兄弟无恙乎。’父母不解其意，亦不之问。暨兄弟赢胜而归，哭言前三日飓风大作，巨浪接天，兄弟各异船，其长兄船飘没水中耳。且各言当风作之时，见一女子牵五两（篷桅索）而行，渡波涛若平地。父母始知妃向之瞑目，乃出元神救兄弟也。其长兄不得救者，以其呼之疾而神不及护也，恨尤已……年及笄，誓不适人，即父母也不能强其醮。居无何，俨然端坐而逝，芳香闻数里，亦就诞之日焉。”

台湾民间至今亦有类似的传说流传。妈祖又叫默娘，从小聪明伶俐，温文尔雅，是一位孝敬父母的女子。有一天她帮助母亲织布，忽觉困倦，伏机而睡，在梦中看见海涛汹涌，巨浪滔天，突然发现有一艘船摇摇欲坠，船上水手已经翻船落水，正处于危难之中。妈祖一看原来是父亲和两个哥哥，急忙跳入海中，用嘴咬住父亲的衣服，两只手各抓住两个哥哥的手，奋力向陆地游去，但在途中忽然听到母亲的呼叫声，妈祖回应，不料因口开而致父亲掉入海里，遂从梦中惊醒。她醒后向母亲诉说梦中所历，母亲说梦情不足为信。不久，两个哥哥归来，痛楚地叙述了遇难的经过，父亲不幸身亡，妈祖听后泣不成声，痛不欲生，自恨未能及时救出父亲。①

事实上，妈祖生前生活在“越人好巫”的大环境中，因事巫而在湄洲岛一带小有声名，而湄洲岛是在宋代才刚刚开发的岛屿，影响有限。南宋廖鹏飞的《圣墩祖庙重建顺济庙记》撰写于绍兴二十年（1150），被认为是现存有关妈祖的文字资料中最早的一篇，里面说道：“……姓林氏，湄洲屿人。初，以巫祝为事，能预知人祸福；既殁，众为立庙于本屿。”同时代的莆田人黄公度，在绍兴二十一年（1151）遭贬赴平海军（今泉州）任

① 参见李露露：《妈祖神韵——从民女到海神》，学苑出版社2003年版。

节度判官时，曾游览顺济庙，并题诗一首："枯木肇灵沧海东，参差宫殿崒晴空。平生不厌混巫媪，已死犹能效国功。万户牲醪无水旱，四时歌舞走儿童。传闻利泽至今在，千里危樯一信风。"仙游县尉黄岩孙在宝祐五年(1257)编纂的《仙溪志》，其中"三妃庙"条记云："顺济庙，本湄洲林氏女，为巫，能知人祸福，殁而人祠之，航海者有祷必应。"

这些文献资料形成于妈祖尚未真正登上国家正祀的圣坛之时，因而载录了不少处于原生状态的民间传说，反映了当时民间社会中妈祖信仰的真实状况。这些传说均大同小异——妈祖生前热爱劳动，孝敬双亲，还是一位在当地颇有名气的女巫，能预言人的祸福，而且每每灵验；死后成神，保佑民间风调雨顺、航海平安，佑护一方水土，因而深受所在沿海地区民众的信赖与颂扬。

三、关于妈祖的官方叙事的重建

我们已知，宋代文献传说中的妈祖，并无显赫身世，只有其生前为巫、死后成神的简略过程。然而，后来这一切却发生了极具戏剧性的变化，如关于她为观音转世、托生于累世簪缨之豪门的说法逐渐占了上风。明人周瑛在《兴化府志》中对这一点说得很清楚："予少时，读宋郡志，得绍熙初本，亦称妃如里中巫，及见延佑本称神女。今读志皆称都巡检愿女，渐失真矣。"周瑛所言，所涉及的正是围绕妈祖发生的由民间叙事向官方叙事的转变。

已逝的巫女林默娘变成"通灵神女"后，关于她护航的传说渐由湄洲湾扩展到沿海各地,信仰人数遂日益增多。对于传统社会中在海上讨生活、一向多灾多难的渔民来说,“宁可信其有”是再自然不过的心态。宋徽宗宣和五年(1123),这类传说终于传到朝堂之上。这一年,宋朝派给事中路允迪出使高丽国,船队在海上遇到飓风。战战兢兢于风头浪尖之上的路允迪,骤然间仿佛看见桅杆上正发出一道道红光,过后风浪顿息,一船人转危为安。路允迪深感奇怪,便询问部下是什么神灵显圣相救,正好船上有一位保义郎李振,是莆田白塘人,平时信奉妈祖,就向路允迪报告说是湄洲神女搭救。路允迪深信不疑,还朝复命时就将途中奇遇上奏皇帝。宋徽宗遂下诏为妈祖庙赐以“顺济”匾额。这是妈祖神迹第一次由民间传到官府,并得到朝廷的认可与褒奖。

按照廖鹏飞《圣墩祖庙重建顺济庙记》中的说法,当时出使高丽的总共有 8 艘使船,覆没 7 艘,唯独路允迪乘坐之船完好无损。但与路允迪同行而乘坐不同使船的礼物官徐兢,在回国后写成《宣和奉使高丽图经》一书,书中详细记载了这次出使经历。谈及突遭台风之际,他所乘坐的使船三柁并折,情况十分危急,船上人都望空跪拜,祈求神灵庇佑,天空随即出现一片祥光,顷刻云开雾散、风平浪静,并无哪艘船翻沉遇难。徐兢返朝后奏请褒奖的并不是妈祖,而是他一向信奉的福州“演屿神”,而朝廷也为之下诏颁赐“昭利”庙额。面对同一事件,不同的当事人却有着两种截然不同的解释,朝廷为什么会对看似矛盾的两种奏请一并诏赐庙号?显然,这既迎合了封建王朝一贯宣扬的“真命天子”、天佑我朝、神人共助等话语,也是因为当时妈祖信仰已在各地渔民中具有较大影响,朝廷采取的是顺水推舟、化用民间文化为己张目的策略。北宋宣和年间的“顺济”庙号，是历代帝王赐封妈祖的起点，也是国家政治利用特权构建关于妈祖的官方叙事的重要标志。

此后数百年间，自南宋高宗绍兴二十六年（1156）起至清朝，历代皇帝出于种种原因，对于妈祖的封号由 2 字累加至 64 字，爵位由“夫人”而“妃”“天妃”“天后”，再到“天上圣母”，几至难以复加，并列入国家祀典。朝廷的层累封赐，最终树立了妈祖作为唯一海神的至高无上地位，也使妈祖这一民间信仰的传播范围日益扩大，几乎遍及中国全境；同时，她的名字还伴随漂洋过海的华侨、海员和外交使节传到世界各地，成为颇具世界影响的海神。

值得注意的是，自元世祖至元十八年（1281）封护国明著天妃以来，“护国”二字就牢牢地与妈祖结缘。从元到清，各代皇帝共为妈祖加封 22 次，带有“护国”二字的就有 21 次，其中在元成祖、元仁宗、元文宗时更是为“天妃”树起了“护国辅圣”的鲜明旗号。所有这一切并非偶然。

事实上，这正表明历代皇帝和大臣的心照不宣或合谋，以民间的妈祖信仰为蓝本，通过对于民间叙事的吸纳与再造，尽力将妈祖补缀成一个辅国济民、神佑我朝的“正神”形象，这也正是关于妈祖的官方叙事的实质。比如，南宋孝宗淳熙十年（1183），朝廷水师征剿温州暴乱，领军将领在凯旋时奏报曾得到妈祖庇护，朝廷随即加封妈祖为“灵惠昭应崇福善利夫人”；明代凡是出使海外者，开船前都会赴天妃宫祭祀一番，然后择吉日启航，平安回国后必谈航程中如何受妈祖庇护，将册封使船的顺利往来归功于天妃的无边法力；清王朝在统一台湾的过程中，水师提督万正色攻占厦门岛，施琅攻克台湾，都认为是得到了天妃的佐助，奏请褒扬，妈祖迅即两获皇封……伴随着这一切,妈祖的身世亦渐趋高贵,她的人生履历被涂上了灿烂辉煌的色彩,并逐渐成为“三教合一”的典范。由此,关于妈祖的官方叙事一步步建立起来,并依照王朝的威权重新推向民间,试图去同化关于妈祖的民间叙事的众多版本。

这样,围绕着妈祖信仰,实际上存在着一个由各种集团和组织交织而成的“权力的文化网络”。杜赞奇认为:“不仅乡村社会中有着各种势力这种权威合法性的象征,封建国家等外来因素亦参加了这一争夺。这样,文化网络不仅沟通了乡村居民与外界的联系,而且成为封建国家政权深入乡村社会的渠道。通过这些渠道,封建国家使自己的权力披上合法的外衣。”“对国家政权来说,使文化网络中的各种规范为自己服务并不是一件容易之事,它经常不得不将自己的霸权凌驾于大众的信仰象征之上。”①这一观点虽然是从几个华北村落出发,主要就北方近现代乡土社会结构而言,但在包括沿海渔民生活在内的广泛意义上的中国传统社会中,其实也具有相当的普适性。那么,历代王朝煞费苦心地构建关于妈祖信仰的官方叙事文本,其意义何在?

可以说,我国传统乡土社会的保持与运转,在相当程度上得益于传统文化思想的延续,国家对乡土社会的控制,也在相当程度上取决于国家对于民间文化思想的控制。一旦民间社会与国家政治在历史认同方面的接合部趋于消失,民间社会对国家的心理认同也将失去根基,这是当政者无论如何也不愿看到的。正因于此,官方为了保证对民间社会的渗透力,往往要

---

①　[美]杜赞奇:《文化、权力与国家:1900—1942年的华北农村》,王福明译,江苏人民出版社1996年版,第21页。

嵌入乃至控制民间叙事文本。历代统治者对于民间信仰所抱持的“怀柔百神，礼所不废”的姿态①，实际上正是他们有意识地要怀柔天下、教化众生的策略选择。而民众对于民间叙事的传承亦自有考量，他们面对着国家凭借无上威权大力推行的话语权力一体化的文化制度，总是尽力储存一种有别于官方叙事的“对立性叙事”。这种“对立性叙事”的存在，反映出民间竭力保持其文化的相对独立性的潜意识，而民间叙事文本的多样性特征由此得以保持。于是，在妈祖信仰中，我们看到了既在互动中趋同又刻意保持自身传统的民间叙事与官方叙事两种不同文本的共存。

结　语

在上述考察中我们发现，正是不同的社会群体出于不同的立场而建立起对妈祖信仰的不同叙事。对妈祖信仰中的官方叙事与民间叙事这两种叙事方式的理清与分析，可以给予我们诸多启示。

（一）叙事文本并不等同于真正的历史，但人们的认同感可以通过叙事文本而获得

通过不同的社会群体所构建的各种叙事文本，中国传统社会保存了对自身历史各个时期的记忆。民间传统往往是通过

① 参见宋光宗《加封灵惠妃诏》，载于《天妃显圣录》（历朝封褒致祭诏诰）。

对叙事文本的共享而得以存续的，官方则试图通过对民间叙事的吸纳与重构保持对地方社会的亲和姿态与文化控制。如果说民间叙事更倾向于对一种传统作惯性的保持，那么官方叙事则更看重对当下利益作立竿见影式的政治追求。哈布瓦赫说："正像人们可以同时是许多不同群体的成员一样，对同一事实的记忆也可以被置于多个框架之中，而这些框架是不同的集体记忆的产物。"①这样，历史上的妈祖叙事就不断地被卷入各时段颇不相同的观念系统中，最初的某些成分或许会脱落，而另外一些成分则可能附会进来。我们现在所看到的，只能是关于妈祖信仰的"效果的历史"的遗存。

（二）叙事往往是以系统化的形式而出现，因为人们固然为迎合当下社会中的现实利益而重建叙事，但这种重建同时要兼顾社会群体自身的"文化的逻辑"

无论是官方叙事还是民间叙事，其建构都非一朝一夕、一时一地而成，并非一经诞生便拥有永恒的合理性，而是在历史现实中不断完成其神性的附加和神圣空间的延展。功能的累积对于妈祖信仰的发生乃至妈祖身份的转变，是有着关键性意义的。当然，这种累积并非随意，而是受到诸多社会因素与自身文化逻辑的制约。

如在福建地区的民间传说中，妈祖最初的功能只是祈雨和预言祸福，宋宣和四年以后被奉为航海保护神，以适应福建海上交通发达的客观需要，但同时也兼有祈雨、治病、御寇弭盗等

---

①　［法］莫里斯·哈布瓦赫：《论集体记忆》，毕然、郭金华译，上海世纪出版集团、上海人民出版社2002年版，第93页。

职能。[1] 妈祖的身份借此从寻常村姑到当地名巫，再到万能海神，而上述转变是在民间叙事与官方叙事的持续互动中，伴随着妈祖功能的不断添加而逐渐实现的。

事实上，早在75年前，顾颉刚先生就注意到宋都南迁、南宋王朝大力发展海外贸易与斯时妈祖信仰勃兴的关系：

> 北宋时，朝廷仅仅赐给她一方匾额。到了南宋，几乎没有一朝皇帝不加给她封号，甚至于理宗在八年之中加封了五回。这为什么？因为她的故事从福建传到浙江，得着民众的强烈的信仰；同时宋朝迁都临安（杭州），使得她得着君王的倚赖，于是她负有救水旱瘟疫和平海寇的两大责任。我们在此可以知道：宋朝若不迁都到近闽的海边，她的势力是不会这样伟大的。[2]

这段话揭示了围绕妈祖而建构起来的"层累的历史"，可谓切中肯綮。

由此可见，关于妈祖信仰的官方叙事也罢，民间叙事也罢，都是在特定的社会时空中人们重构历史、创造文化认同的重要方式，最终成为国家政治与民间社会之间强化或调整文化认同的材料与路径。正如哈布瓦赫所言："每当我们回溯到这些事件和人物，并对它们加以反思的时候，它们就吸纳了更多的现实性，而不是变得简单化。这是因为，人们不断进行反思，而这

① 参见林国平、彭文宇：《福建民间信仰》，福建人民出版社1993年版。

② 顾颉刚：《天后》，《民俗》第41、42期合刊，1929年。

些事件和人物就处在这些反思的交汇点上。”①叙事的过程,实际上就是体味历史、重构历史的过程。选择哪一种文化材料来叙事,形成怎样的叙事,都与当下的社会处境密切相关,历史上妈祖信仰诸多叙事文本的形成大致若此。

① [法]莫里斯·哈布瓦赫:《论集体记忆》,毕然、郭金华译,上海世纪出版集团、上海人民出版社2002年版,第107页。

温情的钝剑:民俗文化在当代新农村建设中的意义*

本文所谓“温情的钝剑”,“温情”固然是指民俗文化的特有温情,“钝剑”却并非寓示民俗文化阻碍了乡土社会的发展。恰恰相反,对于目前正面临诸多困难的中国乡土社会而言,民俗文化的复兴有助于缓解危机、推进发展。虽然这种缓解与推进并非速效,却是根本性的。在此意义上,民俗文化可谓破除迷障、矫正乡土社会返归自身发展逻辑的一把钝剑。正如剑有双刃,民俗文化对乡土社会发展也从来都是利弊兼有。限于篇幅,本文将着重从民俗文化本体出发来讨论它对乡土社会建构的正面意义。

作此立论前提,本文将乡土语境中的民俗文化①看作一种文化形式, 它涵盖了丰富的社会历史信息,具有情感交流与生

---

* 本文原载于《中国农村观察》2009 年第 2 期,山东省社会科学规划重点项目“山东民俗生态与相关文化产业的区域发展模式研究”系列成果之一。

① “民俗”一词是在 20 世纪初“眼光向下”“自上而下”的社会思潮中日渐流行起来的,有“民间知识”或“民间文化”之意。但在后来相当长的一段时间内,“民俗即古俗”似乎是无须争议的常识。“泛民俗”的理念盛行于 20 世纪八九十年代,此时“民俗”的外延变得几乎与“文化”一样广阔; “大民俗”的理念则是在 20 世纪 90 年代末以后,随着学术界“自下而

活交际价值并常在常新,而非专指传统农耕文化遗存下来的“古俗”。长期以来,它深植于乡村日常生活的土壤之中,不同地区的文化个性或标志性文化①以此为基础而形成。即使在当代社会,它也不是一种仅仅依靠传统的惯性在乡土社会中苟延残喘的文化遗存,或是民众不忍丢弃的文化符号,而是在不同乡土社区背景中具有积极的社会建构意义的文化“息壤”。民俗文化的真正价值,需要在不同的社区中作具体考量,它不但与当代农民奔向“好日子”的期望并行不悖,而且在更深刻的意义上与国家、社会的最大利益联系在一起。

(接上页)上”“上下交流”研究模式的出现而渐呈声势的,它并不讳言民俗与政治、经济、军事、宗教、法律等范畴之间千丝万缕的联系,并强调应以此为出发点,在民俗与其他社会文化范畴的关系中理解民俗,关注民俗如何与之一起构建地方社会,推进整体历史发展。本文采用的是“大民俗”的理念。

① 刘铁梁指出:“所谓标志性文化,是对于一个地方或群体文化的具象的概括,一般是筛选出一个实际存在的体现这个地方文化特征或者反映文化中诸多关系的事象。在文化的自身中是否真正存在这类事象,不能只是靠我们文化工作者的发现和关起门的讨论,还需要当地人们的普遍认同和理解。”“什么样的事象才称得上是一个地方的标志性文化?我初步认为,它一般要具备以下三个条件:一、能够反映这个地方特殊的历史进程,反映这里的民众对于自己民族、国家乃至人类文化所做出的特殊性贡献;二、能够体现一个地方民众的集体性格、共同气质,具有薪尽火传的内在的生命力;三、这一文化事象的内涵比较丰富,深刻地联系着一个地方社会中广大民众的生活方式,所以对于它的理解往往也需要联系当地其他诸多的文化现象。”(刘铁梁:《标志性文化与昆仑文化》,青海市艺术研究所、格尔木市委市政府编:《昆仑文化新谈》,陕西旅游出版社2004年版,第49页)事实上,民众自身的表述性特征也非常重要,刘铁梁在《村落——民俗传承的生活空间》[《北京师范大学学报》(社会科学版)1996年第6期]等文章中对此有所发挥。

这个问题之所以值得讨论,是因为近年来国内逐渐升温的“民俗热”研究主要集中于国家非物质文化保护制度的建立和学术界发起的“救亡图存”式的田野调查工作,以及民俗文化的产业化开发等,而对于历经近现代变迁、以乡土社会为主要阵地的民俗文化在当代社会文化体系中的地位,尤其是在新农村建设中的积极意义等方面,尚未足够重视。诚然,“我们当初追求现代化的时候只注重了现代物质生产的快速发展这个单一方面,而没有认真考虑中国的现实状况和乡土中国的知识积累……今天我们谈乡土中国与文化自觉所面临的时代任务就是在这个家底面前如何消除近代以来畸形经济发展观所产生的乡土中国社会文化失所的影响,使中国的社会发展道路不至于偏离中华民族的复兴之路”①。民俗文化的形成与传承机制,首先与乡土社会自身的文化逻辑有关,其当代发展则不仅与社会主义新农村建设有关,而且广泛涉及国家文化的整体布局与区域发展体系,关乎国计民生。

一、世纪回眸:民俗之剑如何变钝

一般说来,一个国家或民族从传统向现代举步的那一瞬起,就已经踏上一条解构自身传统的道路,民俗之剑注定要有一个变钝的过程。本文关注 20 世纪中国的现代化进程,试图

---

① 舒建军、贺雪峰、黄平:《导言:乡土中国与文化自觉》,黄平主编:《乡土中国与文化自觉》,生活 · 读书 · 新知三联书店 2007 年版,第 7、8 页。

从中探寻其内在发展逻辑,理解在这一过程中凝结而成的种种“新传统”。毫无疑问,这一内在发展逻辑及种种“新传统”会一直延伸到今天及未来的生活。

20世纪的中国经历了晚清、民国、中华人民共和国三个时期。在这一百年的历史中,民俗文化获得了较前更加深入参与社会进程的机遇,而这反过来又促使民俗文化自身发生了前所未有的深刻变化。20世纪初对于“民俗”的较具现代意味的关注,正是激于晚清社会之变局和西方文化之引入,是一批知识分子所发动的“眼光向下的革命”①的产物。其后至80年代,伴随着国家政治对地方社会控制意识的增强,民俗文化基本上处于被改造的地位。历史进入20世纪90年代后,以经济体制改革为杠杆,中国社会发生了从计划经济体制向市场经济体制的根本性转变。经济基础决定文化走向。伴随着生产力的迅速发展,乡土社会中的民俗文化在长久的潜抑后开始强势回潮。

(一)“眼光向下的革命”

近现代中国乡土社会在历史上有其特殊性。日益严重的民族危机和国家危机,不可避免地引发了席卷全中国的民族救亡,启蒙、革命、救亡成为时代的最强音,整个中国被一种现代性浪潮所席卷。从近代起,危机四伏的乡土社会成为中国思想界持续关注的焦点。其危机主要表现在两个方面:一方面,受西方入侵的影响,新的生产方式与经济结构已经日益强烈地作

---

① 赵世瑜:《眼光向下的革命——中国现代民俗学思想史论(1918~1937)》,北京师范大学出版社1999年版,第6页。

用于中国乡土社会,传统时代城乡一体化的社会结构与发展模式被打破,在以城市化和全球化为基本特征的现代社会进程中,作为乡土社会基本单元的村落日渐萎缩,这成为当时整体性社会结构发展失衡状况的表征之一;另一方面,以"西学东渐"为背景而形成的革命性、现代性强势话语逐渐渗入乡土社会,持续改写着民俗文化的内在逻辑,造成了传统乡土社会自治机制的失衡或断裂。中国民俗文化遭受重创,而以民俗文化为血脉滋养的乡土社会由此出现了前所未有的危机。以此为背景,乡土社会成为当时知识精英普遍关注的对象。可以说,20世纪初学界对民俗文化的关注,是当时以民族主义与民主主义为基本特征的现代社会思潮的一个重要组成部分,与一批知识分子"救亡图存"的使命感紧密相连。较具现代意味的民俗文化研究,自20世纪初发轫之始就承担着为以"中华民族"为核心的现代民族国家建构提供文化材料的历史使命,与国家在危难之际动员与团结全体民众力量的需要大有关系。这一场"眼光向下的革命",并非要在乡土社会寻找田园牧歌,而意在寻找一种"反抗精神",即革命性。综观整个20世纪,中国文化精英经过艰难的运作,有意割舍了民俗文化更为丰富、多元的内涵与意义,完成了对中国的现代性和革命性需求的配合。①

(二)矫枉过正的"移风易俗"

中华人民共和国成立以后,虽然在世界范围内中国的地位

---

① 参见张士闪:《从参与民族国家建构到返归乡土语境——论20世纪中国乡民艺术研究》,《文史哲》2007年第3期。

并没有立即得到广泛承认,但民族危亡、国家危亡的危机感毕竟有所缓解。此后一段时间,国家政府开始致力于一场旨在使国民意识高度统一的思想改造运动。新中国成立伊始,国家已经在“人民”的名义下确立了政体并积累了足够的权威性,但“人民”的思想却还迟迟不能同化于国家政治的发展理想之中。于是,就有了对民众从生活到文化进行彻底重塑的必要。终结传统,创造国家新历史,必须动员民众,引导和鼓励民众摆脱传统民俗文化的桎梏,在思想上尽量同步于国家政治要求,“积极关心国家大事”,最终在民众中培养出富有“革命精神”的“新人”。[①] 原本在民众生活中具有一定自足性特征的民俗文化,基本上被视为来自旧社会的“负面文化”,从而成为被改造的对象,“民俗”一词被赋予明显的贬义色彩。

在“文化大革命”中,国家急功近利地将民众的思想引向对各种政治标识符号的简单的一元性,如“对—错”“同志—敌人”等。无休止的运动和铺天盖地的政治宣传成为这一时期国家革命的主要手段,即使是地处偏远的乡土社会,也被强制要求参加这场由国家自上而下发动的“触及人们灵魂的大革命”,并因此充塞着现代政治革命的浓烈意味。政治的狂热导致一直传承于民间的民俗文化受到前所未有的重创。年节期间的亲戚往来、游艺扮玩等传统民俗文化受到严厉打压,拆庙裂碑等暴力事件频繁发生,引发一轮又一轮的“政治狂欢”。其结果是一种新型的“阶级关系”对乡土社会具有鲜

① 参见张乐天:《嵌入式社会变迁及其界限——对浙北一个村落的个案研究》,复旦大学历史学系、复旦大学中外现代化进程研究中心编:《近代中国的乡村社会》,上海古籍出版社2005年版。

明的血缘和地缘色彩的传统伦理形成了强大冲击甚至将之颠覆。

总的说来,20 世纪 50—70 年代,随着自上而下的农村社会主义改造运动的开展以及“两条道路斗争”这一政治主题的快速切入,“阶级关系”强行楔入乡土社会中原有的以家族家庭、村落街邻等为主线的社会关系。于是,在国家强力推进乡土社会的革命式转换与现代性变迁的背景下,政治意识形态高调登场,在“移风易俗”的旗帜下,原本主要供民众自用自享、在乡土社会中发挥自治功能的民俗文化系统被拆解得支离破碎。

但同样不可否认,这一时期的革命运动至少在名义上仍继承甚至强化了中国民俗文化的一贯精神,如“人民当家作主”“战天斗地”等。虽然在当时的政治形势下,这类话语落实在社会生活之中时总要走形变样,但话语本身却与一种召唤民众广泛参与、追求平等和正义的豪迈乐观的民俗文化精神紧密相连,因而在当今社会中成为让许多人追忆、思慕的精神传统。

(三)经济大潮中的沉浮

20 世纪 80 年代以后,国内“民俗热”持续升温,各地民俗文化活动呈现出一定的繁盛景象,如各地以乡土风情为旗号的民间工艺展览、新民歌、民俗旅游度假村以及各种各样的民俗研讨会等。实质上,正如学术界后来所意识到的,这种“民俗热”在很大程度上是商品经济刺激性发展的产物,而真正为乡土社会提供价值理念与文化意义的民俗文化却面临着巨大危机。1978 年党的十一届三中全会召开,提出“以经济建设为中心”。国家通过“文化搭台,经济唱戏”的策略,引导民俗文化自觉认同于国家“发展经济”这一中心。这一时期,“发展经济”代替前一阶段的国家政治话语,成为全新的强势“他者”,剥夺了民俗文化在乡土社会中的自然发展态势。80年代中期以后,各地纷纷上演“文化搭台,经济唱戏”,努力让民俗文化与经济创汇联姻,从而转变为具有交换价值的商品成为民俗文化发展的首要任务。

“以经济建设为中心”带来的社会变化是多方面的,其中之一便是新中国前三十年建构起来的“大政治,小民间”的乡土社会秩序渐呈解体之势,而历史更为悠久的乡土自治传统正经历着重构与复兴。这种以民间权威的崛起为表征的民间传统的复兴,并不一定指向与国家政治的背离。为了能对地方社会有所控制或让自身权威身份得以确立,民间权威通常会主动向国家政治话语靠拢,由此呈现出国家与民间和平共处的景象。这种由国家的粗放型管理与民间自治模式相结合、在互动中分治乡土社会的现象,在中国现阶段具有相当的普遍性。

二、大剑无形:民俗温情的力量之源

民俗文化,在学者眼中是一个个的文本,但在乡土社会中则意味着一种交流活动,一段社会经验及独特事件的生成过程,其间有活动的组织、交流的形成、相互的接受等多种因素。美国民俗学家罗伯特·乔治斯(Robert A. Georges)、迈克尔·欧文·琼斯(Michael Owen Jones)在研究民间故事讲述时,共同阐释的一个核心命题是“作为行为的民俗”(Folklore as Behavior),“强调的是叙述的生成性质,也就是说,在行为过程中生成的所有要素都被含括在民间故事描述中之后,才能被称作‘故事’或‘故事讲述’,这就不仅仅只是‘口头的’语词,还有身势与副语言的诸多要素,还有谁和谁卷入了叙述行为的过程,以及这一过程的结果……故事不可能仅仅只是捕捉到纸张或是录音机上的言语,因此相关的阐释也就不能仅仅只是参照‘文本’,应对整个过程进行深细的描述,尽量注意再现故事的生成过程,也就是乔治斯所说的整体分析”①。

民俗温情的力量,首先与民俗文化的稳定性、反复性特征有关,并集中体现于乡土社区的群体合作活动之中。传承于乡土社会日常生活之中的民俗文化,如婚丧嫁娶、扮玩表演、礼神敬祖等仪式活动,既具有一定的现实功用,又具有一定的超现实意义,但这种超越却始终未曾脱离生活的日常与凡俗。或者说,它能够在日常生活中呈现出最朴素的意义,同时又蕴含着超越现实的无数可能,这是理解民俗文化的关键。民俗文化的传承具有相当的稳定性、反复性,而非单线式的演进,这一稳定性、反复性的传承过程正是民俗文化存在的基本形式。这样一种民俗文化的存在,有利于乡土社会内部家庭、家族的和谐,街邻之间的和谐,干群关系的和谐乃至村际关系的和谐。

实际上,任何一种有着较长时段历史传承的民俗文化,都兼有一定的礼仪的性质,具有相当的通连社会的功能,与中国

---

① 朝戈金、巴莫曲布嫫:《民俗研究的行为视角——迈克尔·欧文·琼斯教授访谈录》,《民间文化论坛》2005年第2期。

古代历史上"礼乐文明"的文化模式一脉相承。历史上,主要由孔子阐发的"礼乐文明"是当时上层文化与民间文化交流互动的产物。《论语》中多次提及礼乐:"兴于诗,立于礼,成于乐。""邦有道,礼乐征伐自天子出;邦无道,礼乐征伐自诸侯出。"前者是就个人修养意义而言的,后者则是就国家制度而言的。《荀子·乐论》中的"乐合同,礼别异"一语,是就礼乐在社会生活中的功能与意义而言的。此时,"礼"立足于国家、宗族、村落等群体性单元,旨在厘定或强化社会等级秩序,规范个人行为;"乐"则指向以情感、娱乐、智识等为特征的、从自我出发的个体本位,旨在消除社会群体中由等级格局所造成的情感冷漠及离心力。"礼"追求一种仪式化的、有限度的群体之乐,"乐"则指向个性化的、超越时代社会局限的个体狂欢。"礼""乐"两者并不总是处于对立状态,而是常常表现为互补中的共存关系。比如由"礼"可以生出"乐","乐"也可以被吸纳为"礼",而后世的民俗文化其实是兼具这种"礼"与"乐"的性质。正是在民俗文化之"礼"与"乐"的磨合、洗礼中,社会个体才逐渐由一个生物意义上的人成长为一个文化意义和社会意义上的人。在传统社会中,民俗文化正是立足于此,为自己赢得了生存与发展的社会空间。因此,历代统治者都注意区分俗之"良莠",采用"彰好以示民俗""美教化,移风俗"等手段对民众实施忠孝伦理、道德规范方面的教育,在"寓教于乐"中灌输国家的政治意识形态,以此稳定社会秩序,巩固自身统治。除了一些特殊的历史时段外,民众一般也以遵从国家相诫,注意在国家政治容许的范围内张扬文化个性、寄寓生活情感。

其次,民俗温情的力量,与广泛意义上的民众个体对情感交流、生活交际的基本需要有关。如果说生活交际在承担具体的现实功能之外粘连着一定的情感成分,那么情感交流则基本上以个人精神需求的满足为指向。凡人皆有情感交流的需要,且总是习惯于采用该社区沿袭已久的方式进行交流与交际。民众对于这种交流、交际模式的认可,仿佛是天经地义、不言而喻的,这已经深存于其潜意识之中。在传统社会中,民俗文化看似在夹缝中生存,却总能左右逢源,在民众手中焕发生命力。究其原因,大概与民众个体通连世界的心理需要有关。何谓"通连"?就是指处于日常生活状态的民众个体,总是以所处的现实社会为基础,追求与左邻右舍相通,与上层文化相通,与自然宇宙相通,与神灵相通,由此体会到无限自由甚至忘我的愉悦感。民俗文化的个体心理基础由此奠定。即使在20世纪六七十年代民俗活动受到前所未有压抑的情况下,人们在内心深处依然对这样的交流与交际有所期待,有难以割舍之情。倘若真将民俗文化从人们的日常生活中抽离,所有人都将体验到人生的单调乏味。在这种意义上,民俗文化的传承与其说代表了一种习惯的力量,毋宁说喻指从个人心理出发的对社区传统予以再造的一种能力。

最后,民俗温情的力量,在民间精英身上有突出的发挥。在20世纪以前,乡土社会基层基本上没有规范化的政治权力系统。杜赞奇认为,清朝末年乡土社会中实行的是一种经纪统治。虽然清朝鼎盛时期控制下层社会的最主要工具是治安用的保甲制和征赋用的里甲制,但到19世纪末,保甲制和里甲制在华北乡村已名存实亡,失去了创造者当初所设计的统治功能。清末,知县只有将许多行政职能"转交"给有办事经验的个人或集团,才能统治约有30万之众的县区。因而,国家权力的触角只能延伸到县,县一级权力机构在行使权力时采用的是一种利用下层吏役进行治理的管理方式，即国家经纪体制。[①]事实上，这种"经纪体制"不仅仅存在于县一级权力机构与乡村之间（以县衙役与村级官员为经纪），其性质也不仅仅是为国家征收摊款，而是广泛存在于乡村日常生活，尤其是乡土社区的民俗仪式活动之中。这类民俗仪式活动的会头、组织者，以该类活动为资源，以强化乡土社会中的公共领域为手段，充当了现行乡村权力机构与广泛民意之间的"经纪"，对乡村政治权力机构起到了一定的监督作用，强化了乡土社会的凝聚力。

这类经纪代表了一定的民间权威，其实施权威的策略为：当民间精英在乡土社会的公共生活中发现问题[②]，便将这一问题的严重性与解决途径广泛传播，使之成为乡土社区的基本共识，在此基础之上与乡村政治权力中心商谈，尽可能地向其谋求授权或资助。虽然离开了这种授权或资助，民间精英仍然可以组织这类社区活动或仪式，而且事实上这类"公益"活动也非常多，但在相当多的时候，乡村政治权力中心会予以授权或资助，从而最终赢得一个皆大欢喜的局面。民间精英在这其中的作用非常关键，而是否拥有历时久长、地位比较稳固的民间精英人士，也成为反映乡土社区中凝聚力大小的一个重要标志。事实上，当今乡土社会中，仍普遍存在这类热心于民俗等公共事务的民间精英，其拥有的权威影响力量，便是在构建乡村公共领域的无数次努力中形成的。

---

① 参见［美］杜赞奇：《文化、权力与国家：1900—1942 年的华北农村》，王福明译，江苏人民出版社 2003 年版。

② 例如村级官员处事不公，重修祠堂、续修家谱以及复兴某一民俗仪式活动的必要性等。

当民间精英强调某种民俗活动是某一乡土社区源远流长的珍贵传统时,就等于在警示社区全体民众,切莫忘记历代先祖留传下来的这种群体传统,如果该传统在当今失传,现在社区的每一位成员都将是罪人。这样,就将这种民俗活动的传承明确地界定为所有社区民众应共同承担的责任,从而赋予民俗传承行为以承前启后、继往开来的神圣感。同时,乡村精英还在不断的言说中,与乡村干部这样交流:大家都在祖祖辈辈耕耘过的土地上生活,社区最重要的文化传统已经传承到这一代手中;乡村干部只是临时之职,而民俗文化却是社区的永恒资源,代表了一种绵延千载的权威。此时的民俗文化,经过民间精英持久不断的努力运作与强调,已经具有现实中的文化创造的性质。民俗文化周期性的组织与演示,就是一种文化在现实社会中运作、表达、积淀与再生产的循环过程。

就某一规模较大的民俗活动而言,乡土社会中的政治权威与民间精英之间要达成妥协与合作并非易事,其难易程度往往取决于该民俗活动所具有的影响力与民间精英的运作能力。事实上,民间精英在此时担当的是一个类似经纪的角色。通过民间精英的操作,乡土社会中以神圣传统为号召的民意与乡村干部所代表的世俗权力之间的某种交换得以顺利进行。就广泛意义上的社会基础而言,这种经纪之所以能够存在,首先在于整个中国乡土社会中神圣权威的多元分散性质,从而使世俗权力在吸纳这些神圣权威力量作为统治资源时可以有不同的选择。而民间精英的出场与活跃,使乡土社会中的民间活动可以得到世俗政治权力的支持,同时乡村干部的政治权威借此也可以得到巩固与加强。

规模较大的民俗活动,往往会得到不同层级的国家政治权力机构的常规性或非常规性的资助与支持,在其周期性表演中又对相关权力机构予以回赠。无论是历代王朝“与民同乐”的传统,还是现代社会各种形式的“民间文艺汇演”,包括今天的“文化搭台,经济唱戏”活动等,皆是如此。在这类民俗活动中,民间精英有责任组织、督察、保证活动顺利进行,并由此获得类似“中介权威”的身份。在民俗活动结束之后,民间精英便将这种“中介权威”的身份向乡土社会的日常生活中延伸,由此获得某种特殊地位,可以对乡村政治有所干预或监督,同时又对民间社会的日常行为有所规范与引导。因此,有些时候,来自乡土社会之外的调查者甚至会有一种错觉:似乎整个乡土社区生活不同程度地受到了少数民间精英的影响与控制。不过,就乡土社会内部知识的更新与日常秩序的保持而言,这些民间精英的确起到了一种特殊作用。笔者在鲁中四村的调查①、徐再高对贵州聚合村的研究②都展示了民间精英对于乡村精神生活的特殊作用;而张乐天关于浙北农村的研究③也证明,因为民间精英的存在,即使在“文化大革命”的混乱年月,生产队里的生产和生活秩序也没有被完全破坏,乡土社会依然表现出超强的稳定性。

---

① 张士闪:《乡民艺术的文化解读——鲁中四村考察》,山东人民出版社2005年版。

② 徐再高:《村庄精英:推动村民自治的新力量——贵州聚合村调查手记》,《中国乡村发现》第8辑,湖南人民出版社2008年版。

③ 张乐天:《嵌入式社会变迁及其界限——对浙北一个村落的个案研究》,复旦大学历史学系、复旦大学中外现代化进程研究中心编:《近代中国的乡村社会》,上海古籍出版社2005年版。

三、剑魂归来:民俗文化在社会主义新农村建设中的意义

(一)社会主义新农村建设呼唤一种积极参与、充满活力的公共精神

当代农民所面临的经济压力与文化危机都是空前的,进城打工大多不是出于设计人生、自我实现的理性选择,而是基于生存需要,其精神家园仍然与乡土社区联系在一起。就此而言,新农村建设中文化维度的发展绝不可偏废。因此,本文认为,在当今乡土社会中,重建一种积极参与、充满活力的乡土公共领域,将在社会主义新农村建设中具有治根治本的意义。这一"乡土公共领域"概念虽然借用了哈贝马斯"公共领域"的概念①,但其与"公共领域"概念有较大差异。"乡土公共领域"指在乡土社会中民众公开表达其意志的生活空间、文化形式与组织形态,其空间表现可以是村落中的主要街道、祠堂、公共墓地、集市等,其文化形式可以是各种各样的民俗仪式活动等,其组织形式则表现为村民议事会、农会、行会、民俗文化传承小组等。一种相对独立的乡土公共领域的形成,能对乡村政治权力实施进行有

① 哈贝马斯所强调的政治公共领域,指的是18世纪西方社会资产阶级生活中,以商品交换和社会劳动领域所代表的私人领域与以国家司法机关所代表的公共权力领域之间存在的一种生活形态。它所承担的是市民社会从重商主义乃至专制主义控制之下获得政治解放的语境中的一切功能,其手段是以公共性原则来反对现有权威。参见[德]哈贝马斯:《公共领域的结构转型》,曹卫东等译,学林出版社1999年版。

效监督,有助于乡土社区民主气氛的形成;而当乡土公共领域受到政治权力打压时,就难以形成富有成效、澄清问题的讨论,难以对乡村权力结构实施监督与制约,不能对社会主义新农村建设起到真正的、恒久的推进作用。例如,不少人对近年来普遍存在的村级官员“贿选”现象忧心忡忡。事实上,除了看得见的红包派送之外,由家族、亲邻间日常走动所累积的民俗温情,其实也代表了一种不易被察觉的贿选形式。然而,绝不能以农民的民主素质为借口拒绝推进乡土社会的民主化进程。较高的民众素质从来不会自然生成,而必须在长时段的视野中去理解和引导。正如慕毅飞所言,民主是一种游戏规则,要引导农民习惯民主的游戏规则,在群体的、长久的意义上利用游戏规则获益,使其积极参与对不合理游戏规则的修改行动。以农民的广泛与积极参与为表征的乡土公共领域的日益扩大,就意味着贿选受益方会逐渐增多,贿选代价将逐渐增大,这是一个使选举趋向于合理与公平的发展过程。乡土社会理想的选举模式,就是伴随着农民民主素质的生发、乡土公共领域的壮大,拥有选举权的乡土社区成员日益充分地行使权利以获取最广泛、最大化利益的模式。①

在过去的十几年里,中国乡土社会经历了巨大变化。从某种意义上说,这场变化是由乡土社会内部生发出来的,比较契合乡土社会发展的内在逻辑,并最终规定着乡土社会的现代走向。无论是多种经营的生产方式、满足农村商业需求的集市贸易、以家族联系为纽带的合作方式、土地承包和转包制度的长

---

① 参见慕毅飞:《农民素质与恳谈文化》,“南京·2008中国新农村文化建设论坛”,江苏南京,2008年11月13日。

期化,还是多种形式的帮工换工、集体入股的民俗村经营模式、逐渐取得合法地位的民间借贷等,其实都有着相当悠久与深厚的乡土渊源,可以视为民间自治传统在当今乡土社会语境中的重建与再造。

就此而言,民俗文化在当代全球化社会中的传播与嬗变,并不必然形成对其乡土社会"母体"的背离或消解。作为一种人文内涵深厚的乡土传统,民俗文化必定包含着人同此心的全人类性。但是,这种全人类性不是指文化内涵与形式上的趋同,而是指现实境遇中主动建构自身生活世界的积极能动性方面的相通。不言而喻,中国民俗文化只有在与他者文化各自保持一定差异的前提下才能来谈全球化、普适性的问题,否则,它就只能沦为跨国意识形态"在地化"①的空壳,成为游荡于全球化中网络的孤魂。

(二)现有文化产业结构优化亟待民俗文化产业实现有序开发

民俗文化是民族文化的基石。大力推进民俗文化的发展,是民族复兴所必需的。具体说来,就是将民俗文化的区域生态式发展,纳入民族文化发展的整体布局与区域发展体系之中,探索中华民族复兴之路的内在逻辑,使之与中国整体性的现代化进程协调并进。

近年来,中国文化产业发展所取得的丰硕成果有目共睹,但也存在很多问题。例如,许多地方短视,以人对自然资源与地域

---

① 杨念群:《"在地化"研究的得失与中国社会史发展的前景》,《天津社会科学》2007 年第 1 期。

文化资源的破坏为代价来发展文化产业。这一方式在单纯的经济意义上可能是成功的,但在整体文化生态的保持与可持续发展的意义上则是失败的。这就需要人们在大力开发文化产业的同时,调整现代产业发展的基本思路,对保持自然生态与文化生态进行全盘考虑,以本土民俗文化的有序开发促进中国整体性文化产业结构的优化调整。具体说来,主要包括以下几个方面。

第一,以民俗文化的生态观刷新现代文化产业开发理念,遵循民俗文化的内在理路,让现代文化产业真正导入当代人的心灵,扎根于日常生活。特别是在经济落后地区,应通过特色民俗文化产业的跨越式发展,为现代文化产业的"软着陆"与"在地化"做准备。

第二,对既有的民俗文化产品进行深度加工,融入现代经济的因素,使之体现出更多的交换价值。

第三,盘活民俗文化与现代工业的关系,发展民俗文化产业链条中的信息服务业,改善工业生产的生态文化环境。现代经济产业中明确的经济逻辑与民俗文化暗含的文化逻辑之间的关系,既不应该是前者对后者的征服,也不应该是后者对前者的拒斥中的且战且退,而应该是共同磋商后的双赢。具体说来,成功的民俗文化产业开发是现代经济产业"软着陆"的前提和准备。对当地民俗文化与民众心理的估量,对民众的文化接受方式和表达方式的适应,民俗元素在现代工业产品的设计与营销中的融入等,都有利于在现代经济运作的具体过程中实现现代工业经济与现代农业操作方式的互补,实现民俗文化与现代经济的张力性共存。

第四,跳出将民俗文化产业等同于民俗旅游的"窥视经济"模式。民俗文化不是"文化遗留物",而是当下活生生的文化现实,民俗旅游仅仅只是民俗文化产业的“冰山一角”。而且,民俗旅游更重要的意义在于使人们生活得更快乐,而不仅仅是在经济上争先后。因此,应彻底告别民俗旅游中的“窥视经济”模式,在现有的民俗旅游设计中深化文化体验与交流的意义,使之成为一项既可获得可观的经济效益又能极大地提高旅游者与旅游地居民幸福指数的“阳光产业”。

（三）促进城乡互动需要民俗文化作手段

古往今来,城市与国家的概念向来联系在一起,最能代表国家的城市便是都城。城市最初是特权阶层与为之提供服务者的聚居区,它与国家权力系统联系密切。中国真正意义上的城乡分化是从近代社会开始的。正如王先明、常书红所言,“近代中国乡村的结构性变迁,直到20世纪初年,才在废除科举和实行地方自治的两大历史事件中揭开序幕。其结果是,传统时代原本城乡一体化的文化、社会结构发展模式被打破,20世纪初期的‘乡村危机’即是这种社会结构发展失衡状况的一种表征,中国乡村历史具有了与此前时代完全不同的内涵与意义”①。尽管20世纪前半期是国家在激烈振荡局势中走向统一的时段,但社会革命的有限性造就了乡土社会的稳定性。相比之下,乡土社会虽然也呈现出反复波动的态势,但振幅较之国家政治的波动幅度要小得多。这就使得屡屡“断裂”的乡土传统能够在新的政治框架中不断被再造与接续起来。

---

① 王先明、常书红:《传统与现代的交错、纠葛与重构——20世纪前期中国乡村权力体制的历史变迁》,复旦大学历史学系、复旦大学中外现代化进程研究中心编:《近代中国的乡村社会》,上海古籍出版社2005年版。

新中国成立以后,许多政策的制定都是以城市作为参照的。国家有意识地树立“城市”形象,以“城市”幸福生活的图景引导农民,说服其与传统决裂。20 世纪 50—60 年代,尽管国家对“进城”的农民有着针对性较强的政策保障与舆论保护,但“进城”对于农民而言并无多大吸引力。不过,总体上,这种经过精心设计的引导与传统农民对城市生活乌托邦式的想象一拍即合,具有一致性。当时,“进城”农民虽也曾感受到某种“边缘化”的失落,但农民对“城市”仍怀有种种美好想象。农民对“城市”种种想象的真正破灭,是 20 世纪 70 年代末以来农民大量地、季节性地涌入城市之后才集中发生的。以乡土社会为主要阵地、以农民为主要传承者的民俗文化,在这一时期经历了一个“去语境化”的困境,或者说作为外在强势“他者”的城市,对民俗文化的存在境遇形成了本源性的剥夺。但同时,“去语境化”又是另一种意义上的语境赋予,民俗文化在长久的“去语境化”境遇中也形成了传统与当代糅杂的当代语境,这是当代民俗文化在新时代获得新生的基础。① 如果说以 1978 年党的十一届三中全会召开、“以经济建设为中心”的现阶段任务的确定为标志的中国乡土社会的转型说明只有“耕者有其田”才能保证乡土社会的正常运行,那么今天的社会主义新农村建设则是在继续完成上述任务的同时,更加注重将民俗文化真正交还乡民(无论是在乡耕作者还是进城打工者),还鱼于水,以此保障民族复兴之路畅通。

正如前文所述,20 世纪中国走向现代化的过程,亦是乡土

---

① 参见耿波:《从现代性到后现代:中国民俗文化的“去语境化”》,《齐鲁艺苑》2006 年第 4 期。

社会接受改造、不断解构自身传统的过程，而民俗文化则在这一过程中几度起落，命途多舛。在中国，城市从来都是乡土气息浓郁的城市，乡村则是越来越具有更多城市化色彩的乡村。有意识地促成地域民俗文化的现代性转换，可以使其在当代和谐社会建设中发挥特殊作用。促进乡土社区尤其是城乡接合部地区民俗文化的可持续发展，是缩小城乡差距、建设和谐新农村的重要手段。

民俗文化毕竟贯穿着一方民众的集体智慧与文化逻辑，承载着民间社会千百年来形成的道德观念、精神需求、价值体系等，具有潜移默化的约定性，从而构成了一种无形的群体性行为规范。同时，民俗文化又代表着一种特殊的进化力量，具有一定的适应现代社会发展、不断自我更新的能力。因此，民俗文化在现代语境中对“旧我”的挣脱与再造，在适应新语境的过程中所表现出来的对自身生命力的拓展，以及如何在涵化现代文化成分后获得新活力，遵循自身发展逻辑奔向未来，这样一种“温情的力量”应该引起学界特别的关注、理解与支持。

“顺水推舟”:当代中国新型城镇化建设不应忘却乡土本位*

在近年来的村落田野作业中,我们发现有两种现象普遍存在。其一,同一村落中呈现出“旧村”与“新村”并存的格局,边界清晰,景观迥异:“旧村”,一片矮房旧院;“新村”,连排高楼耸立。旧村与新村并存的现象,可以视作村落共同体的生活与文化在当代发生裂变的表征;村落中高楼林立,是乡土社区正在发生的“在地城镇化”的表征。其二,在撤村并区、村落区划发生急剧变化的地方,人们追溯乡土历史传统、寻找乡土文化认同的心理普遍强烈。具有久远历史的村落,当下正处于一个重大变局的过渡期,城镇化背景下的乡村生活应该走向何方,是当代知识分子必须认真思考、国家政策的设计者必须严谨对待的重要问题。

本文认为,新型城镇化建设作为国家发展战略任务,在自上而下推行于乡土社会的过程中,必然会面临来自乡土社会的接受、理解、应对与涵化。因此,我们应从村落基层出发,自下

---

* 本文原载于《民俗研究》2014 年第 1 期。山东大学儒学高等研究院重点科研项目“礼与俗:近现代民间儒学传统与传承”、国家社科基金(艺术学)项目“新时期乡民艺术发展与公共社会建设”系列成果之一,并受到山东省第二批“齐鲁文化英才支持计划”资助。

而上地观察新型城镇化建设的“落地”情势,直面乡土传统与新型城镇化建设之间的种种纠结与冲突。新型城镇化建设的关键在于“人的城镇化”,而“人的城镇化”的基础是人的社区化,包括岁时节日、人生礼仪、游艺、信仰、家族等在内的民俗传统,理应成为新型城镇化建设“社区落地”的重要构建因素。上述乡土传统,曾长期被学者视为零碎、散在的“文化遗留物”,现代民俗学则将其视为具有完整体系、常在常新的“地方性知识”,在乡土社区中起到交流思想情感、编织社会网络、组织生活生产等作用。在乡土社会发生剧变的今天,我们更应将乡土传统置放于百年中国的历史背景与当下乡土生活实践状态中予以观察,发挥它在理解现实生活、助推社会发展等方面的作用。

一、乡土传统的现代性改造（20 世纪初至 20 世纪 70 年代）

传统意义上的村落,自有其社会秩序与权力格局。村落的生活组织方式曾经单纯而明确,作为其表现形式的民俗规约具有稳定性,而民众运用起来得心应手,具有一定的灵活性,因而在面对内忧外患时往往能释放相当的活力。20 世纪,“现代性”与“革命性”成为绵延大半个世纪的主流话语,以民俗为表征的乡土传统处于被改造的地位。

一般说来,一个国家或民族从传统向现代举步的那一瞬起,就已经踏上一条解构自身传统的不归路。然而,这一“传统”又总是顽强地顺循其内在发展逻辑,以种种改头换面的方式绵延当下乃至未来的生活。近现代中国社会经历了晚清、民国、中华人民共和国三个时期,较之既往有其历史特殊性。20世纪初学界对于"民俗"的较具现代意味的关注,正是激于晚清社会之变局和西方文化之引入,一批知识分子发动的"眼光向下的革命"的产物。或者说,较具现代意味的民俗文化研究,自20世纪初发轫之始,就与一批知识分子"救亡图存"的民族使命感紧密相连,承担着为以"中华民族"为核心的现代民族国家建构提供文化材料的历史使命,与国家在危难之际动员与团结全体民众力量的需要大有关系。此后,中国文化精英经过精心运作,有意割舍了民俗文化更为丰富、多元的内涵与意义,以配合国家政治的现代性与革命性的强烈需求。在国家强力推进乡土社会的革命式转换与现代性变迁的背景下,政治意识形态高调登场,在"移风易俗"的旗帜下,原本主要供民众自用自享、在乡土社会中发挥自治功能的民俗文化系统被拆解得支离破碎。当历史进入20世纪80年代,以经济体制改革为杠杆,中国社会开始发生从计划经济体制向社会主义市场体制的根本性转变。经济基础决定文化走向,乡土社会中民俗文化在经历长久潜抑后强势回潮。①

二、"还俗于民"(20世纪80年代至今)

20世纪80年代以来,"美学热""文化寻根热"次第登场,

---

① 参见张士闪:《从参与民族国家建构到返归乡土语境——评20世纪中国乡民艺术研究》,《文史哲》2007年第3期。

引发了整个社会对于国民日常生活的持续关注与讨论,最终形成了波及大江南北的"民俗热",如以乡土风情为旗号的民间工艺展览、原生态民歌、民俗旅游度假村等。实质上,正如学术界后来所意识到的,这种"民俗热"在很大程度上是商品经济刺激性发展的产物,而真正为乡土社会提供价值理念与文化意义的民俗文化却面临着巨大的传承危机。这一时期,"发展经济"代替前一阶段的国家政治话语,成为全新的强势"他者",强力扭转着民俗文化的乡土生态。80 年代中期以后,各地纷纷兴起"文化搭台,经济唱戏",努力让民俗文化与经济创汇联姻,以赢利为目的把自己"卖"出去从而转变为具有交换价值的商品,这成为民俗文化发展的首要任务。① 此际,看似闪亮登场的民俗文化其实是一种"文化扮演",其主体民众其实仍然处于一种被代言的压抑状态。而 21 世纪以来,伴随着农民日益汹涌的流动,乡土社区传统逐渐呈现出某种"碎片化"的特征。据官方统计,到 2012 年底,中国城镇化率达到 52.6%,7 亿人生活在城镇中。农村富余劳动力向城市转移,已呈汹涌之势,它推动了城市经济和市场的繁荣,同时也不可避免地改变着农民的传统属性,并摇撼、撕裂着传统的乡土文化体系。乡村城镇化进程在当代中国已然势不可挡、不容回避,但这一势头对当代中国社会的巨大影响,特别是在基层社会所可能引发的激荡与裂变,依然未被充分预估。

近些年来,中国社会结构变化之深、利益格局调整之大、遭遇的外部环境之复杂,实属罕见。市场经济的冲击余波未了,

---

① 耿波:《从现代性到后现代:中国乡民艺术的"去语境化"》,《齐鲁艺苑》2006 年第 4 期。

全球化、民主化、信息化的浪潮又不期而至,二者相叠加,中国正面临着比经济转型更具挑战的社会转型。人民群众不仅要福利的拓展,也要公平的过程;不仅要权利的保障,也要权力的透明。满足“需求”,回应“要求”,不仅关系到中国当代社会的发展能否实现“正义增长”,更关系到13亿人的政治信任,关系到中国现代化的前途。在国家掌控庞巨社会资源,同时以此为依托致力于持续的渐进式的民主化改革进程中,随着公众参与意识、表达意识、监督意识的增强,来自公众的对于政府公信力的质疑将会持续存在并趋于具体化、明晰化。不言而喻,要“最大限度激发社会活力”,关键在于贴近民意、民心,凝聚民智、民力,尊重民俗,服务民生,从倾听民众诉求中改善治理,在及时回应中引导公众参与,在良性互动中促成社会共识,让政府职能的转变促成社会的蓬勃发育,促进政府公信力的保值增值。目前国家政府强力推进的新型城镇化建设,可谓现代中国在经历西学东渐的“现代性狂飙”之后自觉设计的以我为主的“本土化转向”。城市与村落杂糅状态下的城镇化推进,既为包括乡土传统在内的中国传统文化的全面复兴提供了重要契机,也赋予这一“小传统”的传承再造庄严的历史意义。

三、自上而下的新型城镇化建设:顺水推舟,而非逆水行舟

纵观整个20世纪,国家政府的强势介入对原有的乡土生态造成了强烈的“扭转”,而这种“扭转”并非自今日开始。传承乡土传统的民众个体及民间组织,往往会有条件地选择与政

府合作,将之视作改善自身生存的契机。为适应即时政治需求而形成的“新传统”,或许代表了乡土文化的一层外壳,凸显的是乡土传统的坚韧的适存能力。新型城镇化建设,对于既有的乡村生活应该扮演“顺水推舟”的角色,而非“牛不喝水强按头”式的“逆水行舟”。

近年来,村落中青壮年长期向城市的涌动和迁居(“去村落化”或“城镇化”)与村落生活的城市化转变(“在地城镇化”),构成当代中国乡村社会“城镇化”的基本特征。来自国家政策的对城镇化进程的加速推进,对所有社会阶层特别是农民群体来说,既是发展机遇,又面临诸多问题。一方面,农民“上楼”变为市民,在获得一定生活便利、享受到当代文明福祉的同时,也在一定程度上拉动和扩大了内需,促进了经济稳速发展;另一方面,这些农民面临着劳作模式、生活方式和文化认同方面的巨大变化,以他们为主体所组成的大量新型社区,其组织过程和文化建设等成为重要问题。如果各方利益的协调是稳定的,将形成有序的过渡,正在经历阵痛与撕裂的乡土传统将在调适中相对顺畅地延续或重构。如果没有合理的过渡设计,来自外部世界的改造压力过强过急,那么村落共同体的原有组织体系就极易崩溃,村民的价值观、宇宙观就容易发生断裂。毋庸讳言,处于转型期的村落社会是脆弱的,积压已久、交织错杂的矛盾一旦触发,就容易产生极端行为,最终将使整个社会付出高昂代价。

结　语

就目前来看,城镇化问题的核心在于“人的城镇化”的实现业已达成基本共识,而关于"人的城镇化"如何通过新型社区的组织确立和文化建设得以具体落实,却远没有受到应有重视。我们应该通过怎样的顶层设计,使村落在面临全球化、城市化的多元转型的时候,激发其内部活力尤其是自身适变能力,乃是其中的关键。本文认为,当代新型城镇化进程中有以下几个方面值得特别注意。

其一,消除对村落文化的偏见与误解。长期以来,我们对以村落为基本单元的乡土文化有一种偏见。如"三四亩地一头牛,老婆孩子热炕头"等,一直被当作胸无大志、封闭保守的农民落后文化的象征;在国家叙事层面,则有"朋友来了有好酒,豺狼来了有猎枪""楼上楼下,电灯电话"的类似表达,备受肯定;在文人精英的叙事层面,"归园田居""小桥流水人家"更是代表了一种风雅超逸的生活方式与文化精神。细细体味,"三四亩地一头牛,老婆孩子热炕头",无非体现了农民对其生活家园的归属感、幸福感,代表了乡土文化主体的一种自足感和对和谐乡土社区的追求。

其二,正视村落危机,努力在新型城镇化建设的顶层设计中,培塑农民对其乡土社区的文化认同,激发其对本乡本土的热爱与面向未来发展的规划热情,使乡土社区焕发内在活力。在传统的村落社会中,往往是以小农家户为单元过日子,各自寻找自家生活的独特滋味,现在则弥漫着一种物质竞争的氛围,而且这种竞争往往简单地指向几种可视化的物质攀比。村民对乡土家园的归属感趋于淡化,文化创造力日益弱化,乡村的自我发展能力明显降低,并对外部世界形成了一种经济依赖、文化依赖,甚至只是虚拟中的网络信息依赖。目前乡村中日益增多、数量庞巨的"网迷""电视迷",便是其表征之一。试想,当农民的生命活力与梦想都与外出打工所在的城市相联系,他们的血汗洒在一个既不被对方所接纳、自己也无法产生深层认同的地方,他们对乡土生活与文化的创造热情又从何而来?

笔者还注意到,现在许多村落已经成为各种力量为了各自利益进行博弈的现场。当冠以旅游开发、新农村改造、文化保护、村落保护、学术调研实践等旗号的各种力量涌入乡村的时候,农民既不能选择也无法具有自主权,上述过客往往就有反客为主之势,而生于斯长于斯的农民则成为被管理、被观察的对象。于是,面对村落就有了各种力量的博弈和结盟。在这些博弈和结盟中,农民无一例外地处于最弱势、最容易被牺牲的位置。村落文化的综合性和村落社会的整体发展一直是受忽视的。而村落状态的混乱,往往使得企业进入的成本大大增加,而且充满了不可预测的风险,这使得企业倾向于与政府合谋,以最简单的、可操作的方式进入村落,而且一般不会与村落的全体成员共谋,尤其是不会借助已有的村落自组织系统。于是,外部利益最大化业已成为村落开发(经济的、文化的)的普遍规律,村落的瓦解进一步加速,村落内外的经济差距进一步扩大。

其三,重视城镇化自身对于乡村社会组织性的引导与重建功能。乡土社会的文化自觉并不能完全依靠自发产生,民众对民俗文化的运用通常是"日用而不觉","文化自觉"由"不觉"而"觉"就不能单靠民众的觉悟。如果说"有所觉悟"是内因的话,还需要外因的共同作用,这些外因包括以非遗为代表的制度框架(官民互动)、资本推动(经济利益的谋求)与正在自上而下推行的新型城镇化建设。在为乡土社会的文化自觉提供外因推动方面，新型城镇化建设代表了一种极为强大的社会组织系统。这种组织系统的植入，应该与原有乡土传统中的组织系统有效兼容。

其四，政府应该在大力推进新型城镇化建设的过程中，明确将民俗政策从 20 世纪中期的“移风易俗”、80 年代以来的“还俗于民”，调整为面向广大乡土社会的“顺水推舟”，因势利导，顺势而为。具体说来，就是将乡土社区的发展主导权让渡于民，让乡土社区组织真正发挥其组织社区生活、运作社区公益、管理社区秩序、架连城乡关系的作用。一言以蔽之，在新型城镇化建设中，国家政府之于乡村社会应该扮演一种“顺水推舟”的服务角色，致力于承担多种琐细的服务功能。笔者相信，置身于现代化、全球化历史进程之中的乡村，完全可以通过构建本土文化传统的特殊魅力，保持一种“田园的”舒适生活方式，而成为人类可亲可居的生活选择。

“城乡民俗连续体”有重构趋势*

当前国家政治与民俗学术的密切互动,以现代国家治理向民俗传统的自觉贴近为显著特征。作为群体生活规范与文化认同的民俗文化,在利用传统智慧推进国家社会建设的过程中,其作用是无可取代的。习近平总书记讲话和中央文件的主流话语大量运用民俗语词,经常涉及民俗范畴,就是值得特别分析的表征。

一、城乡民俗文化发展中有着一定的趋同现象

国家治理与民俗文化发展是一种共生关系,在我国是一个长期互动的过程。一方面,民俗文化由民间自发形成,具有多样性、地方化特征,而国家治理则属于顶层设计与宏观管理,具有统一性、标准化的特征。民俗文化总是想寻找自由发展的空间,而国家治理的方针与策略则是将民俗文化发展控制在设定

---

* 本文系与李海云合写。李海云,山东大学儒学高等研究院副教授。本文原载于《社会科学报》2015 年 4 月 16 日。

好的轨道中,因此国家治理的规约性与民俗文化的自发性之间存在张力,须经过双方不断调适才能逐渐融合。另一方面,国家社会治理又是以丰富的民俗文化实践为支撑的,离开了民众生活的认同与贯彻,国家社会治理便无从谈起。同时,民俗文化作为一种结构存在也并不是孤立的,而是存在于所处社会的更大的结构之中,必然会受到社会政治、经济和文化等"外力"的影响,这种"外力"以国家社会治理的力量最为强大与持久。即使是看似自由发展的民俗文化活动,实际上依然摆脱不了国家宏观政策和社会发展现实的影响。

在国家新型城镇化建设战略的继续推动下,城市与乡村的民俗文化始终处于不断的发展变化之中。城乡民俗文化发展有着一定的趋同现象,反映出城乡民众在日益交织的现实境遇中互为借鉴,互为资源,在主动建构自身生活世界过程中相通相连。

二、国家治理中的村落民俗传统发展

在国家政治改革持续向社会生活落实的过程中,乡土村落的民俗文化发展呈现出两大特点。

一是乡村在国家自上而下的治理中发生了重大变革,其结果既不是村落的终结,也不是村落的减少,更多的是村落空间、村落组织、村落关系、村落劳作模式以及村落文化系统全方位的变化,并整体表现为一种主动性的"文化应激",即抓住机遇,主动寻求变革和发展,转变生产和生活方式,向城乡一体化靠拢,由此发生了以"农村社区""村改居"等为特征的深刻转型。

诞生于农耕文明基础之上的村落民俗文化，在进入城市化所带来的现代社会之后，面对工业文明甚至后工业文明、科技文明、信息文明的猛烈冲击，正在经历社会空间重组与文化元素再造的过程。以村落组织而论，传统乡土社会中多以血缘和地缘构建社会关系。然而，随着新农村建设和新型城镇化建设的不断深入，村落世界向城市高度开放，出现了基于“业缘”“趣缘”等关系而建立的组织形式，并催生了各种新型的组织，包括政府直接主导的组织、志愿者团队等政府积极鼓励和引导的组织，以及“老人会”（即老年协会）、民间慈善团体等自发形成的组织，由此导致村落社会的社区化、城市化，甚至呈现出全球一体化的某些特征。而村落中原本存在的一些民间艺术团队或民间信仰组织，也大都顺变应时转变职能，开始积极参与村落公共事务管理。其中，各地普遍建立的“老人会”，是国家推行城镇化建设战略的大环境下，村落中的留守老人对村落“空心化”状态的自发应对。值得注意的是，当下村落中各种新型组织的出现，对农业经济的依赖日趋减少，这意味着当代村落民俗传统的小农经济特征虽然在逐渐淡化，却不会在新型城镇化建设中无处存身。

二是村落自身固有的民俗脉络依然坚韧，并与国家治理之间形成一种相互制衡关系。民俗文化毕竟贯穿着一方民众的集体智慧与文化逻辑，承载着民间社会千百年来形成的道德观念、精神需求、价值体系等，具有潜移默化的约定性，从而构成了一种无形的群体性行为规范。然而，村落民俗文化即便是没有政府的参与和干预，也处在不断的发展变化之中，既有传承又有创造。换个角度来说，民俗文化其实代表着一种特殊的进化力量，具有一定的适应现代社会发展、不断自我更新的能力，我们对这种力量或能力绝不能小视。尤其是随着城乡一体化进程的加快,村落民俗文化的发展开始向城市文化靠拢,而农村的公共服务体系也开始建立。因此,应充分评估并尊重村落民俗文化在现代语境中对“旧我”的挣脱与再造,在适应新语境的过程中所表现出来的对自身生命力的拓展,以及如何在涵化现代文化成分后获得新活力,遵循自身发展逻辑奔向未来。

三、城镇化进程中重构“城乡民俗连续体”

我国常住人口城镇化水平不断提高,在城市化、商品经济、消费主义的扩张之下,加之非物质文化遗产运动的方兴未艾,许多乡村民俗事象映现出诸多新特点与新趋势,并在国家大力推进新型城镇化建设的影响下,初步呈现出“城乡民俗连续体”的重构趋势。

传统的中国城乡二元结构社会中,借助因集镇体系的经济流动而产生的公共性场域,为民俗文化提供了其在城乡两大传承系统中交流耦合的机会,进而形成了民俗传统得以存身与创造性传承的完整生态系统。中国真正意义上的城乡分化是从近代社会开始的。尽管 20 世纪前半期是国家在剧烈震荡局势中走向统一的时段,但社会革命的有限性造就了乡土社会的稳定性。相比之下,乡土社会虽然也呈现出反复波动的态势,但振幅较之国家政治的波动要小得多。这就使屡屡“断裂”的乡土传统能够在新的政治框架中不断地被再造与接续。20 世纪中国走向现代化的过程,亦是乡土社会接受改造不断解构自身传统的过程,而民俗文化则在这一过程中几度起落,命途多舛。

在中国,城市从来都是乡土气息浓郁的城市,乡村则是越来越具有更多城市化色彩的乡村。有意识地促成地域民俗文化的现代性转换,可以使其在当代和谐社会建设中发挥特殊作用。促进乡土社区尤其是城乡接合部地区民俗文化的可持续发展,是缩小城乡差距、建设和谐新农村的重要手段。事实上,中国的城市和农村是相互开放的,彼此之间没有明显的景观阻隔。比之村落与村落之间的关系,当代城乡关系作为区域范围重大的空间构架,使乡村民俗文化在朝向城市的开放关系中获得了新的发展契机。

“礼俗互动”：当代国家正与民间缔结新契约*

“礼俗互动”是集权与民意之“巨动”中的“微动”，是官民之间“大动”中的“小动”。作为一种社会治理之策的“政教风俗观”，在于以官民之间的“小动”“微动”，缓释可能的“大动”“巨动”，使郁积的社会冲突因素在获得释放后循“礼”导入社会常态。这是一种以文化认同的方式消除显在与潜在的社会危机的政治智慧。

“礼”所代表的国家治理的规约性，与“俗”所代表的民间生活的自发性之间，存在很大的空间与张力，往往是互益互补与互制互斥共存。

“礼俗”问题在两千多年的中国历史进程中向为人们关注和讨论，是理解中国社会的内部视角。事实上，正是建基于长期以来国家政治的礼俗一体化追求与民间社会的主流价值认同，以及全社会广泛参与的礼俗互动实践，中国社会才能够成为一个长期统一的社会，中华文明传统才得以源远流长，并不断焕发出生机活力。民俗关乎国运，要认识到这一点并不容易。作为群体生活规范与文化认同的民俗文化，在利用传统智

---

* 本文原载于《联合日报》2016 年 4 月 12 日。

慧推进国家社会建设的过程中,作用无可取代。

一、中国社会“礼俗互动”传统历史悠久

在我国,国家与民众的“礼俗互动”有着悠久历史。这从我国历代对“民俗”“风俗”“习俗”等语词的使用中可见一斑。“俗”“风俗”因被赋予更多的政治教化色彩而使用频繁。

可以说,我国传统社会的维持与运转,在相当程度上得益于整个社会所共享的一种文化传统的延续,一旦国家与民众之间的文化认同趋于淡漠或消失,民众对国家的认同也将失去基础。在礼俗互动的框架中,民间文化是“俗的存在”,而官方对民间文化的搜集、整理、“提升”则是“礼的生成”,两者相互磨荡,最终体现出一种在国家治理视野中理解民俗、运用民俗的“政教风俗观”。

当今我们在华北地区的田野调查中,仍会经常发现乡民在日常生活中对“礼”的娴熟运用。传统之“礼”,固然关乎宇宙根本,但也基于普通人的日常人情和理解,因而可以直接诉诸平直的语言。于是,村民在婚礼、葬礼或分家、建房动工、上梁等重要的礼仪场合,便以“老礼”“老人话”“圣人言”等名义运作公共价值,频繁使用心/性、公/私、义/利、王/霸、理/礼、事/功等儒学传统话语,并通过语音转化、语义挪移等方式,在表述历史、化解纠纷、统合伦理等方面有“以言行事”之作用。在民间社会的很多场合,“礼”和“俗”两个概念是大致同义的,而且可以替换使用,“礼”对民众主要体现为人生仪礼和节日仪式中的地方传统,亦即地方的“俗”。原本作为国家礼仪制度表

述的话语,通过与民众生活实践的结合,获得富有弹性的理解和运用,体现了民众个体自觉与乡土社区乃至国家政治相涵化和以“俗”涵养“礼”的礼俗互动逻辑。

二、“礼俗互动”的现代重生面临重要契机

晚清以来,维护封建专制的传统礼制日益成为改革和革命的对象,辛亥革命成功后,相当一部分人提倡学习西方,而抛弃我国的礼仪传统,甚至就连其中有益的成分也弃之不顾,一度造成思想上的混乱。民国时期礼制的制定,是为适应当时社会发展与时代政治之需,因此在很大程度上吸收了西方现代礼仪制度的因素,同时也对我国传统礼仪予以必要选择的继承。

我国传统社会讲求的是礼和俗的衔接,既有从上到下的移风易俗,又有自下而上的因俗治礼。新中国成立后,政府开始致力于一场旨在使国民意识高度统一的思想改造运动,试图将民众从生活到文化加以彻底地重新铸造,终结旧传统,创造新历史。

20 世纪 80 年代后,随着市场经济的兴起,民俗传统因其与当代社会生活形态间的明显差异而具有了强大的消费吸引力,“民俗”成为商品,“民俗热”持续升温,礼俗互动的内在机制变得更加复杂而脆弱。随着中国民俗产业化进程加速推进,国家政治与民俗传统似乎在“发展经济”上实现了高度统一。

与此同时,新中国前 30 年建构起来的“大政治,小民间”的社会秩序逐渐消解,历史更为悠久的乡土自治传统日益正经历重构与复兴,“礼俗互动”的现代重生迎来重要契机。新时

期,通过民俗产业化的洗礼,民俗传统在与国家集权间的相互消费关系中损失惨重,却也由此获得了难得的文化觉醒。尤其是21世纪以来,在非物质文化遗产保护运动的催动下,民间社会更加重视自身的民俗传统,开始出现了超越功利买卖关系、自觉确认其文化认同属性的良好迹象。近20年来,在许多地方兴起的重修庙宇、续写家谱的热潮中,将神的灵验与国泰民安的福祉联系在一起,是庙宇碑文、家谱序言中常见的叙事,其中寓含着“家国天下”、家国一体的传统文化逻辑。在现代民俗传统认同的大前提下,地方观念凸显,民生意识强化,其实是民间社会与国家政治间寻求文化共享与认同的鲜明趋向,这为中国“礼俗互动”传统在当代社会中的复生与重构提供了难得的契机。

当代国家社会治理的宏大工程,绝不能忽视当代民俗发展的意义,而民俗传统的价值,也绝不仅仅在于对一方水土社会建构的保障与优化,更重要的应是在引导民俗实现自身升华的意义上,将民众与包括民族国家在内的更广阔的外部世界连接起来。

三、“引俗入礼”应成现代化进程中化解矛盾之道

21世纪以来,中国社会发生了重大变迁,随着社会化程度日益提高,国民社会契约意识日渐浓厚,“引俗入礼”与民俗文化相结合的社会治理策略正成为中国现代化进程中诸多问题与矛盾的解决之道。

20世纪80年代“文化寻根热”之余绪，90年代“民俗热”的积累，2003年由中国民间文艺家协会发起的中国民间文化遗产抢救工程的启动，表征着新时期以来我国文化自觉意识的真正觉醒。特别是21世纪初的非物质文化遗产保护运动，作为一项国家制度得以自上而下地推行，波及整个社会，其实质是以国家的名义确认了民俗文化的正面价值与存在的合法性，虽然在现实中仍然有相当的局限性。

从当前国家的治理导向来看，“礼俗互动”的当代复兴也势在必然。国家在大力提倡“国学”的同时，注意提倡和化用传统民俗规约以优化社会秩序，明显体现出作为国家顶层设计之“礼”与民间生活日用之“俗”的相互结合与渗透。政府通过严以律己，不断地为社会“松绑”“让权”，从而为当代社会中的“礼俗互动”拓宽了空间。国家治理的顶层设计理念与民俗文化的自发发展，已经初步呈现密切互动中的相辅相成态势。

当代民间自治组织正在经历着城镇化进程所带来的振荡与重组。乡村社会为适应国家政治代而形成的“新传统”，也成为乡土文化体系的一部分，这其实是“礼俗互动”传统在当代中国社会的又一重要表现，即国家将乡土社区的发展权力逐步让渡于民，让民间组织真正发挥其组织社区生活、维护社区秩序、架连城乡关系的作用，而民间组织与国家社会发展与时俱进，以“大河有水小河满”的朴素逻辑自觉认同于国家主流价值观。

再就是，从社会生活实践的层面观察，虽然新农村建设和新型城镇化建设属于国家的顶层设计，但在具体实施中并非简单地以自上而下的方式作用于乡村，而是需要不断从基层社会汲取智慧,构成当代社会中最大的“礼俗互动”的基础。民俗文化总是要不断地寻找自由发展的空间,而国家治理的方针与策略则试图将民俗文化发展控制在既已设定好的轨道之上,因此国家治理的规约性与民俗文化的自发性之间存在一定张力,须经过双方不断调适才能逐渐融合。在当代中国仍在持续推进的现代化进程中,乡村社会将发生重大变革,但变革的结果主要不在于村落的减少或终结,而是村落空间、村落关系、村落劳作模式以及村落文化系统等方面发生了全方位的变化。当代国家与民间缔结新契约的契机,就在这一变化之中。在这一变化中,乡村社会中的民俗传统依然坚韧,并与国家设计之间形成一种相互制衡、调适的关系,使社会发展更趋合理。

当代国家治理与民俗文化发展之间是互动共生的关系,这是西方民主制中政治传统所一直忽视的命题。中国有“礼”“俗”结合的社会传统,以此引导和规范民众的言行举止,这不同于讲究绝对法治的西方社会。民俗文化毕竟贯穿着一方民众的集体智慧与文化逻辑,承载着民间社会千百年来形成的道德观念、精神需求、价值体系等,构成了一种无形的群体性行为规范。这种自我生成的规范力量,与国家集权间的规范意志之间既有分立又有合作,既有纷争又有对话,并谋求在对话、合作中从日常规范上升为公共价值。

中国礼俗传统的田野考察与文化阐释*

近年来学界劲吹“田野风”，行走田野成为时尚。田野考察并不专属哪一学科，讲究的是深入民间，以参与式观察获得实证材料，当下能有红火气象，诚然可喜。田野考察在我国有着悠久传统，早在西周时期就已有“问俗知政”的制度，当时专设负责采风的官员即“行人”，要定期到各地民间搜集歌谣，供当政者了解风俗民情，考察政治得失。据说《诗经》中《国风》和《小雅》的部分诗篇，其由来便与此有关。“礼失求诸野”这句话是否真为孔子所说，尚存争议，但它赋予田野的那种沉甸甸的神圣感，至今仍能感受到。不过，“田野”究竟意味着什么呢？这是一直萦绕笔者心头的问题。

一

所谓“田野”，即民众日常生活世界，既是人类总体行为发

---

* 本文原载于《民族艺术》2020年第6期，转载于《新华文摘》2021年第9期、中国人民大学书报资料中心《文化研究》2021年第7期，山东省社科规划优势学科项目“中国文化的民间传承机制研究”系列成果之一。

生的空间,也是人类知识的本原。套用柯林伍德的话来说,就是生活是“自我—授权的”[①]。如果仅依据书面材料分析人性乃至人类,就既高估了人类的理性能力,也低估了日常生活世界的复杂程度。一言以蔽之,从田野维度出发的考察与研究是必需的。

日常生活是琐碎多变、模糊难辨的,它当然也会受到国家制度的巨大影响,虽然后者并不见得总是直接发挥作用。[②] 人人都置身于日常生活中,视听言行皆为日常,但在传统学术中却往往被选择性地赋予不同价值,致使绝大多数人的“日常”遭到忽视甚或漠视。田野研究作为方法,首要之义就是要警觉与反思人之常情在学术研究中的缺失。

在现代西方文化转向中,日常生活被提升到空前高度予以关注。胡塞尔强调的对“生活世界”的回归、海德格尔的“日常”“共在”观念、维特根斯坦的“生活形式”分析,福柯关于

---

① [英]R. G. 柯林伍德:《历史的观念》,何兆武、张文杰译,中国社会科学出版社 1986 年版,第 268—269 页。

② 张士闪认为:“毫无疑问,国家制度‘深深地影响着乡村社会的日常生活’,但在乡村社会语境中,‘国家制度’又经常被视作一种可供谈论、交流、改装或化用的‘文化文本’。这一文化文本如何在乡村落地?是像蜻蜓点水一掠而过,还是落地生根嵌入地方传统,甚或衍生出新的价值?”(张士闪:《礼俗互动与中国社会研究》,《民俗研究》2016 年第 6 期)从本原的意义上,国家制度是世俗化的产物,而国家制度的实施又在社会中形成新的常识,这亦可视为世俗化的过程。刘铁梁曾提及村落中一种散漫的、冲击着国家想象的“民俗现象”的存在,认为它是任何国家力量也无法消除的,“任何大一统的文化到了民间,都有一个民间化的过程,而这个民间化过程是紧密联系其社区自身存在和发展的需要”,这可视为对上述现象的自下而上的论证。参见王铭铭、刘铁梁:《村落研究二人谈》,《民俗研究》2003 年第 1 期。

“规训”的微观性权力的分析等,都是产生了巨大影响的思想。晚近的布迪厄则以人的“习性”为关键性概念,通过对其历史养成与现实运用的观察,试图理解日常生活实践。[①] 在布迪厄看来,“习性”研究的特别意义,在于它代表了一种相对稳定的社会行为规范,在日常生活与社会运行之间提供了一条便捷的阐释路径。

古今中外,许多著名思想家都惊叹于日常生活力量的不可低估并做了精彩表达。例如,黄遵宪说:

风俗之端,始于至微,搏之而无物,察之而无形,听之而无声,然一二人倡之,千百人和之,人与人相接,人与人相续,又踵而行之。及其既成,虽其极陋甚弊者,举国之人,习以为然,上智所不能察,大力所不能挽,严刑峻法所不能变。夫事有是有非,有美有恶,旁观者或一览而知之,而彼国称之为礼,沿之为俗,乃至举国之人,辗转沈锢于其中而莫能少越,则习之囿人也大矣![②]

詹姆斯·C.斯科特也说:

正如成千上万的珊瑚虫杂乱无章地形成的珊瑚礁一样,成千上万的以个体形式出现的不服从与逃避行动构建了其自身的政治或经济屏障……当国家的航船搁浅在这

---

① [法]皮埃尔·布迪厄:《实践感》,蒋梓骅译,译林出版社 2012 年版,第 79 页。

② (清)黄遵宪:《日本国志》卷三十四《礼俗志》,李绍平校点,岳麓书社 2016 年版,第 1121 页。

些礁石上时，人们的注意力被典型地吸引到船只失事本身，而不会看到正是这些微不足道的活动的大量聚集才是造成失事的原因。①

显然，在黄遵宪看来，民众习俗是自行其是的，因此以“习之囿人也大”推导其变法维新思想的合法性，而斯科特则关注“细微活动的大量聚集”对国家权力的侵蚀，认为应从日常生活政治理解社会变迁。二人的共同之处，则是都将日常生活与国家命运相提并论。类似思想，其实早在两千多年前的《史记》中即有表达：

鲁公伯禽之初受封之鲁，三年而后报政周公。周公曰：“何迟也？”伯禽曰：“变其俗，革其礼，丧三年然后除之，故迟。”太公亦封于齐，五月而报政周公。周公曰：“何疾也？”曰：“吾简其君臣礼，从其俗为也。”及后闻伯禽报政迟，乃叹曰：“呜呼，鲁后世其北面事齐矣！夫政不简不易，民不有近；平易近民，民必归之。”②

在这则案例中，君王对于民众日常生活的态度（或者说民俗政策）、对于王朝命运的影响是如此巨大而直接，难怪被后世视为治国之鉴。其中反复述及的“礼”“俗”话语，既是对当时中国社会形态的化约表述，又表征着颇富弹性的中国传统政

① ［美］詹姆斯·C. 斯科特：《弱者的武器》，郑广怀、张敏、何江穗译，凤凰出版传媒集团、译林出版社 2007 年版，第 43 页。

② （汉）司马迁：《史记》卷三十三《鲁周公世家》，岳麓书社 2001 年版，第 205 页。

治模式。源远流长的中国传统政治，绝非近代以来西方学者所谓的“东方专制主义”[①]所能盖棺论定。

二

在鲁中山区洼子村，村民至今有讲礼论俗的传统。村里老人也知道，他们的生活本身是“民俗”，却在分家、葬礼等一些重要场合，依然拿“礼”或“老礼”说事。[②] 面对业已发生或潜在的世俗纠纷，“礼”（而非“理”）是管用的。再看几乎遍布全国各地的庙会节庆、冠婚丧祭、编志修谱、游艺传统等活动，在看似不同的文化表达中，都体现出“礼治社会”的共同特征。比如，民间祭祀中“天地君亲师”牌位的摆设，乡村游神时“普天同庆”“天下太平”等旗号的彰显，庙碑家谱中“礼曰”“诗云”的征引，民间口头传统中“圣人言”“老人言”“老礼”“老话”的强调等，都在借用国家权威（礼）而建立地方秩序，却在持续的仪式活动实践中经由形式模仿而逐渐嵌套于国家政治格局，形成了各地同中有异的“家国一体化”传统。我们意识到民间之“礼”固然是含混的，但这正是民众参与国家礼制建构所留下的文化印迹，并已成为中国传统文化完整谱系中不可

---

① “东方专制主义”概念，是近代以来西方学者对东方国家尤其是中国的政治形态和政体类型的归纳，虽有差异，但大致趋同，代表性学者有孟德斯鸠、黑格尔、马克思、韦伯、魏特夫等。详见李猛：《孟德斯鸠论礼与“东方专制主义”》，《天津社会科学》2013年第1期。

② 参见张帅：《“礼”与“事儿”：信仰体系与实践的存在机制探析——以鲁中洼子村为例》，《民俗研究》2016年第4期。

或缺的部分。

笔者还注意到，为各地民众所运用的许多“礼”“俗”话语，既与国家历史进程中的精英教化实践有关，也因应乡村日常生活本身的复杂性而不断调适。在乡村社会中，乡绅之家也会出现家庭内部分化或分工的问题。兄长可能是讲究礼仪、在乡里素有声望的人士，瞧不上“时俗”，弟弟却喜好参与地方信仰仪式、节庆游艺之类的热闹活动。当国家致力于“礼仪下行”之时，给这类家族带来的就可能是分裂，最终在地方社会中形成既有分治又有整合的状态。每逢灾乱年头，民众挣扎于生存底线，也会使地方社会中“礼”与“俗”的裂缝扩大，国家行政难以贯彻到基层。这就是每逢大的社会灾乱过后，历代王朝总要“整顿风俗”的根本原因，而以此为表征的“礼俗互动”政治实践，也就成为中华文明自我建构、整合和传承的有机组成部分。即便在朝代更易之际，中国传统社会也总能迅速恢复正常运转状态，其奥秘就在于礼俗互动政治传统的深入人心。在国家政治层面，倡导“为政必先究风俗”“居官以正风俗为先”等民俗政治原则，注重因俗制礼与以礼化俗相结合的社会实践。落实在社会治理层面，国家讲究礼制而不至于脱离俗情，民众则以贴近国家正统为正途，因为“礼俗互动”所体现的文化政治智慧，是冀望通过礼仪教化达至礼俗融合的社会理想状态，以最小的代价消除社会隐患。

于是，我们在田野考察中发现，村民的讲礼论俗与国家制度或精英典籍中的礼俗话语并不一致，亦不见得是要谋求上层社会的支持，而重在以王朝或国家的名义自立权威，进而强调传统伦理、操持公益事务或化解民间纠纷等。但更重要的是，这种民间之“礼”虽与国家礼制有异，却又惯常以贴近国家礼仪正统自命，并自觉调适于国家一统进程中。村民为什么要将自身“民俗”的一部分界定为“礼”？他们在援引“礼”的话语时，如何确信就是（或符合）国家之“礼”？面对这类问题，是田野考察一展身手的时候了。

田野考察的一大优势，是可以直接碰触已在地方社会中存在久远且至今仍在发挥作用的一些知识和思想，无论它们是以怎样的形式（比如村志、族谱、庙碑、俗语、节庆、礼仪等）存在，都可以持续观察它们为民众继续使用的过程与样态。这些知识和思想并不见得就完全属于地方民众，而是在长期复杂的社会流动中所形成的民间积存，因而与一般意义上的“中国原理”相联系。长期行走田野的学者，都曾有类似经历：有时候偶然听到一两句俗语，突然间就对国家一统进程中所伴生的某种地方民众心态心领神会。正如哈布瓦赫所言，“言语的习俗构成了集体记忆最基本同时又是最稳定的框架”[①]，而为民众所频繁使用的俗语，就可以成为理解地方社会生活的一条捷径。总的说来，重要历史事件和影响较大的社会观念，总会在民众俗语中有所表达。例如，我国许多地区流行的“先有庙，后有村”“无庙不成村”等俗语中，就隐含着民众借神圣立村、纳入国家系统的普遍心态。也就是说，人们聚居某地，并非意味着村落的自然生成，唯有借助兴修庙宇，建立起以神鬼所象征的天地时空秩序与终极价值系统，才可能被周边乡土社会公认为是独立完整的生活共同体。而更重要的是，村民欲借此与国家政治系统建立联系，使自己成为有明确归属的“化内之民”。[②] 此外，一

① ［法］莫里斯·哈布瓦赫：《论集体记忆》，毕然、郭金华译，上海人民出版社2002年版，第80页。

② 参见张士闪：《礼俗互动与中国社会研究》，《民俗研究》2016年第6期。

些流行更广泛的俗语,如“不经一事,不长一智”“谋事在人,成事在天”等,则代表了中华民族更普遍的文化心性。“不经一事,不长一智”的说法,是强调人类个体的“成人”过程离不开社会历练,而“谋事在人,成事在天”一语则在激发一种积极有为精神的同时,也不否认社会条件的制约性。

何谓“下田野”? 下田野是学者直接走进民众日常生活,以具体的人和事为研究对象,发现其背后的“人情世故”的过程。古往今来,无论是古代知识精英的“采风问俗”活动,还是现代知识分子发起的“向民间去”的社会运动,都具有某种“下田野”的色彩。遗憾的是,这些活动多是在扮演某种政治工具的角色,经常忽视民众的自我表达,因而难以对民众日常生活有充分认知。笔者以为,田野考察在本质上是一种特定的人际交往方式和文化互动实践。民众口述所表达的知识(田野资料),与口述本身所代表的交流行为(田野关系),其实都是具有学术意义的素材。[①] 比如同一位村民讲同一件事,不仅在不同时期会有不同表述,在面对不同听众时表述也会有所不同,因为不同的社会交流语境影响着每一个人的知识表达。

田野考察既以民众日常生活为研究对象,首先就要关注“野”,即探究以人与自然的互动为基础而形成的人地关系,类似某种“非社会”的状态。人总是宿命般地存在于自然环境之中,自然环境是人与社会的共同起点。自然环境凭借其物质构成,不仅为人们提供生计资源,还是人类情感、意志及广泛意义上的价值行为的投射对象,并以意象的方式参与人类心智结构

---

① 参见张士闪:《眼光向下:新时期中国艺术学的“田野转向”——以艺术民俗学为核心的考察》,《民族艺术》2015 年第 1 期。

的发育。自然环境通过人的生计劳动,转化为合乎人需要的物,而富有人文气息的“田野”亦由此生成,这也是更具广泛意义上的“文化”的发生过程。譬如,那些以凤凰、凤翅、龙头、卧龙、回龙等命名的地理地貌或人工建筑,便是各地人们通过附会宏大历史或赋予吉祥寓意所营造的族群认同符号。人与自然环境之间的交互作用看似微不足道,却坚韧地影响着整体社会系统的运行与变迁。因此,马克思曾将“市民社会”界定为“物质的生活关系的总和”,并认为它是“全部历史的真正发源地和舞台”。①

按照米尔斯的说法,社会科学应“探讨个人生活历程、历史和它们在社会结构中交织的问题”②,这就需要研究者首先要贴近日常生活,体察民众感受,并以田野的眼光理解个人所处的社会结构与历史传统。虽然生活如流水不断流逝,但承载流水的河床还在,田野考察便有章可循。

三

田野考察的学术共识,应该是从地方生活细节入手,在民间与国家的相互建构中理解中国政治传统。如果说“地方性知识”③是人类文化的起点与载体,那么我们常说的“文化传

① 《马克思恩格斯选集》第 1 卷,人民出版社 2012 年版,第 167 页。

② [美]C. 赖特 · 米尔斯:《社会学的想像力》,陈强、张永强译,生活 · 读书 · 新知三联书店 2001 年版,第 155 页。

③ [美]克利福德 · 吉尔兹:《地方性知识》,王海龙、张家瑄译,中央编译出版社 2004 年版。

统”无非稳定化了的文化,而“传统文化”则是做大做强的“文化传统”。文化的意义在于为生活提供价值,但对于文化的价值判断,却长期来自由极少数人组成的政治系统、学术系统,而非占人类绝大多数的芸芸众生的生活系统,诚为咄咄怪事。久而久之,人们甚至会淡忘“生活是文化之根”的常识,以至于需要一种“眼光向下”的学问,长期在田野中观察民众生活系统,做相关的价值辨别及清理工作,提醒整个社会不要忽略或淡忘来自民众生活系统的文化判断。

中华民族是众多族群的集合,中华传统文化是在对多元地方文化的融会、提炼中形成的,而与礼俗相关的话语形式与社会实践,涉及中华民族自古及今持续的思想构成与社会运作,因之成为理解这一过程的重要路径。历经波澜的近现代社会变迁,礼俗传统的精髓仍在当今社会生活中潜在传承着。近年来,已有不少学者以田野考察为基础,对国家之“礼”与民间之“俗”复杂的互动关系进行研究,显示出“在田野中理解中国”的广阔前景。

长期在内地田野考察的科大卫,将地方宗教、祖先祭祀、社区节诞、民众文字传统、庙宇建筑等视作“有意义的礼仪标签”,试图以此“重建地方社会整合到中华帝国的过程”。[①] 他

---

① 科大卫、刘志伟指出:“在不同时间不同空间,尽管人们都同样追求大一统,但他们用来定义大一统的标签往往不一定相同。在把地方传统纳入大一统范畴的过程中,尽管他们总是会努力把对自我的认知与对大一统认知之间的距离拉近,他们建构的大一统样式与其他人建构的大一统样式在概念和行为上仍然可以有很大的差异,问题不在于这种差异有多大,而在于他们对正统的理解和定义是否有规律可循。”(科大卫、刘志伟:《“标准化”还是“正统化”?——从民间信仰与礼仪看中国文化的大一统》,《历史人类学学刊》第6卷第1、2期合刊,2008年10月)

在新近研究中提出“国家对地方社会的影响,不一定是控制,也可以是地方社会很主动、很巧妙地把国家制度引入来处理地方上的问题。所谓地方整合到国家,就是一种认同的过程”,因为“我们在田野考察的基础上注意到,这种认同跟地方社会与国家机构打交道的形式很有关系”。[①] 在他看来,国家政治建构与地方社会发展之间的互动过程,即是“形成中国的历史”,而在这一互动过程中形成的“礼仪标签”,就是“理解中国”的关键。无独有偶,在历代王朝“礼下庶人”的教化过程中,刘志伟、孙歌却看到了“礼俗互动”的基层政治实践,“读书人在民间推行士人之‘礼’的过程,常常是通过把原来民间社会秩序中的‘俗’纳入‘礼’的体系之中来实现的……礼教在民间的渗透推广,并不是一个自上而下的过程,而是读书人和士大夫阶层自觉地把民间的社会秩序之‘俗’纳入礼的规范中来的过程”[②]。或许正鉴于此,郑振满将历史人类学的研究范式归结为“注重民间文献,注重田野调查,力求回到历史现场,从民俗研究历史”[③],笔者相信这一理念也适用于更多的学科。

如此,以田野的眼光看文献,以历史的眼光看民俗,就在“礼”“俗”之间看到了“俗化之礼”“礼化之俗”等所谓“礼俗相交”的社会状态。其实,南宋思想家吕祖谦本来就说得很是清楚:“礼俗不可分为两事……盖制而用之谓之礼,习而安之谓

① 科大卫、张士闪:《“大一统”与差异化——历史人类学视野下的中国社会研究——科大卫教授访谈录》,《民俗研究》2016年第2期。

② 刘志伟、孙歌:《在历史中寻找中国——关于区域史研究认识论的对话》,(香港)大家良友书局有限公司2014年版,第115—117页。

③ 郑振满:《华南学者的历史人类学:传承与互动》,《开放时代》2016年第4期。

之俗。”①历代县志中常见的“俗成民化”②之说，是地方官普遍设定的社会治理目标，“俗成”即社会风气明显好转，“民化”则指民众经由教化达至“礼仪自觉”，彻底成为“化内之民”。

再看国家之“礼”，也并非成于一时、定于一尊，其本身即是屡经重建、多元复合的产物。在不同的历史时期，所谓“礼制”并未由儒学所垄断，佛道之学对于“礼”的建构也各有绵延传统。譬如春秋战国时期，有楚礼也有夷礼，礼的相对性极为明显。元朝时期，全真教曾力压儒、佛而以“国家之礼”自居，一度在众多地区担当起社会教化与组织的责任，成为沟通王朝政治与地方社会的重要媒介。时过境迁，历史上国家礼制的多元建构却依然会对地方社会持续发生影响。我们在田野中见到的多种民间文献，如族谱、碑刻、契约文书、诉讼文书、日用类书、民间礼仪本、宗教科仪书、宝卷、善书、唱本、剧本、账本、杂记等，就生动地显示出这一点。

赵世瑜曾为这类田野考察树立了一个宏大的学术目标：

> 我们要研究的，不只是中国文化的“大一统”的结构本身，而是形成其结构的复杂历史过程，尤其需要对不同地域历史演变作比较的研究。不同于以法律为核心的欧洲社会，中国社会秩序是以“礼仪”为核心，建筑形式、行政制度、产权代表、武装力量等都是礼仪的表征，因此“礼

---

① 《钦定礼记义疏》卷四七，乾隆十九年(1754)文渊阁《四库全书》本。

② (明)程敏政：《知县杨武重修庙学碑》，嘉靖《淄川县志》卷三，上海古籍书店1961年影印本，第46页。

仪”可以作为理解统一性的切入点。①

当然,这需要无数田野个案的长期累积和以小见大的层进拓展,而对于礼俗传统的田野考察与文化阐释则至为关键。

四

在笔者看来,当代学者最应具备的乃是一种“多疑”品格:不盲从历代正史里的白纸黑字,而应转向基层乡村去寻找家谱、村志、地契、文书等民间文献;不盲从民间文献的记录,而应视作一种经过选择的表达,于是长住乡村,亲自观察民众生活中的衣食住行、节庆仪式、人情往来甚至纠纷;不轻信自己的亲眼所见或亲耳听闻,而是把诸多见闻分门别类做成资料系统,在个人生活史、地方社会格局和国家时政等多维框架中反复斟酌。说到底,学者之间也应“互不相信”,也应不断地相互质疑,有“打破砂锅问到底”“到了黄河心不死”的劲头。的确,人类社会古往今来处处有奥秘,正宜以“多疑”眼光视之。

然而,田野工作不仅要“多疑”,更要“无疑”。行走田野之上,会经常发现与传统定论相左的现象,或许就潜藏着一份生活之真或历史之实。对此应当“无疑”,勇于接纳。当然,更多时候是“田野发现”与“书上得来”的相互印证,此时要做的工作就绝不是“执其两端用其中”那么简单。田野考察不仅为诸

① 赵世瑜:《历史人类学的旨趣——一种实践的历史学》,北京师范大学出版社2020年版,第64页。

多学科提供民众口述资料，还应该为整个社会提供来自民众生活的真确记录与价值呈现，从大众生活的角度检视国家既有的社会制度与文化制度之不足。

在田野中遭逢的一切，既是现实，也是历史，足可展开绵密而深邃的思考。我国民俗学泰斗钟敬文说“一滴水的意义是不能低估的”①，罗志田则说“历史的共性完全可以展现在个人的经历和体验之中”②，说的都是田野个案研究之所长。不过，现实的多重面相与人性纠结需要辨析，历史的杂乱堆积与回环嵌套也需要厘清，因而抱持一种谦卑心态是必要的，因为“历史留给后人的本来就不可能是一个完整的图像，本来就都是些‘碎片’，关键在于人们如何发现它们之间的联系及其意义，把它们连缀起来”③。在田野中搜集“碎片”的工作固然辛苦，而在纷然“碎片”中发现和建立关联则尤费斟酌，这需要有足够的想象力。2017 年，笔者曾试图这样概括自己的田野考察思路：

> 一是注重人地互动的关系，从人与自然之间长时段的相互塑造关系来理解民俗传统；二是注重中国社会发展进程中礼俗互动的关系，从乡村生活实践中观察整个社会的

① 钟敬文：《民间美术与民间文化问题——在山东高密民间艺术展览座谈会上的讲话》，政协高密县文史资料委员会编：《高密文史》，1991 年，第 62 页。

② 罗志田：《知人论世：回归以人为主体的历史》，《读书》2019 年第 11 期。

③ 户华为：《走向多元开放的社会史——中国社会史研究 30 年的回顾与前瞻》，《光明日报》2009 年 3 月 24 日。

> 礼俗互动态势,梳理其价值演化的脉络、机制与逻辑;三是关注田野调查中的人际互动关系,将田野访谈视作一种特定的人际交往方式和文化互动实践。①

这样的表达并不完整,而是有感而发,意在提醒诸位田野同道应兼顾多维思考。就上述三种互动关系而论,任何一维的些许变化又都会影响其他,并在复杂联动中将这一微变放大或削弱,从而影响整个社会系统的运行和演化。比如,人际关系固然是在人地关系的基础上发展起来,但既然同为社会性的存在,人地关系又可视为人际关系的延伸,就连同在长期礼俗互动中凝结而成的社会结构,一起汇作我们当下正在观察的社会关系整体。

笔者相信,就学术方法而言,唯有置身于田野之中,才能真正理解一种地方传统的约定俗成,由此地方传统也会在更长时段、更广阔区域被传承,乃至与国家政治形成因应互动的关系。换句话说,我们在田野中亲密接触一个个活生生的人,体会芸芸众生内部的千差万别,内心五味杂陈:原本一直认定的神圣,乍然显露世俗真身,从此有了斑驳模样;邂逅于街头巷尾的凡夫俗子,每每瞬间显现神奇,却又迅即复归平淡。田野故事多种版本的背后,映照的恰是人情世故众生相。田野考察是凸显"人的实践"的研究模式,贯穿于整个工作过程的,应是那种持之以恒地探究个体日常生活的好奇心。萧凤霞曾说:

---

① 张清俐:《"深描"中国村落文化变迁》,《中国社会科学报》2017年7月10日。

> 我着力研究在田野考察过程中碰到的一个个人，我探讨某些事物为什么对他们那么重要，尝试了解他们的选择和取向，是经过一个怎样复杂的历史过程而形成的……像中国这样庞大的政治实体，不论在帝国时期还是在现代，有那么大的地区文化差异，又经过那么繁复的兴衰周期，它是怎样维系着人民共同的想象的呢？①

这席话是对田野考察目标的绝好概括。我们在田野中所接触的民众生活文化，与长期高居庙堂的儒家经义，以及道、法、墨等百家之学，同是秉承于中华民族古老的精神血脉，而各有损益，多元相通，并非势同水火，因此才会有“礼失求诸野”的说法。

中国领土广袤，历史悠久，不同的地方社会普遍存在着以“礼”“俗”为表征的不同话语流向，并呈现出多元主体交互建构的特征。这一现象，其实是与国家大一统历史进程中的两大特征有关，即国家政治的“地方化”与地方社会的“国家化”，特别是二者在不同地区的交错发生，使整体意义上的中国礼俗传统呈现出同中有异、异质同构的关系。一方面，作为一种国家政治模式的礼俗互动，涉及国家礼仪制度、精英教化实践与民众日常生活的交互关系，既是中国社会内部谐调、制衡的一种实践机制，又是中国传统文化核心要素的表征。另一方面，作为地方传统的礼俗，在不同时空有着多元表达与多义衍生，共同呈现出国家一统进程中民间礼俗传统构建、传承与变迁的完

---

① 萧凤霞：《廿载华南研究之旅》，华南研究会编辑委员会编：《学步与超越：华南研究论文集》，（香港）文化创造出版社2004年版，第32页。

整过程。[①] 要想对此做出阐释,急需田野个案的累积与以小见大的拓展,需要一大批学者俯下身去,长年坚持田野调查,在田野中理解中国。诚然,中国礼俗传统是田野考察的核心,三个方面或许应予特别注意。

(1)在田野考察层面,关注地方社会围绕中国文化核心价值而衍生的礼俗形式及价值理念,比如家风家教、乡贤美德、邻里互助、节日庆典、口述历史、仪式表演、礼尚往来、环保意识等,发掘中国文化的民间表达形式与传承机制,归纳中国文化的礼俗互动传统样态。

(2)在田野理解层面,以中国历史脉络特别是近现代变迁为基础,关注礼俗传统在乡土社会中的传承形态与调适机制,再结合个人生活史的细致梳理,理解人在社会情境中的文化创造。

(3)在田野研究层面,在国家进程、精英作为与民众生活的互动实践中建立分析框架,提炼理论话语,提炼中华文明内部自我制衡、调适的传统政治智慧,探索中国礼俗传统的当代传承创新转化机制。

---

① 这一现象,在齐鲁书社 2019 年推出的《田野中国·当代民俗学术文库》中有广泛涉及和讨论。这套文库包括张士闪《礼与俗:在田野中理解中国》,赵世瑜、张士闪主编《礼俗互动:中国社会与文化的整合》,朱振华《扮玩:鲁中三德范村的年节生活》,李海云《空间、边界与仪式传统:潍北的乡村生活》,张帅《个人叙事与地方记忆:鲁中地区的颜文姜传说》,张兴宇《梅花拳与乡村自治传统:冀南北杨庄考察》。

运河社会文化研究的理念与方法*

由京杭大运河、隋唐大运河、浙东运河为骨架组成的中国大运河，全长近3200公里，历经沧桑2500多年，是世界上距离最长、规模最大的运河，展现出我国劳动人民的伟大智慧和勇气，传承着中华民族的悠久历史和文明。诚如邹逸麟先生所言："中国运河……在维护中华大一统国家的形成、发展和巩固的过程中起了不可替代的作用。同时在延续和发展中华文明过程中作出了重大贡献。"①虽然自清末以后，由于其他运输方式的兴起，大运河已逐渐失去以前的交通核心地位，但在20世纪末世界性文化遗产热的大背景下，它作为中华民族历史渊源的见证者与中华传统文化的重要载体，正日益显示出重要地位。2017年6月，习近平总书记在视察北京大运河森林公园时强调，保护大运河是运河沿线所有地区共同的责任，要求"保护好、传承好、利用好"这一历史文化资源，将运河保护提升到国家战略的高度。②

---

* 本文原载于《运河学研究》2021年第1期，山东省社会科学规划优势学科项目"中国文化的民间传承机制研究"系列成果之一。

① 邹逸麟：《运河在中华文明发展过程中的作用》，《浙江学刊》2017年第1期。

② 参见施雨岑、吴晶、胡浩：《文明之光照亮复兴之路——以习近平同志为核心的党中央关心文化和自然遗产保护工作纪实》，《人民日报》2019年6月10日。

以“流动的文化”而闻名的运河文化,无疑将在21世纪中国国家发展战略中扮演重要角色。

“漕运之制,为中国大制。”①中国大运河源远流长,运河文化博大精深。自古及今,大运河既是国家层面实施的一项伟大工程,又在塑造中国文化传统方面意义宏巨。运河沿线地区,已经形成了一种独具特色的社会文化特区。吴欣认为,“大运河开挖、畅通与衰落,在一定程度上凸显了中国社会特殊的运行与发展轨迹。因此,大运河既是一条河,更代表了一种制度、一个知识体系和一种生活方式。运河及其流经的线性区域所孕育的文化既是中国传统文化的一部分,也是形塑中国文化的基因之一”②。诚然,无论是运河的开挖、疏通、葆育等技术系统,还是其漕运、管理等使用系统,都牵涉到运河沿线地区的社会文化发展,并在国家政治、地方精英与民众日常生活之间的多元互动关系中,积淀了弥足珍贵的社会治理智慧与人文传统。回顾过去,立足当下,面向未来,运河社会文化研究意义深远。通过对运河社会文化的梳理,不仅为目前大运河文化保护传承利用工作有所贡献,而且也为“一带一路”沿线区域的社会文化建设提供了一定借鉴。

一、对于“运河社会文化”的理解

学界关于“文化”这一概念的界定莫衷一是,对所谓“社会

---

①　康有为著,汤志钧编:《康有为政论集》上册,中华书局1981年版,第354页。

②　吴欣:《大运河文化的内涵与价值》,《光明日报》2018年2月5日。

文化”的理解也并不统一。本文使用的“社会文化”一词，并非一个专门概念，而是包括“社会”与“文化”的两个概念，即运河沿线地区的社会与文化。这样做的好处是有利于从社会结构与文化制度的不同角度观察运河。当然，“社会”与“文化”是皮与毛的关系，其内在联系是显而易见的：一方面，社会的构成必然会有相应的文化，不存在没有文化支撑的社会；另一方面，没有孤悬于社会之外的文化，文化的认同则是社会群体出现的前提。

跨越南北的大运河，在船载货运货之外，还承载着人与人所携带的文化。大运河的兴衰历史，是中国社会文化历史的一部分，还是促成与支撑整个中华文明运转的关键性要素之一。中国很早以来就已形成所谓“礼俗社会”，呈现出国家政治与地方生活之间联合运作的社会形态，形成了以“礼俗互动”为表征的文化政治智慧与社会运作机制。① 跨越几千年、纵横几万里的大运河的开挖与使用，并没有打破已有的社会格局，也没有造成中华民族悠久文化传统的割裂，却是以内部调谐的宏大工程，连同面向王朝四境的拓边、“化夷”等方略，进一步释放国家制度活力，维护了传统中国社会的超稳定结构。在运河沿线地区，国家治理改变了地方社会文化的发展态势，而地方社会文化传统也在一定程度上影响到国家制度的建立与调整。与运河有关的社会文化表现，因此代表了中国社会自我调谐、制衡以致内部畅通的一种特别机制，与常规性治国方略有别。历经波澜起伏的中国近现代社会变迁，这一文化政治精髓仍在

① 参见张士闪：《礼俗互动与中国社会研究》，《民俗研究》2016 年第 6 期。

当今社会以多种形式有所延续，通过价值创新转化，有望在当代中国社会发展宏大格局中发挥重大作用。深入研究运河中的社会文化，从社会文化的角度深化已有的运河研究，因此具有特别意义。

大运河自开挖以来，就在沿运地区形成了水上社会与沿岸社会，呈现出独特的社会特征和文化特征。综合“社会”层面的观照与“文化”层面的视角，可将运河社会的主要特征归结为四个方面：(1)由独特的人群聚合方式所形成的运河社会结构，与传统乡土社会差异明显。如运河沿线地区常见的运军、水手等漕运群体，纤夫、浅夫、泉夫等济运群体，就与传统乡村社会的群体结构迥然不同，其群体聚合方式也差异明显。即使是运河沿线地区的农民，也会因为要参与修河、修坝、修闸等而具有异于传统乡土社会的特征。(2)运河社会生活共同体的内部认同性强。学界关于生活共同体的理解，有“想象的共同体”和“溢出的共同体”的说法，运河上的许多群体，其实是从不同地方的传统生活秩序中“溢出”并结成的新的生活共同体，只不过长期不为官府、士大夫所认可。其实，生活共同体的界定，应该主要取决于共同体的内部认定，而非外部人员的评说。运河群体较之农民或知识精英，往往有着更强的自我认同意识与凝聚力。(3)运河沿线地区之间联系密切。大运河的开挖、疏通、改变及维护、葆育、漕运等，都牵涉到国家行政力量的调动，在原本没有联系或疏于联系的不同区域之间建立常规或紧密的联系。如运河水的补给区与泄洪区之间，就在传统交往的基础上，根据国家运河河政形成了新的社会关系。(4)运河社会变迁与国家运河行政关联密切。运河是中国古代历史上重要的交通线路，大量的人口和物资通过运河得以不断流动,从而对运河沿线社会的经济产生了深刻影响。大运河的整治、畅通、湮没,特别是近现代以降西方社会的进入,海运、铁路运输的发达走向衰微,对于运河沿线地区的社会、经济与文化影响脉络清晰可辨。

综观学界关于“社会”与“文化”的诸多描述,也可以看出运河文化的主要特征包括四个方面:(1)流动性强的“水上文化”特征。运河沿线地区与水有着密切关系,有了大运河上的人群往来,就有了更加频繁的文化流动或移动,文化形态呈现出雅俗共赏、灵活多变的商业文化特征。(2)运河沿线地区之间文化联系密切,由此带来了两种文化景观:一是外来文化的“在地化”现象频繁发生;二是某种地方文化在沿运河而行的传播过程中,自身发生了程度不同的改变,而并不讲究对传统的恪守。(3)运河沿线独特的社会语境,对视“水上人家”为低贱的传统观念形成了强烈冲击。在历代王朝的“编户齐民”政策中,未进入政府登记册的百姓,往往被官府、士大夫视作异类。漂泊在湖海之上的“水上人家”,直至清朝还普遍被视为贱民。大运河的开掘与流通,使运河沿线地区“水上人家”成为“化内之民”,其文化传承获得了合法性。(4)运河文化聚散、兴衰节律明显,与传统乡土社会大异其趣。在运河社会的各种生活共同体中,其“想象”和“溢出”的表现与传统乡土社会有很大不同,由此形成了新的文化形式。他们既与其原籍生活有着一定的互动关联,也会受到官府、士大夫的影响,由此不断发生着文化的“想象”和“溢出”现象,形成了运河文化更加频发的聚散与兴衰机制。

二、关于运河社会文化研究的学术史回顾

为行文便利，下面对于运河社会文化研究成果的脉络梳理与评述，将从社会群体与社会组织、民间信仰、民间口头传统、社会变迁四个方面进行。

（一）社会群体与社会组织

在传统社会中，运河因能提供军事便利、节约物资运输成本而备受青睐。受当时生产力发展水平所限，运河在相当长的一段时期内，主要依靠人工开挖和人力维持，由此催生了一批与运河有着密切关系的社会群体。

运河社会群体的形成，与运河工程所需要的社会分工有关，包括济运群体、漕运群体等，都数量庞大，各有分工。济运群体是指协助运输、维护河道的役夫，包括以人力牵挽船只前行的纤夫、专门开挖疏浚运河的浅夫、负责疏浚附近泉源和泉道以维持运道畅通的泉夫等。漕运群体则为运河物资输送服务，包括在船舶上承担漕粮运输的军队即“运军”，从事掌舵、划桨、升降桅杆、探测水文、装卸货物等劳务的水手等。此外，还有沿运河上下贩运货物的行商群体、在运河城镇中开店经营的坐贾群体，以及以劫掠运河船只、店铺为生的盗匪群体等。

自隋唐大运河贯通以来，运河沿线地区社会经济快速发展，上述社会群体日益活跃。他们往来于运河之上，或寓居于运河城镇中，逐渐结成了相对稳定的社会组织，大致可分为商业组织、宗族组织、帮会组织三种。在具体组织形式上，有以运河工

商业者为主形成的行会,以在运河经商的商人为主导而兴起的家族,以运河沿线穆斯林商人为主体发展起来的伊斯兰教,以粮船水手为主体形成的罗教,以及由运河水手、盐贩、盗匪等发展起来的各种帮会组织等。这些社会组织因运河而兴起,也因运河而发展、衰落或变迁,成为理解运河社会文化的重要路径。

运河社会群体和组织是学界长期关注的热点领域。对于运军群体的研究,一大批学者前后相续所进行的历时性梳理,由国家制度层面渐及社会生活与文化领域。唐文基、林仕梁、鲍彦邦、陈峰等对宋代及明清时期运军群体的研究①,还主要是着眼于国家的制度规定与落实实践,黄纯艳、王伟、李想、龚汝富、李俊丽、沈胜群等则进一步关注宋代至明清时期运军的生计、生活、纠纷、习俗等②,试图从社会角色与日常生活的层面深入理解这一群体。考虑到清朝漕运盛衰之变极为明显,关于水手群体的研究聚焦于这一时期,也就并非偶然。戴鞍钢不

---

① 参见唐文基:《明代的漕军和漕船》,《中国史研究》1989年第4期;林仕梁:《明代漕军制初探》,《北京师范大学学报》1990年第5期;鲍彦邦:《明代运军的编制、任务及其签补制度》,《暨南学刊》1992年第2期;陈峰:《明代的运军》,《中州学刊》1997年第1期;黄十庆:《清代运军的构成与性质》,《江淮论坛》1990年第3期;杨杭军:《嘉道时期漕运旗丁的若干问题》,《河南师范大学学报》(哲学社会科学版)1998年第2期;等等。

② 参见黄纯艳:《宋代内河船夫群体的构成与生计——以漕运为主的考察》,《首都师范大学学报》(社会科学版)2017年第5期;王伟:《论明清时期漕运兵丁》,聊城大学硕士学位论文,2007年;李想:《明代中叶后漕军的积债问题》,《井冈山学院学报》(哲学社会科学)2008年第9期;龚汝富:《清代江西诬扳漕运军丁讼案浅析——以〈康熙四十五年诬扳军案集录一本永远存据〉为例》,《清史研究》2006年第4期;李俊丽:《清代旗丁对漕粮的盗卖与掺杂》,《古代文明》2014年第3期;沈胜群:《漕运旗丁研究》,吉林大学博士学位论文,2017年;等等。

仅关注清代漕船水手的行业特征,还兼及漕运停运对水手群体的影响[①],曹金娜则对清代漕运水手的来源、分布、活动和社会影响等问题进行系统探讨[②]。此外,王云对明清时期山东运河沿线不同商人群体的研究[③],吴欣、赵珍对京杭运河沿线浅夫、泉夫的关注[④],王日根的运河沿线盗匪群体研究[⑤],也值得注意。运河沿线的社会组织是在以生计为标志的社会群体中发展起来的,相关研究不再列举。

(二)民间信仰

民间信仰起于生计,行于社会,积淀为文化。运河沿线地区的民间信仰,因为承担着重要社会功能而长期存在,也是运河文化的重要组成部分。

民间信仰的仪式活动,一般是在所奉神灵的神诞日与成神

---

① 参见戴鞍钢:《清代漕运盛衰与漕船水手纤夫》,《安徽史学》2012年第6期。

② 参见曹金娜系列文章:《清代漕运水手研究》,南开大学博士学位论文,2013年;《清代两船水手械斗问题探析》,《农业考古》2013年第1期;《清中后期漕运社会保甲制度初探》,《农业考古》2015年第4期;《清代漕运水手群体初探》,《历史档案》2017年第3期。

③ 参见王云系列文章:《明清时期山东的山陕商人》,《东岳论丛》2003年第3期;《明清时期山东运河区域的徽商》,《安徽史学》2004年第3期;《明清时期活跃于山东运河区域的客籍商帮》,《第十届明史国际学术讨论会论文集》,2004年8月;等等。

④ 参见吴欣:《明清京杭运河河工组织研究》,《史林》2010年第2期;吴欣:《明清时期京杭运河浅铺研究》,《安徽史学》2012年第3期;赵珍:《明清时期会通河段泉夫及泉源管理研究》,聊城大学硕士学位论文,2011年;吴欣:《明清京杭运河河工组织研究》,《史林》2010年第2期。

⑤ 王日根:《明清商书文献中的运河航路秩序》,《中原文化研究》2014年第6期。

日举行,因而与传统岁时节日之间形成同构关系。在运河沿线地区,富有地方特色的岁时节日多与水神信仰有关,而民间信仰活动本身即具有节日庆典的特性。相形之下,在一般陆居社会文化中占据重要地位的人生礼仪,在运河沿线地区则普遍没有特别的文化规定性,这是需要注意的一个特征。

运河是沟通我国南北交通、物流和信息的重要通道,对沿岸区域的社会文化影响巨大。它不仅把南北各地联系在一起,带动了沿岸区域的经济繁荣,而且也促进了区域文化之间的交融与创造。运河最重要的职能是运输漕粮,人们祈愿水运通畅和行船安全,保证漕船如期到达,河道拓宽疏浚工程顺利完成,在沿河区域形成了大量与水神相关的民间信仰,如金龙四大王、妈祖、晏公、龙王等。这些水神信仰有些源于当地,有些来自南方沿海一带,在漕运的过程中逐渐传播至北方,并且与当地文化融合后扎根落地。运河流域的水神信仰不但种类繁多,而且分布地域也非常广泛。除上述神明外,运河沿线此前不为人们所熟悉的一些神明,如河神大王、白英老人、康泽侯等,正逐渐引起学界的注意。[①] 在运河流经的城市、村镇,都能发现祭祀各种水神的神堂和庙宇。每逢神灵

① 参见郭福亮:《从凡人到神灵:白英形象的演变及诠释》,《聊城大学学报》(社会科学版)2014 年第 6 期;胡梦飞:《漕运与信仰:清代临清漳神庙的历史考察》,《聊城大学学报》(社会科学版)2016 年第 6 期;胡梦飞:《湖漕之神:明清时期高邮康泽侯信仰的历史考察》,《河北师范大学学报》(哲学社会科学版)2016 年第 6 期;胡梦飞:《官民互动的典范:明清时期河神黄大王信仰的历史考察》,《郑州航空工业管理学院学报》(社会科学版)2017 年第 3 期;胡梦飞:《镇水、平浪与祈雨:清代小圣信仰的历史考察》,《临沂大学学报》2017 年第 3 期;胡梦飞:《“河神大王”:晚清黄运沿岸地区祀蛇风俗考述》,《淮阴师范学院学报》(哲学社会科学版)2017 年第 4 期。

诞生之日,仪礼祭祀、酬神献戏、庙会市集等活动也成为区域一大盛事。后来伴随着晋商出入运河,关公也进入运河祭祀体系,被赋予保佑乘船和生意兴盛的功能。

已有文献表明,在运河沿线地区的神灵祭祀体系中,虽然还不具备高度的体系化特征,但却通过神祇数量的追加与神性的全能化延伸,试图与变动的、多元的运河区域社会生活建立联系,减低了运河社会群体面对莫测自然而产生的恐惧不安,并逐渐转化为一种富有道德伦理的地方价值体系。透过民间信仰在运河沿线兴起和传播的过程,我们可以看到因为运河的兴起与使用不同地方文化之间的传播与互动机制,以及不同社会群体所扮演的不同角色。王云、申浩、王元林、褚福楼等的研究①,以明清时期运河区域的金龙四大王崇拜为个案,比较清晰地勾勒出官民互动中的民间信仰发展机制与复杂情形。在运河沿线地区,民间信仰所体现的自发性与组织性、功利性与超越性、神圣性与世俗性、稳定性与变异性、同一性与多元化等特征的结合,正是整个运河社会文化的缩影。

(三)民间口头传统

口头传统是指人们在日常生活中的口头交流方式和语言民俗现象,是社会文化的根基与载体。长期以来,一条运河纵贯南北,流布于运河沿岸的各地民间口头传统,在历史的长河中不断经历着交融和变迁,又逐渐形成了地域特色鲜明的方

---

①　参见王云:《明清时期山东运河区域的金龙四大王崇拜》,《民俗研究》2005年第2期;申浩:《近世金龙四大王考——官民互动中的民间信仰现象》,《社会科学》2008年第4期;王元林、褚福楼:《国家祭祀视野下的金龙四大王信仰》,《暨南学报》(哲学社会科学版)2009年第2期。

言、行话、隐语、谚语、俗语、歌谣、传说、故事、戏曲与曲艺等新的传统，是运河文化的重要组成部分，也是对运河社会生活生动活泼的艺术表达。

运河沿岸的歌谣，反映了鲜明的运河社会文化色彩，如江南的渔歌、撑排歌、数鸭蛋歌等。在北京密云县花会歌中，多有对通州运河拉纤生活的咏唱，甚至远在河北中西部的保定也有反映运河航运的歌谣。这不仅体现了运河的强大辐射力，而且也反映了沿运地区的农业与渔业、城与乡、国家与地方的互动之广泛。

运河沿线地区的戏曲与曲艺活动，既是生计，也是艺术，自宋元以来即出现繁盛局面，这与沿运而兴的具有消费文化特征的城镇生活有关。杭州、苏州、扬州、淮安、临清、天津、北京等地，长期聚集着官员、市民、船工、纤夫、进城农民等各色人等，消费人群的增加促进了戏曲和曲艺的发展。京剧、杭剧、锡剧等戏曲，评弹、相声、时调等曲艺，都是立足于上述城市消费群体才得以兴盛。元代后期，得益于运河沿线地区的“南北腔合调”现象，南戏吸收了北曲体系，打破了元杂剧严谨的音乐体制，陆续出现了大量运用南曲创作杂剧的作家，至明中期产生了完全用南曲写作的杂剧作品，形成了戏曲史上的“南杂剧”现象，为明清“传奇”的兴盛奠定了基础，对后世戏曲影响深远。

运河是国家之命脉，历代皇帝、高官多有巡游之举，这对沿岸地区的戏曲曲艺发展有推助之功。清代乾隆皇帝曾借运河之利五次南巡，每到运河沿岸重镇即听戏观剧，“与民同乐”，直接促成了徽班进京和京剧的形成。同时，借助运河上的来来往往，南北各地艺人得以广泛交流，技艺精进，并进一步影响运河沿岸城市的社会生活与文化创造。在民间艺术“花雅之争”的市场格局中,清政府出于教化目的“崇雅抑花”,失去主流市场的花部“乱弹”诸腔如柳子戏等沿运河南下,在山东、冀南、豫北、苏北一带流动演出,并因地制宜屡有更易。经此,运河沿岸地区成为传统社会文化交汇地与孵化区,催生了大量新的戏曲、曲艺形式。如北京评书采用江南评话一人一桌说书形式,却又以京腔道白为主,少有演唱,并吸收了单口相声在书案上放置惊堂木或折扇的规矩。淮剧以苏北的香火戏为基础,虽然始终保持着以淮安方言为念白的风格,却大量借鉴了徽剧、京剧、昆曲的腔调和生旦净丑的角色设置,形成了所谓“京淮不分”“一台淮戏半台京”的艺术景观。

运河沿线地区可谓“曲山艺海”,文艺形式纷繁多样,呈现出千年“人文运河”的文化底蕴与独特魅力。运河地区口头传统中所呈现出来的许多特征,如开放性与凝聚性、流动性与稳定性、多样性与一体性的对立统一,其实也正是运河社会文化的整体性特征,只不过在口头传统中表现得更为突出而已。

(四)社会变迁

运河是中国历史上重要的交通线路,大量的人口和物资通过运河得以不断流动,不仅带来了运河沿线经济的发展与繁荣,而且影响到这一带的文化教育、民俗民风,进而影响到社会生活的运行。从历时性的眼光看,从隋唐至明清时期,伴随着大运河整治、畅通的兴衰起伏,运河沿线地区的社会群体和组织不断发生的聚散现象,引发社会变迁。

在运河沿线地区,经济、文化与社会紧密联系在一起,但并非正向同步的关系。运河畅通,则沿线地区经济兴盛,文化发达,社会繁荣。然而,运河淤废后,沿线地区的经济虽然走向衰落,却可能会依托厚实的文教传统,依然维系长期的社会文化繁荣局面。同时,运河沿线地区往往商业兴旺,市井生活五光十色,市井文化汪洋恣肆,形成了讲究享乐、勇于冒险、巧于创造、敏于进取等文化传统。每当社会异变时期,运河沿线地区总是被很快触发,并由此迅速辐射广袤的中国社会。这在明清以降中国近世社会发展历程中,表现得尤为突出。

恰好,学界多有对明清时期不同运河段的社会变迁研究,如王云之于运河山东段,吴鼎新、张杭之于运河淮安段,胡梦飞之于运河徐州段,陈楠之于运河天津段等①,均涉及不同运河段社会中经济、文化和风俗的演变,并在客观上形成了对明清时期整个运河区域社会变迁脉络的总体性描述。

当然,就运河社会文化的总体研究态势而言,尚存在比较突出的碎片化现象,区域分布亦冷热不均②,个案研究有待拓展。至于运河社会文化的概念,近年来在难以达成共识的情况下,多数学者倾向于做宽泛性的理解:“大运河区域的社会文化是由运河及其所流经区域民众所创造、遵循、延续的文化,它是在运河开凿和通航过程中,长期积淀形成的全部物质文化和精神文化的总和,是一个以时空辐射为演变特征的跨区域、综

---

① 参见王云:《明清山东运河区域社会变迁》,人民出版社 2006 年版;吴鼎新、张杭:《明清运河淮安段的社会经济效益评价研究》,《淮阴工学院学报》2009 年第 4 期;胡梦飞:《明清漕运对运河沿岸城市的影响——以明清徐州地区为例》,《淮阴工学院学报》2012 年第 2 期;陈楠:《明清时期漕运对天津社会影响研究》,《法制与社会》2014 年第 5 期。

② 目前的运河社会文化研究,多数成果集中于山东、江苏二省,而且多以运河沿岸城市为个案,如淮安、济宁、临清、德州、徐州、杭州、枣庄等。

合性的文化系统。与其他文化相比，运河社会文化有着显著的‘运河’特征和开放、沟通、区域的特性。”①这无疑是必要的。对于运河社会文化的整体理解，涉及运河流经区域的具体文化表现与互动关联，需要足够的个案或专题研究的支撑。同时，也只有建基于对各个运河段区域社会文化的充分研究，才能理解运河文化如何形成了不同于其他文化的特质，遵循着怎样的逻辑而运行与发展，也才能从更宏阔的层面理解运河社会文化发展过程中本土传承与外来移植的化合表现，农业文明、游牧文明与商业文明的交汇互补，齐鲁、吴越、燕赵、秦晋、吴越、荆楚等区域文化系统的杂糅会通，国家政治、知识精英与民俗文化的互动嵌套，等等。

三、贴近运河社会文化的内部视角

在赵世瑜教授的力荐下，山东大学民俗学团队自2017年初开始参与《中国运河志》的编纂，并最终确定将所承担的一卷定名为《中国运河志·社会文化》②。“社会文化”一卷，顾名思义，即以描述与运河有关的社会文化为己任。鉴于学界对于“文化”“社会文化”之类概念的理解未有定论，我们在接受本卷编纂任务后，曾多次就编纂原则展开研讨，并在整个写作过程中屡做调整，立志要完成“一部体系完备、资料翔实的运

① 吴欣：《大运河文化的内涵与价值》，《光明日报》2018年2月5日。

② 张士闪主编：《中国运河志·社会文化》，江苏凤凰出版传媒集团2019年版。

河社会文化志书”。现在看来,初衷远未实现,谨将我们在多次研讨中达成的共识,以及在具体编纂过程中的思索予以陈述,以便继续探讨。

（一）眼光向下，关注民生

传统上对运河社会文化的理解,往往止步于历代文人笔下的诗词歌赋,而忽视或忽略了运河沿岸群体与日常生活有关的文化传承。其实,运河沿线地区的民众及其生活共同体,才是运河社会文化传承的关键。居于文化高位的传统文人,习惯于以望远镜式的方式眺望运河生活,或一厢情愿地将之想象成“天下熙熙,皆为利来;天下攘攘,皆为利往”的市井图景,或心怀偏见将之看作藏污纳垢的江湖社会,故在他们笔下所呈现的往往是一幅幅关于运河社会文化的“凝固幻象”。①

我们深知,对于在运河沿岸生活的芸芸众生而言,生计虽然不是其行为动力的全部,却是理解的基本出发点。物质生产固然属于经济范畴,却从来是与群体社会文化联系在一起的。为此,我们专设两个章节对运河沿线地区的物质生产、物质生活予以浓墨重彩的描述。运河百业,婚丧嫁娶,既是运河社会文化的基础,又是其生活载体,代表了运河民众深邃的生活文化世界。如两章中都提及山东运河沿线地区一种“请

① 张士闪指出:“人们在撰写民族志文本与撰写其他类型文本时,所面对的书写对象有较大差异,却总是以‘客观描述’人类生活、规避自身主观倾向而自许,习惯于将民众知识理解为一个趋于静止、稳定的系统,由此形成的书写文本就只能是关于乡民生活的一幅幅凝固幻象。”(张士闪:《乡民艺术民族志书写中主体意识的现代转变》,《思想战线》2011 年第 2 期)

伙计”的传统习俗——船民或在造船时就刻制木偶供奉在船上,或在初次行船时到坟地林上去礼请,一并安顿在船上内室,用以辟邪厌胜。平时,船主对“伙计”不必焚香、磕头、上供,但在年节或宴请宾朋时,头一杯酒端起后必须说一声“伙计请用酒”,同时滴洒一些在船板上,或用手指、筷子等蘸一点酒滴洒在桌子上,以示敬奉。但在上述可征引的口述资料之外,我们还曾听到地方学者转述的在老船民中流传的其他说法:请来的“伙计”是要安置在未嫁女的闺房里的,象征着是以准女婿之礼款待那些冤死水中的男青年的孤魂,一旦遇险则喝令其出力帮忙,同时出言咒詈,客观上则起到凝聚船队人心、激发众人潜能以共渡险关的作用。但考虑到志书的规范要求,后面的说法无法进入卷书,但有了前面关于“请伙计”习俗的描述,更为深幽的文化心理与仪式表达,也就有了进一步研究的凭据。

这也说明,人的活动及其积淀的民俗传统,从来都是充满了记忆的凝结再造与行为的策略选择,其背后则是群体文化心理的深层因素。对地方性知识及其非均质性表现的描述,正是本卷有别于他卷的关键之处。此外,本卷将运河沿线地区的社会群体、社会组织设为专章,不仅关注群体或组织的聚散状况及维持机制,也兼顾对精英人物的事功、德行及社会声望的诉求。毕竟,文化的根本作用在于促进人们生活的稳定与改善,身份认同则是文化发挥作用的重要方式。

(二)以事带人,以人论俗

在运河沿线地区,人们因缘而聚,因业而兴,由此构成了有别于一般陆居的社会生活。在这里,既有官府明文规定的各种制度,又有民间生活中诸多不言而喻的"默会知识"。就宏观而言,我们在漕运中最容易看到的是航运业,而容易忽视航运船只的修造,以及人们在这些活动中的连群成众、约定成俗。有些看似是在操持祭神仪式的活动,但真正起作用的可能是行业利益诉求;有些看似是民间自发的活动,但可能是某一时期国家行政留下的痕迹,或是地方知识精英"以礼化俗"的产物。[①] 这些现象,就其根本而言,与传统乡土社会并无不同,但因其特殊表现,可以成为我们观察运河社会文化的重要路径。比如我们书中收录的一首诗歌:

维时仲冬望,雨雪征途冥。北风夜怒号,哮吼如彪腾。
冯夷缩不出,天吴匿无形。珠湖十万顷,顿化玻璃城。
樯桅半倾倒,绖索徒纵横。官吏束手坐,无计催扬舲。
……
我无椎击冻,我无碓捣凌。所恃报君国,区区惟寸诚。
维淮有神祠,山木女郎凭。神姿如古雪,神志如古冰。
冰古雪所积,雪古冰以凝。冰凝志自厉,冰解心愈莹。
凡兹开阖力,岂不惟神明?愿以一瓣香,祈为十日晴。[②]

显然,漕粮运输是有着明确的运货、卸货和回空限期的,

① "国家对于乡村社会的渗透,不仅仅是通过科举制度,也不限于村落家族出了多少秀才、举人、进士或官员,还应包括村内文字的日常使用……都会对村落生活发生潜移默化的影响。"(张士闪:《当代村落民俗志书写中学者与民众的视域融合》,《民俗研究》2019 年第 1 期)

② (清)陶澍:《〈漕河祷冰图〉八十韵》,《陶澍集》下册,岳麓书社 1998 年版,第 351 页。

“披星戴月,昼夜飞挽,犹恐违限,犹恐后时”①。在运输过程中,难免会碰到狂风、冰冻等阻碍,为能按时赶到目的地,漕运者往往会求助于神灵,从而显示出运河沿线地区民间文化的坚韧力量。后者如“第一章　运河社会群体”所描绘的官船与民船的冲突,则是另一番景象:

粮船凶如虎,估船避如鼠。粮船水手缠头巾,上滩下滩挽长绳,十十五五无停留,估船不敢鸣锣声。押粮官吏当头渡,皂夫挥鞭赶行路,赶尔今朝下关去。估船偶触粮船旁,旗丁一怒估船慌,蛮拳如斗焉能挡?

愿输烛酒鸡鸭羊,庙中罚金祭龙王。②

这首诗描述了一则运河“旧例”:民船不小心触及漕船,运丁等便拳脚相向,趁机勒索,而运河沿岸见过世面的船民,则以遵从当地信仰仪式的方式,对意在敲诈的官船运丁予以机敏应对。从中可以看出,民间信仰作为运河沿线通约的社会文化,能够在运军与民船之间的纠纷中起到一定的调和作用。

上述两则材料都涉及运军这一运河上的特殊群体,一方面,他们遭到朝廷、官吏乃至土豪劣绅的层层盘剥,为填补损失,就“借漕牟利”,利用运漕的机会采取侵盗、走私等非法手段牟取利益,以摆脱困境,似乎是值得同情的。另一方面,他们在路经沿运地区时,又不免依恃官府狐假虎威,敲诈勒索沿途

---

①　(清)林起龙:《请宽粮船盘诘疏》,《魏源全集》第15册,《皇朝经世文编》卷46,岳麓书社2004年版,第514页。

②　徐从法主编:《京杭运河志(苏北段)》,上海社会科学院出版社1998年版,第522页。

百姓。如果说,国家致力于铲除前者而屡禁不绝,后来由潜规则变成了官方允许的“旧例”(国家成法),并最终造成漕运制度的混乱,那么后者则成为历代王朝礼仪政治的一部分,不断地调整运河社会治理策略,如整顿运河吏治、豁免运河沿线地区税收等。

(三)文献与田野并重,社会与文化互见

已有的运河社会文化研究,在区域分布方面冷热不均,多集中于山东、江苏二省,而且绝大多数是关于运河城市的研究,如淮安、济宁、临清、德州、徐州、枣庄等运河沿岸城市。这与上述城市所留存的文献资料较多有关,也意味着在运河社会文化研究领域,尚缺乏一场注重民众日常生活的“眼光向下的革命”①。如在漕运研究中,学者一般多关注航运业的国家制度与行业规矩,而容易忽视航运船只的日常造修,至于运河沿线民众“过日子”的状况,就更是少有学者关心。

按照志书的要求,我们在材料使用方面偏重历史文献,但因为关于运河社会文化的历代文献相对有限,首先要做的工作就是披沙拣金,“挖到篮子里的就是菜”。其次,我们还面临更大的挑战:已有的历史文献的做法,往往只是粗略地概括运河社会文化的宽泛现象,对文化传承的核心社会群体运军、水手、民夫等着墨甚少,而运河社会文化的真正要义,存在于运河沿线地区不同社会群体之间的交往互动与文化实践之中。白纸黑字所代表的文字表达传统,仅仅为占运河社会群体人数较少的阶

---

① 赵世瑜:《眼光向下的革命——中国现代民俗学思想史论(1918~1937)》,北京师范大学出版社 1999 年版。

层所推重,是一种特殊知识形式,而远非运河社会文化之全部。几经研讨,我们最终采取了以历史文献为主、慎重择取当代口述资料的原则,但对与地方历史密切相关的俗语则尽量多地采录使用,避免使本卷成为呆板的文化条目式的静态书写。

民众总是对过去的事件、仪式、技艺、人物等不断述说,这类口述资料既与民众社会生活息息相关,也代表了民众文化中的口头传统部分。本卷对于民众口述资料的呈现,本身就代表了"社会文化卷"以普通民众为主体的理念,以此为基础,才有可能挖掘与凸显民众的主体作用。俗语则是民众口述资料的重要组成部分,以民众的口头交流为存在方式,代表了地方社会生活中一种稳定的文化现象,"民间语言不仅自身就是一种民俗,而且它还记载和传承着其他民俗事象"①。如以渔业或以船舶运输业为生的船民或渔民,长期往来于运河之上,基于日常生计或社会交往等方面的需要,创造并传承着一套与其他行业有着明显差异的船渔业行话,有时候还会借用隐语或者暗话的形式表达。杭州运河沿线的渔民主要依据天气情况决定是否起航打渔,积累了不少判断气象状况的渔业行话,如"运河里的浪软,太湖上的浪硬,黄浦江口的江猪一出就发风"等。苏州运河船工则有"做人莫做船上人,勿养老,勿养小,年纪大了无人要""三面靠水,一面朝天,行船起马,历尽艰险"等说法,可见工作之辛劳、生活之不易。"运粮河的虾蟆——干鼓肚",以清乾隆皇帝南巡禁止蛙鸣的笑谈,显示出山东微山湖地区对于传统皇权的敬畏。这些俗语的两端,一头连着具有国

① 钟敬文主编:《民俗学概论》,上海文艺出版社1998年版,第304页。

家权威的传统礼教,一头连着民间生活知识,这是中国社会在长期的礼俗互动中所形成的人文传统,为各阶层所广泛共享,可以视为千百年来运河社会在民间留下的深刻文化印记。

运河社会文化是运河沿线地区民众自发的文化创造,还是国家运河行政推行过程中"礼化为俗"的结果?就运河本身而言,漕运活动是主体,沿运城镇则是附生的;但对于运河社会文化而言,沿运城镇是中心地与承载地,而漕运活动则是宏阔背景。因运河而兴的种种行业,以及众多运河群体之间长期的往来互动,使得沿运地区的文化标识特别鲜明,形成了有别于一般陆居生活的地方传统与文化认同。与此同时,漕运既然是国家行政框架下的制度化行为,运河社会文化就不仅与运河沿线地区有关,而且也与历史上的国家大一统进程有关。国家大一统进程中的宏观制度设计,构成运河社会文化的基础,而运河社会文化的丰富多元,又是在国家历史进程的大框架下发生的,二者之间是互动共生的关系。

概言之,运河社会内嵌于中国"礼俗社会",伴随着中华文明传承发展而兴衰变迁。纵观运河社会文化发展的历史,国家意志借助于向运河沿线地区的贯彻而得以落实,运河沿线地区民众则在这一国家持续的宏大工程中调整或改变生计策略,同时顺循国家政治以寻求文化认同,安顿自身生活,运河社会文化即奠基于此。借助运河社会文化的多种形式,运河沿线地区一直发挥着对国家主流文化的葆育作用。以此理解运河沿线地区的社会文化形态,也就具有了较通观的眼光。

中国礼俗互动传统中的“澳门模式”*

中国是众多地方社会的集合，澳门虽与其他地方表现出较大差异，但依然可以辨析出“异中之同”。纵观澳门社会的历史进程，似乎一直是在国家政治“清静无为”状态下的“小国寡民”生活，但其实不然。从“礼俗互动”①的视角观察，传统中国既有“大一统”天下观统摄下的礼仪教化普行倾向，亦不乏对地方社会制度与文化状态的高度包容，并由此构建起极富弹性的中华文明体系。在这一整体政治结构中，澳门地处边陲，由此获得了社会自治运行的广阔空间。有学者认为：“在中国五千多年的历史上，文化交流有过几次高潮，最后一次也是最重要的一次，是西方文化的传入。这一次传入的起点在时间上是明末清初，在地域上说就是澳门。”②近代以降的中西文明博

---

* 本文系与刘仁健合写。刘仁健，山东大学儒学高等研究院博士研究生。本文原载于《文化遗产》2022 年第 2 期，国家社科基金重大项目“中国古代农耕图像的搜集、整理与研究”系列成果之一。

① 张士闪指出：“在中国社会语境中，‘礼’‘俗’既是一种社会现象，又是一种话语形式……代表了自古及今中国社会的某种普遍现象与社会思想的一般特征，二者之间的互动实践奠定了国家政治设计与整体社会运行的基础。”（张士闪：《礼与俗：在田野中理解中国》，齐鲁书社 2019 年版，第 1 页）

② 季羡林：《澳门文化的三棱镜》，《羊城晚报》1999 年 12 月 14 日。

弈，在中国大地上形成了自南向北的相互碰撞、交流、吸收、融合的态势，影响复杂而深远。而作为起点的澳门，在经过 400 余年的交汇生息磨合后，发展为多个民族种群共处、多种生活习俗并存、多元伦理价值同生的“多元世界”。① 就此而言，有着 400 多年中葡杂居历史的澳门社会，可谓独具研究价值。②

近年来，澳门社会发展史研究逐渐受到学界关注，并在澳门基金会的支持下获得长足进步。不过，新的突破主要体现在学者对中葡官方档案资料使用的扩展，特别是中葡学者通过关注与使用对方档案资料，从而形成了对民族国家意识的某种超越。相形之下，对于澳门社会整体性的研究目前依然是粗线条的，譬如关于澳门生活文化史的系统研究就颇少见，尤其是关于居澳华人、葡人之间的生活交流与文化互动等方面。因此，吴志良提出的关于澳门研究“华洋不可排斥偏废，双轨定要交汇合一”的原则③，就不仅是针对澳门政治发展史乃至澳门史而言，对于整体意义上的澳门社会生活史研究亦具指导意义。当然，澳门社会生活不仅是中葡两种文化传统、风俗习惯之间的明显差异与微妙互动，还受到两国政治、经济和外交关系格局变化的影响，其研究难度不可低估。如百年前的澳门总督遇刺事件所引致的居澳华人、葡人之关系的一波三折，即是一例。

① 参见马进保：《澳门特殊文化现象及其对政治发展的影响》，《政治学研究》2010 年第 3 期。

② 吴志良认为：“这块弹丸之地在 400 多年的演进中，华洋共处分治，和睦相邻，虽长期葡河汉界，各自为政，却又不无交融汇合，基本上能够共存并进，创造出独一无二的澳门历史。”（吴志良：《澳门政治发展史》，上海社会科学院出版社 1999 年版，第 9 页）

③ 参见吴志良：《澳门史研究述评》，《史学理论研究》1996 年第 3 期。

总体而言,澳门历史“未曾发生过彻底的革命,整体政治发展是一个为适应形势变化而和缓改革的过程”①,呈现出类似“小国寡民”的社会特色,确为事实。明清时期,澳门社会的发展历程总体上是以一方民众的日常生活为基础,并在中葡两国关系的框架下不断磨合,并大致趋于经济领域的安居乐业、政治领域的高度自治,呈现出社会礼俗交融的文化景观。本文拟综合分析明清时期澳门中葡相处之道与其多元社会文化生态结构,理解中葡国家政治与地方社会生活的互动关系,并试图以此为基础,以小见大地理解传统中国向地方社会延展的“社会性”脉络及实践机制。同时,当代中国实践早已“溢出”西方现代性的想象力,如何立足中国社会的独特性,化解近现代西方为中国历史带来的“历史波折”和“文化纠结”,在正视历史发展的“路径依赖”的前提下,以首创精神实现对历史的能动建构即“跨越”,也是一大现实实践问题。在这方面,澳门社会历史的研究价值是无与伦比的。

一、在“礼俗互动”中理解中国

观诸海内外关于中国社会传统的研究脉络,英国人类学家弗里德曼(Maurice Freedman)居功至伟。在他之前,注重“国家大一统”者往往过于强调“礼制下行”的社会流向,而注重地方社会者则过于强调地方自治系统的发育过程与自主运行,由

---

① 吴志良:《澳门政治发展史》,上海社会科学院出版社 1999 年版,第 11 页。

此形成了关于中国社会观察的某种偏狭。其极端者，在处理官与民、集权与民意之关系时，生硬切断两者关联，甚或着意强调两者之间的对抗，而轻忽中国社会中曾有的社会事实、政治智慧与话语形式。① 弗里德曼从葛兰言（Marcel Granet）和高延（De Groot）关于中国宗教体系的论争②中，看到“在表面的差异背后”，“存在一个中国的宗教系统”③，而试图超越上述关于中国社会的两极化判断，寻找贯穿于中国社会各阶层的总体特征。

中国传统社会作为超复杂系统，其存在与运作必然不是大一统集权专制的结果，而需要有独特的生活-文化系统作为支撑，这应该成为中国“社会性”研究的立论基础与核心问题。在弗里德曼以后，史华慈（Benjamin I. Schwartz）、科大卫（David Faure）等亦循此路径持续推进。史华慈不仅同意弗里德曼

---

① 参见张士闪:《礼与俗:在田野中理解中国》，齐鲁书社 2019 年版，第 89 页。

② 莫里斯·弗里德曼认为:“高延和葛兰言，每个人以自己的方式，指出了一种方式，使我们理解存在广大等级制的中国近代社会如何可能被认为在多种宗教形象之下潜存着一个单一的基础的宗教……两人都寻求中国宗教不同形式的根源，讨论其在中国社会不同阶层中的传播，但是高延在他成熟的著作中，是从一个精英—经典的视角开始的，从这一视角来看，其他的都是低劣的变异精神性的宗派性运动除外，然而葛兰言是从所谓的农民起源出发建立起精英—经典版本……一个贬低了大众，另一个贬低了精英。”（［英］莫里斯·弗里德曼:《论中国宗教的社会学研究》，李华伟译，金泽、李华伟主编《宗教社会学》第 1 辑，社会科学文献出版社 2013 年版，第 236—237 页）

③ ［英］莫里斯·弗里德曼:《论中国宗教的社会学研究》，李华伟译，金泽、李华伟主编:《宗教社会学》第 1 辑，社会科学文献出版社 2013 年版。

关于中国的精英宗教和农民宗教“都建基于共同的基础之上,代表着同一种宗教的两种版本”的观点,而且强调二者之间有着“习惯用语式的互译”式的紧密关联,仅就文献记载中的民间宗教而言,“民间宗教的内容既不是简单同一的,也不是长期缺乏变化的,甚至也不缺乏自觉的反思……在‘高层文化’和‘民间文化’之间存在着经常性的、迁移性的相互作用”。由此,他断言“迄今为止,关于中国民间文化的研究很难说已经真正开始起步”①,因为中国传统社会与文化的复杂性一直被大大低估。② 长期致力于中国本土田野调查的科大卫,则将地方宗教、祖先祭祀、社区节诞、民众文字传统、庙宇建筑等视作“有意义的礼仪标签”,试图以此“重建地方社会整合到中华帝国的过程”。③ 他在新近研究中特别强调从“地方社会与国家机构打交道的形式”认知中国社会历史进程:

---

① [美]史华慈:《古代中国的思想世界》,程钢译,江苏人民出版社2008年版,第546、13—14页。

② 李生柱亦持类似观点,他认为民间宗教中的“功”“事”等语词为各宗派、各传统、阶层所共享,这既体现了“大传统”与“小传统”、礼与俗之间的互动互通,又表达了俗与圣、生活与信仰之间的共融共存,进一步印证了中国传统社会与文化的复杂性。参见李生柱:《功·事·礼:冀南的乡村打醮》,福建教育出版社2021年版,第284—307页。

③ “在不同时间不同空间,尽管人们都同样追求大一统,但他们用来定义大一统的标签往往不一定相同。在把地方传统纳入大一统范畴的过程中,尽管他们总是会努力把对自我的认知与对大一统认知之间的距离拉近,他们建构的大一统样式与其他人建构的大一统样式在概念和行为上仍然可以有很大的差异,问题不在于这种差异有多大,而在于他们对正统的理解和定义是否有规律可循。”(科大卫、刘志伟:《“标准化”还是“正统化”?——从民间信仰与礼仪看中国文化的大一统》,《历史人类学学刊》第6卷第1、2期合刊,2008年10月)

> 国家对地方社会的影响,不一定是控制,也可以是地方社会很主动、很巧妙地把国家制度引入来处理地方上的问题。所谓地方整合到国家,就是一种认同的过程。我们在田野考察的基础上注意到,这种认同跟地方社会与国家机构打交道的形式很有关系。①

在他看来,“大一统”的国家建构与地方社会发展之间的互动过程,即是“形成中国的历史”的过程,而在此过程中形成的“礼仪标签”,则使得“理解中国”成为可能。

我们在长期的田野调查中发现,地方社会对这类“礼仪标签”的制造与使用,普遍存在着以“礼”“俗”为表征的不同话语流向②,并呈现出多主体交互建构的特征。这其实是与国家大一统进程中的两大特征有关,即国家政治“地方化”与地方社会“国家化”的同时发生。“礼俗互动”与中国社会的历史演进

---

① 科大卫、张士闪:《“大一统”与差异化——历史人类学视野下的中国社会研究——科大卫教授访谈录》,《民俗研究》2016 年第 2 期。

② 山东大学曾于 2014 年 11 月举办“礼俗互动:历史学与民俗学的对话”学术研讨会,学者从“据俗成礼”“礼化为俗”“礼俗共处”“礼俗冲突”“礼俗运用”等五个方面进行研讨,认为“礼与俗作为勾连官方、文人精英与普通民众的重要机制,对于理解中国社会、阐释中国文化具有特别重要的意义”。参见龙圣:《“礼俗互动:历史学与民俗学的对话”学术研讨会述评》,《民族艺术》2015 年第 1 期。此外,由齐鲁书社 2019 年出版“田野中国 · 当代民俗学术文库”(6 册),亦充分展现了礼俗话语在自古及今中国大众生活中的广泛存在。详见《礼俗互动:中国社会与文化的整合》(赵世瑜、张士闪主编)、《礼与俗:在田野中理解中国》(张士闪)、《扮玩:鲁中三德范村的年节生活》(朱振华)、《空间、边界与仪式传统:潍北的乡村生活》(李海云)、《个人叙事与地方记忆:鲁中地区的颜文姜传说》(张帅)、《梅花拳与乡村自治传统:冀南北杨庄考察》(张兴宇)。

过程与文化形态结构密切关联，应成为关于中国“社会性”讨论的基础之一。借助“礼俗互动”视角理解中国①，或许是值得尝试的学术路径。

二、双重效忠：明清时期澳门社会中葡相处之道

为行文简便，我们仍从科大卫从民间信仰与礼仪看中国文化“大一统”的一番论述出发，理解澳门社会努力在中葡政府之间“左右逢源”的发展历程。显然，澳门社会在历经“重建地方社会整合到中华帝国的过程”中，在诸多时期还要接受葡萄牙政府的管理，因而选择采取“双重效忠”的策略：

> 在不同时间不同空间，尽管人们都同样追求大一统，但他们用来定义大一统的标签往往不一定相同。在把地方传统纳入大一统范畴的过程中，尽管他们总是会努力把对自我的认知与对大一统认知之间的距离拉近，他们建构的大一统样式与其他人建构的大一统样式在概念和行为上仍然可以有很大的差异，问题不在于这种差异有多大，

---

① 李海云认为：“‘礼俗互动’的研究理念以民间传统的田野发掘为基础，聚焦地方社会中长期的礼俗互动实践与机制，并与中国社会悠久的历史进程相联系，蕴具着探索中国社会整体结构与历史进程、深化已有民俗学研究的可能性。”（李海云：《边界视角：新时期中国民俗学发展脉络考察》，《民俗研究》2018年第6期）

而在于他们对正统的理解和定义是否有规律可循。①

事实上,中华文明系统之所以一直没有发生大的断裂,离不开王朝中心与边陲地带的长期互动关系的维持。我认为,这是长期存在于王朝政治中心与边陲社会的某种“夷夏互根”的互动关系,而非基于“夷夏之别”单向度实施的“以夏变夷”或“以夷变夏”。一方面,王朝政治不断地将其相对成熟的社会管理经验推向四境;另一方面,地方精英以王朝进入地方社会的时机和态度为契机,主动援引王朝力量以调整地方社会秩序,解决内部矛盾。所谓“朝贡体系”,其实代表了王朝政治所采取的一种极富弹性的外交框架,在具体实施过程中酌情为之,极为灵活。明清时期朝廷对居澳葡人的态度颇为矛盾,一方面是对葡人不信任甚或“污名化”,另一方面则因有利可图而倾向于包容。这从明两广总督吴桂芳的奏折中可见一斑:

> 臣等又访得正德末年,佛郎机番夷亦以进贡为名来广,名虽求贡,实拥大番船往来贸易,喜则人,怒则兽,官兵莫敢谁何,沿海被其荼毒。②

---

① 科大卫、刘志伟:《“标准化”还是“正统化”?——从民间信仰与礼仪看中国文化的大一统》,《历史人类学学刊》第 6 卷第 1、2 期合刊,2008 年 10 月。

② (明)吴桂芳:《议阻澳夷进贡疏》,陈子龙辑:《明经世文编》卷 342,转引自吴志良、汤开间、金国平主编:《澳门编年史(第 1 卷):明中后期(1494—1644)》,广东人民出版社 2009 年版,第 137 页。

他由此分析了“却其贡”与“许其贡”两个不同策略的利弊，最终未待朝廷明示而采取中庸之道，默许葡萄牙人在澳门贸易。处于王朝边陲的澳门，葡人入居早已成为事实，执着于“夷夏之别”观念而激愤于“以夷变夏”，抑或采取“以夏变夷”行动，耗费巨大而曲折难测。吴桂芳向朝廷呈递的奏折里对“番夷”的严厉声讨，与容许葡人居澳行商并征税的现实作为，其实是符合王朝政治中心与边陲社会的“夷夏互根”策略的。

不过，“两种不同质的文化相遇，由于相互间的差异，开始时总会发生碰撞”①，而这种碰撞往往从宗教开始。② 乾隆十一年（1746），香山知县兼署澳门同知张汝霖向朝廷呈《请封唐人庙奏记》，提出封锢或拆毁澳门天主堂、禁绝华人在澳门进教之策：

> 其各县每年一次赴澳门进教者，缘澳门三巴寺下建有天主堂，名为进教寺，专为唐人进教之所……夫除弊之道，绝流不如塞源，应请将进教一寺，或行拆毁，或行封锢。其寺中神像、经卷，或行焚烧，或饬交夷人收领。各县民人概不许赴澳礼拜，违者拿究。③

---

① 宋柏年：《澳门中西文化的接受与过滤》，龚刚主编：《澳门人文社会科学研究文选（文化艺术卷）》，社会科学文献出版社 2009 年版，第146 页。

② 费尔南·布罗代尔曾言：“在构成每种文明——财富、力量和制度的合成物中，宗教正好是属于个人的和最具有抵抗性的东西。”（［法］费尔南·布罗代尔：《菲利浦二世时代的地中海和地中海世界》下卷，吴模信译，商务印书馆 1996 年，第 176 页）

③ （清）印光任、张汝霖：《澳门记略》，赵春晨点校，广东高等教育出版社 1988 年版，第 30 页。

不过，这一禁教令在现实生活中是很难实施的。① 无独有偶，澳门天主教会亦曾极力遏制华人传统的妈祖神诞活动：雍正十三年(1735)，代理主教弗朗西斯·达·罗萨(Franciso da Rosa)下令将华人正在演神戏的舞台推倒；乾隆二十三年(1758)，罗马教廷宗教裁判所致函澳门教区，严禁任何异教徒的表演和游行；乾隆四十五年(1780)，澳门议事会命令理事官毁掉戏台，在众多华人反对下未遂；嘉庆二十一年(1816)，在妈祖神诞五天前，澳门教区的主教查善(Dm. Fr. Franciso de Na. Sra. da Luz Chacim)发布告诫书，劝戒教徒不要上街参与妈祖神诞活动，违者革除教籍。② 同样，澳门天主教会禁绝华人传统信仰的上述措施也很难奏效，乃至最终不了了之。

清康熙年间，中西“礼仪之争”曾势同水火难以调和。此后一段时间，至少是居澳往来的葡萄牙人，采取了以利益为重、向中葡政府“双重效忠”的政治策略。于是，在中西方两

---

① 李涵闻指出：“康熙晚期，由于礼仪之争，清廷开始实行禁教政策；至雍正时，禁教令更是上升为国家政令，除少数具有特长和技能的教士外，其余均逐往澳门。这使得澳门成为全国性禁教的缓冲之地，既成为教士与教徒的奉教避难之所，又成为传教的据点以及内地教徒的进教之地。”(李涵闻：《“融”抑或“容”：中西宗教在澳门的相遇——以“天后圣母像”为切入点》，《民俗研究》2019年第6期)也就是说，此次唐人庙禁教事件是张汝霖为执行清廷禁教令而为之，是清廷禁教政策向澳门的延伸，但在随后中、澳葡与教会三方势力的不断博弈中，清廷最终采取了“禁华民不禁夷人”的区别对待方法。

② Anders Ljungstedt, *An Historical Sketch of the Portuguese Settlements in China: and of the Roman Catholic Church and Mission in China*, Boston: J. Munroe, 1836, pp. 156–158.

大文明交汇的澳门，葡人与华人长期相处，安居乐业，在国家意识认同方面则呈现出“花分两朵”的文化景观。在华人心目中，澳门的文化秩序应该是“中礼西俗”，而在葡人心目中则是“西礼中俗”，似乎同样具有天经地义的性质。如在葡萄牙人看来，中国人重视祖坟、讲究风水等是一种“怪癖”[①]；在中国人看来，葡萄牙人的一些做法同样不可思议。诚如黄遵宪所言：

> 风俗之端，始于至微，搏之而无物，察之而无形，听之而无声，然一二人倡之，千百人和之，人与人相接，人与人相续，又踵而行之，及其既成，虽其极陋甚弊者，举国之人习以为然，上智所不能察，大力所不能挽，严刑峻法所不能变。夫事有是有非，有美有恶，旁观者，或一览而知之，而彼国称之为礼，沿之为俗，乃至举国之人，辗转沈锢于其中而莫能少越，则习之囿人也大矣！[②]

虽然两种文化之间似有深沟巨壑，但其却可以在日常生活的“待客之道”“做客礼仪”等民俗规则中被淡化或消解，因为“在一个国家与另一个国家的关系中，任何一个国家如同任何一个个人一样，都不会穷到拿不出任何东西给予他人，也不会

---

① 1849 年 11 月 5 日，葡萄牙政府向澳门总督亚马留下达的指令，详见葡萄牙海外历史档案馆，发澳门函档，卷三，第 202 页。转引自吴志良：《澳门政治发展史》，上海社会科学院出版社 1999 年版，第 146 页。

② （清）黄遵宪：《日本国志》卷三十四《礼俗志》，李绍平校点，岳麓书社 2016 年版，第 1121 页。

有任何一个国家富到不能再接受任何东西”①。明清帝国对于入居澳门的葡人虽然并不信任,却会因有利可图而予以包容,而葡萄牙人在以天主教为核心的文化优越感的背后,亦有重商主义思潮中的强烈利益驱动,使其在对华策略中表现出极大的灵活性。于是,整个明清时期,就有了澳葡政府在葡萄牙与中华帝国之间“双重效忠”的政治景观,并最终形成了澳门非葡非中、亦葡亦中的特殊社会样态。悬挂于澳门圣方济各堂中的一幅“天后圣母像”②,被视为中西宗教兼融于澳门社会的象征,并非偶然。它之所以能够长期存在,端赖于居澳所有民众日常生活的深厚基础。

三、和而不同:澳门社会文化生态结构

澳门社会中的多元文化生态,不仅体现于华人与葡人在居住、信仰、生活方式等方面的并置与互容,亦体现于华人与葡人两大群体内部的差异性存在。事实上,二者之间亦是“互根”的关系。

---

① 潘日明:《殊途同归——澳门的文化交融》,苏勤译,澳门文化司署,1992 年,第 196 页。

② 李涵闻指出:“澳门圣方济各堂中挂有一幅‘天后圣母像’,是圣母形象‘中国化’之体现,亦被视为中西宗教兼融的象征”“画中是一位典型的中国古代女性形象,头戴簪钗,脚踩祥云,身着红色上衣与黄色长裙,臂膀间环绕着一条粉绸,右手持一带有‘十字架’的饰物,左手抱着一位身着传统中式服装、敞开怀抱的孩童,画像左上方书写‘天后圣母,为我等祈’八个大字。”(李涵闻:《“融”抑或“容”:中西宗教在澳门的相遇——以“天后圣母像”为切入点》,《民俗研究》2019 年第 6 期)

以信仰而论，居澳葡人以信奉天主教为主，而华人则以秉持多神信仰为特色。明清时期，中国传统庙宇的所在地一直是澳门华人居住区，并与天主教堂所在的葡人居住区形成了明确的边界。[①] 包括妈祖、观音、关帝等内的多神信仰活动，作为澳门华人群体的共享传统，既是国家礼治下行的结果，也是地方社会因应这一趋势而形成的特色表达，但其群体内部亦存在着"和而不同"的多元文化生态。

如清道光年间在澳门妈祖阁的两通石碑，所立时间前后相隔不过三年，却隐含着一个颇为激烈的闽粤争庙故事，代表了华人群体内部两种完全不同的立场。闽商最初与住庙僧人联合，通过诉讼争得妈祖阁房产即"阿鸡寮铺一间"，然而澳门毕竟属于广东辖地，粤人赵允菁占据地利之优势，通过联合地方官员、乡绅以大规模扩修庙宇的方式最终获得对妈祖阁的控制权。

为偿妈祖阁房产诉讼债务捐签芳名碑（道光六年）

澳门妈祖阁为阖澳供奉大庙，地杰神灵，二百余年，土著于斯者固皆涵濡厚泽，引养引恬。而凡闽省潮州及外地经商作客航海而来者，靡不仰邀慈佑。而鲸浪无惊，风帆

---

① "澳门历史上早期城市发展以双核三社区为基本模式，即以议事会为中心的葡萄牙人的政治中心与以望厦村为中心的中国政权政治中心，成为控制澳门城市事务的两个权力核心。不同种族的人群集中居住，逐步形成了较完整的葡萄牙人社区、中国人社区及中葡人混居区。在很长的一段时间内，澳门城市的建筑、街区、文化及管理、生活形态等基本上是依赖着双核三社区模式发展的，并达到一种微妙的平衡。"（娄胜华、潘冠、林媛：《新秩序：澳门社会治理研究》，社会科学文献出版社 2009 年版，第 8—9 页）

利涉,故人皆思有以报神之德而事之惟谨。每遇神功,辄踊跃捐输,乐成其事。庙向无香火物业,自周赞侯莅澳,始拨有公祠阿鸡寮铺壹间。甲申冬,有豪贵生觊觎,几被霸去。经年涉讼,始得原物归来。计赔补豪贵及一切杂用共费去银壹佰柒拾两,皆僧人向别处揭出支销。事完妥而债未偿,僧人苦之。爰念于众,各愿解囊捐签,不逾时已满其数……至此铺经讼缘由,有档可查,兹不赘述。

重修妈祖阁碑志(道光九年)

圣母之德泽声灵遍于天下。其俎豆馨香,亦遍于天下。自我皇朝定鼎,神圣相继,屡昭护国之勋,徽号迭崇,与天无极。而澳门之妈祖阁,神灵之尤著。土著于斯者,固皆涵濡厚泽,引养引恬。而凡闽省潮州及外地经商作客航海而来者,靡不仰邀慈佑。而鲸浪无惊,风帆利涉。测水而至,辇赆而归。至省会之巨室大家,岁资洋舶通商,货殖如泉,世沾渥润。此湄洲庙之建,所以来澳虔请香火,崇奉禋祀,永永无穷者也。盖扶舆磅礴之气,至澳门而中州南尽。此阁枕山面海,又南尽之尽。精英郁结,故地杰而神益灵。相传自昔闽客来游,圣母化身登舟,一夜行数千里,抵澳陟岸,至建阁之地,灵光倏灭,因立庙祀焉……阁之重修亦屡,向无碑志。今复历久蠹蚀,栋宇敝坏……①

这一争庙故事颇为曲折,其中细节亦存在一定争议。谭世

① 谭世宝:《金石铭刻的澳门史》,广东人民出版社 2006 年版,第 49、57、58 页。

宝注意到，尽管"道光六年碑"立碑人不详，但在捐金提名中首列"福省漳郡澄邑三都龙山社众信助银三十大元"，其余皆是普通信众的个人捐款，而无本地商民捐款，因而认为这一现象"当与有关官司涉及本地某'豪贵'有关"[①]，这无疑是正确的。再看"道光九年碑"，则由出生于澳门望厦村的乡绅赵允菁撰写碑文，不仅自署"覃恩敕授修职郎　例授文林郎辛酉科乡进士南雄州始兴县儒学教谕衔管寻道事截铨知县加一级"的一长串头衔，还有一大批粤省地方显宦助阵，如"诰授中宪大夫钦加知府职衔刑部湖广司员外郎加一级番禺潘正亨"敬书，"钦命广东陆路提督　特调水师提督节制各镇军功加二次纪录十七次记大功十次寻常纪十七次李增阶""香山协镇府许世雄"等捐助工金，阵容很是显赫。颇为有趣的是，"道光九年碑"明明袭用了"道光六年碑"中"土著于斯者……风帆利涉"语句凡 48 字，却在碑文中断言"阁之重修亦屡，向无碑志"，显示出居澳乡绅赵允菁对民间立碑不屑一顾的傲慢态度，而闽粤争庙则是其更深层的原因。

不言而喻，包括妈祖阁在内的澳门庙宇，是作为居澳华人的公共空间而存在的，但这一群体内部却长期存在着权力纷争。然而，一旦遭到澳葡政府的压制甚或取缔，就会在居澳华人群体中迅速激发起强大凝聚力，及时采取反制行动。换言之，在澳门社会中仅具"有限"公共性的华人庙宇之存在，固然有澳葡政府出于节约殖民统治成本而允许其存在的因素，但以庙宇为载体的华人共享传统的深厚，则是澳葡政府不敢"冒天下之大不韪"

---

① 谭世宝：《金石铭刻的澳门史》，广东人民出版社 2006 年版，第 47 页。

封庙拆庙而不得不施行“软殖民体制”①的关键所在。再看居澳葡人,亦非铁板一块,其群体内部同样存在着许多矛盾纠结。有清一代,澳门教区耶稣会与罗马教廷以及其他修会之间争斗不断,传教势力内部长期处于分裂甚或对抗的状态,甚至“传教势力内部的权力斗争和中国礼仪之争的历史发展之间存在着直接的因果关联性”②。所有这些都是澳门社会文化生态的组成部分,是我们理解整体澳门社会时所不可或缺的。

余 论

对于明清时期的中葡政治格局而言,澳门恰好处于双重的

---

① “葡萄牙对澳门殖民统治以间接控制为主,只是在部分领域实行直接控制,如政治领域的全面垄断。而在经济、社会、文化、教育等领域推行间接控制……经济上的无所作为,政治上的无为而治,文化教育上的放任自流,政府规模超小型化,政府官员的高流动性,政府目标的单一化,间接地完成对异族社区的社会控制……这种独特的殖民体制可以称之为‘软殖民体制’。”(娄胜华、潘冠、林媛:《新秩序:澳门社会治理研究》,社会科学文献出版社 2009 年版,第 25 页)

② 谢子卿:《天主教远东传教格局重组对中国礼仪之争的影响——从 17 世纪巴黎外方传教会的远东传教来看(1650—1700)》,徐以骅主编:《宗教与美国社会》第 14 辑,时事出版社 2017 年版,第 218 页。据吴志良、郑德华分析,在“礼仪之争”前夕,天主教内部便已相互斗争,澳门教区与耶稣会认定:“因‘礼仪之争’才导致清政府全面禁教,耶稣会传教士们经过一个多世纪建立起来的庞大网络被摧毁,多明我会、巴黎外方传教会及方济各会又是中国礼仪的坚决反对者,故澳门教区及耶稣会对这些人也十分仇视。”(吴志良、郑德华主编:《中国地域文化通览 · 澳门卷》,中华书局 2014 年版,第 201 页)

边陲地带，澳葡政府因此可以游走于夹缝之间而自洽自适。事实上，历史上中国历代王朝与边陲社会之间，一直存在着某种“夷夏互根”的关系，而非长期以来学界所理解的单向度的“以夏变夷”或“以夷变夏”的非此即彼的对立关系。中华文明悠久历史的维系，在很大程度上受益于王朝中心与边陲地带的互动互补状态。澳门400多年中葡杂居的历史，亦显示出任何民族或文明只要愿意改变其政治强势的高傲姿态与走出文化高位的认知误区，放弃依恃经济和军事优势而征服支配世界的企图，都可以和谐相处，相得益彰，实现民心相通。当代人类命运共同体的建构，亦应借鉴这一原则。

从礼俗互动的视角看来，政治与民俗原本就密不可分。在发生学的意义上，政治的本源是民俗，但后世政治家却往往低估民俗所代表的日常生活力量。从民俗与政治的交互关系理解社会建构，也就意味着对于整体性社会研究的真正起步。由此观察中国传统社会的良性运转，以“礼俗互动”为表征的政治制度设计与弹性实践机制充满智慧：在文化层面，既要保证“俗”接受“礼”的框约，亦要使“礼”不至于脱离俗情；在政治层面，当政者在“为政必先究风俗”的前提下，讲究因俗制礼与以礼化俗的结合。在此文化政治理念的统摄下，衍生出如下社会人文景观：知识精英讲究“居官以正风俗为先”，希冀通过教化引导民众习礼成俗，达到礼、俗的交融合一；民间社会则在生活日用中，以贴近国家正统自许，建构起相应的地方礼仪。秉持这一视角，梳理历史上中原王朝进入澳门的时机与方式，葡萄牙人以临时租赁方式进入澳门的礼仪沟通，以及此后居澳华人和葡人的相处之道，中国礼俗互动传统中的“澳门模式”即初露端倪。而长期以来澳门社会中政府管理与民间自治的关系，以及当代“一国两制”“澳人治澳”国家政治背景下澳门民众的本土情结与国家认同等①，则可以由此得到全新的理解。进而言之，这一研究理路不仅有助于以小见大地理解中国的独特社会理路与文化政治模式，对国际学界流行的“普世价值观”“历史终结论”“文明冲突论”等理论话语也将形成一定挑战。

当然，要想真正阐释澳门社会如何化民族之异为礼俗之别，化政治之争为文化之融，化经济之壑为生活之常等实践机制，尚有待作进一步的分析，毕竟迄今为止，对于澳门社会的整体性研究依然是粗线条或处于表象呈现的状态，亟须结合澳门整体历史变迁进行关于澳门人的个人生活史研究。而对于正在兴起的澳门学研究而言，遵循“华洋不可排斥偏废，双轨定要交汇合一”的原则，强化以深度田野调查为基础的精细分析，就尤为必要。

---

① “素以和谐与稳定而闻名的澳门社会，在回归之后，出人意料地迎来了经济发展的黄金时代，同时也进入了社会矛盾的凸显时期。利益格局的调整，社会结构的分化，社会矛盾的剧增，社会运动的频发，文化价值的冲突……上述不和谐社会现象的集中出现其实表征着澳门社会正在步入以利益分化与结构重塑为重点的加速转型期。”（娄胜华、潘冠、林媛：《新秩序：澳门社会治理研究》，社会科学文献出版社 2009 年版，第 186 页）

有温度的田野

当代村落民俗志书写中学者与民众的视域融合*

生于乡土，终老乡土，曾在漫长岁月中被绝大多数国人视若天经地义，这一社会事实本身即足以显示中国乡村的意义。然而，无论是古代知识精英"采风问俗"①的政治行为，现代史上知识分子"向民间去"②的社会运动，还是当代规模庞大的田野调查包括非遗普查活动，似乎都主要是担当某种政治工具的角色，未能在对乡村社会的整体认知、学理建构和人文关怀等层面充分发挥效用。特别是在当代社会，长期以来农村服务城市的发展模式，为中国经济腾飞提供了有效支撑，但也带来了巨大问题：从社会层面的"城市病""村落空心化"等问题，到传

---

* 本文原载于《民俗研究》2019年第1期，转载于《新华文摘》2019年第13期、中国人民大学书报资料中心《文化研究》2019年第6期，山东大学人文社会科学重大研究项目"中国文化的民间传承机制研究"系列成果之一。

① 《汉书·艺文志》载："古有采诗之官，王者所以观风俗，知得失，自考正也。"学界一般认为，西周时期就已建立"问俗知政"制度，专设负责采风官员即"行人"到民间搜集歌谣，供当政者了解民情风俗，考察政治得失。《诗经》中《国风》和《小雅》的部分诗篇，其由来便与这一制度有关。

② [美]洪长泰：《到民间去：1918—1937年的中国知识分子与民间文学运动》，董晓萍译，上海文艺出版社1993年版。

统文化的传承危机,再到社会价值观的普遍弱化,都构成中国现代化进程中无法忽视的负面效应。这些问题延缓了中国国民生活质量的提升,削弱了中国在现代世界格局中的影响力。就此而言,当代中国乡村不仅是单纯的农村建设问题,而且对当下与未来的中国整体发展具有重要意义。对于整个中国现代化进程而言,乡村文化传承所蕴具的价值建构、社会培育等作用绝不能低估。

兹以为,以村落民俗志为基础的乡村研究,在当今中国重述"亚洲"、重写"世界史""全球史"的学术热潮中,不仅没有过时,而且不可或缺。毕竟,体察中国国情,理解中国道路,提炼中国话语,仍要以"在村落里研究"①的乡土中国学术实践为立足点。

一、近现代中国村落问题的发生

传统意义上的村落,自有其历史渊源与发育过程。村落社会的组织与运行,离不开民俗传统的稳定传承。民俗既具有群体规约性质,又能为个人提供身份认同与人生意义,因而不仅是传统村落中的"民间法",还为中国"礼俗社会"②奠定了文化根基。在中国,很早就有"采风问俗"的王朝制度,学者与民

---

① [美]克利福德·格尔茨:《文化的解释》,韩莉译,译林出版社1999年版,第29页。

② 费孝通:《乡土中国》,生活·读书·新知三联书店1985年版,第5页。

众之间的“视域融合”①有着深厚传统。所谓文心与民心相通的说法,至少包括两层含义:一方面,自古以来中国知识精英就有“文章合为时而著,歌诗合为事而作”(唐白居易)的明确意识,关注民生为其诗文书写带来了恒久动力,而“致君尧舜上,再使风俗淳”(唐杜甫)和所谓“以礼化俗”之类的叙事,则是其关切民生的基本路径。于是,许多知识精英都会将“为民请命”视作民生维艰之时自己的应有担当,将叶落归根、终老故乡视作人生迟暮时的自然选择。另一方面,民众对知识精英向来是敬重的,虽然也有关于酸秀才、呆书生之类的笑话在民间大量流传,但总体而言对于知识精英群体从来都是高看一眼,对文字也敬畏有加。如在乡村普遍悬挂的一副对联“忠厚传家远,诗书继世长”中,民众就把“忠厚传家”作为日常生活中的基本准则,而将“诗书继世”视作家族发展之正途。一言以蔽之,传统社会中,民众与知识精英之间其实是有着一份不曾形诸笔墨的“神圣契约”的,双方的“神圣感”高度叠合,这既是二者之间形成良好合作关系的纽带,也是整个传统社会良性运转的基石。②

---

① 伽达默尔认为,人对于文本(如历史、典籍、哲学、艺术作品等)的理解,乃是从自己原有的视域出发,与文本所内含的视域相交融,最终形成“视域融合”(Horizont-verschmelzung)。参见[德]汉斯·格奥尔格·加达默尔:《真理与方法——哲学诠释学的基本特征》上卷,洪汉鼎译,上海译文出版社 1999 年版,第 6—8 页。本文借用这一概念,是指称在学者与民众的交往过程中所伴生的文化互动现象。兹以为,对于这一文化互动现象的自觉意识与有效运用,代表了民族志或民俗志理念的现代转向。参见张士闪:《乡民艺术民族志书写中主体意识的现代转变》,《思想战线》2011 年第 2 期。

② 参见张士闪:《从故事到事件——围绕山东淄博市淄河镇孟姜女故事产业开发的讨论》,《民族艺术》2009 年第 4 期。

知识精英与民众之间这一“神圣契约”的打破,是从100多年前中华文明遭遇所谓“三千年未有之大变局”之时开始发生的。日益严重的民族危机和国家危机,引发了席卷全中国的民族救亡和国家救亡运动,革命、启蒙、救亡成为时代的最强音,整个中国由此被一种现代性革命浪潮所席卷,危机四伏的乡村社会由此成为中国思想界持续关注的焦点。[①] 而村落之为“问题”,正是19世纪末20世纪初一批知识分子基于晚清社会之变局而“眼光向下”的产物:一方面,受西方入侵影响,新的生产方式与经济结构日益内嵌于中国基层社会,传统时代城乡互动的社会运行模式被打破,作为中国乡土社会基本单元的村落日渐萎缩,成为当时中国社会整体发展失衡状况的表征之一;另一方面,以“西学东渐”为背景而形成的革命性、现代性强势话语,逐渐渗入乡村社会,持续改写着村落发展的内在逻辑,造成了民间自治传统的失衡或断裂。[②] 知识分子对乡村的态度,也由此发生分化:或付以鄙夷或冷漠,尽可能地远离“不开化的”乡村;或对农民抱持“恨铁不成钢”的心态,讽刺批判其愚昧落后,立志“移风易俗”以“开民智”,从根本上改变乡村生活。

一个世纪后的今天,我国广大农村及其所承载的人群——农民,在国家现代化进程中,因为长期的资源输出和急剧的文化转型,在为新中国的建立和发展做出巨大贡献的同时,也逐渐成为国家社会发展的短板,再一次成为社会“帮扶”和“反

① 参见张士闪:《温情的钝剑:民俗文化在当代社会主义新农村建设中的意义》,《中国农村观察》2009年第2期。

② 参见张士闪:《“顺水推舟”:当代中国新型城镇化建设不应忘却乡土本位》,《民俗研究》2014年第1期。

哺”的对象。特别是进入21世纪以来，随着以全球化、都市化为特征的现代生活的迅速普及，乡村文化的连续性、系统性、整体性已严重受损，原本作为中国社会主体的乡村正经历巨变，出现凋零趋势。

细察当前中国乡村发展所出现的问题，主要体现在以下三个方面：一是村落大批消失或“空心化”问题突出，劳动力大量外流；二是传统价值认同日益衰落，公共文化传统普遍弱化；三是村落自治精英匮乏，发展能力不足。许多问题都是基于上述三个方面而发生，如国家多渠道下行的涉农资金与村落发展需求缺乏有效对接，缺乏第三方监督，在改善民生方面有事倍功半之弊；一旦有外来资本进入村落，经常会与村落自身发展诉求脱节，甚至使村落沦为外来资本博弈的平台而受到损害。但与此同时，当代乡村也出现了一些值得注意的新动向：一是许多地区的村民自发兴起编村志、修家谱等热潮，表现出一定的文化自觉；二是在地方政府支持下，乡村记忆馆、村史馆、民俗博物馆、文化礼堂等公共文化设施在村落中大量涌现。上述现象无疑是可喜的，正如刘铁梁所言：

> 我们近年来在北京市各区县的民俗文化普查过程中发现，在快速的城镇化建设过程中，中国的民众并不是完全被动地接受生活环境的改变，很多民俗传统也依然保持了强劲的生命活力。面对着生产、生活上的巨变，中国的大多数普通民众都能够积极主动地适应这种生活的变化，他们结合自己的实际情况创造出了许多新的民俗文化传统。这也充分说明了民俗文化自始至终都是在不断发展变化的，普通民众也始终在根据自己的生活变化来改变、

创造民俗文化。①

我们对类似现象作了长期观察,发现在民众自发行动与政府合理施政之间,迫切需要加强交流与磋商,搭建以地方社会发展为中心的公共话语平台。兹以为,当代学者的一项重要使命,就是因应乡村社会发展而有所作为。事实上,上述两种活动中已有不少知识精英参与,还有越来越多的学者长期关注乡村,以乡村调查活动为基础,在面向乡村的文化书写方面推出了大量成果,但因理念不同、旨趣不一而差异明显。理想的乡村文化书写,应贴近村民生活,深描其生活世界与文化意义,并以此为基础对村落组织传统与变迁作进一步探究,呈现中国乡村文化传承机制,促进政府的合理施政。但如何才能达至这一目标,尚需深入探讨。本文关注当下乡村文化书写热潮,为便利相关讨论,将在宽泛意义上使用“村落民俗志书写”②这一概念,含括学者、村民等多元群体面向村落进行的文化书写实践。

---

① 刘铁梁、毛晓帅、李晓宁、孙桂媛、魏甜甜:《2015 年度城镇化建设与民俗文化发展——以北京市海淀区为例》,张士闪、李松主编:《中国民俗文化发展报告 2016》,山东大学出版社 2018 年版,第 65 页。

② “村落民俗志书写”这一概念,首先牵涉民族志与民俗志的关系问题,尤其是“民俗志”概念的合法性问题,学者在这方面的意见并不一致。显然,当人类学的研究对象从异域转向本土,人类学与民俗学的边界即趋于模糊,民族志所指向的对不同民族文化的书写,已转向对不同地方文化的书写。在这一背景下,“民俗志”更易被理解,应具有使用优先性。此外,本文使用“村落民俗志书写”这一概念,还基于如下三个方面的考虑:(1)在近年来的村落研究中,“村落民俗志”概念已被广泛使用;(2)在面向村落的文化书写实践中,“民俗志”的提法可兼容“民族志”概念,而“村落民族志”在具体操作中难有实指;(3)“村落民俗志”概念比较容易对接当下村落文化书写热潮,其中的“民俗”一词可以代表民众和学者理解村落文化的一种基本视角。

在上述民俗志书写实践中，不仅涉及以人为载体的村落知识的传承，也包括以人为主体的活生生的民众生活，其实质是政府、民众与学者合力进行的乡村社会文化建设，因而呈现出相当的复杂性。恰恰当代学者群体中的大多数人，在自小所经受的现代教育历程中，容易对传统民俗产生某种程度的违和感，难以体悟民俗之真义，这就需要他们在当下村落民俗志书写热潮中，重新确认传统士人与民众之间的"神圣契约"，以"生于乡而不知乡之俗，昧矣；知乡之俗而不闻乡之言，聋矣"[①]而自警自省，立足当代，为乡村社会发展做出贡献。

二、中国村落研究传统中的"主体缺席"现象分析

众所周知，学术思潮从来都是在与时代社会发展相互激荡的复杂纠葛中形成的，而非封闭自足。在20世纪初叶的中国，当乡村社会成为当时知识精英普遍关注与"拯救"的对象时，村落研究就成为中国现代学术研究起步的重要维度。以费孝通、林耀华等为代表的学者，注意选择村落或村寨作为研究单元，并在其学术生涯中长期坚持，认为村落既是便利于研究者做全面了解的较小的社会单位，又能为人们提供社会生活的比较完整的切片。[②] 其中奥秘，恰如英国人类学家拉德克利夫-

① (清)李光庭：《乡言解颐》，中华书局1982年版，第1页。

② 参见费孝通：《江村经济——中国农民的生活》，商务印书馆2002年版，第24页。

布朗所强调的,对一个村落进行细致入微的研究的意义在于既能看到村落社区生活的某一个方面在整体的社会生活中的功能,同时也能看到这一村落本身的组成结构。[①] 钟敬文在 1983 年中国民俗学会成立的讲话中,将"搞民俗学当然着重在广大农村"[②]当作不证自明的前提,后又在不同场合多次表述,获得国内民俗学界的广泛响应,几成共识。20 世纪 90 年代初,刘铁梁从民俗传承生活空间的角度,论述了村落作为基本研究单位的意义,明确了村落研究在民俗学学科中的理论地位。[③] 时至今日,以村落为单元进行研究的学者仍为数众多,并跨越民俗学、人类学、社会学、历史学、民族学、艺术学等学科。诚然,在广袤的中国,无论从事怎样课题的研究,从相对自成体系而又较小的村落生活共同体入手,自有其合理性,而且可望产生深厚的学术理论意义。更何况,村落研究还被经常赋予以小见大地认知历史、立足当下、面向未来的重要使命。村落形态尽管一直处于或微或巨的变化之中,但它所塑造的文化模式与传统,在可预见的未来中国仍具重要价值,乃是不争的事实。

但与此同时,对于以村落为研究单元的批评一直不绝于

---

① 转引自赵旭东:《权力与公正——乡土社会的纠纷解决与权威多元》,天津古籍出版社 2003 年版,第 10 页。

② 钟敬文:《民俗学的历史问题和今后的工作》,东方民俗学林编:《钟敬文民俗学论集》,上海文艺出版社 1998 年版,第 168 页。

③ 刘铁梁:《村落——民俗传承的生活空间》,《北京师范大学学报》(社会科学版)1996 年第 6 期。最近,他对此作了更明确的表述:"村落被民俗学者视为田野调查的最佳场域,也是最基本的空间单位……民俗学把村落作为一个整体的小社会进行观察和分析。在村落中观察到的民俗文化事象,具有时空的限制意义。"(刘铁梁:《"深描"中国村落文化变迁》,《中国社会科学报》2017 年 7 月 10 日)

耳。美国学者施坚雅的批评可谓尖锐:“研究中国社会的人类学著作,由于几乎把注意力完全集中于村庄,除了很少的例外,都歪曲了农村社会结构的实际。如果可以说农民是生活在一个自给自足的社会中,那么这个社会不是村庄而是基层市场社区。”①在施坚雅的“市场圈”理论之后,又陆续出现了祭祀圈、婚姻圈、联村组织等研究范式②,对村落研究模式予以拓展,努力将村落单元置于更大范围的区域社会脉络中予以理解。毕竟,村落社会并非村民的简单集合,村民的生活也并非只与村落有关。自古及今,村民与村外世界联系的普遍性是无可置疑的。③

---

① [美]施坚雅:《中国农村的市场和社会结构》,史建云、徐秀丽译,中国社会科学出版社1998年版,第40页。

② 相关研究如刘铁梁、赵丙祥:《联村组织与社区仪式活动——河北省井陉县的调查》,王铭铭、王斯福主编:《乡土社会的秩序、公正与权威》,中国政法大学出版社1997年版,第205—257页;张士闪:《京西幡会:一个追求“天人吉祥”的联村仪式》,《民族艺术》2007年第3期;林美容:《祭祀圈与地方社会》,(新北)博扬文化事业有限公司2008年版;张士闪、邓霞:《当代民间工艺的语境认知与生态保护——以山东惠民河南张泥玩具为个案》,《山东社会科学》2010年第1期;周大鸣:《祭祀圈理论与思考——关于中国乡村研究范式的讨论》,《青海民族研究》2013年第4期;张青仁:《祭祀圈内宗教实践的差异性——基于河北苍岩山三皇姑信仰祭祀圈的调查》,《西北民族大学学报》2015年第6期;刁统菊:《华北乡村社会姻亲关系研究》,中国社会科学出版社2016年版。

③ 即使在前现代化时期,村落本身也不可能像老子所说的那样,“鸡犬之声相闻,民至老死不相往来”,如多村共用一庙,信仰仪式的举行实行村落轮值制等。当代学界热衷于以“古村落”“传统村落”等为研究对象,频繁使用“原生态”“原汁原味”“本真性”等概念,其实都是以将封闭自足视作村落的“典型”状态为预设的。参见张士闪:《乡民艺术民族志书写中主体意识的现代转变》,《思想战线》2011年第2期。

围绕村落作为研究单元的种种争论,其实有相当多的误解在内。比如,对于村落生活共同体的基本理解,争论双方往往基于不同的预设。以村落为单元的研究,如果能够将村落理解为动态、开放的社区,就必然会注重村落与外部世界的交互影响,可以成为从村落出发、以小见大地拓展个案价值的研究,而如果将村落理解为封闭自足的社区,即使是从较大区域展开的研究,也不见得就一定能贴近"农村社会结构的实际"。其中的关键,是对乡村社会与村民主体之间互动关系的理解,而不在于所选择研究单元的大小。即便是规模不大的村落,也是一个多种力量共存的、活态的生活共同体,可以作为整个社会发展变迁的晴雨表。纵观 20 世纪的中国乡村社会研究史,真正让人遗憾的是长期以来对村民主体性的轻忽或漠视,这一弊端在上述研究模式中一直未能得到根本解决。有学者慨叹说:

> 我们迄今未能写出一个中国村庄的完整历史,让我们从中国乡村生活丰富多彩的变奏中把握其主旋律。也许我们永远做不到,而只能将就一点,东一块西一块地拼凑出我们对中国乡村社会的认识。①

大致说来,中国村落研究在如下方面存在明显不足,即对乡村生活的变化不敏感,而乐于描绘村落生活的"凝

---

① ［法］劳格文、［英］科大卫主编:《中国乡村与墟镇神圣空间的建构》,社会科学文献出版社 2014 年版,第 221 页。

固幻象”①;在研究技术上,多采取按图索骥、按格填空的田野调查方式,难有田野发现,缺乏问题意识;对田野调查中的主观性与田野关系中的互动情形缺乏方法论层面的省察,对田野资料不加分析地使用,“放到篮子里都是菜”。问题的关键在于民众特别是具有文化创造性的民众在面向村落的文化书写中长期处于“缺席”状况。随着21世纪国家非物质文化遗产保护运动的广泛展开,以民俗学为主的田野调查队伍迅速壮大,村落研究更因上述弊端而广受批评。

> 在民俗学界,民俗书写的单边主义被视为理所当然,访谈依旧是常见的田野方式。主动权为调查者所掌控,当地人总是处于被动地位,由调查者们任意支配……民俗学理论和田野的系统训练装饰了民俗学者的合法化身份,这一身份的突出表现指向民俗书写权力。他们在田野中,懂得什么对理论分析和论文制作有用,而抛弃、闲置那些难以进入理论框架的民俗事象,研究的出发点不是民俗生活世界,而是为了满足书写权力的宣泄。②

话虽偏激,却道出了当今村落民俗志书写中“主体缺席”的

---

① “这一凝固幻象的产生,是以研究者对乡土知识的历史性、区域性与文化分层等三方面的假设为支撑的。(1)假设乡土知识一向自足自闭地传承于民间,一直保持稳定,变化较小;(2)假设乡土社区因为地处偏远,与外部世界之间互动极少,几至‘老死不相往来’;(3)假设乡土知识自足自闭地传承于乡土社会,很少受到国家政治与精英文化的‘污染’。”(张士闪:《乡民艺术民族志书写中主体意识的现代转变》,《思想战线》2011年第2期)

② 万建中:《民俗书写的权力与权力实践》,《思想战线》2018年第5期。

痼疾。事实上，虽然以田野作业为基础重新体认乡村社会已成为学者共识，以村落为单元的民俗志书写蔚然成风，但对村民精神世界特别是其主体建构性的关注却严重不足。[①] 这也就可以理解，为什么在20世纪90年代末，当一位普通乡镇干部田传江出版《红山峪村民俗志》[②]时，中国民俗学泰斗钟敬文是何等欣喜。[③] 同样的例子，还有张宝辉组织编写的《开元记忆》[④]。田

---

① 李海云指出："关于民俗学研究的……田野调查成为民俗学主流。然而同样不容回避的是，多数成果因田野调查时间有限，缺乏深度田野访谈，难于从个人生活史的细微处入手，贴近感受主体的情感、意志、心理以及对于所处社会的认知，更不用说从日常生活中社会网络的主体建构等层面理解民众主体。"（李海云：《边界视角：新时期中国民俗学发展脉络考察》，《民俗研究》2018年第6期）

② 田传江：《红山峪村民俗志》，辽宁文化音像出版社1999年版。

③ 钟敬文对该书大加称赞："这本书的特点很多。第一，写得细，涉及内容比较广泛。因为是本乡人写本乡民俗，对民俗的各个方面都有很细微的描写，并不只是大家都知道的内容……第二，书中的某些部分写得颇精彩，有些内容连续多处进行描写。在红山峪这本书里，讲到某种东西时，它把有关的谚语、传说等全都联系起来。书中也有自己的分类，它的分类是从民俗的联系入手。这个联系的法则是事物自身的法则，因此在研究上或记录上注意到它时就显现出特点来。""为什么说它学术价值高？因为它更加接近于事物的真实。"（钟敬文：《民俗学：眼睛向下看的学问——在田传江同志与北师大研究生座谈会上的致辞》，《民俗研究》2001年第4期）

④ 特别值得注意的，是张宝辉为编写该书而制定的《开元记忆调查提纲》，其中关于十大类项236个子项的设计可谓匠心独运。如村庄围墙、闯关东、下南洋等条目的设计，本身即展现出近现代社会历史进程对当地村落的普遍影响，而村庄驻军情况、兵役情况、村庄集体荣誉、个人荣誉、重大群体事件以及村民人均收入、人均存款等条目，则贴近当今村落社会现实与村民心理世界，但容易被一般的村落调查提纲忽略。参见张宝辉：《开元记忆调查提纲》，施其聪、刘志伟主编，张宝辉执行主编：《开元记忆》，九州出版社2017年版，第19—21页。

传江、张宝辉等作为基层文化工作者,既是地方社会中的知识精英,又是乡村社会的一分子,经常被专业学者视为比较理想的田野访谈对象。他们长期浸淫于地方社会生活中,对村落历史脉络极为熟稔,熟悉民俗状况及其运作机制,因而在村落民俗志书写上自有其优势。虽然他们笔下的村落民俗志也有种种不足,但这仍然难掩文化持有者书写其自身文化的特有魅力。或许,学者可以与基层文化工作者当然也包括村民密切合作,通过彼此之间的视域融合,对中国村落研究传统中的"主体缺席"之弊有所矫正。

三、村落里的民与俗

细看已有的村落研究,往往将村民文化的全部等同于"民俗",似乎村民的文化生命要依凭在"民俗传承"方面的担当来衡量。厘清民与俗的关系,有助于拨开笼罩在民俗乃至村落研究之上的迷雾。王霄冰认为:

> 日常生活本身往往并不具备特殊意义,民俗学只有揭示出一种生活文化实践背后的社会关联性(民俗关系)以及社会心理、价值观和精神信仰因素(民俗意义),才能将这些文化现象建构为"民俗"。①

---

① 王霄冰:《民俗关系:定义民俗与民俗学的新路径》,《民间文化论坛》2018年第6期。

中国现代民俗学大致经历了从事象研究到事件研究的范式转换,但这是远远不够的,王霄冰从民众群体(民)与知识体系(俗)之间的关系入手,提倡关注"民俗事件中的社会关系",这相比于"语境中的民俗"的提法指向更加明确。不过,还应注意的是,"熟人社会"内部借助民俗活动对已有社会关系的刷新或调整,与"生人社会"借助民俗活动而达成的开放式的社会关系,虽然都属于多主体之间的民俗关系,但其差异甚为明显,加以区别是必要的。民俗在"熟人社会"与"生人社会"中所承担的不同角色,启发我们应在更广泛的社会视野中体认民俗。

民俗究竟是民众自发的文化创造,还是基于"一二人倡之,千百人和之"①的精英引领,抑或国家大一统进程中"礼化为俗"的结果?上述三种观点虽都不免以偏概全,却也都道出了民俗的某一要义。若将三者统观,庶有助于对民俗、村落的理解。

首先,民俗的本质是民众主体的文化创造,自无可疑。民俗传统,即是民众在长期生活实践中,以约定俗成的方式,促使某种价值规范发生从世俗到超验的升华过程。当然,这一升华过程绝非短期所能成就,也非一成不变,而是始终呈现出活态性。我们可以断言,再有力的国家行政运作,也无法改变民俗中民众的主体地位,也不能随心所欲地改变民俗的民众实践性质与总体发展态势。

那么,民俗究竟是如何运行的呢?兹以传统村落为例略加

① (清)黄遵宪:《日本国志·礼俗志》卷三十四《礼俗志一》,李绍平校点,岳麓书社2016年版,第1121页。

阐述。一村之民，相对稳定地生活在同一个地方，其知识结构“同”大于“异”乃是事实，因而彼此之间在日常生活中很容易产生共鸣。“因缘成事”“见景生情”等作为村民的常用俗语，大致代表了民俗在村落社会中发生、传承、传播与变迁的一般机制。“因缘成事”，村民用以解释事件发生的缘由，其中暗含事件中民俗传统的运用与新的民俗生成的可能。村民口中的“见景生情”，与传统文人的表达有所不同，一般很少指向自然情怀。这种“情”可以是个体性的，也可以是群体性的。用于个体时，“见景生情”是指一个人出色的即兴反应能力；用于群体时，则是指村民在赶庙会、祭神或进入文艺娱乐现场时产生或被激活的某种相似的情感、情绪和意志。在华北乡村社会，在上述场合中的活动多被称作“看光景”“看耍景”等，所对应的是村民平时处于潜抑状态的生命激情的释放。长期以来，受以农为本生活模式的影响，村落日常生活表现出一种强烈的基于农事节律的年度周期性特征①，而随着以年度为周期的不断“见景”，村民的集体情感与意志不断得以重温，逐渐凝结为一种普遍的社会力量，遇到一定时机就会显形。村民日常所见之“景”，不仅是自然的与社会的外在“景象”，而且也是涵括“人同此心”“人同此情”的内在“情景”，能进一步调动或引发村民“心同此理”的群体心理反应。也就是说，村民的“见景生情”与“因缘成事”，其实是有着村落社会中长期的日常累积与瞬间异常爆发的内在逻辑的。然而，村落社会中与“人同此情，心同此理”相关的潜在累积，还只是代表了一种群体情感与意

① 参见王加华：《被结构的时间：农事节律与传统中国乡村民众年度时间生活》，上海古籍出版社2015年版，第28页。

志的日常运作状态,所见何景,生成何情,贴近何理,还需要在国家历史进程与地方社会发展的具体状况中,以村民的“人同此心”“人同此情”“心同此理”为内应,借助“因缘成事”“见景生情”在村落社会中磨合为民俗。这说明,村落里的民俗,更多的是村民对自我文化心理的安顿、调适与对既定群体边界的维护、修整,以优化现实社会关系,而非天然的文化认同,更遑论有严密的、稳定不变的文化结构。当然,这也并不意味着民俗生成具有随意性。上述观察,代表了民众运用民俗的心理机制。

近年来对诸多村落的近距离观察,使笔者更加确信:在当下新型城镇化建设浪潮中,民俗传统并未灰飞烟灭,而是变得更富弹性与多元。在有些地方,或有村落因人去村空而突然终结,或因外来人口不断涌入而攒聚成“村”,颇显诡异。当下社会剧变态势在“因缘成事”“见景生情”中引发的人口聚散,当是理解这一现象的重要维度,其中可以观察到民俗传统在当代社会中的延续与活用。

其次,民俗的形成与变迁,离不开知识精英的引领和民众群体的生活实践。我们在华北地区的田野调查中发现,很多民俗传统一开始都是作为事件应激之文化调适而出现的,如村落形成之初的生存所需、灾乱年头的秩序维持、太平时期对发展机遇的捕捉等。这种因事件应激而形成的文化调适,不会随事件的结束而彻底消失,而是逐渐沉淀、扩散于村落日常生活中,作为社会经验而有所传递,并有可能在后发事件中被选择性、创造性地运用,由此磨合为一种社区行为模式。此后,当又有事件发生需要动员村落社区力量的时候,社区行为模式就会首先被触动,进而在新的文化调适中形成对当下事件的应激反应。在事件应激、文化调适与社区行为模式之间的循环互动过程中,离不开少数文化精英的引领与运作,并最终沉淀为民俗传统。这一过程,恰如“民俗”之为现代学术概念,亦是伴随着城市化的发展进程而为知识精英所发明一样。“直到近代,‘民俗’与‘传统’在消灭和生成的间隙中得以发现。”①需要注意的是,在民俗传统形成过程中少数知识精英的作用,看似主要与其“适于时而合于势”的行为选择密切相关,但其实背后有着更深厚的社会因素。比如地方志书中关于灾荒的相关记录,都会凸显知识精英的非凡作用,诸如为减税济赈而为民请命、订约立碑控制社会秩序等,而将一方民众仅作为背景因素,以“民不聊生”“饥民四起”“民怨沸腾”等语大略言之,但这并非社会实情。实际上,少数知识精英的行为在受当时社会情势激发之时,他们对当时国家政治态势的估测,与对当地民众行为及心理的揣度,是其行为选择的关键性依据。但作为地方社会情势之重要构成因素的民众,包括民众的社区行为模式,却在地方志书中被忽视或大大低估了。显然,在事件应激、文化调适与社区行为模式之间互动生成的民俗传统,深刻地参与了社会发展进程。当然,地方民众对民俗知识的掌握是非均质性的,因而在民俗形成与变迁中的作用有显有隐、有分有合,而民俗所具有的稳定与变异的二重性即与此有关。

最后,中国很早以来就已形成所谓“礼俗社会”,传统中国作为一个复杂社会系统,在民间生活与国家政治之间有着复杂而深厚的同生共存关系。由众多地方社会组成的中国,在历史

---

① [日]铃木正崇:《日本民俗学的现状与课题》,赵晖译,王晓葵、何彬编:《现代日本民俗学的理论与方法》,学苑出版社 2010 年版,第 3 页。

进程中表现出国家一统之“礼”与地方多元之“俗”的复杂化合，并在全社会参与的礼俗互动实践中，成为一个长期统一的国度。中国传统礼治社会的根本，在于国家自上而下地对正统礼仪的推行，以及在这一过程中形成的国家与地方的礼俗互动关系。纵观中华文明传承发展史，国家意识形态经常借助对民俗活动的渗透而向乡村生活中贯彻落实，形成“礼”向“俗”落实、“俗”又涵养“礼”的礼俗互动的政治框架。礼俗互动，既包括民众向国家寻求文化认同并阐释自身生活，也体现为国家为民众提供认同符号与归属路径。① 就民众而言，其民俗实践本身即倾向于对稳定共同体的寻求与归属，而与国家政治的连接则意味着获得显赫社会身份的可能；就国家而言，其政治权威及运行机制离不开民间社会生活的稳定支持。以此为基础，在中国社会悠久历史进程中的“礼俗互动”，就起到了维系“国家大一统”与地方社会发展之间平衡的作用。国家政治与民间自治之间的互动关系，不仅形塑着社会组织的基本形式，而且也由此产生了社会生活层面的文化交织现象：“国家对村落的政治干预与民间自治之间有长期互动的历史，结果是形成了今天（家族村落）聚落联合体的基本组织形式。”②以此理解中国的众多村落，就具有了历史通观的眼光。一言以蔽之，民俗不仅是村落文化的一部分，还内嵌于村落社会乃至更广泛的国家与地方社会中。礼俗互动视角下的民俗，一端连着民众生活基础，一端连着不同层级的社会文化政治。

---

① 参见张士闪：《礼俗互动与中国社会研究》，《民俗研究》2016 年第 6 期。

② 刘铁梁：《传统乡村社会中家庭的权益与地位——黄浦江沿岸村落民俗的调查》，《北京师范大学学报》（社会科学版）2001 年第 6 期。

中国社会历史悠久,地方生活丰富多元,既需要在更大的空间维度与更长的时间跨度中探讨中华文明运作的社会机制,也需要在像村落这样的基本社会单元中,体会民众改造生活、创造文化的力量。“任何大一统的文化到了民间,都有一个民间化的过程,而这个民间化过程是紧密联系其社区自身存在和发展的需要。”①总体意义上的中华传统文化,总是依托不同地方社会生活而常在常新,而地方社会则围绕国家礼仪传统来建构家国之间的文化认同,形成诸如口述传统、节日庆典、仪式表演、人生礼仪、家谱村志等各具特色的地方性文化表达,共同构成了家国之间连接一体的深厚传统。立足村落,搜集村民生活事实,理解跨村落的社会文化系统,就成为探讨中国社会整体运作机制的有效路径。从中国大地上的众多村落着眼,通过精深的田野研究,观察中华文明传统与地方社会生活紧密结合的“多元一体”的文化创造,作为“以小见大”的研究策略无疑是可行的。

四、注重村民的文化阐释

走进村落,不仅要关注“民生”,更要体察“民心”,这就需要从生活史与心态史的双重维度体察村民感受,包括村民对自身文化的阐释。此时,传统的学术工具似乎不再那么灵光。

比如在村落调查中,经常会有这样的困惑:为什么历史上的某一事件会频繁地被村民谈及,还被附加许多新的创造?有些离“真相”越来越远的表述,为什么反倒持续成为村民话题

---

① 王铭铭、刘铁梁:《村落研究二人谈》,《民俗研究》2003 年第 1 期。

的中心并发生现实效用,而“真相”本身反倒显得不那么重要了?为什么是历史上的这一事件而不是另一事件,频繁地被这一地方而不是另一地方的人所持续关注,并塑造出这样而不是那样的传统?显然,村落社会自有其文化选择与传承、再造的公共机制,而个人行为或历史意外事件的发生则有可能成为某种契机。

在上述现象中,村民既关注自身文化传承的历时性状况,也关注其在当下生活中的意义。当今学者的村落民俗志书写,就必须在具体的村落社会空间中将二者结合起来,关注某一民俗传统从过去向现在的建构过程与多元指向,并特别聚焦其主体表述。对具体民俗事象的研究,就需要首先关注民众的各种阐释,然后在各种阐释之间寻找关联,总结其叙事特征,并在此基础上还原“社会事实”,建构意义关联。事实上,当下我们在田野中所见的“民俗传统”,大多都已在官方、知识精英与民众的不断互动中经历过无数次的改写,只是我们难以知情而已,因此必须保持足够的学术警觉。这就意味着我们在关注民俗的历史脉络的同时,也要特别关注村民在不同社会语境中的创造能力及创造逻辑,关注民俗的“结构过程”①。

以这样的角度来看,村民口述材料的所谓“随意性”,非但不应是拒绝采信的理由,反倒应视为村民叙事的重要特征,它

① 萧凤霞指出:“我们一直以来往往不必要地把‘结构’和‘变迁’这两个概念截然二分……要了解的不是‘结构’(structure),而是‘结构过程’(structuring)。个人透过他们有目的的行动,织造了关系和意义(结构)的网络,这网络又进一步帮助或限制他们作出某些行动,这是一个永无止境的过程。”(萧凤霞:《廿载华南研究之旅》,程美宝译,《清华社会学评论》2001年第1期)

们为村落民俗志书写提供了稳实可靠的地方逻辑。比如,村民在日常拉呱时往往倾向于在自身与所谈事件之间建构关联,即使是自己并未在场的事件,如果感到缺席不够体面,就有可能改装记忆,在日常叙事中变成在场者。经常一起拉呱的伙伴,一般都不会戳穿或纠正这一点,尤其是当着外人的时候,也就由此重塑了村落集体记忆。20 世纪 70 年代初,鲁中洼子村曾与相邻河东村之间发生了一场激烈群斗,随后成为村落永久性的话题,每个村民闲谈时都会努力强化自己与该事件的联系。久而久之,历史事件中的缺席者在年深日久的拉呱中变为在场者就并不罕见,尽管这一叙事远未定型。显然,洼子村人聚堆拉呱的意义,主要是借助话语交流加深在场者的现实关系,而还原历史真相则是次要的。①

从另一个角度来看,首先,村民对于同一事件的不同阐释,既可以是基于当下个人生活状态与即时交流情境的不同而形成的差异,也可能源自他在对事件的不同侧面的阐释选择,或是因"觉昨非而今是"而认知有所改变。村民既是能动的文化个体,又不可避免地受到国家历史进程与地方社会发展格局的制约,而国家与地方社会并非人类个体活动的静态背景,本身即是通过无数个体的能动性活动才得以生成的,二者之间的互动关联极为复杂。就此而言,村民叙事的所谓"随意性",恰好是理解村民历史观、价值观的必由之路,非但不是村落研究的绊脚石,反倒为村落民俗志书写提供了跃升的契机。

---

① 参见张士闪:《山东村落中"神圣空间"的传统格局与现实效用——以山东淄博市洼子村的"老虎头"为例》,《民俗研究》2003 年第 4 期。

其次,村民的文化阐释总是倾向于贴近族谱、地方志及地方文人著述中的既有叙事,这是值得注意的现象。家谱、地方志及地方文人著述等,一般会凸显家族或地方的独特性,却经常是在与国家正统的勾连叙事中挟以自重,因之其自身也就成为中国社会"礼俗互动"传统的表现形式。比如,这些文本都会将本地区的历史文明、民俗传统尽量演绎得悠久古老,竭力与上古圣贤、神仙灵异建立关联,以创设"人杰地灵"的叙事逻辑。历史上,为建构地方历史和民俗传统的神圣与伟大,官民之间经常"文化合谋"。在乡村社会,民俗传统一旦形成,就会努力借助国家正统的名义与知识精英的叙述以保持其稳定性,建构神圣则是其采取的必要手段。由此可知,那种执着于从传统历史学的视角对民间叙事证实或辨伪的做法,既难以理解村落生活,也难以理解村民智慧。

还应注意的是,中国大多数村落都有着源远流长的文字使用传统,这与地方社会历史上的文教状况有关。① 国家对乡村社会的渗透,不仅是通过科举制度,也不限于村落家族出了多少秀才、举人、进士或官员,还应包括村内文字的日常使用。比如年节春联中对"诗书继世长"的广泛标示,乡贤对读书识字行为的褒奖,以及由此带来的对文字本身的敬畏等,都会对村落生活发生潜移默化的影响。

最后,村落民俗志书写应兼顾村民立场,这是走出传统书写模式中主体"缺席"误区的关键。赵世瑜曾提出历史人类学应掌握一种"逆推顺述"的研究技术和叙事技巧,最近又将之

---

① 参见张士闪、王加华、李海云:《礼俗传统与中国艺术研究——中国艺术人类学前沿话题三人谈之十四》,《民族艺术》2018 年第 6 期。

视为一种观察历史的方法论,颇值得注意。

> 所谓逆推顺述,就是将在自己的田野点观察到的、依然活着的结构要素,推到它们有材料可证的历史起点,然后再从这个起点,将这些结构要素一一向晚近叙述,最后概括出该区域历史的结构过程。
>
> “逆推”的起点虽然是当下的世界,但能“推”到哪里其实就是找到某一个历史上的节点,然后使这个节点再成为“顺述”的起点……“逆推”是从当下的生活世界出发,目的在强调“当下”对于历史叙述的意义以及地方人群的活动对形塑历史的重要性。①

“逆推顺述”作为一种研究技术和叙事技巧,提醒我们要在田野中观察和理解人的活动的历史,深刻地理解过去如何被现实创造出来,这当然是有助于促进与田野研究相关学科的学术自觉的。但本文认为,“逆推顺述”除了站在研究主体的立场上申论,还应加入研究对象的立场,思考二者之间的互动关系,这一点在村落民俗志书写中尤为重要,毕竟“民俗不仅仅是‘民’的俗,而且是由‘民’表达的俗、阐释的俗”②。这首先是因为学者的民俗志书写所依凭的民间文献、口述传统、仪式

---

① 赵世瑜:《结构过程·礼仪标识·逆推顺述——中国历史人类学研究的三个概念》,《清华大学学报》(哲学社会科学版)2018 年第 1 期;赵世瑜、李松、刘铁梁:《“礼俗互动与近现代中国社会变迁”三人谈》,《民俗研究》2016 年第 6 期。

② 万建中:《民俗书写的权力与权力实践》,《思想战线》2018 年第 5 期。

表演、民俗实物等资料系统,无一不是村民造物,有着制造与使用的长期过程。其次是因为村民在生活中也会经常对其文化"逆推顺述",即以现实境遇为出发点对村落历史与民俗予以追溯、阐释,创设意义。显然,村民的"逆推顺述"所依据的是自身生活逻辑,而学者的"逆推顺述"则要遵循学术逻辑,但在根本上依然是基于自身生活逻辑,因而与村民无异。学者对村落历史与民俗的"逆推顺述",是否以村民自身的"逆推顺述"为基础,将村民的文化阐释置于怎样的位置,也就意味着对民众的生存智慧与文化表达是否尊重及尊重程度的问题,这是衡量其研究是否符合现代学术规范的重要标准。最后是因为无论是学者还是村民,其"逆推顺述"都存在推到何时、因何而述的问题。"推到何时"意味着对地方文化资源的调取与个人历史意识的运用,"因何而述"则指当下诉求。因此,作为观察村落社会的方法论的"逆推顺述",就带有研究对象与研究主体双重的"主观滤镜",这是不能不加以注意的。①

鉴于此,村落民俗志书写是不能不将历史学与民俗学的研究方法加以综合运用的。就学科传统而言,历史学追求对"真相"的探索,其研究强调证实或辨伪,而民俗学则关注民众文化的记忆、传承与运用。真正意义上的村落研究,不仅是要呈现被遮蔽已久的村民生活与文化,还要呈现村民的文化实践及价值建构的过程。遗憾的是,后者至今仍为包括民俗学者在内的众多学人所轻忽。

比如,在山东各地的移民传说中,潍水以西多是来自山西

---

① 笔者曾就此问题与赵世瑜教授进行过一次私下的讨论,这使笔者这方面的思路更加明确,在此向赵世瑜教授表示感谢。

洪洞大槐树或经河北枣强中转后迁徙而来的叙事,潍水以东则普遍流传着与“小云南”相关的移民传说。虽然言之凿凿,但在历史上毕竟不可能是实情,但村民却将类似传说演绎为一种显赫的话语,竞相讲述传播,当然也不乏争论。就在持续讲述、传播和争论的过程中,这一传说被广大民众演绎为与寻根有关的一种集体记忆,并由此具有了文化认同、精神安顿等现实意义。① 在历史悠久的中国村落社会中,村民眼中的历史与民俗经常是合二为一的概念,难以分割开来,当今村落民俗志书写必须考虑到这一点。

五、村落民俗志书写实验:学者与民众的视域应怎样融合

一般说来,学者在进入村落进行调查的时候,多会寻找合适的合作者。他们不仅能够提供丰富的乡村生活资料,还能为学者建构更多的田野关系提供便利。正如劳格文所言:

> 与当地人合作的另一个原因是,他们是长期居住在那

---

① 克拉克认为:“人类学者一向比社会学者和历史学者对于历史意义的重要性更为敏感。和‘什么事实际上发生过’同样重要的,是‘人们以为发生过什么样的事’,以及他们视它有多么重要的。”这虽然是就人类学而言,但亦适合于民俗学特别是村落民俗志研究。参见[加]克拉克:《历史人类学、历史社会学与近代欧洲的形成》,[加]玛丽莲·西佛曼、P. H. 格里福编:《走进历史田野——历史人类学的爱尔兰史个案研究》,贾士蘅译,(台北)麦田出版社 1999 年版,第 386 页。

> 里……他们最懂得当地方言、宗族的历史等等。我们每次做田野的时候都需要找一个这样的人,但不一定说要找很多人。找到一个对地方历史、民俗感兴趣的当地人来进行合作还是有用的。因为他所提供的数据是从他自己的角度出发,而不太可能是学术界构成的那种写法。而且,他当然也描述自己家乡的东西。他们中的不少人后来还自己写了书。①

这在田野调查中无疑是必要的,但不应仅仅视作一种具体的操作技术,还应进一步追索其方法论意义。传统意义上的民俗调查,往往通过对村民访谈而获得的田野资料,来确定不同村落或更大地域单元之间的文化异同,再结合史料推断民俗的历时性传承或变异。对民俗事象的横向比较(注重空间差异)与纵向钩沉(注重历时传承),构成了传统民俗学的基本研究模式。而在地方政府和村民看来,民俗学者的调查活动则颇显诡异。

> 这几年,我多在地方政府官员与民俗学者之间充当中间人。地方政府官员在送走专家学者之后,曾多次问我,他们为什么下来走村串户地搞秘密调查?挖掘那些“千年崎里万年打撒”的封建迷信有啥用?调查出来的东西,对我们地方发展是有利还是有弊?再是一些地方政府官员自认为重赏之下必有勇夫,付钱之后希望学者们对当地文化无限地吹捧拔高,但学者秉承学术良心,对于当地文

① 《法国汉学家劳格文:怎样在中国农村做田野调查》,2016 年 7 月 30 日,http://m.thepaper.cn/newsDetail_forward_1479852。

> 化的有限度的“吹捧”往往令领导不悦。一些相熟的朋友经常打趣我说,你又陪着专家教授下去挖掘了多少封建迷信?被调查到的民众也会问我,专家教授为什么要调查那些他们自己也认为是见不得人的东西。①

其中的误会与症结,正如铃木正崇所言:“以往的民俗学,将复原过去优先于一切,在与采访者的交流过程中只专心挖掘他们关于过去状况的追忆,往往忽略现实与叙述内容之间的脱节。”②相形之下,现代意义上的“民俗学努力成为‘自省之学’,以阐释现代,那么,应从调查、记述转向分析,内在地把握整体并使之相互联系,诸如调查者的视角与思维逻辑、当事人在特定语境中的应答、地方视角的复杂性、家族、村落、地域社会的理念与现实等都要考虑进来。就记述而言,也有必要在知识的生成过程、外来与内在、群体与个人的视角交错等方面保持清醒的意识”③。也就是说,走进民间进行田野调查,既是收集研究资料的过程,也是与民众打交道的过程,从而形成了一种双向的文化交流态势,可以建立一种公共话语平台。但这一公共话语平台的建立,却并不局限于“创建民主、平等和公正的民俗书写范式,构建平等的田野对话平台,生产出交流的、对

---

① 张宝辉:《站在民俗学圈外“看热闹”——读 2011 年第 4 期〈民俗研究〉有感》,《民俗研究》2012 年第 2 期。

② [日]铃木正崇:《日本民俗学的现状与课题》,赵晖译,王晓葵、何彬编:《现代日本民俗学的理论与方法》,学苑出版社 2010 年版,第 3 页。

③ [日]铃木正崇:《日本民俗学的现状与课题》,赵晖译,王晓葵、何彬编:《现代日本民俗学的理论与方法》,学苑出版社 2010 年版,第 3 页。

话的、合作和共享的田野作业产品”[①],而是可以通过村落民俗志书写,促进整个社会对民生和民心的理解,推动民俗文化在当代社会语境中的传承与共享,并逐渐增强民众参与当代社会发展的权利意识。此非易事,却值得下力气探讨,尤其是需要在各种村落民俗志书写实践中,不断推进学者与民众之间视域的融合。

2016年夏,山东大学民俗学研究所策划的“山东村落田野研究”入选国家出版基金规划资助项目,并以山东村落为单元最终出版著作20种。[②] 鉴于以往村落民俗志中少有村民的内部视角,我们提出以“深描村落生活,凸显村民主体,梳理乡土文脉,展现国情底色”为原则,鼓励学者与村民在田野调查中深度合作,期望在村落民俗志书写中尽量呈现二者的不同视角,并在一定程度上实现民俗知识的“从民众中来,到民众中去”。现在看来,初衷远未实现,但在这一过程中的某些尝试却值得继续探讨。

其一,对村民的民俗知识不妄加评论,而是采用现象描述的方式予以留存,可以更真实地呈现村民心态。

初入田野者,容易囿于自我知识之“先见”,对于村落民俗匆遽地下判断。比如对于村民的信仰活动,或评判其是否迷信,或质疑其佛道混杂,而不能理解这些活动与中华文化传统、地方社区公益传统、村民生活实用等之间的内在关联。上述知识“先见”,其实是基于对中国社会的肤浅理解,本来是应该在田野调

---

① 万建中:《民俗书写的权力与权力实践》,《思想战线》2018年第5期。

② 参见张士闪、李松总主编:《山东村落田野研究丛书》(20册),山东大学出版社2017年版。

查过程中被反思的。更何况,即使是看似荒诞不经的言行背后,也往往蕴含着村民的真实心态,是解读村落心史难得的资料。

在当今田野调查活动中,传统意义上的学者与村民之间的那份“神圣契约”早已淡化,而更多地表现为一种彼此无害、期望有益的现实交往关系。在这一过程中,学者与村民之间多是短暂的合作关系,而且通常不是平等交流的关系。在村民的心目中,到访的学者在现实社会中处于强势地位,因而可能会期望这次访谈活动能对自身境遇的改善有所帮助,“受访者也会有意或无意地对这些效果加以利用,以便给访谈的情境定下调子,使一场交流变得对他们有利,因为交流的要点恰是他们如何看待自己和希望展示给别人和自己的自身形象”①。一些有见识的村民会揣摩学者心思而对其民俗知识加以改装,往学者这边贴靠。他们一旦察觉到学者话语有助于自我或本家本村的“增值”,往往就会抛弃己见,欣然赞同学者的说法,甚至热心地帮助寻找证据。虽然这也是村落知识增长的一种方式,但目前还处于不稳定状态,需要将之与村落中比较稳定的民俗知识比照分析,否则我们对村落的理解就不免浮光掠影。

其二,我们在本套丛书的最后特设专章“咱村的人,咱村的事”,并附录“重要民俗资料提供者简介”与村民日用文献,期望尽量体现村民主体视角。

书中“咱村的人,咱村的事”的专章设计,意在以词条单列的方式,突破传统村落民俗志书写的窠臼,在以事带人的描述中展现村民自己的文化阐释。要想做到这一点,并不容易。如

---

① [法]皮埃尔·布尔迪厄:《世界的苦难:布尔迪厄的社会调查》(下),张祖建译,中国人民大学出版社 2017 年版,第 1145 页。

在完成《洼子村》①一书初稿后,笔者曾携带打印稿专门到洼子村,请教颇有威信的7位老年村民,希望借助他们的眼光来矫正其偏颇。有村民尖锐提出,原书稿过于突出巫婆神汉、善人及其信仰活动②,却没有为本村烈士、支前英雄"树碑立传",也没有突出"教师村"的形象,并在事后为笔者提供了相关资料。我们据此进行调整,新增"教师村""红色记忆"两个词条,与原有的"公事总理""礼仪人家""善人"等并置,就显得合理多了。

重要的民俗资料提供者,通常属于村民心目中"会看事""会办事""会说话"的人,经常代表村民向外人述说"村落文化"。他们的话语,当然也会经过自身的选择、加工,因而具有个人色彩。我们需要进一步观察分析:大多数村民会认同其村落文化代言人的角色吗?村民如何评价其话语?学者的到访,是促成了村民对其话语的接受还是相反?这些都需要格外留心。书后所附"重要民俗资料提供者简介",意在呈现村落精英的个人基本信息,有助于对其话语的进一步分析。

再后所附的村民文献,与学者所撰写的正文文本形成对比。学者与村民的视点不同,知识储备有别,对村民村事的评判往往差异明显。比如面对同一个村落,学者往往是看了相关地方志、地图、家谱、碑记等资料,有时候还会在事先阅读相关论著之后,再去跟村民交流,当今学者还会特别看重祠堂、庙宇、信仰仪式、神婆神汉等,认为这代表了村落文化的完整生

① 张士闪、张帅、张佳:《洼子村》,山东大学出版社2017年版。

② 张笃杰说:"看了这书,外人还以为洼子村就知道整天烧香拜佛呢!"访谈人:张士闪、张帅;访谈对象:张笃杰(男,1946年生,山东省淄博市洼子村人,长期担任当地中学教师、校长,退休在家);访谈时间:2017年8月10日;访谈地点:山东省淄博市洼子村。

态。对于村民而言,村落则是其身在其中、热土难离的“家园”。我们曾在 2002 年来到洼子村,村委会事先安排三位老年村民向我们介绍“村落文化”,他们将“村落文化”分解为“村志”“民俗概况”“文化教育概览”三部分并分别撰文。显然,在这几位村民的心目中,村落文化可以理解为历史、民俗与“高层次文化”(并视为本村的特色文化)这三大层面。这一分类,对于我们理解当今及村民心态仍具启发性。

其三,在村落民俗志书写中尽量体现村民的日常生活视角。村民在日常生活中所使用的知识形式,包括口述、物象、仪式、文字等,乃是在长期的“过日子”中凝结而成,其意义是将个人、群体乃至村落的历史、当下与未来贯穿起来。这需要学者既关注村落的历史脉络,又要聚焦当今村民的关注焦点,以此体悟村民的话语叙事。本套丛书中《胡集村》①一书的作者在完成初稿后赴村交流,最初也曾为村民关于村落起源的种种说法所迷惑。如村民以胡集书会说书前惯用的几段开场白②为证据,坚持认为本村起源于春秋时期,已有 2000 多年的历史。这一说法无疑是“非历史”的,却正反映了村民希望将本村历史拉长与神圣化的真实心态。作者最终定稿时,就没有予以简单抹杀或揶揄,而是在列举地方志书中的“明初立村说”等之后,呈现村民的“春秋立村说”及其依据,并保留村民的其

---

① 王加华:《胡集村》,山东大学出版社 2017 年版。

② 胡集书会会聚南北说书人,常用的开场白有:“道德三皇五帝,功名夏后商周,五霸七雄闹春秋,顷刻兴亡过手。”“孔夫子周游列国,子路沿门教化。柳敬亭舌战群贼,苏季子说合天下。周姬佗传流后世,古今学演教化。”“扇子一把抡枪刺棒,周庄王指点于侠。三臣五亮共一家,万朵桃花一树生下。何必左携右搭。”

他说法,这无疑是确当的。

诚如吴重庆所言:“我们强调对事件过程和背景的深入体察,不仅从调查中发现问题,而且将问题置于调查的具体场景中展开,以保证理解的完整性,并防止以既有的理论解释代替对问题的思考。正是把问题置于完整而具体的事件之中,才有了以既有理论解释问题时所无法发现的灵感,研究也才有了进一步深入的希望。”①毕竟,村落民俗志书写不应成为罗列乡村琐事的拼盘,也不应满足于立此存照式的村落民俗画卷。我深信,就在众多村落所呈现的异同之间,蕴含着中国基层社会的真正奥秘,这应该成为当代村落民俗志书写努力的方向。

万建中提倡“全面意义上的实践民俗学”,认为应该是“调查者深入民俗生活世界,同时,调查者又有意识地让当地人进入学术书写环节,使之从被书写者转化为书写者”②,这一提醒是可贵的。不过,在所谓的“当地人”群体中,真正具有书写能力的还只是少数精英,而且不见得都有书写民俗的动力与热情。③ 更何况这些民间精英往往会受到日常生活(包括地方政府行政)

---

① 吴重庆:《农村研究与社会科学本土化》,《浙江学刊》2002 年第 3 期。

② 万建中:《民俗书写的权力与权力实践》,《思想战线》2018 年第 5 期。

③ 万建中在另文中认为:“当地人没有受过民俗学的系统教育,既没有理论也没有学术书写的动机和欲望,甚至不知道民俗学为何。他们的书写才是自由的、开放的、毫无拘束的。”“地方文化精英毕竟不能独立成为民俗志的书写队伍,因为他们的书写成果缺乏问题意识和没有达到基本的规范要求,大多不能称其为民俗志著作。学者与地方文化精英的结合,是提升中国民俗志书写水平的有效途径。”(万建中:《民俗田野作业:让当地人说话》,《民族艺术》2018 年第 5 期)上述看似矛盾的判断,体现出作者对当下民俗志书写现状的焦灼。笔者所倡导的学者与民众的视域融合,当然也是以现实中的“学者与地方文化精英的结合”为基础,但对“让当地人进入学术书写环节,使之从被书写者转化为书写者”的实际操作性有所怀疑。

的更多制约，而且普遍存在因贴靠专业学者学术话语而损伤自身文化表达个性的现象。相形之下，在当下社会渐成热潮的村落民俗志书写实践中，确认学者与包括民间精英在内的民众的双重主体地位，倡导在相互尊重中调整自我视角，涵括对方立场，通过视域融合尽可能多地存留各个社会阶层的完整生活与心理感受，则更具现实意义。至于由谁来执笔书写，则是次要问题。

结　语

近年来学界劲吹“田野风”，进入村落成为时尚，特别是一些有老建筑遗存的古村，人们更是纷纷前往，络绎不绝。热衷于进村者，并非都出于对村落价值的珍视与对村落发展的关怀，但对村落的影响却是强大而持久的。这一现象的背后，是国家战略聚焦乡村，社会资本涌入乡村，乡村成为当代社会的“宝地”。

毋庸讳言，面对全球化、现代化的急速发展，乡村社会的自然生态与人文传统是脆弱的，由此在当下呈现出普遍凋零的趋势，但村落毕竟是中国传统文化的重要承载地，村民是绝不可轻忽的文化传承主体，何况乡村社会的良好发展乃是国家长治久安的基础，其中所积淀的传统智慧对于人类未来发展弥足珍贵。村落民俗志书写是中国近现代学术谱系中的重要传统，在当下具有特殊意义。笔者提倡以学者与民众的视域融合，促进村落民俗志的书写实践，其意在此。笔者认为，有如下三个方面值得特别注意。

在乡村社会发生剧变、村落大量消失的当今之世,村落民俗志书写亟须以深度的田野调查为基础,兼顾民俗的传承与变迁、自治与他律的动力机制,挖掘村落内蕴的传统智慧,促进对村落社会、民俗传统的准确认知与理解。以此为基础,阐述其对国家或地方社会整体发展的重要意义,探讨如何通过民俗文化传承以济世致用,助推当代乡村振兴。

当代村落民俗志书写要达至上述目标,就必须调动村民和基层文化工作者深度参与,在文本中彰显民间立场,赋予村落民俗志书写多层级的文化意义。真正的村落民俗志,既应以写实笔法呈现真实村落生活,向社会提供一份可信的国情资料,其书写过程本身又构成一种社会实践,促使村民在当代乡村文化传承乃至乡村振兴中自觉行动,探索在政府和民众之间搭建关于当代社会发展的磋商平台。

有着长达数千年“层累”优势的中国文化,其发育发展离不开中国乡村社会土壤,其思想内涵在村落生活中有着丰富积存。因此,这种实验式村落民俗志书写还应在深描之中提炼理论话语,从国家推行、精英阐发与民众实践等维度对中国文化作交互式理解,特别是发掘与分析中国文化的民间表达形式与传承机制,以小见大地阐述中国社会的人文传统、基本国情与发展道路。

山东村落中“神圣空间”的传统格局与现实效用*

——以鲁中洼子村“老虎头”为例

选择生于斯、长于斯的故乡村落作为研究对象，实在是一种冒险。调查的便利，远远抵不上拉不开有效距离造成的麻烦，这很像是一句民间俗语所说的情形——“眼皮底下黑”。

在以故乡村落作为对象的民俗学研究活动中，最可疑也最受诟病的就是这类田野作业活动过程与最终结论的可信度。尤其是被访查者，因为访查者的特殊身份和访查活动本身的因素，往往会发生一定的“失真”“表演”的现象，研究者如何辨别、对待这一问题，也就很引人关注。这并不值得特别焦虑。只要是访查，就不可避免地要对被访查者产生一定影响，这是铁定的事实。如果将这种“失真”“表演”置于被调查者的民俗角色与社会心理诉求的层面来看，它又是极其耐人寻味的，本身也值得悉心研究。有效地设立多层、多点的观测点，力求准确地评估出自己的访查对于被访查者产生的影响，才是最重要的。这也便于对自己的访查过程进行观测，对自己的访查成果进行校验。鉴于此，笔者采取了如下措施。

---

* 本文原载于《民俗研究》2003 年第 4 期。

既将故乡作为田野作业的对象,显然可以利用已有的便利条件,多选择一年中的不同时间、不同场合进行观察;可以在本村与外村建立多个观察点,倾听不同立场的人对同一个事件的表述,尤其是涉及两村之间的一些敏感事件,如矛盾冲突事件等。资料获得来源有了层次,再加上小心谨慎的推断分析,由此建构出的村落史与村落文化逻辑、村落权力结构与村落成员分层、村落情境与村民心理等多重对应关系也就具有了更高的可信度。事实上,本文所要讨论的村落"神圣空间"的问题,也正是在这多重对应关系中得以彰显的。

另外,值得一提的是,作为本文讨论中心的村落"神圣空间"及其所处的文化分层——权力体系结构的种种特征,在我以前调查过的河北、山东地区的十几个村落中也普遍存在,应视为中国北方地区汉族村落的基本特性之一。该村落所具有的多层级的学术意义即在于此。

一、洼子村概况

洼子村坐落在山东省淄博市淄川区政府所在地东北 25 里处,与所属的罗村镇政府所在地相距 3 里,南邻河东村,北邻南韩村。洼子村是一个有 526 户的自然村,人口 1739 人,土地面积 700 余亩。人均耕地只有 0.4 亩,历史上曾是一个人多地少、比较贫困的村落。这一带属丘陵地形,村属土地质量较差且大小不一,有 100 多处名称。最大的地片是村东北曾为几个桑园的"桑行子"地块,还是在合作化时期通过整地才连成的约十三亩地片。村民根据村里地少人多的状况编出了不同版本的一些长段歌谣,生动地反映了这一情形:“洼子土地不算多,地名多得无法说……一块大地十三亩,这在俺村拔了尖。”

据洼子村政协委员张笃学多年来调查到的口碑资料,洼子村建村时间为元朝至正年间,现在已有700多年的历史。据说立村时户数、人口都很少,姓氏也不多,庄里也没有什么大的建筑物。直到明初洪武年间,朱元璋发现山东人口稀少,大片土地荒芜,遂下令将河北一带民众向山东地区迁移。洼子村中张氏家族的祖先张在勋,便是在洪武年间从河北冀州枣强县迁移到洼子庄的。不过,这种说法并没有得到其他材料的支持。

据说张在勋在从枣强迁来时,庄里只有三家坐地户,就是董家、咸家、马家(马家现在已无人在村内定居)。自此以后外地农民陆续迁来,姓氏也多了。到明朝中叶,张氏已成为庄里的旺族大姓。老一辈人传下来这样几句顺口溜:“张王李赵马刘陈,臧家咸家挨着门;董家门上独一丁,还有一家孙成银。”张笃学认为这段顺口溜反映的正是明朝中叶村内的情形。到了清朝末年,张氏虽不是当地名门,但可以称得上是望族。由于家族大,分支多,男孩起名没有辈分作为依据,只能乱起,辈分不统一。鉴于这种情况,族中长者组织德高望重的人于清光绪二十九年(1903)编修族谱,明确规定了三十二代辈分用字。自此,男孩起名都按辈分。这时的洼子村已成为一个由多个姓氏组成的杂姓村落。上述情况,在清光绪二十九年修立的《洼子村张氏族谱》中记载得非常清楚。

《洼子村张氏族谱》中还提到远祖张在勋迁来定居后,生有二子:张福缘、张福智。兄弟二人去世后,分别葬在西茔和北茔,由此形成了洼子村张氏家族的西、北两大传统茔地。

洼子村村名也几经更易。当初选址立村时,据说是经过一番慎重考察才决定的。此地三面环沟,中间平凹,并且南沟是淄川通青州的古道,四周尤其是东面有着大片的山地。既然选中在这平凹之地立庄,庄名也就顺其地势叫了凹子庄。张氏祖先迁来后,经过明洪武至天顺140余年的繁衍生息,张氏已成大族,人口最多,因此改名叫张家庄。但不知何故,在清初又改回凹子庄,此后演变为洼子庄。以后,除了在20世纪“文化大革命”期间曾改名为很富有时代特色的“前锋大队”(行政上隶属于罗村公社)外,一直沿用洼子村的村名。现在作为国家的一个行政村,它在官方文件中的全称是“山东省淄博市淄川区罗村镇洼子村”。

二、村落神圣空间中的“老虎头”

村落的神圣空间包括两种——村属神圣空间与家院神圣空间。而每一种神圣空间实际上又分为两类,即恒久性神圣空间与临时性神圣空间。我们在这里所要讨论的村属神圣空间,主要是村属的恒久性神圣空间。

洼子村村民对本村历史与地理景观很是自豪。从老辈子流传下来的四句顺口溜,现在仍有很多村民知道,并乐于向外人夸说:“西有双塔寺,北有凤池井;东有仙姑洞,南有卧虎岭。”这四句顺口溜,点出了村周围的四个“村落级”著名景点。在过去,这四处景点恰好都是村民从事信仰活动的重要聚落,因而可以说正是它们构成了村落中“神圣空间”的主体部分。随着调查活动的深入,我们逐渐发现,上述这一现象的形成并非偶然。下面,笔者将根据在调查中获得的口碑资料与洼子村村委会提供的少量文献资料,先对与洼子村有关的主要神圣空间的建构历史与大致分布予以描述,鉴于本文的讨论主题,这一描述自然要以“老虎头”为轴心。

根据张笃学整理提供的民间口碑资料的说法,明初时期,尽管当时的洼子村人口少,财力薄弱,但也建造了三座规模不大的关帝庙,分别在村西头、村中间和村南的南沟。村东群山连绵,往西往北皆有深沟大壑,只有南沟是淄川县城通往青州的古道的一段,而在村西南方向的一条斜路又是该村通向乡镇区县治所的唯一通道。由此可见,当时村里的神圣空间与其公共政治空间、经济空间一样,都呈南倾态势。

大街上平时叫“庙儿”的地方,原先正是村中心那处关公庙的所在。庙宇不大,关公在中间,关平、周仓在两边,村民说那是个“顶旮旯点儿”(为“极小”之意)的小庙。村西头、村西南角的关公庙已经算是当时村民聚居区之外的建筑了,规模也不大。关帝是北方民众中的道德信义之神,道德信义在人们日常生活中可谓头等重事,因而关帝信仰有着广泛深厚的民众基础,关帝庙在许多村落中也就成了不可或缺的设施。

明朝中期,洼子庄又组织人力、物力在村南修建较具规模的送子菩萨殿建筑群落,整个庙宇于明成化三年(1467)建成。坐北朝南的三间菩萨殿是主体建筑,用水磨青砖建成,墙厚一米,雕梁画柱,非常壮观。殿内正面塑金身菩萨像,手打普度印,头戴金冠,盘腿坐于莲花台上。菩萨两侧塑一男神一女神,东侧是送生爷爷站像,肩背搭子,搭子里前后各装一小童;西侧是送生奶奶站像,怀抱一小童,手牵一小童。村里人都习惯称这座菩萨殿为“大殿”,或与它西侧的土地庙并列分称“大鬼殿”“小鬼殿”。这种称呼本身似乎显得并不那么尊敬,而笔者在调查过程中问及几位六七十岁的男性村民时,他们对于建筑状况、神像大小及座落位置记得比较清楚,但对于神职或灵验方面的问询则不知可否或不以为然。比如,他们都把送生爷爷、送生奶奶称作"送神爷爷""送神奶奶",但再问他们是管什么的则一概说不清楚。

大殿的南边是一间坐南朝北的小殿,殿内塑一金甲韦陀站像,身背虎尾钢鞭,面向正北守护着菩萨。大殿西侧的三间土地庙中,土地爷端坐中间,两边是小鬼。整座庙院大门朝南,因南边是沟,出院门可拾级而下,蜿蜒而东。在殿门外下行石阶的右侧,有一块不甚起眼的记载着建庙历史的石碑,立身于一处硬沙地上。这片硬沙地几经风化,最终出落成一尊卧虎的形象,这让洼子村人很感自豪。仔细观察这尊卧虎的形态,其中以虎头、虎颈处最是惟妙惟肖,甚至可以说是形神兼备。村民习惯用"老虎头"或"砂虎头"来指称这个地方。洼子村的成年人常常在上面歇脚纳凉,闲拉呱,孩童则喜欢在"卧虎"的头、颈、肚腹等陡峭处爬来爬去,体验一种惊险刺激的感觉。这块石碑正座落在"卧虎"的左肩上,熟悉神事的老人知道这块石碑也代表一尊神,它的名字叫"王灵官",它头顶上的那块刻有云纹或是莲花纹的八棱石是它的石帽。

张笃学的调查资料是这样描述"南有卧虎岭"这一景点的:"村南的卧虎岭是黄色沙核石自然形成,形态像只卧虎,虎头朝南,张着大嘴,就像一口把河东(村)吞吃了一样,因叫卧虎。河东村的村民说于他们不利,提出抗议。通过两个庄的庄主商谈,洼子庄同意把建庙时刻的记载碑压在老虎头上。这块碑起名叫镇虎碑,这样卧虎就永远爬不起来了。现在周围村民建房,搞得面目全非,不像当年的卧虎了。只有镇虎碑还垒在学校的南墙上。”另外，里面并没有提及“王灵官”这一说法。事实上，笔者是从村中一些老人的口中听到张笃学所谓关于王灵官的绘声绘色的描述的，老人们的口中也没有“卧虎岭”这样较文雅的称呼，而称“老虎头”或“砂虎头”。

原为镇办小学教师、现已退休在家的洼子村村民张宏浩回忆说：“王灵官修建的年代我也说不上来。它所坐落的地方，本来有块很高的砂核岩，在这上面用夹灰砌好，蹲上一块八棱石，上面扣合上一个稍宽的石帽，石帽四沿刻有莲花纹或云纹。现在石碑与石帽都已砌在原来村小学的墙上。王灵官就是块石头，没有形象，人们就把它叫王灵官，这个地方也就叫了王灵官。石碑上字朝北。帽子是活动着的，它本身也扣得不是很严实。喝醉了酒的人劲大，使肩膀使劲一扛就扛下来了。河东村一死人，来人一看石帽肯定掉下来了，那时人们很重视这类事。”

对该石碑的这两种不同说法，似乎隐示着这样一种现象：在当今许多研究专家甚至包括村落知识精英的心目中，石碑是一种具有一定文献记载功能的载体，只是村民赋予它一个荒诞不经的离奇功能罢了；而民众则赋予它某一种或某一类民俗性功能，而且原意相信其生活与这一民俗性功能象征体之间确确实实地形成了一种互动关系。或许，在庙宇始建年代以及之后相当长的一段时间内，村落中的知识精英阶层都对王灵官的说法漠然视之。王灵官信仰在洼子村村民生活及对外村际关系中发挥了实实在在的作用，但掌握着统合村落口头传统、编写村落历史、表述村落文化的村落精英，依然会延续漠视王灵官之类怪力乱神的一贯态度。

王灵官屈居下位的情形并非偶然，而是各地神圣空间中的一种普遍现象。如在这附近的一处莲花庵中，也可以看到同样的状况。同样为尼姑主持的莲花庵，"老虎头"南向偏西约一里的地方，是这一带比较正式的一处神圣空间。莲花庵外有个韦陀殿，分上下两层，韦陀塑像居上层，下层是王灵官。在当地人的心目中，王灵官是一个"护神"，永远拿着铁鞭。当地人们对王灵官的态度，通过一句使用频率颇高的俗语可见一斑："王灵官拿秫秸——没鞭了。"这是一句年轻人之间用于相互调侃嬉闹的、略带荤味的歇后语。莲花庵中的王灵官和韦陀，同居一座二层宝殿中却上下有别，王灵官居然要寄身在"韦陀殿"里，没有专门的"灵官庙"。

据一些年纪在70岁左右的老一辈村民说，直到20世纪三四十年代，洼子村南的送子观音庙仍长年由尼姑主持，香火旺盛。该庙宇群落直至1982年才因洼子村小学扩建而全部被拆除。张宏浩回忆说："大殿是三间，门朝南，当中是观音菩萨，坐着那莲花盆，两边是送神（生）爷爷和送神（生）奶奶；两边八大金刚龇牙咧嘴地抬着莲花座。南边有那韦陀殿，是一间，里面的韦陀像黑糊狼神的，挺吓人。西边是两间土地庙。"目睹过殿内群神的人们，一般认为大殿里的几个塑像最是栩栩如生，遍体漆黑的韦陀像最威武可怖。而没有形象、仅仅以一块石碑现身的王灵官，大多数人不甚在意，少数熟悉它的人感到亲切，谁会敬畏一块总是站立在你身边、一米半高、没个神样的石碑呢？尽管它也被认为代表了一尊神。颇具讽刺意味的是，当那些显赫一时的尊神荡然无存之后，王灵官仍顽强地显示着它的存在——它被砌在了村小学的高墙上，石碑、石帽都在，而且写有碑文的一面向外，不卑不亢地朝向在石铺路上走来走去的人们。石碑经过数百年来的风吹日晒，阴刻的文字已模糊难辨，只能认出“大明国山东省济南府淄川县”“祈许众神佑护”“成化三年九月”等字迹。当年气势恢弘的整座庙宇，现在却要借助王灵官上面的这些文字以证明自己曾经存在，颇堪玩味。更让我始料未及的是，随着调查的深入，我才知道这座不起眼的王灵官石碑曾在洼子村、河东村的村落关系史上扮演过一个非常特殊的角色。两村之间围绕着“卧虎”、王灵官而长期展开的村际斗法，是解读两村关系史上几个重大事件及界定两村文化特性的一条重要线索。

“西有双塔寺”指的是在洼子村的西南方向，有一座该村与河东村共建共享的双塔寺。双塔寺当年建有北阁二层，阁的东西两头建禅房供和尚居住，中间是罗汉殿，内塑十八尊罗汉。南边是天王殿，内塑四大天王。在阁楼的前面有一座塔，在天王殿的南面也有一座塔，此寺庙因有两座塔，故叫双塔寺。寺庙建有楼阁、大殿，门向南边开，好几十磴台阶，气势宏大，非常壮观。晚间，钟鼓齐鸣，和尚拜佛颂经。据老人回忆说，双塔寺四周树木参天，尤其是门前的两棵大松树，松树枝都伸进庙里头去了。日本侵略中国期间，拆除了双塔寺庙宇建筑，在原址上修建据点，盖起炮楼，以供日伪军居住。为此，村周围的树木都被砍伐殆尽，唯有村内保存下三棵老槐树，现在树龄都在500年以上。

“北有凤池井”中所提到的凤池井，原名叫姑子井，因其地是庙上尼姑的善庙地，曾长年租给庄农耕种，所得粮食按四六分成。耕者分四成，六成交到庙上，供尼姑们生活用度。其地权归尼姑所有，姑子井因坐落此地而得名。凤池井水清味甜，全庄老百姓都饮用此水。村里流传的一个传说故事很能说明村民对尼姑的看法。

传说有一年的清明节，天气晴和，暖风微拂，野外春风盎然，这一带的学子村民、男女老幼纷纷到郊外踏青。这时庄东仙姑洞里的三位仙姑看到百姓穿红挂绿，郊外踏青，一时动了凡心，心想整天坐在洞里也无事可做，何不出去游玩一番。于是三位仙姑化装成三位中年妇人模样，也到郊外游走，与游人有说有笑，享受着人间的欢乐。三位仙姑正野外游玩，忽有一仙姑提出咱何不化作金凤凰到天上飞舞一番，瞬间三人变作金凤凰飞上了天，在空中飞舞，很是好看，观者莫不惊叹。三位仙姑在天上飞舞多时，来到了地处庄北的上空，看到了姑子井，感到口渴，遂降落喝水。从此以后，姑子井便改名凤池井。这就是凤池井的传说。

“东有仙姑洞”所指称的实际上包括三处相邻的洞穴——南边的仙姑洞、王母洞和北边的天师洞。相传仙姑洞里住有三位仙姑，庄民如有小病小灾，便去祈祷一番，烧点纸磕个头病就会好了，无需吃药，因此香火旺盛。现在仙姑洞、砚石洞都已埋没，只有王母洞香火不断。王母洞中有这样一段碑文：“大明国山东省济南府淄川县仙人乡二图正东洞沟修养之处，今有主持唐常心发心建立成。施主：法思仁、唐仲得、王春、马宗保、潘国用、张荣、张花、晁目随、贾名、芦师月……北洞住持：邢深贵、高真朴、姚全工。大明隆庆四年六月二十五日立　洪昙。”这段碑文原先是写在蟠桃洞里的墙上，是在白墙上用毛笔蘸墨书写的，而非石刻。前几年，河东村重修王母洞时，在村里公认的文化人王克刚的主持下把它换成了石刻的。王克刚还从家存的《王氏一家言》家谱资料知悉，当时北洞的主持是洼子村人，南洞的主持是河东村人。南边叫王母蟠桃洞，北边叫天师洞，里面供的是张道陵。（这是否与洼子村人多姓张而河东村人多姓王有关?)王母洞碑文亦述及北洞,当时北洞里面既供有神,也有人主持。那时洞子沟两边的松树长势极茂密,树枝在空中交叉搭连,颇有遮天盖地之势。

三、围绕“老虎头”的村际斗法

由层层硬砂构成的“老虎头”(按当地村民的称呼),高五六米,长十几米,像一只金黄色的猛虎,匍卧于洼子村南门外,张开的虎口直冲正南,正对着河东村。20世纪三四十年代,河东村的死亡人数曾连续数年超过村民心目中正常年份的平均数,便有一种传言在河东村不胫而走,闹得沸沸扬扬——洼子村的老虎显灵了,非要吞噬多少多少生灵才罢休。于是,一块用东部群山中的大青石制成、高约一米七八的王灵官石碑以极快的速度修建落成,竖立于“老虎头”的左肩,即“老虎”向北的延伸面与洼子村南一条坡度约30度、长约100米的青石板小路的交界处。王灵官头顶上的石帽是可装卸的,在后来却成为一大隐患,甚至让河东村人寝食难安。那时,洼子村的醉汉在朦胧夜色中摇摇晃晃地走过这段坡道时,总会在某处停下来,随意呕吐、小便,有时还要倚着北墙根(这是洼子村小学的南墙,高约七八米,很有些庄严矗立的样子)或立或坐或卧地休息一阵。王灵官恰好位于这段坡道的中段,也就成了洼子村醉汉们倚扶休息的好地方。有些时候,某个醉汉一阵蛮劲上来,陡然生出“天爷爷老大我老二”(当地俗语,含调侃意)的豪气,会踮起脚尖把王灵官的石帽托举取下,大喇喇地坐在屁股底下,背倚着碑身休息。另外一些时候,洼子村的几个半大不小的小伙子相互间开玩笑,也要抓拿石帽或是随意把玩抛掷以逞能显力。值得一提的是,洼子村村民对于这类戏弄王灵官的行为亦颇不以为然,只是碍于同村人的情面,不好公开评价或谴责;也有些年长的村民在发现王灵官的石帽落地以后,自觉地搬起来为之戴上,尽管到了他们这个岁数,搬动很有些分量的石帽已不那么容易。

河东村村民也影影绰绰地知道一些关于王灵官石帽被挪动的事,但因为在别的村里照看不便。直到村里有人死去,他们断定王灵官的石帽肯定又被挪动了。他们对于村民死亡与王灵官因石帽被挪移而疏于镇压恶虎之间的某种牢固的因果关系深信不疑,现在更觉紧迫,于是很快按照传统仪式,郑重地为王灵官戴好石帽。直到以后的某一天又有村民死去,他们才又匆匆赶来,将王灵官可能早已脱落多时的石帽重新戴好。河东村村民的思维逻辑是这样的:如果发现石帽落地,就会立即将这一状况与刚刚发生的死亡事件联系起来,认为正是石帽的失落使王灵官丧失了镇虎的灵力,或是这一大不敬的行为使王灵官不愿意出力护佑他们;如果发现石帽在王灵官头上戴得好好的,则将刚刚发生的死亡事件看成是王灵官上次掉帽所引起的系列惩罚的延续,或者在河东村村民不知情的情况下,洼子村中已有人将王灵官石帽摘下,只不过又有人悄悄地为它重新戴好,而由此招致的惩罚却要由河东村村民承受。由此,河东村村民渐渐滋生一种指向洼子村民的怨恨而无奈的情绪。

(一)与“老虎头”有关的重要事件及文化观念

据洼子村的几个老人回忆说,在河东村修起骨灰堂以后,洼子村里的青少年就不断地偷砸骨灰堂门窗的玻璃,还用弹弓石子把里面的骨灰盒打得面目全非。当时的情形是：骨灰堂刚修好，在洼子村的一些老年人中就流传着这样一个说法，认为骨灰堂的修建压住了洼子村的风水。但老人们说归说，村里没有人出头交涉，整个村落弥漫着压抑、屈辱的气氛。没过几天，村里就有一些半大孩子、青年偷偷地去捣乱，常常是晚上去毁坏所能毁坏的一切。这已经超出了一般意义上的孩童恶作剧了。为此，河东村在骨灰堂近旁盖了一间小屋，专门派人看护，但仍难以阻止洼子村青年那些花样百出的破坏活动，以至于河东村不得不派遣村里的民兵夜夜值守。

20世纪70年代中期，两村之间发生了一场规模不小的群斗，甚至可以说是一场恶战。在河东村修建骨灰堂之前，两村的孩童便常常“开火”。往往在忙完秋以后，闲下来没事了，无论是哪一方随便找个借口就可能引发一场激烈的打斗。如“他们故意踩踏咱们的地！”就可以是个很好的理由，这边找上几个人骂阵，那边就集合起人来，往前凑乎着就动了手。根据老人们的记忆，大年初一这天没有不开火的。在河东村修建骨灰堂之后，有很长一段时间两村孩童经常进行这种半战斗、半游戏的“开火”活动，两村之间陷入一种剑拔弩张的紧张气氛。

> 这次大规模的群斗发生在20世纪70年代中期某个春天的黄昏。据当时担任洼子村第四生产队队长的张宏洛回忆说：与河东村打的仗哪一年我忘了，反正是在四月二十四，黑天了。起因是南沟你那大姑，她去人家地里放羊，叫人家生产队里的人撵出来了。南沟里张良仁他们看见了，骂着说“咱打了这些舅子吧”，就动了手。两边人越集中越多，仗就打大了。大家干活的也不干了，踊跃参加。

> 这时我就去了,看看这架势能打杀人。黑着天,两伙人在沟底狠打。这边人,打一阵就跑上来喘口气;那边人,打累了就跑到那边半坡的枣树林中——那时人烟稀少,那里不住人。我和河东村的大队长两边劝着,两边散开。快分开了,忽然又乱了,他们那边的人还没上去就又下来了,有人喊"完了,完了,打杀人了",原来是咱庄的人扔石头,把人家的头打破了。公家没有人管这个事,也就是生产队的事。好在河东大队那伙计还不错,俺两个算是把这事压下了。我代表的是咱庄大队。

在对方地里放羊引起对方的反感,受到制止,这在村落内部或村与村之间可谓寻常小事,谁能想到这竟会成为引发两村群斗事件的导火索。随之产生的一系列连锁反应不仅为当事人始料不及,事后也令两村村民大为困惑。

显然,两村人因"老虎头""骨灰堂"等事件的长期摩擦,存有积怨,是这次群斗事件发生的村落史方面的原因。

更深层的社会原因是,当时社会政治大环境比较单调、刻板,乡村气氛非常压抑,两村村民被自己从来未经历过的天生难以习惯的"时代政治生活"所困扰。由于群体性娱乐活动匮乏,村落间的紧张关系无法借助传统民俗活动(如过年时节互送锣鼓、到对方村子里作武术场子表演等)而得以缓和,弥漫于村落社会中的巨大压力无从释放,是这次群斗事件的现实原因。在这次群斗事件发生后不久,两村村民很快又回到了传统生活节奏,走亲访友来来往往,在接壤的土地上比邻耕作。两村孩子也很快恢复了放学以后先叫阵、开火再回家吃饭的老习惯。

或许正如英国人类学家维克多·特纳所说，人的动物本性，使人永远有一些不受社会规范约束的自然与本能冲动、欲望或野性等。而这些正构成这次群斗事件的众多参与者的共同心理基础。

这样，从两村村民心理活动的内逻辑角度来看，这次群斗事件可以被视作一种象征仪式或是一种尽情释放本能的狂欢活动；而从村落关系史的角度看来，这样的事件为两村村民所共同引发，以便对两村之间由来以久的积怨以及与时代政治有关的紧张、沉闷、尴尬的社会氛围作一终结，重新建立一种更为敞亮、明澈的村落关系，恢复乡村社会生活秩序。

（二）与“老虎头”相关的村际斗法逻辑

1.“老虎头”这一自然景观，被河东村民用来解释他们心目中村内的非自然死亡现象（显然，他们心目中的非自然死亡现象并非当代医学科学意义上的非自然死亡现象）。

2. 王灵官石碑的人为设置，是河东村民试图控制村内非自然死亡现象的努力。

3. 在河东村民心目中，风、雹、雨、雪、旱、涝等现象不可控制，但“老虎头”显灵伤人的现象可以控制。

4.“老虎头”与河东村村民的非自然死亡现象存在着某种神秘的因果联系，但它本身却坐落在洼子村边。河东村村民对于“老虎头”的解释和修建王灵官石碑等一系列行为，使两村发生了直接联系。

5. 王灵官石帽的取下与复位，既代表了两村历史上延续下来的传统村落关系的疏密程度，又影响到此后两村关系的发展走势。同时，这一现象还为河东村村民对王灵官灵验状况的阐释留下了较大余地。

6. 王灵官被官方政治强行拆除后,“老虎头”依然向南张着大口,继续威胁着河东村村民的正常生活。

7. 河东村在村北高地上修建骨灰堂(这是极其符合官方政治话语的),以破除“老虎头”的邪祟。

8. 河东村村民认为,已死者是具有灵力的,而本村众多死者的集体灵力足以抵御恶虎之灵,保佑在世者免受其害。(从地理位置上看,代表已死者集体灵力的骨灰堂占据高位,横亘于“老虎头”所代表的恐怖神秘世界与河东村村民的现实世界之间,很像一道恶虎之灵无法逾越的屏障,或是直接对抗恶虎之灵的法宝)。

9. 洼子村村民认为骨灰堂对本村形成侵害,试图通过破坏骨灰堂以消除这种侵害。

10. 河东村理直气壮地保护骨灰堂的理由有三:修建骨灰堂是官方提倡的社会主义建设事业中的新生事物;骨灰堂修建在河东村的地面上(按照当地的说法是“在自己的一亩三分地上”);如上述第 8 条所言,他们相信骨灰堂是有实际效用的。

11. 围绕着骨灰堂的破坏与保护,两村关系急剧恶化。河东村动用官方政治话语及其所代表的现实力量——民兵连,使己方从原先所处的民间信仰的弱势地位一变而为现实社会中的强势地位。

12. 这一极端矛盾以出人意料的方式了结。洼子村知识精英对骨灰堂做出了有利于本村的阐释:河东村修建骨灰堂的想法是对的,但在修建大门时犯下了致命错误。他们若将大门正对着洼子村,最终那将对我们极为不利,但他们却错误地将大门朝向南方,正对着自己,因此倒霉的还是他们自己。

（三）“老虎头”民间信仰观念的村际差异

谈及过去洼子、河东两村关系，河东村红白事务委员会主任王克刚几次用“原先不好”“不大好”“不大和睦”等来概括，而且明显放慢了语速，字斟句酌之间，显得有些犹豫。考虑到此时的访谈背景是他应邀来到洼子村，只身一人面对着多位洼子村人说话，对两村关系所作的上述评判可能是他能找到的既符合他真实想法又比较委婉客气的用语了。显然，两村以前的关系一定是比较紧张的。我先后对他进行过两次访谈，三次问及王灵官一事，第一次是在河东村，后二次是在洼子村。第一次他没接话头，第二次他含含糊糊地表示不清楚是怎么回事，第三次他回答说：“原来的时候——在很早以前——两个村处的关系不大好。原来既然有这么个情况，后来洼子村修了一个碑，也是朝向这边。那碑修在砂核岩上，碑文朝北，就好像镇着这边似的。原先修的那块碑，就在墙外头。这块碑在我的印象中，好像意图就是不能啥搞（“啥搞”，当地方言，代词，意同“怎么”——引者注）——叫河东庄欺负咱。以后呢，洼子庄里就有人说，你看河东庄修上这骨灰堂，想压住咱庄，实际上净蹙慌了他自家。骨灰堂南边有一个大水池，里面养鱼。”对于同一个王灵官，原来两村人竟有如此大相径庭的解释。

“老虎头”这一神圣空间的所有权属于洼子村，这一点毫无问题。因而这里不牵涉地盘归属的纷争，而是关乎两村村民设想中的“人命生死”的大问题。围绕“老虎头”与“王灵官”发生的种种事件，显然影响到两个村落间的日常交往，包括孩童之间的关系与村落间民间艺术交流等方面。在笔者集中调查王灵官时，两村的老人们在承认“两村在土地方面倒是没有争执”的前提下,都在不同场合不约而同地回忆起两个细节。他们的叙述往往是从“王灵官这个事,牵扯到两村的一段纠纷”开始,大体上包括以下几个方面。

1. 两村之间长年“开火”的现象

“开火”在两村俗语中有着特定的含义,是指隔着一道山沟用石块、土块等袭击对方的群斗行为。两村一向关系不和,两村小孩经常“开火”。这种“开火”起初类似孩童间的游戏,随后往往演化成真正的打斗,以致两村的成年人经常加入。这种“开火”行为在农闲时节频繁,甚至可能每天都会发生。

2. 过去两村在正月间时兴“趁鼓”(当地方言,即较量鼓艺)

河东村有历史久远的打鼓表演传统,还存有若干鼓谱,如《闹龙舟》《蓬莱阁》《十翻》《玉芙蓉》等。演奏时可以循环进行,很吸引人,这使得河东村村民很感自豪,也让洼子村村民羡慕不已。很久以前,在河东村演练鼓谱的时候,个别有心计的洼子村村民仰躺在一处叫作“尸沟”(位于两村交界处、传统上掩埋夭折孩童的一个小山谷)的斜坡上,偷偷学鼓。偷学的方法是:一边专注地听着鼓音,一边用自己的左右食指模拟鼓槌轻轻敲击自己的肚腹,慢慢地就记住了鼓谱。过年期间,两村有“趁鼓”的竞技传统。这时候,经常会发生一些意想不到的事情,如一方有人事先将一枚古制钱的一侧磨得极为锋利,一旦在“趁鼓”时处于下风,就可能趁混乱之机将对方的牛皮鼓底划破。

结语与延伸性思考

毫无疑问，对于村落神圣空间的解读，是揭示村际关系史、理解民间文化的重要路径。河东村村民心目中能吞噬生灵、带来大不吉利的“老虎头”，却是洼子村村民嬉乐赏玩、引以自豪的休闲去处；河东村村民苦心构建、视若神圣的王灵官石碑，洼子村村民却等闲视之，不以为然；河东村村民将洼子村村民对王灵官的种种有意或无意的行为，与本村村民非正常死亡现象联系起来，从而确信“老虎头”为祸患之源，并试图用集聚本村逝者集体灵力的骨灰堂，抵御“老虎头”恶灵，洼子村村民则通过观察对方的系列行为，逐渐意识到“老虎头”“王灵官”对两村的不同意义，进而将河东村新建骨灰堂与其观念中的本村村民非正常死亡现象相联系，而认定河东村骨灰堂为本村带来灾殃；河东村村民曾思谋以人力铲除这一自然景观，只是因为“老虎头”属洼子村村产，怕引起更大纠纷而未如愿，洼子村村民却是实实在在地向高居南崖头、“镇住”本村的河东村新修骨灰堂发动了多次袭偷。

民间文化的特性需要仔细辨识。在对“老虎头”这一神圣空间考察分析的过程中，我们发现民间文化并没有一个完整的、稳定的体系，尤其不是村落精英所归纳并对外公布的村落美德集锦式的若干条文，而是潜存于村民头脑里某种不断蔓延、自身也在不断调整的观念体系。当河东村一部分人意识到“老虎头”对其所属村落具有某种威胁时，其忧患意识经由一定的传播途径迅速转化成绝大多数村民都能感受到的文化压力。在村落社会内部与村与村之间,民间文化更像是潜存于村民头脑中的一种潜规则,容括着诸多传统道德观念、家族家庭及个人利益的功利性考量与官方政治意识形态等,并外显为种种细则。而更为复杂的是,面对同一处“老虎头”景观,洼子村村民与河东村村民所抱持的观念、规则和细则不尽相同。也就是说,围绕“老虎头”这一神圣空间,单纯地讨论河东村村民或洼子村村民对于神灵是虔诚信仰还是泛泛应付,是没有意义的。当村民认为某神灵与其日常生存没有直接关联时,他们就会抱有“宁可信其有,不可信其无”的较为随意的心态;一旦意识到该神灵关乎其切身利益甚或基本生存,尤其是这一切被赋予了“现世报”的因果关系,他们对待神灵的态度就会完全不同,甚至会斤斤计较于细节。

因此,下列情况便很容易理解了。围绕“老虎头”、“王灵官”和骨灰堂,两村之间纷争不已甚至恶斗一场,而对于距离此地约10公里的黉山泰山奶奶,则各行其是,共享神圣资源。每年阴历九月初九是上黉山拜神的日子,某位村民若没空去,交三块钱给本村或邻村的“神妈妈”,她就可以替你烧纸以示虔诚。洼子村里流传着一句谣谚:“信神难,信神难,又得工夫又得钱。”便是对这类情形的调侃。近年来,洼子村里祭路神、祭车神、祭山神、拜财神的活动逐渐多了起来。这类活动可真是马虎不得!村里本来就有一些自称能“通神”“通天”的神婆神汉,日常间会主动地走门串户,以老年妇女为线索进行串联,安排神事活动。在一些比较特殊的日子里,比如过几天是某神的纪念日或是将有某神从这里经过,她们就会特别活跃,因为要备好祭祀用品,在特定的时间地点举行一定的仪式。别以为她们在商议参加人员、分摊费用、组织出发等事宜上会多么繁乱，谁家备办钱粮，谁家准备供品，上次谁家花费多了这次不用分摊……她们有本账，对此记得一清二楚，听起来合情合理。神婆神汉都是些精明灵活、颇具民间智慧的人，经常借助神的名义发布一些具体安排或临时调整。如果你要装糊涂，既不去人，又不破费，那将会受到她们的最大轻蔑。此时如果是祭路神，她会在走出院门时冷冷地抛下一句："家里又不是没人开车，不为自己着想，也不为孩子们着想！"这是一句很能击中村内老年妇女痛点的话语。一般而言，这位老年妇女由于种种原因或许今年仍会硬着头皮不参与，但她在一年里心里总不得劲，甚至惴惴不安。新的祭神节会终于到来，她很难再有勇气拒绝参与，她已经不敢再小看这个仪式了。这就是民间信仰的力量。

要充分估计到民间文化的复杂性。洼子村与河东村各有各的生活模式，日常交往并不多，两村之间通婚的比例要大大低于各自与相邻村落的比例。从上述关于“老虎头”引发的诸多纠葛中，我们发现在两村交界之处已经形成了一套新的相处法则：一方持有怎样的观念以及如何行动，将对另一方发生折射式影响，因为另一方是经由自己的观念来理解对方的言行的，然后再决定如何应对，从而形成了两村民间文化的互动关系。一言以蔽之，即使是相距不过数百米的两个村落，也会出现“文化误读”的现象，由此形成诸多矛盾纠葛乃至诉诸暴力。上述对“老虎头”一带神圣空间的调查分析，充分显示了民间文化的巨大复杂性。

表面上看来，民间文化具有较强的任意性、不确定性，但它自有其运行规律，往往是在对村内事务与村外活动的无数次应对中逐渐衍生，并外显为群体所遵从或默认的言行规范。这些规范一旦衍生,就成为村民在应对新的突发性事件时趋于因循的基础性原则。洼子村与河东村属于同一文化圈,这使其民间文化有着大致相似的基础性原则。然而,在面对同一处“老虎头”自然景观,不同的立场唤醒或激活了两村民间文化中的不同要素。两村之间的摩擦、商榷、斗法、冲突,实则是两村民间文化的交流、冲突与磨合,借此确立村与村之间和平共处基本原则、建构文化认同的努力。可以说,围绕“老虎头”发生的相关事件,不仅在两村关系史上有着举足轻重的意义,对于两村民间文化亦具有重要的塑造作用。

不过,对于民间文化中的这类基础性原则,也不可过高估计其权威性与稳固性。为这些基础性原则所涵括的文化要素,需要不断地依靠社会事件或具有一定规模的政治运作来激活,而社会事件的发生总是具有一定的偶发性。可以说,村落民间文化总是保持着多元选择的态势,而由“老虎头”引发的村际恶斗这类偶发性事件,则为村际关系奠定了某种基调,并由此形成了我们所看到的村落历史。

附录一:主要被调查人状况

张宏溪:男,洼子村人,生于 1933 年,曾做过矿工,南头瓦屋张家现任族长。

张宏洛:男,洼子村人,生于 1937 年,已故,曾任洼子生产队队长。

张宏浩:男,洼子村人,生于 1939 年,曾任罗村镇多所中小学教导主任、校长,热心公共事务,爱好书法,是淄博市书画协会会员,中国小楷协会会员。

张宏仪：男，洼子村人，生于1942年，淄博师范毕业，中专文凭，先后在博山区福山小学、淄川区洼子小学、南韩小学、罗村中心学校教书，曾担任罗村镇中心学校教导主任、罗村中学校长等职务。爱好乐器演奏和书法，擅长京胡，系淄博市书画协会会员。

张宏清：男，洼子村人，生于1944年，木匠，积极参与村落公共事务，曾长期担任张氏北茔红白事总理，现担任洼子村红白理事会会长，淄博书画协会会员，中国小楷协会会员。

张世华：男，洼子村人，生于1950年，曾任洼子村煤井会计、厂长、村委工作人员，曾长期担任张氏西茔红白事内柜，现任洼子村红白理事会会长。

张笃俊：男，洼子村人，生于1935年，曾就读于洼子村私塾，1946年正式入学，1954年起在洼子村生产队任会计，1956年起担任洼子村团支部书记兼文书。1956年洼子大队成立业余剧团，张笃俊任团长。1959年调罗村公社工作，1993年退休之后担任张氏西茔红白事总理。1957年被淄博市人民委员会授予“扫盲优秀工作者”荣誉称号。

张笃学：男，洼子村人，生于1939年，小学毕业，1962年参加工作，先后在洼子村生产队、石灰厂、砖厂、贫下中农管理学校、制氧厂任会计，1978—2010年任洼子村村委会记账员。热心村落公共事务，热衷记录村落传统文化，爱好书法，系淄博市书画协会会员。

张笃杰：男，洼子村人，生于1946年，中师毕业，曾任中学校长20余年，2005年退休。热心村落公共事务，注重家风家训，家中七位成年人中有六位教师，是洼子村的“教师世家”。

陈玉琦，男，洼子村人，1955年出生，小学文凭，曾担任洼子村生产队队长、洼子村村委委员,爱好民间曲艺,识简谱,擅长京胡,系洼子村文艺表演队队长。

陈安英,女,洼子村人,生于1937年。

张俊英,女,洼子村人,生于1942年,洼子村"老母四季会"东会会头,村落集体信仰活动的主要组织者,戏曲爱好者,洼子村文艺表演队成员。

王克刚:男,河东村人,生于1944年,已故,曾任河东村红白事务委员会主任。

王成修:男,河东村人,生于1968年,已故。

附录二:洼子村提供的主要文献资料

《淄博市淄川区罗村镇洼子村村志》　张笃学整理

《淄博市洼子村之民俗概况》　张笃俊整理

《淄博市洼子村之文化教育概览》　张宏浩整理

地方感与地方社会的自我建构：以鲁中洼子村为个案*

在鲁中乡村地区，村民普遍将村落历史追溯到明洪武初年甚或更早，并为此着意搜寻证据如庙碑、家谱、遗址或老物件等，并建构起关于村落和家族源流的各种传说。虽然村落历史多因缺乏记载而难证源头，但上述民众实践的背后，却显示出国家一统进程对地方社会的深刻影响。事实上，由多元地方社会组成的中国，其长期一统的历史进程有赖于超越地方的国家文化认同，并以国家之“礼”与地方之“俗”的复杂化合为表征，在全社会的广泛参与中得以落实。中国很早以来就已形成所谓“礼俗互动”，并有着“礼俗互动”的悠久传统，在民众生活与国家政治之间有着复杂而深厚的同生共存关系①，此为不争的事实。

本文认为，从村落日常生活和村民的历史叙事出发，观察国家礼仪下行的嵌入，在地方社会的历史脉络中理解村落文化

---

* 本文原载于《江苏行政学院学报》2021年第3期，转载《中国社会科学文摘》2021年第10期，国家社科基金重大项目“中国古代农耕图像的搜集、整理与研究”系列成果之一。

① 参见张士闪：《当代村落民俗志书写中学者与民众的视域融合》，《民俗研究》2019年第1期。

与组织传统的变迁,聚焦村民的被动适应与主动调试,不仅有助于理解地方社会的历史层累过程与社会结构,还可以小见大地理解国家一统进程、地方社会发展与民众日常生活的互动关系,促进对“中国原理”的理解。值得注意的是,国家礼仪下行、地方历史脉络对村落社会的影响,必须通过对村民的文化心理积淀与日常生活叙事的观察中才能真正理解。这样一种技术分析路径,即是聚焦于地方性知识,并将之与地方社会的历史性建构密切关联。换言之,地方社会的建构历史,必须借助对地方性知识的真正理解才能得以呈现,因为所谓的“地方性知识”,不仅包括民众关于置身其中的山川地理、日常生活的知识,而且也包括国家一统进程、地方社会发展对民众生活的影响,特别是民众基于生存主动而为的文化创造,以及民众因应形势主动而为的文化创造。当然,地方并非自然天成,而由民众的“地方感”①所凝结的文化意象,乃是通向理解地方性知识乃至地方社会的便捷路径,并有助于实现上述宏阔的学术目标。

鉴于此,本文选取鲁中山区洼子村②为个案,将“地方感”

---

① 正如杨念群所言,“‘地方性知识’是知识人从思想的意义上进行划分的结果,‘地方感’则更接近于精英或底层民众自身的感受”。参见杨念群:《“地方性知识”、“地方感”与“跨区域研究”的前景》,《天津社会科学》2004年第6期。

② 洼子村地处鲁中山区丘陵与平原的交界地带,所属淄川区位于山东省淄博盆地中部,南邻博山区,西接章丘区,北与周村、张店、临淄三区相连,东傍青州市,东南与临朐、沂源两县相接,东部是丘陵地带,其余三面环沟,南沟是淄川通青州的传统官道,中间平凹。该村人口在近40多年间大致稳定,人口500多户,1700多人,其中张姓占90%以上。土地面积700余亩,人均耕地0.4亩。

作为村民地方性知识的出发点,希望在理解“地方如何透过反复的社会实践而构成”①的同时,发掘“地方理论”所蕴含的学术潜力。

一、地方感的空间形式与文化标签

洼子村是鲁中地区无数的普通村落之一,乍一看似无特别之处。即使在鲁中淄川县,洼子村也不算有名气的地方。作为该村主要姓氏的张氏家族,历史上从来不是功名簪缨世家或富甲一方的巨室,其影响在乡镇一级事务中也难得显见。不过,如果以为洼子村人是籍籍无名之辈,他们是绝不会同意的。他们一定会强调洼子村是这一带远近闻名的“文化村”,民风淳朴,重视传统礼仪,最符合中华民族的“正统”。无论是回顾历史,还是面向周边乡村社会做比较,洼子村人的这一“自我中心观”都不会动摇。这一现象是如何形成的?

从地理空间来看,洼子村人的地方感可以大致分为六个圈层,包括村落内部的三个圈层和面向村外的三个圈层。村落内部分为三个圈层:(1)家族。张氏家族占洼子村人口的90%以上,此外还有王、咸、赵、臧等小姓人家。(2)家支。张氏家族内部有“北茔四大支”与“西茔三大支”之说,还有更细的家支区分,遇有红白事以本家支参与为主。(3)门,类似于家庭,有时候也指有限的近支,如“西头张家”“南头瓦屋张家”“崖头张

---

① [英]Tim Cresswell:《地方——记忆、想象与认同》,徐苔玲、王志弘译,(台北)群学出版有限公司2006年版。

家”“庙上张家”“南头张家”等,往往涉及对家风的评价。面向村外的三个圈层包括:(1)邻村是乡村四境的起点,是洼子村人地方感的基本依据。关于邻村的种种传闻和明显经过加工的笑话,代表了洼子村人在长期的近距离观察中所凝结的经验。(2)从邻村外扩至约15公里以内的乡村地区,是被洼子村人贴上“污名化”标签的核心区域,充分糅合了村民在有限的外出经历中所获得的零散经验。(3)超过15公里以外的地方,洼子村人兴趣不大,既很少涉足,又缺乏常规性的联系,也就没有费心劳神琢磨贴标签的必要。

洼子村内部的三个圈层,代表了村落礼仪的不同边界,并牵涉到对于不同群体的道德评价,而这种评价不落文字,以口头话语为形式,以日常闲谈和聚会宴饮为时空,以不引起现实纠葛为警戒线,只有局内人才真正洞悉其微妙。评价的基本标准是“礼”或“老礼”,似乎代表了他们心目中天经地义的道德标准。那么,“礼”或“老礼”究竟是什么呢？村民张宏溪说:

> 老礼是咱们老祖宗一代代传下来的,具体有啥不好说,得看办啥事,啥事都有礼数……总起来说,就是要求我们无论讲话办事,得按照老一辈的规矩办,做人要讲礼数,讲文化。老一辈规矩再多,你也不能嫌麻烦,该怎么办就怎么办,马虎不得……人后咱管不着,人前你得有礼貌,分轻重。正如咱这老话说,背地里皇帝都挨骂,当面里你可还得给他磕头哩。你说是不是这个理儿?①

---

① 讲述人:张宏溪,男,洼子村村民,1932年生。访谈人:张士闪。访谈时间:2015年2月15日。

他这一席话,透露出洼子村人对“礼”的理解:“礼”是一代代流传下来的老规矩、老传统;“礼”是不证自明的为人处世准则,其权威性不容置疑;“礼”既是做事的依据,又是对个人道德修养的要求;“礼”并不等于简单的条条框框,不同的人和事在“礼”上可以有不同的说法。显然,洼子村人的“礼”,与村落历史发展和当下日常生活实践是紧密联系着的。

村民的居住空间具有超稳定性,有的多达百年以上,上述评价就蕴含着丰富的历史记忆,并不断添加当下日常生活中的诸多新近佐证,以增强其权威性。这些评价话语发生在不同圈层的群体之间,从自我中心观出发,不断地赋予自身生活以价值。比如“南头瓦屋张家”与“崖头张家”见面时都会客客气气,但在私下里对关于对方家风的评价都不以为然。“南头瓦屋张家”认为,“崖头张家”聚会,几乎每次都有人“耍酒疯”甚至吵架打架,实在不可理喻,而对流传于本村的“南头瓦屋张家兄弟妯娌从来没红过脸”之类的说法很感自豪。“崖头张家”则认为“南头瓦屋张家”的聚会不够热闹,遇事心不齐,没有他们那种“打仗亲兄弟,上阵父子兵”的劲儿。20世纪前十年,“南头瓦屋张家”内部因为宅基地发生纠纷,“崖头张家”获知后顿觉轻松,感叹“南头瓦屋张家的风水算是破了”。

再看面向村外的三个圈层。洼子村地理空间的四至是明确的,但这并不为村民所特别关心,而是另有与“自我中心观”相关的空间边界划分,由此形成了村民传统意义上的地方感——以邻村为基点,以对方圆15公里之内不同方位乡村地区的评价为指向,通过对所属群体及自我的认知、对边界以外群体的想象而制造意义。

洼子村人的地方感,最突出的表现是为乡村四至所贴的

“文化标签”。标签标示之处，兼具空间边界和文化边界的意义，旨在凸显本村人的正统、有见识。洼子村人对于乡村四至，分别赠予“山精”“北孙”“蛮子”“洼瘪”等标签，同时配以甄别其形象特征的一套话语，伴随着许多极为生动、易于记忆的故事。这些标签包括：东向，以东距约 7 公里的辛庄村为参照，他们将东部山区一带村民调侃性地称作“山里人”“老山里”或“山精”[①]；北向，以北部近邻南韩村为参照，将北部平原一带村民称作“北孙”[②]或“老北孙”；南向，与南部近邻河东村，同处山谷地带，是长期“开火”[③]的玩伴兼对头的关系，往往略带轻蔑地称之为“蛮子”“南蛮”；西向，罗村以西、以南是地势更低的平原地形，邻近城市，洼子村人逢事西行不免生怯，担心被看不起，有时候会变得敏感易怒，然而他们在敬畏之余还是暗中赠以“洼瘪”的雅号。

洼子村人为什么喜欢给四至的邻村贴“标签”呢？在他们看来，洼子村是“文化村”“礼仪村”，是这一带无可置疑的传统礼仪中心。据洼子村老人讲，从前这一带交通很不方便，外出谋生的人很少。村民很希望了解外面的世界，以免在外出时丢脸、露怯或吃亏，平时凑在大街上，就特别喜欢听那些有着走南闯北经历的人拉呱。拉呱的主题，经常是以本村为中心，品评外村或更远的世界，趣味盎然。“孙”“瘪”“蛮”“精”等说法的背后，是洼子村人强烈的自我优越感的体现。

洼子村人为乡村四至贴上“山精”“北孙”“洼瘪”“蛮子”

---

① 山精，洼子村方言，意即“大山里的怪东西”，贬称。山，洼子村方言，是土气、没见识的意思。

② 北孙，洼子村方言，意即“北边的傻家伙”，贬称。

③ 开火，当地方言，是一种带有游戏性质的挑衅、摩擦与打斗活动。

之类的标签,并不意味着要与对方尽量隔绝联系,相反,倒正是为了在与之打交道时不落下风。事实上,即便是在清末民初以前交通更为闭塞的时期,洼子村人也不可避免地常与“山精”“北孙”打交道,最多交集之地是罗村大集。罗村大集是方圆数十里的经济贸易中心,“山精”“北孙”需要来售卖柿子饼、核桃、软枣等山货,换取日常生活用品,入冬则需要买煤,因此年集是非来不可的。罗村大集上只要一出现“山精”“北孙”打扮的人,当地人就会奔走相告,群起围观,评头论足一番。倘若某年年集竟然没有“山精”“北孙”打扮的人出现,当地人就不免感到扫兴。时至20世纪90年代,“山精”“北孙”已经很少在罗村大集上出现,关于他们的故事却越来越多地成为洼子村村民大街拉呱的素材①,成为村落集体记忆的重要组成部分。

当然,洼子村的日常生活,为邻村贴“文化标签”的传统以及村际关系的历史与现状,恰好反映了村民文化心理的深层结构。与此相关的地方感,既是村民在日常生活交流中得以积聚的一种知识储备,也是村落自我认同的有力手段。比如洼子村人面向不同方位、从近向远外推的关于乡村四至的想象,就不仅服务于外出活动之需,而且也是其理解外部世界、赋予当下生活以意义的文化建构。清末民初,当地乡村经济发生重大转型,村民有了接触外部世界的更多机会,却由此产生了更为严重的不安全感。以对四至想象为框架的传统地方感非但没有消失,反而更趋强烈,也就在情理之中了。

就乡村社会的地缘政治而言,村民无疑是有着明确的地域

---

① 如在洼子村,就流传着以“山里人,去赶集”为开头的诸多民谣版本,内容均是调侃“山里人”因为不能辨识集市百货而洋相百出的情节。

层级意识的，这一意识影响决定了其对周边群体的评价，并据此确定“趋同”或是“存异”的基本态度，这也构成了村落内部与村落之间乃至与更远的外部世界互动的基础。显然，“趋同”是对于地方社会中文化高位区的认同与追慕，而“存异”则一般会指向对自身文化权威的确认与强化。内化于村民心中的这一文化层级意识，在地缘政治中的作用是十分明显的。如洼子村赋予周边村落的文化标签，以及对于村内群体的“圈层”划分，都已潜移默化为村民不言而喻的“常识”，成为影响其行动的基本依据。事实上，构成村民“常识”的知识来源极为复杂，既包括官府的倡导、地方士绅的礼仪引领，也包括村落或家族、家庭等生活共同体的长期熏陶，以及逛庙会、看戏、听书等游艺活动的收获，参与信仰仪式中的观察和感悟等，而且很难判断哪一种因素占据上风。

上述种种知识，都是在洼子村人“自我中心观”的统摄下不断地统合或杂糅，因而并不妨碍他们以“文化村”“礼仪村”自居。事实上，洼子村人在日常言谈之间，特别喜欢以“按礼说”“老话讲”“论老礼”“俗话说”等开头，引经据典，追溯历史，为其说法提供合理性与权威性的依据。这也就可以理解，为何洼子村人在讲述其外出经历时，往往呈现出事实不明、逻辑不清、因果混沌、道德暧昧等叙事特征，而涉及本村话题则往往是细节确凿、逻辑清晰、因果明确、道德严谨。细究其因，村民对在村外、村内所经历事件的记忆清晰程度固然有别，但也在很大程度上与其叙事的功能设置有关，即对外部世界的观察和叙述，主要服务于外出生计的经验传递，以及凸显本村礼仪“正统”、塑造村落英雄；与本村有关的话题则多关乎生活伦理，意在整饬社区礼仪秩序。

我们在长期的田野调查中发现,这一现象并不仅存于洼子村,也广泛存在于鲁中乃至华北乡村地区。不同的村落,有着各不相同的地方感,却都以本村为中心,并试图将其地方感施予对方,这在某些时候可能会引发冲突,因为“几乎每个地方的人都倾向于认为他们自己的故乡是世界的中心……人们设想星辰围绕自己的住处运行,家是宇宙结构的焦点。这样一种地方概念具有至高无上的价值,放弃这种概念是难以想象的”①。但总体而言,地方感则表征着乡村社会在长期的交流、磋商、磨合中凝结而成的地方文化结构。当然,要想真正理解其生成机制,还需要借助对地方历史的“逆推顺述”②,因为地方感所寓含的集体记忆框架及形式,终究是在地方历史的“层累”过程中磨合而成。

二、地方感:集体记忆的历史生成

洼子村人为什么要以地方文化中心自居,并喜欢给邻村贴“文化标签”?这与元代以降王朝教化与地方社会的复杂互动有着密切关系,并基于村落地理空间、村民生计变迁等日常生活实践,最终积淀为村落的集体记忆与叙事传统。

---

① [美]段义孚:《空间与地方:经验的视角》,王志标译,中国人民大学出版社2017年版,第123页。

② 赵世瑜:《结构过程·礼仪标识·逆推顺述——中国历史人类学研究的三个概念》,《清华大学学报》(哲学社会科学版)2018年第1期。

(一)淄川:元代至20世纪初叶国家礼仪教化的持续推行

毋庸置疑,中国传统礼治社会的根本,在于国家礼仪的地方化推行,以此实现地方社会对于国家政治的文化认同,这对于村民地方感的形塑作用是巨大的。就中国社会整体而言,从唐代中叶制定《大唐开元礼》、颁行庶人礼仪规范开始,礼制下移成为一大社会趋势,"宋至清乡里礼秩逐渐发展成熟,它由序齿(乡饮酒礼)、祀神(祭祀地方性神灵)、收族(举行宗族祭祖礼)三大类礼仪构成"①。在鲁中地区,元朝以前国家礼仪持续推行,虽因灾乱频仍而多次发生断裂,却在屡经补缀的努力中呈现出礼制下移的趋势。自元至明清,鲁中地区持续推行国家礼仪教化,民间生活呈现出高度的礼仪化特征。

淄川至晚于汉时建县②,距今已2200余年,因位于般河之北而名般阳县。距洼子村西南7.5公里的黉山郑公书院,曾是礼仪圣地,但在金代末年毁于兵火,学统难继。③ 在诸多县志刊本中,迄今所见最早的为明嘉靖二十五年(1546)由知县王琮主持修撰的《淄川县志》六卷本,将县学传统溯至元初。元朝"重道而崇儒,郡县皆得以立学而设教",元至元二十九年

---

① 杨英:《改革开放四十年来的中古礼学和礼制研究》,《文史哲》2020年第5期。

② (明)嘉靖《淄川县志·沿革表》载:"汉,属济南、乐安二国。又为般阳县,属济南府。"(陈涟远、白相房主编:《淄川县志汇编》,淄博市新闻出版局印行,2010年,第18页)

③ (明)王琮《修缮郑康成庙碑文》中,即有"故今有晒书台、有鞭书草,炳炳载入传说,铭碣不及"的说法。碑文载《淄川县志》(明嘉靖二十五年)。

(1292),般阳路廉访佥事赵璧、般阳路总管移剌铁木尔与同僚捐资,在淄川地区重修先圣庙,扩充了庙学规模。[①] 元至正六年(1346),般阳路总管康庸又重修庙学,地方官员捐资,使其规模更大,功能更加完备。此后历代淄川县志都将本县科举传统归功于元代庙学的建立,因此才有了始自明朝中期、鼎盛于明末清初的科举兴盛状况:"明代淄川进士31人,举人96人,武科、武职16人,清代进士46人,举人137人,武科武职58人。"[②]

明中期是淄川县推行国家礼仪的关键时期,以知县杨武(弘治年间)、顾兰建(正德年间)、王琮(嘉靖年间)为代表的地方官员,以振兴科举为手段,开始致力于将淄川地方精英吸纳整合到王朝政治体系之中,而这种政治整合是以国家礼仪推行和地方风俗整顿为名义进行的。他们强调淄川"为国为节度,为郡为路为州"的"齐鲁望邑"的辉煌历史,以恢复往昔传统为号召,在县城庙学一带废除道观、佛寺,大力扩充儒学,明确提出"俗成民化"的目的。

> 国家自王都以及天下,莫不有学,莫不有先师孔子庙,盖孔子之道,治天下之大经大法,而学者所以学孔子之道而达诸天下也……俗成民化,地与时升。[③]
>
> 今天下用人之途,惟科贡为正途。科三岁一举,于乡

---

① 参见(元)赵孟頫:《般阳路重修先圣庙记》,《赵孟頫集》,浙江古籍出版社2016年版,第436页。

② 王承典主编:《淄博文物与考古》,山东友谊出版社1989年版,第74页。

③ (明)程敏政:《重修庙学碑》,撰于弘治十二年(1499)。

> 试于京师中式者授品衔,否则养于太学,贡岁行焉。郡县有差,亦自乡而试于京师,中式者养于太学,否则再论于乡。彼遗而此录,大取而小不捐。凡天下之士,志世用者咸得布列中,外而不废于草野林谷之间矣。我国家礼罗贤豪,器用俊造,周详广大,有如此者。盖即古人命乡论秀之意,法尤良焉者也。①

这一整合的结果,不仅使淄川地区自明末清初开始大批涌现科举人才,仕宦成风,而且也使以儒学为主体的国家礼仪持续渗透于淄川基层社会,带动了民间文字传统的发展与发达。

(二)清初王敏入的多面人生及其"礼仪进山"

洼子村虽地处淄川县东北部边陲山区,但因为清初邑庠生王敏入的入住,带动起诗书礼仪风气并延至后世。

王敏入,字子逊,又字子巽,号梓岩,淄川鸾桥王氏王瑞永的长子,邑庠生。他以孝闻名,曾在明末清初社会动乱之际两次前往贼营,舍生救父;父殁之后,自负块石营造坟墓,手镌其父遗诗于山崖,又自绘父母画像供奉于石室,死后淄川县为之建"节孝坊"②。王敏入诗词、篆刻、绘画均负盛名,康熙《淄川县志》中的"般阳二十四景图"即由他绘制。王敏入幼年时期,即随父王瑞永由大鸾桥村③迁居洼子村,后来又建造了石足园。

---

① (明)杨武:《科贡题名碑记》,撰于弘治十五年(1502)。

② 孙启新:《王敏入生平补考》,《蒲松龄研究》2016年第2期。

③ 大鸾桥村,在洼子村西邻2公里处。

清康熙十二年(1673),各直省奉旨纂修通志,檄取录册。康熙二十六年(1687)夏,由淄川知县张嵋主持、当地知名文人唐梦赉负总责撰修《淄川县志》,王敏入应邀绘制《般阳二十四景图》,将仙岩洞列为淄川"二十四景"之一,并特别将自己的住处"石足园"标在图中。王敏入在仙岩洞景图上题词,极赞仙岩洞一带景致:"仙岩洞,名洞子沟。悬岩铁色,壁立千寻,南北相对,各立像祠,为黄冠修真之所。涧水西流,发源有石,平铺数亩,秋涨散瀑,恍龙翻浪,亦奇观也。"唐梦赉在景图中特意注明:"兹图第二十四景,仙岩洞畔石足园,盖即其所住处云。"①此后,洼子村村东仙岩洞成为淄川地方文人游览唱酬的雅集之所。而更重要的,是由此引发了洼子村人对士绅耕读生活的向往,特别是对于国家科举制度的热切追求,对诗书礼仪的推崇一直持续下来。时至清末民初,洼子村私塾仍然在当地很有名气,邻村多有前来入塾者。

在村民的记忆中,王敏入曾做过洼子村的庄主,最终因一场"意气用事不考虑后果"的官司败了家,而迁居南邻的河东村。

村里发生了一桩人命案。张立吉杀死了族叔张登,他婶子哭着去找庄主王梓岩。当时王先生为两家人想了个办法,既保住张立吉的性命,又能使死者的妻儿生活下去,就把两人叫到一块进行调解,让张立吉拿出汉中崖30亩好地给他婶子作为赔偿,这样死者家中老小也能生活下

① 陈涟远、白相房主编:《淄川县志汇编》,淄博市新闻出版局印行,2010年,第281、282页。

去,并且写了两张证据,各执一份。证据的大意是:张登家有一棵榆树,为了吃榆叶,张立吉拿着斧头上树砍树枝,不小心失手,斧子掉下砸在了其叔的头上致其死亡。两人同意,算是处理好了。过了九年,张立吉婶子在30亩地里种高粱,长势很好,已晒红米,就要熟了。有天早晨,可巧王梓岩与张立吉都走到汉中崖去溜画眉①,张立吉看到这高粱长叹一声说:"一片好秋黍啊!"这时王先生如果不搭腔也就没有事,但他却用话激张立吉:"张立吉!你看着好就把它收了吧!"这时张立吉也是犯冲动,竟忘了杀叔之事,对王梓岩说:"你想我不敢?"于是回家去劳务市场叫上40多人,一天时间就把地里的高粱砍光,运回自家的晒场上。

王梓岩先生回家后想想也后悔,不该用话激他。刚吃过晚饭,张立吉的婶子哭叫着来告状,说张立吉把她30亩秋黍全都收割了。王梓岩庄主也没有什么办法,心里很生气,说:"你不用管了,我和他打官司。"第二天,王梓岩一纸状子递到了淄川县衙,一天后有两捕快一条锁链把张立吉锁到县衙,县官开始过堂问案。诉状上已写明他杀叔赔地之事,但张立吉拒不承认有意杀叔,因他有一份证据,只得暂时收监。

县太爷问不出真实杀人口供,只得动用大刑,张立吉死不承认,只说是斧头从树上掉下致叔父死亡,自己是失手而不是有意。原告王梓岩状纸上说他用斧头劈死族叔张登,张立吉手里有以前写的证据,前后矛盾,县官无法定

① 溜画眉,当地俗语,即提着装有画眉鸟的笼子散步。

他死罪。

王梓岩先生是洼子庄的首富,也是庄主,田园1300多亩,住宅是明清式建筑的瓦房,屋脊和梢头上都安着望天猴①。王庄主属大吊桥村王氏后裔,是官宦人家。王梓岩意气用事,此案与自己并无关系,却硬要去替别人打这场人命官司。在那个年代,有句俗说叫"天下衙门朝南开,有理无钱莫进来"。张立吉定不了死罪,但王梓岩一心要把此案办成铁案,使知县想方设法把张立吉治死,没有别的办法,只能向县官行贿送银子。县官收原告银子多了,就想法用酷刑来折磨被告,竟然用13盘摊煎饼的鏊子,下面用砖支起来,用干柴烧红了,叫张立吉赤脚从上面来回走,这叫"仙人过桥"。张立吉咬着牙走了13趟,指着县官说,"我再搭上一趟",后脚上的肉全被热鏊子烙烂掉没了。张立吉在公堂上说了几句狠话:"王梓岩,我只要能回去杀就你个孩伢不留!"王梓岩心里更害怕,只得继续卖田产向县官送银子,直到把自己家田园1300多亩地和住宅卖光……最后张立吉死在了监狱,王庄主也落得个一贫如洗,两败俱伤。王梓岩无法再在本村居住,后来移居河东村。

王梓岩先生虽是庄主,却意气用事,不考虑后果,落了个这样的下场,真是可悲!可叹!②

在后世村民的评价中,认为王敏入"意气用事,不考虑后

① 望天猴,当地俗语,意指四合院建筑上的五脊六兽。

② 张笃学:《淄博市淄川区罗村镇洼子村村志》,未刊稿。

果”的主要理由有三：一是徇情枉法，作为一庄之主，却为张立吉隐瞒罪行；二是以张立吉的恩人自居，对方不知感恩，便出言揶揄，酿成事端；三是花钱买死一意孤行，深陷官司之中，最终败家。

综上所述，清初著名文人王敏入的入住，村东仙岩洞被列入乾隆《淄川县志》“般阳二十四景图”，地方文人围绕仙岩洞的雅集唱酬，四合院、石足园等传统建筑在村中的存在，以及诗教传统的绵延不绝，都为洼子村人平添了一种面向邻村的文化优越感。诸如“罗村傲、南韩烧、河东贼”等俗语在洼子村的长期流传，就充分显示出村民通过对邻村的负面评价，借以凸显其“文化中心村”的心理倾向。① 对于周边稍远的乡村地区，洼子村人则有着更强烈的优越感，如前文所述为乡村四至所贴的“山精”“北孙”“洼瘪”“蛮子”等文化标签，即与此有关。而既是节孝楷模又具隐士风范的著名文人王敏入，因“意气用事不考虑后果”打官司而最终败家的故事，尽管村民很少对外提及，却是在关门训子时反复提及的经典案例，借以强调家风、“老礼”等的重要性。

（三）清末民初的乡村礼仪振兴运动

直至晚清时期，洼子村一直是一个土地贫瘠的传统山村，

---

① 张帅在调查中发现，当邻村人嘲笑洼子村人“穷讲究，越穷越讲究，越讲究越穷”的时候，洼子村人不怒反乐，因为这至少证明其努力打造的“文化礼仪村”的形象与“穷村”的现实状况已得到广泛认同。如村民张世华认为：“穷不要紧，谁家祖上没穷过？但文化可不是每个村都有的，把咱们村现在所有的老师、教授集合起来，办一个重点高中一点儿问题没有！”（张帅：《“礼”与“事儿”：信仰体系与实践的存在机制探析——以鲁中洼子村为例》，《民俗研究》2016 年第 4 期）

以农业生产为主,兼有畜牧、采煤等副业。该村土地,除村西、村北有少量地块较为平整以外,村东100多处地块都在山丘之上,面积小且质量差。据村民张笃学回忆:

> 洼子村地下有丰富的煤炭,早在清初就有人打井挖煤,有一张姓人家土地较多,颇有财产。家主张果,在本家中年长辈大,为家主。他雇用几十号人在村东叫王家楼子的地方打井挖煤,张果既是东家又是掌柜,人们为了尊敬他,称呼他果老,从此张果老的雅号叫响了。在王家楼子,他所打的煤井是长方形,下面煤炭是实茬,产量很高,每班都是用十几号人拉滑子提煤,日夜不息。王家楼子是一个小山丘,出的煤炭无处存放,张果就从煤井西边买了一片土地存放煤炭,每天有几十号人用小车运煤。这样开采了几年,井下就有了水,张果没有别的办法,只能用牛皮罐提水,以后水大了无法挖煤,只能停产。存放煤炭的那片土地,从此人们就叫它"炭场子",直到现在。①

洼子村的这一传统生计模式,在清末民初大为改观,特别是在1904年德国为开采淄博煤矿而开通胶济铁路,当地采煤业则因为现代技术的引进而勃兴,吸引大量村民成为矿工或从事煤炭销售。因有现代交通的便利,桑蚕、草编、制砚等行业迅速成为这一带乡村地区的重要产业。在洼子村人的记忆中,清末民初时期本村村民多有从事煤矿开采、货物营运、服务业等新兴行业,渐起奢靡之风,各种纠纷乃至涉讼事件增多,对传统

① 张笃学:《淄博市淄川区罗村镇洼子村村志》,未刊稿。

伦理造成了极大冲击,引发了村落知识精英的群体性焦虑。以张成宪、张增、张美春、张履瀛、张履端[①]等为代表的村落知识精英群体,当时对于上述工商业活动秉持拒斥态度,如将煤矿开采视为破坏风水、草菅人命之举,视西方器具为奇技淫巧之物,致使地方社会道德沦丧。目前村里依然保存的多份诉状、官司判决书等,都出现于这一时期。他们为整顿家族秩序而采取的具体策略有四,即创建亲睦堂,创修族谱,创办私塾,规范祭礼,期望通过重建家族礼仪,倡导传统伦理,实现对社区秩序的控制。

如果说亲睦堂是1884年由淄川县邑增广生张履端发起、众多知识精英响应而创建的一个堂号,意在以印章镌印的方式倡导家风礼仪,并无更多的实际行动,创办私塾、规范祭礼是在实际行动层面对家族制度的重塑,那么修撰《张氏世谱》之举更是对洼子村传统礼仪振兴运动内部机制的集中表达,值得细究。

乍看起来,洼子村《张氏世谱》中似乎多是对国家礼制精

① 五人为清光绪二十九年洼子村修撰《张氏世谱》的核心人物,都曾长期经受私塾教育。张成宪,"少年聆庭训勤学……以屡战文场,壮志未伸,遂家居课诸子侄",倡修族谱,著有《松崖文集》《诗草》;张增,"明敏于书,无所不读,屡战文场,未酬壮志,遂于王梓岩先生石足园故址,临水葺屋,隐居教授",著有《对岩书屋诗稿》;张美春,博闻强记,以塾师为业,曾被推举为乡饮耆宾,赐匾额曰"品重胶庠";张履瀛,"博通经史,凡星相堪舆占验谶纬内经诸编,皆殚究精详",著有《鹤山文集》四卷;张履端,光绪甲午年(1894)邑增广生,长期"隐居教授于淄青间,主讲黉序,文社及门生徒百余人",还是创建亲睦堂的核心人物,著有《瓠庵文集》四卷、《诗赋钞余》二卷、《般阳山水地利考》二卷。详见清光绪二十九年淄川县仙人乡洼子庄《张氏世谱》,现存于山东省淄博市淄川区罗村镇洼子村。

神的因袭,即便抒发情感,也是指向一种宏大的家国情怀,或是对先祖的感恩与赞美。这份族谱的字里行间,反复强调崇尚礼数和教化,尊崇古圣贤之道,提倡后世子孙学习诗书以修身养性。而张履瀛对于“族规二十二条”的制定与阐述,则指向对日常生活实践的礼仪化规范。就内容而论,“族规二十二条”可分为四个部分:一是家族礼仪的基本制度,包括敬祖、尊亲、修祠、立塾四条,即诚祭祀以念本原、敬尊亲以正名分、立宗祠以奉先祖、置义塾以诲幼年;二是家族交往礼仪与社会生活规范六条,包括尚往来以联疏远、同患难以御外侮、恤孤寡以成节孝、周贫困以拯饥寒、善调停以息纷争、戒斗殴以防祸变;三是为家族生活的长治久安而设计的制度规范八条,包括护墓田以免摧残、看茔树以禁毁伤、让田宅以和兄弟、蓄诗书以训子孙、为四民以安本业、师正学以戒歧途、修世谱以善珍藏、守族规以祛邪僻;四是设定家族礼仪禁忌四条,包括毋舍子女以保全骨肉、莫为贱役以清白身家、别成外谱以明辨族姓、善视养子以永无排挤。条陈“族规二十二条”后,还附录“说略”予以阐解,洋洋4000余字,可谓谆谆教诲,不厌其烦。

《张氏世谱》不仅努力塑造家族礼仪规范的权威,还在世系谱中采取多种方式予以倡导。其一,对于没有获取更高科举功名的家族成员,族谱所表达的不仅是为之遗憾,更有对其进取精神的称许。其二,以设立小传的方式推出家族楷模,推崇忠孝节义行为,褒奖热心家族公益精神,计有小传者57人,包括曾担任乡饮耆宾者7人。其三,对“诗礼传家”的人物行为予以高度评价。如强调读书对于人生境界的提升,读书所带来的社会交际圈的扩大,断绝科考念头后依然专注于学,以及对隐居生活的自觉选择等,在族谱中一律受到赞美。个中奥秘正如华德英所言,在传统中国社会中,即使是最腐败的朝代亦能维持一种吸纳科举人才的官僚制度,从而使以儒学社会思想为中心而建构的文人生活方式成为各地民众建构"正统"的依据,在不同的地方社会中发展出同一性的文化表达。[①] 也就是说,读书人对乡土村落社会的影响,不仅在于帮助地方修助庙宇、修撰族谱等公益事务,还在于他们的存在本身也往往成为普通民众想象、建构国家"正统"的凭据。而清末民初洼子村的知识精英,如此费劲苦心创修族谱,其动机正与此有关。

> 族谱能够告诉我们的是,百姓在面对问题时实际的解决办法,以及他们认准时机、把握时机的能力。当然,族谱没有直接书写他们的策略,只是平铺直叙地交代了他们做了什么,或仅仅抄录了一份成文协议或合同。所以,我们必须凭直觉判断他们所作所为背后的动机与目的。[②]

事实上,修谱者的行为动机、价值取向与其所处社会语境是分不开的。清末民初,洼子村试图借助家族仪式制度的制定与推行,重建与国家"正统"的关联。这既可以视为元代以降国家礼制下移、整合地方社会的一统进程的延续,也是地方精英因应近现代社会转型,主动援引国家礼仪的"正统"观念以建构乡村社会秩序的自觉文化创造,并成功地糅合于各地民众的地方感中。当然,不同乡村地区的地方感的形塑与延续,所

---

① 参见华德英:《从人类学看香港社会——华德英教授论文集》,冯承聪等编译,香港大学出版印务公司,1985 年,第 39 页。

② [加]宋怡明:《被统治的艺术:中华帝国晚期的日常政治》,钟逸明译,中国华侨出版社 2019 年版,第 62 页。

依靠的知识形式是多元的,除了上述与国家政治、知识精英等较为权威的知识形式外,还有年画、说书、演戏、唱曲以及岁时节俗中的娱乐、宴饮等活动,因而基于不同地方社会生活的民众的地方感依然是多元的,却在更为广泛的意义上体现了整个中国社会"礼俗相交"的特征。

具体就洼子村而言,历代村民在不断的言说和实践中,倡导诗礼传家的家风,日常间强调礼数,待人处事讲究内敛含蓄,就逐渐被推衍为村落文化的主体形象。时至今日,村民依然以"重文讲礼"自我标榜,很看重自家"文化村""礼仪村"的形象。村民讲起"老礼",依然经常以光绪年间修撰的《张氏世谱》为依据。而村内流传的"五门""四景"①之说,也显然出自本村知识精英的文化创造。

三、地方感的阶层分殊与精英运作

在乡村做调查的人,容易产生村干部和家族精英掌握"对外话语权"的印象。实际上,他们固然是村落权力体系中的两大力量,但并非全部,此外还有掌握经济财富的商人与长期活跃的会头、神婆。这四种力量的不同比例的搭配与互动态势,构成了鲁中乡土社会权力体系的基本格局,并赋予不同村落以

① 根据我们的调查,这一说法主要在洼子村内流传。关于"五门"修筑的年代,有村民认为是明朝中后期,但据我推断应是19世纪中叶为防捻而筑,现仅存东南门。"四景"即"西有双塔寺,北有凤池井;东有仙姑洞,南有卧虎岭",应是本村人对绕村自然风景及庙宇群的附会说法,意在凸显本村风水之优越。

文化个性。

在鲁中乡村社会生活中,上述四种力量各有组织系统,呈现出复杂多元的互动关系:村政系统是国家权力体系向基层社会的延伸,上与国家系统关联,下与村民对接,在国家与民众之间以双重代理人的角色,主导村落事务;村政系统与家族精英之间有着传统的亲和关系,而与商业群体保持若即若离的关系,对神婆神汉所代表的乡村宗教系统则持拒斥态度;家族精英易受国家权力体系的影响,而与村落宗教系统互补,与商业群体疏离;商业群体与神婆神汉群体有天然亲和的关系,而与村政系统、家族精英则是相互利用的不稳定关系。

在洼子村,家族精英掌握着一套以儒学文化为主体的礼仪话语,掌握传统礼仪,娴熟于文字书写,能大量引用"俗话说""按理说""论老礼"以及俗语、谚语、歇后语、故事、规矩等话语,并以村落历史上的经验教训为依据,因而能够担当"明白人""总理"(仪式权威)的角色,在村落生活中具有一定的权威。商业群体在村落中长期处于边缘地位,虽则近 30 年来日趋活跃,且近年来出现村政系统与商业群体的角色同构现象,但就村落文化体系而言影响依然有限。在这一村落文化系统中,所谓"传统礼仪"已内化于洼子村人心中,代表了村落社会自我建构的基础性话语,因而广泛内化于村民心中的国家"正统"意识,连同一套以"天地良心""善恶有报"等为表征的道德价值观念,在乡村社会中依然是较为稳定的存在。

如前所述,洼子村张氏家族有"西茔支""北茔支",而更细致的区分则是"西茔三大支""北茔四大支"。这些家支的区分,在洼子村日常生活中发挥着微妙作用。2005 年,西茔《张氏支谱》修成并于 2006 年清明节举行隆重的庆祝仪式;2006

年,东茔《张氏支谱》修成,并在2007年清明节举行了更为隆重的庆祝仪式。次第进行的两次修谱及庆祝仪式,体现出洼子村同一家族内部颇为复杂的家支关系,耐人寻味。

通过对2006年北茔《张氏支谱》的修撰过程与庆祝仪式的考察,就会发现其凝聚"北茔支"的意图十分明显。在洼子村张家北茔修谱领导小组举行的多次会议中,始终贯彻着两个核心议题:一是要想方设法超过已经修好并隆重庆祝的西茔《张氏支谱》的水平①;二是要符合修谱的"老规矩"。其实,北

① 事实上,洼子村张氏家族北茔支的这次续修族谱活动,有着将近十年的酝酿过程,中间还有与西茔支的复杂互动。据2006年6月6日张宏浩叙述:"在1996年的时候,张家有些年纪又是长辈的人,像宏泉、宏河、世伦、世祥等经常谈起这件事(续修族谱)。不过,那时候做这件事有两个困难:一个是经济条件不行,另一个是宣传续谱的意义不够,虽然当时商量了一段时间,但没有形成正式的决议,也没有发动起来,就是说那时候火候不到,这样就暂时停了一段。1997年北茔二支的宏泉、世祥、宏洛发起修张氏支谱,他们三个便开始了工作,二支支谱便完成任务了。北茔四支,就是世伦那一支,他们自己搞了一个支谱,是手抄本。自那以后,就放下了这件事。去年(2005年),西茔搞续谱,也没和咱商量,总认为咱这里经济条件不行,再就是人力不够。今年4月8号西茔张家续好谱,又举行了发放谱庆典会,庆典会搞得比较隆重,形式非常浩大,当时请了录像的,搞了文艺演出,还有锣鼓队。这种局面就影响了北茔这些人,北茔很多人特别是有年纪的,就提出'西茔能续谱,北茔就不能续吗?'。在这些人的鼓励和西茔发放谱的影响下,我们的气就鼓起来了。"另见张宏浩《张氏家谱》"2006北茔支谱"《编后记》:"自2005年村中西茔谱本问世以后,我北茔族人要求续修族谱的呼声越来越强烈,这本家谱的续修工作首先与这种家族公意的推动有关。"不过,似可想见,2005年西茔支的续修族谱,也未尝不是受到北茔二支、四支修谱的刺激。按照西茔支修谱核心人员张笃杰的说法,是打算"俺们费劲修个正规样子,你们北茔按照这个样子修谱省劲,再将封面改成'洼子村张氏族谱',直接附在西茔支谱后头就行了。"他的这一提议,遭到了北茔支的强烈抵制。

茔支中真正对修谱热心的人，只是极少数知识精英人物，大多数人对此并不热心，平时也不那么关注族谱，甚至有“现在亲兄弟都打仗，修谱有什么用”的说法。不过，尽管只有乡村知识精英热衷修谱，但他们可以凭借出色的社会动员能力而最终实现这一目标。这些知识精英主要由卸任官员、退休教师和个别有见识的村民组成，一方面强调要重视“古礼”，另一方面也熟稔一套“盛世修谱，大势所趋”“促进和谐社会建设”“促进家庭团结”等宏大叙事话语，赋予修谱活动一种贴近国家意识形态的色彩。而真正为其所看重的，却是借助修谱实践调整本家支在整个家族或村落中的地位，同时强化个人的文化权威地位，这或许也正是其社会动员力量能够发挥作用的关键所在。此时，村落中的村政系统、宗教系统和商业群体都不能不听命于他们。

具体而言，洼子村家族精英掌握着较为丰厚的文化资源。首先，淄川地区曾“为国为节度，为郡为路为州”的所谓“齐鲁望邑”的县志记载，以及元代以降地方官的礼俗整顿，作为一种谈资，也可以转化为洼子村之为“礼仪村”“文化村”的依据。其次，他们熟悉《张氏世谱》等民间文献，在日常生活中动辄谈祖论宗，讲究礼数、孝道，在排解纠纷、操持婚丧礼仪中获得权威。最后，他们对外部世界的变化非常敏感，对村内事务也能迅速做出判断，因而能够及时吸纳当下国家政治话语，杂糅古今中外各种知识，针对现实境况采取灵活应对方式。此外，他们的叙事策略灵活多变，并善于择用各种文化标签，因而在建构各层级的地方文化认同、运作地缘政治等方面发挥突出作用。一言以蔽之，乡村日常生活中的知识精英，往往被村民视为有福气的聪明人，他们对于地方感的塑造发挥着奠基、引领与调适的关键性作用。

结　语

诚然,地方知识精英并不能代表乡村日常生活的全部,相关专题研究也无法形成对乡村社会日常运行及重要事件的完整解释。事实上,在乡村社会中,来自日常生活的力量是不可忽视的,知识精英与民众之间经常发生诸如磋商、竞争、妥协与合谋之类的互动。但“民俗的形成与变迁,离不开知识精英的引领与民众群体的生活实践……在事件应激、文化调适与社区行为模式之间的循环互动过程中,离不开少数文化精英的引领与运作,并最终沉淀为民俗传统”,要想真正理解乡村社会中的地方性知识及其实践机制,就必须关注知识精英与民众群体之间的互动情态。顺循地方感所寓含的地方民众的“默会知识”(Tacit Knowledge)而深入探解,或可成为我们理解乡村社会的便捷路径。诚如杨念群所言:

> 乡村社会中(当然也包括城市)人们的行动和思维逻辑往往并非能用“知识”分析的方法加以解读……民间世界之所以区别于上层精英,可能恰恰就在于其存在着难以用上层精英的知识加以把握的感觉世界,乡民们往往凭借从“感觉世界”提炼的原则安排日常生活。要理解这些“感觉世界”仅仅应用“地方性知识”的解析方法恐怕是远远不够的。①

---

① 杨念群亦认为:“‘地方性知识’是知识人从思想的意义上进行划分的结果,‘地方性感’则更接近于精英或底层民众自身的感受。”(杨念群:《“地方性知识”、“地方感”与“跨区域研究”的前景》,《天津社会科学》2004 年第 6 期)

显然,地方的本质不在于有物态边界的地理空间,而在于人栖身其中,如果舍去“人在地方中的存在”这一事实,那么所谓的地方也将无从谈起。以此观之,地方是人们经验世界的起始与载体,地方感则是人们基于“自我中心观”的生活表达。地方感所凝结的文化意象,是人们以当下生存状态为依据,从属地地理空间、历史叙事乃至神话传说等寻找资源,经过长期的集体磋商而形成的自我认知与实践意向,从而构成地方社会文化的深层结构。地方感既是民众地方性知识的直观呈现形式,又是影响地方社会运行的潜在力量。它在国家一统进程、地方社会发展中层累构成,又在当下民众日常生活实践中常在常新。也正因为此,我们可以透过地方感所凝结的文化意象,理解国家一统进程、地方社会发展与民众日常生活的多元互动关系,促进对地方社会的历史脉络、组织传统与运行机制的理解。

俗化的信仰与神圣的艺术*

——以山东昌邑地区西小章村的祖先崇拜及竹马活动为例

引　言

关于华北地区的一个广为人知的事实，是大多数村落在其形成初始皆为单姓村。然而，华北地区文明开发较早，王朝更迭频繁，向以历史积淀复杂、官民文化交错著称，如果哪一个村落能在几百年间持续处于这种单姓家族村的状态，那是极为罕见的。

近三年来笔者持续观察的山东省昌邑市宋庄镇西小章村，却依然保持着单姓村的基本状态。本文拟将西小章村作为分析的基本单元，对该村落的民俗形态尤其是祖先崇拜、竹马表演活动予以细致描述，而后从内外结构与形态语言的角度入手，对这一由竹马活动统领的村落文化体系进行阐释，并试图在更广阔的意义上探索华北村落中信仰与艺术的相互关联及象征意义。但首先必须面对的问题是，我们对于华北地区民间信仰与艺术的分析为什么要以村落为基本单元？这种分析对

---

* 本文原载于《民俗研究》2005 年第 1 期。

于民间信仰与艺术的研究有何意义？

杜赞奇在《文化、权力与国家：1900—1942 年的华北农村》一书中，阐释了在近现代华北乡村社会中存在的“权力的文化网络”，且将华北村落划分为两种理想的类型：宗族型与宗教型。但他同时又承认，宗教和宗族意识在所有村落中都程度不同地发生作用，并与国家政治发生关联；即使在典型的宗族型或宗教型村落，也可以发现宗教或宗族的组织同时存在并发生作用的状况。[①] 这实际上反映了宗族性因素与宗教性因素在近现代华北乡村社会中的普遍存在。

杜赞奇的分析主要依据的是一份二手资料，即日本南满铁道株式会社调查部根据 1940—1942 年调查编成的六卷本《中国惯行调查报告》。通过对这份资料的分析，他认为晚清以降作为国家最基层权力机构的县政权，是以一种利用下层吏役进行治理的管理方式即国家经纪体制来实施管理的。[②]

具体到西小章村所在的昌邑地区，近现代以来行政区划的变迁可谓频繁：光绪三十四年（1908），昌邑县设四隅、四乡、一零六社；1912 年，中华民国成立，隶属山东省胶东道，设十个区；1925 年，改属莱胶道；1938 年 2 月，日军侵占昌邑县，建立日伪政府，属鲁南道；1940 年 7 月，改属莱潍道；1939 年，划归山东省第八行政区，后属第十三行政区；1945 年，改属第十七行政区。值得注意的是，其行政区划虽然多变，但村落始终是国家所承认的最基层组织。代表国家权力的县区一级政府，往

① 参见［美］杜赞奇：《文化、权力与国家：1900—1942 年的华北农村》，王福明译，江苏人民出版社 2003 年版，第 78—79 页。

② 参见［美］杜赞奇：《文化、权力与国家：1900—1942 年的华北农村》，王福明译，江苏人民出版社 2003 年版，第 31、42 页。

往直接将应缴税款摊派到村落，而不考虑具体家户的分摊问题，乡村领袖也就被公认为村落与国家打交道的合法代表。①由此我们也可以理解，为什么在近现代华北社会中，即使是像西小章村这样的单姓家族村，也往往是以村落社区的名义去应对上层社会和运作村落事务。

由宗教、艺术、民俗、传说等村落知识复合而成的村落文化体系，也正是在上述社会生活中逐渐形成的。而一旦时过境迁，上述知识便成为该村落记忆历史的方式，并在当下现实社会中发挥着切实效用。这其中，宗教信仰是最为基础的部分，保留着村落文化体系中最古老的传统；艺术活动及其组织则是最为活跃的因素，对于村落文化体系的变迁具有显著作用。这是本文展开讨论的前提所在。

一、西小章村马氏家族概况

西小章村位于山东省昌邑市宋庄镇西部，潍河东畔，现有人口1540余人，420家住户。人均占有耕地面积约1.2亩。春种小麦，秋种玉米，近年来土豆也成了村民种植的重要作物，占据了较大面积的耕田。姜、花生是村民喜欢种植的作物，也有一定产量。村里水资源充足，打到10米便可打出水来，村中现在每户都有自用的水井。

该村有种植果树的传统，主要是苹果树、梨树。20世纪80

---

① 山东省昌邑县志编纂委员会编写：《昌邑县志》，1987年，第40—41页。

年代,村边种植的200亩果园曾为该村带来很大声誉。村里的副业主要为养殖业,村民普遍养猪,还有不少养鸡专业户,多的可养七八千只鸡。

村里有一家翻砂厂、一家纺织厂,是村民的个体企业,雇用了村里的一些劳动力,也有不少外地人来此打工,主要是来自云南、贵州或本省的临沂地区。村里人也有出外打工的,但数量较少。但上述二厂经营状况并不好,目前处于半开业状态。

西小章村95%的村民姓马,有马家祠堂,祠堂里存有题写历代先祖名姓的"老影"①。1996年,马氏家族曾续修家谱。在西小章村的西南方向,有马氏家族的公墓。按照村民的说法,明洪武二年(1369),西小章村马氏家族的始祖马原带着一家老小从莱西县双山村迁居此地,而莱西双山的马家人则是从云南迁来的。现在村里同时存在的共有七辈,依次为金、泮、德、炳、池、镇、治。村里老人还提到,与他们同族的"四支下"(即始迁祖马原第四子的后人)迁到了离西小章村5里地的宋庄,现今已有130多户。两地的马家人都视对方为自家人,宋庄的马氏族人每年大年初一都要到西小章村马氏祠堂中磕头祭祖,西小章村人则在每年正月初八到宋庄去表演竹马。2002年年节期间,西小章村村支书马兴池第一次带着村里的竹马队到莱西双山认祖寻亲,并在双山山坡上隆重表演竹马。

---

① 山东昌邑地区的"影",是一种上面填写着已故祖先名姓的画轴。西小章村所有马姓人家共用一个祠堂、一套"影",上面填写着自马氏家族迁徙到西小章村的始祖马原以至今日所有已故的男性家族成员的姓名。马家人现在仍恪守着春节期间在祠堂里挂影的老规矩——每年大年三十下午在祠堂的堂屋北墙上挂出,以供马氏家族成员在春节这天上午祭拜,当天下午取下卷好,放在特制的木箱里,以备来年再挂。

西小章村因其竹马表演而在周边乡土社会中小有名气。据说是元代末年被封作元帅的五世祖马亮,有感于马氏家族人丁凋敝(在他之前四世单传),遂听从身边军师的建议,将当时流传于汉中地区的竹马移植过来,并把他日常操练士卒、行兵布阵的阵法融汇进去,形成了我们现在所见到的小章竹马。从竹马所表演的程序与所设置的角色、台词看,其大致情节是:元朝末年,一名武将奉丞相之命,率麾下兵卒押送美女120余名,途经汉中、湖广地带,一路上逢山游山、遇河观景,最终回返家门。按照西小章村一种广泛流行的说法,竹马表演的是他们的三世祖马合的一段经历,竹马队中"老座马"的角色便暗指马合。

竹马队至少需要30人,因而组织一次竹马表演的活动是颇不容易的。虽然村里的男人几乎都会一些竹马表演的技法,但现在人们在农事之余还要在企业上班或是从事一些商务活动,凑起人来很是不易,因此竹马队的组织者每次都要费些心思才能组织起来。

西小章村马氏家族成员之间,在日常生活之中保持的是一种辈分形式的关系,这种关系可远可近,比较灵活。马氏家族内部有若干亲密的小圈子,这些小圈子是依靠业缘和共同的兴趣而形成并维系下来的。马氏家族的共同族产并不多,也就是一个祠堂、一套竹马器具和一片公用墓地。

春节之际,马氏家族各家户所选派的代表来到祠堂,先向"老影"上的列祖列宗名位行叩拜礼,再向守祠的老族长拜年。马家的族长不用推选,最高一辈的最年长者自动当选。而由村财政拨钱、在春节前就已买下的祭祖所用的"三牲"(生猪头、生鸡、鲜鱼),须从大年三十到初三一直供奉在祠堂里,最终统归在这几天一直住在祠堂里守"影"的老族长所有,村民认为这是对他守庙三天的理所当然的酬劳。但在平时的日常生活中,老族长已经没有什么实际权威。

在西小章村民中间普遍流传着“先有当前,后有小章”的说法,村中马家人所保存的《马氏族谱·始修谱序》中对此也有所载录:“我始祖于明初卜芙蓉郡崇德乡东岳庙前而寄居焉。”村民马炳辉对此有一番解释,话语中满是对马氏家族的自豪感:“东围子的叫法比起东小章早多了。一开始,在这里住着些当地居民,俺那老祖宗来了以后,就叫小章。结果呢,那个‘当前’没发展起来,俺这个村发展大了,小章这个知名度高,慢慢地他们也就自动跟着叫了小章了。但这个时候小章并不分东西,东西小章是从傅振邦那时候也就是清朝末年开始分开的,东围子、西围子就是东小章、西小章分开的标志。西小章有几户原来在东小章住,东小章有几户原来在西小章住,他们的墓茔都在咱这里。”也就是说,在东、西小章正式分开,各自单独立村之前,村中的马氏家族就已经与村里的其他宗族在居住群落、日常生活尤其是观念认同方面形成了事实分离,只不过傅振邦抗捻修围子事件使这种“一村二分”的事实更加明晰。西小章村这一马氏家族借助血缘与地缘关系联结而成的村落生活共同体,在晚清时期得到了官方的认可。

西小章村为何在几百年间一直保持着单姓家族村的形态(事实的与官方认可的)?我们田野作业的资料显示,这与马氏家族有着自己鲜明的家族标志性文化——竹马有关。在下文中我们将会发现,竹马实际上是西小章马氏家族祖先崇拜的一种特殊形式。这一家族“徽号”是如此强劲有力,已经成为在以近现代社会转型为背景的西小章村的恒定村落符号。在近现代华北社会,当某一家族筹谋迁居某个村落时,往往都怀有让自己的家族“徽号”成为所居村落标志性文化的梦想，至少也要在其中占有一席之地，而这种梦想是他们选择加入或迁出某一村落的重要动力。如果在一个村落遇到一个拥有竹马这样鲜明“徽号”的马氏家族，他们看不到本家族有成为该村落标志性符号的任何可能，便会选择迁出或避免迁入这样一个村落。

二、西小章人祖先崇拜活动的发生状况

当你走进西小章村，即使仅做过一点初步调查，也会对弥漫于西小章村的极其浓郁的男权社会气质有所感觉。这主要表现在：在极其重视敬奉男性先祖的同时恪守“女不参祭”的老规矩；表达家族文化的各种文本形式，如家庭中的“家堂”、家族祠堂中的“影”和1996年重修的《马氏族谱》，都严格遵循着“女不入谱”的老规矩，是这一带村落中为数极少的“光棍谱”之一。① 作为对村落文化中男权至上观念的调和与补偿，在婚姻习俗中对于外嫁女儿的家庭有着数额较高的

---

① 西小章村周秀芹大娘（时年64岁）说的一段话很有代表性：“女的不上影。别的村里都上了，竹马的老家莱西双山女的都上了，咱这里还是不行，认命。媳妇、女儿都不能上，一个人要是没儿子，在他的下面就空着了。人家都说西小章是‘光棍谱’。”另外，她还提到该村上喜坟的习俗，也可以作为该村鲜明的男权气质的一个旁证：“那叫上喜坟，在坟头上压张红纸，还放鞭。说是上喜坟，可媳妇还不去，光男的去。以前结婚，男的要领着他媳妇去给老一辈磕头，现在不啦。祠堂平时不开门，女的一辈子也捞不着去。”周大娘以在家中加工馒头为业，在村里以心直口快闻名。

经济补偿。[1]

事实上,在西小章村人的信仰世界里,是以祖先崇拜为主导的多神信仰。另有龙王、财神、门神、车马神等,也是全村人的比较普遍的信仰,事实上它们是超村落的、覆盖整个华北地区的各具单项神职的保护神。本文限于篇幅,对此不作更多的阐述。而以马家祠堂为中心、以多种形式加以崇拜的列祖列宗,则在西小章村居于村落保护神的地位。当然,村落内部不同的村民群体对此有着不同的理解和信仰仪式。马氏家族中代表已逝的传统权威的人与掌握现实中村落权力的人,都明确地将马氏先祖视为理所当然的村落保护神,而无论是过去还是现在都不曾繁盛的其他家支在信仰方面则显得比较复杂、混乱。有的甚至将"姑娘"等一类仙佛与马氏先祖并列为主神祭祀,有的干脆就没有主神,甚至连任何神都不信,没有任何祭祀仪式活动。但这并不妨碍马氏先祖成为西小章村最重要的保护神,到了大年初一这天,哪一个马姓家户要是没有派代表前

---

① 西小章村东头饭店老板马炳信对此有过具体描述:"嫁妆也是男方准备,提前几天抬到女家来,迎娶那天再搬回去。女的什么也不用准备,准备点日用品、被褥一类的生活用品就行了。电视什么的也是男方准备。女方家里不用花费什么钱,还挣钱。彩礼钱得两万块钱,这是连上吃喝、东西。放在女方手里的东西有一万多,主要是'三金一木'(指金项链、金耳环、金戒指和木兰牌摩托车)一类的东西,定金一般是八千八;结婚时男的还要给女的彩礼钱。两人结婚基本上是男方花费。结婚后小家也不向男方的父母交钱。家里要是养了个儿子的话,就得光拿钱。但还是想要儿啊,不是传宗接代嘛。有些人从心里想要女儿的。把一个儿子打发出去,得需要十万块钱。盖一层的平屋,五间,要花三万到五万,盖二层楼就没法说了。娶媳妇,盖房子,光结婚这一套就得四五万,房子再四五万。养一个女孩子的话,小学自己上,中学交点学费,寥寥的一点钱。"

往祠堂祭拜，就会面临村落舆论的极大压力。

具体分析起来，祖先崇拜活动之所以在西小章村人现实生活中占有如此重要的地位，其原因不外有以下几个方面。

其一，世代相传的“马亮—竹马神话”。在西小章村，很多人都会讲述这样一个颇具神秘色彩的传说故事：自马氏家族一世祖马室迁居莱西双山起，马家五世单传，男丁稀少。马家的五世祖、曾经做过元朝元帅的马亮，对这种困境深感忧虑，遂听从身边军师的意见，从陕西一带移植来一种竹马戏，并出于自己行兵布阵的趣味和让子孙后代常习军事、不废武艺的意图，将他所熟稔的行兵布阵之法与操练士卒的武功拳法融会其中，对原竹马活动予以二度创编。随后的事实证明，马亮这次确乎找到了一个使马氏家族繁荣昌盛的灵验之方，以至于马家世世代代皆受其惠。现在的马家人每当提及此事，仍对老祖宗的一片苦心感佩不已。

因为马亮创制的竹马仪式被认定获得了巨大成功，故后世子孙一般都不敢也不愿首开不恪守祖传仪式的先例。西小章村的历届村干部都一无例外地“支持”竹马，保护竹马，也与此种心态有关。事实上，西小章村人记忆中的历任村干部，从来不曾在支付竹马队“脂粉钱”这事上有过什么含糊、推诿之态，正如他们已经习惯了在春节前为马氏祠堂购买祭祖用的“三牲”（生猪头、生鸡、鲜鱼）一样。这是后世马氏子孙能够比较稳定地传承跑竹马仪式的动力源所在，只不过后世的跑竹马仪式在祈求多子多孙的同时，还多了一种隆重祭祖、祈求众多先祖共同庇佑子孙的集体意识。“马亮—竹马神话”作为马氏家族的一份文化资源，也被一并传承了下来。

西小章村人一直以马氏家族人丁兴旺自豪，而且他们将本家族超强的繁衍能力归之于竹马,故将竹马看得极重。同时,因为竹马的缘故,他们在周边乡土社会中获得了极强的自信。而事实上也确实如此,西小章村人在近现代昌邑社会生活中一直有着谁也不敢招惹、欺负的名声,这反过来又使得他们更加重视马氏家族的“马亮—竹马神话”及相关的祖先崇拜活动。

其二,近现代社会中潍河沿岸的“隔河不找地”及相关习俗。

在涉及昌邑近现代社会史的诸多文献资料中,有这样一些记述引起了笔者的注意。

“隔河找地”与“隔河不找地”。历史上潍河长年泛滥,河床游移不定,十年河东,十年河西。冲坝淤滩,毁地造地,受灾者隔河找地,必然引起纠纷。有一年河西王庄某户,因潍河决口后大块地段被隔在河东,但仍有二间屋子,并以有人住着为证。河东人为争地,便烧了屋子,并杀人灭口。官司打了数年,一起人命案最终不了了之。“隔河找地”属于人之常情,但却酿成了命案,以至于最后不得不由昌潍两个县的知县出面商榷。结果是,两县地方官商定以一种类似民间俗约的形式——“隔河不找地”来控制这类冲突,并以相应的官样文书遍告乡民。

由潍河决口引起的械斗。历年来,伏讯期间,河水汹涌,汪洋一片,谁也怕有人越河扒坝,乘机嫁祸于人。两岸民众,越是雨天之夜,越是绷紧神经,手执灯笼火把,看堤护堤,时不时地鸣锣警戒,鸣枪示威。双方隔河遥相呼喊,警告着,咒骂着,互不相让,剑拔弩张。谁都知道,决口受灾的一方将生灵涂炭,而另一方则由此解除惊险万分的水警,并将按照“隔河不找地”的规则受益若干。光绪年间,田家湾决口,淹了东乡百多个村子,有传闻说是对岸的金台人扒的堤,所谓“金台李家,扒堤累煞”,东乡的一百多个村落联合起来到金台兴师问罪,双方展开械斗,金台人动用了抬枪土炮。械斗结束后,双方又打了多年的官司,久难平息。

“有理的大街,无理的河崖”——长年不断的两岸风波,因为潍河河床不定,淤滩造地争地易生事端,我国传统思想中的是非感、情理观在这里较为淡薄。其主要原因有三:其一,诸多传统伦理观念在潍河两岸失去了控制力。昌潍两县,一河之隔,亲戚之间时相往来,夏日伏汛期间多乘船过往。划船者,一般要赤身裸体地蹚水。妇女过河,有些人会故意杂言闹笑,引起双方詈骂,甚至打架混战,过后再寻衅复仇,形成恶性循环。其二,过去生活穷困,生活资料有限,由此引发了种种争执,乃至酿成血案。如潍河岸边精心种植的腊杈,常常在夜间被人劈作烧柴,看树人夜间被砍死的情形也一再发生。其三,由于旧时生活困苦,再加上日常生活秩序失控,容易出现逼良为匪的现象,河崖上树林茂密,易于藏身,应付官府,许多家户亦民亦匪。李雪村老人回忆说:“河两岸近村,干土匪者较多。”①

由自然气候的变幻莫测,造成不同家户、不同村落在地界空间方面的纠葛,官司难断,民间调解也颇有难度,于是“八仙过海,各显其能”也顺理成章。诉诸或明或暗的武力以求得一个比较有利的结局,遂成为很多人的选择。这种区域之间的冲突有时会演变为一种连锁反应式的世仇还报。许多华北村落,都因为坐落于内河流域的两县交界地带而面临这类冲突频繁

① 李雪村:《潍河的风波》,中国政协山东省昌邑市委员会文史资料研究委员会编:《昌邑文史资料》第9辑,1999年,第107—113页。

的问题，由此形成了这类村落文化的一些共性。具体到西小章村，上述状况赋予该村落文化如下特征：第一，向心力及组织力量超强；第二，注意强化宗族力量；第三，由于"注意强化宗族力量"，故得以在家族历史记忆中找寻到竹马这样一种文化资源，并极力复兴这一传统，使之成为家族生活共同体的主要文化标志，对内整合家族力量，对外则具有一定的震慑作用。

其三，相对富裕的村落倾向于借助现有各种资源以维持现有秩序，如政治资源、经济资源、文化资源。西小章村人从祖先崇拜中找寻文化资源——从关于马氏家族的历史记忆中寻找到一种以竹马、武术为特色的"军户传统"。正是因应现实功利诉求，他们强调家族的整一性，凸显家族的军户身份，努力保持着跑竹马与演武的传统。按照他们的说法："这是老头子（或老祖宗）留下来的东西，不能丢！"

正是由于上述种种原因，在当时的社会境域中，个人及家庭处于弱小无助的境况，使他们渴望从神灵崇拜中寻求慰藉；生活中的种种不顺心，周边乡土社会中家庭或家族或骤然富贵或忽遭灭顶之灾的个案，更使他们切实地投入村落生活共同体或家族团体的怀抱。为此，他们谋求形成地缘、血缘或业缘方面的较为密切的联结纽带或极为固定的组织机构，努力寻找可资利用的文化资源与物质资源，小章竹马这类乡民艺术的心理基础与社会基础即在于此。

事实上，在西小章村人心目中早已与国家重臣马亮紧密结合在一起的竹马，已经在西小章村落历史发展的不同时期形成了一条不断神化的语义链。竹马与西小章村马氏家族之间有着多重的不解之缘，不仅表现在传说的虚拟空间里，或者是语义、谐音的层面，而且也表现在社会生活事实的层面。不同历史语境中的西小章人,对这一象征寄寓了不同的信仰和期望。久而久之,以至于连周边村落也都认可竹马是能够保护西小章村(马氏家族)的灵物,所谓“西小章一年不跑马,一年不旺相”。

从历史的角度对西小章村人的祖先崇拜进行研究,可以得出这样的结论:(1)西小章村落精英倡修祠堂,将祭祖仪礼与国家正祀制度对接,在祠堂活动中搀加官方儒学文化,如在祠堂练武活动中注重武德熏陶和儒家人格理想的塑造,在跑竹马活动中表达对现实社会秩序的尊重等,使他们的祖先崇拜仪式拥有了符合国家政治的“合法性”,而特邀地方士绅的参与更使这一点得以强化;(2)村落精英积极向儒学文化靠拢,在一定程度上将自己与一般家族成员的信仰活动区别开来,二者互相熏染,使得西小章村马氏家族的祖先崇拜活动处于一种动态平衡之中。

三、竹马——祖先崇拜的特殊形式

2003 年 8 月 27 日午后,笔者在西小章村村委会进行了一次无主题的随意性访谈,受益匪浅。刚刚一小时前,西小章村委会的大部分成员、家族中的几个头面人物再加上我,在村里唯一的小饭店里,为下午将要到昌邑市区参加一个为期 10 天的短训班的村会计设宴送行。大家都喝得有点多,饭后一起到村委会喝茶,他们开始用方言交谈,谈兴颇高。我没有搅扰他们这种自然交谈的气氛,选择了撤出——在不被他们察觉的状况下录了音,自己跑到房间的另一角落翻看家谱。结果是,我获得了三个多小时的录音资料,却只能听懂其中很少的部分。

他们中的每一个人都争相发表自己的见解，各不相让，有时甚至是几个人同时说话，且语速极快，语句充满跳跃性。但这却是西小章村马氏家族内部成员之间进行社会交往的常态之一，也正是在这样的无数次交流中，他们无数次地重新诠释、确认、扩充着西小章村的村落文化以及马氏家族的传统，从而维持着该村落文化及家族传统在当下日常生活中的鲜活。而在我能听懂的少数录音资料中，也的确显现出我用其他访谈形式难以获知的一些东西，它们无疑是代表了西小章村落文化深层结构中的某些要素。

如现任村支书马兴池用略带自嘲的口吻说到外村人这样看待小章竹马——“姓马的出马找姓马的跑马”。还有一句跳跃性极强的话，听不出是谁说的：“咱本地人，老祖在那边，后人就喜欢看自家人演出。老座马往那一站，马牌子还在他前头哩。”已经卸任的老书记马炳胜说：“宋东、宋西的姓马的都是从这边去的……总谱在咱小章。他们初一来这边磕头拜年，来不少人，都是走着来，没有骑车子的。但是年初八的时候呢，咱们就过去拜年，他们那边有辈分高的，比这边高。咱初八去，无论几户咱（的竹马）都表演到。”

从人口流动的角度来看，西小章村马氏家族既有输入（从莱西双山迁徙而来）又有输出（由西小章村迁入宋东、宋西），他们通过在日常生活中的交往与节日期间的互相问候，形成了一个跨村落的族群网络。作为宗族性艺术的竹马亦然，既有输入（无论是以家族继承的方式在莱西双山习得，还是由陕西移植而来、编创而成）又有输出（每年正月初八到宋东、宋西表演，在莱西双山举行大规模祭祖活动时前去演出，或是受邀作跨族群、跨村落、跨乡土的演出），也由此形成了一个艺术的内部自足系统与外向辐射域。

结合上文对近现代社会中西小章村人祖先崇拜活动的分析,不难看出,西小章村人正是通过其竹马活动的年年搬演,以保持对其所属的村落及家族"可持续发展"的一种忧患意识,否则就难以解释这种既无插科打诨的喜剧效果、艺术形式又难以称得上精美的活动,为什么能够历经风雨飘摇而顽强地传承至今。那么,小章竹马是通过什么方式完成了对这种忧患意识的言说?它又如何使自己的言说被西小章村乃至跨村落的马氏家族所接受?

这两个问题乍看起来似乎是关于小章竹马的艺术形式与艺术接受的纯艺术层面的问题,只有将它们与马氏家族的祖先崇拜活动联系在一起,问题才可能得到完整的解答。原因就在于,这种忧患意识鲜明地指向马氏家族本身。其中的逻辑,诚如何光沪先生所言:整体来看,就本质而言,宗教与艺术比较起来主要是一种精神,艺术与宗教比较起来主要是一种形式。"作为一种文化形式的艺术,横向地看,可以分为音乐、美术、建筑、文学等等门类,纵向地看,则其总体在追求或力图表现一种终极的美,对终极之美的追求是艺术之树向上生长的原动力,对终极之美的表现是艺术之树向上伸展的总目标。而这种终极之美,正是宗教信仰对象之终极性的一个侧面……广义的宗教所集中体现的超越精神,构成了广义的艺术和其他文化形式的精神性动力。"①

宗教信仰需要借助艺术增强其感染力和影响力,小章竹马

① [美]保罗·韦斯、冯·O. 沃格特:《宗教与艺术》,何其敏、金仲译,四川人民出版社 1999 年版,中译本序,第 2 页。

无疑正是保罗·韦斯所说的那种"圣礼艺术":"双方在某种程度上相互渗透,艺术向宗教的渗透形成了为宗教服务的艺术——圣礼艺术。"而"这类圣礼艺术是弘扬宗教的最为卓越的技艺成果或最佳手段","一件圣礼作品无须具有或涉及任何宗教内容,它本身所具有的卓越性就足以为某种宗教的主旨服务"。①

如果说,马林诺夫斯基与布朗注意到了人类宗教仪式的戏剧性特征,对于仪式的发生与所对应的历史语境的关系极为关注,却未能就仪式具体发挥功能作用的艺术性效应予以"深描",那么伽达默尔则主要对戏剧的宗教性特征予以充分关注,他在这方面的思想集中体现在他对传统西方戏剧与节日的关系所作的精辟论述之中。

伽达默尔在探究什么是节日的文化特征时,特别强调人们在节日中对于时间的感知。"在节日场面中总有一种激昂的东西,使参与者超出了他们的日常存在进入一种普遍的交会中。因而,节日具有它自己特殊的时间性。它本质上是一种反复现象,甚至一个独一无二的庆典也内在地具有重复的可能性。对一个特殊事件的纪念本身就是在一种节日氛围中进行的。演出是节日的存在方式,在演出中,时间成了昂扬的存在的 nunc stans(现时状态),在这种昂扬的存在中过去和现在在纪念运动中合而为一。因为显然,圣诞节不仅仅是两千年前存在的救世主的诞生节日。从神秘的意义上说,每一个圣诞节都

---

① [美]保罗·韦斯:《第一部:宗教与艺术》,[美]保罗·韦斯、冯·O. 沃格特:《宗教与艺术》,何其敏、金仲译,四川人民出版社 1999 年版,第 10 页。

是和那个遥远的时刻同时的。节日庆典的神秘正在于这种时间延宕之中。同节日相反,我们在日常生活中总是被某种特殊功用和时间所限制。而在节日中,我们的目的的特殊性让位给了在高度自我充实的瞬间中的心灵交会,这种自我充实的瞬间的意义不需要从任何尚待完成的任务和任何要进一步达到的目的那里获得。”①

的确,像小章竹马这种广场式的艺术活动,更像是一种群体性的仪式活动。它导引人们实现对琐屑现实生活的解脱与超越,使在日常生活中受到压抑的个人精神世界与个人情感活动得以激活与直接呈现——这种情感体验并不导向人与人之间个性差异可能导致的离心力的膨胀。相反,由于展演者与观演者之间的默契协作而完成的对该戏剧所反映的这段历史记忆的重温,他们所具有的共同的文化背景,使他们的关系更加亲和——每个人似乎都从眼前的现实向历史深处退去,从而在更长的时段内,在更广阔的社会生活的背景下体味人生,对平日熟悉的一切感到一种奇异的温馨。在西小章村这一单姓家族村落,年节是他们祖先崇拜强化的时段,自腊月里就弥漫开来的浓郁年味儿,已经为尚未开场的竹马表演渲染了缅怀先祖的气氛;一进正月里,排练竹马的锣鼓一响,人们将列祖列宗的“影”从祠堂里摘下存箱,将家堂从堂屋取下收藏好,就等着在热热闹闹的竹马演出中,让蓄积已久的情感得到淋漓尽致的宣泄,到了正月初八这天,借助小章竹马这样一种艺术形式,现场的展演者与观演者将个人情感与家族的集体意志生动地融为

① [德]伽达默尔:《戏剧的节日特征》,[德]伽达默尔:《伽达默尔集》,严平编选,邓安庆等译,上海远东出版社 2003 年版,第 547—548 页。

一体,用伽达默尔的话来说,就是“在高度自我充实的瞬间中的心灵交会”。其中的奥秘就在这里,是小章竹马唤醒了他们这种带有一定宗教性质的宗族性情感。

从这种意义上说,竹马演出不但是西小章村马氏家族祖先崇拜仪式的一个组成部分,而且是其中最富有创造性的形式之一。对于西小章村人来说,祖先崇拜观念借助竹马演出获得了一种富有感染力的外在形式,而小章竹马则是他们试图通过震天动地的乐声、色彩艳丽的服饰、马队不断向前行进的韵律等艺术元素,重温他们心目中马氏先祖传奇般的生命历程,由此体验到于秩序中追求自由奔放、于无可选择的命运中昂扬前行的悲壮凝重的人生境界。此时此刻,西小章村人与在马背上赢取荣耀、在百般操持中谋求家族绵延长存的列祖列宗同在。

结　语

20 世纪上半叶,小章竹马的演出活动与西小章村马氏家族的祖先崇拜紧密结合在一起。这一村落艺术传统的形成与传承,与该家族谋求现实生存、力图绵延家族血脉的特定历史语境有关。这种在血缘与地缘基础之上形成的民间组织,在国家政治与地方社会的权力网络之中凸显了基层乡村社会的力量,从而在一定程度上担当起社区整合与文化认同的功能,维护了西小章村文化生态平衡。然而,越到后来,尤其是到 20 世纪后期,附加于小章竹马的祖先崇拜观念逐渐淡薄,小章竹马日益成为一种偏重于“感恩”的具有游艺性质的“神圣的艺术”,其意义既不在于祈求也不在于交换,而是在缅怀先祖、感恩生活的旗帜下,让人们从现行的一切社会规则中暂时解脱出来,领受一种重温传统道德的洗礼与在情感宣泄中完成的净化。

由此,笔者认识到,以年节为强化时段、以竹马为特色的西小章村人的祖先崇拜活动,无论在历史上的哪一时段,都既关乎西小章村人精神世界的终极关怀,也与他们对当下生存状况的现实关怀相关。如此方能解释为什么从历史深处绵延至今的小章竹马,虽已失去祖先崇拜的神圣依托,也不再具有关乎群体(村落的与家族的)存亡的重大社会功能,却仍能在一年一度的组织、演出活动中继续保持着它的尊严。以至于每到小章竹马的预备与演出期间,以村委会一班人为代表的现实社会领袖便会自觉地消泯其日常权威,宗族内各家支的头面人物也有意识地强调其尊严,从而使得古老的、昂扬而忘我的“竹马精神”得以凸显。由此也能解释,我们这些“局外人”,在现代化日益蓬勃、其触角伸向华北乡村每一个角落的今天,看到小章竹马虽然艰难却不失坚韧的壮丽生存,为什么会感慨万千。

人类的精神文化自有其演进规律,而当下社会变迁中的现代化进程对人类精神的影响则是复杂的、多元的。比如说,在迄今为止的现代文明生活形式中,普遍伴生着一种试图攫取并操纵万事万物的倾向,即对社会权力与眼前物质利益的殚精竭虑的追求,而人类社会的现代化进程并不会天然地生长出对这种倾向的遏制因素,由此会在某一区域社会的某一时段付出沉重代价。可以说,当宗教活动于现代乡村社会中渐渐退隐,或已经俗化于日常生活之中,而来自国家政治的法治资源、道德资源与文化资源又不可能迅即渗透于每一处村落,那么像小章竹马这样的民俗活动就不仅仅只是具有文化遗产的意义,而应被视为一种珍稀的地方性文化资源,它所具有的人文关怀层面的价值和意义理应受到我们更多的关注与更具力度的保护、培植。

民间文献与地方社会的历史构成*

——以清代胶东地区“双山马家”族谱编撰为例

2006年，赵世瑜曾这样表述重写中国史的雄心：

> 以往我们的传统史学多对后者（大历史）进行研究，本身没有多大问题，也取得了许多重大成果，但问题出在人们用某种绝对化的、单一化的宏大叙事模式去研究这些问题，抽去了这个“大历史”的生活基础，我们所要做的，就是把这个生活基础还给“大历史”，这个生活基础就是我们所谓的“小历史”。这个“归还”的工作一旦结束，大小历史的区分也许就不再需要了，历史本来就是一个，就像生活本来就是一个那样。①

他提出的操作方法，是经由区域社会史研究而对大小历史

---

* 本文原载于《华中师范大学学报》（人文社会科学版）2020年第5期，转载于《高等学校文科学术文摘》2020年第6期、《历史与社会》2020年第4期，山东省社会科学规划优势学科项目“中国文化的民间传承机制研究”系列成果之一。

① 赵世瑜：《小历史与大历史：区域社会史的理念、方法与实践》，生活·读书·新知三联书店2006年版，第10页。

进行“合成”。近30多年来，随着民间文献[①]的大量发掘、整理与出版、学界对于这类资料的广泛使用，相关“合成”工作已大有推进。但如何理解与使用这类“新材料”，尚有进一步讨论的必要。

我认为，学者基于研究主体立场的“合成”工作当然重要，但还应加入研究对象的立场，并思考二者之间可能存在的关联。毕竟，在地方社会中形成与使用的民间文献，既是历史的存在，又因其“有用”而被人们长期留存。民间文献的书写者是地方知识精英，其使用却离不开一般民众；民间文献虽然具有一般意义上的民间属性，但作为一种文字书写又具有一定的“超民间性”[②]。进一步说，地方知识精英之于民间文献书写，一般都具有明确的社会目的并受到双重制约：既与书写者个体的人生际遇密切相关，是其价值观念的表达，同时又受其所处社会语境的限定。这样看来，民间文献既是基于地方性、个人性或局部的所谓“小历史”的书写，又是国家一统进程的所谓“大历史”的一部分，而地方知识精英基于家国一体的传统心

① 民间文献主要包括族谱、碑刻、契约文书、诉讼文书、日用类书、民间礼仪本、宗教科仪书、宝卷、善书、唱本、剧本、账本、书信、日记、杂记等，数量庞巨，类型多样，分布广泛。

② 黄向春认为：“民间文献是以文字为载体的书写文化的组成部分，在知识体系与社会形态的关系上与口头传统相区别，反映的是‘文字下乡’的历史过程及其文化统合的结果……民间文献都是因日常生活的惯例和处理各种事务的需要而形成的，因此是宏观历史过程在民间社会所展开的‘细节’和‘实态’，并在约定俗成中成为地方共享的习俗性知识。”（黄向春：《民间文献、数据库与作为方法的总体史》，《光明日报》2020年2月17日）

态,普遍具有在书写中将大小历史予以“合成”的追求[①],也就具有了从自身“人的历史”出发、统合“地方的历史”和“国家的历史”的文化实践性质。[②] 事实上,从未有过空悬于地方社会之外的“大历史”,也不存在完全独立于国家之外的“小历史”,所谓“大历史”“小历史”的划分乃是现代学术研究的权宜之计。因此,当今学者在阐释层面对大小历史的“合成”,理应建立在历代知识精英已有“合成”工作的基础之上,将后者置于怎样的位置,既意味着是否尊重史实的问题,也是衡量其研究是否符合现代学术规范的重要标准。民间文献的书写动力何在,基于怎样的社会基础,曾被赋予怎样的社会功能,其实际效果如何？这些都关乎我们对历代知识精英已有“合成”工作的理解。

---

① 冯尔康曾以清代修谱为例,认为族谱与国史是互为表里的关系,“族谱是家族史,是民众史,所记录的家族史是全社会的整体史的一部分,并能折射整体史”。参见冯尔康:《略述清代人“家谱犹国史”说——释放出“民间有史书”的信息》,《南开学报》(哲学社会科学版)2009 年第 4 期。这一观点极具启发性,笔者以为族谱与国史之间互为表里的关系,不仅仅体现为文本内容的相互援引,族谱对整体史的意义也不仅仅是折射,二者作为传统知识精英自觉的“家国一体化”的文化实践,还有着更为内在的异质同构关系。其实,就在该文所引述的多种谱序中,即有对这一内在关系的生动表达,如江西余干人徐德忠说:“令天下之谱为天下之史,则史为天下之谱,而谱亦为一家之史矣。”(康熙五十三年《徐氏宗谱·修族谱序》)

② 孙歌认为:(我们应该去)“追问人们在他的现实生活中是如何经营自己的生活,他如何和其他人发生关系,因此如何形成了社会,在这个形成社会的过程当中,过去的普通人,他们如何把国家机能作为生活的需要而引入自己的生活当中来……当我们现在试图解释中国的时候,我们是不是要从民众最现实的生活感觉入手。”(刘志伟、孙歌:《在历史中寻找中国——关于区域史研究认识论的对话》,香港大家良友书局有限公司 2014 年版,第 14—15 页)

科大卫、刘志伟、赵世瑜等对族谱的研究,已有所昭示。科大卫认为"比谱系本身更重要的,是编纂谱系的人的历史",因为"编纂族谱的历史,往往就是地方宗族的历史";①刘志伟提出"更应该重视的是族谱编撰本来的意义,把族谱中的历史叙述,视为一种秩序、一种观念以至一种规范的表达,从族谱的历史叙述中,找寻社会事实"②,可谓言殊理同。赵世瑜则将编族谱、祭祖、修祠堂、维系公共田产等宗族活动,理解为中国社会"礼俗互动"传统的一部分,认为"在中国,上下阶层的、各地不同的这样一套东西,通过礼仪的形式联系到了一起,而礼仪的形式中又同时包含了'俗'的内容,所以既可以把它理解成是一种'礼俗互动',或者就干脆看成是同一个东西,其中既有士大夫的设计,也有丰富的乡土资源在里面介入"③。显然,编撰族谱所指向的绝不仅仅是宗族建构,还是为统合国家政治与地方民俗的双重资源而推出的一种"历史",可以持续地对地方社会施加影响。通过族谱而塑造的"历史",可以超越实在的家族形态而存在,在宗族组织衰颓以后,依然会以"历史"的名义运作地方政治。

有清一代,认同山东莱西市双山村为家族源头的"三地四支"马家人(下文简称"双山马家"),曾五次修谱,是地方知识

---

① 科大卫、张士闪:《"大一统"与差异化——历史人类学视野下的中国社会研究》,《民俗研究》2016 年第 2 期。

② 刘志伟:《在国家与社会之间:明清广东地区里甲赋役制度与乡村社会》,中国人民大学出版社 2010 年版,第 236 页。

③ 赵世瑜、李松、刘铁梁:《"礼俗互动与近现代中国社会变迁"三人谈》,《民俗研究》2016 年第 6 期。

精英在不同时期留存的历史记忆。[①] 长期以来，这些谱本被叠加在一起装匣存放，但村民既不用于祭祖仪式，也不视若消遣读物时常翻阅，而更像留存备查的一种历史资料集成。下文将从族谱的编撰过程、文本形式出发，结合我们已有的田野调查资料，理解地方知识精英在大小历史“合成”中的角色扮演及其限度。

一、修谱过程

山东莱西市“双山马家”在清代的五次修谱，分别发生于乾隆、嘉庆和光绪年间，时间跨度近150年，汇集在俗称“老谱”[②]、光绪年间编撰的《马氏族谱》（下文简称“双山马家光绪谱”[③]）之中。后世村民对族谱有一定的敬畏心理，但也并不视其为绝对权威，有时还对其中的一些内容有所争论，或在续修

① 本文对于族谱案例的选择并未有特殊考虑，而是因为我长期关注胶东莱西市双山马氏家族及其分支（昌邑市西小章村），有着较为丰富的田野积累。

② 清乾隆、嘉庆年间的两次修谱，时间更早，但原谱本均未存留后世，其内容为“双山马家光绪谱”所吸纳。大致情形为：乾隆二十八年（1763）西小章村马国祯主修《马氏族谱》，为光绪三十一年（1905）西小章村马克钧、马德云续修《马氏族谱》时所承袭；嘉庆二十三年（1818）双山村（今东双山村，下同）马元亭主修《马氏世谱》，为光绪十一年（1885）即墨县神山埠村马贞芳主修《马氏支谱》、光绪三十一年（1905）双山村马利崇和即墨县神山埠村马贞芳所修《马氏族谱》所承袭。

③ “双山马家光绪谱”共有五卷：莱阳县双山村（今东双山村）马利崇主修、即墨县神山埠村马贞芳协修的四卷，昌邑县西小章村马克钧主修、马德云协修的《马氏族谱》一卷。

谱时予以删节。

所谓"三地四支"的说法,是"双山马家"以家族史上明初七世"四兄弟"析家分居为标志对家族谱系的划分。"三地四支",包括现莱西市东双山村的长支、二支,即墨县神山埠村的三支,昌邑县西小章村的四支。按照谱中的说法,他们"先世家云南,元初我始祖荆斋公迁居莱阳之双山",并以五世祖马亮在元代"历官管军总把都督元帅"①为荣;明初,散居三地,"七世分为四支,长支斌祖,二支亨祖,居家守墓,奉承祭祀;四支原祖,流寓昌邑县小章庄;惟三支志祖,阅一世而始居神山埠"②。"三地四支"的说法大致以此为据。

"双山马家"在清代五次修谱的大致过程如下。

乾隆二十八年(1763),西小章村马国祯(昌邑县邑庠生)主修西小章村《马氏族谱》,因西小章村始迁祖马原"其先无所考"而奉其为一世祖,同时录存"相传为观阳元真人马丹阳之苗裔"的一则传说。后文还记叙马原是从原籍观阳(属登州府,今莱西市一带)迁来,曾属于军户身份,迁居之初与当地人马青山(属于匠户)联宗,"帮贴税银"③。

嘉庆二十三年(1818),双山村马元亭主修《马氏世谱》,合

---

①　清马元京《双山马氏世谱序》,写于清嘉庆二十三年,见山东省莱西市东双山村《马氏族谱》卷一,清光绪三十二年影印本。关于五世祖马亮的说法,在康熙十七年(1678)刻印《莱阳县志》卷六《贡举·武职》中得到印证元至正,马亮由武进士历官管军总把都督元帅。陈化章校注:《莱阳县志》,吉林出版集团有限责任公司2017年版,第22页。

②　(清)马贞琅:《马氏谱跋》,山东省莱西市东双山村《马氏族谱》卷一,清光绪三十二年影印本。

③　(清)马国祯:《马氏族谱·始修谱序》,光绪三十一年西小章村《马氏族谱》手抄本。

入神山埠村马家人。颇值注意的是,该谱涉及神山埠村支系时,以始葬神山埠村的马顶柱(按照“双山马家”论为第九世)为神山埠村支系之始,后在光绪年间马贞芳(莱阳县邑庠生)主修神山埠村《马氏支谱》时予以更改,提前两代从马志(按照“双山马家”论为第七世)算起①。

光绪十一年(1885),即墨县神山埠村马贞芳主修神山埠村《马氏支谱》,但未印制,而“待双山之合修”②。

光绪三十一年(1905),莱阳县双山村马利崇主修、即墨县神山埠村马贞芳协修《马氏族谱》四卷。第一卷包括谱叙、谱例、《继嗣论》、同事记名、祠堂坟墓图、徙居表等;第二卷、第三卷是莱阳市双山村的长支、二支谱系;第四卷是即墨县神山埠村的四支谱系。

光绪三十一年,昌邑县西小章村马克钧主修、马德云协修西小章村《马氏族谱》一卷,以西小章村始迁祖马原为一世祖。该族谱与上述四卷的谱系脉络不同,谱本形式亦不同,虽然有“双山马家光绪谱第五卷”的说法,但未获普遍认可。

在此,有必要提及“双山马家光绪谱”编撰两年后的一个后续事件。光绪三十三年(1907),即墨县神山埠村马贞芳去信西小章村马克钧,并附《原祖自出考》一文,指出所收到的西小章村

---

① 马贞芳《神山埠马氏世谱序》记载:“余神山埠马氏,系出志祖,溯本源为第七世,考伦次为第三支。八世祖富明初徙居即墨神山埠,与九世伯祖越父子归葬双山。其始葬神山埠者,为九世祖顶柱公,即嘉庆己卯修谱凌霄祖以为始迁者也。”(山东省莱西市东双山村《马氏族谱》卷四,清光绪三十二年影印本)

② (清)马贞琅:《马氏谱跋》,山东省莱西市东双山村《马氏族谱》卷一,清光绪三十二年影印本。

《马氏族谱》有误，列举后希望其“修饰”[1]合谱，未获响应。

无论是当时还是后世，光绪年间西小章村所修之谱都引发了一定争议。争议的焦点是该谱以西小章村始迁祖马原为一世祖，而在“双山马家光绪谱”其他四卷中马原为七世祖，因而无法汇总。这一事件的发生，兼有历史和现实的原因。早在乾隆二十八年马国祯创修西小章村族谱时，就以马原为始祖、以其四子为支脉讲述“四兄弟故事”[2]，而对此前先祖予以模糊化处理[3]，从而为后世修谱奠定了基调。马国祯何以如此呢？他在谱叙中，将之隐约归因于明嘉靖年间西小章村与双山村两支马家人之间的一场冲突：

> 始祖讳原，其先无所考……寄居之地，原有匠户马青山。我祖与之联宗，因亦帮贴税银。其在观阳，本军户也。家中每来此收军徭，恒有武断气。季公下经、纪、约、络等与之角亢，遂弗通焉。[4]

---

① 感谢山东省昌邑市西小章村马向辉先生提供该信的复印件。

② 马国祯《马氏族谱·始修谱序》记载：“我始祖（马原）于明初卜芙蓉郡崇德乡东岳庙前而寄居焉，诞生四子，伯仲叔季，一本四支，迄今似续，虽多寡不齐，未尝有一支殄世。”（西小章村《马氏族谱》光绪三十一年手抄本）

③ 马国祯在《马氏族谱·始修谱序》中，对于西小章村始迁祖马原的记叙颇为微妙：先说“其先无所考”，并附会原籍观阳的全真道著名全真道士马钰；以简省笔法，一语述及他曾与土著“匠户马青山”联宗并帮贴税银；再述及其原籍观阳，隶属军户，以解释观阳“家中每来此收军徭”引发冲突，两支马家人从此断绝来往之事。

④ （清）马国祯：《马氏族谱·始修谱序》，西小章村《马氏族谱》光绪三十一年手抄本。

显然，这场冲突由双山村人到西小章村“收军徭”引发，由此断绝联系。不过，稍加分析就会发现，这应非影响光绪年间合谱的关键因素。民间修谱，一般都会将家族历史追溯得尽量久远，曾有的冲突事件无论多严重，时过境迁就会转换为历史资源而加以运用。光绪年间西小章村修谱，溯源家族历史选择明初而非元初，自知始迁祖马原曾为“观阳军户”，且相距原籍二百里，亦非遥不可及，却宁愿含糊其辞“其先无所考”，颇显反常。其实，问题就在于明初马原落户西小章村时，曾与当地“匠户马青山”联宗的一段历史。① 我们在西小章村调查时，注意到村民讲述这段历史时颇不情愿，甚至会有意调换明初联宗时的主客关系。② 马国祯修谱之时，选择奉马原为一世祖，以莱西双山村为原籍，将明初以前的历史模糊化，即可淡化或规避马原曾改宗攀附的一段经历。光绪年间，面对老家双山村合谱的倡议，西小章村人马克钧等依然坚持自行修谱。西小章村人何以对此心存纠结？

翻阅“双山马家光绪谱”第一卷中的“谱例”，就会发现双山村嘉庆年间所修《马氏世谱》与光绪年间所修《马氏族谱》有微妙的不同。双山村嘉庆谱“谱例”第六条、第七条规定：“余族徙居他处者，于祖墓处所碑记，册内未载，今姑从之，以阙其

---

① 明初马原“肩挑二子”从莱西东双山村西行 100 多公里，最后看中了潍河东岸的西小章村这一带，因为要立足，就拜当地匠户马青山为义父。马青山的原有支系人丁不旺，后来在 20 世纪 50 年代“绝户”。

② 马镇华说：“原先住在西小章的马青山无子，马原挑着两个儿子马威、马全来，当了马青山的义子……马青山是联宗到我们马家这一支上。”（访谈人：张士闪；访谈对象：马镇华，西小章村村民；访谈时间：2003 年 2 月 15 日；访谈地点：昌邑市西小章村）

疑，俟确查再补。”“余族徙居何地与转徙他所者，谱内皆详其处。”双山村光绪谱在“谱例”第一条、第四条规定：“七世而后，分支条修，每篇注明某派住何处，便于清查。”“族中有出继同姓不同宗者，理应革除，念是先人骨血，从宽一律添注，但注明出继某村同姓，不更叙其所继父祖，恶乱宗也。”①显然，徙居西小章村的马原一支，在双山村嘉庆谱中未载，而仅有关于徙居地点的说明，而在双山村光绪谱中则允许作为支系合入，但对于马原“联宗”马青山一事有特殊规定，须注明“出继”。也就是说，在双山村光绪谱的编撰者看来，马原改宗攀附马青山是不合礼制的“乱宗”之举，“理应革除”，这对于向来以“双山马家”之“正统”自居的西小章村人来说是不能接受的。② 时至今日，西小章村人依然对此心存芥蒂，更愿意淡化或淡忘这段历史，或使其仅存于口头记忆中。这或许意味着，民众记忆历史的方式大致有两种，即口头传说与文字记录，而对于兼具两种记忆能力的族群来说，选择哪种方式来记忆历史是有选择的倾向性的。以口头传说方式留存的历史记忆，具有开放性、模糊

---

① 《马氏族谱·谱例》，山东省莱西市东双山村《马氏族谱》卷一，清光绪三十二年影印本。

② “在1996年西小章村马家祠堂完工后曾到双山老家的‘祠堂’前，轰轰烈烈地大演竹马，举行家族的庆功大会。表面上看来，拜老家祠堂的目的是为了把本家支整修祠堂的喜事告诉双山的列祖列宗，但其实也有向位居老大的双山老家马家人炫耀一番的潜在心理，同时以竹马表演提醒他们注意马氏家族真正的传统应该是什么……他们一再强化‘马亮创制竹马说’的口传神话，强调自己的‘军户’身份，试图以此证明惟有他们最具有代表‘马亮元帅’之正统传人的资格，从而在马氏家族各支系中居于优势地位。”（张士闪：《村落语境中的艺术表演与文化认同——以小章竹马活动为例》，《民族艺术》2006年第3期）

化与不稳定性的特征，意味着记忆主体对于这段历史的相对忽视，并不在意淡忘或失真；选择用文字记录下来甚或持续加工的内容，则被认为是有必要永久留存或广泛传播的历史记忆。当然，人们期望永久记忆的并不见得就一定进入历史，而试图淡忘的最终也不一定就被遗忘，它们还要经过长时段的地方社会的生活选择。由此看来，乾隆年间马国祯创修西小章村族谱，以及光绪年间马德钧等续修族谱，对家族“历史”的制造策略是完全可以理解的。有意识地选择文献，杂糅传说，亦是制造家族“历史”的可取之策，而并不一定非要从文献出发或完全依赖文献。

其实，“双山马家光绪谱”关于双山马家“三地四支”的说法，乃是马贞芳等以明初马氏家族七世分家为界而建构的另一种“四兄弟故事”版本①，作为其建构家族关系的叙事基调。事实上，这一故事版本不乏裂隙：在“四兄弟故事”中排行第三的马志终生居于双山村，其子马富明始迁居神山埠村而归葬双山村，直至其孙马顶柱始葬神山埠村，因此双山村嘉庆谱以马顶柱为神山埠村始迁祖。但马贞芳则力主选择以明初“四兄弟故事”作为家族叙事基调，以此容括双山村嘉庆谱所缺失的西小章村支系，如此一来，就只能以并未迁居神山埠村的马志为该支系之始迁祖。换言之，马贞芳等编撰族谱，是要寻找一种将当下与过去连接在一起的方式，因而需要对家族生活素材予以选择与再造，在“古为今用”中建构历史。族谱文本编撰完

① 马贞芳《马氏族谱》“谱例一”记载：“今由始祖至七世，合新旧谱序、谱跋、谱例、同事、人名等项为第一本。七世而后，分支条修，每篇注明某派住何处，便于清查。后再修族谱，省便更多。”（山东省莱西市东双山村《马氏族谱》卷一，清光绪三十二年影印本）

成,就意味着一种个人性的甚至是地方性的“历史”得以创造,从而对家族和地方社会施加影响。就此而言,族谱编撰的本质是地方历史的塑造,并强化了地方社会的历史构成。

显然,面对同一家族历史,家族内部不同的人在不同时代的讲述不尽一致,因为现实需要影响着讲述的视角、方式和态度。比如为家族谱系确定源头,关乎家族亲疏关系的划分边界,是构建家族认同的核心要素,就成为族谱编撰的关键。清代“双山马家”的五次修谱活动,溯源家族谱系有别,与其所处的社会语境及编撰者的“政治议程”①有密切关联。但总体而言,族谱之类民间文献的大量涌现,因为共享同一套国家礼制话语,意味着中华文明历史进程中文化同一性的增强。地方知识精英基于家国一体的传统心态,在面向基层社会的族谱编撰及“以礼化俗”的相关社会实践中,积极修补国家一统进程与地方社会发展之间的差异,近似于在所谓的“大历史”与“小历史”之间的“合成”。不过,他们自觉担承的这一工作,在现实操作中有着极其复杂的政治设计与磋商过程,而且不见得都能成功。光绪年间“双山马家”三地四支合谱的运作与最终失败,即是一例。这也恰好说明,地方知识精英在简单地遵从或拒从国家礼制“正统”的选择之间,采取的是灵活务实的多元策略。

---

①　刘志伟认为:“如果说族谱的叙事太多虚妄之言,那么我们是否应该把族谱更多地视为表达编撰时的政治议程和社会状态的史料而进行分析,而不要过多纠缠在族谱中的叙事有多少真实性上面。”(刘志伟:《在国家与社会之间:明清广东地区里甲赋役制度与乡村社会》,中国人民大学出版社2010年版,第236页)

二、谱犹史：礼、俗、法的合成叙事

翻开“双山马家光绪谱”，贴近国家礼制的话语比比皆是。第一卷首句即引用《周礼·春官》“小史掌国志，奠系世，辨昭穆，而谱昉焉”①，将族谱与国史联系起来。二者都以倡明人伦道德、整肃社会秩序为目标，唯指涉范围大小不同而已。国史修撰，“从一开始就是一种国家机制”②，即不仅是一种历史记录，还是特定政治意图的表达，而族谱中普遍存在的礼教叙事，亦可视为国史济世品格的地方化表现。这也就不难理解，为何族谱编撰都以合乎国史体例自矜③，普遍贴近国家礼制话语。

礼教话语反复出现于族谱中，就不仅是为显示修谱行为的政治合法性，而是有着更深刻的社会基础。显然，族谱中近乎程式的礼教叙事，虽则以家族礼仪重建为旗号，其影响却会溢出家族生活之外，而在地方社会产生“礼俗相交”④的广泛效

---

① （清）马元京：《双山马氏世谱序》，山东省莱西市东双山村《马氏族谱》卷一，清光绪三十二年影印本。

② 刘志伟、孙歌：《在历史中寻找中国——关于区域史研究认识论的对话》，（香港）大家良友书局有限公司 2014 年版，第 16 页。

③ 冯尔康指出：“族谱的体例有个发展过程，起始是家族世系表和简单的序言，而后向史书体例看齐，逐渐增加志、传、图，即人物传记，祠堂、祀产、坟茔、艺文等志，坟墓、祠堂等图，以及世系表之外的图表，如科第表，如此，族谱在体例上也史书化。”（冯尔康：《略述清代人“家谱犹国史”说——释放出“民间有史书”的信息》，《南开大学学报》（哲学社会科学版）2009 年第 4 期）

④ （宋）吕大均：《吕氏乡约乡仪》，陈俊民辑校：《蓝田吕氏遗著辑校》，中华书局 2012 年版，第 565 页。

应。各地族谱修撰活动的持续发生①,就形成了对于国家礼制的持续推广,并在潜移默化中影响到地方民众的深层心理结构,成为王朝文化政治的一部分。

然而,族谱毕竟又以面向家族的名义而书写,以完成家族历史的书写为指向,并以所处地方社会生活为参照,于是就需要制作谱例、确立先祖、描述家族源流和支脉演变等,以便将所涉人群划入不同圈层而"定亲疏",以历史的名义建构家族关系。

一般来说,族谱编撰者在为家族谱系确定源头以后,还要从家族历史素材中选择事件,期望借古喻今,对现实生活施加影响。因此,族谱中的事件选择及讲述方式,取决于修谱者所处的社会现实状况及其设想中的应对之策。换言之,地方精英的族谱编撰运作,总是遵循在家族和地方社会生活中发现"危机"并借此实现"转机"的文化逻辑。

比如"双山马家光绪谱"第一卷,在祠堂、老茔等图志之间,就附加了一份一百多年前的县令结案判词:

> 乾隆四十八年,亨祖派大林祖卖与张士观茔地五分,经斌祖派之纯祖呈控在案。四月初十日,蒙杜县尊②判

---

① 冯尔康指出:"宋代以后……民间修谱是自觉自愿的事情,由于民人认为修谱是尊祖敬宗收族的宗族要务,常常兴修家谱,并形成习惯,制定成族规,规定六十年一修,三十年一修,甚至于二十年一修,由于害怕出现年久不修的现象,笃信理学家朱熹的'三世不修谱则为不孝'之说,也形成祖训,著录于族谱。"[冯尔康:《略述清代人"家谱犹国史"说——释放出"民间有史书"的信息》,《南开大学学报》(哲学社会科学版)2009年第4期]

② 即杜堮,1935年《莱阳县志》载:"(乾隆)杜堮:一作锷,浙江绍兴举人,四十七年任。"(陈化章点注:《莱阳县志》,吉林出版集团有限责任公司2014年版,第174页)

结。判语云：

马之纯控伊盗卖，事屡有因，第念大林之地，究系自垦，且马姓中自开垦管业亦不惟大林一人，与盗卖公产微有分别，从宽免责。至所垦之地，乃系祖茔隙地，何得别售异姓，安葬新茔？着马大林即将地价退还张士观，照旧自行管业。其马之纯亦不得因此滋事，将马大林旧管之业再起争端。张士观重价谋售，本应退价入官，并惩知情盗买之罪，姑念伊为葬父起见，且此地究系大林自垦管业之地，亦与盗买公产有间，惟于大林名下追还原价，撤去界石，退还坟地买契，追缴毁销。各取遵依，如违重究。

这一判词与乾隆四十八年（1783）马氏家族内部“盗卖茔地”引起的一场官司有关，早已时过境迁。然而，在马贞芳等家族精英看来，依然有载入族谱的必要。礼仪之家不应有讼，诉讼本身即使家族体面受损，这在传统社会中几成共识。就案件本身而言，马之纯之所以控告马大林，是因为他把祖茔之地卖于外姓。祖茔是家族公产，而非马大林的私产，擅卖外姓是引发纠纷之源。再看判词中的“马姓中自开垦管业，亦不惟大林一人”，可知此时马氏族人的宗族意识已经淡薄。

在审案县令杜塄看来，既然“马茔地内虽多各家垦地，且俱系马姓自开自种，并无异姓管业之地，亦并无异性夹葬之坟”，就说明马大林在“祖茔隙地”开垦土地以为私产符合时俗，不过他售卖于外姓，引起家族纠纷，破坏地方秩序，就绝不可支持，因此界定其行为几同“盗卖公产”，判词最为严厉。对于涉讼另两方的行为，杜塄也判定其均有失当而一律训诫：张士观不该从异姓祖茔买地葬父，有“知情盗买之罪”，近乎“盗买公产”;原告马之纯则有好讼之嫌,被训诫“不得因此滋事”,“再起争端”,说明杜塄认为该事件属于地方家族纠纷,理应内部调解,“经官动府”即有拨弄是非之嫌。显然,县官在判案时以案件对家族及地方社会秩序的影响为重要依据,判词以“各取遵依,如违重究”作结,对涉讼三方均予警告,显示出对这起民间诉讼“各打五十大板”的判案原则。而在身为邑庠生的马贞芳看来,马氏家族是自元代起就有“五世祖官居都督”的名门望族,发生内部纠纷乃至呈讼县衙,是绝不该有之事。自垦为业已有违祖茔神圣,售卖外姓更是辱没先祖之举,而更重要的是,即便发生这类纠纷,也应在家族内解决,动辄起讼多有风险而难有赢家。因此,他在族谱中收录这份县官判词,即是作为反面教材“载入史册”,对后世家族成员作永久警示。

显然,马贞芳在族谱中载录知县判词,昭示官方司法的“从俗”原则,别具深意。经此,族谱中对国家礼制的援引、族规俗约①的条陈,就与“从俗”的官方司法原则形成话语同构,增强了知识精英建构地方社会秩序的权威性与震慑力。杜正贞认为,“所谓的‘习俗’并不是一种自在于社会中的行为和现象,而是被官员、地方精英和古今学者等拥有话语权力的人关注和定义的结果。它们是以礼、法等概念为参照系被划定出来的”②,这一观察有一定道理。不过,在传统社会中,习俗固然

---

① 需要说明的是,地方社会中的“族规俗约”,或指地方知识精英编撰的诫约条例,或泛指“民间法”,二者均与民俗的规范作用有关,因而本文以“俗”指代。

② 杜正贞:《“异姓为嗣”问题中的礼、法、俗——以明清浙南族规修订为例》,《历史研究》2017年第3期。

受制于上层礼、法系统，上层礼、法系统也经常因俗而变。[①] 如以地方知识精英为中心编纂与使用的族谱，就普遍呈现出礼、俗、法等话语的合成叙事景观，并以之开展"以礼化俗"的社会实践。于是，借助于家族素材的裁剪，特别是精心选择的家族历史事件，知识精英巧妙地将个体价值观植入，以历史记忆的方式向当下现实生活延伸，就成为中国社会文化深层结构的显现。尽管国家礼制与官府司法在族谱中的呈现情形不一，前者往往是反复明示，而后者则多处于隐含状态，但二者的权威性存在则是毋庸置疑的。这一现象并非偶然，而是中国文化政治传统在族谱中的表达。

在中国传统社会中，法是为维护伦常秩序而设立的底线，法即赏罚，而以罚为主，目标是不堪教化之人。[②] 相形之下，礼则代表了社会运行的理想状态。作为当下社会现实的俗，既需要法的框约，更需要礼的化育，因而"礼俗相交"所表征的面向基层社会的教化实践，就被视为有利于国泰民安的"千秋功业"。于是，知识精英就借助族谱修撰与国家礼制的对接，以及基于家族-地方社会系统的借题发挥，展示出不同历史时期民众生活、地方社会发展与国家一统进程之间的复杂互动

---

① 梁治平认为："'官府之法'不仅是礼法相互作用的产物，也是在同民间法的长期互动过程中发展起来的……法律上的多元也不是通过横向的竞争来表现，相反，它主要表现为一种自生自灭的民间秩序与直接出自官府的法律秩序的结合。我们可以把这种结合称之为官—民秩序格局。"（梁治平：《中国法律史上的民间法——兼论中国古代法律的多元格局》，《中国文化》1997 年第 2 期）

② 参见范忠信、郑定、詹学农：《中国式法律传统》，商务印书馆（香港）有限公司 2013 年版，第 5 页。

关系。

诚如刘晓春所言:“无论是传统还是现代时期,家族精英阐释着制度化的家族体系,极力维护家族在不同生存时空的生存合理性,从这一意义理解,他们既是国家在民间的代言人,也是民间的代言人。”①进一步说,作为“国家在民间的代言人”,地方知识精英必然要秉持以礼治俗的政治立场,而作为“民间的代言人”,则要借助对礼的日常履践和社会推广,调适地方社会生活。马贞芳将一份百年前涉及家族纠纷的县令判词收录入族谱,意味着在其心目中,地方司法与家族修谱可一并作为历史资源,在地方社会中共同发挥作用,维护传统伦理秩序。马贞芳此举,是他作为“国家”与“民间”的双重代言身份的叠合,也是他对这一中介角色的自觉担承。

如此,地方知识精英便借助族谱编撰将家族生活的“小历史”植入国家“大历史”中,同时将地方社会紧密整合于“礼仪中国”之中。换言之,当族谱等民间文献的权威性在地方社会中得以确立,通晓礼仪与否就会成为一种社会评价标准,甚至可能会被植入岁时节日、人生礼仪等地方传统之中,成为伴随民众个体成长过程的社会化资源。

三、地方文献的历史限度

知识精英基于地方社会的历史书写,内在于国家政治进程与地方社会发展的脉络之中,尽管也会对所谓“大历史”有所

① 刘晓春:《族谱 历史 权力》,《读书》2001 年第 7 期。

指涉,却受到诸多限定。在本文作为核心个案的“双山马家光绪谱”中,这种限定主要表现在三个方面。

其一,地方知识精英的思维定式。在地方社会中,人们普遍相信其所属族群是“有根”的,既有悠长历史可鉴,又有先人智慧可依,足以应对现实生活中的难题甚或大的社会变动。地方知识精英对此心知肚明,当他们编撰族谱时,就会通过追根溯源制造族群“历史”,并将家国一体的思维方式植入其中,建构家族与地方社会秩序。为此,他们需要将符合其历史建构的素材予以强化,而将不符合或不适合进入“历史”的东西弃置一边,若实在难以回避,就赋以其神话传说色彩予以边缘化处理。

在“双山马家光绪谱”编撰过程中,担任组织者和主稿的马贞芳,可谓不惮劳苦。面对先前已修之谱,他以承袭为主,但也多有以“正本清源”为名的改写,这都意味着他要在所处社会时态中彰显“先王之制”①。尽管族谱编撰活动是面向家族的运作,但他还是要从国家政治传统中寻找依据,将国家历史植入关于家族的“历史”叙述中,以此在地方社会中塑造权威,并期望借助民众的不断复述与推演而转化为社会实践。在这一过程中,这些知识精英的社会空间与文化动力又在哪里呢?

在我国传统社会中,所谓“皇权不下县”其实是仅就王朝行政机构而言,国家威权在地方社会中依然是巨大的存在,不仅会通过地方司法的辐射直接呈现,还会通过寻找代理人的方

① (清)马贞芳:《敦本堂记》,山东省莱西市东双山村《马氏族谱》卷四,清光绪三十二年影印本。

式延伸出“权力的毛细管”①。传统的科举教育模式,不仅在地方社会中培育了大量的识文撰字者,还养成了他们以“礼教为本”等为表征的文化政治思维定式,并为其面向基层社会的“以礼化俗”实践提供了思想资源、行为动力与技术路线。中国传统之学不尚空谈,不以抽象的概念辨析为能,而以“治世”为共同的理想追求,但对于“治世”的理解却是不同的,因此讲究思辨和实践的结合。地方知识精英长期修习“四书五经”等经典,通过反复思辨与身体力行,不仅具有“兼济天下”的情怀,亦具有在地方社会有所作为的某种能力。如关于礼的话题,孔子以“义以为质,礼以行之”(《论语·卫灵公》)强调礼的实践性质,荀子则以“隆礼尊贤而王,重法爱民而霸”(《荀子·大略》)强调礼与法的结合。论及礼俗,《周礼》将之列入“八则治都鄙”,唐人孔颖达有“礼乐本出于民,还以教民,与夫云出于山复雨其山,火生于木反焚其木,复何异哉”②的提醒,北宋《新唐书》批评自汉朝以来礼制一直未达“时俗”而沦为“礼之末节”③,南宋朱熹制定《家礼》时则遵循“以古礼减杀,从今世俗之礼”④的原则,试图循礼兼从俗,等等。特别是以朱熹、黄宗羲为代表的理学家,通过对礼俗分离、以礼化俗等议题

---

① 参见王汎森:《权力的毛细管作用:清代的思想、学术与心态》,北京大学出版社 2015 年版。

② 毛亨传,郑玄笺,孔颖达疏:《毛诗正义》(上),李学勤主编:《十三经注疏》,北京大学出版社 1999 年版,第 10 页。显然,孔颖达认为国家礼制下行,对于民众而言既可受益,也可为祸,见解可谓深刻。

③ 欧阳修、宋祁等:《新唐书》卷十一,中华书局 1975 年版,第 307 页。

④ 黎靖德编:《朱子语类》卷八十四,中华书局 1986 年版,第 2185 页。

的持续讨论,将礼俗同一、化民成俗视为政教实践的核心目标,并对后世发生深刻影响,成为士大夫阶层之共识。① 后世知识精英在反复研习中,努力“斟酌于礼俗之间而求得其当”②,使“以礼化俗”成为应予履践与推广的礼教通则。③ 当上述观念普遍扎根于传统知识精英的头脑中,成为其思维定式,就在广大地方社会中塑造出具有相近精神气质的一个社会阶层,成为不可小觑的社会力量。时至清末,在马贞芳等地方知识精英的心目中,礼当然是以“化民成俗”实现价值的,否则就处于“无礼”的空悬状态,乃士人之耻,这是毋庸置疑的。

再看参与“双山马家”五次修谱的六个核心人物,虽身份有所差异,但都是长居乡村的知识精英:西小章村马国祯,乾隆年间昌邑县增广生员;双山村马元亭,嘉庆年间以乐善好施著称的乡绅;神山埠村马贞芳,光绪年间即墨县邑庠生;双山村马利崇,光绪年间修谱时为“族人共相推崇”;西小章村马克钧,光绪年间在昌邑县衙担任讼师;而马德云则在乡村私塾任教。显然,通过科举考试获得初级功名或具有文字书写能力的地方乡绅阶层,是五次修谱活动中的倡导者和实践者。早有学者注意到:

---

① 陈畅:《以礼化俗视野中的理学道统世界——以管志道、刘宗周的家礼实践为例》,《同济大学学报》(社会科学版)2018 年第 1 期。

② 严寿澂:《礼俗与中国社会——以唐文治〈礼治法治论〉及刘咸炘〈礼废〉为中心》,彭林、单周尧、张颂仁主编:《礼乐中国:首届礼学国际学术研讨会论文集》,上海书店出版社 2013 年版,第 270 页。

③ 刘咸炘《礼废》载:“汉以后则不周于人伦,唐以后更不通乎俗变。不周于人伦者,行于朝廷而亡于乡里。不通乎俗变者,王制为俗所不遵,俗传为儒者所不许。以是二者,故虽有礼,如无礼焉。”(刘咸炘:《推十书增补全本》,上海科学技术文献出版社 2009 年版,第 331 页)

> 一个家族中出了知识分子,特别是出了做官的族人才能修谱这样一种普遍观念,尽管随着时代的变迁有所淡化,但还是存在了相当长的时间。因为产生于宋代社会的宗谱,多属士大夫阶层的专利,虽然随着时代的变迁,修谱活动慢慢地在平民阶层中也出现了,但能达到修谱程度的宗族大多还是士大夫阶层。①

尽管在光绪年间的胶东地区,乡村中通晓文字者已不在少数,但唯有通过修撰族谱才能将家族历史与国家礼制对接,彰显"礼仪之家"身份,而有别于普通乡民。地方知识精英的"礼治"观念与"礼化"行为,既是长期以来国家"礼制下行"的结果,又进一步为国家一统进程提供了社会支撑。

其二,民间文献的体裁规定。族谱作为民间文献的体裁之一种,自有其内在规定性,族谱编撰可供个人发挥的空间其实是有限的。

族谱编撰以追根溯源、归宗别支、强调族规等方式谋求家族凝聚力,多次续修即是对家族故事的反复讲述,旨在对家族谱系予以重建。尽管编撰者基于现实诉求,往往会对此前族谱源流予以辨析调整,或赋予某些细节新的意义,但在总体上却必须符合族谱的传统风格。

如前所述,"双山马家光绪谱"在追溯始祖时,双山村、神

---

① 周芳玲、阎明广编译:《中国宗谱》,中国社会出版社 2008 年版,第 128 页。

山埠村均认同元初马室[①]，而西小章村则选择明初马原，这是基于不同现实诉求而形成的“历史”差异，最终未能合谱也自在情理之中。西小章村马国祯在乾隆年间修谱，推出以马原为一世祖、以马原四子为支脉的“四兄弟说”，而将与老家双山的联系予以模糊化处理（“其先无所考”），姑妄存之的“马钰苗裔说”，就将明初之前的家族历史予以“传说化”，为后世家族续谱奠定了基调。西小章村“四兄弟说”既经族谱载录，便被光绪年间修谱的马德钧等视作有文字记载的“历史”而承袭。而马贞芳等修谱，因为既要明确承袭双山村嘉庆谱，还要合入前谱缺失的西小章村支系，便推出了以明初马氏家族七世分家为界的“四兄弟故事”新版本，形成所谓“三地四支”的家族叙事基调。虽然“双山马家光绪谱”未能实现合谱，但双山马家“三地四支”的说法却被广泛接受并流传下来。然而，20 多年来，“三地四支”都意识到将五世祖马亮作为“中兴祖”的重要性，不约而同地将之视作文化资本加以运用[②]，目前已有过联合修谱的多次协商，或许在下一轮族谱续修中会有合谱的可能。

即便如此，地方修谱毕竟不同于国家修史与官方修志。在“双山马家光绪谱”的编撰过程中，双山村、神山埠村与西小章

① 马贞琅《马氏谱跋》记载：“先世家云南，元初我始祖荆斋公迁居莱阳之双山。”（山东省莱西市东双山村《马氏族谱》卷一，清光绪三十二年影印本）

② 2007 年，小章竹马列入山东省非物质文化遗产名录，其申报文本凸显“马亮创造竹马”的传说：“小章竹马起源于元代末年，五世祖马亮被封作元帅，有感于马氏家族人丁凋敝，遂听从身边军师的建议，将当时流传于汉中地区的竹马移植过来，并把他日常操练士卒、行兵布阵的阵法融会进去，形成了以走阵演武为骨架的舞蹈形式。”2016 年，莱西市夏格庄镇为建设“乡贤名镇，文化之乡”，在东双山村建起马亮塑像。

村尽管在始祖认同上存在差异,却并不牵涉对国家正统之争。换言之,西小章村坚持认同明初马原,并非要奉明朝为正朔,而双山村、神山埠村之认同元初马室,包括马贞芳力证“五世祖为大元纯臣”之举,也与对元朝的忠诚无关。族谱编撰活动仍然是面向家族和地方社会的文化表达,如向开创基业先祖表达敬意,厘清家族传承谱系,明晰家族公产,显示家族有能人、心齐等,都被视为族谱之本义,所谓“尊祖、敬宗、收族”“奠系世,辨昭穆”“水源木本”①等,偏离这一目标就会成为笑话。

这一现象,也广泛存在于碑刻、日用类书、民间礼仪本、宗教科仪书、宝卷等其他民间文献体裁中。地方社会对于民间文献体裁的传统限定,为我们理解“小历史”的多元生成与差异化风格提供了路径。

其三,地方社会的接受限度。族谱修撰的本质是家族建构,当这一实践活动持续发生,也就指向了家族制度的维护与重建。但这样一种建构或重构能否成功要另当别论,还要受到地方社会生活的制约。如双山村马元亭在嘉庆年间主持修谱后,家族祠堂即分别于三年后(道光二年)、再七年后(道光九年)买地扩修,显示出家族势力的扩张,而在80多年后,马利崇、马贞芳在光绪年间主持修谱,其花费仍可“悉依凌霄祖所积公产以为据”②,乃至谋求双山马家“三地四支”的合谱。相形之下,在“双山马家光绪谱”编撰活动中居功至伟的马贞芳,却在后世引发了是否“越礼”的争议。

---

① (清)马元京:《双山马氏世谱序》,山东省莱西市东双山村《马氏族谱》卷一,清光绪三十二年影印本。

② (清)马贞芳:《双山祠堂记》,山东省莱西市东双山村《马氏族谱》卷一,清光绪三十二年影印本。

关于马贞芳"越礼"与否的争议，集中于他在族谱撰文中对于先祖的几处议论：在《重修谱叙》中，他质疑嘉庆始修谱中部分内容，声称"先人失检"[①]；在《五世祖科第功勋辨误》一文中，他自述年少读谱时曾"心鄙其（五世祖马亮）为人"，并表示"翻前人已成之谱，但证诸典籍，其错误历历可指，不得不大书而特书之"[②]；等等。"双山马家"各家支在20世纪90年代后又有续谱之举，马贞芳的上述话语多被删除，理由是对先祖不敬，违反了"尊祖、敬宗"的修谱原则，不符合"礼仪"，等等。还有家族后人认为，尽管马贞芳是在为先祖辩诬"拨乱反正"，但谈及先祖言辞不恭，语气激烈，容易引起不同家支的纷争。上述现象，是地方民众族谱观念的体现，并具体表现为地方社会对族谱修撰的约束力。一方面，它会制约族谱文本，使其不至于偏离地方化的"礼教"传统，另一方面也使族谱编撰者的"历史"创造，要有面对时人或后人评价的设计。

就马贞芳而言，他在光绪年间编撰族谱，以激烈语气力证"五世祖为大元纯臣"，未必就在当时的家族与地方社会中引发争议。20世纪初，正是思想激荡、新旧交杂的易代之际。国运鼎革已可预见，马贞芳面临与五世祖马亮"不能为元殉难，亦不宜为明立功"相似的文化焦灼，遂在族谱编撰中"借古喻

① 马贞芳《重修谱叙》记载："惟五世祖科第功勋，志祖派世系伦次，确系先人失检，不得不翻旧谱而详加更正。"（山东省莱西市东双山村《马氏族谱》卷一，清光绪三十二年影印本）

② 马贞芳《五世祖科第功勋辨误》记载："少时读族谱，五世祖亮……功勋俱载明史。心鄙其为人，以为处元明之际，不能为元殉难，亦不宜为明立功，而不知误也。"（山东省莱西市东双山村《马氏族谱》卷一，清光绪三十二年影印本）

今”,通过为先祖辩诬而彰显忠贞报国的气节,乃地方士子的应有姿态,亦合族谱大义。时过境迁,上述文字不能为 20 世纪 90 年代的修谱者所接受,因为社会时态已大异当初。

进一步看,“双山马家光绪谱”的编撰时间跨越 20 多年,此时中国正逢“三千年未有之大变局”,洋务运动、戊戌变法、义和团运动等的次第发生,可以视为西方文明日益迫近之时社会各阶层的应激性反应。胶东地区是中国近现代史上重大事件的发生地与见证者,上述事件均有深刻波及,却在族谱中不见印记。如果从梁启超所谓“消极史料”①的角度来理解,恰是习惯于传统的地方知识精英,一旦面临社会变局的“礼崩乐坏”,会愈加感到因循旧辙的必要,编撰族谱是其试图以古律今、以恒应变的路径之一。特别是 1901 年清廷实行“新政”、改革科举,1905 年最终废除科举制度,对于马贞芳之类地方精英冲击巨大。“双山马家光绪谱”编撰正启动于 1905 年,或许并非巧合,恰好反映了地方精英以族谱修撰应对时局的一种政治设计。

结　语

再回到关于“历史本来就是一个”的话题。类似对“大历史”与“小历史”(还有大小传统等等)的划分由来已久,也对现代人文社会科学发展起到过重要推动作用,但这种分门别类的

---

①　梁启超:《中国历史研究法》,华东师范大学出版社 1995 年版,第 91—92 页。

精细研究模式，的确容易让人忘却“生活本来就是一个”的常识。正如詹姆斯·斯科特所言：

> 正如成千上万的珊瑚虫杂乱无章地形成的珊瑚礁一样，成千上万地以个体形式出现的不服从与逃避行为构建了其自身的政治或经济屏障……当国家的航船搁浅在这些礁石上时，人们的注意力被典型地吸引到船只失事本身，而不会看到正是这些细微活动的大量聚集才是造成失事的原因。①

就此而言，赵世瑜的倡导很有必要，而学界“以俗证史”“多元一体”“回到历史现场”“礼仪标签”“礼俗互动”“贤能政治”等学术理念的提出，也在不同时期显示出大小历史“合成”工作的有效性，但相对于纷繁厚重的“中国经验”而言，却依然处于起步阶段。在中国传统社会历史进程中，尽管屡经改朝换代、治乱兴衰，但中华文明依然绵延至今不衰，必然自有理路。其中，地方知识精英面向基层社会的文字书写，对地方社会的历史与价值取向予以持续塑造，在国家与地方之间发挥着至关重要的中介作用。对于族谱等民间文献的社会价值与学术意义，应从这一层面予以重新确认。

国家与地方之间原本就是相互生成的关系：一方面，国家历史内嵌于地方社会生活之中，经常被地方精英视作资源加以运用；另一方面，从未存在空悬于地方社会之外的“国家”。知

---

① [美]詹姆斯·斯科特：《弱者的武器》，郑广怀等译，译林出版社2007年版，第43页。

识精英借助文字书写建构地方历史,形成国家政治的地方化表达,建构地方社会秩序,以及民众对王朝政令的遵从、因应等多种态度①,都是"历史本来就是一个"的本有面相。这或许意味着,受到诸多限定而纷繁多样的地方文献,是中国文化政治传统与深层社会结构的呈现,也体现了家族精英在国家与地方之间双重代言角色的扮演,深入挖掘,或可为当代学术跃升提供可贵的社会基础与学术资源。

① 刘铁梁认为:"任何大一统的文化到了民间,都有一个民间化的过程,而这个民间化过程是紧密联系其社区自身存在和发展的需要。"(王铭铭、刘铁梁:《村落研究二人谈》,《民俗研究》2003 年第 1 期)反过来说,国家对民间文化的吸纳也同样以服从国家的政治需要为原则。从本原的意义上,国家乃是地方社会的产物,而国家一旦产生,则会持续地对地方社会施加影响,二者之间形成反复嵌套的关系。张士闪指出:"国家制度,深深地影响着乡村社会的日常生活,但我们也不应忽略,在乡村社会语境中,(国家制度)又经常被视作一种可供谈论、交流、改装或化用的'文化文本'的。"(张士闪:《礼俗互动与中国社会研究》,《民俗研究》2016 年第 6 期)

试论当代乡村社会中民间信仰活动的艺术化趋势*

——以山东潍坊地区青州市井塘村为个案

引　言

在我国传统的乡村社会生活中，一直延续着以年度为周期来安排生活的习惯。农忙与农闲，构成了乡民一年中的大致生活节奏。如果说农事之忙是乡民集中解决基本生存需要的物质生产之忙，那么农事之闲则是他们集中满足心理需求的精神生产之忙。农事之忙，使得乡民能够有足够的物质生活资料做保障，好整以暇地从事各种各样的精神活动；精神活动之忙，旨在按照乡村社会的规则调谐人与人的关系、人与神的关系以及个人的"精神内海"，如斯方能保持村落生活的日常秩序与农忙时节的生产秩序。

一般说来，乡民在农闲时节进行的最重要的精神活动有两种，即信仰的和艺术的。在传统乡村社会或是在现今一些偏僻区域，信仰在人们的精神活动中无疑占据了上风，艺术往往作为信仰仪式的一种构成元素或日常游艺活动而存在。随着人类社

---

* 本文原载于《民间文化论坛》2005年第2期。

会历史的演进,信仰活动越来越多地发生由信仰向艺术嬗变与置换的现象。就某一信仰活动而言,娱神的设想或许就更多地转向娱人的诉求,或是以娱神的名义实现娱人的功能,而且日益凸显个体性因素或群体性诉求。于是,这类信仰活动逐渐借助种种艺术手段,强化群体的凝聚力与向心力,乃至将其展演的艺术活动符号化,谋求成为活动群体的象征符号。我们在田野调查中,的确看到许多信仰仪式活动,在年复一年的反复展演中,借助其艺术的感染力,不断地向周边乡村社会发散其影响力。

下面本文将主要结合井塘村香社活动中的仪式歌与盖房上梁歌,对此予以分析。

一、井塘村概况及其“神圣空间”的建构

在分析井塘村信仰活动之前,我们需要先对井塘村的大致状况及其神圣空间的分布略作描述。

井塘村位于青州市区西南 15 公里处,行政上隶属五里镇,是该镇最靠南的一个山村。井塘村为镇里第三大村,南依玲珑山,与南部乡镇王坟接壤,东靠南阎村,北为上院村、下院村,西边则利用山顶的自然屏障搭建围墙,历史上起到了防御土匪流寇的作用。井塘村属于典型的山区,现有土地 1400 亩,荒山 3500 亩。经济生产以农业为主,兼及果品种植、加工和销售。全村人口 1585 人,有吴、孙、张三大姓氏,其中吴姓占总人口数的 60%—70%。①

① 以上数据为 2003 年 8 月时该村数据。

据该村村民说，在明朝建立之初，官府在山西、河北等人口稠密之地强制百姓大批移民，有吴氏三兄弟便于此时从河北冀州府枣强县马安场迁居此地。[①] 吴氏三弟兄中的老大迁至高柳吴家庄，老二迁至安丘洪河村，老三迁至吴家井村，并于明朝景泰年间又迁至井塘村，成为这里的首批住户。吴氏总谱一式三份，兄弟三人各持其一，谱中吴氏三世以上失考。吴氏迁来之后，该村孙家的九世祖孙彪自临朐开井村移民至此，住在井塘村南边山岭之下。再后来，张氏也由临朐县涝洼村迁居于此。三大姓氏立村之初，因该地东山下有一眼清泉，长年不涸，后被村民凿为井塘，村名便由此而来。村里百姓现在还常说“先有井塘，后有井塘村”。

井塘村依山而建，三面环山，对外交通很不方便，用村民的话来说就是“山高石头多，出门就爬坡”。时至今日，青州市的邮递员习惯上仍是每周来村委两次收发邮件。手机在这一带基本派不上用场，因为只有在村外凤凰山的顶部才有微弱信号。地理环境的闭塞，使该村与外界交流一向较少，再加上居住人口相当稳定，该村保存了比较古朴的生活方式与民俗传统。也正缘于此，井塘村至今仍保有比较完整的民间信仰组织团体及其仪式活动。其主要庙宇或保存完好，或留存下大体的遗迹群落，民间香社有着较完备的组织，每年定期举办活动。

井塘村的庙宇主要集中在两个地方：一是老村东面、村井西邻，有关帝庙、无生祠和龙王庙；一是村子的东北角，有三官庙和土地庙。

---

① 井塘村吴姓村民中还流传吴氏先祖最早是明初从山西洪洞迁到河北枣强，然后迁来井塘村的。

首先是在老村东面、井塘西邻一带，以村井这一堪称神奇的自然景观为依托，形成了一个神圣空间群落。此处原有完整的围墙，现今南面的围墙仍在。围墙内有两排庙宇，前面一排是无生祠，供的是无生老母；后面一排有两座庙，东面是龙王庙，西面是关帝庙。无生祠前自成一处独立院落，祠堂面积约十二三平方米，高约 3 米，门朝南，祠中原供有五尊神像，位列正中的无生老母是金脸金身，两边侍立的神像都是一袭白衣。这些神像在 1949 年前后全部被毁。

三座庙宇中，关帝庙最大，无生祠次之，龙王庙最小。庙宇大小，似乎正对应着北方乡村社会对于三类事务的关切程度——龙王庙仅为人们救旱解困的不时之需而存在，这里长年不断水流的井塘无疑降低了人们对掌管雨水之“龙王”的依赖程度；无生祠引导人们看破（以便能比较心平气和地忍受）今世的生老病死等苦厄，以求修得来世功德圆满，意在通过降低个人的欲求而提升人的幸福感；关帝庙则代表了一种为人处世道德伦理的现世原则，关乎当下生存。据村民说，关帝庙盖得最早，无生祠盖得最晚。规模最小的龙王庙，门仅有半米宽，庙高约 2 米，孩童可以钻进去。庙宇的建筑形制证明了村民上述说法的可信性：关帝庙窗户立面上的石头是发券的（即排列成拱形），顶面用的是小瓦，而无生祠的顶面已用上了檩条、砖瓦。这些建筑现在俱已塌毁，但从所留残迹仍能看出大概。

关帝庙边曾有戏台，老戏台就在庙的东南面，后来有村民在老戏台上面盖了房子，人们将戏台改建于现今位置，临井而筑。在关帝庙的原址上，我们发现了一块大石板，是曾正对关帝庙、面北而立的一块天地牌位碑，上面刻有“天地三界十方万灵真宰之神位”字样。旁边还有一块上供用的石桌。

当我们在2003年8月中旬再次来村里调查时，发现关帝庙已修好，无生祠、龙王庙遗址如故。据村民介绍，在这些老庙中，只有关帝庙还没有全毁掉，比较好修，而其他几个庙都毁损厉害，本想一起都修起来，因为资金不够，就先修了关帝庙。

2000年修关帝庙时，除本村人捐款外，外村也有捐的。当时为了鼓励村民多捐，规定捐款20元以上的可以在碑上题名，捐款少的在黄布上记名。这次修庙、刻碑共花费4700多元。

关帝庙修好后，规定了四个上香的日子，分别是农历三月十五（春祭）、六月二十四（关老爷的生日）、九月九（秋祭）和十月十五（冬祭）。另外，五月十三是关老爷磨刀的日子，也有活动。上香者来自附近方圆十公里左右的地面。庙门钥匙共有四把，分别由四位村民掌管。逢香火日子，他们提前一天来打扫卫生，如擦桌子、打扫院落等。平时，村民有许愿还愿之事也可以进来。

村东南一带的“神圣空间”，主要是是供奉三官大帝的三官庙（占北屋三间）和占一间西屋的土地庙。两座庙宇现已全部塌毁，但土地庙的旧有功能却凭借原址上遗存的一个土台而继续保持着，村民逢丧事，仍要到这里来“送大纸”“送盘缠”。过去，村民的住房都集中在老井一带，呈南北延展的带状，距离土地庙都不算远。到了20世纪80年代中期，有将近一半的村民搬到鞍子口西面居住，距村东土地庙较远，往返一次需用一个多小时，而按照村里办丧事的老规矩，须在一天之内三度往返。村委会曾倡议破除这一旧俗，或在鞍子口另建新土地庙，但村民不予理会，逢遇丧事仍不惮烦苦地到老土地庙的土台上举行相关仪式。

村内南面老屋密集处，还有一处仙家庙，一米见方，红砖垒砌，开有一扇小庙门，上写“金山”二字。据村民说，这里供的是能给家里运财的狐仙。

村南玲珑山上有玉皇庙和瑶池。玉皇庙今已不存，瑶池还在。每逢上香的日子，村民也有到玲珑山的。村北有凤凰山，过去有三官殿、观音堂等，今已全部塌毁，山上尚存十余块石碑，其中多为清代记载这一带香社活动的纪事碑。过去，每逢三月三、九月九等日子，附近村落的村民多来凤凰山上香，香火极盛。现在，由于开山取石，凤凰山已呈支离破碎之状，上山之路十分险峻，因而来上香的人越来越少。有的老太太即使来了也只能在山下烧纸，无法上山了。

二、对于井塘村香社活动中艺术因素的分析

井塘村现有三个香社组织：玉皇社，鞍子口东四季社，鞍子口西四季社。其中，玉皇社是本村村民吴贵兴于 1985 年发起的，该社也就一直在吴贵兴家举行相关活动，参加香社的社友以本村为主，周围邻村也有参加者。吴贵兴夫妇去世后，现在负责该社活动是其养女吴兆银。该社供奉老子和玉皇大帝，在阴历每月初一举行活动。玉皇社社友在 1993 年制作了一把万民伞，上面除载录共襄此举的各位社员外，还有如下一段题记：

> 尝闻水源木本，古之定理，物有本末，事有终始，世上凡有一事之果然。而井塘村善男信女，诚心奉请老子爷、玉皇爷社，为了全片保护，除灾免难，五谷丰登，竟有邻村二十余处共同襄助，量力捐资，至今已有八年之久。经全

体社友共同议论,成立彩伞一把,将各个善信名列伞内,继往开来,遗留纪念云尔。

村名备载

井塘村　南闫村　张家峪　上下院　三刘井村　三石皋　张家洼　葛沟山　黑山村　黄马村　左家河　邓家河　茅峪村　闸口村　高柳村　杜家庄　核桃园

中华人民共和国一九九三年十二月中旬吉旦

井塘村的四季社原为一个社,后来部分村民迁往鞍子口西居住,往来不便,遂在鞍子口西另起一灶,老四季社由此分为东西两社。

这一带四季社活动的历史比较悠久,我们在村外凤凰山见过一块记述民国年间四季社活动的碑刻,可为见证。

四季社碑

民国八年,岁在己未,孟秋之初会于凤凰山之三官殿前。当四季社也,群友毕至,少长咸集。游览古人之会社,皆有碑碣以志之。吾人立社,业已有年,能不立石以昭来世乎?故亦列叙时人,勒诸贞珉。后之视今,亦犹今之视昔。后之览者,亦将有感于斯碑。

李　汉顿首拜撰　主持卜嗣清

卜宪周顿首拜书　石工张锦春　清春

四季社供奉无生老母和四季老母,四季老母包括春季观音老母、夏季清凉老母、秋季文殊老母和冬季普贤老母。每逢四季交接之时(即立春、立夏、立秋、立冬),四季社都要举行"接季”活动。届时,众社友在接季活动中载歌载舞,咏唱各种仪式歌。有趣的是,玉皇社与四季社虽然信奉神主不同,举行仪式活动的日期各异,但参加两社活动的人员则基本叠合,而且两个仪式的祭拜仪式、歌舞表演和“佛曲”咏唱等几乎一样。在两社活动中,主要是50岁以上的妇女,另有一两个老年男人前来帮忙,负责登记前来参加活动的信众姓名及其交纳香资的数目。这一两个老年男人,是曾在村里任职多年的会计或中小学教师,颇有威望,愿意来义务帮忙。在整整一个上午的仪式活动中,她们焚香,不停地唱曲、祭拜,间或起身且舞且唱。最常咏唱的“佛曲”是《五棵桃树》《有的三两女,有的三两男》《众道友我来到你的家园》《泰山老君留下的真神经》《十二月歌》等。

五棵桃树

一棵桃树满天云,俺跟师傅进佛门。
进来佛门同修炼,不要回头恋红尘。
两棵桃树开得白,俺留师傅这一回。
千留万留留不下,经卷佛法俺为身。
三棵桃树开得红,俺同师傅这一层。
去时踩着泥和水,回来俺踩着冻冻凌。
四棵桃树开得黄,俺跟师傅进经堂。
进来经堂见老母,老母就是俺亲娘。
五棵桃树叶儿尖,俺同师傅上高山。
上去高山香火会,香火会上得团圆。
念到这里佛为满,念上弥陀保周全。

十二月歌①

正月里山花是新年，目下灵山俺迎仙。
灵山一带花园地，送与天下女共男。
散花的童子接了去，老母面前自喜欢。
善男信女对全花，迎接仙人进花园。

二月里山花芽儿发，一同来到花园下。
老少善人把花采，手托鲜花笑嘎嘎。
花园一个老妈妈，提名叫它姥弓花。
姥弓只在双灵寺，看看它面是根芽。

三月里山花芽儿青，散花的童子管分明。
……

乍看起来，这些民间信仰活动是在巧妙地借助艺术形式，以增强其感染力和影响力。仪式活动借助歌唱、舞蹈而创造一种独特的情境，引导人们将指向永恒的宗教情绪与关于日常生活的记忆片断缠结在一起。歌舞者通过反复地、不间断地表演而长久地逗留其中，达到了“寓一瞬于无限”的艺术效果。正是在这种意义上，保罗·韦斯说：“如若宗教反对一切艺术表

---

① 这首歌是笔者私下听井塘村村民王珍兰大娘演唱的。王大娘时年79岁，没上过学。她在60岁时跟本村77岁的吴荣昌老人学会了这一类歌谣，因为吴荣昌信了耶稣以后，觉得这些歌没什么用，不愿再唱。以后村里有上梁、结社这类活动，就经常请王珍兰去唱。据老人讲，《十二月歌》主要是用来敬神的，几乎每个月都有一个神，特别是在四季老母“接季”时，都要唱《十二月歌》。

现形式,那它就不仅会剥夺人们追求美好的权利,而且也会剥夺其自身繁荣兴旺的机遇。”他进而推测说:“只有在艺术品的精美性能够促使教徒们有效地参与到宗教活动中去的情况下,艺术品才会受到宗教的欢迎。”①

然而,保罗·韦斯在这里是以崇信一神教的西方文化为背景,所指的是比较虔诚的基督徒的宗教立场与艺术心理。在宗教信仰心态颇为随意、信仰仪式不甚“规范”的中国乡村社会,乡民常常是要借助在其建构的“神圣空间”里的信仰活动,舒展心灵,调节生活,由此混融大量的审美体验。在中国乡村社会,一般不会极端地追求所谓宗教的“纯粹”。除了极少数狂热分子,绝大多数信仰仪式参与者是不会去区分他们在仪式过程中的那种感动,是来自信仰本身还是仪式中的艺术活动。一切都归之于神灵的名义,并不意味着一切都与神灵有关。如在井塘村仪式歌中,往往借祈祷女性神灵之机,向现世生活中的母亲——基本上已不在世——诉说委屈,或重温从童年时代积淀下来的对于家乡生活、自然景观的亲切记忆,或在内心深处体验某种“人生如梦”的神秘感应,等等。《十二月歌》中所咏唱的众多花卉,不外是乡村之中常见之景,如山花、老鸹花、桃花、杏花、牡丹、水仙、梨花、葫芦花、荷花、芝麻花、雪花等,从中亦可见端倪。相较于山村妇女繁重、单调的日常劳作而言,仪式活动中的这类美好体验堪称奢侈。这一仪式活动的定期举办,固然有培植、导引某种宗教情绪的成分,但对于日常承担繁重家务、习惯于低眉顺眼过日子的井塘村一带中老年妇女而

① [美]保罗·韦斯、冯·O. 沃格特:《宗教与艺术》,何其敏、金仲译,四川人民出版社 1999 年版,第 14 页。

言,则更像是慰藉心灵的难得时光。

显而易见,在我国当代农村社会中即使偏僻如井塘村,由于初级义务教育的普及与现代传媒手段的广泛使用,传统的信仰空间亦日益受到现代生活方式及思想观念的强力渗透,乡民在信仰活动中以个体情感满足为特征的艺术化成分正日益增长,已与其前辈的信仰心态有较大差异。

三、巫术抑或艺术——对井塘村上梁歌的解读

修房盖屋是乡村社会中兴师动众、大兴土木的大事情,在井塘村,一系列工序、仪式虽然烦琐,但主家的经济负担并不算重。首先,井塘村靠近盛产石料的凤凰山,谁家要盖房子,就会组织人去开采,花费有限。其次,井塘村有日常互助传统,遇到有家户盖房子,大家都会去帮忙,这基本属于义务帮工的性质。届时,男的备料、调灰、砌墙等,女的则帮助主家做饭、收拾家什等。平时在村里人缘特别好的,在这种场合前来帮工的人就特别多,据说曾出现村里300多人都来帮忙的情形,至今仍为村民津津乐道。虽然人来多了,不免有忙有闲,但工期肯定会大大缩短,一栋两层楼房往往正式开工两天就能盖起来。盖房子的人家只要有足够的粮食储备,每日管帮工者午饭和晚饭就行了,不用付工钱。据村民说,盖房子最费钱的地方,一是工期内买烟的支出,二是房子盖好后请木匠做家具的花费。

既然盖房所需的物力、人力让主家破费有限,主家也就没有了那种倾囊为之甚或举债的心理压力。在盖房过程中,由于

参与人数众多,气氛热烈,不仅众人的劳动疲劳可得以缓解,还往往为整个活动赋予某种狂欢庆典的意味。事实上,前来帮工的人数一般都大大超过了正常盖房进度所需要的劳动力数目,经常是一帮人在干,另一帮人在看,排班都不容易排上。而事主则以前来帮工的人数之多为荣——这是他日常为人处世成功的标志,笑呵呵地跑前跑后,努力提供足够的烟茶酒饭等。大家忙忙碌碌中,夹杂讲笑说唱,不知不觉中一座大大方方的农家房舍便稳实地坐落在那里。

这其中最具典型意义的是“上梁”仪式。在预备“上梁”这天的中午,主家是一定要设宴招待众多帮工者的。整个宴席由主家备料,由帮工者里面厨艺好的人来主厨,邻里妇女帮办菜饭,不外请厨师。邻里妇女忙活完,不会留在主家吃饭。主家也不必为餐具犯愁,桌凳、碗盘、勺筷等都由帮忙做饭的邻里妇女捎来。2003 年 8 月 16 日,我们正赶上有一家盖房举行“上梁”仪式的,100 多位帮工者分坐 13 桌酒席。而前来帮忙做饭的妇女有 20 多人,从早上 9 点就开始准备,一直忙活到正午时分才各自回家。

“上梁”仪式要在开席前举行。人们先找一块如红领巾一样大小的方状红布,用双股红绳系吊到新屋正梁上,还要贴一道写有“公元某年某月某日上梁大吉”的红联,称作“上梁红”。比较讲究的家户,除了拴红布、贴红联外,还要拴上栗子(寓意“立子”)、花生(寓意“长生”“花着生”)、黄历(寓意“过好日子”)、铜制钱(寓意钱多)等。此刻,户主会安排燃放鞭炮以示庆贺。家中主妇则在新房前的空地上摆放一张小方桌,上面摆放香烛及“五个盘”“八大碗”,盛有点心、馒头、芹菜、鱼、豆腐等,各有寓意,俗称“上梁供”。然后,主家开始“发钱粮”(烧香烧纸),早已请来两位老年妇女磕头祈祷,唱"上梁歌"。在井塘村,"上梁歌"又称"念佛"。我们在井塘村调查到两种"上梁歌"的版本:

井塘村上梁歌(一)[①]

咱这个古院盖得强,观音老母来上梁。
一梁上的沉香木,二梁上的满屋香。
三梁上的全家好,再把这门窗安正当。
这张桌子放当央,筷子摆上敬十双。
四荤四素八碗子菜……

井塘村上梁歌(二)[②]

这口屋盖得强,观音老母来上梁。
门窗户大安正当,金砖银瓦一起上。
大梁上的沉香木,二梁上的满屋香。
三梁上的全家宝,门神虎爷站两旁……

前来唱"上梁歌"的老大娘都是本村人,不要红包,与前来义务帮工的村民一样。整个建房活动很像一场狂欢庆典,大家随意开着各种玩笑,甚至以偶然路过的外地人为调侃对象,要是快到开饭时间的话就热烈邀请其留下共同吃喝。如果说,上梁完工后共喝"上梁酒"是这一庆典仪式的高潮,那么唱"上梁

---

① 这首歌为井塘村民阎贵芝等所唱。阎贵芝 61 岁,老伴是石匠孙全吉。

② 这首歌为井塘村村民王珍兰老大娘所唱。

歌”则是这一高潮的前奏。可以说,在井塘村村民的心中,唱“上梁歌”是整个建房活动中不可或缺的组成部分,一连几天来所有的疲劳困顿都在抑扬顿挫的“上梁酒”咏唱声中得到了某种缓解,大家都想加把劲早早完工喝“上梁歌”。相形之下,对于“上梁歌”中祈福求吉之类祷词能否切实发挥效用,几乎无人在意。当地有句俗话说:“喝了上梁酒,活到九十九。”男人在酒席上肆意吃喝谈笑,唱完“上梁歌”的两位老大娘早已悄然离去,与前来义务帮工的妇女一样,从不会留在主家吃饭。试想,两位老大娘在整个“上梁”仪式中担当了什么角色?就现场的气氛与效果而论,她们看似像巫师作法,其实更像是以小型的歌唱表演宣告工期正式结束与庆功宴即将开始。

结　语

显然,井塘村村民对于什么是信仰、什么是艺术并不关心,或许也从未感到有区分的必要。香社仪式歌的演唱,因为有了袅袅香烟的衬托便显得神圣了许多,但对于旁观的村民来说主要引起的是一种惊奇与神秘的感觉。换句话说,在村民看来,香社仪式歌的表演既像是某一出戏剧的片段,又像是某一场拉长了的歌舞表演。当然,就其艺术效果而论,其精彩程度远远比不上一场完整的戏剧演出或歌舞表演,仅比村里老年人的现代秧歌活动要有趣些。因此,当香社成员最初在室内静坐咏唱仪式歌的时候,观众寥寥无几,这是她们必须忍耐的寂寞时刻。她们偶尔会对从门窗探头探脑窥探的村民感到抱歉,说:“来的人不全,很多人赶集去啦！过午的表演才算热闹呐！”午后，香社的中老年妇女果然都来了,围观者也逐渐增多,大家都期待着室外燃放鞭炮、烧纸焚香时刻的到来。吉时到了,刚才一直在室内静坐咏唱的中老年妇女顿时来了精神,她们围绕着半米多高的火焰且歌且舞,做出各种奔放的动作,众多围观者密密麻麻挤来挤去,兴奋得赞叹着,认为不虚此行。整个香社仪式,也正是在仪式歌舞演出的这一高潮时段收场。再看亦同样具有神圣色彩的“上梁歌”,其境遇就没有香社仪式歌那么幸运了——新房落成的时刻实在是太热闹,两个老太太的低声吟唱虽然也让主家与帮工听着踏实,但她们在整个群情昂扬的场面中只能算是小小的配角。往往是“上梁歌”还没有唱完,大家就已经迫不及待地想要“坐席”吃喝了。

事实上,就井塘村民间信仰活动现状来看,信众(主要是中老年妇女)参加什么香社、祭拜什么神或许并不重要,参加活动本身要更为重要(这很有些“重在参与”的味道);信仰活动能否达到预设目标也不甚重要,在整个仪式活动中宣泄情感、展示魅力、张扬自我、彰显生命存在更为重要。因此,她们可以同时参加不同的香社,信奉不同的神灵,在不同的时间段敬奉不同神灵的时候可以念同样的经,唱同样的歌,表演同样的舞蹈,并很在意其表演是否精彩热闹、能否获得观看者的赞誉。

德国著名人类学家、艺术史学家格罗塞通过对原始艺术的考察,提出了艺术起源的“游戏说”:“介乎实际活动和审美活动之间的,是游戏的过渡形式。游戏和艺术的不同之处,就因为它和实际活动一样,常常追求一种外在目的,而游戏和实际活动的区别,却因为它本身也含有愉快的情感因素;只有艺术是仅仅注重活动的本身,而毫不注重那无关紧要的外在目的。"①格罗塞对于艺术或审美活动的界定是:在一个活动的过程中或直接结果中,伴随着"大半是愉快的"情感因素;这一活动本身就是一种目的,并非要达到它本身以外的目的;不仅那些从事活动的人们可以享受美感,观众和听众也可以大家共享。显然,这其中隐藏着一个关于艺术起源的实际活动——游戏。艺术的生成过程是以所谓"实际活动"的游戏化为开端的,当游戏中的艺术要素积累到一定程度,我们就有理由认为这已经是一种艺术活动了。具体到井塘村仪式歌,当村民不再确信他们的仪式活动能够获得神灵仙佛的庇佑,整个仪式的目的便不再那么明确,而伴随着其中信仰成分的淡化或脱落,活动的功能预设与实际效果都发生了倾向于艺术的微妙偏转。在井塘村香社仪式歌表演中,信仰与艺术的成分兼有,而连接二者的则是个体的游戏性因素,随着个体发挥的游戏性因素的逐渐增加,这一仪式活动中的艺术成分逐渐增强,而信仰成分相对衰弱。再看"上梁歌"的表演,无论表演者如何郑重其事,在旁观者看来都更像是某种游戏性的演示。不过,对于作走马观花式调查的外来学者而言,毫无疑问,它们将被当作井塘村盛行多神信仰的有力证据。

这一现状,无疑可以视作现代社会背景下民间信仰活动艺术化趋势的缩影。当代民间信仰的艺术化嬗变,具有一定的必然性。如本文"引言"所述,在传统乡村社会的初始时段或是在现今一些偏僻的乡村社会区域,信仰在民众精神活动中无疑

① [德]格罗塞:《艺术的起源》,蔡慕晖译,商务印书馆 1987 年版,第 38 页。

曾占据上风，艺术只是作为信仰仪式的一个组成部分而存在，或寄身于一般性游戏娱乐传统。然而，宗教与艺术毕竟不同，“宗教与艺术都具有独立性，以各自独特的方式满足人类要求完善的基本需要”①。事实上，二者在人类社会实践活动中的相互渗透具有一定的必然性，艺术化的宗教或宗教化的艺术概由此而来。具体而言，宗教可以为艺术提供表演场所，预设某种神圣氛围，而艺术则可以为宗教提供情感支撑。二者手段不同，却都直指人心。后来，宗教的虚妄性质逐渐为人们所认识，而其仪式活动中的艺术审美因素则日益丰富。这也就解释了为什么我们所眼见耳闻的许多民间信仰活动，都程度不同地以信仰之名行艺术之实，“旧瓶装新酒”。

我们在田野调查中多次发现，民间信仰仪式自身所具有的较强的仪式性，本来就蕴含着许多艺术因子。比如前文所提及的作为人们信仰对象的玉皇大帝、无生老母、四季老母等，本身也历经了一个神圣化、象征化的神化过程，千百年间人们不断地为之添枝加叶，其实亦是其神性形象渐趋丰满、人文内涵逐渐丰厚的过程。从艺术学的角度予以观察，众多神灵之于人类社会生活，无异于一个个鲜活生动的艺术形象胚胎，可以容纳人们的各种情感活动。反过来说，信仰仪式中的艺术因素赋予诸多神灵以长久的艺术魅力，不也正是它们千百年间诱使人们顶礼膜拜的关键原因吗？的确，人们在信仰活动中所呈现出来的精神状态，与人们在艺术活动中的精神状态其实是相通的。中外艺术史上的无数实例表明，宗教信仰中的精神力量足以为

---

① ［美］保罗·韦斯、冯·O. 沃格特：《宗教与艺术》，何其敏、金仲译，四川人民出版社 1999 年版，第 5 页。

艺术创作提供强烈的原动力,并在艺术创造和传播过程中留下深刻印记,其奥秘就在这里。可以说,没有任何艺术活动的乡村社会是难以想象的,乡民艺术是民间信仰活动的内在动力。

一般学者往往愿意将当今信众虔诚心理的弱化,简单归因于现代生活对传统信仰仪式的冲击破坏,而对民间信仰活动中自然萌发、自在发展的艺术化(从某种意义上说是民间信仰的异质化)发展趋势有所忽略。事实上,在山东地区的许多村落,无论是穷乡僻壤还是一些较为富裕的地域,民间信仰群体内部所发生的由信仰到艺术的嬗变与置换现象普遍存在。这是艺术向传统民间信仰活动的持续渗透,是艺术借助民间信仰与民俗节日的名义扩张其文化影响的切实表现。不过,这应是一个瓜熟蒂落的自然过程,任何来自外力强制推行的超前性置换,只会激发民间信仰的报复性反弹,容易诱发意想不到的后果。

看来,对民间信仰的研究,需要将宗教学本体研究与艺术学、心理学、历史学、社会学、人类学、民俗学等诸多学科结合起来,采取综合性的、交叉性的研究,才有可能贴近其真实存在状况。其中关键是通过细致扎实的田野作业,获得相关民间信仰的“文化持有者的内部眼界”,对民间信仰的现状予以“深描”。事实上,民间信仰正是典型的“地方性知识”,其广大信众群体也正是散处各地的“文化持有者”。[①] 就此而言,对当今民间信仰现象做出由表及里的描述是研究的起点,是相关研究走向深化的契机。

---

① 参见[美]克利福德·吉尔兹:《地方性知识》,王海龙、张家瑄译,中央编译出版社 2000 年版。

“借礼行俗”与“以俗入礼”：胶东院夼村谷雨祭海节考察*

观诸海内外关于中国之“社会性”传统的研究脉络，英国人类学家弗里德曼可谓里程碑式的人物。在他之前，注重“国家大一统”者往往过于强调“礼制下行”的社会流向，而注重地方社会者则过于强调地方自治系统的发育过程与自主运行，由此形成了关于中国社会观察的某种偏狭。极端者，在处理官与民、集权与民意之关系时，生硬切断两者关联，甚或着意强调两者之间的对抗，而轻忽中国社会中曾有的社会事实、政治智慧与话语形式。① 弗里德曼从葛兰言和高延关于中国宗教体系的论争②中，看到“在表面的多样性之背后”，“存在一个中国的

---

* 本文原载于《开放时代》2019 年第 6 期，山东省社会科学规划优势学科项目“中国文化的民间传承机制研究”系列成果之一。

① 参见张士闪：《礼俗互动与中国社会研究》，《民俗研究》2016 年第 6 期。

② 莫里斯·弗里德曼指出：“高延和葛兰言，每个人以自己的方式，指出了一种方式，使我们理解存在广大等级制的中国近代社会如何可能被认为在多种宗教形象之下潜存着一个单一的基础的宗教……两人都寻求中国宗教不同形式的根源，讨论其在中国社会不同阶层中的传播，但是高延在他成熟的著作中，是从一个精英—经典的视角开始的，从这一视角来看，其他的都是低劣的变异（精神性的宗派性运动除外），然而葛兰言是

宗教系统"①,而试图超越上述关于中国社会的两极化判断,寻找贯穿于中国社会各阶层的总体特征。

中国传统社会作为超复杂系统,其存在与运作必然不是"家天下"之集权专制的结果,而是自成一体的生活-文化系统,这应该成为中国"社会性"研究的立论基础与核心问题。在弗里德曼以后,史华慈、科大卫循此路径持续推进。史华慈不仅同意弗里德曼关于中国的精英宗教和农民宗教"都建基于共同的基础之上,代表着同一种宗教的两种版本"的说法,而且强调二者之间是"习惯用语式的互译"式的紧密关联,而且仅就文献记载中的民间宗教而言,"民间宗教的内容既不是简单同一的,也不是长期缺乏变化的,甚至也不缺乏自觉的反思……在'高层文化'和'民间文化'之间存在着经常性的、迁移性的相互作用"。由此,他对中国传统社会与文化的复杂性保持敬畏,甚至断言:"迄今为止,关于中国民间文化的研究很难说已经真正开始起步。"②科大卫则长期致力于中国本土田野调查,将地方宗教、祖先祭祀、社区节诞、民众文字传统、庙宇建筑等视作"有意义的礼仪标签",试图以此"重建地方社会整

(接上页)从所谓的农民起源出发建立起精英—经典版本……一个贬低了大众,另一个贬低了精英。"([英]莫里斯·弗里德曼:《论中国宗教的社会学研究》,李华伟译,金泽、李华伟主编:《宗教社会学》第1辑,社会科学文献出版社2013年版,第236—237页)

① [英]莫里斯·弗里德曼:《论中国宗教的社会学研究》,李华伟译,金泽、李华伟主编:《宗教社会学》第1辑,社会科学文献出版社2013年版,第232—233页。

② [美]本杰明·史华慈:《古代中国的思想世界》,程钢译,江苏人民出版社2008年版,第9—10页。

合到中华帝国的过程"[①]。他在新近研究中,特别强调从"地方社会与国家机构打交道的形式"认知中国社会历史进程:

> 国家对地方社会的影响,不一定是控制,也可以是地方社会很主动、很巧妙地把国家制度引入来处理地方上的问题。所谓地方整合到国家,就是一种认同的过程。我们在田野考察的基础上注意到,这种认同跟地方社会与国家机构打交道的形式很有关系。[②]

在科大卫看来,大一统的国家建构与地方社会发展之间的互动过程,即是"形成中国的历史",而在这一互动过程中形成的"礼仪标签",则使"理解中国"成为可能。

笔者在长期的田野调查中发现,地方社会对于这类"礼仪标签"的制造与使用,普遍存在着以"礼""俗"为表征的不同话语流向[③],并呈现出多主体交互建构的特征。这其实是与国家

---

① "在不同时间不同空间,尽管人们都同样追求大一统,但他们用来定义大一统的标签往往不一定相同。在把地方传统纳入大一统范畴的过程中,尽管他们总是会努力把对自我的认知与对大一统认知之间的距离拉近,他们建构的大一统样式与其他人建构的大一统样式在概念和行为上仍然可以有很大的差异,问题不在于这种差异有多大,而在于他们对正统的理解和定义是否有规律可循。"(科大卫、刘志伟:《"标准化"还是"正统化"?——从民间信仰与礼仪看中国文化的大一统》,《历史人类学学刊》第6卷第1、2期合刊,2008年10月)

② 科大卫、张士闪:《"大一统"与差异化——历史人类学视野下的中国社会研究——科大卫教授访谈录》,《民俗研究》2016年第2期。

③ 山东大学曾于2014年11月举办"礼俗互动:历史学与民俗学的对话"学术研讨会,学者从"据俗成礼""礼化为俗""礼俗共处""礼俗冲突""礼俗运用"五个方面进行研讨,认为"礼与俗作为勾连官方、文人精英

大一统进程中的两大特征有关,即国家政治“地方化”与地方社会“国家化”。笔者将之概括为国家政治的“以俗入礼”与地方社会的“借礼行俗”:以俗入礼,是指国家通过对地方传统的甄别、遴选与调整,给予不同层级的名誉和资助,使之纳入社会公共文化系统之中;借礼行俗,是指民众自觉地将地方传统贴近国家意识形态,以获得合法性。二者作为中国社会“礼俗互动”[①]传统的常规表现,促成了国家政治与地方社会之间双向互动、相互嵌套的关系。在“礼俗互动”中理解中国[②],或许是值得尝试的学术路径。

在笔者长期关注的诸多村落中,都有着“礼俗互动”的丰富表现。如山东省荣成市人和镇院夼村[③],在20世纪70年代集体化时期,当地政府贯彻国家制度精神,允许渔民将谷雨节这天的海上捕捞所获留归私有,虽然各户渔民的反应不尽相同,但绝大多数会在改善伙食、欢度谷雨节的同时,还以“家自为祭”的方式祭祀海龙王——在当时国家强力“根除封建迷

(接上页)与普通民众的重要机制,对于理解中国社会、阐释中国文化具有特别重要的意义”。参见龙圣:《“礼俗互动:历史学与民俗学的对话”学术研讨会述评》,《民族艺术》2015年第1期。

① 张士闪:《礼俗互动与中国社会研究》,《民俗研究》2016年第6期。

② 李海云认为:“‘礼俗互动’的研究理念以民间传统的田野发掘为基础,聚焦地方社会中长期的礼俗互动实践与机制,并与中国社会悠久的历史进程相联系,蕴具着探索中国社会整体结构与历史进程、深化已有民俗学研究的可能性。”(李海云:《边界视角:新时期中国民俗学发展脉络考察》,《民俗研究》2018年第6期)

③ 2010年和2018年,笔者曾两次组织民俗学团队到院夼村调查,其间还多次零星造访。

信"的大背景下,他们既未坚守此前以生产队为单元的集体共祭仪式,亦未试图恢复 20 世纪 50 年代以前的家族共祭传统,但也并未就此告别仪式。此后,村民逐渐通过"军民共建"、申请列入国家级非物质文化遗产名录①等方式,将之自觉改造为阖村共祭的形式以获得合法性。这类现象并非偶然,而是国家政治与地方传统之间交叠互渗、交互印证等互动关系的常态。进一步看,历史上国家一统进程中充满了革命与改革,自古及今并没有一以贯之的国家制度,而地方传统则不会被国家进程所轻易裹挟,不可能也没有必要快捷地与时俱进,但这并不妨碍二者之间同生共存、多样合作的关系。不过,如果仅从国家大一统的眼光来看,地方传统节日等乡村社会运行的内发性因素,却容易被视为阻碍社会进步的障碍,时至今日仍难除偏见。

胶东院夼村谷雨祭海节是以祭祀仪式为主要特征的民俗传统,在 20 世纪 50 年代以来的民族国家进程中迭有新变,而又不脱村落语境与民俗根性。我相信,从这一个案出发,考察国家政治与民俗传统的互动关系,观察地方社会运转的自洽机制,有助于以小见大地理解传统中国的"社会性"脉络在近现代的延展、重构及其运作实践。

一、渔村经济:从近海捕捞到远洋作业

"夼",音 kuǎng,山东半岛东部地区方言,专指两山之间较

① 2008 年 6 月,院夼村谷雨祭海仪式以"渔民开洋、谢洋节"名义,入选第二批国家级非物质文化遗产名录(属于"民俗类",编号 X-72,保护单位是山东院夼实业集团有限公司)。

大的山谷。院夼村位于胶东半岛最东端的西南角，三面环山（铁槎山），一面靠海（黄海），属于冬暖夏凉的海洋性气候区。据该村《王氏族谱》记载，在明天启五年（1625），即有王姓人家从荣城干占村（现属石岛）迁徙至此定居，并有始祖“亦农亦渔”“前世起身佃渔”等记载，以海上渔业为传统生计。[①] 目前，该村占地3750亩，户口登记1409户、3502人，王姓占全村人口的90%以上。同时，村内还有来自安徽、河南、东北等地的打工者3000多人，村里常住人口超过7000人。院夼村人对“院夼村养活穷人”之类话题津津乐道，认为本村有“不欺生”的传统。我注意到，目前村落居住空间的贫富格局很是明显：沿铁槎山而建的别墅区，居住着本村最富裕的群体；村落主体格局是在20世纪70年代建成的低矮房舍，附有较小院落，为一般村民所居；在村西一隅，有一片空间逼仄的简易房，卫生条件较差，是外来打工者居住之处。

院夼村人世代靠海为生，院夼村是典型的传统渔村。目前，院夼村集体经济基础较为雄厚，村民生活富足。院夼村曾有集体企业——山东院夼实业集团公司，实行村企合一的管理制度，下辖国际货运、水产品精深加工、名优海品养殖、船舶修造、生物制品等领域的20多家子公司，以及鱼粉厂、制冰厂、冷藏厂、鱼油厂、土壤调理机厂等，拥有资产总额4.9亿元。海外贸易方面，主要与我国香港、台湾地区以及一些东南亚国家开展海上冰鲜鱼贸易，并长期在南非海面捕捞。截至2016年，院夼村共计拥有100—960马力渔船130多艘，其中荣成籍渔船

---

① 参见院夼村王氏家谱编修委员会：《王氏族谱》，院夼村村委会收藏。

73 艘,其他均为外地船籍渔船,如浙江、河北、辽宁等省及山东寿光等;100 马力以下渔船(泛指体外挂机)100 多艘;此外,还拥有国际国内货运船 10 艘。村东部有一处空空荡荡的电影礼堂,是本村在往昔集体经济时代繁盛一时的见证。自 2002 年以来,山东院夼实业集团公司转为民营私有企业,大致业务如前,只是变为个人所有。此外,村中还有养貂、养殖水产的养殖户 10 家,海产品加工厂 10 家,冷储业户 4 家。①

长期以来,院夼村男女分工明确,男人出外工作,妇女当家,这使得村内同性之间的交往较为密切,有妇女之家、老年人协会、秧歌队等组织。此外,本村还成立了创业者协会、特困救助爱心会等经济类组织。

20 多年来近海渔业资源日渐匮乏,是院夼村人不得不面对的问题。依靠现代技术的渔业远洋捕捞、加工与运输等业务,逐渐成为该村经济产业的支柱,在国内外渔业日趋激烈的竞争中具有一定的不确定性。近年来,村委、企业和村民的危机意识日益增强,寻找新的经济增长点成为很多村民的共识。如以 2011 年从村支部和集团党委退休的老书记王巍岩为代表的一部分人,提出要发展渔海民俗旅游业,但全村并未达成一致,村委会多次议而未决。

院夼村以在谷雨节期间举行隆重祭海仪式而闻名,活动以本村龙王庙为中心,每每吸引邻村甚至更远地方的人们前来参加,近年来更成为吸引上万人参与的海滨盛会。在长达 8 年的调查中,笔者曾对如下情形感到迷惑:院夼村的祭海仪式,本是依托谷雨节期间近海特有的“百鱼上岸”传统景观,作为渔民

---

① 参见院夼村村委会:《院夼村基本情况》,2016 年。

下海捕鱼前的时间节点而举行的仪式活动,但20多年来,近海渔业资源枯竭,“百鱼上岸”的景观不再,本村从事远洋捕捞渔业的船只也不在谷雨节期间返村过节,作为过节主体的船老大等已是节日仪式的“缺席者”,为什么这一仪式却并未衰微,反而越来越隆重?这是否意味着,祭海节一旦定型,就可以与海洋渔业没有关联?① 地方民俗传统,是否一旦约定俗成,就可以自外于国家进程与地方社会而“脱域”②自转?

二、谷雨节祭海:渔村的历史记忆与文化表达

循流溯源,地方社会中的节日传统,首先是作为以年度为周期的时间刻度而被感知的。一方面,节日作为地方时间制度中的特殊时段,年复一年如期到来,营造出一种周而复始的永恒感;另一方面,时移事易,处于国家一统进程中的地方社会生活,又会对既有节日传统发生种种影响。地方节日传统,是在

---

① 纳尔逊就暗示说,中国的祖先崇拜其实与祖先无关,而意在社会关系的调谐,“祖先崇拜是仪式化了的亲情纽带,倘若我把研究重心放在亲属关系而非其仪式化之上,那么我所做的无非就是中国人希望我去做的了”。参见[美]纳尔逊:《祖先崇拜和丧葬实践》,[美]武雅士主编:《中国社会中的宗教与仪式》,彭译安、邵铁峰译,江苏人民出版社2014年版,第257页。

② 吉登斯指出:“所谓脱域,我指的是社会关系从彼此互动的地域关系中,从通过对不确定的时间的无限穿越而被重构的关联中‘脱离出来’。”([英]吉登斯:《现代性的后果》,田禾译,译林出版社2000年版,第18页)

国家规定的时间制度框架下,因应地方社会生活之调适而形成的。具体到院夼村而言,村民在谷雨节祭海传统中的仪式行为,既源于当地山海之间自然环境所限定的传统生计的长期塑造,也与这一地理景观在人们心中激发的神圣想象有关,但其生计模式又受制于不同时期的国家制度,其神圣想象也与历史悠久的中华民族神圣传统有着内在关联。因此,看似单纯与自然环境有关的传统生计,与渔民似乎仅仅为生存而选择的神圣符号和仪式行为的背后,潜存着国家一统进程所蕴含的巨大力量。民众对于民俗传统的时移世易的活用,必须在国家、地方社会与民众日常生活的复杂互动中予以观察和理解。

从院夼村人充满怀旧色彩的讲述中可知,20 世纪 80 年代以前,这一带近海到处都是鱼虾等物,生活资源充足。在岸边随便撒网,就可以捕到很多鱼虾,吃不了就晒干储存,或者卖给邻村农民作为土地肥料。后来海洋资源急剧减少,虽然渔船马力不断增大,但靠海吃海的生计还是越来越困难,更让人不安的是日益严重的海洋污染。与此同时,村中传统民俗多有存留,吸引着众多渔民参与,如岁时节日、婚礼、葬礼等,尤其是谷雨祭海仪式。吸引着院夼村几乎所有家庭都参与进来。在谷雨节期间,渔民纷纷来到龙王庙行祭,既有传统信仰的惯性驱动,也有对往昔时光的记忆和回味,还有对难以估测的未来生活的期愿。在大多数院夼村人看来,谷雨祭海节活动的举办关乎整个村落福祉,也是其以主待客的特别时段。这从院夼村神圣空间的建构、神圣仪式的设置以及诸多神圣符号的选用和解释等方面,可约略看出。

(一)龙王庙:村落的神圣中心

矗立于院夼村村南海边山坡上的龙王庙,既是村民举行祭海仪式的特定空间,又是日常公共聚会的重要场所。龙王庙面朝大海,看上去很是气派,是该村最神圣的祭祀之地,村民自夸说,本村海龙王庙是中国沿海地区规模最大的一座,“出海打鱼多少天的渔民,老远看见了龙王庙的尖顶,就像出门多时的孩子看见了等他回来的亲娘,那眼泪哗哗地就下来了”①。浩渺的大海并不像陆地有明晰的边界,何况院夼村渔民大多是远洋捕捞而归,此时渔民眼中的龙王庙,就不仅代表了他们在海上漂泊多日终得返回的家乡,也隐含着丰满的祖国母亲意象。

在村民口中,该村龙王庙经历过“三建两拆”,眼前所见已是“第三代龙王爷”。“第一代龙王爷”是用石头刻制而成的小石像,高约 0.3 米,放在高约 1.3 米、用石头垒砌的一座破旧小庙里。小庙规模不大,却有讲究,门前是三级台阶,所处方位就在今龙王庙处,庙门朝向也都是“子午向朝南”②,最终在 1966 年被拆,龙王爷石像被推入海中。“第二代龙王庙”复建于 1972 年海难③发生以后,长约 3 米,宽约 2.5 米,高约 4 米,龙

---

① 被访谈人:王巍岩,男,院夼村村民,曾长期担任村党支部书记;访谈人:张士闪等;访谈时间:2010 年 4 月 17 日。

② 被访谈人:王锦堂,院夼村村民,男;访谈人:王刚,武宝丽;访谈时间:2018 年 4 月 20 日。

③ 1972 年农历二月十六傍晚,院夼村发生过一场船毁人亡的惨痛海难,死亡人数达 30 余人,“中央下令派直升机去救……海军都出动了”。被访谈人:王巍岩;访谈人:刘铁梁;访谈时间:2018 年 4 月 20 日。

王爷塑像高约1.3米。20世纪80年代以来,村民纷纷向村委会提议重修龙王庙,希望扩大建筑面积,理由是“到了谷雨节,来烧香的拥挤不堪,场面混乱、危险”,并愿意出钱出力,终于在1989年由村集体出资隆重修建龙王庙。从2003年起,又在原址基础上对龙王庙再行扩建,增设海神殿、财神殿等。2009年,再次将龙王庙修整一新,延续使用至今。

在龙王庙庙墙外面,刻录着历代皇帝御笔题写的众多“龙”字。进得龙王庙内,一道石牌坊映入眼帘,以大字书写“龙王庙”三字,其中的繁体“龙”字分外显眼。龙王庙共有三个大殿,殿前各有一尊香炉,供香客烧香。进入庙门后,左右两边是海神殿和财神殿,中间有一尊两米多高的香炉。石牌坊后是一道十几米高的石梯,显得威严而神圣,拾阶而上便是题名“龙王宝殿”的正殿。龙王宝殿地势较高,殿内立有一尊高大的黄海龙王像,凝视着前方辽阔的海平面。龙王像右侧的塑像是风伯、雨师,左侧则是雷公、电母。各神像上方都悬挂着金黄的丝缎流苏,上面绣有飞龙图案。龙王宝殿的左边是重修龙王庙后所立的功德碑,刻有捐资人姓名,右边是绘有八仙过海图的影壁墙。影壁墙前砌有一座高台,节日期间可作为文艺表演的舞台。

据院夼村人说,该村龙王庙长年香火鼎盛,附近渔民多来此上香祭拜,有家人出海作业的家户更是虔诚,常来祭拜龙王以求平安、财旺。一年之中,香火最旺的时候当属谷雨节,龙王庙祭拜场面壮观,热闹非凡,甚至比过春节还要热闹。至少在本村人的心目中,龙王庙虽然有拆有建,或大或小,但“海龙王一直都在”,庙址就是它的长居空间。“海龙王一直都在”的说法并非比喻性的,因为神灵并非依存庙宇而生,只是依据人间的供奉状况（庙宇修建、香火、仪式等）而有所奖惩。虽然在王斯福看来，“地方崇拜的复兴是一种对地方认同感的深邃宣言，这里有着自己的神话与历史，有着相对于国家的神话和行政以及集体式政府制度的自主性”①，但这种“自主性”是极为有限的，而且在一定程度上可以视为国家一统进程的“地方化”表现。借助地方神灵观念及谱系在人们心中的稳定存在，国家权威力量也获得了向地方社会渗透的神圣逻辑。即便是在“文化大革命”这一非常时期，院夼村依然有一定的自治空间，民间之“俗”对国家之“礼”的因应活力依然存在，村民在“过日子”的生活逻辑下，仍然尽量使“坚决响应政府号召”与向“衣食父母”大海行祭的民俗传统兼容。

（二）正月十三“起信”

在院夼村，农历正月十三②是每年的第一个大汛，俗称“起信”，此时海水开始涨潮，海水流速逐渐加快，一直到正月十七八达到峰值，即流速最快之时。随着黄海水流速度的加快，深海鱼虾遵循洄游规律，涌向院夼村南的黄海近海海域，直至“谷雨百鱼上岸”，这就是渔民常说的“鱼鸟不失信”。长期以来，大海季节性地通过洋流为院夼村海岸送来大量鱼虾，村民定期到龙王庙上香、烧纸、放鞭炮、磕头祭拜，祈求出海平安顺利、鱼虾满仓。这一物候现象，连同当地渔民对海洋的敬畏心理，其实是院夼村谷雨祭海节传承至今的自然与人文根基。无

① ［英］王斯福：《帝国的隐喻：中国民间宗教》，赵旭东译，江苏人民出版社2008年版，第6页。

② 本文正文中出现的具体日期均为农历。

论国家政治如何渗透,地方精英如何援引“国家之礼”,都不能遮蔽或根除由这一“地方性知识”所支撑的民俗传统,却可以引发其表达形式的调适性改变。归根结底,有恩必报、诚信为先等道德伦理原则,乃是中国传统文化的核心所在,只不过在历代官方之礼与各地民间之俗中的表达形式有所不同而已。

在院夼村人的传统观念里,“起信”意味着当年收获有望,但还需要举行虔诚的祭拜仪式予以保障。仪式时间讲究“抢早”,越早越好。很多渔民在正月十二晚间就已陆续来到龙王庙祭拜,但大规模的祭拜活动还是从正月十三凌晨开始,凌晨两点左右人数最多,一直持续到六点多。此后的一整个白天,都有渔民零零散散地前来祭拜,尤其以妇女居多,因为按照传统规矩,妇女尽量不在晚间出门活动。

在胶东沿海地区,在正月十三“起信”之后,再过一个多月就是“百鱼上岸”的谷雨出海之期。渔民选择正月十三的大海“起信”之期,将诸多供品作为“百鱼上岸”的信祝之物,虔诚表达对新的一年鱼虾满仓的祝望。供品极为丰盛,每户渔民都会带一个整猪头、五个大枣饽饽,以及香、纸、鞭炮、酒等,到龙王庙上香拜祭。祭拜神灵的顺序也有讲究,是按照渔民心中诸神的地位高低而定的,依次是龙王爷、海神娘娘、财神、土地神等。祭拜诸位神灵的仪式程序相似,大致包括烧香、磕头、敬酒、摆供等,然后出庙门外烧纸、燃放鞭炮。正月十三“起信”的祭拜仪式,其实是谷雨祭海节仪式的预演。可以说,神圣的龙王庙空间与神圣的时间节点(从正月十三到谷雨),共同营造了稳定的地方神圣传统。

(三)谷雨节祭海形式:船祭、海祭与庙祭

"清明断雪,谷雨断霜",谷雨是二十四节气中的第六个节气,也是春季最后一个节气。就内地农耕而言,谷雨前后正是播种移苗、"雨生百谷"的最佳时节。对于黄海沿岸渔民来说,则意味着海水回暖,各种鱼类游至浅海地带,是下海捕鱼的好日子,俗称"骑着谷雨上网场"。以前的院夼村,每到谷雨节,休息了一冬的渔民就要开始整网出海,一年一度的海上捕捞作业宣告开始。为了祈求平安、预祝丰收,渔民出海之前要举行隆重而盛大的仪式,虔诚地向海神献祭,由此形成了隆重的祭海仪式活动。时至今日,院夼村依然流行着"一年中谷雨节最隆重,春节也赶不上"的说法。与官方祭祀仪式的"标准化"追求①有所不同的是,民间祭祀活动更多地呈现出因地制宜、方式多元的形态特征。院夼村谷雨祭海节的组织形式,传统上主要分为两种:一是以渔船为单元,每条渔船准备一头整猪,去毛

---

① 沃森认为,中国传统社会中存在所谓的神明"标准化"现象,用以解释中国大一统的观念何以普及到大众文化的层面。在朝廷官员的推动下,通过地方志和帖式的编撰,一套标准化的礼俗得以推广开来,地方精英也发挥了自己在地方上的作用来强化某种礼仪行为正统化的过程,使"官方所不能接受的礼仪逐渐被禁压或改变到遵行天下通行的模式"。但他同时又指出,"正是在这里展现了中国人达致文化标准化的本事:这个制度容许在统一结构的罗网下,存在高度差异"。参见[美]詹姆斯·沃森:《神的标准化:在中国南方沿海地区对崇拜天后的鼓励(960—1960年)》,[美]韦思谛编:《中国大众宗教》,陈仲丹译,凤凰出版传媒集团、江苏人民出版社2006年版,第57—92页。本文以为,沃森看似矛盾的说法的背后,恰好呈现出中国传统社会中官方之礼与民间之俗的文化同一性,只不过在国家借礼行俗与地方社会以俗入礼的具体实践中,发生了多主体的自由发挥,从而有了形式方面的诸多差异。

带皮,用腔血抹红,将一朵大红花戴在猪头上,驶入大海航行一番,以示向海龙王献祭;二是以家庭为单元,一般是买一个猪头,也有用蒸制的猪形饽饽代替的,先到龙王庙祭拜一番,再到渔船上去祭拜,最后将祭品摆在沙滩或码头上,烧香,烧纸,磕头,放鞭炮,祭拜完毕后将大枣饽饽抛撒到大海里。不过,自从2009年村里集资将龙王庙翻修以后,祭祀活动基本上都在龙王庙内进行,船祭和海祭仪式趋于消失。笔者推断,这可能与近20多年来的祭海仪式已不再承担出海壮行的功能有关。不过,诸多节俗依然讲究遵循传统,从节前忙忙碌碌地贴剪纸、蒸饽饽,到谷雨前一天进入龙王庙隆重行祭,再到谷雨节"正日子"里开门待客与"不醉不归"的宴饮狂欢,整个渔村都沉浸在盛大节日的热闹喜庆气氛中。

节前准备,在谷雨节前的两三天就已开始。各家准备祭祀用的猪头、大枣饽饽,在屋里窗户上贴剪纸等,整个活动与过大年前的"忙年"相似。在谷雨节前一天的上午,就有渔民携带整猪或猪头、大枣饽饽、纸、香、鞭炮等陆续来到龙王庙,在庙门口放一挂鞭炮。进入龙王庙后,大多数人会先去祭拜左右偏殿的海神娘娘和财神爷——通常在门前简单地烧炷香就行,再去祭拜龙王爷,但也有人会省略这一环节而直接去主殿祭拜龙王爷。进入龙王爷殿内,先将供品摆上,大枣饽饽五个一组,三个摆在下面,两个摞在上面,然后烧香磕头,祈祷龙王保佑新的一年平安发财,如"龙王保佑,鱼虾满仓,风调雨顺""多打鱼,多发财,不管大船小船平平安安都回来……"之类。

现今祭海仪式的高潮阶段,是在谷雨节前一天的下午,由村委会领导、船老大共同献祭。三头通体血红、头顶红花的整猪由几个壮劳力抬到龙王殿前,旁边摆了数十个八斤八两重的大枣饽饽,一干人等轮流向龙王爷献上碗口粗的檀香九炷,再向香炉前的“玉液盉”里倾倒数瓶白酒以供龙王爷享用,然后默默祷告一番。2013 年以前的若干年里,邻近的苏山岛驻防部队官兵也应院夼村之邀而前来参加祭海仪式,庄严献祭事先由院夼村出资置办的一头整猪,彰显“军民共建”“军民一家亲”的象征意义。祭祀过后,受邀而来的石岛大鼓队骤然开始表演,各种小型锣鼓队与大鼓队激烈对敲,震天动地的鼓点营造出热烈激昂的现场气氛。伴着鼓乐声,人群涌向庙前,争相观看陈列三头整猪的祭祀场面。一时间,龙王庙前人头攒动,锣鼓喧天,鞭炮齐鸣,烟雾缭绕。

祭祀仪式持续一整天,中午、晚上是渔民齐聚一堂、庆祝狂欢的时刻。这一天,村里所有工厂都会放假,船老板大摆宴席宴请其雇用的船长、船员,一起大碗喝酒大口吃肉,划拳猜令。村委会领导则去各个船老板的宴席上慰问。按照村民的说法,谷雨节这天就是渔民“喝酒的日子”,喝得再多也没人笑话。前一天祭祀用的猪头或者整猪,在谷雨节这天成了宴会上的美味佳肴。十年前,船老板一般要在家中备办丰盛的酒席,如今都安排在村里饭店举行。平日里再严苛的船老板,在谷雨节这天也会好好款待属下船长、船员,劝其尽情吃喝。觥筹交错之间,平时可能发生的误解和摩擦似乎都已烟消云散,一种同舟共济的情谊得以增强。

于是,在热热闹闹的谷雨节祭海仪式活动中,我们发现它被不同主体赋予了不同的意义:从各级政府的立场来看,它是一种被列为国家级非物质文化遗产名录的地方文化,因此需要在龙王庙前醒目之处悬挂“热烈祝贺国家级非物质文化遗产渔民开洋谢洋节”条幅,在庙西广场上悬挂“渔民开洋节谢洋节文艺汇演"条幅;作为非物质文化遗产保护单位的院夼村村委会,通过活动的组织展演,完成了当初提交申报书时所承诺的"活态传承"的任务;在相当多的院夼村村民看来,海龙王是当地的保护神,他们以进庙祭拜的方式完成了每年一度的敬神谢神仪式;在被本村船老板雇用的船长、船员等外来打工者看来,他们是真正与大海打交道的人,除非他们接受船老板的邀请而到场赴宴,否则海龙王就不会接受当地人的任何祈求,祭海仪式也就失去了实际意义。

（四）谷雨花饽饽

院夼村面食风俗独特,如生日场合用的寿桃、清明节的面燕①、七夕节的烙花②等,而最典型的则是谷雨节的花饽饽。过去谷雨节祭海,买不起猪头的家户就用面蒸制猪头替代。

大饽饽是院夼村谷雨节祭拜龙王的重要供品。祭拜前一天,几乎家家户户的妇女都会忙着蒸饽饽。除非是实在没空自己蒸制的女主人,才会到村里超市去买。花饽饽还是该村年节期间供家堂、祭祀龙王和走亲戚串门的必备礼品。在蒸制大饽饽时,传统上有亲邻间互助帮工的讲究。在院夼村大多数妇女看来,年前忙年到谷雨过节,是人际交往频繁的预定时段,只不过因为顶着敬神的名义更具合理性而已。

花饽饽的制作程序如下:先取一些干面粉,用水和一下,加

---

① 院夼村在清明节蒸的"面燕儿",其造型并不限于燕子,还包括多种小动物,蒸熟后用线串起挂在屋里,俗以为可保家中孩童健康成长。

② 院夼村七夕节的传统节令食品是"烙花",又称"烙糖烧",是用面食模子刻出各种瓜果动物的形状,蒸熟后用线串起来,俗以为可保家中孩童健康成长。

上酵母、"面引子"使其发酵,接着揉面,取八斤八两的湿面做成一个大饽饽。剩下不够八斤八两重的,就用秤平均分成若干份,做成小饽饽,但小饽饽不能用于祭祀,只能留下自己吃。花饽饽的外形要"开口笑"才好,寓意吉祥,如果蒸出来没"笑",也要留下自己吃,直到蒸出"开口笑"的外形为止。现在为了保证效果,村民在下锅前就把它们做成开口的样子:先是揉出一种类似椭圆的面团,面团顶部被捏成一朵花的样子,或者是元宝形状,然后用刀浅浅地划成均匀的三份,在刀划的每一条线上均匀插入六颗大红枣,左右分成三对。一锅只能蒸一个,用时约50分钟。通常需要蒸10个,敬神祭祖5个一组,总计要用两组。[①] 有趣的是,村民称呼饽饽是"大"还是"小",取决于饽饽所用枣子的多少:再大的饽饽,如果是每边点缀两颗枣,也叫"小饽饽";再小的饽饽,如果每边点缀了三颗枣,也叫"大饽饽"。这是因为当地有"神三鬼四"之说,数字"三"和"四"不能随便用,敬神仪式上讲究用三,葬礼上则讲究用四,每边点缀三颗枣的大饽饽为敬神仪式所专用。每边点缀两颗枣的饽饽,是不能用于敬神仪式的,属于人们日常食用的"小饽饽"。

其实,饽饽是整个胶东地区普遍流行的地方特色食品,并在各种民间礼俗活动中扮演重要角色。在院夼村,每逢年节、婚嫁、生子等重要日子,都会蒸制各色各样的饽饽,寓意吉祥,表达亲情,且能营造气氛。如当年新娶进媳妇的家户,当婆婆的会在大年三十那天,特意问儿媳妇:"蒸大饽饽了吗?"媳妇

---

① 参见刘清春:《山海之间的渔家精神——院夼村村落艺术调查报告》,山东大学民俗学研究所编:《百脉泉·荣成市人和镇院夼村民俗调查专辑》,2010年。

一定要回答:“蒸了,蒸了,蒸了很多!”此后沿袭成俗,每年必问。“蒸了”谐音“挣了”,寓意挣钱发财。在大年初二、初三姻亲走动时,这一带时兴给岳父母家送花饽饽,外面用花色或红色的包袱包裹,放在用柳条编成的或方或圆的笤帚筐箩里盛着,用扁担挑着,很是喜庆,也很显礼物分量。年节走亲戚用的大饽饽,有莲花形的,有点心形的,每个差不多都要用一斤面。给父母祝寿时,儿女则需要蒸制重达 20 斤的大寿桃造型饽饽。饽饽还被用来庆祝生子添丁之喜,在婴儿出生的第 7 天、第 9 天或第 12 天,姥姥会带着饽饽来“看喜”,饽饽的造型有“句子”、老虎等。所谓“句子”,是将整个饽饽做成船形,两头各有一个面球,是院夼村“看喜”场合的必备之物。老虎饽饽造型,寓意婴儿像老虎一样健康强壮。当有村民搬入新居,亲友们会约好日子,一起带着蒸好的饽饽去“温锅”,此时所用饽饽的造型有老财神、鱼、石榴等,分别代表着发财致富、年年有余、子孙昌盛等祝福。① 院夼村村民在举办葬礼后,很讲究做“五七”的仪式,届时要向初死者敬献“四山”“四海”的面食供品,“四山”指龙、虎、鹤、鹿,“四海”指对虾、鲅鲔、螃蟹、海螺。

显然,葬礼上关于“四”的讲究,与前述敬神仪式上所用的点缀三颗枣的“大饽饽”,乃是当地“神三鬼四”信仰观念的具体表现。放眼整个华北社会,“神三鬼四”的仪式讲究不仅有着悠久的历史,而且呈现出地域分布的广泛性,在人们心目中也就不再仅仅是“俗的存在”,而有遵循官方之礼的意味。上述仪式完毕后,就意味着“礼成”。

---

① 魏甜甜:《院夼村胶东饽饽田野调查报告》,山东大学民俗学研究所编:《百脉泉 · 荣成市院夼村调查专辑》,2018 年。

(五)剪纸:小龙、老财神、元宝

地方传统节日活动,往往离不开特定节俗或物象的稳定组合。在院夼村谷雨祭海节期间,除了蒸制花饽饽面食之外,引人注意的还有“小龙”“老财神”“元宝”等造型的特色剪纸。在院夼村人心目中,这类剪纸是有特别寓意的,用以祝愿或襄助出海亲友能够“鱼虾满仓”“平安归来”,因此又是财富和吉祥的象征。其实,这类剪纸在“二月二”节期就多已张贴,只是在谷雨节期间更加普遍而已,渔民走门串户时多以此为话题品评一番,看到“不全活”的还会提议再剪几幅予以贴补。剪纸张贴的位置是很有讲究的:“老财神”一般贴在内门上;“小龙”贴在大门两侧的底部,特别讲究的人家还会在门窗、炕上、贵重家具上贴几幅;“元宝”则是陪衬性的,一连串的“元宝”造型与“小龙”“老财神”等连缀在一起,将渔家院落装点出一派红火气象。

据村民说,“小龙”的原型是蛇,“老财神”的原型则是癞蛤蟆,都是院夼村内外常见之物。“小龙”的剪纸技法最容易,新手学习剪纸多从“小龙”开始。“小龙”造型很具特色:模样简洁小巧,没有指爪,因为村民认为“小龙就是蛇”;龙身有鳞状物,整体肥短,龙嘴也像鱼嘴,乍看上去不太像蛇而更像鱼;龙角很长,仅略短于龙身,显得威武可爱。“小龙”身下常以船形元宝为装饰,烘托出在元宝上翻腾跃动的小龙形象,寓意大海藏宝、财源滚滚。贴“小龙”剪纸时,讲究头要朝上,渔民俗称“龙抬头”。作为“老财神”原型的癞蛤蟆,当地俗称“老别把子”。在当地人心目中,二月二是“百虫出洞”之时,癞蛤蟆能吃虫除害,是益虫。“老财神”剪纸的造型特色是:体态丰肥,很像螃蟹,有人干脆就在其四肢加上蟹爪;大大小小的方孔制钱图案布满全身,是富裕多财的象征。显然,院夼村人是从自身生活环境中,选取了蛇、鱼、癞蛤蟆、蟹等自然物象,与象征吉祥的龙、船、元宝、制钱等加以组合,以剪纸建构起一个神秘世界,再通过特定节日里的贴挂与言说,期望能带来好运。在年节期间,院夼村里手巧的妇女会剪制很多剪纸,不仅自家张贴,还欢迎同村人来讨要,其中最受欢迎的是“老财神”剪纸。据院夼村人说,分赠剪纸是“分福气”,还流行着“别人要得越多,老财神对我越好”的说法。当然,在当地民间的礼物交换系统中,有“落下人情”的说法,即人们在将礼物交出去的同时,也将“人情”留给了自己,或者说对方就对自己“欠下了人情”。总之,通过“老财神”等剪纸的制作、讨取、赠予、张贴和品评,院夼村人加强了节日期间的往来,强化了村落社区的情感纽带。

综上可知,院夼村人的谷雨祭海节活动,看似是因应村落社会之需而“因俗行事”,其实营造了一种“礼俗相交”的社会景观。无论是以巨大条幅彰显“国家级非物质文化遗产渔民开洋谢洋节”,在龙王庙庙墙外侧刻录历代皇帝御笔题写的众多“龙”字,还是在正月十三“起信”祭仪中对“鱼鸟不失信”叙事的强化,在祭拜程序中对“神三鬼四”规矩的恪守,在剪纸意象中对龙的符号的凸显等,渔民都将世俗功利、社区秩序与国家政治相联系,旨在寻求一种价值稳定、发展和谐的地方生活模式。一言以蔽之,看似充分“地方化”的院夼村谷雨祭海节,并非仅仅与村落生活有关。

三、国家里的乡村

虽然当今乡村社会正在经历急剧的变迁,但民众以家庭为生活单元的格局未变,以过上"体面"的生活为生存动力。自己的生活是否"体面",所参照的大致是所在生活社区的标准。刘铁梁注意到,在乡村社会中普遍存在一种散漫的冲击着国家想象的"民俗现象",是任何国家力量也无法消除的,"任何大一统的文化到了民间,都有一个民间化的过程,而这个民间化过程是紧密联系其社区自身存在和发展的需要"①。这一判断来自自下而上的对乡村生活的观察,无疑是很有道理的。

不过,当我们以历时性的眼光观察乡村变迁,就不能低估国家持续渗透并改变乡村社会的力量。其实,乡村社会发展一直内在于国家历史进程中,与国家政治、地方行政运作等有密切关联。特别是 20 世纪 50 年代以来,国家试图自上而下地彻底改造乡村社会,这对村民生活产生影响。与院夼村"国家化"进程有关的诸多重大事件,至今仍为村民时常提及。以谷雨祭海节为例,20 世纪中叶曾被地方政府定性为"封建迷信"而引发龙王庙被拆与公共仪式中断,又在八九十年代借助"文化搭台,经济唱戏"的国家经济改革大潮得以复兴,并在 21 世纪初因进入国家级非物质文化遗产名录而名声大噪,不仅成为地方文化品牌,而且也巩固了其地方信仰中心的地位。在这一过程中,国家政治与民间生活并非水火不容,而是进退与共。

---

① 王铭铭、刘铁梁:《村落研究二人谈》,《民俗研究》2003 年第 1 期。

一方面,现代国家不仅持之以恒地规划乡村经济生活,而且努力改造乡村文化传统;另一方面,民间社会依然有一定的自治空间,在因应国家历史进程的同时也努力延续地方传统。近现代以降,地方民俗活动多有"旧瓶装新酒"或"新瓶装旧酒"的灵活变形,显示出民间之"俗"对国家之"礼"的应变活力。

（一）国家对村落经济类型的划定

20 世纪 50 年代,院夼村被当地政府划归渔村,以集体近海捕捞为劳作模式,再将所捕获的海产品交由地方政府统购统销,由此获得粮票、布票、油票、肉票等维持生计,村民自我调侃是"没有工资的市民"。此前,院夼村人依靠打渔所获,在周边地区购买了大量土地,雇工耕作,但被确定为渔村后,院夼村人就必须以打渔为业,不能兼营土地,原有土地被强制性无偿交还,交由当地政府分配给邻村。① 1949 年,在荣成县政府号召下,这一带出现了互助组这一合作形式,参加者的船、网具由大家共同管理使用,共同维修。到 1953 年,超过 60% 的渔业劳力加入了这一组织。至 1956 年,超过 85% 的渔业劳力加入了初级合作社,初级合作社也很快升级为高级合作社。② 此时,院夼村渔业生产资料如渔船、渔具等由私有变为集体所有,渔民

① "我们村最主要的特征就是以渔业为主,现在是一点地没有,包括口粮地、菜地是一点儿也没有,就是全部以打渔为生……我们以前用打渔的钱买了地,五几年的时候,政府要求把那些地都无偿地给了人家。我们就是以打渔为生。"(被访谈人:王巍岩,男,院夼村人,曾长期担任村支部书记;访谈人:张士闪等。访谈时间:2010 年 4 月 18 日下午)

② 参见山东省荣成市地方史志编纂委员会:《荣成市志》,齐鲁书社 1999 年版,第 232 页。

必须将渔获交给集体,由集体统一售卖。① 从 1973 年开始,院夼村成立了 3 个渔队,当地政府配给 3 艘 20 马力的渔船,每队 1 艘,到 1975 年再新配 30 多艘机动船。②

在上述历程中,国家所具有的强制性力量不容置疑,这牢牢扎根于院夼村人的集体记忆中。不过,当地政府为院夼村这类边陲渔村制定了某些特殊政策,如以"改善渔民生活,过好渔民节"的名义,规定唯独谷雨节这天的出海捕捞之物可归渔民自家所有,而平时所获则要全部上交国家。同时,院夼村以生产队为单元祭拜海龙王的仪式,在 1966 年前被默许,而且由生产队集体购买香纸、猪头等物,由个人蒸制或购买饽饽。

这类特殊政策在当地长期延续,显然并非新中国成立之初面向乡村所设计的"权宜之计",而是有意为边陲渔村预留更多的自治空间。正如潘家恩所言:"以乡土为底色的中国革命直接面对着小农经济与传统村社结构,为了完成民族独立与国家建设,必须通过组织动员,逐步改变高度分散的社会结构,在'去乡土化'中提升国家能力工业化所必须的原始积累。与此同时,它仍然需要回到基本国情,在'再乡土化'中充分发掘农民主体性与创造性,夯实乡村革命的社会基础,而这些做法本来就是广义的乡村建设。"③在院夼村,基于渔村的特殊生计方式,来自国家的"去乡土化"与"再乡土化"始终交织在一起。

---

① 访谈人:王刚;访谈对象:王义店(1937 年生,老渔民);访谈时间:2018 年 4 月 19 日。

② 访谈人:王刚,武宝丽,访谈对象:王锦堂,访谈时间:2018 年 4 月 20 日。

③ 潘家恩:《重思乡村建设与乡村革命》,《开放时代》2018 年第 3 期。

这说明国家制度在“地方化”的过程中总会发生调适性的改变,容许民众在宏观制度的框架下自主安排生活。虽然因时因地有所不同,但总体而言,在国家制度下行与地方社会运行之间,长期存在着双向互动的嵌套关系。

(二)海防官兵在村落祭海仪式中的进与退

20世纪50年代,中国人民解放军某海防连队开始驻守号称“四无岛”(无居民、无淡水、无耕地、无航班)的苏山岛,该岛距离院夼村6.5海里(约10公里),约1小时航程。院夼村经常以集体的名义,为苏山岛海防官兵送去淡水、蔬菜、水果,以补正式供应之不足,而一旦渔民出海遇险,海防官兵也总是即刻出动救护,由此缔结的“军民鱼水情”“军民一家亲”关系,多次获得省市和部队军区的表彰。① 20世纪60年代,当地谷雨祭海之类活动被定性为“封建迷信”,遭到取缔。1966年,院夼村“第一代龙王庙”被当地红卫兵拆除,显示出当时时代政治的强大力量。不过,院夼村人凭借与苏山岛海防官兵结成的军民关系,仍然以生产队为单元举行谷雨祭海仪式,后改为家自为祭,比邻村多了不少底气。21世纪初,每逢院夼村谷雨祭海节,苏山岛海防官兵更是多次参加祭祀仪式,抬着整猪的4名士兵迈着整齐划一的正步,拾阶而上献供龙王庙,其庄严气势

---

① “从1960年起至今,历经半个多世纪,苏山岛上的驻扎部队和院夼村构筑了深厚的感情,留下一段段军民鱼水情深的佳话。在大型船只普及之前,渔民的船只很容易受到风浪的影响,来不及赶到岸边的船只会暂时登岛避风浪。村民为了感谢子弟兵的帮助,在村里建起招待所,供他们上岸时歇脚,并派‘拥军船’载他们靠岸。”(访谈人:张士闪等;访谈时间:2010年4月18日下午)

给在场者留下了深刻印象。2010 年后,海防官兵逐渐从祭海仪式中淡出。与此同时,近年来随着与海洋有关的国际形势的变化,苏山岛作为国防军事重地不再对院夼村人开放。

苏山岛海防官兵在院夼村祭海仪式的进入与退出,以及近年来军民关系的微妙变化,至少可以从三个方面来理解。首先,在 20 世纪 60 年代至今的半个多世纪里,双方的相互依赖程度在逐渐降低。早期,海防官兵日用品供应不足,需要地方支援,而渔民渔业安全保障不足,遇到特殊天气需要海防官兵救援。近些年来,海防官兵生活供应充足,而随着渔业设施的逐渐升级,渔民对海上天气预测能力的增强,特别是捕捞地点由近海向远洋的过渡,在近海遇险的可能性已经很小。其次,20 世纪 60—80 年代,这一带谷雨祭海仪式被定性为“封建迷信”,唯有借助“军民一家亲”的关系贴近“国家之礼”,才可能获得活动空间;而在 2008 年入选第二批国家级非物质文化遗产名录后,其自身已获得国家层面“政治安全”的护身符。苏山岛海防官兵对仪式的参与,不再是“雪中送炭”,而变为“锦上添花”。最后,随着国家兵役制度的改革,对于“拥军爱民”等活动的强调不比从前,而院夼村自 2002 年全面推行私有化改革后,以村落集体名义进行拥军活动,在实际操作上有较大难度。

显然,当国家力量对民间生活进行粗暴干预时,民众就会通过各种改头换面的方式予以应对;当国家为民间生活预留自治空间时,乡村自治资源就会焕发生机,并通过向国家政治话语贴近,谋求在国家治理框架下的社区生活优化。岳永逸认为:“通过这些承载群体记忆、地域文化的周期性体化实践,乡民表达、强化着他们自己的国家(意识——引者注)。不是国家的村落而是村落的国家和乡土宗教人神一体的辩证法、家庙让渡的辩证法一道铸就了诸如行好的这样芸芸众生忧国、忧民、忧己的'中心-四方'的'家天下'的世界观、宗教观。这既是中华文明延续千年的核心内驱力,也是至今国人共享的大一统意识、家天下意识永久持续的丰厚土壤。"①院夼村谷雨祭海节即是如此,特别是随着新中国前30年构建起来的"大政治,小民间"的社会秩序逐渐消解,在官方之礼与民间之俗之间寻求文化共享与认同的趋向日益鲜明,民生意识持续强化,这为中国"礼俗互动"传统在当代社会的复生与重构提供了难得契机。

(三)国家政策的直接影响

近四十年来,国家关注乡村社会发展,陆续实施了多项政策,其中以渔业政策和人口流动政策对院夼村的影响最显著。

20世纪90年代,国家开始推进由村落集体所有制向个体私有制的转型,并为"大力发展远洋捕捞业,振兴海洋经济"②而对远洋捕捞活动实施资助政策。以此为背景,院夼村社会结

---

① 岳永逸:《行好:乡土的逻辑与庙会》,浙江大学出版社2014年版,第297页。

② 尽管中国在20世纪80年代初就提出要"尽快组建我国的远洋捕捞船队,放眼世界渔业资源,发展远洋渔业",但远洋渔业的大规模发展却是在21世纪初,特别是伴随着2001年国务院批准的《我国远洋渔业发展总体规划》(提出要"稳定过洋性渔业,优先发展大洋性渔业")、2003年颁布《全国海洋经济发展发展规划纲要》、2008年《中共中央关于推进农村改革发展若干重大问题的决定》(第四部分提出"要扶持和壮大远洋渔业")等文件的出台,远洋渔业活动多次得到各级政府旨在提升其总体装备水平方面的财政补贴。详见杨瑾:《大力发展远洋捕捞业 振兴海洋经济》,《海洋开发与管理》2012年第11期。

构发生了重大变化。2002 年,院夼村将全部渔船卖给个人,村落集体经济彻底向个体经济转型,生产资料得到重新配置。其中,消息灵通兼具经济实力的少数村民,通过买船经营先富起来,并依靠资本的逐步积累,不断地置换马力更大的渔船,将捕捞范围扩大到东南亚乃至南非等远洋区域,在远洋捕捞中获利甚巨。其巨额财富的积累,不仅是通过远洋捕捞,而且也包括在置换更大马力渔船时对国家高额政策补贴的"捕获"①。如果说,从 1999 年开始,在 2002 年彻底完成的村落集体资源私有化转型,使部分有眼光的村民凭借胆识迅速致富,同时也导致近海资源迅速枯竭,那么近十年来国家对远洋捕捞业的政策性资助,则使上述船老板仅仅凭借数次卖船买船活动就可套取高额的"政策红利",从而加剧了村落中的贫富分化趋势。②

伴随着改革开放政策的实施,近四十年来我国流动人口数

① 此处所说的"捕获",即迪亚·达塔(Diya Dutta)所谓"精英捕获"(elite capture),是指发展中国家的发展项目或反贫困项目实施过程中,计划用于惠及大众的资源被少数人(他们常常是政治或经济上有权利的集团)占有,从而损害了政治和经济上权利较弱的集团的利益。Diya Dutta, *Elite Capture and Corruption: Concepts and Definition*, National Council of Applied Economic Reseacher,2009.

② 某村民说:"大队倒闭了以后,就把小船去卖,当时就是谁大胆的话谁就买。那时候就是亲戚家凑凑,凑出来以后,就被一个老板留着了,都没考虑国家的补贴那么多,他靠着国家的补贴就几十万。他再把船一卖,这个船用了十来年就是没落价。再加上自己又挣了一些钱,他把船卖了再换大船,从 200 马力换到 500 马力,再换到 700 马力,现在都有 900 马力了。马力越大,国家给的补贴越多,好多贷款利息也很低。"(访谈人:李松、张士闪、李常青;访谈时间:2018 年 4 月 19 日。应被访谈人要求,对其姓名保密)

量不断增加,具体就院夼村而言,便是引发了村落常住人口结构的巨大变化。20世纪90年代以来,院夼村外来人口逐渐增多,有3500多人,原居民(俗称“坐地户”)与新迁入人口(俗称“外来户”)①之比大致稳定在1∶1。坐地户与外来户之间大体和谐相处,但也潜存危机,如外来人口可以在此地自由劳动致富,但无法掌握地权资本,很难扎根落户。② 村内和谐现状的保持,既得力于院夼村坐地户对“院夼村养活穷人”“不欺生”的村风的不断强调,也与双方相对明晰的分工和对潜规则的遵守有关。目前,本村业主大都在完成了资本的原始积累以后,走向资本的多种运营,而将出海渔业生产等交由外来人口,双方雇佣关系明确,并有合同担保,从而减少了直接的经济冲突,而渔业生产所特有的船老板、船长、大副、二副、水手等细致分工和长期协作关系,也培育了当地恪守契约的传统心理。然而,毋庸讳言,坐地户与外来户的复杂关系,再加上坐地户内部日益扩大的贫富差距,业已成为院夼村未来发展的巨大隐患。近年来日益红火热闹的谷雨祭海节活动,正是以此为背景而展

---

① 院夼村村委会文件中则分别使用“内部人口”“外来人口”的称呼。

② 李常清指出:“院夼村的福利不考虑外籍人口……有些外来人口虽然在本村已居住二三十年并有了第二代,但是他们的最终归宿仍是老家。院夼村对户籍制度的严格管制,在保护了本村村民的福利的同时,影响了外地人对本村的归属感,但是开放的渔业社会所遵循的勤劳致富原则,也给外来人口提供了生存发展的机会,部分人历经海上的多年磨砺之后,渐渐当上了船长,甚至买上了自己的渔船成为船主……村委领导也注意到外地人的需求,如村中的小学有一半为外来人员的子弟,在一定程度上照顾到了外地人的利益。”(李常清:《院夼村村落概况调查报告》,山东大学民俗学研究所编:《百脉泉·荣成市院夼村调查专辑》,2018年)

开。表面上看,它是在因应国家非物质文化遗产保护制度而建构国家之礼,其实更为重要的则是因应村落发展态势,“借礼行俗”,谋求建立因地制宜的社区文化价值系统。

四、谷雨祭海:从“借礼行俗”到“民间之礼”

近年来,院夼村一直致力于“和谐社区”建设,优化村落社会秩序,如高悬于出口的“院夼村越老越好”等大字标语,“院夼村不欺生”“养活穷人”等口头叙事,以及谷雨祭海节大型仪式活动的年年举办。毕竟,作为一个体量超大的村落社区,人口大致相当的坐地户与外来户如何和谐共处,坐地户内部错综复杂的人际关系如何处理,是包括每届村干部在内的村落精英必须考虑的问题。

具体说来,院夼村坐地户中的富裕阶层即 100 多个船老板,已基本上不再出海,他们最操心的是“怎样招到一名合适的船长”。船老板倾向于用本地人做船长,踏实可靠,但由于本村富户多,愿意从事海上作业的年轻人越来越少,因而只能从外来务工群体中遴选。目前,从事远洋捕捞的基本上都是外来人口,如船长、轮机手、大副、二副、水手等,都以年薪制受雇于船老板。同时,在院夼村的坐地户中间,资本实力的相互攀比是日常交流的重要话题,如船有几艘、马力多大、一年利润多少、获得国家补贴多少,以及如何从国际金融活动中获利,等等。实际上,院夼村坐地户给本村人打工的情形也不少见,而且多是或远或近的亲戚,关系极其微妙,街头巷尾经常听到类似“都是本村人,有(没)船的人家那么多,我为(找)谁打工不行”的抱怨,反映出该村坐地户之间积存的心理纠结。院夼村坐地户中的失意者,只有在面对外来打工者时才有“生活也没有多落魄”的底气。

院夼村谷雨祭海节近年来逐渐成为本村最重要的民俗传统,年复一年地予以精心组织、隆重举行,正与村落精英基于上述状况的调谐诉求有关,体现出我国礼俗互动传统[①]的丰富意涵。

(一)“借礼行俗”的节日传统

毫无疑问,谷雨祭海节首先是以传统农历节气为依据,基于院夼村一带自然环境而形成的地方民俗传统,而这本身即与讲究“天道”“天人之际”等儒学正统意识相通。置身于山海之间这一隆重热闹的节俗活动之中,人们会感受到某种“大礼与天地同节”(《礼记·乐礼》)的神圣氛围。谷雨祭海节有着丰厚的神圣资本:谷雨是中国传统二十四节气之一,在院夼村海岸恰好与“百鱼上岸”景观叠合,早已为当地渔民所圣化;作为节日活动特定空间的龙王庙,自建成之日即作为村内最重要的

---

① “礼与俗的话语,在国家统治阶层是治国驭民之术,在文人精英群体是安身立命之本,在民众手中则是社会交往的工具,由此形成一种所谓‘礼俗社会’的文化认同,并内化为‘局内人’操持生计、理解社会、运作政治的潜在规则……贴近国家政治、建构地方社会价值的层面积极地有所作为,是民俗的政治性面向之一,而以稳定性和反复性为特征、持续地作用于地方社会生活,特别是赋予民众个体以生命归属感和人生意义,则是民俗的根性所在。”(张士闪:《礼俗互动与中国社会研究》,《民俗研究》2016年第6期)

神圣空间而存在，此后更被渔民一再强化。① 显然，这一节日仪式既然在渔村之内年复一年地举行，便不可避免地被赋予更多的文化意义，并有脱离语境而升华为超验性价值的倾向。这种超验性价值，并不单纯地指向神圣建构，往往也会兼及审美等情感维度，共同被糅合于村落日常生活之中。如本作为祭品的大饽饽，村民在献供过程中除了表达对神灵的虔诚祭拜，还会在意“谁家蒸的饽饽不强，谁家蒸的饽饽好、谁家蒸得更好”等。这说明，在谷雨祭海节期间作为祭品使用的大饽饽，兼具圣物与工艺品的意义。唯其如此，才能真正调动起人们神圣与世俗的双重情感体验，在“借礼行俗”中促进节日意义的达成。

20 世纪 50 年代以来，院夼村谷雨祭海仪式朝向国家政治的不断贴近，大致可分为三个阶段：20 世纪 50 年代至 70 年代，积极响应“拥军爱民”的国家号召，通过与相邻苏山岛海防官兵的礼仪往来，建构“军民一家亲”“军民鱼水情”的宏大叙事，在获得省市县以及军区无数次表彰的同时，也为祭海仪式添加了一道“政治安全”的屏障；20 世纪 80 年代至 2008 年，借助村庙系统内的符号设置，巧妙贴近国家的主流叙事，如在龙王庙内以大字书写“龙”字，在庙墙外面刻录历代皇帝御笔题写的“龙”字，以体现中华民族根脉“龙的传人”的正统性，并广

① 发生于 1972 年的院夼村海难，不断地为渔民所追述，在村落集体叙述中占有重要地位。特别是那些亲历现场的渔民关于劫后余生的讲述，如当时骤遇海上风暴时“当时就许愿！保我平安回家，我买猪头啊、买什么的敬龙王”之类的本能反应。事实上，自 1966 年该村龙王庙被拆毁、龙王像被扔进海里以后，每遇海上风暴，渔民都容易产生“龙王爷发威报复”之类的想法，而不仅仅是这一次。只不过这场海难损失惨重，死亡渔民 30 多人，因而被村民特别记忆而已。

为贴挂"文化搭台,经济唱戏"的时尚标语;2008 年以来,因应国家大力倡导推行的非物质文化遗产保护活动,将该村祭海仪式申报国家级非物质文化遗产,一举成功,并建构为胶东海神信仰的一大中心。在上述过程中,院夼村人在响应国家政策的前提下,灵活运用各种国家政治资源,一以贯之地为地方传统寻求合法性。其实质是民众努力将民间之"俗"贴近国家之"礼"的文化实践,最终"以俗入礼"。

(二)以俗入礼,调谐社区生活

笔者注意到,近年来院夼村人有意将谷雨祭海节切分成两个时段,赋予其不同意义,以体现社区生活的"差序格局"①:谷雨节前一天,被视为该村坐地户过节的"正日子";谷雨节当天,则是他们的"待客日子",摆宴接待村里的外来户(主要是本村船老板雇用的船长、船员),以及应邀而来一起过节的外地朋友。② 同一个节日衍生出两种面向,在时间上前后相续,内中奥秘值得琢磨。

院夼村谷雨祭海节期间这种"一体两面"(正日子、待客日子)的格局,与村内的人口结构即多元身份认同有着密切关系:首先是坐地户与外来户的身份差异,其次是坐地户群体内部因经济条件不同而划分的贫富阶层,最后是坐地户、外来户

---

① 参见费孝通:《乡土中国　生育制度》,北京大学出版社 1998 年版。

② 王玉荣说:"昨天是我们自己过节,拜龙王,今天就是伺候客,招待船员啊,外边来打工的……也有外地朋友来贺喜的,都得喝酒……谷雨就是渔民节!最隆重是今天。"(王玉荣,院夼村村民,女。访谈人:杨文文,刘清春;访谈时间:2010 年 4 月 20 日)

两大群体内部血缘、亲缘关系的交错。近年来,前两类身份认同的边界日益明晰,如在住房位置及大小、日常交往程度等方面的表达越来越固化,由此导致了村内社会关系的紧张。在以祭海为神圣名义的谷雨节期间,上述各个群体走进庙宇祭拜如仪,晚间相聚宴饮,先按照辈分、年龄依礼敬酒,终则醉意陶然。至少在谷雨祭海节期间,他们暂时消泯了现实人际关系的各种边界。这种超越日常生活的节日设置,对于调谐社区生活的作用不可低估。

乍看起来,谷雨祭海节是以神圣仪式与宴饮狂欢为特色的节俗活动,通过定期举行而彰显的村落同一性传统;在村落社区的内部叙事中,它却是以“一体两面”的节日格局,通过主客关系的有意设定,形成了对村落内坐地户与外来户等不同身份区隔的隐喻。

首先,祭海仪式既冠以院夼村之名,并着意凸显隆重行祭、豪迈待客的渔村风情,就在年复一年的节日活动中不断强化着村落文化的一体性特征。事实上,村民对“院夼村养活穷人”“不欺生”之类话题的津津乐道,以及对凡事讲人情味、讲究邻里相助的村落传统的强调,乃是院夼村人强调集体精神、建构和谐社区的表现。这一点,在特别讲究恪守传统的丧葬礼仪中也有体现。如在为死者做“五七”时,主家要为过世者备办酒席,擀手擀面,还要先以宴席饭菜为祭,供死者在阴间请客——一般是 15 道菜、15 碗面,然后再用以隆重招待前来帮忙的亲友。这说明,在院夼村人的观念中,一个人即使过世以后在阴间也是需要礼尚往来的。这与谷雨祭海节待客习俗是一样的逻辑,只不过有祭神(海龙王)、祭鬼(初死者)之别而已。诚如杨庆堃所言,神庙庆典活动能够“提供一种超越不同经济利益、经济地位和社会背景的集体象征,以便能够把许多人整合进一个社区"①,从而促进或达成社区生活的同一性。具体到院夼村来说,尽管当今远洋捕捞的船只不会在谷雨节期间返村过节,而是在半年左右的远海轮休期往返本村,但院夼村以谷雨祭海节的名义为他们"留一杯团圆酒",也就强化了坐地户与外来户、老板与雇工之间的情感纽带与契约精神。

显然,谷雨祭海节将人们凝聚到一起的礼仪行为,并不仅仅是一种仪式性的传统民俗操演,还承担了一定的社区政治功能。节日期间短暂的共祭、欢宴等活动,并不能改变村落的社会结构与现实人与人之间的微妙边界,却可以借助节日时空中特殊的交流实践,让失意者暂忘人生得失,从而赋予日常生活更远阔的文化意义。就此而言,节日礼仪提供了社区伦理的理想状态与神圣形式,而且通过年复一年的定期举行,持续不断地予以重温和强化。地方传统节日所蕴具的深刻社会意义,或许正在于此。

结　语

在绝大多数院夼村人心目中,在谷雨节举行祭海仪式,似

---

① 杨庆堃指出:"在这样的社区活动中,宗教的基本功能是提供一种超越不同经济利益、经济地位和社会背景的集体象征,以便能够把许多人整合进一个社区,这样来自各界的人就能一起走到广被接受的信仰的活动场所来……庙宇是对社区及其集体利益一种可见的表现,其中的公共崇拜表现为社区的人为了反映其共同的信仰和共同的利益而定期聚会。"([美]杨庆堃:《中国社会中的宗教》,范丽珠译,四川人民出版社2016年版,第64、77页)

乎是天经地义之事。正月十三“起信”、谷雨节“百鱼上岸”等物候现象,支撑着其祖祖辈辈“靠海吃海”的传统生计,拜祭龙王仪式也就具有了感恩与还报大自然的文化象征意义,这也正是乡土伦理的深厚根基所在。再看称癞蛤蟆为“老财神”,分赠“老财神”剪纸是“分福气”,“别人要得越多,老财神对我越好”,以及“鱼鸟不失信”“拜神抢早”等说法,对“院夼村养活穷人”“不欺生”之类叙事话语的强调,乃是院夼村人对凡事讲人情、讲究邻里相助等传统伦理的强烈认同。在一般性的农耕村落里,外人入居就意味着对本村土地资源分享的可能,哪怕后者仅仅是开垦荒地。面对流动的海洋公域的院夼村人,当然不像一般的农耕村落那样,早就有着警惕或排斥外人入村的传统。因此,近年来院夼村流行的“院夼村养活穷人”“不欺生”之类说法,因为有着悠久的历史传统而并不新鲜,值得关注的倒是村民何以近年来对这一叙事特别强调,这或许意味着当下社区生活存在某些急需解决的问题。换言之,院夼村人对谷雨祭海仪式的珍视与坚守,与其面向未来的社区生活秩序建构有关。

诚然,20 世纪以降国家一统进程并非一帆风顺,国家之礼也不乏变化,地方民俗传统的调适性改变更难一语道尽。近半个多世纪以来,院夼村龙王庙在“三建两拆”过程中的形制变化,祭祀空间从船上、海边到庙里的挪移,苏山岛海防官兵在祭祀仪式中的进入与退出,以及近年来村民对节日“正日子”与“待客日子”的设置等,都与国家政治渗透乡村社会的历史进程有关。其实,谷雨祭海节之于院夼村人,乃是俗与民的关系,前者是已被村民熟练掌握并灵活运用的文化工具,可以不断地应当下之需而取舍有据、变易有度。归根结底,民俗传统并不完全等同于村民的全部文化,而是内嵌于乡村社会之中,其一端连接着民众日常生活,另一端连接着国家政治。[1]

院夼村谷雨祭海节活动年复一年地进行,旨在促进当下村落社区生活的和谐,但调谐方式却因时因事而异。历经国家历史进程的时移世易,院夼村人一直在想方设法将其谷雨祭海仪式与国家之礼相连接并最终成功。这一过程,既有民众因应国家政治态势而“借礼行俗”的文化实践,也是国家面向地方社会“以俗入礼”的文化政治。但在不同地方,国家政治的“地方化”进程不一,而地方社会的“国家化”表现也有所差异,研究者对此必须有足够的想象力,庶可推进对中国“社会性”的理解。

① 参见张士闪:《当代村落民俗志书写中学者与民众的视域融合》,《民俗研究》2019 年第 1 期。

艺术民俗学

眼光向下:新时期中国艺术学的“田野转向”*

——以艺术民俗学为核心的考察

在现代性与本土化的双重驱动下,新时期的中国艺术学发生了“田野转向”,以田野作业为特征的诸多交叉学科渐次兴起。中国艺术学的“田野转向”是由历史宿因所形成的社会思潮,并在学科背景不一的众多学人的现实运作中呈现出丰富样态。本文尝试考察中国艺术学“田野转向”的逻辑起点、学术理念及其背后所隐含的社会需要,并重点梳理由此转向而产生的艺术民俗学等学科景观及未来走势。

大致说来,新时期中国艺术学的“田野转向”引发了诸多交叉学科的兴起,为整个艺术学学科体系带来开放与活跃的风气,为本学科带来了发展的契机。然而,长期以来,学界对中国艺术学发展的总结与概括,依然难脱“艺术本体论”与“艺术功能论”的二元框架,对于艺术民俗学、艺术人类学、艺术社会

* 本文原载于《民族艺术》2015 年第 1 期,转载于《新华文摘》2015 年第 16 期、《中国社会科学文摘》2015 年第 5 期,国家社科基金艺术学项目“新时期乡民艺术发展与公共社会建设”、山东大学儒学高等研究院重点科研项目“礼与俗:近现代民间儒学传统与传承”系列成果之一,并受到山东省“齐鲁文化英才”项目的资助。

学、民俗艺术学等学科的登场,通常简单地解释为艺术学研究在“内在”和“外在”两个维度之间的游移;本文从“田野转向”的视角理解新时期中国艺术学的发展脉络,并不仅仅是因为“田野转向”导致了诸多交叉学科的兴起,从这一视角出发能真正理解上述在“田野转向”中生成的学科的学术意义,以“田野转向”为特征,代表了中国当代艺术学研究朝向本土化、朝向“艺术整体研究”的转型,鱼龙归海,正在开辟一种中国艺术学研究的新范式。

一、现代性与本土化:新时期艺术学“田野转向”的逻辑起点

有学者认为,1978 年以来的中国艺术学发展的关键词是现代性与本土化,并经历了两次转向:一是 20 世纪 80 年代冲破对马克思主义文艺理论的僵化理解,建立起基于理性思辨的“主体性”“向内转”的理论体系;二是 20 世纪 90 年代中期以来的“文化研究”转向,由内向外突围,由文本研究走向文化研究,实现了“艺术研究视角的社会学、人类学转向”①。显然,两次转向都是以西方现代理论的引入为媒介、以西方现代学术为参照而发生,说到底仍然是“西风东渐”的产物。

然而,应特别指出的是,在上述两次转向中,发生在 20 世纪 90 年代中期以来艺术学的“文化研究”转向,不单单是产生了一些被调侃为“食洋不化”的各种新异艺术理论,更收获了

① 傅谨:《艺术学研究的田野方法》,《民族艺术》2001 年第 4 期。

意想不到的成果,那就是在20世纪90年代以来日益现实化、批判性的当代中国文化发展的大气候中,艺术学在“文化研究”方法论的引带和启示之下,发生了向中国本土返归、强调艺术发生现场的重要转向,并终于在20世纪末走出了书斋之内的对空玄谈,走向对当下现实生活的关注与省察,田野研究由此成为最具活力的研究方法。

中国当代艺术学的“田野转向”,就其实质而言,是相对中国传统艺术学而言的全新范式。在中国文化传统中,艺术扮演的角色始终在两极之间游荡,或者被认为是抟空蹈虚的内在心灵体验的自由表达,或者是被定义为社会意识形态的实用载体,以前者为基础产生了“艺术本体论”“艺术形式论”的研究范式,而后者则使“艺术功能论”的研究范式绵延不绝。然而,20世纪以来,西方艺术学的现代发展——其学术谱系以叔本华-尼采的艺术学理论、存在主义的艺术学理论、现象学的艺术理论、克罗齐的美学理论以及美国实用主义艺术理论为代表——却指出了艺术另外的文化功能,那就是“艺术是生命个体在特定文化语境中主动应对并形式化的产物”,确定了艺术活动中包含着鲜活生命个体的活生生的生存智慧。这种艺术哲学开辟了新的理解艺术的角度。而新时期所承袭的中国艺术学传统,却是从根本上轻视甚或忽略艺术所包含的人的生存性智慧。

事实上,新时期以来的中国社会,在转型中充满激荡,艺术活动的发生,尤其是中国民间场域内的艺术活动,无时无刻不是在与社会发展的应对与适应中发生的。在此应对中,鲜活的个体生存体验与艺术生成潮涌不断,而艺术学知识系统却长期陶醉于阳春白雪的玄谈高论中难以自拔,或者急于将艺术学研究纳入主流意识形态之中。在此背景之下,20世纪90年代以来中国艺术学的“田野转向”,其实就是在“文化研究”思潮的启发之下，艺术学研究转向中国本土发生现场、敞显个体艺术生存智慧的展现过程。

近20年来中国艺术学在"田野转向"上产生丰硕成果并非偶然。早在20世纪80年代，以钟敬文、张道一、王树村等为代表的前辈学者，就已经注意从民间生活的角度诠释民众艺术活动；①90年代至今，一种在田野作业的基础上从"民间"重新体认"艺术"、潜心关注现实生活中的艺术研究潮流声势渐壮，呈现出异彩纷呈的勃勃气象。众多交叉学科的涌现是其显著特征，大都借助人类学、民俗学的田野调查方法而各有专攻方向，如文艺民俗学、音乐民俗学、美术民俗学、舞蹈民俗学、艺术人类学、民艺学、艺术民俗学、审美人类学、音乐人类学、民俗艺术学等。②

---

① 参见钟敬文：《民间文艺谈薮》，湖南人民出版社1981年版；张道一：《工艺美术论集》，陕西人民美术出版社1986年版；张道一、廉晓春：《美在民间》，北京工艺美术出版社1987年版；王树村：《中国民间文艺学》，文化艺术出版社1987年版。

② 这方面的代表性论著有：陈勤建《文艺民俗学导论》，上海文艺出版社1991年版；宋德胤：《文艺民俗学》，北方文艺出版社1991年版；薛艺兵：《"音乐民俗"界说》，《中国音乐学》1992年第4期；王惕：《中华美术民俗》，中国人民大学出版社1997年版；纪兰慰：《舞蹈民俗学的学术定位，《民族艺术》1998年第2期；潘鲁生：《民艺学论纲》，北京工艺美术出版社1998年版；张士闪：《艺术民俗学》，泰山出版社2000年版；易中天：《艺术人类学》，上海文艺出版社2001年版；赵德利：《文艺民俗美学》，西北大学出版社2001年版；王杰：《审美幻象与审美人类学》，广西师范大学出版社2003年版；郑元者：《美学与艺术人类学论集》，沈阳出版社2003年版；容世诚：《戏曲人类学初探——仪式、剧场与社群》，广西师范大学出版社2003年版；洛秦：《音乐人类学的历史与发展纲要》，《上海音乐学院学报》2006年第1期；陶思炎：《论民俗艺术学的研究》，《东南大学学报》2008年第1期。相关论述参见张士闪：《从参与民族国家建构到返归乡土语境——评20世纪中国乡民艺术研究》，《文史哲》2007年第3期。

同时,部分学者致力于对于艺术个案的扎实研究,产生了广泛的学术影响,如项阳的山西乐户群体研究,傅谨的台州戏班研究,方李莉的景德镇民窑研究,王杰文的陕北、晋西伞头秧歌研究,张士闪的鲁中小章竹马研究等,都属于这一学术思潮,并因具有普遍意义的学术关怀而为学界注目。① 此外,朝戈金、巴莫曲布嫫、陈岗龙等对本民族史诗演述传统及其口头叙事法则的研究,与此有着相似的学术趣味。②

以“田野转向”为标志的上述交叉学科,不满足于传统艺术学研究重理论轻实证、重方法轻材料而形成的玄空学风,强调返归具体生活语境和现实社会文化网络以重新理解艺术活动,使艺术活动脱离狭窄的文本研究,将其置放于艺术活动发生的文化-生活整体语境中解读,秉持“艺术作为现实个体的生活实践”的理念,眼光向下,寻找实际材料,力图贴近生活现场。换言之,他们在关注国内外人类学、民俗学的新近发展的同时,致力于找到一条返归本土生活的研究路径,从而跳出艺术家个体精神世界,迈向群体艺术和民众审美的广泛艺术现象,指向人际互动中的生活化阐释。这实质上是艺术学研究从

---

① 这方面的论著有:项阳《山西乐户研究》,文物出版社 2001 年版;傅谨:《草根的力量——台州戏班的田野调查与研究》,广西人民出版社 2001 年版;方李莉:《景德镇民窑》,人民美术出版社 2002 年版;张士闪:《乡民艺术的文化解读:鲁中四村考察》,山东人民出版社 2005 年版;王杰文:《仪式、歌舞与文化展演:陕北·晋西的“伞头秧歌”研究》,中国传媒大学出版社 2006 年版。

② 参见朝戈金:《口传史诗诗学:冉皮勒〈江格尔〉程式句法研究》,广西人民出版社 2000 年版;巴莫曲布嫫:《史诗传统的田野研究——以诺苏彝族史诗“勒俄”为个案》,北京师范大学博士学位论文,2003 年;陈岗龙:《蟒古思故事论》,北京师范大学出版社 2003 年版。

精英主义立场向民众本位的转移,也是在流离破碎、多元多义的现代审美生态中艺术重新发现自己、彰显其现实救赎意义的时代要求。可以说,从整体意义上的生活世界重新出发,结合本土语境解释个案,在现实问题中解读生活的流动本质,中国艺术学的“田野转向”一举消除了新时期以来主体性艺术学理论体系的弊端。①

二、艺术民俗学及艺术人类学等近邻学科的逻辑贯通与学术分工

艺术民俗学与艺术人类学、艺术社会学②等都是在田野中生成的学科,都代表着艺术学“整体研究”的学术理念,在与传统艺术研究观念相区别的大分野中处于同一阵营。然而,同一阵营中的艺术民俗学与艺术人类学、民俗艺术学、艺术社会学,虽然逻辑一致,但因进径不同而存在区别,表现出不同的学术分工。这主要表现在以下几个方面。

(一)同是秉持“整体研究”模式,艺术民俗学更凸显“整体”的“生成”意义

艺术民俗学与艺术人类学、民俗艺术学、艺术社会学,都是

① 参见张士闪、耿波:《中国艺术民俗学》,山东人民出版社2008年版;刘清春:《现代艺术学视野中的田野作业》,山东艺术学院硕士学位论文,2011年。

② 出于行文简便,本文在此所评述的艺术民俗学、艺术人类学和艺术社会学的研究倾向,是对新时期以来从民俗学、人类学和社会学学科出发介入艺术学研究的众多学术成果的概括,不再指论具体的学人论著。

在强调对艺术进行“整体研究”的维度上与传统艺术研究相区别,但它们对“整体”这一观念的预设有所区别。同样是面对艺术所处身的语境“整体”,艺术人类学一般将之视为知识论意义上的“整体”,民俗艺术学视之为民俗本位意义上的“整体”,艺术社会学则用种族、阶级、族群等概念的集合代表“整体”的含义。在对“整体”含义的理解上,它们或多或少都没有脱离主-客两分的认识论模式。

艺术民俗学则悬置在主-客对立思路下的“整体”定义传统,凸显“整体”的“生成”意义。艺术民俗学研究认为,不存在被研究主体俯视、统观的所谓既成“整体”,“整体”是研究者自己身在其中、以身相补的“整体生成”。“民俗”即是研究者自身所处的母体文化,其本质含义是约定俗成、常在常新。当其作为研究对象之时,“民俗”先己而生,先己而存,研究者早已置身其中,难以真正隔断自身与研究对象的内在联系。正如刘铁梁所强调的,民俗学的田野地点,是广泛意义上的“俺爹俺娘”世世代代生活的地方,是调查者所承袭的文化传统的基石,调查者的文化观念在形成过程中始终被这样一种文化所环绕,整个调查过程也是对他自身某些深层文化观念的唤醒,他是没法将之视为一种完全的“客体”。① 而恰恰因为作为研究对象的现实生活都是调查者已经参与的一切,调查者的文化参与或文化干预是确凿的事实,一种真正意义上的切己性由此产生,这种“文化切己”与“文化对象”相互补充,从而实现了更为完整的“整体”的意义。艺术民俗学研究正是努力凭借自己与

① 参见刘铁梁:《中国民俗学思想发展的道路》,《民俗研究》2008年第4期。

民众共处于同一文化母体的关系，借助田野研究中的人际互动与理解文化时的“文化共振”更准确地理解民众的生活实践和心理世界，并予以逻辑贯通，体认民俗之于民的“生活环绕”与艺术之于民的“内在升华”。

（二）同是关注艺术活动中“人”的要素，艺术民俗学特别强调艺术活动中“人”的主动性

艺术社会学关注艺术活动所处的政治氛围、社会细节，以社会学的眼光切入，即从人的社会属性、文化认同、整个社会的意识形态和价值观念来进行研究，以稳态的社会知识视角来观察艺术活动；艺术民俗学、艺术人类学的研究视角则与此有别，都强调一种微观的视角，用鲜活的生命个体在生活世界中形成的眼光来审视人类的艺术活动，因此更关注作为艺术活动的主体的人，以及如何以艺术的方式自觉建构人与自然、人与社会之间的关系。

在这方面，艺术民俗学与艺术人类学的区分同样存在。人类学自创立伊始即专注于对无文字社会的“异文化”研究，而后发的民俗学自始至终则是“本土之学”；正如民俗学发展从人类学借鉴了大量方法与理论一样，艺术民俗学同样从艺术人类学那里获得了学科创发的主要动力。但其差别也是明显的。就本文主张的“艺术民俗学”而言，在艺术学研究中凸显民俗或提倡艺术民俗学的理由有三：其一，就中国学术传统而言，中国恰好有一个以描述本土文化为特色的方志与风俗记录的传统，艺术民俗学并不避讳这一中国本土学术情结，而是强调继承源自本土的民俗志、艺文志传统；其二，就当代学术发展而言，已逐渐超越以现代性评判一切的学术理路，而推重个案，关

注前现代世界在现代以至后现代文化中的独特启示意义,这种“向后转”的学术观已渐成共识,而民俗学研究的一贯传统,正好与“向后转”的现代学术理念接续起来;其三,艺术人类学一般是从社区生活中静态的知识结构来理解艺术活动,特别重视从仪式、族群认同、宗教崇拜来解读地方社区的艺术传统,对于人在艺术活动中的超验性情感现象或悬置或低估,而艺术民俗学则比较注重人的主动建构与自我调适能力,最终以活生生的人及其艺术活动为基点,确立其方法论、对象论、目的论和学术宗旨。

(三)同是注重“田野”,艺术民俗学更关注的是“田野”中活态与生成的层面

艺术民俗学与艺术人类学、艺术社会学以及民俗艺术学都注重田野调查,艺术民俗学更是将田野作业视作学术生命底线,因为所有艺术——只要成为社区民众传统——就必然会在日常生活层面有比较突出的表现。同时,由民众创造与传承的艺术,却不会全部被纳入人们通常所界定的“艺术”范畴之中。因此,艺术民俗学田野调查的意义,并不仅仅在于收集民众的艺术活动材料,而是要考察某种艺术传统怎样在现实生活中被具体地运用与传承。换言之,艺术民俗学关注的是掌握在民众手中的艺术,原本是以群体性的约定俗成为特征,但何以从生活功利层面的约定俗成,升华成在一定程度上脱离生活功利、具有某种文化力量的“传统”?由此,它不得不放宽视野,关注与民众艺术活动相关的不断生成、变化的广泛意义上的“生活田野”。

以民间仪式表演研究为例,艺术社会学往往倾向于从社会

亚文化的角度去理解，艺术人类学则会从结构与反结构、阈限、宗教仪式的角度去理解。然而，艺术社会学的“亚文化”视角，总是将这一表演仪式的实质认定为社会边缘群体以自我彰显的方式为主流文化所容纳的努力。艺术人类学则采用“阈限”等学术工具，论证其实质是以反结构方式试图重返正常的社会结构之中。不管是“亚文化”视角，还是“结构与反结构”“阈限”等学术工具，虽在表面上把握住了艺术现场变动不居的特征，却为一个更大的超稳定结构预留位置，总是设定一个凝固的“主流文化”范畴作为存在前提。

同样面对民间的仪式表演活动，艺术民俗学则致力于发现在狂欢盛典中的自我生成，并为之确立合法性——人借助民俗实践而实现自我，从而完成了人的社会属性，由此形成了对上述艺术社会学、艺术人类学解释框架的超越。这类仪式表演活动，表面上是人以传统的名义彰显潜在的自我，表达对现行社会秩序的反叛，实际上这样一种彰显与表达又总是在表演的名义下进行的，并时常充满了个人化的即兴游戏色彩。活动过后，表面上看社会将重新回归其原先运行的轨道，但参与活动的个人已经有所变化，个人的变化其实是民俗变异乃至社会变动的蓄积。人总是生活在某一具体社区的社会结构中，但内心世界中却总会存有为当下生活中所难以容纳的东西。民俗代表一种传统的惯性，个人在参与这一传统惯性的社会实践活动中不断地完成自我生成，生成其情感、理性、理想、人格等。人在民俗中生活感受到的不仅仅是种种群体性规约的存在，同时也体验着自我与现实生活的融合，体会到自我的生长与“新我”的萌动。也正是在艺术传统的当下实践中，个人面向群体，面向未来，通过仪式表演活动生成“新我”，而作为活动语境的仪式表演传统也正是通过个人的参与得以显形、固化和活用,“俗”与“变”同时进行。

简言之,在中国当代艺术学“田野转向”的大背景下,与相邻学科相比,艺术民俗学的独特之处在于,强调生命个体在艺术发生的民间现场所体现出的生存智慧与自我生成,这种生命个体的主动性构成了艺术民俗学中联结“艺术”与“民俗”的纽带。艺术民俗学强调从田野调查入手,聚焦艺术活动中生命个体的主动性表达,剖析艺术象征符号,揭示生活世界的整体性。可以说,田野调查为艺术民俗学提供了“活”的艺术个案,同时也激发了研究主体的本位认同;艺术象征符号是艺术活动的形式载体,剖析艺术象征符号,试图由此发现“活”的艺术活动所串联、聚焦、揭示的生活世界的整体样貌,实现“艺术世界”与“生活世界”的贯通。

三、近十年来艺术民俗学学术实践总结及反思①

“艺术民俗学”的学术理念的萌动, 在中国可以追溯至 70

① 近十年来,以“艺术民俗学”的名义展开的学术研究,除了笔者的系列论著外,主要还有如下成果:李国平《略论哈萨克族的民俗文化》,《塔里木大学学报》2006 年第 2 期;巴莫曲布嫫:《一滴水的意义是不能低估的——从〈乡民艺术的文化解读〉看艺术民俗学的个案研究价值》,《山东社会科学》2006 年第 7 期;刘志:《关于艺术民俗学的价值追求之思考》,《齐鲁艺苑》2007 年第 2 期;陈勤建:《人学观的演进与艺术民俗学的构建》,《民族艺术》2008 年第 3 期;耿波:《当代艺术民俗学发展的城市化语境》,《民族艺术》2009 年第 2 期;迟燕琼:《民俗学视野中的族群艺术传承

年前。岑家梧在《中国民俗艺术概说》一文中,最先使用了“艺术民俗学”的概念,认为民俗学可分为“普通民俗学”和“特殊民俗学”,而“特殊民俗学”又可分为“宗教民俗学”和“艺术民俗学”等。他认为,包括“空间艺术”和“时间艺术”的“所有民间艺术,均属于艺术民俗学范围之中”①。但真正将艺术落实于民俗之中的较具规模的艺术民俗学研究,则是从20世纪90年代才真正展开。1992年钟敬文的《民俗文化学发凡》一文,提到“民俗学的分支有宗教民俗学、历史民俗学、语言民俗学、艺术民俗学和心理民俗学”,这其实也是新时期中国艺术民俗学的“发凡”。他在该文第五部分“民俗文化学体系结构的设想”中,认为民俗文化学的结构体系应该包括六个方面,即一般民俗文化学或普通民俗文化学、特殊民俗文化学、描述民俗文化学或民俗文化志学、历史民俗文化学、应用民俗文化学、民俗文化学方法论,并在“特殊民俗文化学”的名下列举家族民俗文化学、经济民俗文化学、宗教民俗文化学、艺术民俗文化学等。②他对于

(接上页)研究综述》,《云南艺术学院学报》2012年第1期。笔者的学术实践总结及反思主要以上述成果为依据。此外,还有一批从艺术民俗学角度出发完成的学位论文,如唐瑞:《花腰彝服饰文化内涵及其流变研究》,云南艺术学院硕士学位论文,2010年;刘清春:《现代艺术学视野中的田野作业》,山东艺术学院硕士学位论文,2011年;曹亚男:《湘西苗族踏虎凿花研究》,赣南师范学院硕士学位论文,2012年;郁倩文:《鲁南地区王祥村“赶喜”习俗研究》,山东艺术学院硕士学位论文,2012年;张丽娟:《民俗信仰视角下的胶东花饽饽视觉形象研究》,重庆大学硕士学位论文,2013年。

① 岑家梧:《中国艺术论集》,上海书店1991年版,第101页。

② 参见钟敬文:《民俗文化学发凡》,《北京师范大学学报》(社会科学版)1992年第5期。

“艺术民俗学”“艺术民俗文化学”名称的交相使用,是当时学界后者言必称“文化”的缩影,也是中国社会20世纪80年代的“文化热”促使学界于20世纪90年代发生“文化研究”转向的生动写照。近十年来的艺术民俗学研究,大致参照张士闪20世纪90年代对于“艺术民俗学”学科性质的界定[①]在不同的领域展开,并在此基础上有所拓展。其中,刘志对艺术民俗学的“政治解蔽”价值的强调、耿波对“艺术民俗与都市公共领域”的研究,都是重要的拓展向度。[②]

作为一门学科,艺术民俗学的学术理念与研究特色必然是在研究实践中逐渐被塑造、赋形的,而且伴随着检讨与反思不断地予以修正。总结近十年来的艺术民俗学研究实践,其大致呈现出如下特征。

(一)注重在民间艺术发生现场发现人以艺术活动建构世界的能力,注重艺术民族志书写中的主体间性

艺术民俗学特别关注以民俗为代表的社会规约与人的情感张力之间的互动关系。从传统民俗学的眼光来看,“民俗”一词本身即意味着民众生活的稳态性特征,而在此观念统摄之下,也通常强调民间艺术活动不变的一面,由此推导则民间艺术必然是“死寂”的艺术。然而,民俗的本质其实是人的建构

---

① “艺术民俗学规定其要旨是‘对于艺术与民俗之间关系的研究,和对于艺术进行的民俗学视角的研究’。”(张士闪:《当代民俗学的研究视界》,《齐鲁艺苑》1998年第2期)

② 详见刘志:《关于艺术民俗学的价值追求之思考》,《齐鲁艺苑》2007年第2期;耿波:《当代艺术民俗学发展的城市化语境》,《民族艺术》2009年第2期。

即文化创造精神,民众艺术活动亦然。因而,艺术民俗学强调的是在民间艺术发生现场理解个体的主动性,关注民俗事象活动中个体情感的主动性表达。事实上,正是生命个体的主动性表达所构成的“变”,与其所处身的民俗场景的“稳”构成了一种激荡,涌动着生命个体自觉建构世界的文化创造激情。

艺术民族志书写,是艺术民俗学田野作业最重要的终端成果形式之一。它既是学者对所收集的民众艺术资料的基本理解与文本表达,又是内含价值判断的一种知识生产形式。在这一书写过程中,对民众主体的言说“语境”的引入,意味着为民众艺术活动中的“他者”预留阐释空间,使被调查者和调查者显在或潜在的对话意识同时进入艺术民族志研究的视野。借此,我们的艺术民族志书写就将被调查者和调查者都置放于一个交流、互动的现实社会平台,将其对当下利弊的多重考量纳入学术视野。换言之,调查者的到访就意味着民众艺术活动的某种交流境遇的形成,调查者通过自己的“在场”,其实已经参与民众艺术活动的交流结构之中,并在不知不觉中参与到民众艺术文本的建构过程,对于当地民众艺术的创造而言,此时的调查者提供了某种契机。

艺术民俗学的艺术民族志书写,强调应充分将“人”的因素纳入学术视野当中,这不仅包括作为调查对象的“民俗人”、实施调查行为的学者,而且也包括每次调查活动所构成的主客关系等特定情景。调查活动不仅是学者采集民众艺术活动材料的单向行为,而且也不可避免地引发学者的情感体验与理性思索,同时又构成被调查者艺术积累的一种生活经历。此时,学者自身也成为研究对象的一部分,而且是制造文化含义的关键性工具。艺术民族志不仅书写他者的文化脉络与文化逻辑,而且将描述他者与描述自我相结合,以此为基点寻找理解和阐释地方性知识的合适理论与方法。[①]

(二)注重深入艺术发生具体场域,对艺术活动进行整体研究

与传统艺术学研究的普适性思维有别,艺术民俗学特别强调“落地”,即深入艺术发生场域对艺术活动进行整体研究。在学科特质上,艺术民俗学是以艺术哲学的理论思辨为潜在资源,以田野研究为具体路径,以求实的参与观察方法和强烈的人文关怀精神彰显其自身的问题阐释能力与现实影响力。艺术民俗学的发生其实是有其历史的必然性的,正如有学者指出,正是历史上人本主义美学和科学主义美学的对立和融合的发展特征,为人类学、民俗学这类讲究实证的学科介入艺术研究以及与美学发生关联并得以整合提供了转型性的契机。当人类学、民俗学介入艺术问题及审美经验的研究时,也就意味着艺术研究的重心开始从抽象玄思转向实际求证,转向看似琐碎实则充满灵动之美的世俗生活,关注特定时空的文化群体,强调参与观察和设身处地的文化体验,从而使艺术研究从学理和实践层面上有效地兼容了人本主义美学和科学主义美学的学术取向,为学科视域的刷新和升级提供了良好契机。[②] 经此,艺术民俗学研究已在无形中实现了一种跨越,不仅是“对于艺术进行的民俗学视角的研究”,而且“对艺术活动与民俗

---

① 参见张士闪:《乡民艺术民族志书写中主体意识的现代转变》,《思想战线》2011 年第 2 期。

② 参见何明、吴晓:《艺术人类学的学科基础及其特质》,《学术探索》2005 年第 3 期。

社会之间的关系进行双向的动态研究”。①

（三）注重从个案出发，以小见大，理解中华文明礼俗互动的历史推演与近现代变迁

中国传统文化是随着中华文明的演进逐渐汇集凝练而成的反映民族生活特质和精神风貌的一种民族文化。大致说来，中国传统文化在载体形式上可以分为两类,一是文献典籍,二是民俗传统。其中,包括民间艺术在内的民俗活动是传统文化之根,最贴切中华民族的生活世界,古往今来滋养着民众的生命情感。在中华文明传承发展史上,国家意识形态经常借助对民间艺术活动的渗透而向民间社会生活中贯彻落实,形成“礼”向“俗”落实、“俗”又涵养“礼”的礼俗互动情势,官民之间良好的政治互动框架由此奠定。民间艺术中的礼俗互动态势,就其本质而言,既是民众向国家寻求文化认同并阐释自身生活,也体现为国家向民众提供认同符号与归属路径。换言之,借助民间艺术等文化形式,民间社会始终发挥着对主流传统文化的葆育传承能力。民间艺术作为一种富有活力的文化因子,在当代中国社会发展进程中依然具有相当的社会影响力,其自身也必将在这一社会进程中显现出自我调适、多元创生的文化活力。

以此为宏阔背景,注重从个案出发的艺术民俗学研究,体现出“以小见大”的学术旨趣。首先,艺术民俗学擅长从一个相对较小的区域出发,以生活-文化整体观的思想去把握作为

① 参见张士闪、耿波:《中国艺术民俗学》,山东人民出版社2008年版。

研究对象的具体艺术活动,以跨学科的理论视野和田野实践的方法实现其研究价值。其次,艺术民俗学的田野个案研究始终贯穿着这样一种动态的研究理念:艺术的意义和价值是在特定的文化语境和社会情境中才得以生成和实现的,只有集中关注并动态把握各种艺术文本在区域文化空间中的存续、发展和变化,才能对之做出合理性的抽绎。最后,艺术民俗学立足于文化个体的生活世界,结合区域语境的整体描述,从社会语境和审美思辨的双重路径切入艺术现场,将艺术活动的内在逻辑探寻拓展到区域文化的多向审视中,由此跳出封闭的艺术哲学分析而进入人类生活的总体逻辑中。经此,艺术民俗学就跳出传统的文本解析,从艺术群体表象深入到民间生存逻辑的动态结构中,并在中华文明礼俗互动的历史推演与近现代变迁的大框架中重新书写艺术和生活的深层逻辑。可以说,艺术民俗学致力于走出传统民间艺术研究自上而下以挖掘整理艺术事象为主旨的窠臼,走出对民间艺术碎片化、概念化理解的误区,从“小艺术”的学科概念走向“大文化”的研究视野。

结　语

诚如王文章所言:“中国现代意义上的艺术学,经过近三十年的探索,已经基本确立自己的专有研究对象领域,开始勾画出比较清晰的理论框架体系,并且逐渐形成自身知识体系追求和学科建设追求的学术自觉。这样一种发展趋向,对于我们从艺术学学科的角度去对艺术现象作整体性、系统性的把握,从而深入研究作为一种社会历史现象和文化现象客观存在的人类艺术活动,具有前所未有的意义。这种意义首先是推动了研究视野的开拓与方法的创新,同时更重要的是顺应了新的时代艺术实践对理论变革和理论创新的内在要求。"[1]纵观近30年来中国艺术学的发展,田野方法之所以有风起云涌之势,大致是因为国内艺术学学科格局中艺术经验积累的不足和实际问题意识的空乏,从而使收集第一手资料、重视个案解读、突出问题意识成为当务之急。

不言而喻,从个案解读中逐渐积累艺术学的学科知识,在摸索自身理论体系的同时尝试本土化的艺术学建构,已经成为当今学者自觉的学术追求。在这样的意义上,田野研究就不仅是艺术民俗学、艺术人类学等交叉学科的学术工具,更是一种旨在打破传统学科格局、面向未来提升中国艺术学阐释能力的研究取向。毕竟,对于中国艺术学传统研究范式的反思,或对于新的研究范式的探索,必然来自对中国艺术活动的自下而上的观察、思索与学术总结。就此而言,以田野作业为基点的诸多交叉学科,虽然以其跨学科的、讲究实证的研究实践为当代艺术学添加了不少活力,但依然处于学术起步阶段,可谓任重道远。

---

① 王文章:《中国艺术学的当代建构——〈中国艺术学大系〉总序》,《文艺研究》2011年第6期。

民俗学：一种崭新的文化视角*

——兼谈民俗学与艺术文化的互渗整合

与文化学、语言学并称当今世界三大显学的民俗学，正日益摆脱它原先单纯采集民间传说故事和零散材料，赏玩落后地区民风民俗“遗留物”的旧形象，作为一门涉及面广、阐释力强的人文学科，引起国际国内广大专家学者浓厚的研究兴趣，并越来越广泛地进入各国政府部门、社会科学研究机构和高等教育事业中。我把自己对民俗学的认识、对民俗学和艺术文化之间互渗整合现象的思路乃至关于艺术民俗学的基本思路略述于此，作为一家之言，不妥之处敬请指正。

一、民俗与民俗学

传统的民俗学认为，民俗是一个民族或群体长期传承下来的风俗习惯的简称。这种界定显然过于狭窄。随着民俗学研究领域的不断拓展，对民俗学自身理论框架的探索也在不断深入，于是出现了对“民俗”的宏观界定：不同的人类群体受一定

---

* 本文原载于《齐鲁艺苑》1995年增刊。

自然条件、生产条件及文化传统制约而产生的各具特色的生活方式和生存意识。本文亦正是从这一界定出发进行探讨的。

一般说来,历史时期愈是古老,各民族、群体的生活方式和生存意识的相似之处就愈多愈明显。随着历史进程的演进,社会政治经济形态的变化发展,民俗自身不断发生着调适性变化,从而处于无穷嵌套的混沌状态。时至今日,纯之又纯的民族文化或地域文化已较难见到,大多都在长期的互渗互化中犬牙交错,呈繁复错综之态。民俗学也正是从生存意识和生活方式的角度去审视这些纷繁民俗事象的产生和发展规律,以此把握不同民俗文化的特质。这就决定了它的研究方法通常可分为两大类:一是从具体民俗事象中揭示和挖掘当时的总体社会文化和精神;二是研究某时期的社会历史文化背景对某种民俗事象传承延续的影响、制约及其作用方式。

借助于下面所附人类生存的最小结构模式图和人类文化意识结构图,我们可以将民俗的本质和民俗学的学科特性观察得更清楚。

从图1中可看出,人类社会无论如何发展,都是这个基本模式的扩展,包括维系人类生存的物质生产、种族繁衍两大基本生产和相应的民俗。人类是无法脱离这一结构模式的,可以

物质生产
人种繁殖 **+ 民俗**

图1 人类生存的最小结构示意图

资料来源:肖成:《论民俗的特质》,陈勤建编:《当代中国民俗学》,上海文艺出版社1988年版,第55页。

变更的是它的表现形式。比如,其中的民俗因子可以呈现出形态各异的纷繁式样,某一民俗事象可以湮没,可以嬗变,但民俗因子却不能从这一结构模式中消除。

换言之,民俗在人类发展史上具有毋庸置疑的普遍性和连续性。任何一种民俗事象的背后,都蕴积着深厚的社会历史文化内容和具有普遍性意义的人类思维认识特征。民俗的连续性和普遍性还在于,它对于人类个体而言,人之生老病死、人之劳作及其成品(譬如某种艺术的行为及所生成的艺术品),也时刻离不开所处民俗生活。因而,无论是研究人还是物,民俗学都是难以替代的基本视角。

从图2中可以看出,其一,民俗处于文化意识阶梯的低层,在民俗层面,人类文化意识尚未分化,各类学科处于萌芽状态且混融一体,界限并不明显。在第二层面,文化意识形态内各学科独立成长,自成一体,且有愈分愈细之趋势。经过学科交叉渗透、科际整合后的第三层面,曾被细细分为自然、人文社科诸学科的文化意识形态,在充分发展后趋于一体,处于高度理性抽象的哲学状态。民俗堪称整个文化意识形态的根基与支

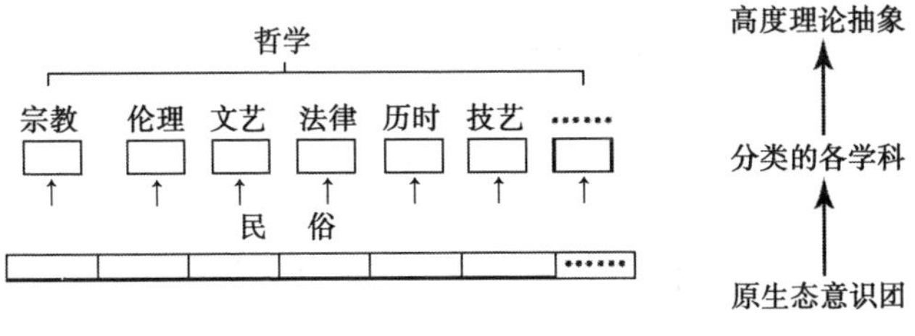

图2 人类文化意识结构示意图

资料来源:肖成:《论民俗的特质》,陈勤建编:《当代中国民俗学》,上海文艺出版社1988年版,第55页。

柱,各类学科都可从民俗中找到源头或雏形,而民俗则为各类学科的基本建构提供必不可少的原初素材和生活材料。

其二,原始民俗以类似生物DNA复制系统的方式,结出了众多人类文明硕果——各类学科,此后持续不断地对之发生影响。各学科的兴盛繁荣又进一步影响着民俗的发展与变异,其本身又不断构建出民俗的新生部分。民俗学与众多学科互相影响,共生并长,不断改善着人类的物质生产活动和自身繁衍活动。因而,在当今世界蓬勃发展的科际整合、整体研究的大潮流中,民俗学研究可谓得天独厚。

其三,民俗学研究为我们提供了更为广阔的文化视野。民俗本身既是生活方式又是生存意识的两重性特点,使它能填补目前自然学科和社会人文学科研究格局之中的某些空档。如前所述,它既是文化意识的最低层和基石,又处于经济基础的观念层,并成为联结二者的纽带。我们从社会历史发展进程来看,有时是经济发展促使民俗发生变异,通过民俗变异影响文化意识的变异,从而促使旧有生产关系发生变异;有时则是掌握某种文化思想的人们先以灌输新思想、普及新民俗的方式,引发生产关系的变革或调适,最终促进经济发展。从民俗学开阔的文化视野来反观已有各类学科的研究,无疑将会使我们的探索更全面、更深入。

二、民俗学与艺术文化的互渗整合

(一)民俗文化的意涵

民俗文化就是指与民俗事象有关的文化现象,是民众赖以生存发展、维系传统伦理、保证日常生活秩序的文化工具,并将人们的物质生产、精神生产以及生活方式等熔铸一体。民俗文化的表层结构,是指民俗的物化表达与人们的言行实践,而其深层结构则是地方民众长期积淀而成的文化观念。

传统意义上的文化研究,一向偏重文人士大夫所创造的雅文化。雅文化与民俗文化虽有一定的渊源关系,但在长期的传承发展过程中,由于创作主体和社会语境的影响制约,早已呈现出相对独立的发展状态,尽管也有所交汇与互动。如果我们从民俗文化的视角观之,雅文化似可视为民俗文化的衍生或变异的结果。比如,从文学史上诗、赋、词、曲的发展过程看,其都是先兴起于民间,后在知识精英手中大放光彩,当其出现形式僵化、生命力枯竭之时,知识精英再从民俗文化中汲取新的文化营养,激发新的创作生机。整个中国文学史上文体流变的脉络大致若此。

比如,近年来颇引众多研究者注意的中国传统情爱文化,单从文人士大夫那里看,似乎多是占统治地位的男性对女性的狎玩、畸恋情状或"妻若身上衣"的轻视心理。只有全面考察中国社会各阶层的情爱生活和情爱意识,才可能真正理解其样态。从社会制度与观念对女性实施的性禁锢,只是在明清时期较为突出(但也不是"中国"的全部),西周至汉唐时期就并非如此,如《诗经》中对于男女欢会于田野、地头、林中、水边等的歌咏描绘,汉唐以降大量的感情奔放的情诗,历代民间工艺品中并蒂莲、鸳鸯鸟、鱼戏莲、交尾雁等图案或纹样的长盛不衰等。宋代理学盛行,所倡导的依然是一种以朴素的阴阳天道观为基础、讲究中和节制的情性观念,并与长生不老、益寿延年、繁衍子嗣等观念结合在一起,呈现出丰富样态。

(二)民俗学与艺术文化的互渗整合

艺术与民俗之间从来就有着极为密切的内在关联。艺术与民俗的关系难以割断,人们在创作、欣赏、接受、批评、研究等艺术活动的各个环节都难以真正脱离民俗,而民俗中最引人注目的部分亦莫过于艺术。

譬如在艺术起源问题上,"艺术起源于劳动"的推论显然过于粗疏。在人类早期的物质生产和自身生产两大生活劳动中,最先萌发的应该是某种集体意识,而集体意识的凝结并为群体所约定俗成即为原始民俗。在原始民俗的不断传承与变异中,经由人类个体的趣味性导引,人类社会的审美意识产生并日益增强,原始民俗中呈混融状态的歌、舞、戏、画等艺术因素逐渐强化,并开始发生脱离宗教意识、生活实用而纯为娱人的裂变。一般说来,在人类社会早期的原始巫术仪式中,往往是宗教意识占据主导地位,并兼摄人类的生活实用诉求。随着人类生产力的提高、认知能力的提升,诸多原始巫术仪式的趣味性渐增,并越来越明显地向娱人方向转化。娱人的趣味性高于娱神的实用性,即艺术自觉意识萌动,并由此催生了原始艺术。在此后整个艺术史的发展过程中,艺术与民俗之间始终是并生互长的密切互动关系。

一般说来,在传统农耕社会中,艺术与民俗之间多有复合,有着丰厚的中间地带,即民间音乐、民间美术、民间文学、戏曲杂艺、民歌民舞等民俗艺术。与文人艺术相比,民俗艺术多有对民俗传统的沿循传承,文人艺术则更多地体现出当下时代政治生活的因素。一个民族,若想离开其民俗或民俗艺术去构建其民族性,则与拔着自己头发跃离大地的狂想无异。从小处说,艺术只有不断地从民俗角度予以自我审视与调整才能顺畅发展。大而言之,艺术与众多姐妹学科一起,以民俗为基点进行科际整合,是必然趋势,这也是艺术民俗学学科必将兴起的原因所在。

国外的文艺理论家对此早有洞察。法国学者丹纳指出:"要了解一件艺术品,一个艺术家,必须正确地设想他们所属的时代精神和风俗概况。这是艺术品最后的解释,也是决定一切的基本原因。""某种艺术是与某些时代精神和风俗情况同时出现、同时消灭的。"①"作品的生命取决于时代精神和周围的风俗"②,有赖于民俗描写的深度与广度。丹纳在这里所说的"时代精神",系指一定环境、种族条件下的精神气候、精神风气,即广泛意义上的风俗,认为这是影响艺术品创作完成或解开成型作品之谜的关键。德国学者格罗塞在十分强调对原始形式的艺术"研究产生这些作品文化背景"的重要性。在他那里,民俗堪称艺术产生的土壤和永远的"武库"。这与马克思关于希腊神话(当时最重要的民俗仪式与民俗意识)与希腊艺术关系的描述是相似的。

概言之,艺术民俗学的出现应是历史发展的必然,是民俗学与艺术文化之间互渗互动趋势的必然指归。我在此提出"艺术民俗学"这一学科名称,其要旨是"对于民俗与艺术之间关系的研究,和对于艺术的民俗学角度的研究"。艺术民俗学的任务是通过对艺术与民俗之间关系的深入探掘,推进从民俗

---

① [法]丹纳:《艺术哲学》,傅雷译,人民文学出版社1981年,第7、8页。

② [法]丹纳:《艺术哲学》,傅雷译,人民文学出版社1981年,第32页。

角度对艺术的“最后破解”工程。

值得一提的是,目前我国的艺术市场正逐渐开发建立,其宏观调控和具体管理运作只有与对我国传统的民俗心态、对当今民俗变迁状况的研究相联结,才能达到预期效果。从更大范围来看,世界经济文化一体化的步伐越来越快。一方面,艺术品广泛进入商品流通领域,其生产、传播、交流规模日益扩大,可以迅速突破地域、民族等界限;另一方面,非艺术品在包装、造型设计方面的艺术性越来越强。其中,一个最基本的要求便是在艺术经济活动的每一环节,都必须与流出区、流入区的民俗风情大致符合,否则便难以流畅运转,实现预期效益。面对当今社会艺术商品化和商品艺术化日益增强的趋势,承担着对艺术作“最后破解”工程的艺术民俗学不但不应回避,而且应凭借自身得天独厚的优势扮演重要角色。

当代艺术民俗学的研究视界*

当今世界，随着网络时代的来临、全球一体化的演进，以及星际文化的拓展，似乎预示着人类将逐渐步入一种新的文明社会形态。在这一过程中，各种族群文化都普遍呈现出看似相反的两种趋向——强烈的自我保护意识与同样强烈的交流渴望。民俗研究近年来持续升温，可能正与此有关。而艺术民俗学，作为从民俗学分化衍生并独立发展起来的一门人文学科，既从民俗文化认同的视角关注族群强烈的自我保护意识，又关注其同样强烈的文化交流渴望与实践。艺术民俗学规定其要旨是"对于民俗与艺术之间关系的研究，和对于艺术进行的民俗学视角的研究"，正说明民俗事象中包括有大量的艺术活动，艺术因素是民俗活动的重要构成部分，而传统民俗学一向有着对艺术研究的青睐也就并非偶然。

我们所提倡的艺术民俗学，其研究对象首先是作为艺术活动背景的民俗文化，包括民俗事象和民俗观念。其次，它将从民俗学的视角重新审视、阐释艺术的源起、本体、功能，以及艺术与民俗的真实关系。这样，它一方面要研究艺术如何与民俗

---

* 本文原载于《当代艺术民俗学的研究视界》，《齐鲁艺苑》1998 年第 2 期。

结合,以及艺术对民俗的审美导引程式;另一方面又要研究已存民俗在艺术发生过程中的渗透作用与影响。此外,艺术民俗学还有责任探索社区范围内民俗与艺术的转化互补对立统一关系以及对社区生活的影响等。这是一门涉及面宽泛、讲究实证研究、针对性极强的学科,是一门历史学,更是一门现在学和未来学。

就其学科归属性质而言,艺术民俗学是由艺术学与民俗学、民族学、社会学、人类学等相结合而形成的艺术学分支学科。与艺术学其他分支学科在研究方法上的主要区别在于,艺术民俗学的理论研究要求建立在研究者通过长期民俗考察所获取材料的基础上,因而在它研究的初始阶段必然带有很强的"现场田野"色彩。

艺术民俗学的研究是以丰厚、实在的社会历史内容为依托的。一般说来,在人类历史的初始阶段,艺术是各类民俗形态的一个组成部分,并且是其中极其重要的一个环节。后来,当艺术日渐脱离直接的民俗功用并独立发展起来时,除大量的民间艺术基本上仍处于一种民俗形态,所谓"独立发展起来"的文人艺术仍与民俗多有关联,或取用民俗题材,或挪借民俗图式,故文人艺术亦有相当部分可以视作"民俗艺术"。即使是最具有个人色彩、比较"纯粹"的文人艺术,也离不开区域民俗生活与传统民俗心理的影响,只不过这种影响显得较为幽深曲折罢了。倘若我们从研究民俗形态入手,以民间艺术为基点,以文人的"民俗艺术"为主要参照,而对艺术活动的各个环节予以阐释、破解,必将使我们的艺术学研究有所突破,至少会更加贴近真实。

由艺术学、民俗学两大学科整合而成的艺术民俗学,并不是要重新修订新的艺术史学,二者的侧重点颇不相同。一般说来,艺术史学是阐明艺术的历史变迁或者展开过程和其中的内在法则的学科,而艺术民俗学则是通过对古往今来各类民俗事象变化变迁的考察,阐释同时期的艺术活动以及贯穿其中的艺术因素。艺术民俗学的研究,不仅对于艺术史研究领域来说增添了一个新的民俗视角,而且要探讨过去艺术史的积累对于当今艺术生活所具有的意义。对于当代纷纭诡谲的艺术现象来说,它应当是解构的利剑、引路的星光。

就目前而言,艺术民俗学似应多注意如下方面的研究。

一是从民俗学研究的整体文化观出发,对典范社区内曾经存在的和仍然存在的艺术事象予以梳理,对其中的各个艺术门类进行慎重的微观性分体研究和宏观性综合研究,为社区文化艺术的定位、发展提供指导性建议。现代民俗学的主要任务之一就是要认识、理解某种文化的整体结构,特别是对各种文化要素的形成与区域性整体文化之间的联系进行分析和比较,掌握其文化结构与机能,了解各种组合关系,探究人与人之间的行为制约及制约机制。任何艺术活动都注定发生在某一社区之内,对艺术的研究自然需要借助于社区民俗资料的支撑。单从艺术"本体"出发,是很难获取艺术的真实内涵和存在意义的。人们在研究艺术史的初始阶段时,往往比较注意艺术活动中的集体性特征与共同性民族精神。越往后,艺术活动就越显示出更强的随意性或变异性,人们便容易对其民俗背景有所忽视。实际上,此时艺术家的个人视角与相应的艺术表现手法,尽管可以被放大成强烈的个人风格,但仍与时代风气、社区生活、家族家庭状况等因素存在密切关系。将艺术本体研究与所处社区民俗状况结合起来作整体观照,永远是十分必要的。

譬如民间音乐中的生产劳动类歌谣,就往往是社区民俗生活与文化的一个有机组成部分。事实上,许多歌谣本身即与各种生产劳动类型紧密联系,其载体是某一劳动过程而非抽象的"歌唱"。如果仅从地区流派的音乐风格、意义内容去归纳整理,将当地生动、丰富的音乐活动抽离成几种旋律和几段歌词,这种研究必然是割裂的、平面的、凝固的,而不是全面的、立体的、动态的,因为它忽视了艺术活动的本源性因素——区域民俗生活状况,而这是艺术存活的至关重要的土壤。多年从事西北"花儿"研究的柯扬教授在采风过程中有过这样的遭遇:有一次,为加快进度多记录一些唱词,他让一些歌手"说歌"给他听,但大多数歌手仅说了十几首歌就"卡壳"了,原因是没有了对歌的竞技环境与热烈气氛,失去了挑战者的"火力"激发,他们即兴创作的才能明显受到抑制,平时的生活积累也就难得发挥出来。实际上,"花儿"已成为西北一些地区人们日常生活中的一个有机组成部分,正因为它能充分传达庄户人家的生活情韵与精神旨趣,才具有了惊人的影响力和传承力。每次"花儿会"都能吸引成千上万人参加,因为"花儿会"本身就是当地人们许愿还愿、探亲访友、互通信息、谈情说爱、纵情娱乐的大好机会,也是他们松弛身心、施逞才华、宣泄情感的最好环境,有着多方面的文化功能。研究"花儿",如果不从当地独特的民俗事象(如"花儿会")及生活生产状况出发,就难以把握这一"庄户艺术"的特殊文化心态,也就难以充分揭示这一民间艺术活动的深层意蕴。

二是注意对艺术活动与民俗社会之间的关系进行双向的动态研究。艺术本自民俗社会中产生,也只有参与到社会进程中,才能外化为一种力量,实现其社会功能。民俗生活是流动不滞的,艺术随着所承担的民俗功能的不同以及自身发展变迁的惯性,也不断地“别开生面”。

艺术的社会功能主要在六个层面展开,即认识、教化、审美、功利、消闲、娱乐。从艺术创作、艺术展示到艺术欣赏、艺术接受的整个过程,便是一个充满文化活力、有着许多可能性的生活空间。艺术民俗学的研究,应该揭示艺术参与社会进程的全部过程,即不仅要阐释民俗生活中如何产生了艺术,还要阐明艺术怎样影响了民俗变迁的轨迹,民俗生活的变迁对于惯于秉承传统的艺术系统来说又意味着什么。要解答这些问题,就无法避开各种各样的风俗习惯、生活现象等。从中不难发现,某种艺术门类的兴衰,某些艺术流派的起落、某类艺术风格的消长,都是一个文化能量凝聚、释放与转化的过程,在社会历史发展的横断面上都呈现为一种动态的社会存在。其运演规律基本上与该地域长期的生活方式、劳动形态、社会规制相联系,其具体表现则与所处时代的政治、时尚、风气、事件有密切关联。这样,依存于所处的民俗生活,艺术建构活动本身就具有鲜明地域特色的价值规范与功能体系;借助艺术形象的昭显,民俗的真实风貌也容易凸显出来。

三是中国的艺术民俗学研究应注意彰显其自身特色。中国传统文化是由中国社会历史中多种文化合力积淀而成的,历代每一位艺术家都受过传统文化的哺育,并注定生活在某段历史之中。中国传统社会历史的一些重要事件或文化特征,就不能不引起艺术民俗学研究者的特别注意。如果对此缺乏清醒认识,就不能真正地理解和把握中国艺术的传统与现在。

首先,中国土地辽阔,人口众多,各民族长期共存,互相影响。作为一个多民族的大国,其生活文化根基极为深厚,形成了一些为中华民族所普遍认同的优良传统，如对于个人正气、操守的推重，对于国家统一、民族尊严的特别重视等。但各民族的民俗事象毕竟又是纷杂多样的，可谓沙里藏金，瑕瑜俱有。作为民俗重要组成部分的各类艺术事象亦是如此，应予以细心辨别。

其次，在长达两千多年的中国古代社会，逐渐形成了颇为独特的专制文化。在皇权与百姓之间，主要由规模庞大的官僚集团进行卓有成效的文官统治，中间缺少一种类似宗教或是中产阶级的社会制衡力量。这种较少受到制约的专制文化，经常肆无忌惮地故意抹杀、掩藏区域文化的多样性特征，其结晶而成的“天人合一”认知模式也有意无意地将一切民俗事象“削足适履”地纳入其规范框架。中国历代封建王朝均严厉推行“书同文，车同轨”政策，这在最初曾极大推动了社会经济和文化的发展，而粗放型的经济管理与僵化的文化箝制也最终成为传统社会的一大特色。我们不应为其所遮蔽，而应透过那些浸透着上层统治阶级思想、体现着他们“话语霸权”的史官话语，从蛛丝马迹中追索历朝历代人们真实的民俗生活与精神风貌，庶不为所谓“正统文化”“主流艺术”所惑。

中国传统上是一个以家族家庭为本位的半封闭型村落社会。家族家庭组织与村落社会组织是传统村落中的两大权力系统，这套权力系统是在大量的实践活动中逐渐建构起来的，又在生活实践中一再被打破并一再被修复，从而有了一套更为灵活的经济分配原则和道德伦理秩序。儒家人文主义思想为这一权力系统披上了一层神圣的外衣，使其合理化、体系化，形成了传统社会中政治与文化的同构。于是，上有高度集中统一的国家政权，下有无所不包的家庭伦理教化“工程”，历史上的中国传统社会结构就显得异常稳固。历史上，许多民间艺术活动都是在这两大乡村权力系统的组织下进行的，其活动形式、艺术名号就不能不随之作出一定的改装。而许多官修或民修的地方县志、村志中对民间艺术活动的载录，往往也多有在这种价值评判统摄下的任意取舍、妄自臆断，并非“信史”。

中国社会历史的种种特殊性，提醒我们应充分估计到在中国开展艺术民俗学研究工作的难度。我们的得天独厚之处，是中国传统社会留下了一座富矿，文献资料卷帙浩繁。但其中珍宝与杂质并存，各种典籍载录的是真实程度驳杂不一的各种事象材料。这决定了视材料真实为学术生命的艺术民俗学，必须将文献资料、历史考古、民俗调查三方面有机结合起来，才能对我们民众的真实生活形成准确认识，才能仔细梳理、重新建构中国艺术的历史脉络与本体系统。这也正是本文在此提倡开展艺术民俗学研究的初衷。

游艺民俗与艺术的起源*

相对于民俗学中的物质民俗、社会民俗、信仰民俗等几大部类而言，游艺民俗由于贴近情感表达的原初形式而具有更浓烈的艺术性，并以杂艺娱戏为活动形式而广泛流行于地方社会。

游艺民俗作为特定族群内的文化传承与艺术实践，既是群体情感的历时性“物化”形式，又是个体情感的承载框架与演示空间。具体到每次民间游艺活动中的演示到观赏过程，都离不开民俗个体的自由发挥与同一文化族群的情感认同。对于游艺民俗的探讨，实际上已直接涉及艺术的本质、源起、创造、欣赏等艺术学方面的一些关键问题。

就其活动方式与具体内涵而论，游艺民俗确实更接近于日常生活状态，而不大像一种“艺术”。历史上，曾有许多人文学科（如各艺术门类）陆续从游艺民俗中分离出去，独立发展起来，而它自身仍继续在民间传承流播，作为一种闲暇时间的娱乐活动，活泼泼地存在于地方社会之中，大致保持着其浑厚拙

---

* 原文载于《民间文化》1999 年第 2 期，收入杨利慧编：《非物质文化遗产学术精粹·有关自然界和宇宙的知识和实践卷》，中国社会科学出版社 2022 年版，第 300—308 页。

朴的生活面相。尽管游艺民俗因显现的是“人皆有之”的自发性情感而不甚引人注意,但现代艺术学研究却不免要受其沾溉,借助游艺民俗这类“活材料”的支持,其研究显得更为丰厚可信。反过来说,倘若现代艺术学理论不能经受游艺民俗这一鲜活实践的检验,其价值便很值得怀疑。

在边缘学科纷纷兴起、科际整合成为一大趋势的今天,对游艺民俗的研究显得独具价值,尤其是对于艺术学这类人文学科而言。比如,在艺术起源问题上,向来有摹仿说、劳动说、表现说、巫术说、性欲说、游戏说、原型说等理论,都曾各领风骚热闹过一阵子,而后又都陷于长久的沉寂。因为人们细加探究后发现,各家说法如同循环论证、无穷嵌套的恶作剧把戏,上述理论大厦是建立在一块块不那么可靠的“主观设定”的基石上的,“主观设定”稍作变更,看似气势恢宏的大厦转瞬间便面目全非。如说艺术起源于巫术,等于在说人类早期的巫术仪式中有着大量的艺术因素或成分,甚至可以说这些巫术仪式就是最早的艺术,如果我们将原始艺术理解得更宽泛一些(比如承认艺术可以有原始巫术这样一种形态)的话。摹仿说乍听起来颇有道理,原始艺术活动(包括许多现当代艺术)中确实存在着大量的摹仿现象,但人类早期的所有摹仿行为是否都是艺术活动,这种艺术性摹仿有着怎样的心理依据与形式规范等等,又都需一一“假定”。已有的关于艺术起源的各种说法概莫能外。看到从某单一理论难以阐释艺术起源问题,又有学者倾向于多元说,认为在艺术起源的初始阶段,极可能是上述多种因素综合促成的。这种解释试图面面俱到,但也只是与上述众说纷纭混乱局面的媾和,理论上没有什么新贡献。在上述各种说法中,除劳动说显得过于粗疏、大而无当外,其余各种说法或偏重某一心理成分,或将艺术泛化于早期人类活动行为的某一层面,皆莫衷一是,令人无所适从。那么,我们对于艺术起源问题的探索,究竟是想得到什么呢?

德国美学家玛克斯·德索(Max Dessoir)认为,艺术起源的研究"应该解决这样两个问题:第一,从什么地方的发源地以及什么时间的规律中各门艺术才得到进化?与这个问题相联的第二个问题是:第一次艺术活动发展的内部原因是什么?"① 国内学者郑元者将这一问题概括得更为明晰,"艺术起源问题在逻辑上包含以下三个方面:艺术何时(When)发生?艺术如何(How)发生?艺术何以(Why)发生?这三层问题,也就构成了艺术起源的三个问题层面,或者可以称之为艺术起源的问题环'W1—H—W2'"②。当然,在过去相当长的时间里,人们一直想要弄清楚的,是世界上在什么时候什么地方产生了艺术?最理想的回答,当然是依赖考古学者的杰出工作,确定地球上艺术最早产生的地点,它呈现一种什么状态,再运用人们所具有的尽可能全面的艺术学识,阐述远古人类的艺术创作动机,外部世界提供了怎样的物质条件以至于人们产生了这么一种对艺术的需要,而且能进一步指出艺术的创造者最初是在一种怎样的心理状态下创造出这些艺术品的。然而,这个问题的难度之大,足以使任何人放弃阐述它的任何企图。艺术的这个"起源地"是难以找到的,在相当长一段历史时期内甚至注定是无法找到的,考古学领域不断的历史发掘只是在缓慢地向这

---

① 参见[德]玛克斯·德索:《美学与艺术理论》,兰金仁译,中国社会科学出版社 1987 年版,第 254 页。

② 郑元者:《艺术起源序说——当代马克思主义人类学美学研究之一》,《民族艺术》1997 年第 1 期。

个“源头”移动。既然寻找绝对的源头现在基本上是不可能的，“起源”也就只能是个相对性的说法，只能是人们所能认识、感觉到的人类艺术起源的初始状态或尽可能的“最早”时间。

既然艺术起源的时间、状况、原因三个问题是相互联系着的，若论起三者在当下实际研究工作中的历史优先性，自应非“艺术如何发生”问题莫属。只有在这一问题上具有了较充分的知识，才能更好地回答“艺术何以发生”的问题。至于“艺术何时发生”的问题，则要等待考古学的长足发展与实质性突破，那时也还要依靠对“如何发生(以及具有怎样效果)才算艺术”这一问题的解决来判定。

尽管朱狄先生曾强调说，对艺术起源的最可靠、最有价值的探索是对原始人“实践”活动的一些特殊形式所作的种种假设性探索。但退而求其次，对现存一些原始族域的遗存“艺术”(有的仅仅是一种游艺活动，还未发展到“艺术”层次)进行考察分析，亦应具有同样的溯源性意义。格罗塞就认为：“艺术科学的研究不应该求助于历史或史前时代的研究，而应该从人种学入手。”[①] 英国美学家李斯托威尔则审慎断言：“由于当代的一些原始民族是史前社会的唯一残存者，独一无二的证人，他们是进化发展突然受到阻碍所产生的结果，因此，在原始人类和史前人类的社会生活和艺术生活之间，就存在着一定的类似……这样，旧石器时代的自然主义，就重见于原始的狩猎民族的艺术之中；而新石器时代的几何学风格，又再度出现于

① ［德］格罗塞：《艺术的起源》，蔡慕晖译，商务印书馆1984年版，第17页。

原始的农耕民族的作品之中。”①

比如我们在山东一些地区进行考察时,发现有些偏远乡村地区至今仍流行着一种叫作“围囤”的民俗仪式。围囤,又称“打囤”“打灰囤”“围仓”等,是在农历二月初二早晨,当家的男人或女人用草木灰在村外场院或自家庭院里撒成若干仓囤状的图案。“先用簸箕盛上草木灰,用一木棒轻敲其边沿,使灰徐徐落下,成一寸半的灰线,边打边走,围一圆圈,名为囤或仓,中间再放上少许五谷杂粮即成……招远和单县还在灰囤的外沿撒下梯子,含义是囤高粮满,预兆丰年,故有‘二月二,龙抬头;大囤尖,小囤流’之谚。”② 这一民俗仪式活动显然具有祈福攘灾、卜测年成的性质。村民在操持这一仪式时,就像日间锄地拔草一样自然从容,神情肃穆,其手法极为娴熟,其节奏不温不火,同时口中念念有词。在外人看来,这似乎在随意游戏,而举手投足间却有着很好的艺术韵律,整个撒灰成线的过程及撒出的几何图案都极富美感。由此我们联想到,原始信仰与原始艺术之间的关系,可能远比我们想象得更为密切与和谐。许多原始艺术活动与巫术仪式是同构的关系,而过程中所呈现出的审美情趣或美感特征,可能只是人们在仪式的规定性程序中的些许即兴发挥与年深日久的积淀。遗憾的是,人类远古社会中的这类“艺术”行为转瞬即逝,所创造“艺术品”的寿命是如此短促,绝大多数像“围囤”仪式所伴生的谷灰、“花供”祭仪用的面塑制品、“送火神”过程中的火花与呐喊等那样,随

① [英]李斯托威尔:《近代美学史评述》,蒋孔阳译,安徽教育出版社 1980 年版,第 199—200 页。

② 山东地方史志编纂委员会编:《山东省志·民俗志》,山东人民出版社 1996 年版,第 374 页。

生随灭,湮没无凭。这或许正是一些学者持“艺术起源问题不可解”的真正原因吧。

李怀荪在《从傩仪“掳瘟”到傩戏〈划干龙船〉》一文中,描绘了湘西南一种“送瘟神”的傩仪如何渐变成为一种“戏”的过程。按李文之介绍,傩仪“掳瘟”与傩戏《划干龙船》明显不同:“傩仪‘掳瘟’大抵分为三个阶段:1、巫师扎制草船,至神庙请神、行傩。2、巫师偕乡人驾草船至村寨中游走,挨家挨户行傩‘掳瘟’。3、巫师至溪河边作法,焚烧草船,任其漂去,以遣送瘟神。”“傩戏《划干龙船》,叙述巫师李法兴奉老君之命,前往某冲傩人家驱瘟的故事。全剧大抵分为四个部分:1、李法兴行傩别家。系独角戏,情节在李法兴与鼓师及内场妻子的对白中推进。2、李法兴划干龙船游乡。3、李法兴路遇前往神庙求子的海氏三娘,与之调侃,李欲获取海氏敬神供品,为海氏所奚落。4、李法兴路遇‘五瘟’的化身游家五娘,初不识,后经鼓师指明方识破。李法兴行傩施法,将游家五娘从冲傩人家驱逐。”①

由此可看出,在由民间宗教活动(“掳瘟”傩仪)向艺术形态(傩戏)转化的过程中,傩者与观傩者的习惯约定起着重要的中介或保证过渡的作用。其中,有三点值得注意:(1)游动的“香盘”(行傩器具)变成了固定的傩坛,而后又一步步演变为演唱故事的戏台。这使得原始宗教的神坛,在观念的转化中,变作戏剧艺术的表演空间。(2)巫师班的掌教师,扮作剧中主人公——“掳瘟”的巫师李兴法,自身也就具有了双重身

① 李怀荪:《从傩仪“掳瘟”到傩戏〈划干龙船〉》,《民族艺术》1997年第1期。

份。“扮演”过程中的即兴发挥,其初始意义或许是为掩饰行傩时可能有的漏洞,后来则有取悦主家、招徕看客的意思。在地方社会的约定俗成中,巫师所扮演人物的种种可笑之处不仅无损自身的法力、威严,而且因善于变化而变得亲切、可信。(3)以说唱道白表示情景转换,以木椅代替草船,将抽象的“五瘟”定性为一个绝色女子——游家五娘,以及李法兴与妻子的道别、与鼓师的对白、被海氏三娘奚落、对游氏五娘进行调戏等,这些与“驱瘟逐疫”主旨无关的余兴桥段,却为整个驱傩仪式增添了现场感染力。于是,原有宗教活动借助世俗化而增强了艺术性,即兴游戏或游艺色彩的有意融入促使原有的宗教内容发生了艺术性的嬗变。

在此,行傩者与观傩者的“习惯约定”,是这一嬗变过程得以发生的前提条件。正是借助这种“习惯约定”,巫师可以在“驱瘟逐疫”的庄重仪式中有即兴发挥的空间,使游戏或游艺因素逐渐渗透其间。其实,类似的“习惯约定”(如瘟可驱、“火神”可敬而远之、“围囤”可丰产、巫师也有人之常情等),本身即具有世俗与神圣两个方面的功能预设与意义衍生。与神灵有关的神圣观念,乃是古代巫术和宗教的萌芽。但巫术说显然夸大了神圣观念在原始生活中的意义,以为神灵贯穿于原始初民的一切活动中。而实际情形却可能是,在原始社会时期,人们除“仪式信仰等属于神圣的领域之外,尚有实际活动与理性观念等通俗的世界”①。我们很容易想象先民对于世俗与神圣不加分辨,认为都是浑然如一的客观实在,这其实是将先民的

① [英]马林诺夫斯基:《巫术、科学、宗教与神话》,李安宅译,上海文艺出版社 1987 年版,第 25 页。

生活与文化大大简化了。即使是后人的"习惯约定",其实也并非自由随想,而是建立在人类生活总体性知识的积累之上,并与现实需求有关。只不过这种现实需求,乃是以当时人们的实用意识为基点——真正具有实用性的或被观念设想为具有实用性的,二者都被人们统归为现实需求。显然,那种将先民艺术活动分为原始世俗艺术与原始宗教艺术的做法,是无助于厘清艺术起源问题的。

这样,我们发现了"习惯约定"和"即兴游戏"在较原始的族群生活中所具有的神奇魔力,不仅在其宗教信仰活动领域,而且也在其日常生活领域。大凡不是十分违背"习惯约定"的"即兴游戏",都是允许被吸纳进活动之中的;"即兴游戏"因素的逐渐积累,事实上形成了对"习惯约定"的潜在调整或公然修改。比如伐木、扛木是先民的日常劳作活动,需要用声音、手势发出信号配合砍伐、起抬、行进、置放等动作,也许就可以解释在各原始部族中歌舞、音乐、哑剧等多位一体的"综合艺术"为什么总是最先流行。而分析这些"信号"与具体劳动结合的疏离程度,亦即"即兴游戏"掺入的情形,则使我们明晓各种劳动号子为何呈现出如此错落分明的艺术发育层次。陆地上的硪号、夯号总是花样翻新,艺术美感丰富,海洋号子则大致处于一种简单配合劳动节奏的原始阶段,乃至大多有号无词,也就不难理解了。

由着对"习惯约定"和"即兴游戏"的深入探讨,我们再看关于艺术起源的游戏说,感到有进一步评述的必要。当然,这并不是因为游戏作为具体行为事例在人类历史上发生较早,作为一种心理活动又在人类几乎所有的日常生活和精神层面中一以贯之,而是基于一个不可否认的事实:迄今为止,学界对

"游戏说"的批评是最乏力的。细察之,关于艺术起源的"游戏说"之受责难,主要源自两个方面:一是认为它偏重于从生物学、生理学的角度意义来看待艺术的起源,忽略了更为重要的社会原因,仅把艺术活动简单归之于人的混沌天性或本能冲动;二是批评它过分强调艺术与劳动的分离、艺术与功利的对立,具有一定片面性。显然,这种责难主要针对的是康德、席勒、斯宾塞等早期游戏论者。后起学者试图对此加以弥补与调和,于是又有了普列汉诺夫、鲁道夫·阿恩海姆等"广义"游戏论者与格罗塞等"修正"游戏论者。如果说普列汉诺夫是在"游戏"中补入"劳动",阿恩海姆附加了"生活借用",格罗塞则干脆另标"练习说"(比如"装演能特别增进技术精巧"等)。

上述学者特别是格罗塞的论述中,隐寓着一个颇有意味的"练习-游戏"阐释框架,值得进一步阐发。显然,人们反复进行的无数次生活劳动或仪式行为,可以视为自觉不自觉地不断因袭传统或变换方式的"练习",而一些即兴游戏因素正是借"练习"之名逐渐附着其上,既便于生活劳动,也为娱己娱人。时日既久,从事什么活动,该伴有怎样的信号和游戏,便成为某一人类群体的"习惯约定",尽管这种约定仍是初步的、不稳定的,仍可继续更改。当这些娱人的游戏活动与纯粹的宗教仪式、生活劳动有了一定的距离而形成了自身独立的品格和形式,或许我们便有理由认定它已经是一种真正的艺术活动了。

显然,这一"练习-游戏"的阐释框架,或可对每一具体艺术活动的发生和原始艺术之起源给出较为合理的解释。首先,在这一阐释框架中,与艺术起源有关的诸多个人-社会、生理-心理、生活-文化等范畴皆可寓含其中;其次,"练习-游戏"是所有动物之基本冲动,低级动物亦多少具备,乃是人类普遍存在的一种生存本能与生命本性;最后,这一框架恰好说明,艺术非但不与劳动对立,反而是劳动发展到一定阶段的产物,艺术可以说是人对日常生活行为的技巧提升与精神融入。由前述“送火神”“围囤”“掳瘟”傩仪以及诸多游艺民俗事例中可以看出,它们开始都是应生命生存本能之实用需要(或想象中认定的实用)而有目的的活动,之后在无数次的重复操作与练习中,“游戏”因素逐渐增多而发生一定的艺术性置换的。正是在年年岁岁人类生活的不断重复与变异中,人们受到这种趣味性的趋向导引,顺循“习惯约定”,其审美意识得以出现并日益增强,并混融附着于“练习-游戏”的活动框架。由此,歌舞乐画等多种艺术因素开始孕生脱离生活实用而纯为审美活动的裂变。

应该相信,我们从目前在民间仍有着丰富遗存且肌理清晰的游艺民俗入手,结合历史考古学日益突出的成就,就会逐渐对艺术起源问题给出一个较为可靠的阐释。至少,从鲜活的民间游艺活动之视角,远眺原始艺术萌动时期的诸多文化背景,我们会有许多启悟:单调的劳作大约是“最枯燥的游戏”,只有当游艺精神注入其间,才会因附着了游戏情调而变得轻松一些;巫术是“严肃的游戏”,巫师在简陋祭坛上的嬉笑叱骂、庄重如仪甚或自残肌肤,与村落孩童游戏中“孩子王”的种种遭遇颇为相似;上古时期男女之间与性相关的各种活动,如抢婚、决斗、投瓜、赠花、对歌、浴嬉等,正反映了人类婚姻文明的演进过程与艺术化的渐进程度;艺术是“认真的游戏”,细看游戏中的孩童,他们在蹦蹦跳跳,嬉耍扮玩,有多少艺术创造的奇思妙想在闪烁明灭……游戏化作崇高,神圣变为平俗,随意转至永恒,悲壮衍生闹剧,这在人类历史上是多么正常乃至屡见不鲜啊。而一部艺术起源发展史的悠悠历程，不也大致若此吗？

至此，通过对游艺民俗的个案分析，我们获得如下结论：在文明社会的上古时期或现今一些偏远地域的原始部族生活中，都曾演示或正在演示着这样的文明进程：一方面，人类族群的集体自发性情感在反复呈现中凝结为某种“集体意识”，这种“集体意识”内含社会意志，外显为群体行为规范，在族群社会的发展历史上不断约定俗成为民俗传统；另一方面，抒发情感、弘扬生命乃人类固有之天性，并顽强地渗透于人类生活之中，无论是日常生活劳动还是宗教仪式。其渗透方式既有强烈情感的汪洋恣肆，亦有即兴发挥的巧妙掺入，这便是民间游艺活动的由来和艺术产生的本源。在人类历史长河中，活泼泼的充溢着人类自发性情感的民间游艺活动，代表着一种比较稳定、鲜活动态的社会力量。其中受国家政治精神的直接影响而发生变异“升华”的部分，往往因失去原有的生活语境而摇身一变为“传统艺术”，而游艺民俗则依然在相当程度上保持着其生活根性。

艺术民俗学视野里的民间文艺*

传统的民俗学论著在述及民俗的类别时,民间文艺常常占据了其中的一个或几个部类;而已有的民间文艺论著,也多强调民间文艺的民俗属性;我国的民间文艺学学科则是由既是民俗学泰斗又是民间文艺界元老的钟敬文先生率先倡导的。① 这一切并非偶然。新兴的艺术民俗学致力于从民俗学角度对艺术的探解,以探索艺术与民俗之间的关系为己任。② 在艺术民俗学的视野里,民间文艺起源于民俗生活,并在历史上长期作为民俗事象的附生物而存在;民间文艺中具有浓重的民俗成分,主要的民俗事象都在民间文艺中有所表现。

早期民俗学将主要精力集中于对人类群体生活中的共同精神层面的研究,这一研究又多是通过将现存的民间文艺现象与历史上留存下来的相应口碑资料、实物材料结合起来加以观察分析,从而得以完成的。1846 年,英国考古学家、民俗研究者汤姆斯(W. J. Thoms)用撒克逊语的两个词(Folk 与 Lore)合成新词,以此指称"民众的知识"或"民间的智慧",是民俗学成

---

* 本文原载于《山东社会科学》2002 年第 4 期。

① 参见钟敬文:《民间文艺学的建设》,《钟敬文学术论著自选集》,首都师范大学出版社 1994 年版,第 3 页。

② 参见张士闪:《艺术民俗学》,泰山出版社 2000 年版,第 3 页。

为一门严谨性、系统性学科的开端。汤姆斯首创的“Folklore”一词，指的是“在普通人们中流传的传统信仰、传说及风俗”以及“如古时候的举止、风俗、仪式、迷信、民曲、谚语等等”①。民间文艺在其中所占的份额显而易见。此后，通过众多民俗学家对民俗事象的分类，也可以看出传统民俗学对民间文艺自始至终的推重和对这类特殊民俗事象识别厘清的日渐细微与明晰。1890 年，由高莫（Sir Lourenme Gomne）主编、英国民俗学会推出的《民俗学概论》一书，将民俗分为四类：（1）观念和迷信的信仰；（2）旧传的风俗；（3）旧传的叙事谭；（4）民间成语。表面上看，民间文艺在其中占据了两类，实际上另外两类（信仰、风俗）也同样涉及大量的民间文艺现象。稍后，班尼女士据此概括的三大民俗类别（信仰，习惯，故事、谚语与歌谣）亦与之相似。日本民俗学家柳田国男将民俗分作三类：（1）习惯（生活技术）；（2）口碑（语言艺术）；（3）感情、观念、信仰。其中，除了第二类所列的 10 个小类全是民间文艺方面的事象之外，他还在第一类“习惯”中专设若干小类并列出“舞蹈”“竞技”“其他音乐”“儿童游戏（含玩具）”等类型。美国民俗学家布鲁范德（Jan Harold Brunvand）则将民俗分为三类：口头民俗、习惯民俗、物质民间传统。② 在其中所列的 18 个小类中，民间文艺事象竟足足占了 15 个，难怪有人将美国民俗学称为专门研究民间文艺的民俗学。

民间文艺主要包括神话、传说、民间故事、叙事诗、谚语、谜

① 参见［英］汤姆斯：《民俗学》，《雅典娜神庙》总第 982 期，第 862 页。

② 参见［美］布鲁范德：《美国民俗学》，李扬译，汕头大学出版社 1993 年版。

语、说唱、歌谣、民间音乐、民间舞蹈、民间戏曲、民间工艺等，其内容不外乎三个方面：(1)民间口承语言类（以口头传承为特征）；(2)民间歌舞乐戏类（以身体表演表演为特征）；(3)民间工艺类（以手工制作为特征）。至于其外延范围，则有如下几个方面的界定，即非宫廷化、非文人化的民间层，不同于职业宗教信仰的世俗性，非剧场化的生活大舞台式演示场所。早在20世纪30年代，钟敬文先生就注意到民间文艺所特有的生活属性与民俗机能。他在论及民间文艺与文人文艺的不同特点时说得十分精辟："民间文艺往往和民众最要紧的物质生活手段（狩猎、渔捞、耕种等）密切地连结着，甚至它已成了这种生活手段构成的一部分。""例如民间的韵语，大多直接地被应用于辅助劳动、医治疾病、咒诅自然、结合婚姻等方面（能否都发生确实的效果，是另外的问题），而神话传说，也往往被用以决定政治、解释疑惑、保证安宁等的工具——从这种作品第一义的作用说。"①要想深入考察民间文艺的社会性质与艺术特性，这段话无疑具有极其重要的启示意义。

依照艺术民俗学的眼光，民间文艺作为一种生活实在与文化实体，单从艺术本体内容与艺术风格形式的层面来研究，是注定无法获取其艺术内蕴与文化本质的。民间文艺应区域民俗生活的需要而产生、发展起来，并始终以所处区域的民众为服务对象。古往今来，某些民间文艺门类的兴衰，某些艺术流派的起落，某种艺术风格的消长，都是一种文化能量集聚、释放与转化的过程，其在社会历史的横断面上都呈现为一种动态的

---

① 钟敬文：《民间文艺学的建设》，《钟敬文学术论著自选集》，首都师范大学出版社1994年版，第6、10页。

社会存在,其基本规律与该地域历史上长时期的生活方式、劳动类型相联系,其具体表现则与所处时代的社会政治、经济、时尚、风气等有着密切关联。以此为基点,重新审视、讨论我们曾长期漠视的民间文艺,或许更符合其历史真实。

一、民间文艺起源于民俗生活

从艺术发生学的角度看来,民俗是民间文艺产生的土壤,民间文艺是对包括民俗事象在内的民俗生活的审美观照或文化实践。民间文艺产生和发展的土壤在于民俗生活,并以艺术形式展现着广大民众的社会生活及其精神风貌,民俗生活则为民间文艺创作提供必要的材料和依据。早在人类文明萌芽阶段,人类就用最简单的手段装饰自己的身体、以最简单的方式表情达意的时候,便已有艺术审美的成分在内。而后起的诸多民间文艺现象的缘发,都能追溯到民俗生活本身。如号称"山东三大秧歌"之一的鲁北地区鼓子秧歌,据说起源于北宋时期,与天降喜雨(一说为庆贺丰收)人们在麦场上即兴手舞足蹈叩谢上苍的情景有关。当时人们头扎毛巾,手拿面盆、木棍,撑起遮阳白布伞,其载歌载舞所使用的"舞具"皆为日常生活用具。后来随着社会发展,毛巾换成绸巾,面盆换成圆形鼓,木棍换成短棒,白布伞换成绸伞,并逐渐固定为"伞""鼓""棒""花""丑"五种角色,约定俗成在每年的阴历正月十四至十六聚演三天。鼓子秧歌的舞蹈特点是气势恢宏豪迈,舞姿拙朴诙谐,其表演的"场子"(阵形)多以日用品、劳动工具的形状来命名,如"双石榴""剪子股""牛鼻钳"等,洋溢着鲁北民众生活的鲜活气息。当地老艺人在向下一代传授技艺时,往往不厌其烦地强调要遵从先人留下的"老规矩",这些所谓的"老规矩"其实是鼓子秧歌与传统农业社会生活藕断丝连的命脉所在。近些年来,一些鼓子秧歌队在进城表演时,喜欢添加一些类似武术杂耍般令人眼花缭乱的高难度动作,美则美矣,却削弱了这一庄户艺术的独特神韵。这类动作加得多了,就会使这一民间艺术活动游离于原生民俗生活之外,并将最终失去其立足社会的根基。

二、民间文艺是民俗最重要的传承方式之一

民俗事象源于民众生活,是人们长期积淀形成的各种传统、规制及观念的具体表现,具有生活方式与文化意识的双重属性;民间文艺同样源于民众生活,可以视作文艺化的民俗事象,属于文化意识范畴。民俗事象与民间文艺之间并无截然分开的界限,是共生共存的交叉体。人类早期文明的传承,除了日常生活中的言传身教、潜移默化之外,人们似乎更倾向于一种艺术化、形象化的方式。民俗事象本来就属于社会生活中一种软性的"民间法",它所具有的认知、教育、禁忌等方面的功能,需要借助民间文艺载体,以便能够更加广泛、深入地渗透于民俗社会之中,有些"民间法"的实施甚至难以离开民间文艺的佐助。其次,主要民俗事象的传承一般不以笔录史传为主,而多依靠口耳相传。而民间文艺向来为人们喜闻乐见,在取悦受众的同时散播、传续民俗知识,因而可以视为民俗事象的重要传承方式之一。贯穿于民间百业、岁时节令、信仰活动等民

间重要活动的民俗事象,一般都会伴随着各种民间文艺活动,并由此形成某种"强化性"的社会生活时段,自在情理之中。历史上,艺术活动的介入使民俗事象的功能、价值得以更为充分地普及与昭显,而民俗事象的艺术化则使其自身变得更加丰厚、广阔。颇值得注意的是,民俗事象是一种长期的文化积淀,其发展变化是缓慢的、渐进的,更趋向于局部的修修补补,而一旦与民间文艺相联结,民俗事象传播、变化、发展的速度都会明显加快。

三、部分民间文艺可以视作古俗的遗存或变体

随着人类社会历史的演进,某些民俗事象原有的特定民俗意义渐渐消失。这些失去了原有的"设想中的功利性"的民俗事象,却仍作为一种文艺活动继续在民间展演、流传,其本身已变身为民间文艺的一种形式。如在山东菏泽地区,从庄严肃穆的祭祀古俗中衍生出来的"花供"习俗便是如此。据载,上古时期的菏泽还是茫茫一片水乡泽国,后"水归其壑……草木归其泽",沧海桑田。这里地处黄河下游流域,涝、旱、风、蝗、疫等天灾人祸不断,过去百姓为祈得风调雨顺、人丁康宁,常以活猪活羊供祭天地神灵。后为节约起见,改用面粉调和塑成面猪面羊,民间谓之"花供"。随着这类祭祀活动渐由村落的群体性的活动变为家族性、个人性的活动,花供也由单一的祛灾求吉逐渐附着烧香、还愿、殉葬、祝寿、贺喜、夸耀、竞赛等功能。再后来,原有的民俗信仰方面的意义进一步消隐,花供主要承

载如下两个方面的社会功能——个体家庭逢年过节为之,纯为消遣娱乐、馈赠亲友;明清之际在菏泽出现的一些制作花供的职业艺人,游走叫卖以此谋取衣食生计。花供造型已衍生出瓜果、花卉、动物、人物、传说等系列,材料也改为更便于制作的熟糯米面,艺人已能熟练运用几十种颜色。20 世纪初,菏泽解元集乡穆庄村的李俊兴等曾应邀赴老挝、新加坡、苏联等国献艺,其后人又多次赴澳、日等国演示,所到之处大受欢迎。此时的花供已经被人们视作一种极富民族特色、典型的民间工艺制品。

四、民间文艺是即时民俗社会的传神写照

艺术是人类生活的一面镜子,最接近基层社会的民间文艺当然更不例外。民间文艺反映一方水土一地百姓的日常生活、生产、娱乐等民俗现象,而蕴含着趋于生产方式与文化意识的民俗事象亦自然而然地成为民间文艺的素材。著名民俗学者山曼先生收集的一首山东民间童谣便是一例。在鲁西北地区广泛流行着“嫁枣”习俗,早春时节,成年人进入枣林里,用镰刀在枣树的躯干上进行环状切割,深浅有度,当地人称为“嫁枣”,大约是为避免枣树长得过于枝繁叶茂、影响结枣收枣的缘故。大人“嫁枣”,必鼓励孩子们到枣林里做游戏。众多孩子排成一行,拉开间距,装作枣树,一个孩子串行其间,边走边唱:“嫁,嫁,嫁枣来!嫁得枣树一道沟,枣花密来枣子稠!”众多“枣树”应声,纷纷举手表演开花:“嫁,嫁,嫁枣来!枣树带上银环圈,枣树枝上捞干饭!”众多“枣树”迅即又纷纷举起拳

头,表演已经结枣:"嫁,嫁,嫁枣来! 嫁得枣树平了沟,收了大秋收枣秋!"然后孩子们一起拍手,仿佛举竿打枣,又像是枣子纷纷落地。看到孩子们且歌且舞,游戏得红红火火,正在"嫁枣"的大人们喜上眉梢,互相鼓励:"小孩子们的嘴,灵着哩!看今年枣秋的好光景吧!"①等这批孩子长大成人,只要那时还有"嫁枣"的习俗,他们或许也会兴致勃勃地鼓励或传授自己的孩子再去做"嫁枣"的歌舞游戏。一旦社会发生变迁,原有的儿童游戏就会渐渐被淡忘,而孩子们总能参照所处社会生活创编出新的游戏。

五、重要民俗事象正是民间文艺大显身手之地

诸多民俗事象往往具有较强的仪式性,形形色色的仪式活动本身就具有丰富的艺术色彩。后起的民间文艺,必然会顺循自身的艺术传统,对这类仪式活动着重予以表现。而与艺术活动同为人类精神现象的信仰民俗,便是二者交汇的领域。人们对于所信仰的对象,历经了一个神圣化、虚拟化的过程,千百年间不断地添枝加叶、砍斫磨削,使之在选择与模仿自然现象、社会现象的基础上,蕴聚了一定的人文内涵。从艺术学的角度审视信仰民俗,众多信仰对象(神格)无异于一个个鲜活生动的艺术形象胚胎。反过来说,信仰民俗中的艺术因素所赋予信仰神格的永久性艺术魅力,不也正是它们千百年间诱使人们寄寓

① 山曼:《嫁枣》,《齐鲁晚报》2000年4月19日。

情感的主要原因吗？的确,人们在信仰活动中所呈现出来的精神状态与其在艺术活动中的精神状态颇多相似相通之处,而中外艺术史上的无数实例亦证明,信仰民俗中的精神力量足以为艺术创作提供强大的原动力。重要民俗事象在民间文艺中都有着普遍而深刻的表现,其奥秘大约就在这里。

从参与民族国家建构到返归乡土语境*

——评20世纪的中国乡民艺术研究

20世纪的中国经历了晚清、民国、中华人民共和国三个时期。就这一社会时空而言,晚清时期大致代表了中国现代社会的一个背景式时段,中华民国与新中国则是其先后经历的具有不同现代色彩的两种社会形态。在这近一百年的历史中,社会变化之大之快,历史影响之巨之广,足称史无前例。与之相应,表现在文化领域,包括乡民艺术在内的民间文化在20世纪受到前所未有的关注,并因之获得了较前更加深入地参与社会进程的机遇,而这反过来又促使乡民艺术发生了前所未有的深刻变化。

以鸦片战争为开端的中国近代社会,在被动地卷入世界经济一体化格局的过程中,因体制笨拙、经济落后而处于被动挨打的境地,这反而激发起举国上下救亡图存的政治热情,而众多文艺形式的政治功能也因之凸显并不断得以强化。20世纪乡民艺术研究的"政治化"倾向正是这一社会思潮的延续。可以说,20世纪初对于中国乡民艺术的较具现代色彩的研究,正

---

* 本文原载于《文史哲》2007年第3期,全国艺术科学"十五"规划项目"社会转型与精神重建:20世纪华北村落民俗艺术研究"系列成果之一。

是激于晚清社会之变局,受到西方文化之激发,一批知识分子所发动的“眼光向下的革命”的产物,其后的研究态势与发展走向也始终与时代政治环境的变动密切相关。① 纵观20世纪初至20世纪70年代这一历史时期,乡民艺术经历了一个被关注、开掘直至被赋予越来越浓烈的民族国家意识的过程。伴随着国家政治对于地方社会控制意识的增强,乡民艺术的政治价值得到充分的开发与利用,甚至被强调到无以复加的地步。而自80年代至今,一种在田野作业的基础上重新体认“民间”,试图在阐释中使乡民艺术返归乡土语境的研究潮流声势渐壮,呈现出异彩纷呈的蓬勃气象。

对于20世纪百年间乡民艺术研究思想脉络的梳理,至今仍少有学者问津。笔者以为,造成这一状况的主要原因有二:其一,乡民艺术不同于任何具体门类的艺术,其包容甚巨,形式多样,颇难把握;其二,与此相关,近百年间这方面的研究成果比较零散,研究人员庞杂,研究视角林林总总,增加了该学术史“研究之研究”的难度。乡民艺术的研究者或许能够罗致较为丰富的研究资料,可以找寻到众多分析角度,但具体操作起来,总不免有“瞻之在前,忽焉在后”之惑。这一困境的造成,与乡民艺术自身所特具的“生活文化”性质有莫大关系。可以说,存在于日常生活之中的乡民艺术,既具有一定的现实功用,又具有超越现实的艺术审美的意义,而这种超越却始终未曾脱离生活的日常性。或者说,它能够在日常生活中呈现出最朴素的

① 赵世瑜对于清末民初中国社会与社会思潮、中国现代民俗学在本土和西学两方面的学术渊源等问题,有较为详致的研究,此不赘述。参见赵世瑜:《眼光向下的革命——中国现代民俗学思想史论(1918~1937)》上编“时世与英雄(上)”与“结语”,北京师范大学出版社1999年版。

意义,同时又蕴含着超越现实的无数可能,这其实是理解乡民艺术的关键之处。乡民艺术从来都是在反复展演或模式化制作的流程中展现其魅力的,其发展历史大都表现为一种反复性较强的稳定传承,而非单线式的演进,这一反复展演或模制的流程正是其存在的基本形式。然而,许多研究者对于乡民艺术传承中的这一反复性特征,以及乡民艺术与乡土语境之间的内在关联,却未加以特别注意,这便容易囿于民族国家的话语模式,形成对乡民艺术之生活-文化整体的割裂和对其乡民主体的遮蔽。

本文拟从艺术学与民俗学的双重角度切入20世纪中国乡民艺术学术史研究,将主要关注如下方面:20世纪初乡民艺术如何引起学者关注,其后如何被运作为“民族国家”的重要元素,直至被改造为革命话语形式,以及20世纪80年代以降学界对乡民艺术的重新体认。本文采取的是一种“新思想史”的研究范式,[①]即主要是将乡民艺术研究视为一种时代思想、一种社会思潮,因而所探讨的就不仅是乡民艺术研究史,同时也是相应的思想史或社会思潮史,将20世纪乡民艺术研究的兴起与发展纳入中国现代思想史或社会思潮史的轨道。鉴于此,本文将主要围绕20世纪学者对于乡民艺术价值的预设、相应

---

① 赵世瑜曾对这类“新思想史”研究的特点进行概括,认为尽管它仍会较多地关注知识精英,但因为意在揭示学者的思想与社会思潮、民众思想的互动,因而其研究方式不以叙述史(narrative history)为主体,而是在材料的基础上对历史进行分析和解释(history of interpretation or history of analysis),更注意文本(text)或符号(symbol)背后的意义(meaning)。参见赵世瑜:《眼光向下的革命——中国现代民俗学思想史论(1918~1937)》,北京师范大学出版社1999年版,第2、14页。

研究体系的建构乃至社会性研究思潮的兴起,考察其背后所隐含的社会需要,以及这种需要如何借助学者的学术运作而得以实现的状况。

一、20世纪前50年中国乡民艺术研究:民族国家的自我想象

20世纪上半叶,中国社会对于“民族国家”的想象与建构经历了一个复杂的过程:大致由对汉族独尊的推崇①,到对以汉族为主体的有限几个民族的联合体的设想②,最后形成了对多民族组成的“中华民族”共同体的确认。在这一过程中,乡民艺术发生了从社会文化的边缘到相对中心的位移。

20世纪初的中国乡土社会较以前有其特殊性。乡土社会之成为突出问题是在近代中国,其危机主要表现在两方面:一方面,由于受西方入侵的影响,新的生产方式与经济结构已经日益强烈地作用于中国乡土社会,城乡一体化的社会结构及发展模式被打破,作为乡土社会之基本单元的村落,在以城市化和全球化为基本特征的现代社会进程中日渐萎缩,成为当时整体性社会结构发展失衡状况的表征之一;另一方面,以“西学东渐”为背景而形成的革命性、现代性强势话语,逐渐渗入乡土社会,持续改写着民间文化的内在逻辑,造成了传统乡土社

① 如陈天华认为:“天下汉种,皆系一家,始祖皇帝。除汉族之外,其他各族均非炎黄子孙,而是域外之族,决不应该帮助他们。”

② 孙中山、蒋介石基本秉持这一思想,即认为中华民国是由汉、满、蒙、回、藏五族组成。

会自治机制的失衡与断裂。中国传统文化日渐式微,而以传统文化为血脉滋养的乡土社会也因此出现了前所未有的危机。正是在这一整体性社会变动的影响下,乡土社会成为当时知识精英普遍关注的对象。

也正是以此为背景,作为乡土社会中一种自然自在文化现象的乡民艺术,忽然之间被发现具有参与现代民族国家建构的潜质,并被日益紧密地纳入现代民族国家政治的框架之中。吕微认为,现代国家赖以奠基的民族主义意识形态其实是重新发掘、转换某种文化传统的建构结果,而通过发掘蕴藏在民间的文化传统,一个想象中的"民族国家"的文化共同体就可以被虚构出来。"五四"时期从传统中发掘的"民间"表象首先被用来表达一种社会性和现代性的理念,当学者和革命家发现"民间"所附着的表象与理念可以超越狭隘的历史民族观念时,民间文化就理所当然地被当作一种"现代民族国家"的文化建构要素。[①] 或者说,20 世纪初的乡民艺术研究本身就是以民族主义与民主主义为基本特征的现代社会思潮的组成部分,知识分子对乡民艺术的发见与重视,是与他们"救亡图存"、力保中国的根性文化薪火相传的使命感紧密相连的。因此,较具现代色彩的乡民艺术研究,自 20 世纪初发轫之始就担承着为"民族国家"的想象与建构提供文化依据的历史使命,而由此引发的纠葛几乎绵亘整个 20 世纪。

从某种意义上说,具有现代意味的对于民间文化的"发

---

① 虽然吕微在这里是就民间文学而论,但其言说同样适用于包括乡民艺术在内的广义的民间文化。参见吕微:《现代性论争中的民间文学》,《文学评论》2000 年第 2 期。

见”并不自“五四”新文化运动始，对于乡民艺术的搜集与展示也并不自北京大学歌谣运动始①，但新文化运动众先驱对于乡民艺术的集体性注意和集中性研究，却使得对于这一传统社会中的“异端”文化的关注与阐发，成为一种能够影响时代政治走向的社会思潮。陈独秀对“自由自治的国民政治”的疾呼，胡适对白话文权威地位的倡导，顾颉刚从处于儒学阴影下的民俗文化中对“历史真实”的寻找等，都为“民众在学术史上光荣的抬头”②铺平了道路。

因此，由五四新文化运动部分骨干成员发起、以北京大学为据点的歌谣运动，也就被学界顺理成章地视作现代中国民俗学、民间文艺学的起源。1918 年 2 月，北京大学歌谣征集处成立，并由北京大学教授刘复、沈尹默、周作人负责在校刊《北京大学日刊》上逐日刊登征集来的民间歌谣。1920 年 12 月 19 日，在歌谣征集处的基础上成立了歌谣研究会。1922 年北京大学研究所设立，歌谣研究会归并于研究所国学门。民间歌谣之所以在五四新文化运动中受到特别的关注，既与几位发起人

---

① 自鸦片战争以来，海禁开放，首先是西方教会出于传教的需要开始关注、研究中国民间文化。他们最先收集的是与信仰密切相关的纸马、花纸、符箓、年画等民间工艺品，并予以整理、编印。如在清宣统三年由上海天主教堂刊印的《中国迷信之研究》（著者法国 Henri Dore），更早的有在英国出版的《中国风俗画》等。而在民国建立之初，鲁迅曾任社会教育司第二科科长，主管包括乡民艺术在内的“新式”社会文化事业。1913 年 12 月，鲁迅在教育部《编纂处月刊》上发表《拟播布美术意见书》，提出：“当立国民文术研究会，以理各地歌谣、俚谚、传说、童话等，详其意谊，辨其特性，又发挥而光大之，并以辅翼教育。”1914 年，教育部在北京举办“全国儿童艺术展览会”，展览从各地征集到的民间玩具。

② 钟敬文：《民间文艺学的建设》，《钟敬文学术论著自选集》，首都师范大学出版社 2004 年版，第 7 页。

都深受中国传统的“诗教”文化影响有关,也与民间歌谣的社会辐射面较广、收集与整理起来又比较便利有关。客观上来说,从搜集歌谣入手,的确可以吸引更多的人参与其中,容易形成某种社会运动。随着歌谣运动的开展和深入,一批活跃在五四新文化运动中的民俗学、民族学、历史学、文学、文化学学者,在研究各自专业的同时,已经程度不同地开始以乡民艺术作为其专业研究的佐助。在他们发表的研究文章中,经常能够看到“民俗物品”“民间艺术”“工艺”“图画”等术语①。1923 年 5 月,北京大学在研究所国学门设立风俗调查会,提倡分专题收集和调查有关民俗方面的实物。他们所进行的工作,已经由最初的歌谣或其他民间文学的收集与研究,逐渐扩展到乡民艺术的各个门类乃至更多的民俗事象的收集与研究。而在此前召开的筹备会议上,与会人员审查了会章,制定了《风俗调查表》:“当场议决调查方法三项:(1)书籍上之调查,(2)实地调查,(3)征集器物。由研究所依照这三项进行。”这里所说的器物,是指“关于风俗之各种服,饰,器用及其模型,图书,照片”②。以风俗调查会的名义发出的《风俗调查表》,是中国现代民俗学史上第一份比较全面、规范的民俗学调查纲要,其中

① 如蔡元培认为,现代博物馆应当“陈列各时代各民族的美术品:如雕刻、图画、工艺、美术以及建筑的断片等,不但可以供美术家的参考,并可以提起普通人优美高尚的兴趣”(蔡元培:《何谓文化》,《北京大学日刊》1921 年 2 月 14 日)。胡愈之认为,民俗学“所研究的事项,分为三类:第一是民间的信仰和风俗(像婚丧俗例和一切的迷信禁忌等);第二是民间文学;第三是民间艺术”(愈之:《论民间文学》,《妇女杂志》第 7 卷第 1 号,1921 年)。

② 容肇祖:《北大歌谣研究会及风俗调查会的经过(续)》,《民俗》第 17、18 期合刊,国立中山大学语言历史研究所编印,第 16、26 页。

关于民间艺术品的调查与征集的要求是较为明确的。1924年农历正月十四,北京大学研究所国学门又专门印发《北大风俗调查会征集各地关于旧历新年风俗物品之说明》[①]并卓有成效:"十三年(1924)一月中曾征集各地的新年风俗物品(如神祇,年画之类),除由会内购备外,并请校内外同志就地搜集,所得成绩如下:神祇,二四二;花纸,二六;符策,七;红笺,五;杂件,六。共计二八六。"[②]稍后,鲁迅、郑振铎、张光宇、孙福熙、娄子匡等人在广泛收集民间年画的基础上撰写研究文章,引起了社会上的重视,一些地方的学者和爱好者也开始了对于民间美术及相关事象的调查、收集、整理、陈列、介绍与研究工作。

1927年8月,广州的中山大学成立语言历史研究所,傅斯年兼任所长,工作"以语言、历史、考古、民俗四学会的研究及出版为主干"[③],民俗学会的事务由顾颉刚主持。经会议议定,语言历史研究所的民俗学会事务大致有:"1.作两粤各地系统的风俗调查;2.西南民族材料的征集;3.征求他省风俗、宗教,医药,歌谣,故事等材料;4.风俗模型的制造,5.抄辑纸上的风俗材料;6.编制小说,戏剧,歌曲提要;7.编印民俗学丛书及图片;8.扩充风俗陈列室为历史博物馆民俗部;9.养

---

① 《北大风俗调查会征集各地关于旧历新年风俗物品之说明》,《北京大学研究所国学门周刊》第9期,1927年。

② 容肇祖:《北大歌谣研究会及风俗调查会的经过》,《民俗》第17、18期合刊,国立中山大学语言历史研究所编印,1928年,第25页。

③ 杨成志:《民俗学会的经过及其出版物目录一览》,《民俗》复刊第1期,国立中山大学研究院文科研究所编印,1936年,第223页。

成民俗学人材。”[①]1928 年 3 月下旬,民俗物陈列室完成布置对外开放,陈列有“首饰、衣服鞋帽、音乐、应用器具、工用器具、小孩器具、赌具、神的用具、死人用具、科举遗物、官绅遗物、迷信品物、民间唱本及西南民族文化品物 14 类陈列品凡数万余件”[②]。这是我国第一个按照民俗学知识进行分类的民间艺术品展览。

1929 年 6 月 6 日至 10 月 20 日,浙江省政府以“提倡国货,以足民用;振兴国产,奖励实业发展”为宗旨,举办了规模庞大的西湖博览会,共有 14.76 万件展品展出,参观者达 2000 多万人次,在国内外产生了巨大影响。在西湖博览会筹备期间,经钟敬文等人多方奔走努力,以中山大学民俗物陈列室的藏品为主体的民间艺术品,也在该博览会上设专室展出,给众多参观者留下了强烈的印象。1930 年夏,钟敬文、钱南扬、娄子匡、江绍原等人在杭州发起成立中国民俗学会,并在福建、广东、四川和浙江的宁波、永嘉等地建立分会。学会陆续编辑了一批书刊,其中《民俗周刊》《民俗学集镌》《艺风 · 民间专号》《民众教育季刊 · 民俗艺术专号》等均以较大篇幅刊载了民间美术方面的若干研究文章。1937 年 5 月,钟敬文从日本留学归来后在浙江民众教育实验学校任教,与施世珍等人在浙江省立民众教育馆筹办了“民间图画展览会”。为此,钟敬文撰文《民间图画展览的意义》,从民间生活出发对民间图画的社会功能与

① 杨成志:《民俗学会的经过及其出版物目录一览》,《民俗》复刊号,国立中山大学研究院文科研究所编印,1936 年,第 225 页。

② 参见《本所风俗物品陈列室所藏书籍器物目录(续) · 物品类目录》,《民俗》第 29、30 期合刊,国立中山大学语言历史研究所编印,1936 年,第 51—60 页。

多元价值进行阐释:“民间图画,是民众基本欲求的造型,是民众严肃情绪的宣泄,是民众美学观念的表明,是他们社会形象的反映,是他们文化传统珍贵的财产”,“可以使我们认识今日民间的生活,更可以使我们明了过去社会的生活。它是提供给我们理解古代的、原始的艺术姿态的资料,同时也提供给我们以创作未来伟大艺术的参考资料。它的意义和价值是多方面的”。[1]

20 世纪 30 年代,钟敬文的系列论文在我国乡民艺术研究史上具有特别重要的意义。他自 1934 年起旅居日本两年多,潜心钻研欧洲及日本民俗学经典理论,“一方面吸取人类学派的合理部分,一方面又辅之以社会学派的某些唯物因素”,认识到“国际某些学派注重形式的研究法的缺点”。[2] 这一时期,他的研究领域已不再局限于故事类型,而开始扩展到广泛意义上的乡民艺术及社会习俗层面。他对民间文化内在逻辑的推思,与对乡民艺术之于民族国家的功能与意义方面的预设,虽然掺杂了浓郁的文学抒情色彩,但准确细密程度已明显超越同时代人。其中,《关于民间艺术——〈艺风·民间专号〉卷头语》(1933 年 10 月 18 日)、《民间文艺学的建设》(1935)与《〈民间艺术专号〉序言》(1937),是他在这一时期讨论乡民艺术的重要文章。其中,《关于民间艺术——〈艺风·民间专号〉卷头语》一文论及民众艺术的社会功能与研究现状,指出它们对于探索艺术的性质、起源、发展和机能等

---

① 钟敬文:《民间图画展览的意义》,《民间文艺谈薮》,湖南人民出版社 1981 年版,第 240—241 页。

② 马昌仪:《钟敬文与民俗文化学——访谈录》,《文化研究》1992 年第 2 期。

重要问题的研究价值。[1]《民间文艺学的建设》首次提出了构建中国本土民间文艺理论体系的一些设想,并创用"民间文艺学"这一学科术语。[2]《〈民间艺术专号〉序言》则讨论了民间艺术的功能与存在形式,重点强调了民间艺术学术的与教育的意义,虽篇幅不长,却切中肯綮,至今仍具活力。[3]

此后,全面抗战开始直至 20 世纪 80 年代初,是中国乡民艺术研究的缓慢发展时期。不过,在抗日战争与解放战争时期,民间文艺在动员民众方面曾经起到过很大作用。特别是在中国共产党领导下的解放区,民间文艺受到了空前的重视。如晋察冀解放区扶植并恢复了武强年画社,大量印制颇受民众欢迎的《娃娃戏》《打到南京去,活捉蒋介石》《投豆子,选好人》等年画,还新创了一批适合当时战争形势的新年画,如《自力

---

① 钟敬文:《钟敬文文集 · 民俗学卷》,安徽教育出版社 1999 年版,第 534 页。

② 钟敬文:《民间文艺学的建设》,《艺风》第 4 卷第 1 期,1936 年 1 月。

③ 钟敬文认为:"艺术不是一种孤立的文化现象。它是生活文化、社会文化有机体的一部分。特别在进步上比较落后的民族或民众,他们的艺术和别的文化还保持着一种深切的关系,甚至于是在一种未分化的状态中……民间艺术,也自然是一样。中国民间固有的绘画,有多少种不是和神道发生关系的? 他们的建筑,又有多少种是能离开伦理现象而独立的? 此外,像故事、歌谣、谚语等,都没有例外。总之,民众的艺术,不仅是人类的或国别的艺术史及艺术学、美学等重要的对象,同时也是人类的或国别的文化史、社会史,以及文化学和社会学等重要的资料。""一座堂皇的祠堂,一幅庄严的神像,一出忠义的戏文,它们所掀动的情绪,所教导的行为,是不容易计量的。民间艺术比起我们学校中所讲习的音乐、唱歌、工艺、诗文等,无疑尽着更大的、更实际的教育职能!"(钟敬文:《钟敬文文集 · 民俗学卷》,安徽教育出版社 1999 年版,第 529 页)

更生、丰衣足食》《劳武结合》《识一千字》等。除年画外，其他乡民艺术形式如民间歌谣、舞蹈等也大致如此。[1]

在敌占区和国统区，有一些学者继续坚持先前的乡民艺术研究工作。特别是在西南地区，部分民族学、人类学学者能够结合当地条件，将对汉族民间艺术的研究与对少数民族艺术等方面的研究结合起来。如1941年12月杨堃由燕京大学社会学系转到中法汉学研究所负责民俗学组工作以后，短时间内便收集到大量年画、纸马，举办了“民间新年神像图书展览会”，并在展览会期间编印、发行《民间新年神像图书展览会》图录，就民间宗教与纸马、神像的关系进行探讨。中法汉学研究所出版的不定期刊物《汉学》，也登载了不少关于乡民艺术方面的研究文章。[2]

综上所述，20世纪前半期乡民艺术的被发见及大放光彩，主要与现代民族国家在危难之际动员与吸纳全体民众力量的需要有关。实际上，这也是民间文化热绵延整个20世纪的根本原因，20世纪初的歌谣运动、50年代的民间文艺热、80年代

---

① 如在山东掖县（今莱州市）一带，中秋节之夜孩童间流行且歌且舞的“圆月”习俗，以祈求丰收。歌词一般为：“圆月了，圆月了，一亩麦子打石了。”抗战期间，这首唱月的童谣被改造为“圆糕了，圆糕了，日本鬼儿挨刀了。鸡哽哽，天明了，日本鬼儿死净了”。而抗日战争恰于1945年（农历乙酉年，俗称“鸡年”）胜利结束，民间遂有“圆月”一歌成谶应验之说。在当时的各根据地或解放区，一些流行较广、内容不一的民歌小调如《五更调》《四季调》《绣荷包》《孟姜女》等，多被填上各种新词，在公众面前演出。如利用《五更调》填新词改成男女对唱的《劝郎参军》，用《月亮一出照楼梢》改编成新歌《思想起好不难受》配合减租减息和土地改革运动，等等。

② 徐艺乙：《物华工巧——传统物质文化的探索与研究》，天津人民出版社2005年版，第2021页。

的文化寻根热以及21世纪初的非物质文化遗产保护热，都与所处时代的国家政治需要密切相关，并且一无例外地受到国家政治的直接操作或较为默契的间接推动。而20世纪的中国文化精英在其中扮演了重要角色，他们经过自己的思想运作与具体实践，完成了对民族国家上述需求的配合。在这一过程中，他们经由如下理念获得了自身文化生命的尊严与神圣感，即民间文化可以是儒家文化的替代品，甚至可以作为民族文化的核心，成为现代民族国家的文化基石，但它首先必须经过知识分子富有理性与才华的辨别、整理与加工。

因而，20世纪上半叶乡民艺术研究的眼光向下，并非向民间寻找田园牧歌，而是要寻找“反抗精神”即革命性，因而对与之相适应的所谓“质朴刚健”的乡民艺术形式特别看重。然而，也有少数学者与时代政治的这一需求颇不合拍，试图从民众本位的立场出发对民间文艺学进行“系统的科学的建设”①，以呈现和理解更本真的民间文化与民众精神为己任，如在主流学术话语中长期处于边缘地位的顾颉刚、钟敬文等。尤其是为中山大学所逐的钟敬文，可视为具有独立学术追求的文人在与时代政治相左时遭受被黜命运的代表，与历史上不谙世情的忠

---

① 顾颉刚说：“我们要站在民众的立场上来认识民众！我们要探检各种民众的生活，民众的欲求，来认识整个的社会！”（顾颉刚：《〈民俗〉发刊词》，《民俗》第期1928年3月）钟敬文在20世纪30年代曾撰文呼吁建设一门科学的民间文艺学，也较多地注意到民间文艺研究中的民众本位，如他将世纪初以来的民间文艺研究热潮称为“民众在学术史上光荣的抬头”，认为“对于民间文艺的注意、探究，以至系统的科学的建设，在目前社会的境况中很感到必要”。参见钟敬文：《民间文艺学的建设》，《钟敬文学术论著自选集》，首都师范大学出版社2004年版，第7、8页（文末注有“1935年11月4日晨，东京”字样）。

臣遭遇强权时所一再上演的悲剧相似。① 此后直至70年代，以求“真确”为主旨、试图把握民众内在文化结构的学术取向日益边缘化，强调乡民艺术的现实政治功能、注重挖掘其革命性与现代性精神的价值取向一直占据上风，而乡民艺术所具有的更为丰富、多元的内涵与意义，便散落于深邃的历史时空之中，等待着在另一个历史时刻被关注或显现。

二、20世纪后50年中国乡民艺术研究：从民族国家本位到乡土语境的开启

20世纪下半叶，以70年代末80年代初为疆界，乡民艺术研究呈现出与之前迥然有别的景观。为了描述与分析的便利，我们下面将分而述之。

（一）乡民艺术的“泛政治化”时期（20世纪50—70年代）

这一时期，乡民艺术的政治功能空前发达。我们感兴趣的是，具有多样性文化表述的乡民艺术，是如何被改造为国家政治的文化工具的？

新中国成立之始，国家已经在“人民”的名义下确立了政体并积累了足够的权威性，但“人民”的思想却还迟迟不能同

① 对于这一个案，近年来学者著文多有涉及，其中以施爱东的考证与研究最有力度。详见施爱东：《私情歌谣与〈吴歌乙集〉风波》，《民俗研究》2001年第3期。笔者以为，对该事件在当时社会语境中发生的必然性与寓含的文化意蕴，尚有进一步研究的余地。

化于国家政治的发展理想之中,于是就有了将乡民从生活到文化彻底重新铸造的必要。终结传统,创造“民族国家”的新历史,就必须动员民众,从其现存文化中尽量清除“传统”的因素,挖掘并推广其中的“革命”精神,最终在民众中培养出富有民族国家“革命精神”的“新人”①。这也就意味着,对于“百废待兴”的乡民艺术而言,进行一定的政策倾斜与经济扶持是必需的,但更重要的是在初步摸清其底细以后,要进行一系列政治评估、分化与“工具化”改造的工作。

20世纪50年代,新中国第一代领导人在战争时代与民众结成的密切关系有所延续,具有简洁实用、朴质无华风格的乡民艺术大受重视,顺理成章地被纳入国家政治体系,被提升到“为政治服务”的高度。国家采取的乡民艺术政策主要包括两个方面:其一,国家领导人对乡民艺术活动予以热切关注并多次指示②,各级政府部门组织举办了规模不一的乡民艺术的展

① 张乐天:《嵌入式社会变迁及其界限——对浙北一个村落的个案研究》,复旦大学历史学系、复旦大学中外现代化进程研究中心编:《近代中国的乡村社会》,上海古籍出版社2005年版,第196—214页。

② 如1949年11月,经毛泽东批示同意、由文化部部长沈雁冰署名,《人民日报》发表了文化部《关于开展新年画工作的指示》。1953年,由文化部主办的“全国民间工艺美术品展览会”在北京举行,国家领导人为展览题词并参观展览。1956年,毛泽东在听取关于手工业工作情况的汇报时再三强调:“提醒你们,手工业中许多好东西,不要搞掉了。”“提高工艺美术品的水平和保护老艺人的办法很好,赶快搞,要搞快一些。你们自己设立机构,开办学院,召集会议。”《人民日报》于1956年10月2日发表《重视民间艺人》的社论,于1958年8月2日发表《加强民间文艺工作》的社论,强调:“除了民歌民谣以外,民间故事、说唱、戏曲、工艺美术、绘画、雕塑、音乐、舞蹈等所有民间文学艺术,也都必须加以重视,全面地加以搜集整理和研究。各地各有关部门必须做出规划,进行这个工作。”

演与评奖活动①,乡民艺术还经常作为新中国外交的“文化使者”得到跨国交流的机会②。其二,成立具有鲜明官方色彩的各级中国民间文艺家协会组织③,组建各级群众艺术馆,将民间工艺、民歌、戏曲、民族民间舞蹈等纳入高等教育的教学体系之中。④ 这反映了当时的国家政府对乡民艺术现状的基本心态:一方面,认为整个社会对于本土乡民艺术的价值尤其是“革命价值”缺乏足够的认识;另一方面,引导和鼓励乡民艺术摆脱传统的桎梏,要求艺人在思想上尽量与民族国家的发展保持同步,“积极关心国家大事”。显然,国家政府意欲将乡民艺术改造为政治意识形态的一种话语形式,这一诉求或以政府文件的形式出现,或由部分政治敏感的文人以文章的

---

① 如1950年春节,新华书店华北总店主办《1950年全国年画展览》,共展出17个地区的新年画309幅;同年,国家文化部为鼓励新年画创作,设立并开始颁发新年画创作奖金;1953年年底,由中央文化部和中国美术家协会主办的“全国民间美术工艺品展览会”在北京劳动人民文化宫开幕。

② 如从1954年的6月开始,中国工艺美术展览会和中国民间美术工艺品展览会前往捷克斯洛伐克、匈牙利、波兰、保加利亚、缅甸和苏联展出。1955年,中国工艺美术展览会又前往印度和印度尼西亚展出。

③ 1950年3月29日,中国民间文艺研究会(后改为“中国民间文艺家协会”)在北京成立,随后各省市县的民协组织陆续建立起来。

④ 如中央工艺美术学院于1956年建院初期就建立了“泥人张”“面人汤”等民间工艺美术创作室,浙江美术学院于1958年8月开设民间艺人训练班,南京艺术学院分别于1958年、1962年开办了两期以发展江苏地方工艺美术为主旨的工艺美术专修科。此外,各省市还陆续创办了许多工艺美术方面的技校。

形式予以体现①,国家政府与知识分子对此密切合作。

具体说来,20 世纪 50 年代以降,我国由政府有关部门组织的旨在到乡村基层发掘与研究乡民艺术的队伍络绎不绝。这些队伍主要由各级文化局、艺术馆或社会科学研究机构、大中专院校的人员组成,他们对各地乡民艺术资料进行了较大范围的调查、遴选、采集,以及整理、改编、研究,其研究工作基本上是以当时占据主流地位的政治思想与艺术观念为指导思想,其中又以 50 年代与 80 年代由中国民间文艺学界自上而下两度发起的大规模的搜集与整理工作最为典型。此外,全国性的民族调查与识别工作也部分地带动了民族民间文化工作的开展。上述活动的好处,是在广袤的中华大地上发现了大量的乡民艺术线索,由此编织而成的"集成"系列对于主要由政府组织文艺展演而形成的文化传播具有一定的促进作用,同时也为学者的后续研究工作提供了某种程度的便利。然而,上述劳师动众、历时经年而完成的卷帙浩繁的乡民艺术集成文本,由于指导方法的偏颇学术价值大打折扣,这一活动还对原有乡民艺术生态造成较大破坏。这段学术历史值得我们反思。②

---

① 如在 1956 年 2 月中国美协举办的《新旧年画、民间玩具展览会》中,有的学者认为:"1956 年的年画里,能真正激发美感,激发对革命理想坚定不移的豪迈的信心的作品,真是太少了!"因此,这个展览出人意料地被称为"一个敲起了警钟的展览会"。还有人大声疾呼:"为了保卫和占领这样一种深深为人民喜爱的绘画领域,该是革命的艺术家们停止退却的时候了。"(陈伊范:《看新旧年画——一个敲起了警钟的展览会》,《美术》1956 年第 4 期)

② 对于这两次几乎波及全国的民间文艺搜集整理活动,近年来有部分少数民族学者从本民族史诗整理过程中显现的种种弊端予以深刻反思,并提出了一些具有张力的概括性术语。如巴莫曲布嫫用"民间叙事传

通过田野调查,以及对参与当时工作的部分学者的访谈,笔者对上述活动中关于乡民艺术的搜集与整理过程有了更深入的认识。一般说来,这种工作首先要从散布于广大乡土社会中的艺术活动遴选一个具体目标,但这种遴选并不以先期田野作业为前提,而是带有相当的主观性与偶然性;一旦选定目标,学者就会按照学院教科书式的标准,从乡民艺术由一次次展演活动而自然形成的众多文本中寻找或综合出一个"标准样本"而舍弃其他;最后,还要根据上级部门的要求(对于其艺术门类的认定、整理字数的限定、套路式的写作规范等)和自己的眼光,进行进一步的增删、修订。在这样一批批采风者的眼中,一个民间玩具主要是作为一个造型别致的工艺品而受到关注,一首民歌也仅仅是因其优美的旋律、调式以及脍炙人口的歌词而大受欢迎。选定调查对象之后,他们便要煞费苦心地找寻它与地方革命历史的联系,再粘贴上它在生活与劳动中的功能作用方面的些许内容。相形之下,乡民艺术在不同民俗语境中因发挥不同功能而形成的多种文本便被忽略。归其因,对于这些受政府委托而下去采风的文化艺术工作者而言,民间艺人只是作为乡民艺术资料的便利提供者而进入他们的视野,乡民艺术的众多异文则是一堆杂乱无章的材料,需要他们去做一番所谓去粗取精、去伪存真的严肃而神圣的工作。因而,下列情形的出现也就不足为怪:某种乡民艺术因为被"采风"而身价倍增、名声大振,甚至被升华为"广大人民群众的健康而富有营养的

(接上页)统的格式化",来代指以前彝族史诗整理过程中许多违背史诗传统本质的文本制作理念和方法。参见巴莫曲布嫫:《叙事语境与演述场域——以诺苏彝族的口头论辩和史诗传统为例》,《文学评论》2004 年第 1 期。

精神食粮”，从而获得更多的展演机会或资助。许多乡民艺术的传承人都期望获得被“采风”的机会，其热切程度明显超过了他们对获得当地民众认可与喜爱的渴盼。不言而喻，调查活动本身已成为现代民族国家引导乡民艺术向政治工具转换的重要手段。以政治声誉与经济支持为诱饵，乡民艺术的政治化倾向逐渐发展到一种极端的地步，学者的研究则对此起到了推波助澜的作用。

一言以蔽之，至少在20世纪80年代以前，本具有一定文化自足性的乡民艺术，基本上是被视为来自生活的“文化原料”，必须经过文化精英的精心选择与改编再造工作，才能被纳入民族国家的“文化”之中。比如，当时的乡民艺术研究领域流行着这样的逻辑，即现存的乡民艺术是千百年间劳动人民在追求真善美、反抗黑暗势力的斗争中创造并流传下来的，它们受历史条件制约而存在各种各样的历史局限性，是中国共产党领导的革命运动使之焕发了勃勃生机。这样，乡民艺术就既是富有民族特色的传统民间文化的延续，又被有所保留地赋予具有普遍意义的现代性价值。这一逻辑在实际操作中，就容易导致一向生活于“民间旧传统”中的众多民间艺人产生一种压抑、自卑的情绪，使乡民艺术的主体性趋于被遮蔽；而乡民艺术在根据时代政治需要而任意裁剪的境遇中，其内在的文化整体性也在最终意义上被主流政治意识形态撕裂。

不久后开始的“文化大革命”，对乡民艺术的发展而言无疑是雪上加霜。这一时期，国家政治将民众对于民族国家的认同，急功近利地引向按照简单标准划定的各类政治身份的认同，如“对—错”“同志—敌人”等。无休止的政治运动和铺天盖地的政治宣传成为这一时期国家革命的主要手段，即使是地处偏远的乡土社会，也被强制要求参加了这场由国家自上而下发动的“触及人们灵魂的大革命”，并因之充溢着现代政治革命的浓烈意味。包括乡民艺术在内的所有文艺活动被要求无条件地为政治服务，艺术的“革命性”与“战斗性”功能被强调到无以复加的地步。在此背景下，乡民艺术研究一落千丈，跌入谷底。

总的说来，20 世纪 50—70 年代，在国家强力推进乡土社会的革命式转换与现代性变迁的背景下，国家政治意识形态高调登场，视文化为政治工具，乡民艺术研究曾出现一枝独秀的局面。马克思主义被树立为唯一权威的指导理论和方法论，也出现了一批具有相当水平的学术论著，并进行了一定的资料采集与整理工作。这些研究尽管主要集中于民间诗歌领域，其发展也在外部环境的干扰下显得畸形，但仍在中国学术的困难时刻起到了火尽薪传的作用，从而为新时期乡民艺术研究的复兴提供了有利条件。

（二）乡民艺术向乡土语境的返归（20 世纪 80 年代至今）

20 世纪 80 年代以降，国内“民俗热”持续升温，各地乡民艺术活动呈现出一定的繁盛景象。但实质上，正如我们后来所意识到的，这种“民俗热”在很大程度上是基于商品经济的刺激性发展，其中包含了很多的伪民俗成分，而真正原生态的民俗特别是乡民艺术则面临巨大危机。① 而在研究方面，则出现

---

① 笔者注意到，20 世纪 80 年代，各地以乡土风情为旗号的民间工艺展览、新民歌、土风舞以及大大小小的民俗旅游度假村等此起彼伏，其中确有少量乡民艺术因之受到了更多的关注，获得了传承发展的良机，但为数更多、更接近民俗原生态的乡民艺术活动却难以为继，有的甚至濒临消失，也是不争的事实。

了两种倾向:一种是部分研究者仍然延续套路性的研究方法,比如“艺术来源于生活,高于生活”或“艺术性与思想性的完美统一”等,试图从社会存在的角度去探讨乡民艺术,但失之粗疏;另一种则是在商业利益模式的暗示下,将乡民艺术作为一种准商品来阐释,急功近利的心态导致了研究的浮躁。前者是20世纪50—70年代受国家政治影响的乡民艺术研究模式的延续,相形之下,后者于此际登场则更加意味深长。1978年党的十一届三中全会召开,提出“以经济建设为中心”。国家通过“文化搭台,经济唱戏”的策略,引导乡民艺术自觉认同国家发展的“经济中心”,将自身移植于即时经济社会的语境中。由此,国家意识形态又一次嵌入乡民艺术领域。① 乡民艺术研究领域的商业浮躁之风,其实隐含着对由“民族国家”向“经济国家”转变这一社会转型的投机性迎合。上述两种研究倾向有其共同点,都是在自觉投合民族国家意识形态而弱化乡民艺术的自律性,即割裂乡民艺术与民俗生活的血肉联系,以致对乡民艺术的真正阐释无法展开。

另外,在20世纪80年代的乡民艺术研究领域,还有一种以理论探讨为旨趣的学术潮流,试图从文化特征的角度对乡民艺术的性质予以体认。这为乡民艺术研究领域带来一定的新鲜气息,开阔了研究视野,但因其过多地沉浸于从理论到理论的曲径通幽式的穿插勾连,乡民艺术更多地是作为论据出场,

---

① 耿波认为,20世纪80年代流行的“文化搭台,经济唱戏”这一口号中,“经济”的内涵并不是单纯的经济创汇,而是被国家意识形态赋形的“经济政治”。这一时期,“经济政治”代替“民族国家”成为全新的强势“他者”,剥夺了乡民艺术本真的生存境遇。参见耿波:《从现代性到后现代:中国乡民艺术的“去语境化”》,《齐鲁艺苑》2006年第4期。

而其本体意义难以显现,从而限制了这类研究的阐释力度①。这可以视为一大批西方现代文艺学理论在不断进入国人视野之后,在当时的乡民艺术研究领域激起的阵阵回声。这批学者的研究策略是:在对具体乡民艺术事象予以基本描述与分析之后,注意与西方文艺理论流派对话,在印证西方文艺理论正确性的同时对之做中国特色的"修正",由此形成的研究成果也就不免呈现出一定的拼盘特色。与此同时,仍有部分学者继续以对乡民艺术的"发现"与细描为己任,但相较以前的全国性搜集整理活动而言,他们更加注重对艺术文本结构的条分缕析,相形之下,他们虽也注意对乡民艺术在不同场合的演出文本予以区分,但未能从其依托的以村落或宗族为单元的内部视角予以讨论,因而对乡艺活动的原生或移植、传承或遗失等基本问题的阐释显得力度不足。个别学者其实已经注意到某些乡民艺术门类与乡土社会之间的相互依存关系,但由于其立足于中国传统社会与文化这样一种过于宏观的背景,故而难以体现基层乡土社会的内在特征。② 这两种研究倾向的共同特点是都不满足于与国家意识形态联系过于密切的既往研究模式,

① 这方面研究成果以胡潇的《民间艺术的文化寻绎》为代表。该书从六个方面即耐人寻味的文化现象、艺术与"民间"、民生的显象、主题的文化剖析、艺术造型的图式、民间艺术中的象征对民间艺术予以阐释。该书结合部分国外理论对中国民间艺术做了纵贯古今、跨越各民族的梳理,并对时下流行文化冲击严肃文化的现象表现出一定的忧患意识。参见胡潇:《民间艺术的文化寻绎》,湖北美术出版社 1994 年版。

② 杨民康《中国民歌与乡土社会》是这方面的代表性作品。该书分为 10 章:民歌文化与乡土社会的依存关系;民歌文化系统的结构与功能;传统民歌的整体化功能;文字与宗教的催化作用;《诗经》、雅文化与民歌功能分化; 人生仪礼民歌与社会人格; 婚姻恋爱民歌与两性相与;家庭家

因而寄望于通过一种纯学术的路径对乡民艺术予以多向性审视，最终实现与“国家政治”的疏离。只不过前者是向西方理论寻求资源，而对西方理论的“修正意识”能够有效地缓解他们因“过于西化”而产生的焦虑；后者则以求真求实自励，试图将宏阔的历史文化视角与乡民艺术文本的构成细节勾连起来，以此完成对既往调查研究的超越。上述两者虽未能将研究深植于民俗生活之中，但其朝向西方化与本土化之两极的无畏探索使后人受益匪浅。

在此不能不提及的是，20 世纪 80 年代中后期，承“文化寻根热”之余绪，一场关于“目连戏”和“傩戏”的讨论几乎波及大陆的整个人文学界，并在与海外学人的互动中带动了关于中国戏剧和祭祀仪式关系的研究。由于政治方面的原因，20 世纪后半期台湾学界在乡民艺术研究方面一直延续着自身的“小传统”，并与 20 世纪前 50 年“到民间去”[①]的学术传统有着内在的渊源关系。其研究特色是：主要以高校研究机构为主体，以热衷于乡民艺术研究的基金会为依托，在扎实细致的田野作业的基础上进行针对性较强的专题研究。[②] 1979 年 1 月，民族

(接上页)族民歌与宗法意识；乡里社会民歌与群体乐念；城乡社会民歌的一体化格局。该书具有较开阔的文化视野，涉及我国几千年的传统社会与国内多个民族的民俗风情，在比较广阔的社会生活画卷中探讨了民歌与社会的关系。参见杨民康：《中国民歌与乡土社会》，吉林教育出版社 1992 年版。

① ［美］洪长泰：《到民间去：1918—1937 年的中国知识分子与民间文学运动》，董晓萍译，上海文艺出版社 1993 年版。

② 如在 1980 年 2 月，台湾地区有关部门委托台湾大学等 7 个学术团体和相关研究单位，以 3 个月时间开始对台湾地区的民俗技艺进行初步的调研。同年 7 月，台湾大学人类学系、台湾政治大学边政研究所正式

音乐学家许常惠发起成立中华民俗艺术基金会,翌年6月企业家施合郑捐资成立施合郑民俗文化基金会,这两个基金会“对于民俗技艺的维护发扬与调查研究可谓不遗余力,而且卓有成绩”①。中华民俗艺术基金会举办了大量有影响的学术活动,并出版有多种论文集和图册,而由施合郑民俗文化基金会助资出版的《民俗曲艺》杂志则成为研究民间文化的一个重要阵地。尤其是在90年代初,台湾清华大学教授王秋桂得到了施合郑民俗文化基金会的支持,制订了“中国地方戏与仪式之研究”的大型研究计划,汇集了亚洲、北美、欧洲和澳洲等地学者的力量,共同调查中国(不包括澳门)和新加坡华人的仪式演剧活动。此次调查以具有两千年传统的中国傩仪、傩戏为主要研究对象,调查者的足迹遍及大半个中国,记录了许多行将消失的乡民艺术活动。②这一项目在实施过程中,在大陆各地训练、培养了一批贴近民众视角的地方文化研究者,同时促使大陆学界对既往研究进行了一定的反思,殊为难得。经此,台湾学界如李亦园的文化人类学理论

(接上页)接受委托,进行为期三年的“中国民间传统技艺与艺能”调查和研究。其中,台湾大学人类学系负责工艺和地方戏曲,台湾政治大学边政研究所负责民间音乐、说唱、杂技和大陆地方戏曲的调查研究。

① 曾永义等:《台湾的民俗技艺》,(台北)台湾学生书局1989年版,第12页。

② 这项调查成果以《民俗曲艺丛书》为名目,由台湾施合郑民俗文化基金会编辑出版,共80种,总字数超过2000万字。丛书主要分为五大类:调查报告集43册,资料汇编12册,剧本或科仪本集20册,专书3册,研究论文集2册。刘锡诚先生认为,这一活动“无疑也是功在千秋的一个壮举……堪称是20世纪中国民间文化的最宏伟的田野调查工程之一”(刘锡诚:《非物质遗产与文化“飞地”》,《中外论坛》2003年第2期)。

研究、乔建的区域社群研究、李丰楙的民间信仰研究等,开始为大陆学人所熟知,对 90 年代的乡民艺术研究产生了积极影响。

20 世纪 90 年代,国内乡民艺术研究因受到西方人类学、民俗学理论等方面的影响而呈现出新景观,其突出表现是从与民族国家紧密结合的研究范式中更加坚决地向乡土语境返归。无疑,西方理论译介及海外学者的相关研究在这一学术转型过程中起到了催化剂的作用。如特纳的仪式理论、盖内普的阈限理论、哈贝马斯的交往理论、布迪厄的文化资本理论、巴赫金的狂欢诗学理论、福柯的权力理论、德里达的解构理论、格尔茨的阐释人类学理论、米尔曼·帕里和艾伯特·洛德的口头程式理论、理查德·鲍曼的表演理论、丹尼斯·泰德洛克和戴尔·海莫斯的民族志诗学理论等,经由国内学界从文艺学、人类学、民俗学等领域辐射到乡民艺术研究领域,产生了不小的影响。此时,与 80 年代初学界对西方理论的囫囵吞枣、急功近利式的接受心态不同,学人们更多地抱持一种“为我所用”的理性心态。如 20 世纪 90 年代中期,因为格尔茨的关于“地方性知识”的“深描”理论,契合了国内学界对既往研究的矫正意识,从而形成了一场不大不小的“格尔茨热”。平心而论,在很长一段时间里,国内乡民艺术研究确实对地方差异性有所忽略,过于宏观的视角也容易导致研究的空泛失当。格尔茨认为,每一个区域都自有其文化体系,这一文化体系由“文化的语法”即文化的内在认知结构交织而成,“文化的语法”不仅是以语言写成,而且也是以神话、宗教、艺术、民俗乃至天文历法、丧葬典仪等文化文本和文化话语写成的,它们都是以象征性符号建构起来的地方性知识体系的一种显现形式,因而具有互文阐释的联系。① 格尔茨着力探讨的，是地方社会中具有广泛意义的社会“文本”与更为深阔的地方历史与文化的“语境”之间的关系。这种从“地方性知识”入手的区域研究理念，特别适于领土广袤、文化丰富的中国社会。

海外汉学家的学术成果于此际广泛进入国内学者的视野，在某种意义上起到了开风气之先的作用。20世纪80年代，日本学者田仲一成从中国南方社会宗族的角度出发，试图对乡土社会中的祭祀组织、祭祀礼仪、祭祀歌谣、祭祀戏剧等进行整体性的描述。② 实际上，这已经涉及戏曲表演文本与乡村宗族语境的关系。美国学者杜赞奇、黄宗智等在各自的研究本位之外，都直接或间接地涉及中国乡民艺术的研究。杜赞奇的《文化、权力与国家：1900—1942年的华北农村》一书从文化资源的角度来分析现代中国乡村权力结构之演变，《从民族国家拯救历史：民族主义话语与中国现代史研究》一书则揭示了“民族国家”意识对中国现代史书写的控制或遮蔽，这对于20世纪中国乡民艺术研究极具启示意义。施坚雅在早期的一系列论文中提出，中国的村落和农民社会要放在一个富有层次性的市集中来理解，中国传统社会研究应以乡村市场体系为基本单元。后来他又在《中华帝国晚期的城市》一书中，强调中国研究要以城市为中心进行区域研究，而不能笼统地以一个“中

① 参见王铭铭：《“格尔兹文化论丛”译序》，[美]克利福德·格尔兹：《文化的解释》，纳日碧力戈等译，上海人民出版社1999年版，第10页。

② 参见[日]田仲一成：《中国的宗族与戏剧》，钱杭、仁余白译，上海古籍出版社1992年版，中译本序，第1—2页。

国”来描述。[1] 这种具有明确方法意识和观念意识的研究范式对20世纪90年代以降的中国学术有着显著影响。此外，对中国乡民艺术研究有较大影响的，还有弗里德曼、洪长泰、黄仁宇、黄宗智、科大卫、贺大卫、欧达伟等。

眼光向下、贴近民众主体，是20世纪90年代以降国内乡民艺术研究的大势所趋，而这一学术转向的首要标志，就是民间文化整体语境观开始浮出水面。这一学术转向既是乡民艺术研究领域长期积累的结果，还得利于国内人类学与民俗学研究的影响。中国学者费孝通、钟敬文、刘锡诚、刘铁梁、赵世瑜、高丙中、王铭铭等，不论他们对民间文化或乡民艺术的认同方式是怎样的，其总体性学术倾向都强调学者对民间社会自主产生的一种整体语境的认知，并在国家、地方、民众之间互动关系的框架中，将观察到的包括艺术表演活动在内的各种地方性知识予以互文性阐释。这是一种以村落或宗族为单元注重在乡土语境与文化认同的框架内考察乡民艺术之存在的研究模式，认为乡民艺术的本质是乡民为了生活的有序以及精神的完满而主动进行的一种文化创造，并不仅仅是“闲中扮演”，因而主张以乡民艺术为轴心建立起田野研究的关联性动态视野，从民众行为实践到村落生活轨范，从而发现并揭示乡民艺术活动中的文化逻辑，以跨学科

---

① 施坚雅认为：“在帝国时期，地区之间的不同，不仅表现在资源的天赋或潜力方面，而且也表现在发展过程所处的时间和性质方面。”由此，他将帝制中国分为九个地区，认为这些地区分别处在不同的发展阶段。参见［美］施坚雅：《十九世纪中国的地区城市化》，［美］施坚雅主编：《中华帝国晚期的城市》第一编，叶光庭等译，中华书局2000年版，第243页。

的理论视野和田野实践实现乡民艺术的研究价值。显然，上述学者趋向于采取以点带面的田野技术路线和以小见大的研究策略，借助“深描”突破传统学术研究中的宏观叙事阈限。

20、21世纪之交，国内乡民艺术研究领域出现的繁盛景观便是在这一学术思潮的推动下形成的。学者在关注乡民艺术个案的同时，注重对之进行一种整体性的文化考察，不再将主要精力滞留于“艺”的层面，而是注意将“艺”与“乡”结合起来观察，并初步流露出“艺”“乡”并重或视“艺”为村落文化文本之一种的研究倾向。他们特别关注中长时段的文化、心态、习俗、信仰、仪式、组织、结构、区域、日常生活、地方制度等对乡民艺术的影响，热衷于从国家、地方、民众之间社会互动的角度探讨乡民艺术传统的形成及变迁等问题。这一研究思潮正渐显威力，其直接影响是那种与现实政治密切联系的“唯上型”研究取向已日渐消歇，受商业开发影响而开展的急功近利式的研究也逐渐没落，而致力于在民俗与艺术之间建构交叉边缘学科，或从传承人角度、以地域为单元展开的乡民艺术个案研究则渐成风气，陆续涌现出一批有影响力的学术成果。这主要表现在：其一，一些研究者开辟出一些新的研究领域，开阔了乡民艺术研究的学术视野，如陈勤建等的文艺民俗学研究、薛艺兵的音乐民俗学研究、纪兰慰的舞蹈民俗学研究、潘鲁生的民艺学研究、张士闪的艺术民俗学研究、王杰的审美人类学研究、郑元者等的艺术人类学研究、容世诚的戏曲人类学研究等。此外，还有一些学者提倡戏剧民俗学、戏曲民俗学、美术民俗学、文艺民俗美学的研究等。由此，这一向度的研究呈现出某种蓬勃气象。① 其二,部分研究者致力于对于乡民艺术个案的细致而深入的研究,并产生了一定的社会影响,如项阳对山西乐户群体的研究、傅谨对台州戏班的研究、方李莉对景德镇民窑的研究、张士闪对山东小章竹马的研究、工杰文对陕北晋西伞头秧歌的研究,等等。②

后一种研究模式因为对地域有着相对狭小的限定而具有更强的可操作性,清晰的问题意识赋予这类个案研究以认识论的解析性张力,而扎实的田野工作和开阔的理论视野则为其系统的学理性阐释提供了充足的空间。这使之有别于那种纵观几千年、俯瞰多民族式的带有宏观叙事特征的研究方法,也有别于那种不见具体人和事、琐细罗列民间工艺技术与戏文曲谱

① 如陈勤建:《文艺民俗学导论》,上海文艺出版社 1991 年版;宋德胤:《文艺民俗学》,北方文艺出版社 1991 年版;王惕:《中华美术民俗》,中国人民大学出版社 1997 年版;纪兰慰:《舞蹈民俗学的学术定位》,《民族艺术》1998 年第 2 期;潘鲁生:《民艺学论纲》,北京工艺美术出版 1998 年版;张士闪:《艺术民俗学》,泰山出版社 2000 年版;易中天:《艺术人类学》,上海文艺出版社 2001 年版;赵德利:《文艺民俗美学》,西北大学出版社 2001 年版;王杰:《审美幻象与审美人类学》,广西师范大学出版社 2003 年版;郑元者:《美学与艺术人类学论集》,沈阳出版社 2003 年版;容世诚:《戏曲人类学初探——仪式、剧场与社群》,广西师范大学出版社 2003 年版;薛艺兵:《神圣的娱乐:中国民间祭祀仪式及其音乐的人类学研究》,宗教文化出版社 2003 年版。

② 如项阳:《山西乐户研究》,文物出版社 2001 年版;傅谨:《草根的力量——台州戏班的田野调查与研究》,广西人民出版社 2001 年版;方李莉:《景德镇民窑》,人民美术出版社 2002 年版;张士闪:《乡民艺术的文化解读:鲁中四村考察》,山东人民出版社 2005 年版;王杰文:《仪式、歌舞与文化展演——陕北·晋西的"伞头秧歌"研究》,中国传媒大学出版社 2006 年版。这方面的论著(包括尚未出版的一批博士、硕士学位论文)为数众多,受篇幅所限不再列举。

的研究模式。这类研究昭显一个简单道理:乡民艺术的意义与价值是在特定的文化语境和社会情境中通过民俗行为的外化才得以生成和实现的,热衷于理论的生搬硬套与过分偏重对艺术文本的精雕细琢,都容易导致研究的偏颇;还水于鱼,只有将乡民艺术置于乡土语境中,才能使之得到真正的理解与阐释,乡民艺术研究的前景就在于呈现乡民艺术与所属乡土社会之间的互动关系。笔者深信,这一相对微观的研究模式在未来一段时间里仍将具有相当的活力。

结　语

从20世纪20年代的骤起波澜,到50年代以后的波谲云诡,再到80年代以降的峰回路转,20世纪的中国乡民艺术研究经历了一个被抽象化、工具化、符号化然后返归乡土语境的过程。这近一百年历程,因为与众多政治事件纠结在一起而显得跌宕起伏,其中蕴含着至为丰厚的研究价值。20世纪大部分时段里,民族国家的意识高于一切,一套混容民族性、革命性的现代话语充当了包括乡民艺术在内的一切社会文化的最高判词。在不同的历史语境中,这套话语不断找寻着最适宜的载体以为己所用,而以丰繁见长的乡民艺术也就难以避免地经常被选择,充作其论据。“民族国家”是贯穿整个20世纪中国乡民艺术学术史的核心概念之一,数代知识分子由研究乡民艺术而参与现代民族国家的建构,这无疑在现代社会发展史上具有一定的现实合理性,但乡民艺术中较易受时代影响的部分,由此被打上“民族国家”的深刻烙印,乡民艺术主体意识也长期被潜抑,而新时期乡民艺术研究焕发生机也正在于对这种抑制的消解。讨论这一话题,意在避免重新走上将乡民艺术工具化的历史老路,探索在当代文化格局中如何重建乡民艺术与乡土社会的语境关联,让乡民艺术在尽可能自然的状态下展现勃勃生机,同时这也是让更为广大渊深的乡土社会在乡民艺术的澄明之境中彰显其当代活力的关键所在。

艺术民俗批评的整体性建构及其批评转向*

一、艺术民俗批评的界定

艺术民俗批评就是从特定的意识形态与理论角度出发，对艺术民俗具体现象进行分析、判断与推理。具体而言，艺术民俗批评主要包含如下三个层次的内涵。

其一，艺术民俗批评离不开感性把握。感性把握就是对艺术民俗批评对象的感官感受、细致体察与直观认同。与通常意义上的浅层感官感受不同，艺术民俗批评的感性把握不是分散、易逝的，而应具有专注、凝视的意味，是一种讲究技术性的体察活动，以此实现对感受对象的深切理解。

比如，当我们在 2003 年阴历八月初一来到山东省青州市井塘村，走进正在表演香社仪式歌的村民家中，观察到这样的情形：

当香社成员们最初在室内于静坐中咏唱仪式歌的时

* 本文系与耿波合写。耿波，中国传媒大学文学院教授。本文原载于《民族艺术》2012 年第 4 期。

> 候,围观者寥寥无几,这是她们必须忍耐的寂寞时刻。她们也会对个别的在门口或门窗上探头探脑的人们说:“来的人不全,很多人赶集去了!过午的表演才热闹呐!”午后,香社中的中老年妇女们几乎都会前来参与,围观者也逐渐增多。当她们在室外燃放鞭炮,烧纸焚香,并围绕着半米多高的火焰歌之舞之的时候,密密麻麻的围观者挤来挤去,兴奋得赞叹着,认为不虚此行。①

这便是我们对艺术民俗对象的感性把握,其中既是对一次艺术民俗活动的尽量忠实、客观的书写,也体验到香社成员在人气不旺时如何掩饰尴尬心情,因而对其鲜活情态有所描述。这种感性把握的要义就在于,在尽量对艺术民俗活动予以客观把握的同时,试图通过“入乎其内”的细致观察与体悟,凸显活动者的表层情绪波动与深层文化心迹。可以说,深沉、细腻的感性把握是至关重要的,它不仅为随后进行的理性分析提供材料,而且也是这一理性分析的重要进径,是艺术民俗批评的灵感所系。另外,值得注意的是,在面向艺术民俗活动予以具体的感性把握的过程中,准确、生动、鲜活的文字表达是一个基本的要求。通过出色的文字描述,艺术民俗及其主体特征才有望留存其与日常生活密切相连的鲜活与神韵。

其二,重在理论超越性的理性分析。“入乎其内”的感性把握,为具有一定抽象色彩的、“出乎其中”的艺术民俗批评深层分析活动奠定了坚实的基础。艺术民俗是无限丰富的,正如

---

① 张士闪:《论当代乡村社会中民间信仰活动的艺术化趋势——以山东潍坊地区青州市井塘村为个案》,《民间文化论坛》2005年第2期。

多棱镜一样包含着许多层面的生活事实与精神内涵。感性把握的过程在于尽可能地敞开怀抱,去把握艺术民俗活动中每一个隐蔽的意涵,但艺术民俗批评如果停留于这一层面,艺术民俗的面目将始终模糊不清,最多只能算是对艺术民俗的欣赏,而不能称为批评。还需要从一个更具超越性的视角对艺术民俗活动进行分析,在展示其内在理论意义的层面使艺术民俗对象以较为确定、稳固的形象呈现出来。

我们曾长期对山东潍坊地区年节期间的小章竹马表演活动予以观察,在对这一乡民艺术有了比较充分的感性把握以后,在阐释中引入从阐释学而来的“节日”观念:

> 在节日场面中总有一种激昂的东西,使参与者超出了他们的日常存在进入一种普遍的交会之中。因而,节日总具有它自己特殊的时间性……在节日中,我们的目的的特殊性让位给了在高度自我充实的瞬间中的心灵交会,这种自我充实的瞬间意义不需要从任何尚待完成的任务和任何要进一步达到的目的那里获得。①

显然,伽达默尔关于“节日”的特殊观念,有助于我们对小章竹马这一艺术民俗个案进行理性分析:“像小章竹马这种广场式的艺术活动,更像是一场群体性的仪式活动。它引导人们实现对琐屑现实生活的解脱与超越,使在日常生活中受到压抑的个人精神世界与个人情感活动得以激活

---

① [德]伽达默尔:《戏剧的节日特征》,《伽达默尔集》,严平编选,邓安庆等译,上海远东出版社 2003 年版,第 547—548 页。

与直接呈现。”[1]这便是从特定“节日”的理论角度对小章竹马的解读,认为它的意义就在于通过仪式性的相互交往引导人们对现实生活的超越。艺术民俗批评理性分析的旨趣在于,既是对艺术民俗个案的超越,又试图对所援引的理论予以延伸或扬弃。

其三,对艺术民俗中特定意识形态的认知与反思,是艺术民俗批评理性分析中的深层向度。所谓“意识形态”乃是特定的利益或文化群体为维护本集体利益所形成的一套思想观念,其内涵由该集体的利益诉求决定,大致相当于某种“集体的偏见”。在艺术民俗批评活动中,不仅作为批评对象的艺术民俗传承主体为某种意识形态所养成,批评者本身也会不自觉地受到所属群体的“集体的偏见”的影响。艺术民俗活动总是与当地特殊的生产生活方式相联系,并被民众用以表达其历史经验与对当下生活状态的理解。我们应以此为线索,透过其言行所构成的叙事文本的表层,注意他们在活动中共同遵守的一些“不证自明的真理”,以此在阐释中穿透、超越这一艺术民俗活动所寓含的意识形态因素。另外,也应充分注意到批评者在对艺术民俗进行选择、关注、描述、批评的过程中必然受到的自身所属“集体的偏见”的影响,将自身所属的意识形态一并纳入理性分析的视域之中。

这种“集体的偏见”就是一种特定的意识形态的体现,在有些情况下,这种“集体的偏见”能够被批评主体主动的加以避免,而在大多数情况下,这些“集体的偏见”又在无意之中发

---

① 张士闪:《乡民艺术的文化解读》,山东人民出版社 2006 年版,第 95 页。

挥着作用，左右批评主体进行批评活动，而成为对艺术对象作出判断的主要依据。比如，在上述对于小章竹马表演的批评中，我们一方面看到了从超越的“节日”观念而来的对批评对象进行的分析，另一方面又透露出对这种在仪式性的交会中实现现实超越的价值上的肯定，极富感情地表达着对这种世间超越的人生向度的肯定与鼓吹，而不仅仅是在阐述一个客观事实，这是一种意识形态意义上的价值判断，已经脱离超越的理论分析。

二、艺术批评诸种模式及其“整体性缺憾”

艺术民俗学的学科对象，是从精英文化的樊篱中解放出来、参与民俗社会活动的艺术现象，它虽与一般的艺术现象都属于艺术范畴，却因参与民俗社会建构而别有风致。参与民俗活动中的艺术现象既是艺术民俗研究的对象，同时也是艺术民俗批评的对象。

在艺术批评史上，主要有五大艺术批评模式。艺术民俗批评，其发生的基础是五大艺术批评，但其从五大艺术批评传统中发生，并非传统批评逻辑的复制或延伸，而是一个批判升华的过程。简言之，艺术民俗批评发展了五大艺术批评模式的“整体性倾向”，克服了传统批评模式的“整体性缺憾”，形成了不再以艺术现象的个体独创性为最高标准，而是注目于艺术现象在社会生活整体中的功能结构与意义生成，从考察艺术现象对社会生活整体的参与入手展开批评活动的模式。

五大艺术批评模式分别为社会历史批评、原型批评、功能主义批评、相对主义批评、结构主义(后结构主义)批评。社会历史批评,即是指按照艺术对象的“社会、文化、历史背景”①对于批评对象展开批评的方法,其合理性在于充分注意到批评对象本身的社会文化属性,但同时又用“社会、文化与历史”的片面属性掩盖了批评对象本身的积极内涵。原型批评,以“原型”为核心,关注“原型”所牵引出的悠久文化传统,较之社会历史批评的“社会、文化、历史背景”更具整体内涵,但原型批评的不足在于它在本质上其实是一种“向后站”(stand back)的观念,这种“向后站”的批评姿态一方面凸显了批评对象的整体意涵,另一方面限制了批评对象在“向前看”的语境中新的表达的可能性。功能主义批评是从“功能”的角度去考察艺术现象在整体系统中对于其他因素的功能意义以及自身为适应整体所做出的适应性调整,它不去设想关于人在现实生活中不可实证性的素质层面,而只专注于在现实世间可以证实、分析的层面。就艺术批评理性实现的高度看,功能主义批评一方面具有朴素的实用性,另一方面也用这种“朴素”性抹杀了批评对象所包含的人的更深层的内涵,因而就更深层的意义上来说,依然表现为批评主体对批评对象的忽视和遗弃。

相对主义批评的代表人物有美国人类学家弗朗兹·博厄斯及其弟子露丝·本尼迪克特(Ruth Benedict),其批评的要义是在承认文化相对性的前提下,强调形形色色、千差万别的艺术现象的相对合理性,并视之为具有相对合理性的文化系统中的地方性表现。相对主义批评,严格来说是不成熟的批评模

① 胡经之:《文艺学美学方法论》,北京大学出版社1994年版,第24页。

式，因为它缺乏对确定批评角度的设置。然而，其卓越之处也正在于此：从批评主体与批评对象之关系角度来看，相对主义批评为批评主体与批评对象的真正平等提供了极大的启示。这种启示的内涵就在于批评主体与批评对象之间理想关系的实现，在于批评主体应当给予批评对象一种文化独立的自由允诺，并在这种自由允诺中促成、鼓励、描述批评对象自身的合理性。

结构主义的批评观念打破了通常的历时性观念，以语言学的同时性观念进行符号自身的多重组合，这的确是极具创造性的。然而，结构主义在用实证性的、自足的符号系统击退了人文主义思潮之后，自身思想中人文深度的缺乏却显得异常突出。在结构主义的符号系统中，人只是一个消极的语素，这种反人文主义的立场随着20世纪六七十年代科学理性对人的异化逐渐显露，在其内部发生了自我颠覆，这就是后结构主义思潮的出现。后结构主义并不是反结构主义，它重点考察的是在结构之阵中人的行动本身到底能在多大意义上对结构本身造成冲击。福柯对权力的探讨、拉康关于无意识的深究、德里达的延异理论，尤其是法国社会学家皮埃尔·布迪厄的实践理论等，都是对人在静态结构中的动态的主动性发挥状况的考察，凸显了后结构主义卓异的人文色彩。

上述五大艺术批评传统，都在不同程度上体现了“整体批评”的向度。所谓整体批评，即是批评主体从批评对象所在整体生活语境出发而进行的批评活动。中国传统典籍《中庸》有言：“《诗》云‘鸢飞戾天，鱼跃于渊’，言其上下察也。”意即像鸟儿高飞于长空，像鱼儿遨游于万顷碧波。从整体批评的观念出发，是将艺术民俗置放于广阔的历史社会生活之中，显现出其生命活力。整体批评是对于两大批评方向即“内部批评”与“外部批评”的整合与超越。我们都知道,在20世纪的人文科学发展史上,专注于文本分析的“内部批评”与从外部语境出发的“外部批评”曾长期对立。事实证明,对于一个具体的批评对象而言,其本真面目既不能在单纯的“内部批评”中呈现,也无法单纯地依循“外部批评”的路径寻找,只有整合了“内部批评”与“外部批评”两种模式的整体性批评,才是真正显发对象意蕴的批评基础。

在对“整体批评”实现的意义上,社会历史批评将艺术民俗活动视为在更为宏阔的社会、历史与文化系统中艺术现象本身的参与性活动,因而在阐释艺术民俗现象时,后者就成为前者的整体性背景;原型批评致力于在独立的艺术文本中揭示有着悠久历史传统的文化“原型”,努力在人类悠久历史的坐标中为看似孤立的艺术文本确定位置;功能主义批评是在一个完整的社会系统中,发现艺术民俗现象的功能意义所在,并在一定程度上涉及艺术民俗与其他社会活动之间的联系;相对主义批评从文化多元的理念出发,论证艺术民俗现象在所属“文化区域”中的合理性;结构主义、后结构主义批评与功能主义批评一脉相承,只是将马林诺夫斯基的现实社会系统转换为文化符号系统,以此为基点讨论艺术民俗现象在符号系统中的位置。凡此种种,都体现出一种超越纯粹的、分裂式的艺术民俗文本分析,呈现出一种整体批评的向度。

然而,上述五类文化批评模式又都不同程度地存在着某种“整体性缺憾”。五类批评模式各自在试图为艺术民俗对象提供“整体”的阐释方案的同时,也已经将艺术民俗的整体性加以拆解,为它设置了“整体”性的不同意涵。或者说,它们在为艺术民俗被设置“整体”性意涵时,它们所提供的“整体”并非真正意义上的艺术民俗“整体”。“整体”性的不纯粹,直接导致了“整体”之中被理解与阐释的艺术民俗对象不能真正地自我显现,甚至被歪曲。

社会历史批评所提供的“社会、文化与历史”的整体性,只是人们理解艺术民俗对象之整体性处境的一种形式,作为历史上一个影响巨大的批评流派,它本身是封闭性的,不能发展出对艺术民俗对象其他“整体”性处境形式的推导与容纳,因而是以艺术民俗对象“整体”性形式之一种掩盖了其他的“整体”形式。当所有的艺术民俗对象都只能在“社会、文化与历史”的意义上被阐释之时,实际上是以掩盖对象自身的丰富性表达为代价的。其他四类批评模式的情形与此大致相同:原型批评的“原型”将艺术文本导向悠久的人类文化传统,但这种“向后站”的批评姿态,对于活态的、需要“向前看”的艺术民俗对象明显是有所遮蔽的;功能主义批评以社会整体结构中单个文化事象的现实实现为基本立足点,试图通过寻找单个文化事象在社会整体结构中的功能定位达至理解,但它对人的深层需求(比如现实超越性之需求)则有所掩盖;相对主义批评所体现出的“整体”意涵最为宽松,同时本身也体现出对多元文化的兼纳性,但是文化相对主义在提倡一种宽松的、多元容纳的文化向度的同时,却忽视了在宽松、多元的文化语境中对批评对象之自身生态活力的发掘,使相对主义批评从文化相对主义逐渐向价值相对主义滑落,走到极端最终会成为失去任何价值尺度的无中心批评;结构主义则设置了符号系统整体,以符号学的理念超越现实表象,极大提升了功能主义批评兼纳并包的开放度,但一个不可否认的事实在于符号本身即是一种人造物,符号系统整体不管拓展到什么地步,总如天上风筝之受拘。毕竟,符号掌握在符号制造者或运用者手中,由此容易导致一种自相缠绕式的循环阐释,从而影响其批评力度。

毋庸置疑,后结构主义批评的整体性观念最具启发性。在后结构主义者看来,建构文化的整体符号系统是必要的,但必须在这一符号系统中寻找与僵硬的符号之阵构成张力的另一极,即个体能动性在其中所发挥的意义。后结构主义的整体性观念,实际上是通过聚焦人类个体与其置身的生活世界之间的互动关系,理解社会如何被构造为有意义的整体实在。整体的意义类似于一道轮廓线,并且这道轮廓线是随着内部结构主体的活动而时时刻刻都飘忽不定的。这种充满不确定感的整体观念引导着我们去思考:什么是艺术民俗对象真正显现自身的“整体”意涵?这种真正意义上的“整体”得以确定的条件又是什么?

总之,上述五类艺术批评模式提供了批评活动中的“整体性倾向”,但都没有在根本上实现“整体批评”,其“整体性缺憾”各自不同却共同存在。之所以没有能够实现真正的“整体”呈现,是因为艺术民俗对象得以呈现自身的“整体”乃是批评主体自身所设置的产物,从根本上来说与批评活动中的主-客体关系这一根本问题解决的失误有关。

三、生活-文化整体性的艺术民俗批评模式

作为一种批评活动,艺术民俗批评在根本上是一个批评主体与批评对象之主客关系的问题,艺术民俗批评的理想模式,

就是批评主体与批评客体之间达成相互平等、各自彰显的理想关系。那么,艺术民俗批评主体与批评对象客体之间的理想性关系如何实现?

主客体关系是整个哲学史上的头等问题。主客体之间的关系不外乎两种情况,要么是主体将自身意志强行凌越于客体之上,要么就是主体完全取消了自身的个体意志,“以己殉物”,客体占据了凌驾于主体之上的位置。我们在此暂不去梳理人类思想史上主客体关系的更加复杂的情形,单就上述情形展开思考:有什么样的契机能够使主客体之间无休止的“争执”停息呢?

在西方哲学史上,胡塞尔(Admund Husserl,1859—1938)的现象学就是基于对这个问题的解答而产生的。现象学最主要的思想,在于说出了一个简单事实:主体在对一个客体达成认识之前,已经“先在”性地对所要认识的客体有了一个“前在”的把握。比如我们看一朵红花,在我们看清这朵花的颜色、形态之前,我们对这朵红花所在的语境已经有了一个“先在”的认识,只有在预设背景的前提下,花朵才可能被我们看清楚。很明显,一朵红花在红色的背景中是无法被看到的。胡塞尔指出,主体对客体对象的“先在”把握是直观的、体验式的。也就是说,胡塞尔在解决主客观关系问题上做出的重大贡献在于揭示了主客体之认知关系之下更深层的“先在”直观关联,这种关联不需论证,完全出乎自然。后来,在其晚年著作《欧洲科学的危机与超越的现象学》中,他将主客体之间这种“先在”的关联基础称为“生活世界”。何谓“生活世界”?“生活世界对于我们这些清醒地生活于其中的人来说,总是已经在那里了,对于我们来说是预先存在的,是一切实践(不论是理论的实践还是理论之外的实践)的'基础'。"[①]也就是说,"生活世界"即指人无法选择、早已给定的生存境遇。因为它的"先在"给定性质,所以我们——包括主体与客体——在进行一切实践活动之前,已经在"生活世界"的基础上有所关联。"生活世界"既包括客体对象,同时也将主体包括进来,是主客体发生关联的基础,因此两者在"生活世界"的意义上是平等的,是各自显现自己的。显然,"生活世界"的观念是胡塞尔在晚年与存在主义思想交汇的产物。

胡塞尔的"生活世界"观念,具有非同寻常的重要性,它使我们获得了一种关于主客体关系的新的观念,即主客体关系的真正形成在于向作为人之生存境遇的"生活世界"的回归,只有在"生活世界"中主客体之间的理想关系才得以达成。从这一崭新的主-客体关系的观念出发,我们可以推论:在艺术民俗批评活动中,批评主体与批评对象之间理想关系达成的关键契机,就在于向作为生存境遇的"生活世界"的回归。在回归批评主体与批评客体共在之"生活世界"的意义上,艺术民俗学批评活动必然要发生一种根本上的转型:要从批评是一种批评主体对批评客体的"认识"活动,转向批评是一种批评主体与批评客体之间相互对话、相互发现、相互生成自身的"阐释"活动。

根据伽达默尔的阐释学观念,阐释与认识不同,认识活动是一种通过凸显认识主体的意志以凌越被认识客体的活动,阐释则是一种主客体之间各自从自身的生存境遇出发,面向对方

---

① [德]胡塞尔:《欧洲科学的危机和超越论的现象学》,王炳文译,商务印书馆2001年版,第172页。

相互修正、校准，以期澄明自身之生存境遇即“生活世界”的活动。伽达默尔说：“我本人的真正主张过去是、现在仍然是一种哲学主张；问题不是我做什么，也不是我们应当做什么，而是什么东西超越我们的愿望和行动而与我们一起发生。”①作为人的无可选择的“生活世界”，即是“超越我们的愿望和行动而与我们一起发生”的东西。在艺术民俗批评活动中，批评主体与批评对象应该处于向作为生存境遇的“生活世界”回归的状态，也正是在回归“生活世界”的意义上，批评主体与批评客体之间有所关联但互不凌越，批评主体“引导”——而不是“设置”——客体自己去认清自身的生存境遇即“生活世界”，这就是批评客体如其本然、自我发现的“整体”。我们称之为“生活-文化整体”。

将艺术批评活动看作回归“生活世界”的一种阐释活动，就意味着在进行艺术民俗批评活动时，批评主体首先要承认自己是带着“先在”的“前见”或“偏见”去理解客体的，因此发生在主客体之间的理解活动就不带有探究客观真理的意思，而是从自己的“前见”或“偏见”出发对客体对象的一次“虚构”。当然，这种虚构并不是无中生有的“捏造”，而是遵循着一定的规律而发生。阐释人类学家格尔茨认为：

> 简而言之，人类学著述本身即是解释……因此，它们是“虚构”的产物；虚构的产物，是说它们是“某种制造出来的事物”，是“某种被捏成形的东西”……人类学家们并

① ［德］伽达默尔：《真理与方法》，王才勇译，辽宁人民出版社 1987 年版，第 438 页。

> 没有像他们本来可以的那样总是意识到这个事实:尽管文化存在于贸易点、山岬上的城堡或是牧羊场,而人类学则存在于书本、文章、讲演、展览之中,或者有时也在今天的电影之中。①

在回归"生活世界"的意义上,主体对客体予以"虚构"或"想象",这是艺术批评活动中批评主体对批评客体的应有姿态。从这种姿态出发,格尔茨认为批评主体对批评客体的批评活动可以称为"译释":

> "译释"一词,在这儿并使不是简单地把别人认识事物的方式用我们自己方式重新安置一下(用这样的方式往往会失去很多内容),而是用他们本身的方法的逻辑展示,将其用我们的方式表达出来;这种知觉方式不似一个天文学家去数星星,而更类似于一个批评家解释一首诗歌时的情形。②

"用他们本身的方法的逻辑展示",其实就是从他们所处"生活-文化整体"中的逻辑出发去解读对象:"用我们的方式表达出来",是因为我们不可能凌越自身的文化"前见"或"偏见",这种"表达"既是对客体文化的"译释",也是我们自身文化的显现。承认并正视批评活动中的主观性因素,并从中找寻

---

① [美]克利福德·格尔茨:《文化的解释》,韩莉译,译林出版社2014年版,第19—20页。

② [美]克利福德·吉尔兹:《地方性知识》,王海龙、张家瑄译,中央编译出版社2004年版,第11页。

理论的建构,促进知识的生成,乃是阐释人类学与前此五类批评模式的主要差别所在。

格尔茨将“用他们本身的方法的逻辑展示,将其用我们的方式表达出来”的过程称为“深描”。所谓“深描”,就是理解主体从自己的立场出发,对于客体对象的“生活-文化整体”系统及其内部逻辑予以理解、把握与展示。比如,格尔茨举了学者罗伯特·费尔思·桑普森对西南尼日利亚-刚果土著——尤鲁巴人雕塑进行分析的例子。这位学者观察到,对于尤鲁巴人来说,雕塑这种艺术活动最重要的地方不是雕像本身(如我们通常所认为的那样),而是雕像的线条,雕像的线条决定雕刻者的成就。为什么会这样呢?因为在尤鲁巴人的观念中,线条是与文明开化相联系的,因此有着丰富线条的雕塑就是尤鲁巴人对文明开化认同的主要符号形式,“尤鲁巴人的线条排列并不能有丁点儿的功能有助于褒赞、保留社会结构或弘扬其有用的信条,但他们以物化经验的方式,特别是把心灵的范式引入客观世界的方式使人们能够观照它”①。通过雕塑的线条,尤鲁巴人实现了对于自身“生活-文化整体”世界的认同。这就是批评主体对于批评对象内部逻辑的把握。此外,在这一个案中还有更值得分析之处——这位学者在对尤鲁巴人的雕塑进行批评时,之所以选择了线条与“文明开化”之间的符号关联,并不意味着尤鲁巴人的精神世界中,关于雕塑线条的解释就只有这一种可能,而是意味着在这位学者的头脑中存在“文明开化”之“前见”或“偏见”,因而也体现出“深描”式批评活动中

---

① [美]克利福德·吉尔兹:《地方性知识》,王海龙、张家瑄译,中央编译出版社2004年版,第128页。

批评主体的在场。

总之,从批评的主-客体角度而言,艺术民俗批评的理想模式是批评主体与批评客体同时向“生活世界”的回归。在这一回归过程中,批评主体与批评客体相互关联但不凌越,批评主体从自己的立场出发“引导”客体发现自身之“生活-文化整体”,并通过“深描”的方式对之做个体化的把握与展示。

四、艺术民俗批评的四点结论

通过上述讨论,我们将艺术民俗批评的主要特色定位于“生活-文化整体性”式的批评模式,并将其逻辑起点、对象、基本方法与其超越性追求大致界定如下。

第一,生活-文化整体性艺术民俗批评的逻辑起点是个体体验。

既然生活-文化整体观强调的是批评主体与批评客体向“生活世界”的回归,而“生活世界”又代表着人之无可选择的人生境遇,因此在这种批评观念中,强调的是批评主体与批评客体之间超出客观认知与现实功用的深层生存关联,批评主体必须通过“体验”的方式才能获知这种关联。

伽达默尔曾指出,“体验”不仅是浅层感官的感知,还是个体实现历史性累积的重要方式,只有通过长久的体验,个体与对象之间才能真正建立起“生活世界”的关联基础,[①]因此能够

① 参见[德]伽达默尔:《真理与方法》,王才勇译,辽宁人民出版社1987年版,第95页。

成为整个生活-文化整体性批评的逻辑起点。

我国民俗学家山曼先生特别注重自己在田野作业中的感性体验，善于通过对民俗事象的直观感受、细致体察与专注凝视，实现对于被感受对象的深切理解。在此基础之上，他便能够从特定的区域文化出发，对民俗事象予以比较准确的分析、判断与推理。比如，他这样描绘黄河下游一带眷恋土地的农民：

> 有一首流行在山东黄河沿岸的民歌，很能反映当地人贪恋滩地的心境。歌谣中唱道："呱哒板，上南京，一棵麦子打一升。烙白饼，卷大葱，咬一口，热烘烘。"这说的是，偶遇特大洪水，滩地不得耕种，造成了灾荒，大家便打起"呱哒板"（竹板）到南京等大城市中去讨饭。但这时候他们绝不失望，只待大水退去，秋季里播下种子，第二年小麦一定会获得特大丰收。"一棵麦子打一升"虽不免夸张，但谁看了滩田里的麦子的长势，都会情不自禁地发一声感叹的。到这时，家家都吃上了平日难得到手的白面烙饼，那吃法又唯有山东人懂得它的好处，大张的饼，搁上一棵青脆的葱，抹上黄黄的自制面酱，卷得满把粗，大口咬了吃，其香其乐，绝不仅仅是饱了肚皮。真可称是一幅有声有色的黄河滩区丰收的风俗画。①

这既是对采集到的一首童谣的尽量忠实、客观的记录与阐释，也对灾荒年头农民的鲜活情态有所描述，试图通过"入乎

---

① 山曼：《流动的传统——一条大河的文化印迹》，浙江人民出版社1999年版，第4—5页。

其内”的细致观察与体悟，凸显活动者的表层情绪波动与深层文化心迹。可以说，深沉、细腻的感性把握对于民俗研究是至关重要的，它不仅为随后进行的理性分析提供材料，还作为理性分析的重要进径，成为民俗志文本书写过程中的灵感之源。

第二，生活-文化整体性艺术民俗批评的批评对象是“活”的艺术民俗。

生活-文化整体性艺术民俗批评是一种真正意义上的“整体”性批评，所要探究的是艺术民俗现象在其“生活-文化整体”中的生存境况。对于这种生存境况的考察，就不是要考察艺术民俗在“生活-文化整体”中作为“死”的“遗留物”的性质，而是要揭示其发生、发展、适应、蜕变的生命特性，考察的是“活”的艺术民俗。

这一点在当代艺术民俗的批评中显得尤其重要。今天，艺术民俗的外部语境正在逐渐实现从古典到现代、从乡村到城市、从地方到世界的大规模位移，其“生活-文化整体”的状况较之以往任何一个时期都更加活跃多变。着重考察并揭示艺术民俗现象中“活”的性质，对于艺术民俗的未来发展是有着极大意义的。

第三，生活-文化整体性艺术民俗批评的基本方法是田野作业与个体反思相结合。

田野作业作为人类学与民俗学的基本研究方法，从马林诺夫斯基时代就已开始。马林诺夫斯基从“文化持有者的内部眼光”①出发，充分认识到通过田野调查来尽可能贴近研究对

---

①　[美]克利福德·吉尔兹：《地方性知识》，王海龙、张家瑄译，中央编译出版社2004年版，第72页。

象的必要性。首先,对于生活-文化整体性艺术民俗来说,田野作业不仅是必要的,而且是必需的。我们主张批评的主体与客体在共同回归"生活世界"的前提下,主体将客体引向其"生活-文化整体"。而批评主体只有身临其境,参与到批评对象的日常生活中去,才能真正实现这种"导引",田野作业因之而不可替代。

然而,正像结构主义人类学以及近年来部分后现代主义人类学家所指出的那样,田野作业在让批评主体参与客体世界的时候,也在无形中限制了批评主体对自我"生活世界"的反思以及对于对象世界的超越式观察,容易引起批评主体的迷失而使批评活动失去其个性化"深描"的向度。因此,我们主张生活-文化整体性的艺术民俗批评,要实现"入乎其中"的田野作业与"出乎其外"的个体反思的紧密结合,即要在田野作业的过程中时时反思自己的文化"在场"性质,将对批评对象在"生活-文化整体"中的内部逻辑的体察与对自己"在场"反应的体察结合起来。只有双重体察,双重思考,才有望实现格尔茨所说的"深描"。

第四,生活-文化整体性艺术民俗批评的超越意义在于对主体之生存境遇的澄明。

生活-文化整体性的艺术民俗批评,在考察对象在"生活-文化整体"中的深度逻辑时,表面看来与功能主义人类学的批评模式颇类似,但二者之间其实是有着深刻差别的。首先,功能主义人类学着眼于整体社会系统中各部分在浅表层面上的"有用性",而在生活-文化整体性艺术民俗批评中,"生活-文化整体"本身作为人之无可选择的生存境遇,必须通过对这一生存境遇的揭示,激发人对"生活世界"的整体性深度体认,此乃研究对象的自我生成。其次,在功能主义批评中,批评主体高高在上,于己无害地操纵着“功能试验室”,而在生活-文化整体性艺术民俗批评中,批评主体在批评活动中同样被卷入“生活世界”所必然面临的对生存境遇的拷问中。在批评主体对批评客体做出把握时,其自身的生存状况也将在这种把握中被反思与呈现,批评主体自身之生存境遇的特性也试图由此得以澄明。因此,理想的生活-文化整体性艺术民俗批评,是批评主体与批评客体通过批评活动相互存身、相互生成的学术实践活动。

乡民艺术民族志书写中主体意识的现代转变*

田野作业之于乡民艺术①研究，不仅是在寻求某种真实，而且也意在寻求对于乡土社会的文化脉络的建构。随后的民族志书写，乃是学者从田野资料中细绎出来的具有鲜明序列感、内含价值判断的知识形式。如何看待这一主观构建出来的知识谱系？

显然，我们需要将书写对象、书写对象的本质和我们看待问题的方式区分开来。正如苏轼所言，“盖将自其变者而观之，则天地曾不能以一瞬；自其不变者而观之，则物与我皆无尽也”（《前赤壁赋》）。这种“变”与“不变”并非对象的本质，而是认知主体对于观察对象的不同想象方式。在乡民艺术研究

* 本文原载于《思想战线》2011年第2期，转载于《新华文摘》2011年第13期。

① 广泛意义上的民间艺术，就其活动主体而言，可大致分为市民艺术与乡民艺术。市民艺术是指风行于城市社区的一些具有修身养性、娱乐性等功能的艺术活动，呈一波未平一波又起的状态，乡民艺术则是初而与乡土活动（节令、祭祀等）有关、终而凝结为较稳定的乡土传统的艺术活动。二者虽有交叉，但区别明显，鉴于本文所讨论的是发生于乡土社会的艺术活动，故采用了“乡民艺术”概念，下文中的“乡民艺术民族志”系由这一概念延伸而来。

中，对乡民艺术的不同想象方式，将导致不同的民族志书写范式。在中国传统社会中，乡民艺术长期受到上层文化的轻视甚或漠视，在历代艺文志、风俗志、游记之类文献中往往仅简述其艺，难见其人。[①] 即使是一些受过皇封御赐、家喻户晓的乡民艺术活动，也不过是描述稍为详致而已，而对艺人主体语焉不详，是典型的"主体缺席的民俗志"。

其实，上述现象的背后，是传统文人对乡土社会的千百年不变的想象。就其总体倾向而言，传统文人自感难以把握其漂泊不定的人生境遇，当他们以"望远镜"式的眼光眺望民间，就更乐于将乡民生活想象成一处恒久不变的、永远等候他在受到政治迫害时可以随时归隐的"桃花源"。当他们撰写风俗志之类文本时，就容易形成关于乡民生活的一幅幅"凝固幻象"。这类幻象的形成，是居于文化高位的文人，自上而下地对民间文化的一厢情愿的书写，他们既受制于自身民族志书写的水平，又不可避免地受到所处社会时代的影响。毋庸讳言，这种"凝固幻象"在现代民族志书写中仍然大量存在。

显然，乡民艺术民族志如何书写的问题，是作为研究对象的乡民艺术被如何想象、理解与表达的问题，而对乡民生活的"动"或"静"的基本假设是其关键之处。就此而言，本文中所使用的"凝固幻象"与"流动的想象"，乃是一对临时性的工具概念，其设置是相对的，本文以其代表两种民族志书写倾向，从而展开讨论。

---

① 张士闪、邓霞：《当代民间工艺的语境认知与生态保护——以山东惠民河南张泥玩具为个案》，《山东社会科学》2010 年第 1 期。

一、贯穿于传统与现代的民族志书写中的“凝固幻象”

写作中的“凝固幻象”并非仅仅出现在乡民艺术民族志研究领域。人们在撰写民族志文本与其他类型文本时，所面对的书写对象有较大差异。在撰写其他类型文本时，人们或追求对物象的“客观化”描写，或注重对自身才情的尽兴发挥，其书写行为指向某种权威文本的建立。而通过与民众的反复对话获得田野资料，以此为基础而形成的民族志文本，本应在文本框架中以灵活的叙事结构和灵动的书写方式追随鲜活的民众生活，而不必追求某种权威文本建立后的一劳永逸，却总是以“客观描述”人类生活、规避自身主观倾向而自诩，习惯于将民众知识理解为一个趋于静止、稳定的系统，由此形成的书写文本就只能是关于乡民生活的一幅幅“凝固幻象”。

这一“凝固幻象”的产生，是以研究者对乡土知识的历史性、区域性与文化分层三个方面的假设为支撑的。(1)假设乡土知识一向自足自闭地传承于民间，一直保持稳定，变化较小；(2)假设乡土社区因为地处偏远，与外部世界互动极少，几至“老死不相往来”；(3)假设乡土知识自足自闭地传承于乡土社会，很少受到国家政治与精英文化的“污染”。毋庸讳言，上述假设在我国有着很深的历史渊源，至今仍影响甚大。比如，鲁迅关于“民间文学是文人文学之母”的一番言语，就向来被我国民俗学人津津乐道。推其因，首先是作为文化英雄的鲁迅能对民间文学有如斯褒扬，是民俗学人所乐于看到并欣然接受的；其次是它契合了普遍潜存于民俗学人心中的一种“王婆卖瓜”式的心理，即民间文学只要不受到士大夫的掠夺，便是恒久稳固、永远保持生命力的，它可以不断为文人文学提供养分，而其自身则不必有所傍依。再如，学界多视一些偏僻村落为田野作业的理想地点，认为这里储存着“原生态”的乡土知识，而将受外部世界影响较多的乡村视为乡土社会中的非典型区域。① 直到后来，大家忽然意识到，按照上述标准来看的话，几乎所有村落都是“非典型”的。即便如此，许多人仍然心照不宣地维护着民族志书写的“凝固传统”，仅在章节末尾轻描淡写地添加几句算作交待。

在上述假定的支撑下，尽管乡土社会生活五光十色，具有不可重复性，但民族志书写似乎总是不断地提供一套套关于乡土社区生活的相对稳固的、模式化的样态，其重复性、连续性和稳定性等特征被过多强调。久而久之，民族志书写采用一种模

① 王杰对这一倾向有比较生动的概括：“某些学者热衷于将那些被认为是外来的或现代的文化成分剔除后，构建出某种纯粹的、原生态的、未受污染的民族传统文化，再从中归纳整理出被认为是该民族在历史上形成的、长久不变的审美文化特征。类似研究实际上是秉承了古典人类学的文化观，将文化视为某种亘古不变的、纯粹的、可不受外界影响而独自延续的实体化的存在……文化往往是流动的、变化的，并处于不同时代、不同群体文化的‘杂糅’的状态中。”［王杰：《美学研究的人类学转向与文学学科的文化实践——以南宁国际民歌艺术节的初步研究为例》，《广西民族学院学报》（哲学社会科学版）2004 年第 5 期］王杰在此是就学者对于所获田野资料的后续处理而言，而笔者认为这一倾向其实从学者在踏入田野之前在对调查点的选择时就已普遍存在。

式化的书写模式被视为天经地义。① 显然,关于乡土知识若干年不变的假设,能够使田野研究保持一种史料钩沉般的舒缓节奏,而随后的民族志书写也由此获得了按图索骥、按格填空的便利。这可能是我国民族志书写中“凝固幻象”这一景观能够长期、普遍存在的关键所在。

正是学者自上而下一厢情愿地对乡土知识的改写,充斥“凝固幻象”的大量民族志文本才得以源源不断地生产出来。由于民众知识具有鲜明的共创共享的群体化特征,上述民族志文本虽然能给我们提供某些研究资料和线索,但因为忽视了乡土知识的主体角色和具体使用语境,也就难以真正找到乡土文化的叙事结构和内在脉络,不可避免地千篇一律,令人难以卒读。事实上,人们对 20 世纪 50 年代以来诸多民族志文本的不满意,固然与它们选择对象时的过于随意与书写线条的相当粗略有关,但更主要地是与其忽略或轻视乡土知识语境,仅仅将乡土知识与乡土社区的地理历史背景资料予以简单并置的书写理念有关。毋庸讳言,这一景观在 20 世纪 90 年代以降的民族志书写中仍然大量存在。

二、乡民艺术的流动性特征

作为民族志重要书写对象之一的乡民艺术,其结构有表

① 万建中认为:“(目前的民俗志)写作成为一种复制过程,这种复制指的是写作对写作的复制……民俗志成为没有叙事主体的资料集。”(万建中:《民俗志写作的缺陷与应有的追求》,《民间文化论坛》2007 年第 1 期)

层、深层之分。前者表现为研究者在田野作业中接触到的大量乡民艺术活动,通过知识化约可以获得其表层结构。后者则是深藏于乡民艺术知识之中的叙事模式,只有运用逻辑推演才能获得。就其本质而言,乡民艺术并不具有结构的永久稳固性,而是徘徊于传承和再造之间,在知识的不断发生与增长的过程中自我更新。唯其如此,乡民艺术才能在相对稳定的形式结构中蕴含着知识更新的无限趋势与意义阐释的多样性。

下面将从三个方面考察乡民艺术知识的流动性特征,即知识的形成、传播及其知识本身。

其一,乡民艺术知识产生于变动不居的乡土社会生活之中。艺人生活于乡土社区,乡民浸润于乡民艺术之中。乡民艺术知识不仅掌握在艺人手中,而且掌握在社区民众手中,乡民艺术知识从来就是在艺人与乡民的相互磋商之中逐渐塑形。这种磋商不仅发生于乡民艺术的展演与观演的场合,而且经常性地发生于日常生活之中。磋商发生的即时性与群体性,导致了乡民艺术知识的不稳定性即可变性。乡民艺术活动是开放性的,其形式不像作家作品那样一旦成型就长久地具有一种稳定结构。如笔者关注 12 年之久的山东昌邑地区小章竹马表演活动,其实质是村民从其所处的村落时空背景出发,为了表达家族文化而采用的一种艺术手段,并在传承的过程中对记忆中的家族传统予以追溯、评估,进而选择遗忘、表达或创新。从家族-村落的群体仪式的角度,小章竹马是西小章村人在信仰和艺术层面的一种生活实践。在西小章村人看来,竹马表演是该村马氏家族祭祖仪式的一个组成部分,并在家族-村落生活中具有多种功能,同时还被视为本村的文化个性或特色。而在我们这些外来者看来,它所表达与涵括的并不仅是祖先崇拜观念及种种功利性的设想，还有一种与周边乡土社会及国家政治互动的文化意义。例如，在老一代村民的回忆中，小章竹马的表演活动中曾有大段唱曲，是由演员与观众以有领有合的方式共同完成的；20世纪三四十年代，时局不宁，村民便以保家护村为号召，强化了其中武术表演的成分，而将节奏缓慢、循环反复的大段唱曲舍弃；近年来，受到国家非物质文化遗产保护运动的影响，他们又尝试着将竹马表演中的大段唱曲予以恢复，试图以此凸显这一活动的“本真性”，表达了向国家制度靠拢、渴望被纳入国家体制内的迫切心情。小章竹马也在2009年成功地列入山东省省级非物质文化遗产保护名录。①

其二，乡民艺术知识在所传承的不同时代、流播的不同地域往往会得到不同的解读。孟姜女的故事，历时千载，跨越多个省区，甚至流播海外，其传说情节、人物性格特征与最后命运都多有差异。顾颉刚的孟姜女故事研究是从追溯故事起源、解析故事演变、挖掘故事含义、描绘故事分布等方面展开的，本意是以之印证古史“层累”的规律，而这本身也说明了孟姜女故事随时而变、因地而异的流动性特征。② 2009年4月，笔者曾带领一个民俗学专业师生组成的调查小组，对淄博市淄城镇8个村落进行了为期五天的田野访谈，发现即使是紧密挨傍的两村，对孟姜女的出生及名字由来、范喜良死因、孟姜女哭城何处、城崩原因、孟姜女辨识丈夫尸骨的情节、孟姜女与秦始皇的

---

① 参见刘铁梁：《作为村落生活与文化体系中的乡民艺术》，《民族艺术》2006年第1期；张士闪：《村落语境中的艺术表演与文化认同》，《民族艺术》2006年第3期。

② 参见顾颉刚：《孟姜女故事的转变》，钱小柏编：《顾颉刚民俗学论集》，上海文艺出版社1998年版，第99—102页。

纠葛、孟姜女投水何处及最终结局等,亦多有差异。村民在讲述故事的过程中,会自觉不自觉地突出其中与当地风物有关的情节,指认周边山河以增强本地传说的“本真性”。上述现象,是乡民艺术知识在跨越时空的传承过程中因时因地而变的具体表现。

其三,任何一种知识,本身即存在形式转换的多样性和意蕴阐释的多元性的可能,与乡土社会生活关联密切的乡民艺术更是如此。乡民艺术形式转换的多样性表现在同一题材在传说、音乐、戏曲、曲艺、舞蹈、工艺等艺术形式中都可能有所表现,而且往往各种文本形式间存在内容上的较大差异。如果将同一题材的不同文本形式予以并置并关注其互动形态,就不难发现,这种发生于不同文本形式之间的转换其实是乡民艺术的另一种发展状态。乡民艺术毕竟掌握在艺人和乡民手中,他们在长期的传承过程中不断地把玩、咂味,受到生活趣味的自然引导,不断尝试以多种文本形式予以表现的可能,而文本形式的转换过程本身就意味着创新。乡民艺术的题材内容与文本形式之间存在极为复杂的互动关系。从根本上来说,乡民艺术活动可以导致不同文本形式的产生,乡民艺术的活动状况似乎对文本形式具有决定意义。然而,文本形式一旦形成,又会进一步参与到乡民艺术内容的建构之中,成为乡民艺术在生活中展开的重要基础。

当乡民艺术文本进入乡土社会生活的场域之中,蕴含于文本之中的多义意象与多元张力就可以突破文本的表层结构,在不同人那里得到不同的解读。意蕴阐释的多元性主要表现为乡民不断地将其生活体验辐射、追加到乡民艺术活动之中,对其知识不断“活用”,不断赋予其生活意义。仍就小章竹马表演而言,西小章村村民对表演活动中的一些细节一直处于磋商与调整之中,而对表演文本中“老座马”一角是否就代表该村马氏家族的五世祖,也向来众口不一。再如,西小章村马氏家族一直对其竹马表演活动有着不同的理解——或以为竹马意味着“祝马”,视为家族的“吉祥物”,或以为竹马并非马家人所发明,而是不知哪一代先祖逃荒要饭时偶然学得,借此谋取衣食,或以为竹马表演的是其五世祖马亮元帅率领众兵将南征北战的故事,等等。还有村民试图将上述几种说法予以调和,由此生成了情节更为曲折的竹马故事。上述几种说法,在西小章人中间常常引发激烈争论。[①] 这说明,即使在同一个村落中,村民关于同一种乡民艺术的知识也会存在明显差异。对乡民艺术意蕴阐释的多元并存,是村落社会生活的常态。

总的说来,乡民艺术活动往往异文众多,这一现象既与作为活动主体的灵活阐释有关,又与乡民艺术在不同文本类型之间的转换有关。学者在乡民艺术民族志书写中所营造的“凝固幻象”,既无法阐释各种乡民艺术活动所凝结的知识、乡民艺术的传播过程,甚至也无法表达具有相对稳定性的乡民艺术知识本身。

三、现代民族志书写应有的“流动化”追求

既然乡民艺术不是凝固的而是流动的,相应的民族志研究

---

① 参见张士闪:《俗化的信仰与神圣的艺术》,《民俗研究》2005 年第 1 期。

就应寻求一种“流动化”的书写范式。这一书写范式如何建立?

首先,以田野作业为生命线的民族志研究,应透过乡民艺术活动的表层现象去认知其深层结构。仅靠个人访谈、召开座谈会以及整理录音资料是远远不够的。按照自己的知识分类向乡民依次询问,或拿出预制表格让其填写,已被证明是极不可靠的方法。这一做法既忽略了乡民划分和表述自身知识的“知识”——其在乡民知识体系中是极其重要的,又忽略了乡民在不同语境中表述知识的差异。尤其是乡民艺术活动是既定乡土传统与个人即兴发挥的结合,是艺人生计之需与社区精神旨趣的互动,只有深入观察艺人在艺术活动、日常生活与应对访谈者等各种场合的表现,以及他们与所处乡土社会的共生关系,才有可能对艺人群体形成比较全面的认知,也才有可能对乡民艺术文本在不同语境的具体运用中予以比较充分的阐释。对艺人及其乡民艺术活动在不同语境中所生发的意义的关注与阐释,可以突破乡民艺术民族志书写中普遍存在的“凝固幻象”。

其次,民族志书写应充分注重乡民艺术的交流性特征,从交流发生的语境入手,着力阐释乡民艺术活动中的交流意义及其开放性的叙事结构。如果我们在田野作业中仅仅记录艺人的言行和乡民艺术的外在表现,获得的就只能是凝固的、不完整的乡民艺术知识,由此所形成的民族志文本充其量只是“走马灯”式的乡民艺术活动剪影。比如,就访谈而言,访谈者关心的通常是艺术,而艺人的言说则多是以对方的问询为契机,从自己当下生活情境出发而做出的一种社会性表达,我们应透过其言说所构成的表层叙事去理解诱发、促使他如此言说的语境因素，包括他言说的具体场景、言说中的预设与弦外之音等，正是这些因素大致决定了他的言说方式及言说内容。言说本身固然重要，但通过言说有所应对以及如何应对却是理解这种言说的关键。即便这种言说有时候只是为了一种想象中的应对，却依然是言说的动力与活力所在。2003年1月20日，笔者赴著名泥玩具之乡山东高密聂家庄老艺人聂希蔚家中访谈，当他一再强调制作泥玩具是一种祖祖辈辈流传下来、需要后人继承的优秀传统，而他的志向是要配合各级政府通过制作泥玩具带动整个村落富裕起来，当早已不再种地的他依然强调自己是以种地为主、以捏制泥老虎为副业时，当他对制作泥玩具的经济效益问题避而不答，却巧妙地将话题转移到制作工艺的神秘与不易时，他的言说其实是在国家政治高度渗透乡土社会的前提下，村落精英主动贴近国家政治、积极参与乡村社会发展的自觉表达，体现了其对自身可能面临的风险的规避意识，他们的言说本身包括回避在内都值得分析。

调查发现，聂希蔚其实是村里仅有的两位职业民间艺人之一（2003年），尽管他不愿向人提及他已不再种地的事实（这是我们后来从别家访谈到的）；他是村里公认的能人，见多识广，思维敏捷，不仅玩具做得好，而且处事稳重精明，是聂家庄泥玩具行业的领军人物，在村内具有相当的影响力。事后通过整理录音资料，我们发现这次为时约三小时的访谈过程中，可大致分为三个时间段：笔者按照预设的问题相询，他在回答问题的同时也探询我们来访的意图，双方话语很是客气。他在这一时段中主要是介绍自制泥玩具的现状，描述自家产品的优点。中间村支书来到聂希蔚家中，介入现场，此后聂希蔚的言说中明显增加了为全村发展建言献策的成分,暗示村政府应该承担起组织玩具生产、统一向外营销的责任并以此获取一定收入,从而凸显一种愿与乡镇政府及所在“玩具村”的全体村民共同富裕的情怀。村支书告别后,我们的话题转向村中的土地庙、观音庙、红白喜事、信仰习俗等,因为泥玩具的话题与当地民间信仰状况密切相关,气氛活跃起来最后的半小时略多的时间里,大致是他“访谈”笔者的时段——他前些天刚接到济南市(笔者的工作单位所在地)一家民俗风情园的邀请,面临是否签约一份工作合同的选择,希望笔者帮他出主意。显然,在聂希蔚老人心目中,笔者应该是这样一种“局外人”的形象:由市镇领导陪同而来,是来自省城的“上面来的人”;没有恶意的匆匆过客;一个潜在的顾客;一个可能“有用”的人,如借着回答笔者的问题可向一旁的村支书传递平时不便直言的某些话语,或显示某种立场,通过对笔者的访谈可能了解到关于外部世界的对他有用的某些知识。在接受访谈的这一过程中,聂希蔚老人的言说就不仅是对当地乡民艺术知识的表达,还是对外来访谈者的应对与交流。这一表达、应对与交流,是他以当下生活情境为基点而进行的。

就乡民艺术民族志书写而言,对乡民艺术主体即艺人的言说“语境”的引入,意味着为乡土社会中的“他者”预留阐释空间,使艺人显在或潜在的对话意识进入民族志研究的视野。人的本质是社会存在,一个人即便处于自言自语的状态,也往往有假想中的交流发生,对话的意识依然存在。由此,民族志书写就将田野调查视作一个交流、互动的现实社会平台,访谈者的到访即意味着某种知识交流平台的搭建。访谈者通过自己的“在场”,就已参与乡土社会的交流结构之中,并在不知不觉中参与乡民艺术活动的建构过程。交流是乡民艺术得以发生、乡民艺术文本得以生成的重要因素，乡民艺术的真正意义其实是与它在日常生活中的交流性质联系在一起的，而这将不可避免地牵涉到田野作业中的人际交往与文化交流问题。乡民艺术知识是在与他人交流的境遇中得以形成、表现的，而每一次交流又总是在引发、呼唤着新的交流。乡民艺术的存在价值来自日常生活中的需要，而生活中的需要只有在交流中才能被更明确地意识到。乡民艺术知识不是凝固、抽象的，从来都是在一种生活交流情境之中显形，交流乃乡民艺术的传承之本、变化之因。这种交流既表现在村民日常生活之中，也体现在学者访谈之时所发生的种种交流之中，民众对内对外交流的不同使乡民艺术知识呈现出两种不同的交流结构。我们在对乡民艺术知识进行民族志意义上的“转述”的时候，必须对其存身的、不断被交流激活的语境予以“深描”，这就需要充分将人的因素纳入学术视野当中，不仅包括作为访谈对象的艺人、实施访谈行为的学者，而且也包括每次访谈活动所构成的特定的主客关系。访谈活动不仅仅是学者采集乡民艺术知识的单向行为，这一过程既不可避免地引发学者的情感体验与理性思索，也构成艺人的一种生活经历。

最后，乡民艺术民族志书写应注重“区域社会”的维度。这其中又有三点值得注意。其一，在乡民艺术民族志书写中引入文化地理学的理念，而不是满足于乡民艺术活动的资料堆砌和对所处区域社会的地理和历史沿革状况的简单粘贴。应将民族志文本所涉及的同一区域内不同类别形式的乡民艺术视作互相关联的文化整体或关于同一文化整体的“异文”，予以并置、比较，归纳区域社会的艺术表达传统与整体精神倾向，并进而抽绎出该区域社会的文化结构。[①] 其二,特别关注区域社会中别具特色、影响较大的乡民艺术活动,探究它在一方水土能够成为"标志性文化"[②]的原因。这类乡民艺术活动一般有着较长时段的传承历史,与该区域地理形貌、生产生活方式与历史社会进程相联系,并被当地民众习惯用于表述其历史经验以及对当下生活世界的理解。以此为线索,可以更便捷地厘清区域内乡民艺术的文化生态,理解多种乡民艺术在区域社会中互动相生的富有活力的一面。其三,应充分注意到当代学者在乡民艺术民族志书写过程中对乡民艺术知识由最初的选择、关注到调查时与艺人、乡民之间因交流而发生的互动现象,直至最后借助文本书写而完成的理解、阐释等全部环节。理想的乡民艺术民族志书写,应兼顾对乡民艺术活动的民众解释和学者解释这两个层面。

---

① 王杰文认为:"任何一个地域的任何民俗事象的实际存在形式,都是整个民俗生活之网中的一个环节,民俗志的撰写者们呈现出来的民俗事象,不应该仅仅是一个又一个网结,而应当是一张可提可挈的民俗之网。"(王杰文:《反思民俗志——关于钟敬文先生的"记录民俗学"》,《西北民族研究》2004 年第 1 期)民俗志撰写既以地域为单元,呈现"一张可提可挈的民俗之网"庶可避免当代民俗志撰写中普遍存在的"民俗资料汇编"弊端。作者在此虽是就广泛意义上的"民俗志撰写"而言,但对于乡民艺术民族志研究可谓切中肯綮。

② 刘铁梁:《标志性文化与昆仑文化》,青海市艺术研究所、格尔木市委市政府编:《昆仑文化新谈》,陕西旅游出版社 2004 年版,第 49 页;刘铁梁:《"标志性文化统领式"民俗志的理论与实践》,《北京师范大学学报》(社会科学版)2005 年第 6 期。

结 语

当代乡民艺术民族志书写,是在乡土社会急剧转型、乡民艺术受到重视的背景下展开的。当代学者倾向以"显微镜"式的方式观察乡土社会,更加注重乡民生活变动的一面,以"流动的想象"为特征的民族志书写模式因之获得了来自现实生活与学者理念的更多支撑。当代乡民艺术是在当代社会多元文化杂糅状态下,乡民对自身历史与现实的不同层级的体认和表达,因此具有更加明显的流动性与不确定性。民族志书写应通过对其活动状态与生活意义的多维度阐释,认知其内具的交流结构。我们需要在广义的田野中采录乡民艺术的繁多文本,倾听乡民的不同声音,借助区域社会文化整体的概念,将区域社会发展中的重大事件与乡民日常生活中的琐屑小事统统纳入学术视野,大小贯通,突破乡民艺术民族志书写中的"凝固幻象"之窠臼,以充满流动感的模式实现对乡民艺术活动及其内在文化结构的深刻认知。

礼俗传统与中国艺术研究*

曾几何时，中国艺术学研究总是将艺术从大众生活的具体时空中抽离出来，“坐而论道”随意剪裁，甚至甘做政治工具，而轻忽艺术的地方性、艺术与操持艺术的人之间的关系。至于那些弥散于日常生活，与地方民俗难以分割却又不能涵括于传统“艺术”概念的大量艺术活动，就更是难入法眼。可喜的是，20世纪80年代以来一批学者决然告别书斋内的对空玄谈，以实现人类学的文化“深描”为期许，在民俗学“千里不同风，百里不同俗”的广阔视野里寻找灵感，扎根艺术田野现场而辨理论学，由此促成了中国艺术学研究的“田野转向”并卓有影响。2018年初，王永健博士希望我组织一场“三人对话”，结合山东大学民俗学团队的研究实践，对30多年来中国艺术学的发展脉络、知识积累与学术趋向予以梳理，庶几有助于促进学术自觉。屡蒙邀约，屡辞不获，有幸征得王加华、李海云两位年轻同事的同意，我们多次邮件交流，并于2018年7月12日约聚长谈，后由李海云博士整理成稿。需要说明的是，最终定稿经过

* 本文原载于《民族艺术》2018年第6期，系与王加华、李海云合写。王加华，山东大学儒学高等研究院教授；李海云，山东大学儒学高等研究院副教授。

了我们三人的审改，文责自负，欢迎学界同行批评指正。

当代中国艺术学研究的本土化与国际化趋势

张士闪：20世纪80年代以来，中国艺术学研究日益蓬勃茁壮，大致是以“田野转向”为特征，以国际化为导向，以多种交叉学科的兴起为标志。2017年，王永健博士出版专著，将本土化与国际化视作艺术人类学研究的“现在进行时”①是很有道理的，这其实也代表了当代中国艺术学发展的基本路径。比如说，一方面，告别玄思传统而走向本土化的艺术学研究，就不能不聚焦艺术个体，特别是个体主动性的文化创造，而这又必然会使大家“眼光向下”共同关注基层社会，以田野调查的方式贴近久被忽视的地方民众的艺术传统。循此路径，艺术、艺术与人的关系开始被分置于各自的社会语境中，期望获得因地因时的理解，虽然学者研究的深浅程度不一，但毕竟已呈遍地开花之势。另一方面，在人类社会全球化发展与人类艺术地方性复兴相互交织的今天，所谓的“国际化”绝不仅仅意味着更多研究材料的获取或是更便捷的文化并置与比较，还意味着国际学术思想的同台共舞，如果不能以深度的本土田野研究筑基，就有可能成为四处飘荡的无根的浮萍。至少就艺术学研究而言，所谓的本土化与国际化一定是互为支撑、不能割裂的。

---

① 王永健：《新时期以来中国艺术人类学的知识谱系研究》，中国文联出版社2017年版。

方李莉教授最近主编出版的《写艺术——艺术民族志的研究与书写》[①],收录文章时在这两方面有所兼顾,听说很快还要在国外翻译出版,大概是出于让中国艺术学田野研究成果尽快“走出去”的考虑吧。我觉得,中国当代艺术学研究正是在本土化与国际化的学术激荡中,努力与时代社会发展形成某种良性的互动关系,试图借此发挥积极的社会功能。至于能否由此衍生或衍生出怎样的学术意义,那还需要从更长远的未来时段来观察和评价。

王加华:说到20世纪80年代以来中国艺术学的学术成就,就不能不提及中国艺术人类学学会。从2006年开始,注重对中国本土艺术的田野考察和理论建设,强化国内外学者的学术交流与合作,是以方李莉教授为代表的中国艺术人类学学会的一大贡献。正如她本人所说,中国的艺术人类学不仅是在田野中成长起来的,而且是在田野中取得理论成果的一个学术领域。[②] 中国艺术人类学学会每年都举办年会,数百名会员从大江南北赶来“以文会友”,是很被大家看重的学术盛会。我注意到,几乎每一次年会都是经过精心设计的:大会发言由关注学术前沿话题的几位一流学者承担;按照不同的艺术门类分组研讨,常常有唇枪舌剑的务实交流;会下则像是自由的乡村大集,大家以学术为纽带交流心得、寻找合作、缔结师徒关系等,不一而足。可以说,20世纪80年代以来中国艺术学发展的热点与亮点,都与注重本土化田野研究、强调国际化交流合作有

---

① 方李莉主编:《写艺术——艺术民族志的研究与书写》,文化艺术出版社2018年版。

② 参见方李莉:《中国艺术人类学发展之路》,《思想战线》2018年第1期。

关,并与中国艺术人类学学会的活动多有关联,是不争的事实。国内一批实力派学者的出色研究成果,罗伯特·莱顿、威尔弗里德·范丹姆等诸多国外知名学者的密集加盟,以及与会学者在年会上提交的大量艺术个案研究文章,不仅拓展和推进了当代中国的艺术人类学研究,而且也在很大程度上扩大了中国艺术学研究的跨学科影响。相信这一学术潮流还将持续相当长的一段时间。

李海云:作为年轻一代,我有幸多次参加中国艺术人类学年会,并在艺术学"田野转向"这一学术思潮中受益良多。近些年,我跟随张士闪老师所做的艺术民俗学研究,特别是从民俗与艺术的互动关系出发的一些思考,与这一学术共同体的滋养是分不开的。艺术,首先是特定地方的和具体人的艺术,但这一常识在以前却常被人们忽略,可能是"花团锦簇"的艺术形式太容易吸引人们的注意力了,因而遮掩了艺术背后的经济、政治、文化等社会因素。20 世纪 80 年代以来,这一情形逐渐发生改变。当代中国艺术学研究的"田野转向",讲究以个案解析来"以小见大",可谓应运而生。在可操控的研究单元中,才容易形成深度的田野研究,也才有望结合国家与地方社会历史进程的时移势易,对田野中的"艺术"获得深度的理解与阐释。中国艺术人类学学会年会是真正的学术盛会,学者不限于东西南北,话题不论古今中外,学科跨越人类学、民俗学、民族学、历史学和艺术学等,蔚为一大学术景观。我们年轻人身临其境,"临渊羡鱼"既久,"退而结网"亦切,何其幸运!可以预见,建立在日益丰实的田野个案基础之上,中国艺术学研究有望发生由量的积累向质的突破的跨越。

地理、生计与艺术类型

张士闪:再回看30年以前的中国现当代艺术学研究,尽管也有一定的学术积累,但或有意识地将之简单纳入国家政治意识形态之中,或偏爱在“阳春白雪”的条分缕析中坐而论道,是其痼疾。这一倾向甚至在当代艺术学研究仍时有所见,足见其流弊深远。我认为,传统艺术学研究的最大问题,是忽视艺术活动中鲜活的生命个体,当然也就难得关心活生生的生活世界与生命智慧。

比如,传统艺术学常说“艺术离不开生活”,这话本身其实并不错,只是应该视之为不言而喻的前提,而不是简单统摄艺术活动全过程的准则甚或结论。倘若拘泥于此,那就除了说些“艺术来自生活,高于生活”之类正确的套话之外,难有新得。20世纪80年代以来中国艺术学的“田野转向”,是学者自觉地返归艺术田野现场,近距离观察艺术实践活动,再讨论艺术之究竟。我们知道,艺术总是基于具体人的具体生活而发生,总是与一方水土所代表的地理空间、生存生计、人文生态密不可分。因此,因地制宜、因时制宜、因人制宜乃是艺术发展的常态,因循传统的传承再造则是艺术发展的自律性特征。比如说,劳动号子、农闲唱曲、山歌小调、酬神请戏、民间拉呱等作为不同的艺术类型,其产生一定是与特定地理环境中某一群体的文化创造相联系的,其传承则与人们对这一文化传统的选择、再造有关。当我们进入田野,观察具体的艺术活动,就不能不关注这一艺术活动是否已进入当地的岁时节日、人生礼仪等社会文化体系之中？是否已经形成了相对稳定的组织传统？它与当地信仰生活、经济活动、政治权力等社会系统有何关系？等等。所有这些，都关乎民众“过日子”的生活逻辑，是理解这一艺术活动的关键所在。当然，传承已久的艺术活动往往会在地方社会中生成某种超验性价值，形成文化认同甚或进入集体无意识之中，这其实正是艺术作为人类精神活动现象的重要特征。我们在田野中发现，不仅仅是酷爱艺术活动的人“听见锣鼓点，撂下筷子放下碗”，就是一般民众，在听家乡话、看家乡戏、唱家乡小调时也常常涌起一种难以言表的激切之情，就是这个道理。

王加华：确实，艺术发生与地理环境的关系，比我们想象得还要密切。比如在山东东部和西部，地方戏的内容与形式风格就有很大差别。鲁中、鲁东一带的戏曲，在内容上多反映家长里短之类琐碎日常生活，风格细腻柔婉，典型的曲种有五音戏、茂腔等；鲁西地区则以表现军国大事、军事征战等武戏见长，风格粗犷豪迈，最流行的是梆子腔。这种差异，首先要从地理环境方面找原因，因为地理环境决定了传统的生计模式、交通状况，并进一步影响社会风气等人文因素。当然，鲁西大运河的开通、运营又创造了另一种“人工自然”，对人们生活的影响同样巨大。传统的艺术学研究，好像对地理环境的因素习焉不察，觉得本来就应该这样。

李海云：在艺术活动发生的各个环节，其实都离不开地理环境的长期塑造。正如张士闪老师刚才所说，不同的生计方式会影响人们对艺术类型的选择，我觉得还可以说，不同的地理景观会在人们心中激起不同的神圣感，从而设定人们想象幸福、想象永恒的方式，这就牵涉到艺术的意境。在不同的地理环境中,人们会获得不同的空间经验,生活在平原、山区、湖畔、河沿还是海岸、岛屿等,对人们精神倾向的影响是明显的。可以想见,在人类社会早期,地理环境对人类生活影响甚巨,这不仅体现在人们为求生存而对自然环境的适应、对生计方式的选择和在劳动组织方面的设计,社会规约的约定俗成也以此为基础。随着人类生产力水平的提高,自然环境对人类生活的影响有所降低,却永远是不可忽视的维度。我们常说"一方水土养一方人",却容易忽略这句俗语背后的深刻意涵:"一方水土"所代指的地理空间,不仅为人们提供经济活动的舞台,而且也恒久性地为地方社会赋以文化底色,培塑出不同地方的文化品格和心性。

王加华:在青岛、烟台等沿海口岸近代开埠之前,山东西部较之东部,最大的优势在于大运河的贯穿。另外,卫河也是一条重要的交通廊道,把山东与山东以西的中原地区紧密联系起来。明清时期的鲁西地区,社会开放性强,经济发展水平高,文化艺术非常发达,这与基于地理环境而形成的国家资源汇聚、交通便利、人口流动性强等大有关系,鲁西地区戏曲艺术的发达也就顺理成章。一方面,运河既是国家的经济动脉,又是国家重要的文化廊道,便利于中国南北戏曲剧种的传播与交流;另一方面,济宁与临清是传统运河通运的两大商贸中心,带动了相邻沿运河地区经济的繁荣,从而为戏曲艺术落地生根创造了社会条件,如徽戏、山陕梆子等外地声腔剧种都是沿着运河传入的,并在鲁西一带成为传统。

李海云:张士闪老师举例所说的劳动号子、山歌小调和王加华老师刚才所说的流传于鲁西的徽戏、山陕梆子等,恰好代表了乡民艺术的"原发"与"衍发"两大类型。当然,时过境迁,要辨别某种艺术是“原发”还是“衍发”已很不容易,但细辨脉络还是可以有所区别,再观察其异中之同,有助于我们寻找艺术的“通则”。无论是“原发”艺术,还是“衍发”艺术,其共同点都是要在长期的实践过程中“接地气”,与当地民俗传统紧密地结合在一起,甚至因之而成新俗,实现“在地化”。这应该是各地艺术活动的一大“通则”。鲁西地区多武戏,多表现军国大事,可能是因为这一地区在历史上曾借助大运河沟通南北,人们有见识,偏爱宏大叙事。特别是明清时期国家政治中心移至北京以后,运河山东段的作用就更加凸显,从而缔造了鲁西地区艺术活动最辉煌的历史时期。

王加华:对。中国历史在唐以前的较早期主要是东、西问题,政治中心一直在相对偏西的关中和今河南洛阳等地区。宋代以后,随着中国经济重心的南移,传统的东、西问题就转变为南、北问题。但不管是在较早期的东、西时代,还是后来的南、北时代,鲁西地区都具有极为重要的地位,尤其是在元代山东段运河开通后,长期占据着由江南通往首都北京的交通枢纽地位,无论是在经济方面还是在军事方面,战略位置都极为重要。一有战乱发生,这一带首当其冲,因此,长期以来经常受到战乱的影响。鲁西又处于四省交界处,盗匪难除,治安不靖,民众有习武结社自保身家的传统,民风强悍粗犷,当地人看武戏,容易感同身受,产生共鸣。相形之下,山东东部地区在近代开埠之前,与外界联系相对较少,民众思想相对封闭内敛,因而更关注乡情村事。这应该是鲁西、鲁东戏曲艺术传统有所不同的深层原因吧。

当然,我们说地理环境与艺术活动的发生有着千丝万缕联系,并不是在强调地理环境决定论。艺术活动的发生与传承,从来是多种因素综合作用的结果。除了地理环境因素之外,社会制度、政治态势、经济条件、历史积淀、民众心态甚或艺术传统本身等,都发挥着或重或轻、或显或隐的作用。我们经常看到,在大致相似的地理环境条件下,却会有不同艺术活动的发生,就说明了这一点。另外,随着科技的发展与进步,特别是数字化时代的到来,地理环境因素在人类活动中的影响力呈日益减弱之势,这是艺术学研究不能不考虑的现象。不过话又说回来,不论社会如何发展,“地理”作为人类生存的基本空间形态,永远会对人类艺术活动产生直接或间接的影响。这或许就是博厄斯等人所倡导的“环境可能论”一直没有过时的原因吧。

张士闪:我相信我们都不会同意关于文化的“地理环境决定论”,所以要强调地理环境,意在提醒大家不能遗忘传统艺术学研究中久被忽视的地理因素。虽然有很多例证证明地理环境对艺术活动的巨大影响与作用,但我们同样不应忘记的是,人是有能力超越自身环境限制而有所作为的。如“时势造英雄”“英雄造时势”之类说法,是称许某些杰出人物在某些历史时刻具有影响历史进程的能力,其实也可以把这句俗语转用于对人与地理环境关系的喻示——地理环境固然在形塑人们的生活与文化,但只要条件具备,人们意愿足够强烈,就有能力对限制其生活的地理环境做出极大改造！这个话题牵扯到人与大自然之间长期的人地互动过程和特别复杂的人际互动机制。我在跟美国波士顿大学魏乐博教授的交流中,曾表达过这样的意思:当我们说“山高皇帝远”的时候,既可能是在说皇权不容易到达高山地带,多有“化外之民”,容易形成“啸聚山林”或“占山为王”的现象,但也可以是国家权力“无远弗届”的意思，即使是在边陲地带，人们也有对国家中心的归属意识，只是有不同理解而已。因此，在中国很多地方的方言中，山地的“山”是可以作形容词用的，代表一种不开化的、没有见识的文化状态，甚至比“土”或“土气”还要不开化，以此调侃居住在深山老林里的人对国家政治理解的不正确或不准确。仔细咂味，“土”和“山”其实还有更微妙的差别：很“土”的人固然不开化，但大致说来是温顺的，因为知道国家社会的一般规则；很“山”的人则不仅不开化，还容易在与“山外人”打交道时发生误会而反应失当，有时会产生莫名其妙的激烈反应，因为“山里人”自有一套行事规矩，与“山外人”难以通约。[①] 这是30多年来我在鲁中山区做田野调查时的普遍发现，当时让我特别惊讶。不过，“礼失求诸野”的经典说法又在提醒我们：正统的国家礼仪及文化精神，有时就存在于不起眼的穷乡僻壤之中。上述种种现象，为我们理解中国社会与文化的完整谱系打开了一扇窗。

李海云：是的。我在鲁北渤海莱州湾南岸一带调查时也发现，要想准确阐释这一带普遍盛行的“圣物”扎制工艺传统及烧祭仪式表演活动，仅仅从当地湖洼盐碱地的生态环境着眼是不够的，还要注意村落之间经济与艺术方面的分工协作关系，当然也包括一村之内不同家族之间的竞争与合作关系。我选作博士学位论文田野点的东永安村，传统上是一个沿湖村落，长期延续着生态农业与小手工业的生计传统，蒲、苇、葵、草、柳

① 参见［美］魏乐博、张士闪：《当代中国民间宗教研究要“接地气”——波士顿大学魏乐博教授访谈录》，李生柱译，《民俗研究》2017年第5期。

等湖泊资源为编织业、扎制业提供了原料。但我们不能仅仅注意到烧祭仪式表演活动发生的表层因素,如湖泊资源为扎制牛、马、船、轿等“圣物”提供了就地取材的材料,传统的编织业、扎制业使久居此地的村民心灵手巧,扎制技艺精湛,提供了足够的技术支撑等,还必须从村落和跨村落的地方社会脉络中,理解村民为什么需要这样一种“圣物”扎制传统,辛辛苦苦扎制一月,举行隆重的烧祭仪式表演活动,最后居然用一把冲天大火把那么精美的“工艺品”烧个干净!这就牵涉到当地人对区域自然资源分配的权力诉求、对相邻自然环境的神圣想象以及文化表达等问题,以及如何在历史长河中共同汇成一种绵延已久、常在常新的乡土传统。当下我们走进村落,聆听村民关于传统湖区生活的记忆,关于平整高埠、改良抬田的集体化时代的表述,长时段自然环境的巨变固然让我们惊诧不已,而这一带在人地之间的相互塑造中所体现出来的权力格局和文化边界,国家政治对地方生活与民众心智格局的持续而深刻的嵌入,又何尝不让人惊诧!由此我们感受到乡民艺术活动的文化记忆功能与社会调适作用何其巨大,是绝不能仅仅从艺术学的角度来理解的。换一个角度来看,乡民艺术是掌握在民众手中的文化工具,是不同地方的人基于和谐共存而设计出的一套文化规范及艺术表达方式。无论是文化规范本身还是艺术表达形式,都是极具创造力的。

王加华:我在滨州市惠民县的胡集书会上,也注意到类似情形。这是一项国家级非物质文化遗产,在每年正月元宵节前后举办。很久以前,就有南北艺人在这里会聚,形成了一个规模盛大的区域性曲艺交易市场。我觉得,这一艺术盛会兼文化市场的形成,既与鲁北地区浓厚的曲艺氛围、忙闲分明的时间制度有关,也得益于胡集村自身的区位优势。胡集地近黄河,历史上曾是武定府通往济南、北京官道的必经之地,人口集聚,人员往来,促进了这一带商贸活动的发达。清末民初鼎盛时期,在一条800米长的主街上竟有四五十家票号、商号就是明证。作为农闲时期发生的一种艺术活动,演员只需一两人,曲艺道具简单,走街串巷,灵活便捷,满足了民众年节时节的精神需求。胡集之为曲艺之乡,既是因应一方民众的年节娱乐需求,使得地方生活富有活力,又为艺人的情感交流、技艺磋磨搭建起一方平台,可谓一举两得。

可以说,胡集书会的发生、发展及当下态势,是与当地的地理环境、交通优势、生产方式、时间制度、娱乐传统、村落关系、艺术生态、江湖规矩,以及国家与地方社会变迁等因素紧密相关的。不了解这些,就不可能对胡集书会有一个准确的理解与阐释。而且,还要从胡集书会对艺人和当地民众生活的意义出发,对上述因素予以综合分析,透过一滴水来看世界。一滴水的意义是不能低估的,透过某一个案,我们能够看到其所映现出的大千世界。

李海云:确实,像胡集书会这类乡村艺术活动,其产生首先是与农事节律、乡村时间制度的安排密切相关。[①] 在华北地区,农业耕作多为一年两熟制,忙闲分明,年节是最长的农闲时段。明确这一点,也就明白为什么年后至元宵节这段时间是华北庙会活动的频繁时段,是乡民艺术的集中展演时期。在传统

---

① 王加华:《被结构的时间:农事节律与传统中国乡村民众年度时间生活——以江南地区为中心的研究》,上海古籍出版社2015年版,第14页。

的山东乡村,一进腊月,一些爱玩爱热闹的村民就会聚在一起敲锣打鼓,村里就“有了年味”;小年过后,被称为“热孙”的村民开始挨户募捐,张罗着搭台唱戏,村里的青壮年被组织起来,或排戏或演武或帮闲,一直持续到大年三十的“年夜饭”;春节期间一番拜年祭祖、走亲访友后,各种艺术活动在各村落次第上演,按照村民的说法,就是有了一出又一出的“耍景”,人们乐在其中流连忘返,不知不觉就到了吃“二月二那碗粘糕”的时候。开春时节,当然又是一番新景象,伴随着“人勤地不懒”等古老诫训,年节期间的艺术盛会就暂告消歇了。

这类乡民艺术传统,是基于村民内心中亲近自然、热爱生活的本性,而在乡村时间制度安排中获得合法性的,并在村落生活中承担一定的社会功能,因而仅仅从艺术本体的角度来理解就远远不够。在这里,大自然的神奇与神圣、艺术活动本身所特具的审美感染力,都透过村民的身心感受与交流实践,实现了与当下世俗生活的贯通。乡民艺术的特有韵味,应该在上述多种因素的交织中予以理解。

张士闪:我注意到,一些学者的探索对于艺术学研究很具启发性。刘宗迪关于上古文献的研究,以天文观地时,以天解地,透过“层累”的上古文献,分析大自然的变动、人类对大自然的认知状况对于人类生活的影响,如东夷部族参照天象物候建立的“以鸟命官”政治制度,就是借助大自然的恒定性,赋予其制度设置以天经地义般的权威等,都言之有据,令人耳目一新。① 赵世瑜在研究山西治水传统的时候,将区域地理状况与

① 刘宗迪:《古典的草根》,生活·读书·新知三联书店 2010 年版,第 207—208 页。

国家行政、地方制度等要素结合起来，比如开挖河渠时的地势、水势及主事者心中的考量等，向来被当作先天性因素的地理"天时"，引入人与自然、国家与地方、神圣与世俗等多重逻辑的阐释框架中。[1] 施爱东以北京永定河西岸长辛店大街的地名来历传说为例，关注四种"传说"在历史上的相互竞争态势，认为这与明清时期此地长期作为驿站、官道、商旅通衢，以及人们进京、出京"歇脚之地"的特殊地理位置有关。[2] 上述研究，体现出一致的研究取向，那就是特别注重区域地理与社会人文之间的长期互动关系。

我以为，基于自然地理的个体生计，长期磨合而成的群体风俗，与无处无时不在的生活政治，则是我们解读乡民艺术活动时不可缺少的维度。刚才我们主要讨论了地理和风俗的问题，至于生活政治，是更为复杂的话题，牵涉到国家政治进程、地方社会发展与民间日常生活之间多重的互动关系。中国历史悠久，土地广袤，也是不能不考虑的因素。因为在不同的地方社会中，"国家化"进程情形不一，于是国家大一统进程中所显示的规范性力量，与地方社会发展中叠加、嵌套而成的"地方化"传统，以及一方民众祖祖辈辈繁衍生息中所呈现出来的散在而柔韧的"日常生活力量"，合力演出了一幕幕社会戏剧，或惊天动地，或湮没不彰。不过，也有惊天动地一时而终归沉寂者，也有湮没不彰良久而回声渐起者，不一而足。我们的田野研究，就是要将视线从艺术本体移向历史纵深处，移向社会

① 参见赵世瑜：《在空间中理解时间——从区域社会史到历史人类学》，北京大学出版社 2017 年版，第 218—242 页。

② 参见施爱东：《五十步笑百步：历史与传说的关系——以长辛店地名传说为例》，《民俗研究》2018 年第 1 期。

的复杂面相，以田野的眼光看历史，以历史的眼光看田野，从各种人群时移势易的多元活用中观察和理解乡民艺术活动，虽然很难，但是必要。

在礼俗互动中理解艺术

张士闪：我相信大家在田野调查中，经常会有这样的困惑：历史上的某些事件，会被历代村民频繁提及，还可能会有添枝加叶的诸多“创造”，而另外一些历史事件则被选择性遗忘；很多远离“真相”的说法，反倒得到后人的认同，而“真相”本身倒不见得有多重要。我们就此追问：为什么是历史上的此事而非彼事，频繁地被此地而非彼地所不断关注，最终形成了此种而非彼种的传统？

要想真正解惑答疑，就必须在具体的区域社会中，关注上述现象的历史建构过程与内在多元指向，并特别注意分析主体的表述话语。比如，在表面看来似乎仅仅是一种“年节扮玩”的乡民艺术活动，可能就蕴含着地方社会发展的历史脉络与内在逻辑，需要细心分辨与理清。田野研究，首先是要在种种艺术表象之中，挖掘各种关键性文化符号以及民众的相关表述，然后通过对地方文献的爬梳，在田野与文献之间寻找关联，在此基础上还原“社会事实”，建构逻辑关系。鉴于乡民艺术传统大都历史悠久，经历了事易时移的多次变迁，而我们对此却难以知情，因此必须保持足够的想象力，在关注艺术传统的线性历史传承脉络的同时，要对艺术精英的文化创造与叙事策略予以精细分析。我想强调的是：艺术个体的能动性，当然要受制于国家历史进程与地方社会发展格局，但与此同时，国家历史进程与地方社会发展并不是作为艺术个体活动的背景静态存在的，而是通过包括艺术个体在内的无数个体的能动性活动才得以实现的。相形之下，后者常常被忽视。

秉持这样的眼光，我们在田野考察中所获民众口述材料的所谓“随意性”，非但不是拒绝采信的理由，反倒应视为民间叙事乃至地方生活的应有特征，为我们理解乡民艺术提供了有效路径。如果相关活动在地方志书或庙碑、家谱等民间文献中有载，那就更是一种幸运。虽然官方、知识精英与民众话语驳杂不一，但这正是历史留给我们的不同声音，弥足珍贵！我们的研究可由此而变得深厚。

王加华：张士闪老师所谈，其实已经牵涉到他这些年一直在做的礼俗互动研究。[①] 对于艺术与中国礼俗传统的关系问题，我在近两年的耕织图研究中深有体会。耕织图，顾名思义，就是有关“耕”与“织”的图像资料，乍听起来似乎是一种绘画艺术。从宋至清，中国至少问世了几十套耕织图，各成系统，也各具艺术特色。不过，要是仅仅从绘画的角度看这些耕织图，或者仅仅从传播先进农业生产技术的角度来看，是远远不够的。我的看法是，历代耕织图的创作与推广，主要是中国传统社会中“道德化行政”的体现，其动机在于宣扬、创造并维持一种各安其业、各担其责的社会秩序，其效果在于营造或谋求一种国泰民安的文化象征与在社会治理方面深谋远虑的政治氛围。[②]

---

① 张士闪：《礼俗互动与中国社会研究》，《民俗研究》2016 年第 6 期。

② 参见王加华：《教化与象征：中国古代耕织图意义探释》，《文史哲》2018 年第 3 期。

耕织图的创作者,如南宋楼璹、元代杨叔谦、明代邝璠、清代焦秉贞等,或是地方官员,或是宫廷画师,在图像流传与推广的过程中都受到了最高统治者皇帝的重视,并多以皇帝或中央政令的形式推向民间。

李海云:也就是说,历代王朝的耕织图,其本质上是在借助艺术形式昭示国家传统的重农之“礼”,教化天下的意义远大于农业技术推广的意义,形式象征的意义远大于本体“实在”的意义。正如王加华老师所言,耕织图的创作者基本上都是地方官员或宫廷画师,我觉得其观赏者也主要是皇帝及其身边的人,而不是真正从事耕织的老百姓。虽然很多耕织图以皇帝或中央政令的形式被推向民间,但有没有人看、多少人看、是不是当作耕织技术普及图来看,都很成问题。这就形成了一种很有趣的现象:在历代王朝君臣和知识精英的想象中,天下百姓是乐于看图的,一旦领受耕织图,一定会在叩谢皇恩以后欢天喜地地捧读,并从中学到高明的耕织技术,丰年有望,为“太平盛世”奠定深厚根基。唯其如此,围绕耕织图的臣献君颁仪式才那么郑重其事,神圣无比。其实,耕织图的臣献君颁仪式是君臣合演的一出“社会戏剧”,是要通过对“农为天下之大本”的重农主义的宣扬,营造明君贤臣共治天下的理想社会景观。可以说,耕织图这一“绘画艺术”的确在历代王朝社会治理中扮演了重要角色,但与我们通常所说的艺术品、艺术创作、艺术魅力等却没有多大关系。

王加华:确实如此。耕织图的创作与推广,就是古代“重农”之礼的一种体现,也可视作一种重要的国家层面的仪式活动,尽管并没有被列为正式的、常规性的国家之“礼”。不过,这样一种国家之“礼”,不仅在内容上取材于最普通的“俗”——平淡无奇的农桑活动,而且在表达形式方面,重政治效果而不是艺术影响。看似应该属于艺术范畴的耕织图,其实是"功夫在诗外"——借民众之"俗",行国家之"礼"。

李海云:清朝盛行的《圣喻广训》图像本,与耕织图的情形类似,但又有所不同。《圣喻广训》图像本,与朝廷的圣喻宣讲制度有关。在康熙皇帝"圣谕十六条"的基础上,雍正皇帝又加以推衍解释,编成万余字的《圣谕广训》,并在全国各地强力推行宣讲,谓之"圣喻宣讲"。地方官绅在执行过程中往往会结合一些道德伦理故事,每月朔望以口语化形式进行宣讲,并由此衍生出两种"艺术"形式:一是《圣喻广训》图像本,结合绘画图本形式进行白话通俗解说,宣讲者多携带一本避免忘词,识字者日常闲看也觉得有趣;二是宣讲者借用地方曲艺说唱等艺术形式,活泼讲解《圣喻广训》,以避免宣教内容枯燥乏味,有利于民众理解接受。于是,作为国家政治制度的圣喻宣讲活动,下行到民间社会后,就被赋予了浓厚的艺术娱乐色彩。甚至在某些地方,圣喻宣讲制度退出历史舞台以后,其中某些成分如朔望之期、图文抄本、吟唱形式等,却与当地民间祭祖祭神仪式、秘密组织活动相结合,进入仪式程序和民间文献之中。就这样,原本是国家政治层面"以礼化俗"的顶层设计,却在贯彻下行的实践过程中"礼化为俗",其中艺术因素在这一转换过程中起到了中介作用。这应该也算是士闪老师近年来倡导的礼俗互动研究的一种表现吧。在田野调查中发现的这方面案例,还真是不少。

张士闪:我之所以提倡一种礼俗互动的研究,是因为"礼""俗"在传统中国社会建构中扮演着重要角色。中国社会语境中的"礼"与"俗",既是社会事实,又是话语形式。作为社会事实,“礼”“俗”的影响似乎无所不在;作为话语形式,“礼”“俗”的含义又极不明确,可意会而难言传。就说“礼”吧,有上层社会既成的制度之“礼”,有知识精英期望的待成之“礼”,有民众日常生活中的活用之“礼”,此外还有儒家之礼、佛家之礼、道家之礼及江湖之礼等。我以为,这类“礼”“俗”话语及运用实践的复杂之处,正是传统中国社会建构的精微所在,代表中国文化政治的传统智慧,只是至今尚未得到充分阐发而已。中国社会语境中的艺术活动,当然也是无法超越“礼俗互动”所代表的整体社会框架的。深入讨论“礼生于俗”“据俗成礼”“以礼化俗”“礼化为俗”“以礼抗俗”“礼俗冲突”之类话语形式及相关政治实践,不仅有助于理解中华文明的传统政治智慧与社会运作机制,对于我们今天的艺术学研究也大有助益。

李海云:我们今天还能见到的很多乡民艺术活动,都是在国家与地方之间长期的礼俗互动实践中凝结而成的。中国地方社会大都有着悠久历史,在国家与地方的长期互动中呈现出不同的历史过程,再加上民众对当地地理景观的附会,都可能会在乡民艺术活动中留下印记。另外,在传统乡土社会中,既有硬性的权力组织,如国家政府垂直下行延伸到村落中的保社等,也有民间自发形成的家族、行业、会社等相对软性的组织。经过 20 世纪的“革命化”改造,民间组织受到沉重打击,但并未全部退出历史舞台,而是作为隐性权力系统,以习俗的名义继续在乡村社会运行至今。尤其是 20 世纪 80 年代以降,国家开始推行村落自治,诸多民间传统出现复苏、再造的趋势。上述传统的民间组织,原本就是渗透乡村政治、经济、艺术、信仰等系统而发生作用的,如今在经过功能改造和形式转换后开始发生作用。我们今天研究乡民艺术,就不应该忽视这些民间组织传统,有必要从历史与现实的双重维度加以考察。

张士闪:当然,艺术从来就是乡民建构地方秩序、组织社区生活的重要手段。虽然当代乡土村落正在经历巨变,但中国社会毕竟是在长期礼俗教化中养成的社会,乡村是中国传统文化的重要源发地和传承地,乡民艺术是最活泼灵动的文化载体,是中华文明绵延的重要社会基础。挖掘、梳理乡民艺术丰富多样的艺术形式、组织系统与传承机制,有助于推进中国文化传承完整谱系的研究,其意义是不言而喻的。

走进田野,秉持艺术研究的整体视角

张士闪:20 世纪 80 年代以来中国艺术学的“田野转向”,与在转型中充满激荡的当代中国社会进程是分不开的。新的时代发展,需要艺术学转向中国本土发生现场,敞显艺术智慧。尽管学者们的学科背景不同,田野调查方法各有侧重,但在致力于艺术个案研究、追求具有普遍意义的学术关怀等方面则是一致的,并有重要学术积累。如项阳的山西乐户群体研究、傅谨的台州戏班研究、方李莉的景德镇民窑研究、王杰文的陕北晋西伞头秧歌研究、岳永逸的北京天桥艺人研究等,都是这方面的重要学术成果。他们的总体倾向是努力以贴近生活现场的方式理解乡民艺术活动,聚焦民众在人际互动中的生活化阐释,深描个案,期望找到一种在中国社会语境中重新理解艺术或“在艺术中发现中国”的研究路径,并各有所成。我以为,这种放宽视野,关注民众生活中不断生成和变动的“艺术田野”,在未来一段时间内依然会是当代中国学术中一个很具活力的方向。

王加华:的确,近20年来学界劲吹“田野风”,艺术学也加入了这场“田野大合唱”。就我们三人而言,尽管学术背景很不一样,却在田野研究方面殊途同归:我是历史学出身,受到的学科训练是在历史资料中理解过去;李海云博士是艺术学出身,应该是偏向审美和情感现象的分析;张士闪老师的情况要复杂一下,出身中文系,一毕业就进入艺术圈,还长期关注传统武术,十多年前跑到北京师范大学学习民俗学,近年来又言必称历史……这些年来,我们却不约而同地都注重村落田野调查,而且越做越带劲。这是我进入山东大学民俗学研究所工作十多年来感触最深、受益最大的方面。相比于文献研究,田野调查可以让我回归历史现场,接触活生生的个人生活,体会民众生活与社会运作的逻辑,从而对地方社会有较深入、直观的理解。我觉得田野调查对于其他任何学科都是有用的。

不过,要是从乡民艺术研究的角度来看的话,我的田野调查是有许多不足之处的。一方面,我对艺术本体层面关注不足,而更关注生计、信仰等民众的其他生活面向;另一方面,可能是与历史学的思维惯性有关吧,我总是倾向于从“相沿成俗”的比较稳定的角度来理解乡民艺术活动,而较少看到那些正在变动的方面。不过,我看到的一些从舞蹈学、音乐学、戏剧戏曲学、美术学等艺术本体出发的学者,其研究好像又有深陷艺术本体、简单理解社会语境的倾向,影响了对艺术的“社会性”面向的深入讨论。

李海云:从艺术学学科出发的田野研究,最容易犯的毛病是对艺术本体的描述精雕细刻不厌其烦,对乡村社会语境的描述则按格填空失之粗疏,使用田野资料时又不加分析,“放到篮子里都是菜”,缺乏问题意识,难有田野发现,当然也就容易导致学术含量不足的问题。比如说,以乡民艺术为研究对象的一些博士、硕士学位论文,往往搜集大量关于艺术本体的田野资料,如舞谱、乐谱、鼓谱、唱本、绘本等形式,却对乡村传统中使用更为普遍的通俗文本关注不足,如族谱、碑刻、地契、婚帖、丧贴、日用历书、对联、家堂、捐款簿、账本、乡规民约等。即便在田野调查中见到了这类东西,也往往视为乡民艺术的边角材料,不予深究,这是很让人遗憾的。其实,这些文字或文本资料有助于我们深入理解乡村错综复杂的社会关系、日常生活的组织与运作机制,进入民众的内在精神世界。真正的乡民艺术研究,怎能离得开对这些资料的关注呢!

据我观察,传统村落中的文字使用状况,一方面包括村民在日常生活中的直接应用,另一方面也应该包括村民对文字的敬畏之情,如村民想象中文字力量的发挥。虽然过去乡村没有发达的文字使用传统,民众不能像文人精英那样熟练运用文字,而只是在生活中偶有所用而已,但家有族谱、地契,村有古庙、古碑,往往就意味着有“白纸黑字”为证的文化底气。此外,这些乡间文本还常常与文人精英、国家制度有一定关联。村里识文撰字者,一般都是乡民艺术活动的操持者或热心参与者。我觉得,对于广泛意义上的乡村文字传统的考察,应该成为乡民艺术研究的基本视角。

张士闪:当然。若要深入理解村民的文字使用传统,还必须关注地方社会历史上的文教状况。即使是在一村之内,其文教传统也与国家大一统礼仪进程密切相关,特别是与地方社会发展有莫大关系。国家对乡村社会的渗透,不仅在于科举制度,也不仅仅是乡村家族出了多少秀才、举人或进士,以及多少人曾出任官职,还应该包括村内文字的普及历史和使用方式。比如年节春联中对于“诗书继世长”的广泛标示,乡贤鼓励读书识字的善举,以及由此带来的乡村社会风气的变化等,都会对村落生活发生潜移默化的影响。

王加华:中国是一个有着悠久历史的文明古国,与其他文明古国相比,其最大特色就是从未间断的文明发展与源远流长的文字记录传统。这一文字传统,不论是对于文明的形成与传承,还是对于现代民族国家的建构,作用甚巨,如何强调都不为过。虽然费孝通先生在《文字下乡》一文中谈到中国乡土社会是个面对面的社会,有话可以当面说明白,不必求助于文字,因此文字也就是多余的①,但这主要是从单纯交流层面来说的,若从国家大一统的进程、礼俗互动的社会机制、个体与群体之间的文化沟通等层面来说,文字对村落社会生活的影响其实是绝不可忽视的。文字所代表的文化力量,乃是传统乡土社会稳定发展、士绅阶层能够持续存在的重要支撑之一。

张士闪:我们常说“一草一木总关情”,这是个比喻的说法。除了自然万物以外,文字、图像等文化符号也是民众建构生活世界的“材料”与“媒介”。平民百姓,虽不像知识精英那样以玄思人生、浅斟低唱而风雅自矜,却并不缺乏对人性的终极关怀。只要走进田野,观察一下乡民艺术活动,很快就会注意到这一点。我在华北田野调查中的一个深刻感受,就是乡村艺术活动总是与信仰活动难分彼此,相互渗透、相互支撑。这其实是必然的,民间信仰为艺术活动提供了表演空间与神圣氛

---

①　参见费孝通:《文字下乡》,《乡土中国》,中华书局2013年版,第59页。

围,民间艺术又为信仰提供情感支撑,吸引和培养信众,二者合力为民众开辟出一条超越世俗生活之路,既贴近现实又通往梦想,既积聚世俗力量又导向神圣超越……我就不在这里展开这一话题了。

李海云博士刚才所说的田野研究的这些弊端,不仅发生在艺术学领域,在我所熟悉的民俗学界也大量存在。田野访谈仅仅被简单当作一种搜集资料的方式而采用,随意性强,至少是不够严谨。比如对访谈对象的选择,经常是碰上谁就是谁,谁愿意谈或是健谈就访谈谁;田野资料七拼八凑,将多人的口述资料拼贴为所谓的"村落民俗志"就算大功告成。这样的田野研究,没有对特定地理环境的时空分析,没有对国家大一统进程中地方社会发展脉络的梳理,没有关于民众个人生活史的整体观照与主体叙事分析,对访谈行为本身又缺少反思和检讨,在方法论层面缺乏思考,所获得的就只能是琐碎口述资料的芜集。

李海云:刘铁梁老师最近也强调说,不能只对搜集来的民俗资料做纸面上的分析,忽略民俗文化现象在当地具体生活事件中所发生的意义,而要与当地老百姓建立起自由交谈和平等对话的关系,观察他们怎样通过日常交流的行动而结成情感相通、文化相守的社会关系。他还曾强调说,书写民俗志的目的"就是要了解当地人是怎样认识和创造他们的生活的,什么才是他们认为最重要的东西。这需要我们与当地人深入的相互沟通。不仅限于访谈或谈话,还要观察他们的实际生活"①。

① 刘铁梁:《"标志性文化统领式"民俗志的理论与实践》,《北京师范大学学报》(社会科学版)2005 年第 6 期。

显然,他是将田野访谈视作一种特定的人际交往方式,将口述行为视作特定交流语境中的一种文化表达,我觉得这对我们今天讨论艺术学田野研究是很有启发意义的。

张士闪:对。在20世纪80年代以来中国学术的发展历程中,刘铁梁老师多次提出富有张力的学术概念,如"标志性文化统领式民俗志""村落劳作模式""集体叙事与个体叙事""日常交流实践方式""感受生活的民俗学"等,每每产生广泛影响。对于今天我们所谈的艺术学田野研究来说,这些概念的提出其实都意味着推进与深化的契机,根据是——我是赞成一种"大艺术观"的——我认为艺术研究的对象应该包括人类所有的艺术活动及泛化现象,其任务是从艺术研究出发,推进对人类生活与文化的普遍性规律的认知。

总的说来,在20世纪80年代以来的中国当代学术发展中,科学范式占主导地位,艺术学研究深受其害。比如长期以来,身体与精神、感觉与理性的关系就被简单理解为是分立、并置的关系,于是就有了科学立场与艺术立场的截然对立的划分。直到近20多年来,一批学者才试图将人的身体、感觉等因素真正纳入历史学、民俗学、人类学等学术研究中,予以统合探索,这在以往是很难想象的。其实,以研究审美、情感活动为己任的艺术学,本来应该是在这一科际整合趋势中独具优势并大有可为的。我们知道,一个学科是否发达,是以它对其他众多学科的贡献为基本标志的,就此而言,当代艺术学研究依然任重道远。

李海云:我知道张士闪老师对当代艺术学发展不尽如人意的批评,是因为有着更高的期许。我们进入乡村调查,经常会遇到这样的困境:父老乡亲不大使用"艺术"这个词,也不将被我们视作“艺术”的活动当作“艺术”，而是另有“扮玩”“耍景”“逗乐”之类的俗称。更复杂的情况是，他们可能因为我们称作“艺术”，也就开始这么称呼了，甚至有意识地加以改造，以迎合我们的说法。如果没有我们调查的介入，当地的艺术活动可能会顺循自身的传统惯性，为满足地方民众日常生活之需而发展、变迁。但我们要研究就不能不调查，既然要调查就不能不对他们的艺术活动产生影响。有经营意识的村民还会设计一番，如何借助外来力量去申请各级非物质文化遗产、获得政府支持、形成文化产业链等。该如何看待这一问题呢？

张士闪：的确如此。在学者进村访谈时，经常会有一些有见识的村民，揣摩学者意思而对村落内部知识加以改装，很多时候是往学者这边贴靠。这既与现实生活中学者的强势话语地位有关，也表现出村民对外来人（包括学者）的利用心态。一旦察觉到学者话语有助于本村文化的“增值”，村民往往就会欣然抛却先见，赞同学者的说法，甚至热心地帮助寻找证据。我认为，这其实也是村落知识增长的一种方式，只是目前还处于不稳定状态，需要将之与村落中比较稳定的知识范畴做比对，否则我们对村落的理解就不免浮光掠影。其实，我们在田野调查中遇到的民俗资料提供者，大多都属于村里“会看事”“会来事”“会说话”的人，经常代表村落向外人表述“村落文化”，其表述话语当然会经过自身的选择、加工而具有个人色彩。明白这一点，我们就需要进一步观察，大多数村民会认同他作为村落文化代言人的角色吗？不善于对外人表述的大多数村民，如何评价他的话语？学者的到访，是促成了村民对他话语的接受还是相反？这些都需要格外留心。归根结底，当代学者的一项重要使命，就是关注村落，将村落中的人、习俗、文化传统与生活现实等视为一个整体,探索村落社会运行的内在逻辑,阐释村民的生活世界及其文化意义,并在此基础上对其社会形态、运行机制以及变迁脉络予以分析推导,这对于理解中国乡村文化传承乃至整个中国社会是大有裨益的。

但想要完成这一任务,不仅需要相当的敬业精神,还需要掌握一定的田野研究技术。在这方面,我愿意就我的几点体会与大家交流,可以简称为田野研究中“三个互动”的视角:以人地互动的视角,关注大自然与人类生活之间长时段的相互塑造;从礼俗互动的视角,关注国家政治、地方社会与民众生活之间复杂而深厚的共生关系,体察其中“国家化”“地方化”与“生活化”等不同面向及其统合;以人际互动的视角,将包括田野访谈在内的人类生活交流实践,视作基于生存、立足传统的文化创造活动,在日常生活中理解文化,进而理解与阐释中国文化传承的完整谱系。

王加华:不可否认的是,随着中国城镇化建设的持续推进,虽然某些传统民俗活动依然有着顽强的生存活力,但更多的民俗事象却难以适应当代生活的剧烈变化,已经消失或者正在失去生命活力。例如,发生在年节期间的许多乡民艺术传统活动,在全国各地多有消失。此外,一些传统的农业劳作知识和生产习俗逐渐退出民众日常生活,市场经济的发展正在彻底改变村落原有的时间制度,村民累世而居的以血缘和地缘为纽带的乡土社会空间和社会关系网络也渐渐萎缩甚或不复存在。这可能是当代艺术学研究必须面对的重大挑战。

张士闪:的确,作为一种古老文明形态的村落,目前正处于剧变之中,特别是随着以全球化、都市化为特征的现代生活的迅速发展,乡土文化的连续性、系统性、整体性已严重受损。但我深信,村落所代表的人文传统,在可预见的未来仍具相当价值,尤其是它在涵化现代文化成分后获得新的活力,也许就是破茧重生的开始。我相信,乡民艺术在这一过程中将代表一种特殊的推进力量,具有独特价值。当代艺术学者走进村落,就应该承担认知历史、立足当下、面向未来的神圣使命。广阔的农村天地首先需要被准确认知,然后才可能“大有作为”。我认为,以这一姿态加入当代学界“田野大合唱”的,才是好的艺术学者,也才可能有好的艺术研究。

梅花拳专题

从梅花桩拳派看义和拳运动中的民俗因素*

考诸中国近代义和团运动研究情况，发现这场运动在组织的极端分散性和参加成分的复杂性方面已受到广泛重视并得到较为细致翔实的研究，而关于其历史渊薮、组织源流、拳民意识等"动态性"问题的研究似乎仅处于初级阶段。与白莲教起义、太平天国运动不同，这是一场没有政治家领导和思想家驾驭的、完全由下层民众组合而成的反帝爱国斗争，运动的特点决定了这一研究课题的难度。有学者经过认真考据，提出这场运动存在一个"义和拳教"①。然而，无论在历史上还是当时，"义和拳"都只是一个以聚结村民拳众为目的的实用性名号，并没有一个大体固定的组织体制和相对稳定的思想规范、教门仪式，宗教色彩并不浓烈，还不能称作"教"。因而，对于"义和拳教"的提法，有进一步商榷的必要。

---

* 本文原载于《民俗研究》1994 年第 4 期，转载于《义和团研究会通讯》1994 年第 9 期。

① 路遥：《"义和拳教"钩沉》，《山东社会科学》1990 年第 6 期。

在义和拳运动的整个过程中,华北地区的梅花桩拳派①曾深度介入。我跟从梅花桩拳派第 17 辈传人燕子杰先生习拳多年,并多次随他到河北平乡、威县、广宗、永年等县,吃住访谈于拳民家里,并看到了一些梅花桩拳派的内部典籍。通过对诸多口头资料和文字资料的分析,我认为:义和团运动的实质,是清朝末年华北乡村民众通过历史性武术传承而形成的比较稳定的社会团体所发生的一次突发性群体暴动行为。甲午战争后帝国主义侵略日深而导致的民族危机形势,尤其是教会势力扩张而导致的民族精神危机形势,与当时清政府对此妥协、退让的政治态度,是这次运动发生的历史契机;拳派民俗的长期塑造(主要是传统文化、信仰、政治、理想等方面),是这次群体行为的主体动因。本文试图通过对梅花桩拳派民俗的考察,揭示义和团运动的社会土壤、思想状态及其随历史契机猝然爆发并波浪式发展的深层原因。

该研究的可行性有二:首先,义和团运动从某种意义上可以看成是义和拳运动的延续和发展,这是史学界定论。长期活动在直隶、山东交界地区的梅花桩拳民以义和拳为名义,展开反教毁堂斗争,是义和团运动中时间最早、最为活跃的一支。它贯穿于这场运动的始终,不仅为运动提供了名号,也提供了一种组织方式,并为运动的发生阶段和主要过程提供了领导者和主干力量,其作用异乎寻常。其次,梅花桩拳派民俗作为一种民间创造、民间享用的文化传统,一向是通过不断调整自身

① 20 世纪 80 年代初我跟从燕子杰老师习武时,被告知所习练的武术是“梅花桩”,属于“梅花桩拳派”,后在山东、河北乡村地区的田野调查中,发现该武术又有“梅花拳”“梅拳”等说法,兹予说明。

以求适应传统社会形态和小农经济的运作方式。具体说来，它通过以习练拳术为主，以崇祭师祖、讲说戒律、授受文理为辅的方式，培养、影响、调整着广大乡村民众的心理和行为。这种作用的发生，主要是通过自然传播而非强制手段来实现。义和拳运动是梅花桩拳派民俗群体因应当时社会的政治体制、文化态势所做出的暴力回应。事实上，当年义和拳的始发地带和后来运动最为活跃强盛的地区，正是当时梅花拳术比较普及、拳派民俗稳固兴盛的地方，皆属梅花桩拳派民俗的“密点”。

显然，梅花桩拳派民俗的发生与传承，正是该派拳术的传承传播及由此塑造出某种文化心态的“能量转换过程”。大量田野调查资料都说明，无论是在过去、当时还是现在，许多华北乡村里都存在着一个个分布广泛、互相关联、密度并不均匀的“梅花桩拳派民俗场”。本文所要论述的问题正是这一“能量转换过程”是如何进行的？“梅花桩拳派民俗场”又是如何导致了近代义和拳运动的爆发？

一、梅花桩文场习俗

义和拳运动发源地是山东冠县十八村和直隶威县沙柳寨一带。后来最活跃的地区，也是这类封建政权鞭长莫及、难以管束的“飞地”十八村。据山东大学路遥教授调查，这一带的小农经济自明末清初以降就基本上处于某种半分化、半停滞的状态。王朝政权对这些地区的外在干预力量较弱，使得各社会阶层的社会活动大体上能顺循自身诉求展开，整个区域社会处于稳定自变的状态。因而，传统文化在这一带有着广泛的社会土壤和思想基础。作为传统文化优秀载体的梅花桩拳派在这里扎根、流播并长盛不衰,乃至形成了强大的梅花桩拳派"民俗场",便不足为怪了。

梅花桩全称"落地干枝五势梅花桩",是一个源远流长、古朴而神秘的拳派。相传为汉代昆仑派之基本拳,辈辈相袭,至今已有百廿余世,有前百代、后百代之说。但有明确文字记载的,是由明崇祯年间徐州人张三省(又名张山)开始的后百代流传谱系。梅花桩拳派与其他拳术相比,最大的区别在于它很早就拥有一套比较完整的文场组织,且以文场领导武场。这使它成为一种地地道道的"文化拳"。该拳派文理、武功代代相传,绵延不绝,并保持了向高层次发展、深化的势头,逐渐形成一套套炼神练气、修身养性的理论和功法。拳民常说:"拳打脚踢小把戏,唯有文理通天地。"文场是梅花桩拳派的"心脏",是其生命力所在。正因为有了文场,该派才具有了一种异乎寻常的凝聚力、影响力和爆发力,一俟时机成熟,这支由传统文化哺育出来的、久久蓄积的巨大能量就将得以引发和释放,与所处社会进行一定规模的能量交换。

文场何时产生?具体时间已难以查证。据梅花桩拳派宝卷《根源经》中"小张山立文武大法"的说法,可见自后百代初始就已经以文武分立、文武配合的方式传拳立法。梅花桩的三辈、四辈(邹宏义、邹文聚父子)至八辈(张从福、杨士增等),是该拳派拳术精进、文武进一步交融的重要发展时期。关于梅花桩的一段历史记载说:"梅花拳第四代祖师蔡光瑞来河北开道,以道开路,以武诱人,又以文治武。"这里又提到了文场、武场,并指明了文场的领导地位。第五代祖师杨炳考中己丑科武榜眼,并有长期仕宦生活。他以"振三纲""整五常""大生"

“广生”为旗号，将儒家的伦理观念和诚信、兼济的人格精神融入原有的文场理论。直到现在，梅花桩内部所供奉的祖师牌位边的对联基本上仍为“振三纲须赖真武”“整五常全凭大文”，横批则是“允文允武”。此后的文场师父都积极地吸收、融会所处时代的一些流行教义和传统文化思想，或多或少地为丰富文场理论作出了贡献。

然而，梅花桩文场的思想归属是无法用哪门哪教来确定的。从后百代历史看，它起初与道家全真教龙门派有相当的渊源。据说梅花桩承前启后的开创性人物张山曾出家归宗龙门派，后百代辈分则按全真教龙门派的辈分表占字排列（同出自龙门派始祖丘处机的一首五言诗）。文场内部为祖师烧香时，下三炉中有一炉供奉的是丘处机。梅花桩拳理文法中，有很多歌诀体现了“天人合一”“柔顺为上”、贵虚尚无的思想。如《大势变化歌诀》写道：“气敛丹田站当中，留神细看来人形；南来顺他向北往，东来顺他向西行；见劲使劲借他劲，不可争力逆进行。”其宝卷《根源经》《佛说一字根源真经》等，则明显受到清代清水教、无为教、茶门教、混沌教等教派思想的影响或启发，偏爱以佛家教义来诠释其“文武大法”，如“金屋金檩金庙台，红门落锁无人来。你说你是佛门真弟子，为何不带钥匙来？莲为钥匙性为黄，无字真经心内藏；真性打开三簧锁，一条明路到故乡”。而在杨炳的《习武序》中，又可明显地看到儒家思想的强力渗透和儒道佛思想的合流。还有许多民谣体韵句穿插于诸多宝卷拳谱中，言语朴实，发人深省，如“讲道不理身，打铁不离砧，大道分明在人身，迷人不知向外寻；泥胎木象都是假，铁打铜铸也不真，修行不遇明师点，枉费徒劳一片心”“佛在灵山莫远求，灵山就在汝心头，人人有个灵山塔，好在灵山塔下修”等。这些散发着泥土气息、集聚着乡土智慧的妙语箴言，就更难说是具体吸收了哪门哪教的思想了。

认真稽考起来，梅花桩拳派始终只是一个拳会，而不是一个教门。它崇尚“武教天元”，它的文场是从武场产生并始终受武场规范的，并对各家教义、学说采取了一种“择善而取”的实用态度，从来没有皈依于哪一门教或是自立新教。被文场奉若拳派根本的典籍宝卷，吸收融会了儒、道、佛等各家学说和清代的无为教、清水教、混沌教、八卦教等多种教派的教义，文场自身却始终保持着朴实简易的特色。它与清代宗教教派之间这种不即不离、若即若离的关系，使它既能较灵活地适应所处时代的精神时尚、民众要求，又避免了一般教门难以逃避的乍盛乍衰命运。

值得注意的是，历史上的梅花桩文场在保证、规范拳派正常运行发展的同时，也从来没有停止对自身的调整。后百代中的二、三、四辈传人受道教影响较大，浸染了一定的道教色彩。按照拳民的说法，邹宏义、邹文聚父子曾参照道教龙门派制定了门派戒律与打醮祭祀仪式谱《五护纲领》。然而，这些仪式并没有得到后辈传人的遵奉，“摆皇会”活动（当地百姓对该仪式的俗称）衰微，而一些运用古易八卦原理进行预测的活动则流传下来。如在河北省平乡、广宗、永年等县一些拳民村，梅花桩拳派凡遇重大事情需做出抉择时，往往由几位文场师傅共同在室内设驾焚香。“驾”就是祖师牌位，香用特备的檀香。檀香俗称大香，高二寸余，手指粗细，烧香时可爆火花，香味四溢。在如此庄重、静穆的气氛里，文场师父默祷冥思，容易进入灵感思维状态。倘若燃成的香灰直立如柱，就说明卜者已达到形神俱忘、心通天地的境界，消除了诸多干扰，由此得出的预测结果也大抵是靠得住的。按照文场师父的说法,就是已得到了历代祖师的“庇护”。这真是一个集聚文场师父集体智慧又能使众多拳民信服的好办法!在这里,卦体形状(如香灰烧成的样子)其实并不重要,灵感思维是其关键。愈是重大的疑难事情(利害关系大、头绪繁多、涉及面广),愈需要虔诚恭敬,并需要持守相应的仪式讲究,比如漱口、洗手、沐浴、忌食等。这些仪式讲究,或许有助于在危急情势下调动起灵感思维所需要的心理状态,因而在传承过程中得以约定俗成。当然,也有的文场师父灵感思维能力较强,遇事随时随地可测而不用香烛之物,其文功被认为已达到出神入化的境界,这往往更能得到拳民的集体拥戴。

梅花桩在广大华北乡村社会有着长期、广泛的影响,但始终没有滑到宗教里去,向教门方向发展,这不能不说与其文场讲究变易、较少迷信色彩的功理有莫大关系。清王朝在查禁“拳匪”“乱逆”之时,曾多次牵涉梅花桩拳派。如乾隆年间张九锡呈控杨四海的“义和拳邪教案”,涉及梅花桩第八代重要传人杨士增。但继续追查下去,追查者便仿佛遇到了一个神秘莫测的“黑洞”,杳无头绪,原先的线索也无声无息地断掉了,原告只好翻供撤诉自认倒霉。在白莲教起义、王伦的清水教起义、林清和李文成的天理教起义等反清斗争中,梅花桩拳派都以“义和”的名义无一例外地卷入其中,发挥了积极作用,最终都是因为其文场组织的严密性和灵活性,整个拳派在清王朝的强力镇压过程中没有伤筋动骨。梅花桩文场也在一次次反清斗争中,吸取了其他教门拳派的经验教训,不断调整以适于自身生存发展的运行规则。

总之,从梅花桩的文场可看出,该拳派是一个崇尚“武教天元”的拳会,而不是教门。这可能是因为,梅花桩文场讲究“返本还源”、清净自然,而不太容易有固定仪式,而任何一种宗教都会或多或少地削弱和淡化武教的作用与意义。故历史上的梅花桩文场对自身发展过程中偶或出现的“教”化萌芽,往往是既不简单否定,又从不热衷。对于占卜、算卦一类预测活动,他们倾向于在简单仪式中唤起某种灵感思维状态,但并不固守卦体或卦象本身所对应的所谓“吉兆”“凶兆”,因而具有一定的合理性。传统的华北乡村社会,生产力水平不高,社会信息不便,这种试图以灵感思维方式以把握事物本质或变化规律的方式实属难能可贵。因此,梅花桩文场有着极强的生命力,对传统文化、社会时尚具有相当的吸收、消化能力,以它为核心而形成一个强大的民俗文化场是可能与可行的,而不必依靠另外的什么“教”。

许多专家、学者往往从义和拳的起事规模、斗争力度等方面出发,首先主观假定有一种起主要作用的“教”,然后再寻找运动源于或皈依于当时的哪一种教,乃至推断出一种“义和拳教”,这应该是因为不懂类似梅花桩文场之类民间武术组织而产生的误解。通过对梅花桩文场的考察,我们基本可以肯定梅花桩拳派不是什么“教”,也没有加入什么“教”,而使用所谓“义和拳教”的说法既不符合历史事实,也无法涵盖整个义和拳运动的组织形式和文化源流。

那么,梅花桩文场如何吸引广大下层民众参加,并在华北乡村地区形成一支强大的、颇具凝聚力的社会团体力量呢?或者说,梅花桩拳派文场何以在乡土社会中形成民俗场并发挥作用?这需要从梅花桩的武场习俗及其与文场的关系来解释。

二、梅花桩武场习俗

梅花桩文场的活动非常隐密,外人平时甚至感觉不到它的存在。负责训练拳众、维持拳派日常运行的是梅花桩的武场。

梅花桩武场收徒相当严谨,不仅注重习武者的天分,更注重习武者的品德操行。常人拜师学艺须出入三道门。三道门乃是根据习武者的品格毅力和他武功文理的悟性进境,经门内长者考查,分三次拜师入门。入第一道门较易,由梅花桩内部人员引荐,一般人可入武场习练拳术,接受拳理。"三年架子两年锤",经过数年的基本架子和成拳训练(俗称"拉架子""打成拳"),若习武者为人朴厚正直,武功已达"身化""气化"并已"懂艺",经师父批准再重新拜师入门,称入二道门。入二道门后,可通过打"赢拳"、打"攻拳"习得梅花桩的技击秘术,学习深奥的经典文理,炼神炼气,修心养性,研习文功。当被认为文功达到理通天地、顺天应时的境界,武功练就"浑元一气""神气合一",并臻于"灵妙莫测、出神入化"时,才被承认为已入"神化"之境的文场弟子,便已"登堂入室"(入了三道门),整个拳派承认他是梅花桩的正式传人,死后他的名字可补写入梅花桩拳谱。因此,梅花桩在社会上有"不收空徒弟""不出则已,出则为侠"的美誉,一般习练者是根本没有资格骄傲的,更不能打着梅花桩的旗号在外面惹事生非。

梅花桩武功的习练从"拉架子"开始。架子包括静止不动的"桩步五势"和运动变化迅疾的"行步三法"。桩步五势按大顺拗小败(对应金水木火土顺序)呈左右对称变化,宛如梅花开放;行步三法(摆法、扎法、撤法),练起来犹如梅花枝干相连。传统的练法,是先在地上栽桩百余根,于桩上习练,后改为地下练习,但脚步的虚、实、探、踏仍与桩上无异,故称“落地干枝五势梅花桩”。其拳法简易,拳埋朴实,功夫上身快,深深吸引与激发了华北乡村广大下层民众的注意和习练热情。架子练习又呈现出很大的包容性,能引发一定的灵感思维。在数年的架子练习中,习练者“行之似波浪,按之有阴阳”,进退合八卦,动静趋自然,熟能生巧,就可以将任何动作自由填充,在相对固定的四门八方五势框架中灵活变化。这既能有效地增强习武者的体力,又能开发其灵性,使拳民的身体素质和思维能力得以提升。

梅花桩拳派之“五戒”是:一不许打拳卖艺招摇撞骗;二不许保镖护院仗艺仗势;三不许传授匪人结伙砸抢;四不许强男霸女为非作歹;五不许酗酒闹事滋扰生非。梅花桩还规定出门“会武”自带给养,不许白吃白喝,即使在外吃饭,也要由“当家的”组织大家掏份子钱充作伙食费。所传弟子,不分远近男女长幼,只要一入门即视为一家,亲同手足。梅花桩师承关系比较严格,不能拜亲父为师,须另找师父。师徒之间武艺可互相学习,取长补短,故梅花桩又有“珍珠倒卷帘,徒弟倒把师父传”的美称。梅花桩拳派内部非常团结,凝聚力强,门派内部比较平等,没有其他拳门那种明显的家长制色彩,因之避免了一些日常生活中的经济纠纷或杂务纠缠。梅花桩武场极为活跃,起到了广泛磋磨拳艺、提高拳民水平的作用,又联络了感情,增强了拳派的向心力。数百年来,梅花桩拳派在冀鲁豫苏各地广泛流传,各地的文理武功虽有差别,但却并没有再分化成不同的流派。在广袤荒阔的华北大地上,许多看似呈散乱状态的自然村落,实际上都是声气互通、严谨一致的“拳民村”

(如河北省广宗县将近三分之二的村落都有梅花桩拳派活跃)。在共同的练武旨趣和社会心态下,广大拳民可以很好地协调行动,表现出惊人的整一性和高效率。

我们在颇存古风的河北乡村地区发现,众多拳民相遇,往往喜欢用"爷们"称呼对方或合指双方,然后谈武论理,显得非常超脱。倘若是在拳民家里,家里设"驾"的便先要一同参驾。参驾时,大家一般只对祖师牌位行简单的揖礼。遇到重要节日,则行正式跪拜礼,即一揖接三叩首再一揖,然后行礼者互相"找礼",即拳派辈分低的给辈分高的施礼。颇让外人感到奇怪的是,他们"找礼"是按拳派辈分而非家族辈分,故此时有胡子一大把的长者口称"师爷,找礼了",然后给一个年轻壮汉行礼,类似情形并不少见。但无论怎样,"找礼"的往往被一律阻住,仅成为一种象征,大家哈哈一笑共同落座。梅花桩拳派在礼节实践方面,循着"过犹不及"的原则。

梅花桩拳派有着自己培养人才的规范思路:文理统驭武功,武功深寓文理。习武者先学习最为基本、简单的"桩步五势变化"来"走四门"。随着季节的变化、功力的加深,不断学到新的招式变化,补充进新的拳势和动作,并适时调整练功量。梅花桩的对练拳路"成拳",除了要在"四门八方"各个方位练习外,其抓拿摔打动作可因人而异,随势而布。到了更高级的对练拳"拧拳""攻拳"时,讲究"手无定手,脚无定步,势无定形,见劲使劲,引进落空,见空按豆,随势而布",更趋自由灵活,变化不定,习练者的潜意识越来越活跃,趋于灵感思维的自由状态。就此而言,梅花桩弟子练拳的过程,似乎是在研习一本无字兵书。他们把拳理文法看作培养"大将之才"的学问,不仅是其练功的指导思想和方法,也是其生活准则和处世哲学,是他们组织、实施一切行动的依据。他们在抓拿摔打的日常练拳过程中,浸濡中国传统文化,得以吸收其精华,开发自身智慧,增强了社会活动能力。在当时经济、文化都相当落后的冀鲁豫广大乡村地区,梅花桩拳派成了一支在下层民众中潜在的社会力量,人物众多,能量非同小可。

每年阴历正月十五,全国各地梅花桩拳民都要到预先约定的祖师纪念处举行大规模的"亮拳"活动,时至今日仍盛而不衰。此活动源起的具体时间未见记载,估计是清初道家全真教龙门派王常月中兴时,邹氏父子公开进行大规模的"摆皇会"打醮活动时,组织"亮拳"以壮声威。因龙门派仪式为顺治帝降旨嘉许,"亮拳"也由此获得了合法性。后来,政府的宗教政策变了,"亮拳"仍作为一种民俗传统而延续至今,并号称"奉旨亮拳"。河北省平乡县梅花桩拳派"亮拳"的地点,基本上固定在对梅花桩拳派具有重要纪念意义的马庄桥村和八辛庄。如 1992 年在马庄桥村举行,因为拳派后百代之二、三辈祖师邹氏父子均葬于此;1993 年在八辛庄举行,因系八代祖师张从富之故乡。"亮拳"参加人数动辄数万,声势极为浩大,各地的梅花桩弟子聚集一处,大演武艺。随着锣、鼓、钹、磬等"响器"富有节奏的轰天喧响,拳民们或单练或对练或阵练(群练)。"亮拳"展示的是拳法、绝技与气魄,是严谨法度与个人激情的结合。尤其是群练,在"响器"的节奏韵律中,众多习练者一动俱动,一静俱静,进退得宜,变化随机,简直就是一个训练有素的实战"兵阵"。吃饭时间到了,当地拳民早已有备,热情相邀,谁邀请到家里吃饭的外地拳民多,谁便自觉脸面有光。大家吃的是乡村过年时节特有的大锅杂烩菜,客人各取所需,主人并不虚礼相劝,主客身份外人是很难看出来的。饭后各家往往有收徒拜师、较量武艺的场景，呈现出一派其乐融融的家庭景象。在这期间，各地拳首商议一年来的拳派事务，商讨解决有关问题。中国传统社会的农业性和宗法性特征，在这一仪式活动中展示出极其和谐、极富情感凝聚力的一面。整个活动既是对传统智慧的巧妙运用，又是顺循个人灵性的自由发挥，可说是梅花桩拳派一年一度的力量大检阅、情感大交流，是梅花桩拳派民俗场形成、辐射、强化的重要方式，而其本身也成为一项很有特色的梅花桩拳派民俗传统，身临其境者往往会对这种“民俗场”的力量留下深刻印象。1990 年，“义和团运动与近代中国社会”国际学术讨论会在河北省威县召开，会后一些国内外学者专程赴平乡县观看梅花桩拳民临时组织的小型“亮拳”活动，并到拳民家中进行了短时间的做客访谈。这些学者深受震撼，认为真正看到了中华民族“活生生的”威力，“这些人发生一两次义和团运动是完全可能、毫不奇怪的”。

三、直隶、山东义和拳运动中的民俗因素

近代史上的义和拳运动，以 1897 年 2 月河北威县沙柳寨梅花桩拳首赵三多聚结四乡拳民 3000 余人在山东冠县梨园屯一带“亮拳”为起始。中日甲午战争后，面对帝国主义侵略日深而导致的民族危机形势，以及西方教会势力的不断扩张，梅花桩拳派以传统民俗为号召，固结民心，开始了针对西方侵略势力的对抗尝试。同年 3 月 26 日，赵三多聚众攻打梨园屯，发起了武装反抗教会的广泛的义和拳运动。

义和拳运动的导火索是梨园屯的民教冲突，具体说是围绕

该村玉皇庙“拆庙建堂(天主教堂)”而展开的。显然,当时教会的传教方式、配合传教的许多手段都具有明显的侵凌性质,民教冲突在相当程度上是侵略与反侵略的斗争,这在史学界已是公论,毋庸多言。然而,这场运动又是复杂的,并不是一开始就表现为类似经济掠夺和军事攻杀的直接对抗。中西宗教信仰和社会礼俗的矛盾冲突,是义和拳运动的直接动因和初期斗争形式,而且贯穿于整个运动的始终。

拆庙盖堂,而且拆的是这一带占地面积最大(三亩多)、历史较悠久的梨园屯玉皇庙,要新建的是崇信天地间只有上帝万能的天主教堂,这在当时是一件很让当地民众敏感、信感屈辱的事。“玉皇”是中国民间道教系统中最高神祇,向来被认为是天地宇宙的主宰,其地位虽在清代有所下降,但仍是将自然生养力和社会精神力密切联结在一起的一体性象征,并在民间附着了更浓厚的乡土信仰气息,是领率群神共同庇佑一方民众的最高神。梅花桩拳派一则与道教有着较密切的渊源,二则一向对诸神抱持虔敬态度,这从他们供奉香炉的仪式中可以看出。梅花桩拳派内部虽有五炉香、六炉香之分,但佛家、道家和本门祖师均在祭祀中列于尊位。玉皇未被列入,却有职责相似、武术色彩更为浓厚的“收元老祖”“透天老母”替代,这正代表了当地民众的宗教生态(即古老神祇为更加实用、深知明确的准“概念神”所替代,如二郎神、长生神、药王、龙王等)。据当地民众讲,当时拆庙建堂时,庙宇已年久失修,墙垣塌坏,正反映了古老神灵崇拜衰微的状况。然而,在西方宗教的冲击下,“玉皇”这位古老神祇的悲剧命运(其庙宇被拆毁),其尊严和神圣却从广大民众的潜意识深处被骤然唤醒,并由此导致了民众激愤心理,进而促成了拆堂建庙、武装护庙的多次行动。

事实上,义和拳运动的发生的确与民众守护传统民俗、维护民间信仰尊严的意识有关。

西方传教士试图凭借强大国力、通过军事胁迫和经济诱惑推行其教会“民俗”,其霸道作风显而易见。1871 年总理衙门与各国通商大臣商办传教条款,就已明确谈到“山东传教士有擅称巡抚之事”。实际上,此后山东主教已把自己的地位摆在了巡抚之上,山东巡抚若不主动与之往来礼遇,便会受到无理指斥。传教士还以操纵诉讼作为让百姓信服的资本,不择手段竭力扩大教会影响。面对传教士的这些做法,清政府虽屡屡表示不满却难有整治措施,而且在甲午战争后基本上是步步退让妥协。于是,就有了冀鲁交界地带各种民间力量的奋起抗争:最先是“六大冤”,即六位有功名身份的士绅去县府讲理,遭监禁后趋于妥协,然后是“八大讼”,即八个家道殷富的村民继续诉讼,因心劲不足而不了了之,最后是“十八魁”,即梨园屯的部分贫雇农,他们是以阎书勤为首、以阎氏家族为核心的红拳组织,由此开始了以武力护庙和拆堂建庙的行动。然而,这支红拳组织力量并不强大,其内部亦有不同意见,无法与教会力量抗衡。当时有民谣称:“六大冤,八大讼;十八魁,也不中。”事实证明,当地只有梅花桩拳派才能有效地领导组织起较大规模的反教会斗争。

如前所述,从清朝统治者、传统士绅、乡村富户、贫雇农再到梅花桩拳民,在维护地方文化传统方面的斗争精神渐趋增强。由此亦可看出,地方民俗的真正主体是下层民众,梅花桩拳派的价值取向规定着其临事态度与行动选择,而且为超个体、跨区域民众所普遍认同和共同参与,乃至倾力为之。

面对西方教会的精神侵略,梅花桩拳民为什么会选择了一种群体暴动式的反抗方式而不是印度的“非暴力不合作”方式？

从梅花桩文场文理的宗旨来看，它似乎是注重“柔顺为上”“以和为贵”原则的，凡事讲究审时度势、顺天应人，反对莽动乱动作无谓牺牲。然而，在梅花桩文场宝卷中更贯穿着一种为求“真”求“法”而甘愿牺牲的生命哲学，具体表现为一种凭借“真文大武”以“振三纲”“整五常”而扭转乾坤的豪迈气概。从历史上看，该拳派既不主张与统治者对抗，也不甘心受封建官府的约束，是一个以小农经济为社会基础、具有浓厚乡土气息的民间拳派。然而，每当小农经济受到严重冲击，拳民遭受严重政治迫害时，他们也曾多次以“义和”为组织形式，掀起反暴政运动。这是一个内聚力较强并富有抗外性的民间拳会组织，反映了华北村落农民群体的普遍文化心理，并注意汲取传统文化智慧，因此它有可能也有能力在某个特定时期内代表时代社会精神。

换言之，直隶、山东交界地区的义和拳运动，与历史上梅花桩拳派的反清斗争是一脉相承的。据路遥教授组织调查，梅花桩第十四辈传人赵三多（亦是这一带有影响的文场师父）在造反起事时，拳派内部亦是有争议的。据赵三多起事后的文书郭栋臣回忆说，当时有文场师父劝阻说：“咱们祖师从明末清初传道到现在已十六七代了，文的烧香为人治病，武的练武壮体，没有公开犯乱的事。”赵三多为了不连累整个梅花桩拳派，依古取名“义和拳”来组织群众抗争。但运动发生后，各地梅花桩弟子几乎都参加了。梅花桩拳派有着反清的历史传统和斗争经验，他们最初打出的“顺清灭洋”“助清灭洋”一类旗号，应理解为一种策略，与后来赵三多参加景廷宾起义担任先锋时打出的“扫清灭洋”旗号并无实质性区别。

对梅花桩民俗体来说,这是一场关乎自身兴衰存亡的生死搏斗,涉及文化、政治、信仰和经济关系的广阔领域。他们以传统的“亮拳”习俗作为集聚方式,民俗因素在整个运动中的作用和意义是显而易见的。

另外,从“洋兵就要来了”这句话在当时的高频度传播,可以看出中西民俗的文化隔阂对运动起到了巨大的推助作用。在义和拳运动的几个重要阶段,“洋兵就要来了”这句话的流传,对于身处华北偏僻乡村的梅花桩民俗群体来说非同小可,每每对运动起到动员和强化的作用。在广大乡民心目中,马上就要出现的“洋兵”,不仅服饰怪异、言行陌生、相貌骇人,而且手执有魔法的洋枪,行为野蛮暴恶,不亚于传统民间文艺中的“妖鬼”“生番”。曾有村民见过一些不停地手划十字的“洋和尚”(传教士),流传着这些洋和尚如何往井水里撒放白色魔药(可能是漂白粉之类),还斩割村民肢体、损伤其“身体发肤”、以针管吸饮幼童骨髓精血(疑为西医疗法),到处建造尖顶教堂以镇住中原大地“龙脉”、凌迫“祖坟”等骇人听闻之事。再加上现实生活中的传教士,手握大批银钱,肆无忌惮出入官衙攀交情、打官司,只凭一句话便能袒庇教民,并呈愈演愈烈之势。中日甲午战争后,圣言会山东主教安治太获得了“二品顶戴”,山东、直隶各地传教士、教民不断取得诉讼胜利,梨园屯的教士、教民也乘势向地方政府呈控“十八魁”与梅花桩拳派,多方面施以威胁。梅花桩拳民将要掀起一场声势浩大的运动,这已是一切力量(包括清政府)都无法阻遏了的,因为各种矛盾都集中反映到日益加剧的民教关系上来,只能通过大规模的暴力冲突来解决。

总之,梅花桩拳派作为一个不断扩展的开放系统,在其广泛分布的华北乡村社会中对广大民众发挥着整合、规范、导向的复合功能。它一向在传统文化与小农经济体制之间起着一定的调节作用,同时自身也在缓慢地自我调整。正是西方帝国主义扩张势力(包括教会势力)日益加深侵略的历史契机,使其自足自适系统偏离了原先轨道,产生了新的“分形”。于是,梅花桩拳派的日常运行规则变成了义和拳运动的运行规则:拳派组织形式为运动提供了一套组织体制;拳民因袭本拳派在历史上多次沿用的名号,并成为全国各地民众斗争的更广泛的运动的名号;梅花桩文场弟子武艺高强,机智灵活,有着一定的组织活动能力,就成为义和拳队伍中的骨干核心人员,成为这场反帝运动的实际组织者和领导者;梅花桩武场为这场运动提供了一支训练有素、纪律严明、较少迷信、自始至终坚持斗争的主力军。在冀鲁豫大地上,这支由传统文化哺育出来的普通民众队伍,在国家危亡关头表现出一个民族顽强不息的生存竞争意识和视死如归的战斗精神。

也可以说,义和拳运动是梅花桩民俗群体所采用的一种不畏强权、奋起反抗的传统组织形式,与其所处时代社会进行的一次规模较大的能量交换。尽管运动最后失败了,原有的政治形态、经济关系并没有发生大的改变,梅花桩拳民甚至受到较前更为严重的排挤和压抑(如许多地区的梅花桩组织被宣布为“犯法”“非法”),但通过这场运动,帝国主义的侵略本性昭然若揭,其逐步侵占全中国的企图彻底落空,而清政府完全暴露了其卖国求荣、腐败透顶的真实面目,摇摇欲坠,末日即将来临。作为传统文化优秀载体的梅花桩拳派,又在日常生活中积蓄着新的力量,等待着新的繁盛期的到来。

灵的皈依与身的证验*

——河北永年县故城村梅花拳调查

近30年来,中国大陆民间信仰活动发展势头迅猛,本土信仰传统的复兴与再造是一个突出现象。这一现象多与一方水土对改善生存状况的设想,尤其是在重建社区道德传统秩序、缓解个人精神危机等方面的努力相联系,而少有建立跨地域甚或全国性信仰组织的追求。本文认为,民间信仰与民众生活密切相关,应从具体社区语境出发,通过田野调查认知民间信仰在当今社会中的真确形态,唯在此基础之上方可进一步讨论其利弊因素及管理策略等问题,而不必先对其"信仰""宗教""迷信""俗信"等方面的属性做评判。具体说来,就是在对民间信仰进行多学科研究的框架下,确定从田野现场理解民间信仰的优先性,从自下而上、上下互动的生活实践的整体维度理解国家政治的"大历史"与民间信仰的"小传统"之间的互动关系。毕竟,民间信仰的传承主体是民众,其最重要的传承载体是日常生活,这就决定了民间信仰研究终究要回归日常生活语境,并落实在"以人为

---

* 本文原载于《民俗研究》2012年第2期,国家社科基金(艺术学)项目"新时期乡民艺术发展与公共社会建设"的系列成果之一,并受到教育部"新世纪优秀人才支持计划"的资助。

本”的层面上。在此基础上，才能更确切地理解民间信仰的生活—信仰之二元结构如何在民间社会中生成、运作与延续的问题。笔者秉此理念，近年来在田野调查的基础上，发表了关于鲁中村落民间信仰的研究系列论文。① 此次选择河北省故城村梅花拳为研究对象，是对上述村落民间信仰研究的拓展。

目前，学界对梅花拳的研究已有不少成果。若以“梅花拳”为关键词在中国期刊全文数据库中进行精确检索，在1979年至2010年间可获得文章信息179条，而涉及梅花拳研究的出版著作，就笔者所见，仅大陆地区便已有20余种，足见梅花拳研究已不再是冷僻领域。上述论著，就其研究范式大致有历史学与武术学之别：前者以李世瑜、路遥、周锡瑞、佐藤公彦等为代表，主要是从历史源流、参与社会历史进程的角度进行梅花拳研究；②后者以燕子

---

① 主要有张士闪：《山东村落中“神圣空间”的传统格局与现实效用——以鲁中地区淄博市洼子村的“老虎头”为例》，《民俗研究》2003第4期；张士闪：《俗化的信仰与神圣的艺术》，《民俗研究》2005年第1期；张士闪：《论乡村社会中民间信仰的艺术化趋势——以山东潍坊地区青州市井塘村为个案》，《民间文化论坛》2005年第2期；张士闪：《京西幡会：一个追求“天人吉祥”的联村仪式》，《民族艺术》2007年第3期；张士闪：《传统妈祖信仰中的官方叙事与民间叙事》，《齐鲁艺苑》2007年第6期；张士闪：《从故事到事件——围绕山东淄博市淄河镇孟姜女故事产业开发的讨论》，《民族艺术》2009年第4期。

② 这方面的成果主要有李世瑜：《现在华北秘密宗教》，华西大学中国文化研究所1948年版，（台北）兰台出版社2007年增订版；李世瑜、廖一中等：《义和团运动史》，人民出版社1982年版；李世瑜主编：《民间秘密结社与宗教丛书》，河北人民出版社1990年版；路遥：《义和拳运动起源探索》，山东大学出版社1990年版；路遥：《山东民间秘密教门》，当代中国出版社2000年版；路遥主编：《山东大学义和团调查资料汇编》（上、下册），山东大学出版社2000年版；［美］周锡瑞：《义和团运动的起源》，张俊义、王栋译，江苏人民出版社1995年版；［日］佐藤公彦：《义和团的起源及其运动》，宋军、彭曦、何慈毅译，中国社会科学出版社2007年版。

杰、周伟良、张士闪、杨彦明、马爱民等为代表,着重对梅花拳传承脉络、拳法拳理与招式套路的整理研究。① 当然,两种研究模式多有交叉,只是在将梅花拳视为近现代华北社会中异常活跃的民间信仰组织还是一种传承悠久的民间武术拳派上各有侧重而已。细察之,前者因服从历史研究之需而在梅花拳本体研究方面略显粗疏,后者则热衷于对梅花拳拳技拳理的梳理而文化视野受限。二者的共同缺失之处,是未能在活态的乡土语境中对梅花拳予以生活-文化方面的整体性解读。理解梅花拳的武术-信仰二元结构如何在乡土社会中生成、运作与延续的问题。

美国人类学家格尔茨强调从当地人生活细节出发来解读其内部知识系统,致力于探讨某种社会生活的具体"文本"与其更为深阔的区域历史与文化"语境"之间的关系。他认为,每一个区域社会都内具一个文化体系,这一文化体系由"文化的语法"即文化的内在认知结构交织而成,这种"文化的语法"不仅存在于当地的语言形态之中,而且是用神话、宗教、艺术、民俗、律法乃至天文历法、丧葬典仪等文化形式共同谱写而成。

---

① 这方面的成果主要有:燕子杰:《中国梅花桩技击大法》,天津科技出版社 1992 年版;燕子杰:《中国梅花桩文式大法》《中国梅花桩调练大法》《中国梅花桩成拳大法》《中国梅花桩器械的练法》,青岛出版社 1998 年版;周伟良:《梅花拳考略》,《成都体育学院学报》1992 年第 4 期;周伟良:《梅花拳信仰研究——兼论梅花拳的组织源流》,《北京体育大学学报》1992 年第 4 期;周伟良:《梅花拳拳理功法的历史寻绎》,《体育文化导刊》2002 年第 5 期;张士闪:《从梅花桩拳派看义和团运动中的民俗因素》,《民俗研究》1994 年第 4 期;马爱民:《武探花杨炳与梅花拳的传播》,《体育文化导刊》2002 年第 2 期;杨彦明:《梅花拳通义》,北京艺术与科学电子出版社 2009 年版。

各种文化形式都是以象征性符号建构起来的地方性知识体系的具体显现,因而具有互文阐释的联系。[①] 如果说,武术活动是社区生活-文化整体中的“文化文本”之一,那么信仰就是从这一“文化文本”中解读出的“意义”之一。然而,信仰传统既然形成,又会从武术等活动中主动寻求种种“超能性”的生理心理体验以求自证。从现实生活的角度而论,梅花拳作为故城村现代生活的一部分,既是该村历史传统向当今社会生活的自然延伸,又是当代村民记忆村落历史、表述村落传统的工具,代表了村民不愿忘却、村落文化体系中不易变更的一种历史传统。放在村落语境中理解,故城村梅花拳就是一种蕴含着丰富历史文化信息、具有某种神圣意义与情感交流价值的文化文本。梅花拳深深植根于村落生活的厚土之中,其活动发生、组织聚散、仪式操持与效果产生都是在乡土社区中展开,而又自始至终离不开村落日常生活。

---

① 格尔茨认为,法和民族志都属于地方性艺术,它们都是借用地方性知识建构起来的体系,均以一套历史与文化为支柱,而二者的表现形式也都是象征性符号所代表的事实,这些事实可以在特定的伦理规范下解读。法和民族志都是特定空间范围中符号体系的表象,它们都是对社会规范的解释。正是在此基础上,格尔茨感到人类学者所做的工作是“比较不可比较的文化”,理应在承认地方性知识体系和解释话语的自主性的同时,努力寻求人对社会解释的共用符号媒介。从这一点延伸开去,我们发现格尔茨的“叙说对事象的言说”指的就是在“比较不可比较的文化”过程中获得的对不同文化解释体系的“转译”与贯通。参见王铭铭:《“格尔兹文化论丛”译序》,[美]克利福德·格尔兹:《文化的解释》,纳日碧力戈等译,上海人民出版社 1999 年版,第 10 页。

一、村落社会生活

（一）村落概况

故城村位于华北平原腹地，隶属河北省邯郸市永年县曲陌乡，连接本村与村外交通的主要是两条宽约6米的柏油路。村南有一条有名无实的洺河，在村民记忆中曾是水丰鱼美之地，两岸植被茂密，常年有鸟类生存繁衍，但在20世纪60年代末期即告干涸，目前在河床上仅有几处水色黑浊的水塘。全村现有土地约3700亩，农作物一年两季，主要品种是冬小麦、玉米，因为土质较好，作物产量保持在较高水平。自2004年始，种地者享受国家种麦补贴，每亩地补贴84元。该村向来无种菜传统，一则嫌麻烦，二来认为“吃菜不顶干粮”，仅有少量村民在洺河沿岸栽种少量地瓜供自家食用。很多村民圈养猪、羊、鸡等，其中以养猪居多，有30多个养猪专业户，多则200来头，少则三四十头。让我们颇感惊讶的是该村人口之多，有户口的村民4000余人，实际居民为7000余人，规模可谓庞巨。

根据我们的调查，故城村目前人均年收入3000多元（2009年5月统计），村里有四五十个家庭作坊式的螺丝厂、琉璃瓦厂，有5支建筑队，规模都在30人左右。小卖部30多个，且常有邻村商贩流动前来兜售各色货品，物物交换的交易方式在村内也很时兴，一般是用小麦、玉米等粮食与苹果之类“奢侈品”交换。村里有公立小学一所、私立学校一所，本村孩童大多是在本村上完小学后即到邻近县城打工，少数到村内小型加工厂帮工,能继续到邻村或县城上中学的仅占少数。

在村民的记忆中,本村四周原有老式城墙护卫,并流传着一个关于村落起源的神奇传说[①],但城墙在1963年的一场洪水中被彻底冲毁。《永年县志》中的一段记载恰好与这一民间传说相证:公元前153年,汉景帝设广年县,原址即今日故城村。隋朝杨广当政时期,因避讳改为永年县。该地永年古城毁于何年无从考证,但至今仍流传着曾有仙人在该地建城的传说。[②] 显然,村民与官方对此有着不同的记忆。我们在调查中发现,村民在表述这段历史时,既有对本乡本土与繁华历史擦肩而过的叹惋,也有一种身居风水宝地的优越感。这两种心理看似矛盾,却共同为故城村村民平添了某种精神自足的底气。

鸟瞰故城村,其形状很像一只乌龟,街道以及民居都横竖成行,中规中矩,是"四四方方一座城"的典型格局。村中有一条东西向的柏油路主街道,其余的都是土路。本村住宅因为讲究风水一律追求高大,高而阔的民居与尘土飞扬的土路形成鲜明对比。在这个以农业为主要收入来源的村落,盖这样一座房舍就耗尽了很多家户的主要积蓄。据村民说,最早迁居本村的是张家8人和安家1人,后陆续迁来亓姓、孟姓、李姓等户。目

① 据村里老人口述,本村原名"误城村"。很久以前,有个背筐拾粪的老人,趁夜在此建城,结果还没等建完,听见公鸡打鸣声,老人只好放弃,到现今永年县一带另起炉灶,这就是永年古城的来历,也是本村只见城墙不见城的原因。

② 永年县地方志编纂委员会编:《永年县志》,中华书局2002年版。另在故城村东南部南顶庙(祀玄武大帝)中的《重修玄武大帝庙碑记》(2002年立),亦有上述文字。

前张家仍是村内第一大户,约占本村总人口的80%,另有安、孟、李、马等姓,原有亓姓已亡佚。关于本村各姓人口此消彼长的现象,村民自有一番解释:安家之所以比马家兴旺,是因为“鞍(谐音‘安’)在马背上”;亓姓之所以消失,是因为对安家构成威胁——“鞍(谐音‘安’)在马背上,有姓亓(谐音‘骑’)的在,安家的人就要永远被压制,家族不旺。安家人不服,又人多势众,姓亓的人家在这个村就待不下去了”①;张家兴旺,是因为张家人信神行好,多修庙宇。的确,我们在村内发现有大小庙宇近40座,绝大多数都是由张家人主持修建,而在该村频繁举行的年中行仪式活动中,也主要是由张家人担任主角。

（二）注重礼仪的村落生活

本村村民性格平和、乐观,重视礼仪,在周边乡土社会中很有口碑。本村治安情况良好,直到现在还保留着门不落锁的习俗,村民之间的相互信任程度可见一斑。在我们的调查中,村民津津乐道于本村对上门养老女婿持宽容态度,如养老女婿落户本村后即可当家,对外代表家庭形象,在村落公共事务中不会受到歧视,所生孩子可随父姓,等到女方父母去世后就可回转夫家,等等。

村民婚龄以18—23岁这一年龄段居多,生儿育女、传宗接代的观念较重。村内流行重男轻女观念,每家孩子一般是三至

---

① 调查人:山东大学民俗学专业2008级硕士研究生廖彩吉、郭凌燕。调查对象:故城村村民张法印,时年59岁,曾在1983年到1998年期间担任村党支部书记。调查时间:2009年5月1日下午。

五个①,女孩受教育状况普遍较差,且早早就承担了挣钱养家的责任。根据毕雪飞、付伟安在2009年5月2日对该村女性婚前经济收入状况所做的随机调查(见表1),可以看出村里女性收入普遍较低。

表1 故城村女性婚前经济收入状况

姓名	年龄	文化程度	基本情况
张小娜	22	初二肄业	2008年11月出嫁,出嫁前在洺兰一超市打工一年,月收入四五百元
董晓燕	25	初中毕业	2007年结婚,婚前在邯郸一超市打工,月收入七八百元
张雪萍	38	五年级	家有三女,年龄分别为18岁、15岁、13岁。除幼女还在上学外,其余都在工厂干活,一天收入20元左右,收入上交母亲
张美玲	47	未入学	出嫁前在家务农,出嫁后在附近一家砖厂干活
张粉玲	44	未入学	出嫁前在家务农,16岁上砖厂干活,一天20多元,直到21岁出嫁
张香玲	27	未入学	出嫁前在砖窑厂干活4年,一天赚30多元
姚俊露	30	高中毕业	23结婚,婚前在一家私立小学做教师,月收入200多元

① 本村村民生育三四个孩子的情况比较普遍。据村民说,在5年前超生家庭一般是缴纳罚款落下户口,生育二胎要2000元,生育三胎最少要3000元。但近五年来,村民超生一般不报户口,也不交罚款,因而村落实际人口猛增。

续表

姓名	年龄	文化程度	基本情况
张孝英	40	未入学	出嫁前在家务农,后在砖窑厂干活四年多,一天十来块钱
孙小芳	38	未入学	出嫁前在家务农
张粉娇	52	未入学	出嫁前在家务农,一天10个工分

注:上述张美玲、张粉玲、张香玲为三姐妹,家里三女一男,只有男孩曾读书上学。

村里年轻人通常是婚后自然生育,极少有避孕现象。村里流行的观念是,结婚就是为了传宗接代,谁家都愿意早抱孙子,那些婚后数年未生育者肯定"有病"。婚后二三年如果媳妇还没有生育,家人就开始着急,当媳妇的压力骤增。采取的措施一般是,自选一个吉利日子或逢庙会,婆婆或媳妇来到村东观音阁里祈求观音菩萨(送子娘娘),或到村西三霄殿里求助三霄老母(三霄奶奶),跪拜烧香,焚化银白色的铂纸,或将之折成元宝形状焚烧,同时念叨几句,简单的求子仪式即告完成。得子后,则须带上菜肴、馒头和铂纸来隆重还愿,谓之"还功"。

女人生产时是绝不能待在娘家或租赁来的房里的,据说会给娘家或主家带来晦气。过去,接生婆会在接生时小声念叨"送子娘娘、三霄老母保佑,保佑母子平安,顺顺利利",三天后"还功",祈求神灵庇护。现在一般是送医院,也有的将附近的接生医生请到自家来。孩子出生后三天,生子之家除了准备祭品到村东观音阁、村西三霄殿"还功"外,女婿须亲自向岳父母家报喜。娘家人会立即紧跟女婿来看闺女和外孙,随身带一篮子鸡蛋,覆以蓝布一块,寓意是"拦住孩子,别让他跑了"。另外,还要带上给外孙的“见面钱”,360 元、380 元或 10 元、数十元不等。街坊邻居会纷纷来家看望孩子、产妇,一般是送鸡蛋、红糖或奶粉,所送礼物多少要看平时的交往密切程度,探望日期须避开孩子出生后的第 4 天、第 6 天和第 12 天,因为这些日子都“不利索”,孩子在这些日子里容易“出风”夭折。

孩子出生后,主家要在第 5 天、第 7 天、第 10 天、第 11 天或第 13 天里任选一天“待亲戚”,全体亲戚不分关系远近都须在这天来。姥姥须带鸡蛋、小米、面条等,姑姑的礼物较重,其中要有布料一块,将来用于给孩子或产妇做衣物。主家待客时须男女席分开,亲戚走时主家不回礼,也不留礼账,有送礼“撵高不撵低”之说。

孩子出生后的第 3 天要举行“洗澡”仪式,主持洗澡者一般是孩子的奶奶和姥姥,也有婶娘代洗的。洗澡前要熬制花椒水,里面放上葡萄树、槐树、石榴树的树尖和艾叶枝一起煮,据说可以去毒。孩子出生后的第 7 天,要举行象征性的剪头仪式,要剪七剪,寓意“七巧”,长大聪明伶俐。孩子满月后,娘家派人来接住 7—12 天,过去兴用马车,现在则用机动三轮车或小轿车。届时,奶奶或婶娘要为孩子送来新衣、猫头鞋和被子,为孩子的第一次出门送行。在孩子出生后第 100 天前后,选一个吉利方便的日子给孩子剃头。待孩子周岁时,一般要买个小蛋糕庆祝一下。

在故城村,结婚是比较烦琐的事。首先是“晃面”,介绍人在事先请人算过男女双方的八字、属相不克犯后,介绍二人见面,其中又分为“小见面”“大见面”两个程序。“小见面”是介绍人领着男青年去女方家,什么礼物也不带,让女方家长面试;若面试成功,其他人都会出门,让男女双方单独相处十多分钟的时间,此时两人可以随时中止关系。也有的家庭比较保守,会在此时略去男女单独相处的环节。“大见面”即定亲礼,一般是在“小见面”之后的一月内举行。此时男方的母亲会跟着到女家来,当面送给女方660元的礼钱,比较讲究的还要附赠手机。但近年来也有婆婆不来、不交礼钱的情形,以免日后发生财务纠纷。总的来说,上述礼仪是不能减少的,即使男女青年已经彼此熟悉,甚至有几年的恋爱关系,也要遵从上述习俗一一如仪。

定亲后的男女青年,获得了单独相处和结伴出行的自由。逢节过会,男家要给女方家里送礼,如成箱的啤酒、饮料、方便面等,或是送钱210元、260元,钱的数目不能是百元的整数,但又讲究后面带零,顺便邀请准儿媳去串亲戚。此时婆婆要给钱,过去一般是320元、360元、380元,2008年最时兴的数目是660元。从认识到结婚,一般是两年左右。

结婚的日期由男方家定,房子由男方置办,家具由双方协商置办。比如要买两套立柜、沙发,男方一套、女方一套;在现代设备方面,一般是女方买空调,男方则买电视、冰箱、摩托车。女方必须准备的嫁妆是16床铺盖(个别人家有14床或12床的),12对枕头、枕巾。

举办婚礼这天,上午11点或12点男方要来接亲。新郎一下车,就要往自己脸上抹黑,或由新娘的弟弟来抹,俗谓“抹得越黑越吉利”。以前时兴用黑鞋油抹,在发现容易引起皮肤过敏后,现在一般是用黑面膜,要用两包。新郎来到新娘家,由女方嫂子、婶子给新郎戴花,逗新郎交纳二三十元的喜钱。新娘的婚服讲究内外一身红,穿棕色鞋,里面是黄色龙凤鞋垫,意即脚踏黄地儿,忌跳火坑。此时新娘身披婚纱坐床,不可下地。

新郎随即将带来的两副红手套（一厚一薄）、两双红袜子、一个蒙头红（一块红绸子布）交给新娘，新娘戴上蒙头红后就不能说话了，直到男方家由新郎取下蒙头红后方可开口。新娘由伴娘架扶到车上，迎亲队伍讲究“出东门进西门”，即车队来接新娘时往东行进，回去时往西开路。遇到十字路口，要扔一块约2厘米见方、用红纸包着的生猪肉。如果路上有磨盘，或比较大的白色石头，则用一方红纸压上。到了新郎家，由新郎的婶子、嫂子迎请新娘下车，新娘面朝哪方坐下是事先算好的，需要正对贴着喜字的喜神方位。新郎的嫂子、婶子端来饺子，让新娘翻一下再吃，也可不吃，因为翻一下就代表已经吃了，新郎则要真吃。然后，由嫂子、婶子给新娘绞脸，用染成红色的鸡蛋在面前照一下，摘下蒙头红。女方家陪新娘来的人吃完饭即走，只留两个或四个陪着新娘拜天地。仪式由“执客”主持，“执客”念送礼人的名字及所送的礼金数或礼物，新娘新郎跪下表示谢意，每一个都得跪，现在也有个别家户改为鞠躬的。拜天地、拜高堂时要磕头，没有夫妻对拜的礼仪。拜完天地，邻居们就闹腾着要给公公婆婆及本家人脸上抹黑，追得他们纷纷躲避。拜完天地后，新娘就脱去婚纱，换上便衣，收拾一下个人生活用品返回娘家，一两个钟头后再回婆家。新娘回娘家时新郎不用送，但过一会儿要去娘家叫新娘回家，称“新娘回门”。新娘回娘家后，男方家的亲戚才开始吃饭。新娘回到婆家，由新郎的姑姑带着上祖坟，回来后天色渐黑，更年轻的一辈人开始闹洞房。婶子、嫂子已经事先铺好炕、扫好床，在一床红被子的四个角和中间缝进枣、花生、芝麻，缝的时候要留几个小口，不能全缝结实，在床前安置一张桌子，三五个盘子里放着苹果、炒菜。上述物什，都将成为闹洞房者嬉闹的道具和战利品。结婚这天，新郎的姐姐要给新娘上份大礼，一般是2880元或3880元，再给买一件羽绒服。第二天新娘新郎两人一起回娘家看望，此后在婆婆家住够9天之后才可以再回娘家。刚结婚时，新人和婆婆一起住，婆婆做饭。分家时，婆婆为年轻夫妇买套橱柜，意味着“分灶分橱”。

在故城村，一个人过了50岁，家人就要为他“过寿”。“过寿”又称“庆寿”“接寿”，届时举行家宴，放鞭炮，烧铂纸。女儿用面粉蒸成寿桃给父母送来，现在也有买蛋糕替代的。

逢中秋节、春节和庙会时，外嫁女要回娘家。中秋节时，出嫁女儿送的节礼以前是自做的锅盔（一种硬面饼食），现在则是月饼和苹果。出嫁的女儿不能在娘家过年，大年三十天黑以前必须回婆家。故城村一年中有两个大会，即农历四月初八村西头的玉皇庙会和农历八月十三的刘关张三官庙会（又称佛爷庙会），此时各家要将自家女儿和亲戚接来。因为周边村落在不同的日子另有庙会，都流行接女儿赶庙会之俗，故这一带乡土社会中人们保持着比较密切的交往。

故城村向来重视丧葬礼仪。老人在医院死亡后，家人不允许医院火葬，却花费数千元抬人回家，死者头冲屋门躺在床板上，在屋里放7天，子女执守，接待吊唁者。外嫁的女儿，此时要送回3000元的礼钱。第3天亲家送来约300元一套的“糖大饭”，系用白糖熬制，下面是莲花盆的造型，上面立有糖人，摆在棚前面，等死者入土为安后由帮工者分食。第6天扎棚，第7天雇歌舞团、吹鼓手来闹一天。吹鼓手、歌舞团八九个人演出一天，支付1000元左右。然后是宴请亲朋宾客。第7天下午两点起灵，大儿子摔瓦罐。棺材里面放上自家剪的纸钱，一般是7摞，另有7个桃核、7颗石子、7枚铜钱、7份香。到了墓地,须在土坑里放 5 摞纸钱,一个角一摞,中间一摞。棺材外面,对应死者头部的位置放一碗饭,插一双筷子。落葬时,儿女要往外走 100 步,意即不忍心看埋葬亲人的场面。埋完之后再回来烧纸,在坟上留个记号,然后孝子、女儿、儿媳都要抢着往回跑,俗称“抢富贵”。

与众多华北村落一样,本村亦流行冥婚之俗。不管多大年纪,即使年过八旬的孤鳏老人去世,在世的亲友也要为他找阴亲。一般是由媒人出面张罗,双方家人同意,举行合坟仪式。此前,男方要给女家一万元左右的礼钱,此后双方不再走动。未婚少女死后不入祖坟,就埋在路边,找了阴亲之后就起坟,埋到男方祖坟中去。

显然,这是一个传统礼仪保留比较完整的村落,一般来说,人口居住高度密集,往往会导致村落人际关系复杂,从而产生守护传统秩序的强烈需求。在传统民俗中体验秩序,从传统信仰中寻找慰藉,遂成为该村文化体系的一大特色。如果说“误城”的传说赋予了村落地理方位某种神奇色彩,“故城”之名的一再强调则体现了村民之于本村历史的某种自豪心理。冥婚的流行,对传统葬礼仪式的恪守,男尊女卑现象的长期存在等,都显示出故城村比较注重村落传统、保守怀旧的倾向。与此同时,村内各家院紧密挨傍的建筑格局,人生仪礼方面较为繁杂的仪式活动,岁时节日在农闲时节的密集设置,使村民之间一直保持着比较频繁的人情往来。这一切的背后,则是村民通过村落内部密切交往、互通信息的常规渠道,使各类信息迅速传播,从而实现信息资源的高度共享,以此改变这一相对封闭的传统村落与外部社会之间不甚通畅的信息交流状况。因而,故城村这一熟人社会,明显地表现出在精神生活方面自给自足的文化特征。就此而言，被村民视为“传统”的民俗礼仪和信仰仪式，是当代故城村特别予以保存和彰显的部分，展现出与以现代化、城市化为特征的外部世界逆向而动的姿态。

二、村落信仰空间

在故城村，除了日常支出和盖房、娶亲、走亲戚、逢事随礼的花销，一般村民生活颇显拮据，精打细算必不可少。在寻常日子里，一碗咸菜或许就是一户村民一天的菜肴，一棵白菜或一把豆芽加上酱油、醋熬炖成汤菜，可以吃上好几顿。村民的日常饭食非常清淡，一年中所消费的菜、肉、食油很少，即使是在置酒宴客的场合，饮食也不甚讲究，酒桌上象征性的四样菜肴是绝对不能放开吃的。庙会期间，全体村民不分男女老幼均可到几户人家聚餐，同时免费招待外来的所有客人。而这几户人家也就是提供聚餐地点而已，所有花费统一从庙里的香火钱中支出。此时，全村洋溢着狂欢的气息，几口大锅烧得滚烫，有人不断地将白菜、豆腐、粉条、海带等熬煮成“和菜”，刚刚蒸好的大馒头随便取食。然而，观察村民的精神状态，却绝然没有在一些生活贫困的城郊村中常见的萎靡不振甚或濒于崩溃的气息。庙会期间的物质丰盛，在村落日常生活中制造出悠久的回味和绵长的心理期待，在庙会期间狂欢心理的短暂释放之后，新的回味和期待随即开始，从而使庙会在村落社会生活中占有重要地位。故城村庙会上的热闹，以物质期待的满足为基础，集中表现于信仰需求的全面释放，其意义则是在与村落日常生活的相互映衬中产生的。

外人走进故城村,最直观的感觉就是来到了一个热衷于建庙、沉湎于信仰仪式的村落。村头巷尾,街边路角,总能看到大小不同的神灵在享用着村民的祭拜。本村庙宇有35—40座,三五户村民兴之所至往往就可商建一座小庙,故村内庙宇的确切数目连村民也不甚确定,当然也从未觉得有此必要。村民言谈中的“庙”,可以是规模较大的建筑群落,可以是墙上悬挂的一幅神像,也可以是刻在墙上的几个字,甚至可能是写在纸片上的某位神灵的名号。在长约500米的主街上,就散布着观音庙、关帝庙,石敢当等十几座庙宇。在该村的东南西北四角,都有规模较大、可供集体祭祀的庙宇建筑。无论大小,所有的“庙”或神圣物事均被完好保存,小心呵护,随时可见一脸虔诚近前进香的村民。修建寺庙,是村民对本村曾为“国家都城”荣耀历史的记忆方式。随处可见的庙宇,是村民对村落集体记忆中对那一段繁华岁月的象征性复原,寄寓着村民圣化本乡本土、追慕昔日辉煌的情感。在修庙敬神的或繁或简的神圣活动中,村民体验着“我与历史同在”的豪阔心理。

该村民间信仰有着雄厚的群众基础,不仅是老年村民,青壮年中也普遍认同神灵的力量,村民中间广泛流传着种种令人难以置信的“神迹”和一套信神行善终得好报的道理。几乎是所有家户,都在屋内设立神位以供奉祭拜。面对我们的访谈,也有村民闪烁其词,半开玩笑地声称这些都是迷信,显示出40多年前国家自上而下发动的“文化大革命”在这一带留下的深刻印记。村中大部分少男少女,每天晚上聚集在法王宝殿前认真地习练梅花拳。庙前习武这一村落制度,在一定程度上显示该村已将梅花拳的习练活动视作一种敬神仪式。在祖辈父辈的熏陶之下,孩童早早就参与各种信仰活动,担当诸如点炮、扛旗、演武等角色。他们对于各庙神灵及相关仪式津津乐道,兴趣浓厚。我们注意到,该村庙宇的重修时间集中在 1987 年至今,显示出 20 多年来村落信仰复兴的强劲势头,这一势头至今未见消歇。

(一)信仰对象

该村村民的信仰对象众多,几乎包括村民所能想到的各路神仙,有玉皇大帝、三霄奶奶、老君、水府三官、玄武大帝、城隍老爷、土地公、魁星、门神、灶神、财神、天地全神等道教神灵,释迦牟尼、韦陀、千手千眼菩萨、南海观世音菩萨、送子菩萨等佛教诸神,还有一些是由英雄忠烈、贤臣良将演化成神的,如关帝、刘备、张飞、韩文公、周公等。其中,与村民日常生计有关的难以归类的民间杂神数量最多,有子孙爷、车神大王、戏台之神、路神、书房之神等;有的与对天体天象、自然万物的崇拜有关,如老天爷、火神爷、石敢当、河神、龙王爷(焦龙王、井龙王)等;有的是对动植物的信仰,如老仙、槐仙、杨仙、麦爷爷、麦奶奶等。此外,还有各家祖先和梅花拳的历代祖师爷。据村民说,村里有近 20 户人家信仰基督教,这些人家从不参加上述烧香磕头活动,因为时间的关系我们未曾调查。

从信仰仪式的空间表现来看,故城村有社区与家院之分。对于散处村落社区的各处神灵,村民按照其寿诞纪念日期以烧香、摆供、游庙等方式予以祭拜。对于老天爷、灶神、魁星等神,则在家院内早中晚敬三炷香,每月农历逢初一、十五摆放馒头、瓜果、饼干等供品行祭。祖先祭祀亦主要在家中举行,只是在清明节另行墓祭,在年节期间到村口“请家亲”。据说张家、安家以前曾建有祠堂,但 20 世纪 60 年代毁弃后再未重建,目前各家族没有集体性的祭祖活动。[1]

村里为什么要建这么多庙?村民最普遍的回答是“修好庙以后图个大吉大利,求着自己的子孙能有本事,不要继续待在农村,能成才”,或者是“行好,行好就保佑你”。村内神灵哪一个更灵验?他们几乎是异口同声地说“都灵验”。再进一步问询信神的目的,就会发现村民的信仰活动主要有三个指向:治病求医;希望子孙繁多,尤其是那些多生女孩之家;求平安发达、家业兴盛。只要觉得某位神灵能为村民生活提供帮助,村民就可能为其辟地修庙,烧香膜拜,而不计较它属于哪教哪派。若觉灵验,就会更加虔信并广为传播;若觉未获灵验,就会自责内心不够虔诚或祭拜仪式不够正规,发愿以更虔诚的态度、更正确的方式信奉神灵,与神灵沟通。换而言之,村民求神拜佛,并非要寻求某种神圣的情感体验,而是指向生存现状的改善和心理平衡,以及由此产生的某种精神愉悦。我们在调查中发现,众多自认是“在教”或是“门里人”的村民,其确切意思是表示自己有“信仰”,如信道、信佛或信梅花拳,信奉与“好”“善”相联系的一切,而并不一定明确地归属哪教哪派的组织,心态上信仰不一定坚定,也不一定有经常性的信仰行为发生。一言以蔽之,他们追求的不是超越人生的自由,而是与日常生活有关的设想中的功利性。在村民看来,一个连村内主要庙宇所代表的神灵世界都不关注,不能以恰当的祭神仪式化解种种生存危机的人,是不能算作一个合格村民的。从另一方面来说,村

---

① 安家的祠堂在“文化大革命”中被拆除,后被改建成火神庙,主要由安衙的安家人供奉香火。张家祠堂共有5个,一个总祠堂和根据家族四大支分立成堂,“文化大革命”中总祠堂被拆建成村支部办公室,四个支系祠堂被拆毁后,连同地基一起卖给村民盖房。

民眼中的能人，总是对村落信仰知识熟稔于心，并能将关于神圣与世俗的多种知识结合起来，灵活地阐释各种社会现象，从而获得大家的认可，他们由此在一定程度上掌握着村落社会的话语权。

显然，以敬神为特征的信仰活动已在故城村成为一种“实践理性”：信仰已成为一种身份和符号的象征，内心虔敬与否是个体的事情，但是参与在村落空间进行的仪式表演，以村落为单元对外演示本村的信仰，获得周边社会认可，以及在特定的日子里以约定俗成的形式表达自己的信仰，则是特别重要的事情。兼具身体化表演与内在信仰的“梅花拳”，在故城村占据重要地位，并非偶然。

（二）村落信仰的空间结构

格尔茨从一个小小的巴厘斗鸡场景，揭示了个人情感与集体表象的密切互动关系，展示了民族精神和文化的理想型与特定社会中个人人生观揉成一体的过程。在他看来，斗鸡场景激发并展示的感受并不是毫无意义的行为，这些感受把“鸡”“男性”“赌注”“规则”“地位”“竞争”等巴厘人关注的东西烘托出来，构成了一个生动的集体经验蓝本，不仅把巴厘人的生活趣味一展无遗，而且在隐喻的层面将其憎恶观、乱治观、君臣观等也表现得淋漓尽致，甚至将上层社会的政治角逐把戏拿出来玩味。[①] “巴厘人倾向于将个人表现在各个方面的殊异性及个体的特性都给予风格化的体现，从而体现出自身在体态、心理或

---

① 参见王铭铭：《“格尔兹文化论丛”译序》，[美]克利福德·格尔兹：《文化的解释》，纳日碧力戈等译，上海人民出版社1999年版。

风俗行为的不同,由此形成一种戏剧化了的人格。”①而在故城村,遍布村中的大小庙宇及祭祀活动,联系着该村最重要的精神活动。它们更多地具有村内走会的性质,而缺乏一般“庙会”所必备的陌生人进入的特征,并不构成真正意义上的“庙会”。以神诞为时间点、以寺庙为中心而举行的祭神活动,更多地表现为一村之内举行的文化表演,以此构成了一种定期刷新社会秩序的“神圣戏剧”。

佛吉寺。该村建筑规模最大的两座庙宇之一,位于村南部的新街和安街交叉路口,坐北朝南,门外悬“佛吉寺”牌匾,是供全村人共同活动的信仰场所。主要建筑设施包括前后殿、功德碑群,寺内供奉释迦牟尼、韦陀、刘关张、天地爷、龙王等神像。据寺内《重修佛爷殿序》(1996)记载,该寺始建于唐开元二十八年(740),与治理洛河有关,距今已有1200多年,可谓历史悠久。1996年,故城村成立佛教协会,同时成立庙群筹建委员会,全村民众在张锡龄的主持下完成了这一重修工作。

玉皇庙。1987年重建,位于村西部,面对前街,建筑坐东面西,主要有三霄殿、玉皇殿、麦神殿,院内建有古戏台与三霄殿相对,是村内另一大庙。三霄殿内供奉大奶奶、二奶奶、三奶奶,另有疙瘩奶奶、眼光奶奶、血山奶奶、筋骨奶奶配享;玉皇殿内供奉玉皇大帝,老将、少将、顺风耳、千里眼配享;麦神殿供奉麦爷爷、麦奶奶,两边悬挂“亩产小麦双千斤”“年年存麦有万石”的对联。在玉皇殿旁的神棚中,以简单立牌形式供奉的神灵还有火神、子孙爷、杨仙、魁星、送子菩萨、老仙、王禅老仙、观

---

① [美]克利福德·吉尔兹:《地方性知识》,王海龙、张家瑄译,中央编译出版社2000年版,第80页。

世音菩萨、文殊菩萨、普贤菩萨、老君、释迦牟尼、玄武大帝、桃花女、周公、千手千眼菩萨、天地全神、三元大帝、关圣帝君、福德尊神、五道、刘备、关羽、义(疑为"翼")德、河神、焦龙爷、灶爷、财神等。每年四月初八为玉皇庙庙会,从初四到初十,请戏班到古戏台接连唱戏七天,此外还有梅花拳表演等活动。

法王宝殿。大致坐落在该村的中心地带,坐北朝南,一殿一院。正殿里并无佛像,却供奉着梅花拳祖师牌位以及社区诸多神灵,主祭牌位画像下面画的是莲花底座,画像两边分别挂着"阿弥陀佛"的条幅,上面以红纸黑字醒目地书写一行大字——"中国非物质文化遗产——梅花拳"。这是该村香火最盛的神圣所在,一年四季,早中午晚,几乎都可见到前来行香叩拜者的身影。殿内摆放着《弟子规》《幸福美满的人生》《家庭六步教育》《百孝篇》等书籍,任人拿取。殿外两侧摆放着梅花拳常用的十八般兵器。正面所对的影壁墙上,则画着一树梅花,上写着一个大大的"武"字。每日晚间,全村少男少女在殿外演练梅花拳。

菩萨阁。位于村东部安街与后街交叉路口,坐东面西,跨前街而建,上为送子菩萨阁,阁内供奉送子菩萨,下通行人车辆。据立于阁下道旁的《重修送子菩萨阁碑记》(1998)记载,菩萨阁是在明永乐初年建成,1998 年由安姓人主持重建,2001 年开光,此后每年在农历十一月十六办会,持续三天,主要活动是唱戏、表演梅花拳等。平时逢农历初一、十五开门,供人们求子祈愿。菩萨阁的管理实行会首制,安街往东所有家户分成 16 个人一组,按次序轮值,一组管理一年。

南顶庙。位于村东南部安街与前街的交叉路口,坐北朝南,一殿一院,悬挂"玄武大帝"牌匾。院内《重修玄武大帝庙碑记》(2002)有载,南顶老爷因在兵荒马乱中救百姓于水火,保百姓之平安而被村民塑像供奉。殿内另有桃花女、周公、龟蛇十二帅等,山门两侧的小庙内则分别供奉着城隍、土地神。

火神庙。位于菩萨阁、南顶庙之间的安街西侧,坐北朝南,一殿,无院,门上方悬“火帝真君”牌匾。火神庙基原为安家祠堂,祠堂在20世纪60年代被拆,后安姓族人在该地修建火神庙。管理上实行会首轮值制度,每年正月十六晚在该庙燃放烟火行祭。

关帝庙。位于该村后街中段,临街而建,坐北朝南,一殿,无院。据殿前《重修关帝庙碑记》(2001)记载,该庙始建于明嘉靖年间,清同治年间重修,新庙是1999年在村民张德梅的带领下二三百户人家共同出资建成,2001年农历十一月初八开光。殿内供奉有关帝、土地神、五道神,关平、周仓配享。殿内另有一尊关帝像端坐椅上,高约70厘米,可供驾抬巡游。村民张喜文负责管理该庙,平时就在殿西的小屋内理发、修车。①

除了以上各处,村中还有许多规模较小的庙宇。最常见的是在住宅墙壁上辟出小神龛,或在大门两侧靠下的方位张贴神像,一般是供奉土地神、观音大士(观世音菩萨)、子孙爷、关帝、钟馗、石敢当、杨仙、槐仙等,期以保家镇宅。而较大规模的寺庙坐落之地,往往是村落内部交通最便利的所在,代表了村落重要的文化公共空间。

(三)庙戏活动

本村不仅庙宇众多,庙会活动也较为丰富,每年至少要唱

---

① 访谈人:李久安。被访谈人:安平良,50岁,初中文化水平;安海青,57岁;安进春,64岁,小学五年级文化水平。访谈地点:故城村菩萨阁附近街口。访谈时间:2009年5月1日。

五次戏(正月十五、正月二十二、四月初八、十一月初一、十一月十六),多则六次。① 若恰逢庙宇开光,则一律请来戏班表演,一般是一唱五天,连唱三年。除了戏曲表演外,还有秧歌队表演、梅花拳表演等活动。近年来,梅花拳表演成为不可或缺的节目。

逢庙会之期,村民会热情邀约村外亲戚前来聚餐、看戏。亲戚一般都会携带礼物而来,关系近的礼物多,走动频繁,关系远的则礼物较少,走动也少。其中,以女儿、女婿的礼物最重,如成箱的牛奶、方便面和桶装花生油。远道慕名而来的旅游者或调查者,也一无例外地会收到晚间聚餐、看戏、留宿的邀请。在村民心目中,庙会和庙戏是村落生活中的大事。庙会期间,亲朋好友欢聚一堂,看戏评戏,咂味本地历史和社会变迁况味,过着比较"奢侈"的生活,庙会本身是年度周期中极其重要的时间点(见表2)。

戏曲表演是最热闹、最受村民欢迎的庙会活动。每个庙会都有固定日期,届时请来戏班唱戏,这在村民的心目中似乎代表了村落秩序中的某种权威和村落精神传统的绵延恒久。最受本地民众欢迎的剧种是河南豫剧(当地俗称"高调"),还有本地剧种武安落子、四五弦等。② 所演剧目有《太君辞朝》《汉

① 如村民认为二月十九是中天爷的生日,收成好的年头就请几天戏,年景不好则罢。村民张法印说,中天爷就是南顶老爷,在村民心目中是一种更古老、更原始的神灵,地位比玉皇大帝高,但"没有多大实权"。

② 按照村民张法印的说法,本地人就是喜欢"高调"(豫剧),每年庙会请的最多的就是豫剧团,很受欢迎。此时正在演出的河南龙凤豫剧团团长李广龙说,他们这个豫剧团牌子是河南的,可是演员主要都是本地人,只有个别河南人。在南庙(佛吉寺)演出的另一个戏班班主马彦民说,他率领的演员都是本地人,但主要唱豫剧,也会演武安落子的几个剧目。

宫血泪》《春江夜》《老羊山》《拷红》《大祭桩》《三哭殿》《对花枪》等,很受欢迎。

表 2　故城村庙戏演出的年度周期

	正月十五	正月二十二	二月十九	四月初八	十月初九	十一月初一	十一月十六
请戏缘由	新年讲究大吉大利	供奉中天爷	南顶老爷的生日	说不上什么原因*	佛吉寺敬神	宣扬梅花拳	供奉送子观音
演戏地点	玉皇庙	后街	南顶老爷庙	玉皇庙	佛吉寺	梅花拳传播基地	菩萨阁
演戏时间	正月十三至十七	正月二十至二十四	二月十八至二十	四月初五至初九	十月初七至十一	十月二十八至十一月初三	十一月十四至十八
每年请演及丰年请演的天数	每年请演5天	每年请演5天	丰年请演3天	每年请演5天丰年请演7天	每年请演5天	丰年请演5天	每年请演5天丰年请演7天

*　四月初八本来是释迦牟尼的生日,应该是佛吉寺的庙会,但佛吉寺并无庙会。据村民张法印等说,玉皇庙会早已有之,但为什么会期在四月初八而不在正月初九(传说中玉皇大帝的寿诞日),则莫知所由。

资料来源:付伟安:《河北省永年县故城村民间游艺调查报告》,山东大学民俗学研究所编:《百脉泉》2009年第3期。根据实际调查情况有所删改。

除了邀请职业剧团作庙戏演出之外,故城村还有一支自发组建的秧歌队,逢农历每月初一、十五作巡庙表演,甚至在麦忙时节也不间断。逢正月初九玉皇大帝寿诞庆祝日和正月十五元宵节,秧歌队往往要表演一整天。秧歌队在参加本村庙会时是义务演出,而当村外请演,则须支付一定的费用。

这一带乡土社会的庙会活动此起彼伏,使得周边村落的亲友走动比较频繁,促进了当地聚宴游艺活动的活跃。在宴席上,中老年人喜欢划拳,年轻人喜欢以玩扑克牌或掷骰子的方法决定饮酒的次序和数量。当老年人和年轻人一起喝酒时,为了表示对老年人的尊敬,一般会采用划拳的方式来行酒令。如果手头没有扑克、骰子一类的东西,村民会寻几根火柴棒或揉搓几个纸团代行酒令。行酒令,使赴宴者普遍参与进来,气氛热闹欢畅,有效地弥补了酒肴菜品的相对单调。

（四）小结

庙会是村落生活的特殊时段,是村民在信仰心理驱动下所发生的信仰实践活动,从而构成了重温本土信仰传统、培植当代信仰土壤的特定时空。在人头攒动、好戏连台之际,村民体验着一种与日常生活节奏全然不同的"信仰时间",即伽达默尔所谓的"节日强化时段"。庙会中的巡庙敬神仪式,戏曲、秧歌和梅花拳等表演活动和宴客时所行的酒令,都是在神圣传统的名义下,发生于村民之间的生动鲜活的情感交流与不乏娱乐的生活交际,共同汇作一条集体狂欢的河流。伽达默尔曾在讨论戏剧活动的节日特征时,特别强调人们在节日中的时间感知所具有的超越性意义:"在节日场面中总有一种激昂的东西,使参与者超出了他们的日常存在进入一种普遍的交会中……演出是节日的存在方式,在演出中,时间成了昂扬的存在的 nunc stans(现时状态），在这种昂扬的存在中过去和现在在纪念运动中合而为一。”①在故城村的庙会活动中，正是这样一种特别的时间感知，引导人们通过对村落社区信仰传统及相关历史记忆的重温，实现对琐屑现实的超越。一座座神庙唤起了人们的神圣情感，每个人似乎都从眼前的世俗生活暂且向历史深处退去，从而在一个更长的时段、更广阔的社会生活背景中体味生命。

然而，集体狂欢只是庙会活动的表象，其本质在于通过对集体意志的反复表达，强化集体内部成员之间的文化认同，以期望对外部世界有所影响。换言之，故城村庙会活动以年度为周期的反复进行，意在对村落传统进行有选择的强调与强化。比如说，这些庙会最突出的特色是以村落传统为号召的梅花拳表演，而梅花拳其实是贯穿在故城村村民日常生活之中的。每天凌晨用扩音喇叭播放佛曲和每天晚上村中少男少女在法王宝殿（即“梅花拳传播基地”）习练梅花拳，似乎是该村恒久不变的风景。而对于故城村村民而言，梅花拳的平时习练，展现的是村民“在拳（教）”与“不在拳（教）”的身份之别，强调的是村落内部文化认同的差异；梅花拳的“庙会表演”，则是在前来观看的外人面前，以梅花拳展示独特的村落传统与村落形象，凸显的是村落社区的文化精神。如果说信众捐款代表了庙会活动在经济层面的再生产机制②，那么每天凌晨播放佛曲与每

---

① ［德］伽达默尔：《伽达默尔集》，严平编选，邓安庆等译，上海远东出版社2003年版，第546—548页。

② 笔者注意到，庙会所需费用均由民众自愿捐献，捐献者除了本村村民外，有附近村镇前来许愿、还愿者，还有从永年县、邯郸市等地远道而来参加庙会的各色人等。从远方赶来参加敬神仪式者，往往会捐献数额不菲的善款。上述善款足以应付庙会的开支及庙宇修缮等日常消耗。

晚习练梅花拳,则代表了该村信仰层面的再生产机制。在此框架之内,村民的情感交流、生活交际就不可避免地与以梅花拳为旗号、与佛曲相映衬的宗教性意义的生成联结在一起。每一次村落庙会,都是针对村落内部的“传统强化”和面向外部世界的“文化表演”,寄身于这种周期性的庙会活动之中,村民的信仰心理常在常新。

三、梅花拳:村落信仰的强化机制

故城村村民有凡事强调积善行好的道德化倾向,一旦与人相熟,所谈的话题往往就要联系到他们所钟爱的梅花拳。对于众多村民来说,梅花拳似乎代表了信奉道德、身体力行的某种总体性言行规范。对于故城村村民来说,他们倾向于从梅花拳的角度评判是非,阐释生活世界中的种种因果关系。换言之,关于人生价值观和生命理想之类的话题,在故城村是必须结合梅花拳才能予以恰当讨论的。

据村民说,本村自古就有习武的传统,习练梅花拳已有三四百年的历史。[①] 然而,自 20 世纪 50 年代梅花拳被定性为“会道门”之后,练武活动被明令禁止,被迫转入地下,长达 50 余年。不过,梅花拳的信仰活动(所谓“文场”)在这期间并没

---

① 根据杨彦明对河北梅花拳内部经卷《策底根源》的研究,梅花拳传入永年县最早是在乾隆十三年(1748),以梅花拳第三代传人邹宏义在永年县周寨村招收弟子张宗柯(后成为梅花拳第四代传人)为起始,目前尚无法确定梅花拳传入故城村的具体时间,参见杨彦明:《梅花拳通义》,北京艺术与科学电子出版社 2009 年版,第 21—22 页。

有消失，濒临失传的是梅花拳的武术（所谓“武场”）。转机出现于2006年，河北邢台市梅花拳申报国家首批非物质文化遗产获得成功，故城村张高彦等遂于2007年初向永年县政府提出恢复梅花拳活动的申请。该县文体局专门向文化部致电求证，又经过再三磋商，“故城村梅花拳传播基地”（下文简称“基地”）得以建立。于是，梅花拳文场烧香、武场练武的传统得以在该村全面恢复。“基地”是国家在场的象征，至此，基于村民文化身份与村落信仰传统的双重认同而在民间自发传承的梅花拳，正式在国家政治框架内获得合法性。其实，在当代故城村村民心目中，梅花拳中断的这50多年只是历史长河中之一瞬，古往今来，一茬一茬的青少年都是通过习练梅花拳、信仰梅花拳积善行好的方式长大成人，走完生命历程。梅花拳是解读故城村信仰活动机制的关键。

（一）村落中的“泛梅花拳信仰”

故城村村民所信奉的“梅花拳”，并非仅是拳打脚踢的一套武术训练活动，而是兼指包括佛道儒思想及梅花拳祖师崇拜在内的一种信仰传统。村中有相当数量的村民习练过梅花拳，而绝大多数家庭都表示信仰梅花拳。

故城村梅花拳有着比较固定的一套习练规范，兼具强身健体和道德教化功能。每天晚上，村里的许多孩童（年龄在七八岁至20岁之间）身着统一的练功服聚集“基地”习武，他们进入庙门，要先拜祖师，虔诚地跪在殿前，双手合十，嘴里念念有词，并不断地点头以示行叩拜礼。此后在梅花拳教练的号令下，排列成整齐队形，用10分钟左右的时间共同吟诵《弟子规》《报五恩词》等。而后开始习武，包括身体柔韧性与体能的训练、梅花拳传统架子训练、单人表演、徒手对练、器械对练等，在 1.5—2 小时。如果近期有庙会表演，教练还要再留下一部分弟子加练，排演节目。

2008 年 12 月 28 日至 30 日（阴历十一月初一至初三），故城村“基地”举行落成一周年纪念活动。从 28 日这天纪念活动的程序安排，可大致看出该村以梅花拳为特色的信仰传统的操作模式。

上午 9 点，100 多名学员在法王宝殿前表演武术，然后沿街行进，到村小学操场参加演武庆祝仪式。前来参加仪式的包括永年县政府的两位局长，和前来祝贺的全国各地梅花拳代表 200 多人。先是六七位领导和梅花拳代表例行公事般地致辞，随后两位壮汉大踏步走进场地中，点燃手中鞭炮，满地乱扔，众人惊骇之下不由得都后退一步，算是开了场子。大家期盼已久的精彩节目就要上演，整个会场顿时热闹起来。此后，各路梅花拳队伍陆续表演，还有几个舞狮之类的乡艺表演节目穿插其间，这是一天里最激动人心的时刻。

下午两点开始，是村民以家庭为单元向法王宝殿摆供献祭的繁复仪式，按照预约，这天先后有 9 个类似的仪式要完成。早在前一天下午，村民就已将村内各庙的六七十张供桌集中到法王宝殿前一条胡同的两边。摆供的大致程序是：村里 60 多名青壮年每人身背一桌，走向早已预约摆供的主家；在主家大门口停下，帮主家在 60 多张桌子上摆好供品；面向大殿方向齐齐跪下，由一个担任“号（音 hā）佛”的人领喊“阿弥——阿弥陀佛”三遍，由“号佛”为主家的主事者挂上十字披红（这一角色因之被称为“披红”）；整个摆供队伍开始起身行进，一支西洋铜鼓乐队头前开路，8 位老年妇女拈香而行，8 名男女孩童拈香随行,“号佛”手提一盏马灯跑前跑后吆吆喝喝地指挥队伍,“披红”神情肃穆地随队前行,随后60多张摆满供品的桌子鱼贯而行,每张供桌由两人左右端持,30多位青壮年妇女手执彩旗在供桌两边簇拥护行;摆供队伍行到法王宝殿外的关帝庙前,再“号佛”三遍,燃放鞭炮,烧纸上香;继续行进到法王宝殿内院,最后“号佛”三遍,燃放鞭炮,烧纸上香;仪式结束,主家妇女用提包将桌上的供品收起,带回家;稍息,众多青壮年每人身背一桌,走向早已预约摆供的另一主家……冬天天短,9个摆供仪式下来,已经入夜。整个仪式庄重肃穆,参与者似乎长久地沉湎于仪式之中,不厌其烦,而外来的旁观者则很容易有烦琐冗长的感觉。

法王殿是梅花拳“基地”的所在地,是村中孩童日常习武的地方。显然,上述摆供仪式朝向法王宝殿进行,其实是指向由梅花拳历代祖师组成的“神圣世界”的皈依。在一般村民心目中,法王宝殿就是梅花拳的圣殿。① “梅花拳基地”之名在村中的广泛使用,既显示出村民对由国家政府认定的合法名号的珍视,同时也使潜存村民心中的梅花拳认同得以公开表达。

(二)故城村梅花拳的叙事系统

凡是加入梅花拳文场者,即可随时向各地梅花拳传人借阅本门的经卷、拳谱。据笔者20年来的调查,河北、山东、河南等地的梅花拳至少在近现代社会中一直保持着较密切的联系。

---

① 据村民张法印介绍,最初修建法王宝殿时,即是当作纪念梅花拳历代祖师而设计的,因为本村已有佛吉寺这样一座敬佛的“总庙”,但建造之时梅花拳尚不能公开活动,大家只好瞒天过海以此为名。

就以我们在故城村的三次调查来看,该村逢庙会之期,都会吸引河北、山东、河南等地县市几支到十几支不等的梅花拳表演队伍参与。庙会期间,各梅花拳团队白天举行演武活动,晚间切磋武功,交流文理,不时有人会拿出随身携带的梅花拳经卷相参证。正是在此期间,笔者看到了各地梅花拳传人带来的《根源经》《策底根源》《梅花拳大架老式拳谱》《梅花拳来路根源》等。其实,在参与村落庙会期间发生的这类武术表演与经卷交流活动,已经构成了该村梅花拳活动的另一种语境。可以说,该村梅花拳的叙事系统正是由本村梅花拳活动与外来梅花拳在本村的活动共同营造而成。因此,下面我对故城村梅花拳叙事系统的分析,除了依据在故城村获得的梅花拳《六炉真经》《立道根源》等部分资料外①,也包括前来本村参加庙会活动者带来的上述经卷,同时也参证笔者 20 年来在河北、山东各地获得的梅花拳田野调查资料。

长期流传于华北乡土社会的梅花拳,表层看来是一套"擅长于步"、讲究实用的武功训练系统,其实是一种存在于民间社会的组织形式,而且代表一种包括宇宙观、人生理想、社会伦理、处世原则等在内的文化模式,鉴于它已在长期传承过程中形成了一套"层累"的叙事景观,故可称为"梅花拳叙事系统"。从世界观层面对梅花拳叙事系统的广泛认同和通过习练对梅花拳武术的切身实践,构成了该村与梅花拳相关的"神圣教义"与"身体展演"合一的文化符号体系,身体展演即是神圣的表达,教义必须通过切身实践才能证验其神圣性。梅花拳叙事系统,是一个内含密切相连的三层意蕴的统合体。

---

① 其实,这些经卷也是由外地传入,只是笔者不知何时由何地传入。

其一,是指一套比较完整的、具有一定开放性的武技体系。梅花拳的练习从有着具体动作规定的徒手单练(包括桩步五式、架子和简单的套路)开始,经由器械单练、徒手对练、器械对练,最后到徒手与器械的群战,达到所谓"手无定形,脚无定步,见空按豆,随势而布"的境界,这是一个从武术基本功出发,越来越多地强调即兴发挥、随机应变的逐渐接近实战搏击的完整过程。而一些优秀的梅花拳师,总能在习武实践中编创出许多新的招式、套路甚或功法。在梅花拳的练武活动中,贯穿着一套以动静、虚实、前后、上下、内外、老嫩、直横、刚柔、大小、深浅等武术术语所代表的思维方式,以此引导习练者逐渐寻找梅花拳的意境与韵味,以求早日达到所谓"内三合"与"外三合"的境界。这为梅花拳习练者有朝一日进入文场修习,接受由文与武、圣与凡、师与徒、老祖与子孙、天界与尘世、经书与"无字真经"等所表征的文场二元结构,奠定了一定的思维基础。

其二,是指民间社会的一种组织形式。历史上的梅花拳组织并不严密,但往往有着在固定时间、固定地点举行武术训练与演武活动的规矩,比如故城村梅花拳在本村每年5—7次庙会上的演武活动即是一例。我注意到,故城村村民谈及梅花拳时,经常用"入门"与"未入门"、"门里"和"门外"、"在拳"与"不在拳"、"拜师"与"未拜师"等说法。而且,村民认为一个人是否"加入"梅花拳,并不在于个人习练拳术与否,也主要不以习武时间的长短为依据,却以是否被梅花拳文场师傅视为"入门弟子"为标志。该村村民与不甚熟识的外来梅花拳练习者攀谈时,常以是否"入门""在门里""在拳"作为交流深浅的尺度。以梅花拳诸多术语为标志的社交边界的设置,似乎是作为民间组织的梅花拳与外部世界有意保持疏离的手段。

其三,是指一种包括以农耕经济为基础的处世原则、社会伦理、人生理想、宇宙观等在内的文化模式。历代梅花拳传人将自认为与梅花拳有关的材料集中起来,如各种神话传说、宗教经卷以及与梅花拳有关的历史掌故、传说故事、拳谚口诀等,强调习练梅花拳、参悟拳经拳理的意义。上面所提及的诸多经卷,在时间结构方面大致是从关于人类起源的神话传说向文化英雄的传奇故事的过渡,最后达至与本地区梅花拳重要传人的勾连;其逻辑结构则表现为社会发展的末世论-救世论,从而为个人修圣度人的思想提供充分的合理性,即所谓“有凡无圣不成道,有圣无凡道不成”“少不得收元祖也得下凡修圣”等。梅花拳经卷以宇宙生成、朝代更替等宏大历史背景为叙事语境,为梅花拳赋予某种神圣意味,而梅花拳武术不重花架、讲究真功实练的武术风格,则赋予梅花拳信仰某种通过习练即可“超凡入圣”的可实践性色彩。

对练武者来说,从武术元素的积累到对武术神韵的摸索,是一个从外在的学习活动到身体的自发自觉能力的过程。武术活动本身,时刻离不开身体性体验,并以身体性体验为基点,借助某种神圣信念的体认,而追求在某种心灵自由状态下对身体能力的高效运用。换言之,以身体功能的开发和心灵的“打开”为代表的个人身心潜能的训练、激发和稳定,是身体在有限空间里的自由律动,是心灵在想象的广袤空间里的往来穿梭,需要以人与人、人与自然、人与幽冥世界的神圣性想象为支撑,其本质是个人与他者之间能量的交换与转换。而这与信仰只有一步之遥。

在具体的武术习练过程中,梅花拳向信仰境界的升华,首先是出自身体训练所实际体验到的神圣性，其次是由武术作为一种文化符号所产生的群体效应。前者是个人的内在认同，后者是集体的仪式认同。两者合一，促进了武术向信仰的贴近或转化。此外，对练武效果的夸大和对拳法功用的无限想象，使得武术很容易被信仰化，乃至与某种信仰活动结盟。信仰可以赋予武术某种神圣意味，武术则可为信仰带来某种似乎修炼可达的实践逻辑。与其说像梅花拳这类武术组织容易受到民间信仰的影响，不如说民间信仰本身即是一个无比庞巨的“文化容器”，对于包括武术在内的社会文化事象具有天然的吸纳能力。当然，这种影响或吸纳并不是一次性的，而是处于一种聚散分合的动态过程中。就此而言，梅花拳叙事不仅代表了村民在村落生活的基础上对该拳派历史的集体记忆，也附着了自明清以来的多种民间信仰以及广泛意义上的种种社会思想。以梅花拳为旗号所兼容的各种信仰意识及社会思想，形成了梅花拳叙事系统中武术-信仰的二元结构，为历代梅花拳习武活动提供了“再生产”的精神动力。

故城村的梅花拳叙事系统，是与村落庙宇和家院中的信仰仪式结合在一起的。庙前习武的俗规和庙会上的武术表演传统，说明该村梅花拳的身承与口承具有突出的信仰化特征。如果说村民关于梅花拳的许多知识是被灌输的，那么与梅花拳相关的运动直觉则是在艰苦的身体训练中被逐渐唤醒的。借助于某种神圣或神秘氛围，可以更易唤醒习武者自身的运动潜能。因之，村民在习练武术的时候，亦如在进行某种信仰仪式时一样，一旦感觉与神灵“相通”，其形体动作就会特别地舒展自如，甚至可以达到自由忘我的境界。经过多年来的习武经历，习练者对每一个武术动作是如此熟悉，对每一次武术表演活动的记忆是如此深刻，以至于在他的大脑中储存了与梅花拳相关的丰富记忆，乃至许多社会记忆也被投放到与梅花拳相关的大脑记忆和身体感受之中。反过来说，此时的梅花拳也已经成为村民记忆诸多与习武活动并无直接关系的事件、时间、情感的载体。其结果是，梅花拳既在记忆历史的层面与人们的日常生活相联系，又在价值认同的意义上与人们的精神世界相联系，极易成为滋生某种神圣意识的温床，进而产生以自觉的个体实践活动谋求其宏大社会理想实现的强烈冲动。故城村村民普遍存在着“率以为天下范”的心理倾向，在努力保持自身心灵世界一方净土的前提下，试图以纯洁自身道德伦理的方式挽救世俗颓风，当与此有关。可以说，庙前练武以及庙会演武的传统，助推故城村信仰活动持续活跃。同时，村民在上述活动中积极融入以梅花拳为载体的信仰情感，增强了村落文化的内在凝聚力。

结　语

受调查时间所限，本文主要是关于故城村梅花拳活动的一个调查报告并有如下发现和思考。

从民间信仰发生学的角度看，故城村借助于梅花拳的“武教”文化，不断地体验、实践着村落信仰传统。该村信仰体系在构成上具有多元性，至今仍在不断地吸纳新的信仰元素，并无严格的“准入制度”。

长期以来，村民秘密传承着梅花拳文场的信仰系统。村民立足于现实社会，出于生活互助与精神充实之需，通过与梅花拳有关的武术传统和信仰仪式,在将梅花拳祖师化入民间杂神信仰系统的同时,亦将民间杂神信仰纳入梅花拳叙事系统。梅花拳贯穿于故城村日常生活之中,无论是在平时还是在节会活动中,老一代人总不厌其烦地讲述梅花拳的神奇功能与历代师祖的传奇故事,并借助武德的传授影响习武者的生活准则和处世哲学。有威望的资深梅花拳传人在这一传承链条中处于权威地位,并将这种权威部分地延续到日常生活之中,掌握着村落公共领域中的话语权。

21世纪以来日渐升温的国家非物质文化遗产保护运动,使故城村梅花拳获得了存在的合法性和新的发展契机,梅花拳的武场与文场都得到迅速发展,目前已成为村落文化体系中最富生机的部分。当然,与其他地区如河北广宗县、平乡县如火如荼的梅花拳活动相比,故城村梅花拳因为历史原因目前仍然处在小心翼翼“摸着石头过河”的状态,其发展趋势值得进一步关注。

民间武术的“礼治”传统及神圣运作[*]

——冀南广宗乡村地区梅花拳文场考察

2006年，周伟良在《梅花拳信仰研究——兼论梅花拳的组织源流》一文中，对梅花拳在华北地区的顽强传承能力表示惊叹：

> 梅花拳是传统武术中的一个著名拳种，同时也是清代北方地区具有鲜明教门文化色彩的松散型拳会组织。历史上不时给清廷政府带来恐慌不安的民间教门和拳会组织，随着近百年来中国社会的进步足迹而不断发生巨大蜕变，好多已相继退出历史舞台。但是，像梅花拳这样至今在广袤乡镇间依然保存着其特有的组织秩序、文化信仰和活动方式的，可以说实属罕见。①

笔者以为，梅花拳在华北地区顽强传承的关键，正如周文所

---

* 本文原载于《民俗研究》2015年第6期，系国家社科基金艺术学项目“新时期乡民艺术发展与公共社会建设”、山东大学儒学高等研究院重点科研项目“礼与俗：近现代民间儒学传统与传承”阶段性成果，并受到山东省“齐鲁文化英才”项目的资助。

① 周伟良：《梅花拳信仰研究——兼论梅花拳的组织源流》，《北京体育大学学报》2006年第6期。

说，“（它是）具有鲜明教门文化色彩的松散型拳会组织”。更准确地说，在于梅花拳的独特组织结构——以“武场”“文场”承接与活用中国社会独特的礼治传统：“武场”以习武强身为号召，面向社会作公益性开放；“文场”以隐秘的信仰运作凝聚人心。梅花拳是具有鲜明教门文化色彩的民间武术组织，此言不虚，这一直观判断可作为我们进一步讨论的起点。从20世纪90年代开始，笔者曾跟随燕子杰、路遥先生多次到河北邢台、邯郸、衡水等地调查梅花拳活动，近三年来又数次组织山东大学民俗学团队重点对广宗县前魏村、北杨庄与杜家庄的梅花拳活动进行考察。本文正是基于近年来从广宗县获得的口述资料和历次调查所收集的梅花拳相关文献，试图对广宗乡村梅花拳文场的文化形态与社会实践予以阐释，并在更广泛的意义上讨论当代民间信仰组织发展与中国礼治传统重构的可能关联。

一、“驾”：梅花拳文场的标志

根据我们对冀南广宗县前魏村、北杨庄与杜家庄的调查，梅花拳在当地一般村民心中的形象大致如下：“梅花拳会”是一种“信仰”；有里有外，有文有武，文的有“香桌子”“佛桌子”，主要是看香、供佛。① 梅花拳文场向来有私相授受、秘不

① 被访谈人：陈志善（1936—），男，前魏村人，广宗县水利局退休干部；访谈人：山东大学民俗学专业2013级硕士研究生蒋帅；访谈时间：2015年4月5日上午；访谈地点：前魏村醮棚外。另据我们调查，广宗县许多村落都曾流行梅花拳和洪拳两种武术，若问及二者差异，村民会说“梅花拳烧香，洪拳不烧香”。

示人的秘传规矩,这一自秘性特征可能是当地村民对梅花拳形成上述印象的主要原因。

梅花拳文场的明显标志,是家中“立驾”。一般说来,进入梅花拳武场即算是梅花拳弟子,但如果只学武而没有在家中“立驾”,就只能算是“门外弟子”,有所谓“一脚门里,一脚门外”之说。梅花拳内部有“文管武”的说法,已“立驾”的被认为是梅花拳文场弟子,一般会被尊称为“师傅”。据不完全统计,目前北杨庄设“驾”的有 30 多户,前魏村有十几户,杜家庄已无。

“驾”并非随便设立,而要具备一定的资格①。一个人有无“立驾”资格,首先要由梅花拳多个文场师傅做出集体评判,然后为之烧香“求香礼”。几个文场师傅共聚一室,面向“架”所代表的祖师神灵烧香磕头,叙说事由,然后共同观察烧香过程中所呈现的“香礼”并进行分析,测度神意。其分析、测度活动以统称“香谱”的一些传抄本为依据,并由在场的文场师傅最终确定其是否有资格。一经确定,此人就可以在家中“立驾”,每日参拜梅花拳祖师神灵,修习文场,否则须另择佳时烧香“求香礼”。

所谓“驾”,是供奉梅花拳历代祖师神灵的空间设置,也是梅花拳文场师傅个人“修功”与举行仪式的地方。“驾”的设置

---

① 王尚信说:“(梅花拳)立驾不是随便立的,(第一)必须是得有点名气的,第二得玩三辈子拳。”被访谈人:王尚信(1948—),男,北杨庄人;访谈人:山东大学中国民间文学专业 2014 级博士研究生张兴宇;访谈时间:2015 年 4 月 5 日;访谈地点:北杨庄。于献民说:“真正能承受的,才能够供祖师爷,不是每个在梅花拳的都会供佛堂,比如年轻的,他功力达不到。上点岁数,功力达到了,才可以立驾。”被访谈人:于献民,广宗县后平台村人;访谈人:山东大学儒学高等研究院副教授王加华、讲师龙圣;访谈时间:2013 年 12 月 6 日;访谈地点:后平台村。

大致如下:从文字上看,中间写有“天地君亲师”神位,额书“一贯之道”,两侧对联是“振三纲须赖真武”“整五常全凭大文”;物品有供桌、香炉和供品等,供桌下摆放数个跪拜用的布垫①;仪式方面,有烧香、跪拜、祈祷、冥想、看香礼等,统称“参驾”。至于“参驾”礼仪,清代梅花拳第五代传人杨炳曾在《习武序》中有系统描述。我们发现,现今北杨庄、前魏村通行的文场礼仪,与杨炳《习武序》“立教条目”中描述的相关礼仪大致符合,显示出民间信仰传统的长期稳定性。

拳堂中间立“天地君亲师”神位

左书:振三纲须赖真武(论纲常要恃文友讲)

右书:整五常全凭大文(定太平还让武将能)

上书:一贯之道

设炉次第:上三炉,左一炉,右一炉

上香定则:五炉上香不必拘定。一握十数炷,上三炉或一握六炷,东炉三炷,西炉五炷。亦可为其贫富不等,只

---

① 也有文章将“驾”前物品称为“梅花拳文功修炼法器”:“在供桌上放着一个大盆(山东)、三个(河北)或五个(濮阳)小盆为香炉。按顺序摆放着香、灯、花、茶、果‘五供’,这就是梅花拳历代文场拳师练功的全部工具。驾桌上的‘五供’:‘香’包括香案、香盆、香灰、草香、大香;‘灯’为左右两盏,供烧香用;‘花’为香案两旁摆设鲜花;‘茶’为清茶,请几位佛祖,上几盅茶水;‘果’为果供,一为用植物油所做的糕点,二为水果。是请佛、菩萨、先师所享用。据《梅花拳谱》所载:‘香’为三才‘人’;‘香灰’为三才‘地’;‘香烟’清静直上飘然入空,为三才‘天’;‘香’为五行之‘木’;‘灯’为五行之‘火’;‘香灰’为五行之‘土’,‘香盆’为五行之‘金’;‘茶’为五行中‘水’。”可惜文中未交待资料来源,在此聊备一说。参见《浅谈梅花拳文武功法》,http://www.doc88.com/p-698922898654.html。

要诚敬为主,且简可行。

拜祖师仪注:每逢朔望日期,定行三跪九叩首之礼。平常日期,只行一跪三叩首之礼,亦只要诚敬为主。

拳堂中徒拜师仪注:拜师时只可先一揖,次叩首二个再一揖。若在别处见师,只用一揖。若久久不见,即叩首亦无不可。

上拜收元老祖。

次拜均天教主。注解:均天教主即帝王也。言一人立极,居中治外,六合一家,故为均天教主。

终拜东都护法。注解:东都护法即亲师也。言一生气肇东,生我成我,恪遵王法,故曰东都护法。不可退前落后,切忌忘师背祖。然后再一愿,不可犯上作乱,连累父兄。如孔子曰:如所否者,天厌之,天厌之。师立于左右边,学徒望上叩首,如前者的拜法。①

笔者认为,这是曾为朝廷命官的杨炳一朝归隐乡间对梅花拳文场礼仪所做的贴近官方叙事的规范化整理。他将“驾”立于梅花拳的教习拳堂,在“天地君亲师”神位两侧悬挂寓有儒学教化意味的对联,将拜师礼区分为“拜祖师仪”“徒拜师仪”,分别详注礼仪的时间、细则,并以“切忌忘师背祖”“不可犯上

① (清)杨炳:《习武序》,手抄本,现由广宗县北杨庄村民邢尚娥收藏。杨炳(1672—1747),字虎文,号松岩,直隶大名府内黄县人,康熙壬辰年中武探花,曾任御前侍卫、通议大夫(正三品),乾隆六年(1741)辞官还乡,次年撰写《习武序》。另需说明的是,华北各地梅花拳文场在香炉设置上有所差异,大致有五炉、六炉之分,对应着梅花拳“大架”“小架”流派的说法,其仪式细节及阐释话语亦不尽相同,本文限于篇幅暂不述。

作乱”等话语反复强调其神圣性。他对梅花拳崇奉的三大祖师偶像做了这样的阐释:收元老祖“即天地也”,均天教主“即帝王也”,东都护法“即亲师也”。这种对“天地君亲师”的尊崇,意在强调个人面向生命源头、最高世俗权力与文化传承权威的归顺,可谓中国礼治文化的首义。荀子曾说:

> 礼有三本:天地者,生之本也;先祖者,类之本也;君师者,治之本也。无天地恶生?无先祖恶出?无君师恶治?三者偏亡,焉无安人。故礼上事天,下事地,尊先祖而隆君师。是礼之三本也。[①]

荀子所言“礼之三本”,是后世民间社会所信奉之“天地君亲师”的根据;从荀子的“三本”到民间的“天地君亲师”,两者虽然并不完全对等,但“报本反始”[②]的归源意识是一致的,而在传统中国的礼治文化框架中,所谓“本”之终极乃是宇宙之道。彭牧认为,这种宇宙的统一性与无所不在的道,体现了中国人所理解的神圣,这种神圣感不仅关乎最终的宇宙秩序,而且与世俗世界有着深刻的关联。[③] 而梅花拳文场仪式中“天地君亲师”牌位的凸显,其特别值得关注之处,乃是在其仪式情境中对“师”之身份的神圣化赋义。它将“师”与“天地君亲”并置,更强调徒弟对师傅的感恩情感与“报本反始”的义务,由此强化师徒关系的神圣性与不可更易性。在乡村日常生活中,

---

① (清)王先谦撰:《荀子集解》,沈啸寰、王星贤点校,中华书局1988年版,第349页。

② 《礼记·礼器》:“礼也者,反本修古,不忘其初者也。”

③ 参见彭牧:《同异之间:礼与仪式》,《民俗研究》2014年第3期。

师徒关系免不了带有功利互惠的性质，但梅花拳的文场仪式却将这种关系纳入“天地君亲师”的国家礼治系统中，予以神圣化提升。从民众本位来看，这其实是民间社会对国家传统之“礼”的一种承接与活用，以“礼”的名义整肃武术组织内部秩序并向周边社会辐射。在这一过程中，像杨炳这类在朝为官、在乡为贤的人物起到了重要的中介作用。

二、文场“修功”

家中“立驾”的梅花拳文场师傅，讲究每天在“驾”前烧香磕头以“修功”。以年度为周期，每年农历三月三、六月六、九月九、腊月初八是当地文场师傅“换香”的日子，须重新布置“驾”前香火，寓示供祭祖师香火的“四季不断”“一年四季动香火”。“驾”前仪式的每日进行，与依照四季时序对“驾”前香火的重新整备，构成了年度周期的仪式节奏，意在提醒人们对信仰心理的时刻执守和定期强化。在梅花拳文场师傅心目中，“驾”所代表的祖师神灵既是祭拜对象，也被赋予可以感应、交流的拟人化特征。通过祭礼、言语和冥想中的交流，可以请其帮助自己达成心愿。香在梅花拳文场仪式中扮演重要角色①：

---

① 对于香在民间信仰仪式活动中所扮演的角色，学界已多有讨论，可资借鉴。如岳永逸认为：“只有借助香道的家中的香炉燃烧的香，人神之间的对话才能展开”“当香燃烧时，特定的神灵会被召唤而来，灵为人附的香道的才能代表神灵说话，才能断定求助者所求事项的是非、吉凶祸福。只有通过燃烧的香，求助者也才相信从香道的嘴里说出的话。”（岳永逸：《行好：乡土的逻辑与庙会》，浙江大学出版社2014年版，第146页）

点香是呼唤祖师神灵莅临现场的方式;香火的“四季不断”,显示主人虔敬之心的绵延不绝与祖师神灵的无时不在;借助对燃香过程所呈现的“香礼”,如燃烧的快慢、燃烧的亮度及方位等,可获知“神示”并指导现实生活。而烧香问事的结果有“开礼”“不开礼”之分,并不总会产生“香礼”,也就不难理解。文场师傅对此的说法是,如果几炷香在燃烧的过程中始终没有出现“亮点”,就意味着“不开礼”。烧香问事的“不开礼”,并不意味着文场师傅烧香技艺不高或失败,而是昭示了欲加入文场者的不顺利。文场师傅会告之,祖师对所问之事未有“神示”,可在半年后再来“问香”。私下里,文场师傅可能会将此归因于时机未到或求香者心有不诚。不难看出,从“问香”开始到整个烧香过程,再到“开礼”“不开礼”的烧香结果的最终呈现,文场师傅的操作与阐释空间是颇具弹性的。

已进入梅花拳文场者,讲究每日在“驾”前烧香磕头,不间断地参悟“修功”。这无数次祭拜如仪的重复,往往会产生“日久生信”的效果。“伺候(神)不久,(人)就不信它”,这句出自北杨庄梅花拳文场师傅邢银超之口的话语,意味深长,其实就

(接上页)王斯福则更明确地指出,人们通过烧香在人神之间建构了一种见景生情式的待客与做客的主客关系:“在我看来,中国仪式的整个流程就如迎送客人一样。仪式流程中包含了清洁、邀请、致欢迎辞、献祭品、祈祷、进一步表示谢意以及像是给客人道别并期望重逢一样的告别场面。其中,在仪式的每一个环节中都会烧香。人们对此有不同的理解和解释,而我认为他们提到的其中一点是比较中肯的——烧香就像是邀请某个人,让他收到一份殷勤的礼物,并且在相互之间建立起一种能够重逢的关系。这就像是人与人之间通过互换礼物和殷勤而建立起的一种人际关系。”([英]王斯福:《对神灵的殷勤与祭祀》,赵秀云译,《民族学刊》2014年第2期)

是“伺候神时间久了，人就信神”的意思。正如日常某个动作的多次重复会积久成习一样，对仪式的频繁参与也会产生心理惯性。[①] 频繁重复的动作，“一天三炷香”“早晚一炷香”“一年四季动香火”等说法，都显示出梅花拳文场修炼必须借助仪式的频繁进行。同一仪式的经常举行，就可能会在时间的绵延中孕生出神圣意味，被赋予“本应如此”的生活秩序感与“不证自明”的绝对价值。所谓“身心修炼”的真正意义，就是生命个体由内在精神（心）统合身体的自我砥砺，在长期执守中反复激发身体层面的“如是”体验并不断地滋养精神，最终在对人生境域的领悟中建构生命意义与信仰认同[②]，由此构建身体的“日常”与心灵的“非常”的链接。这一链接的频繁而持续的发生，会在人心中形成心理定式，进而影响其人生态度与生命历程。

梅花拳文场师傅在乡村社会中的权威从哪里来？一是其家中“驾”前香灰的累积体量。香灰积累的多少，直观地显示出烧香者进入文场时间的长短及其信仰的虔诚程度，也象征着

① 正如王斯福所言：“每一次做仪式，都会从心理上产生一种依赖感，这属于个人的事情，但仪式的情境及其参照物也在建立一种历史认同的社会周期。”（[英]王斯福：《帝国的隐喻：中国民间宗教》，赵旭东译，江苏人民出版社 2008 年版，第 1 页）

② 梅洛-庞蒂的“身体现象学”论述颇具启发性。如他认为，身体可以借助知觉而演变为“灵化的”身体，主体也演变为“肉身化的”主体。作为主体的身体，在自我面对世界、自然、文化、他人时，是一个主动的、能动的身体，可以通过不断调整自我的视野和身体空间性，从而更好地感知世界。同时，他将体验视为一个境域，将知觉作为描述境域的核心，将“身体”作为描述境域的路径。详见[法]梅洛-庞蒂：《知觉现象学》，姜志辉译，商务印书馆 2001 年版。需要注意的是，梅洛-庞蒂所界定的“身体”“境域”等概念，与我们通常的理解颇有差异。

其修习文功的深浅。[1] 二是文场师傅每次给人看“香礼”后留下的图文记录,记录越多,所积攒的功德就越多。三是叙说其神奇经历的口传文本,每个文场师傅都有数量不等的奇闻逸事流传。四是关于文场师傅的能力、德行等方面在当地累积的整体性评价,如道行高低、是否正宗等。而借看香为人占卜、治病、解疑问难等,则是文场师傅立足于世的基本能力。

看香,又称“打香”,其实是冀南乡村普遍流行的民间信仰传统。[2] 每年正月间,在广宗乡村举办的各种打醮仪式中,看香是一项重要内容。有意思的是,村民将诸多民间信仰活动称作“行好”“花花好”[3]。人们走进醮棚,在某位神仙前为自己

---

① 笔者注意到,当地梅花拳文场师傅彼此走动时,常以“这段时间香灰又长了不少”夸赞对方,相互激励。

② 岳永逸在调查河北赵县铁佛寺、范庄龙牌会和常信村水祠娘娘三个庙会时,也注意到香会组织及借香说事活动在当地乡村的普遍性存在:“这些人在梨乡不同的村有不同称谓,香道的、仙家堂的、打香的、看香的,等等”“在神案前根据香的燃势,香道的为求助者语言吉凶祸福,提出和缓、禳解之策。”(岳永逸:《行好:乡土的逻辑与庙会》,浙江大学出版社2014年版,第43、120页)

③ 乔晓光最早注意到在河北省邢台市平乡县乡村中的“花花好”信仰活动及以妇女为主体的组织状态:“当地村民把信佛‘行好’的行为称作‘花花好’。‘花花好’以乡村妇女为主,主要是中老年妇女。当地妇女‘花花好’的活动以念经、上香、做功(制作敬神的剪纸)为主。‘花花好’不是正式宗教,只是乡村妇女为主体的多神俗信活动。”(乔晓光:《活态文化·冰雹与祭祀——后张范“立夏祭冰神”个案的村社文化调查》,《民间文化论坛》2010年第1期)李生柱进一步提出,“花花好”作为邢台地区乡民日常表达中的一个常用语,类似于民间信仰,泛指制度性宗教以外、生活化色彩浓厚的乡土信仰活动。它杂糅了儒释道三教伦理,与乡土社会中的道德观相谐和,是地方秘密宗教和正统宗教的现实基础。详见李生柱:《功在民间:冀南洗马村打醮研究》,山东大学博士学位论文,2014年。

或家人烧香,由此展开一系列仪式活动:他们把专门携带的金银元宝、火纸、糕点或水果等一一献供,在布施几元、几十元或一百元不等的“油钱”后,把几炷香交给端坐神像前的看香人,并通报自家住处、姓名和烧香事由,看香人点上香,将人们布施的“油钱”在神像前转来转去,意在告知神灵,同时也将布施者的虔诚与慷慨昭告世人,然后大声唱赞,述说事由,请神庇佑。在某种意义上来说,以看香为能的梅花拳文场,其实也是上述广泛流行于华北地区以“行好”为名义的民间信仰活动之一种。

梅花拳文场与香道的、庙会、醮会等“花花好”一样,都试图在世俗生活与所谓的“幽冥世界”之间建立一种虚拟的互动联系。其具体操作,也都是在特定时间和特定空间(有时会精确到一个特别具体的时间点与空间点)营造与宇宙间神秘力量相沟通的情境,使神鬼仙灵在不可见中应邀而来,享受供品,聆听祈祷,然后循径而去。只不过梅花拳文场多在家中内室进行,所供奉的是“驾”所代表的梅花拳祖师神灵,而香道的、庙会、醮会等则是在村外空地举行,供奉的是天地诸神而已。然而,无论如何,这类以“行好”为名义的信仰活动,总是贯穿着三个层面的“沟通-升华”逻辑,即个体层面的身与心、仪式层面的人与神、社会层面的众生与权威,并以所谓“天地君亲师”为基本框架。它们都会借助大自然一年四季的循环特征,将世俗生活与仪式活动巧妙结合起来,在“如往而复”的反复进行中不断强化其灵验逻辑,因而对民众具有强大的吸附能力,其传承因之具有稳定性,乃至形成了区域社会的文化生态。

三、面向社会的神圣运作

既处于乡村社会之中,且作为一种组织传统,就意味着梅花拳必然是乡村社会文化体系的一部分。事实上,即使是以个体持之以恒“身心修炼”为特征的梅花拳文场活动,也不会完全指向个体,而总是以“超己度人”的信仰运作方式推及乡村社区。其拜师收徒、“传道”、“跑道”、结社行好、“亮拳”演武等活动,更是对当地乡村社会有着重要影响。

(一)拜师收徒

梅花拳文场拜师有“三师调教”之说,即送师、引师、恩师出席仪式。“三师”均为梅花拳文场师傅。送师为主持仪式者;引师相当于介绍人,一般为两人;恩师便是即将为师者。传统的规矩是,梅花拳文场拜谁为师,收谁为徒,不由弟子、恩师本人决定,而由引师、送师根据有入门意愿者的品性、家庭及其与梅花拳的渊源等因素决定,其中送师的意见最关键,最后还要经过“看香礼”的程序。恩师可在百里之外寻找,拜师之前不一定相识,需要以“看香礼”的方式确定是否有缘,由此结成的师徒关系就被赋予一种神圣感——师徒双方都是受神差遣,因神而遇,此次拜师收徒符合神意。当然,文场师傅在现场讨论、揣测香礼所代表的祖师意愿时,会评估此次拜师收徒之举的利弊,比如对梅花拳的更好传承、对跨区域联络合作的促进等。此外,还有一些特别的规约,如“子不拜父为师”“梅花拳不收空徒弟”等。“子不拜父为师”的讲究,可能出于对梅花拳私家垄断的预防，所谓“师徒可以称父子，父子不可成师徒”。过去江湖上有“梅花拳不收空徒弟”的说法，应与梅花拳文场“立驾”的规矩较严与“不许跳道”等禁忌有关。“不许跳道”，即梅花拳文场一旦拜师入门，就终生不能改换门庭，即“跳道”。比如在北杨庄，当有人提出要拜师学文场，梅花拳“当家的”会熟练地运用一套说辞以验其诚。① 入门誓词则是欲入文场者对拳派规矩的公开承诺：

真心交给佛祖，凡体交给师父；不许保镖护院，不许拐卖跳道；如果违背上面誓言，天打五雷轰，挨关老爷一刀！

（二）“传道”“跑道”

在冀南乡村流传的梅花拳文献可分为四类：一是宝卷，如《皇极宝卷》《根源经》《五护纲领》《三百六十处》《习武序》等；二是卜书，如《香理》《炉底》等；三是门规，如《报五恩词》《习文规矩》《十大门规》《五要六戒》等；四是拳谱，如《梅花拳秘谱》等。但是，梅花拳文场传承并不特别看重这类文本，而是强调与日常生活实践密切结合的言传身教，包括对文场礼仪的生活化解说、处世为人之道的践行以及强调积善行好做功德等。言传身教是文场传承的基本方式，其基础则是师徒在长期

① 邢银超说：“你不要信这个！信的话光耽误工夫……信了梅花拳，后悔十来年。磕的是冤枉头，花的是冤枉钱……你得不到架桌的那个利，看不到好处，你还埋怨天地君亲师不灵，这不是不灵啊，是你的心不真！”［被访谈人：邢银超（1954—），男，北杨庄人；访谈人：山东大学中国民间文学专业2013级博士研究生李海云；访谈时间，2015年4月7日；访谈地点：北杨庄邢银超家］

接触中所形成的相互信赖感。因此,当地有“武场好得,文场不好得”的说法,因为文场的东西“不在本儿多,口传的、三言两语的,一句话比半本子书更有价值”,这些往往要在得到师傅的绝对信任后才会传授。

另外,按照梅花拳的老规矩,文场师傅又是不能不尽“传道”之责的:“入门后一跪,要‘接续连灯’,一代代地往下传。”①如果未尽传道之责,则会面临“遭天谴”的危险。如梅花拳第五代传人邹文聚曾因贪图家中富贵安逸生活,忘记传道之责,于乾隆辛卯年(1771)以72岁高龄痛遭“庭帏之大变,内室亡,仲男伤”等家庭变故,顿悟后决然启程北上传道。② 要“传道”,就要“跑道”,即为众生“超灾疗苦”,如劝善、解纷、看病、看风水、卜吉凶等。“跑道”的过程,被视为文场师傅必然的苦行经历,是融个人修功、向外传道、江湖联谊与普世公益于一体的修炼过程。梅花拳文场关于“传道”“跑道”的规矩近乎苛责,其实是要文场师傅以其苦行实践让神圣在内心扎根,从强制中渐悟自觉,同时熏染从学者皈依神圣的精神,而迥然有别于传统“三百六十行”中的师徒关系。显然,梅花拳文场师傅是试图将为师之“教”与神圣之“教”融为一体的。

(三)结社行好

冀南乡村地区的梅花拳,是以武术为纽带的结社组织,但

---

① 被访谈人:邢银超,北杨庄人;访谈人:李海云;访谈时间:2015年4月7日;访谈地点:北杨庄邢银超家。

② (清)邹文聚:《邹氏家谱》。笔者是在广宗县前魏村村民李玉普家里看到的手抄本。

在活动方式上与这一带流行的洪拳等拳派组织大有差异，而与上文所提到的“花花好”近似。我们在广宗县前魏村、北杨庄与杜家庄调查时发现，比较强调男性气质的梅花拳与以乡村妇女为主体的菩萨会，是这一带以“行好”为名义的两大信仰组织。二者都是借香说事，不同程度地担当着沟通亲情、弥合代沟、聚拢人气、劝化人心、提升道德、运作公益等角色。其区别在于，梅花拳更强调与当地习武传统有关的神圣性与神秘感，组织方式较为严谨，而菩萨会则主要是借助定期聚会以缓解现实生活中的焦虑，组织上比较自由随意。

笔者注意到，梅花拳文场师傅大多关心村落事务，注意将其“天地君亲师”的信仰话语，与“爱国”“孝亲”“扶贫”等现代官方话语相链接，通过将后者融纳于前者，使世俗化的国家政治贴近梅花拳的神圣叙事，教化村民，统合乡村伦理。特别是近十多年来，随着这一带打工潮的长期化、常态化，老人去世后的葬礼筹办等成为不小的难题。届时，梅花拳文场会组织武术队前往义务帮工与表演，此举颇受欢迎。在个别村落，梅花拳文场师傅甚至在村落事务中长期掌握话语权。如在北杨庄，梅花拳家户在计划生育、交公粮等“官事”上一直都是先进，曾因此受到市县乡镇各级政府的多次表扬。

我们在调查中还发现，梅花拳文场师傅的口头叙事，普遍体现出对国家政策的拥护，但这种拥护与通常意义上的现代国家伦理有明显差异。在现代国家伦理的逻辑中，公民对国家的忠诚乃是其拥护、践行国家意志的主体动力，而在梅花拳文场的“国家”理念中，抽象的“忠诚”并不被推崇，它认为国家政策之所以值得拥护，乃是因其合乎“天道”而被纳入其神圣叙事。这样一种国家理念与实践，在西方关于国家的种种学说中无法找到对应的框架,惟有在中国传统社会才会发生。这种逻辑,在梅花拳文场的一句“停官不停家”里得到了隐秘的表达。

四、“停官不停家”：梅花拳文场的国家观

在冀南广宗前魏村、北杨庄与杜家庄一带的乡村社会中,民间信仰色彩较为浓郁,村民在聊天中会经常涉及神灵、行好之类话题。进村入户时会发现,村外建庙,讲究与邻村“庙门对庙门”①;新盖的房子都是高门大院,铁门或者是松木门很有气派;大门外,一般在对邻墙上贴“出门见喜”红纸条,在自家外墙上砌刻“泰山石敢当”字样;大门两边镶有瓷砖,上面彩绘着狮子、喜鹊、梅花、牡丹等寓意吉祥的图案,木制门楣上雕有传统风格的花纹;大门以里,通常都会有一个很显气派的影壁,上面以瓷砖拼贴出多种吉祥图案,还会在影壁墙上凿出的一个10厘米见方的小洞内,供奉土地神或关公的袖珍神像;走进宽阔院落,南海老母供奉在院内南墙的小洞里,天地神则栖身于正房墙壁上的小洞里;进堂屋一般需要跨四五个台阶,观音供奉在堂屋内南墙上,还悬挂着一幅新旧不一的布制天地全神

---

①　在广宗地区一些紧密挨傍的村落之间,建庙时多有“庙门对庙门”的讲究。表面上看,这是两村以建庙方式争夺“风水”的表现,但同时也是在当地土地资源贫瘠的环境中试图以信仰层面的村际互动来消解双方的恶性争斗心理,体现出“村运不合”的比邻村落谋求和谐共处的一种智慧。参见张士闪:《村庙:村落叙事凝结与村际关系建构——冀南广宗县白刘庄、夏家庄考察》,《思想战线》2013年第3期。李生柱对这一现象有更详细的描述,参见李生柱:《口头叙事与村落信仰的互构:基于冀南两村白猫黑狗传说的田野考察》,《西北民族研究》2012年第3期。

图;房屋全为平顶,后墙不开窗,据说是怕从后窗走了财气。一言以蔽之,每一种神灵都在家院中有固定的空间,人们的神圣意识深寓其中,以至于特定空间的神圣感甚至可以脱离神像而存在。比如谈及“文化大革命”期间村庙尽毁的岁月,村民会坚持说“村里一直有庙”。这一说法并非比喻性的,因为在村民心目中,众神皆有居所,一直稳居于村内、院内、屋内的特定空间里,就像神灵观念及谱系在人们心中稳定存在一样。正如每家影壁墙、院墙的墙洞里一直有神像存在,只不过时遮时显;家中箱柜里一直是存放神轴的地方,时挂时藏;敬神仪式在私域空间里的举行从未中断。

当今冀南乡村相对贫困的经济生活与热闹异常的信仰活动,有时候不免让人产生疑惑,当地乡土传统是否曾因遭受20世纪国家暴力革命而发生过断裂。其实,这一带是20世纪国家政治运动的活跃地带:1902年,作为义和团运动余波的景廷宾起义在这里发生;20世纪三四十年代,北杨庄是冀南抗日根据地的核心区域,因“西有太行,东有杜杨”而赫赫有名;“文化大革命”时期,梅花拳文场备受摧残。不过,民间信仰传统却一直在这里绵延存续,即使在“文化大革命”的特殊时期,村落和家院中已不能摆放有形的圣物(如神像),但在村民心中,“不见神”不等于“没有神”,而有可能更加根植于心。可以说,在我们所关注的这片区域,神圣意识的关怀与皈依已成了空气一样的存在,在很大程度上已超越偶像神的崇拜模式,神圣意识的维持或神灵的存在,不再必然要借助一幅画像或者一尊雕塑的表达,一旦人们相信在特定空间存在着特定神灵,即便没有象征物,村民仍然可以在特定时间前往供奉祭拜,甚至过而生敬,膜拜于心。如此浓厚的信仰风气,似乎使这一带较为独特，但置之于整个中国传统乡村社会却并不奇怪。事实上，在中国传统村落世界中，对世俗性与神圣性的区分从来就没有那么分明，两者一直难解难分。在世俗性与神圣性杂糅交参的氛围中，凡是能够在乡村生活中凝结为传统的东西，必然要经过世俗和神圣的长期考量与多次锻造。当地梅花拳文场师傅“停官不停家”的说法，是对这一逻辑的绝好诠释。

在三村梅花拳文场师傅的记忆中，“文化大革命”时期印象最深的就是“破四旧，立四新，抓人”①，梅花拳被当作反动会道门受到批判，武场的“亮拳”和“传拳”被禁止，文场被定为封建迷信，公开练拳传文的风险很大。② 但即使是在这一非常时段，冀南梅花拳仍然沿袭着民国以降的“夜聚晓散”之风，“自己偷偷还练着，各家各户都在家里练”③。我们在前魏村听到了更有逻辑的说法：

---

① 王连深说：“我父亲（王孟强）有点名，方圆几百里地都知道他的名。‘文化革命’（开始）以后，被人暗害了，在狱中。”结果是被关押一个月后，宣判刑期两年，监外执行。张兰娥说：“不叫烧香，不叫磕头。给人家看病，后来被人给抓走了。我就烧香，磕头，不管管不管用了。他正在地里干活来，不知道，有人就跟他说你爹叫人家拉走了……那时候香炉子也给你端了，不让你剩下。”［被访谈人：王连深（1952—），男，前魏村人；张兰娥（1951—），女，前魏村人；访谈人：山东大学2014级民俗学专业硕士研究生雷明月；访谈时间：2015年4月7日晚；访谈地点：前魏村张兰娥家中］

② 王林竹说：“我小时候没练过拳，那时候梅花拳基本上处于低迷状态，不让练，都取消了……那时候我的档案材料里有这个：家里祖祖辈辈是反动会道门组织。后来入党，这都受影响。”［被访谈人：王林竹（1951—），男，前魏村人；访谈人：张兴宇；访谈时间：2015年4月6日；访谈地点：前魏村王林竹家中］

③ 被访谈人：张锡峰（1936—），男，北杨庄人；访谈人：蒋帅；访谈时间：2013年12月7日中午；访谈地点：北杨庄。

> 俺这个村里，那时候停拳停得比较早，都是干部，必须得服从党的领导，但是从官场灭了，从俺家没灭，俺家是一直练着。①

在这里，特别值得注意的是梅花拳文场的“家”“国”理念，以及由此推衍出的“官”“民”关系。在中国传统社会中，“家”作为一种社会组织方式，是以血亲关系缔结的。这种以血缘为联结纽带的“家”，与统摄千家万户的“国”之间，其实存在一种微妙的顺向合作关系：一方面，“家”有别于“国”，前者是血缘关系，后者是集群利益关系；另一方面，中国传统社会之“国”又是按照“家（天下）”的逻辑来建构的，“国”与“家”之间的神圣同构关系乃是中国传统国家体制的重大活力所在。不过，在我们所考察的区域中，“家”的主要纽带已不仅仅是血缘缔结关系，而被梅花拳文场借助“天地君亲师”的神圣叙事，以家中立“驾”的方式转化为一种神圣空间。因此，梅花拳文场“停官不停家”的表述，作为面对国家政治高压而采取的一种以退为进的应急策略，并不是要以“家”所代表的血缘群体对抗以“官”所表征的国家政治，而是在其“天地君亲师”的神圣叙事中，凸显“国”与“家”之间本有的神圣同构关系，以消解国家暴力一朝降于民间的无妄之灾。这种消解方式不是和稀泥式的，而是有着自己明确的正义观及神圣化导向，它深信“国家”并

---

① 被访谈人：孙瑞欣（1976—），男，前魏村人；访谈人：山东大学中国民间文学专业2013级博士研究生张帅；访谈时间：2013年12月6日下午；访谈地点：前魏村。

不是要凌驾于民众之上,也深知蓄积于"家"的神圣传统是国家所根本无法禁停的。

考察"文化大革命"期间的梅花拳文场活动意义重大,有利于我们理解其真实的"国家观"及相应叙事策略和实践机制。这也证实:即便是在"文化大革命"这一非常时期,乡村社会依然存有一定的自治空间,民间之"俗"对国家之"礼"的因应活力依然存在。尽管当时国家的强控政治与处于潜抑状态的民间传统已势同水火,但村民在"过日子"的生存策略下仍然能够将"坚决响应政府号召"与自觉传承乡土传统予以兼容。其中最值得注意的,是梅花拳文场叙事传统的当下活用。在村民看来,"破四旧,立四新""反封建,反迷信"等国家政治话语是公开场合的导向,而家庭内部的私相授受则不在受限之列。所谓"停官不停家",作为当时流传于当地乡村的一种普遍说法,就成为村民在特殊年代里兼顾"官家"制度和"自家"生活的一种叙事策略,意在以此消解乡土传统与官方政治之间的外在冲突与内在纠结。这一叙事策略,与梅花拳经卷中"他力前柔乘他后""柔顺为上"的所谓"真文大武"①的传统表述一脉相承,村民对此不言自明,实践起来得心应手。由此足以解释为什么在国家政治高度紧张的20世纪中叶打醮、庙会等乡村仪式停办,梅花拳武场的"习武""亮拳"等公开活动遭禁,而以个体身心修炼为基础、以家庭内室为空间的梅花拳文场活动却依然延续。这种由公域转入私域的梅花拳活动是"藏"起来了,比如室内设"驾"、院内练武(所谓

① (清)杨炳:《习武序》,手抄本,现由广宗县北杨庄村民邢尚娥收藏。

"拳打卧牛之地")与在墙壁挖洞以藏神像、借箱柜暗藏神轴等,但实际上这种"藏"却因高度契合梅花拳的拳义而被赋予神圣色彩,是大雪封山后的春草待生。以此,梅花拳文场在历史上多次历经国家政治运动而能传承,延续了地方社会的神圣传统。

结 语

以广宗县为代表的冀南乡村梅花拳活动,与多种拳派差异很大,而与当地的打醮、庙会、菩萨会、香道等所谓"花花好"信仰组织近似并非偶然,关键就在于其"外松内紧"的文场组织。这也说明,一向讲究传统的梅花拳,其传承并不是自上而下的标准化推广模式,而是以生活化的横向散播为特征,并在与地方社会生活的互动中表现出相当的灵活性。冀南乡村的梅花拳文场组织,其实就是在当地生活实践中被不断形塑的,以神圣的名义运作社区公益乃是其立身之本。由此可引发我们多方面的思考。

其一,像梅花拳文场这样的民间信仰组织,首先应在所处的乡村社会中予以理解,而不是抽离社会语境对其做"迷信""俗信""信仰""宗教"之类的简单评判。就一般村民而言,"有没有信仰"是首要的,其次才是"什么信仰"和"什么形式的信仰"的问题。以尊奉"天地君亲师"为号召的梅花拳文场,与以杂神信仰为特征的其他"花花好"信仰群体,在当地社会中不仅可以并行不悖,还因各自营造的不同神圣氛围、建筑景观和仪式活动而共塑乡村信仰生态,为乡村民众供给文化资源。

诚然,它们因敬奉神灵不同、操持仪式各异而呈现出村落信仰力量的分立与分化,然而因为同具信仰色彩,彼此之间能特别理解,因而我们也应注意到其分中有合的一面,并由此构成乡村信仰发展的基本态势。特别是在当今乡村社会,由资本和经济关系所规定的市场等级日益凸显,上述由民间信仰重振而趋于活跃的民间组织,以传统礼仪教化的方式谋求乡村建设,业已成为乡村内部实现有机联合的重要力量。梅花拳文场组织应在当代乡村社会这一潮流的涌动中予以“在地化”的理解。

其二,冀南乡村梅花拳传统的长期存在,还应在中国社会传统传承的大框架中进行阐述。中国社会作为一种超复杂系统与超稳固结构,其长期的存在与运作有其自成一体的生活-文化系统及运转机制,一方面是国家自上而下的礼仪推行,另一方面是民间组织对国家礼仪的承接与活用,由此形成了比较稳固的礼治传统。大致说来。传统中国长期奉儒学文化为主流,从而导致了整个社会文化系统的结构性紧张:一方面,儒学向来反对任何超出生活实在、与现实生活无关的神圣;另一方面,又以“修齐治平”“兼济天下”为名义,结合当下生活,倡导一种以自身主张为中心的神圣,并视为“理固宜然”或“天理昭昭”。于是,作为其补充,中国社会长期存在着以圣贤、仙道、隐士为代表的另类群体,试图与国家统治集团分享以“天意”“神意”所表征的终极价值。他们通过不同的修炼方式,“超凡入圣,上乘可登”,洞悉“天意”“神意”并为之代言,或将自身表述为“天意”“神意”的一部分(所谓“圣体”“仙体”“半仙之体”),这其实仍然是对中国社会礼治传统的承接与活用,并试图以“在野之礼”的角色对国家政治有所纠偏或助益,是我国悠久历史进程中礼俗互动的民间遗存。① 梅花拳文场在冀南乡村社会中普遍而长期的存在，其“聚散有序，动静互根”的活动机制，应从中国社会的这一文化结构与悠久传统出发，理解民间信仰与国家礼仪之间复杂的互动关系，才有可能贴近社会事实。

以“行好”为表征的世俗与神圣混融杂糅的中国民间信仰传统，或许比儒学传统更古老，已在不同区域蕴积为一种潜在的、可待唤醒的文化心理，并不断地通过神圣叙事与普世运作在当下生活实践中呈现为某种社会力量。成功的国家政治实践，既需要在民众心中唤起对国家主流价值观的神圣性认可，将之导向人格价值观念、政治价值秩序的升华，又需要将国家政治话语与民众日用话语对接，构成社会生活中“礼俗互动”的全幅话语，引导人们共同参与、相互交流，以现实在场的方式

---

① 岳永逸、彭牧曾分别从“乡土宗教”“礼俗关系”的角度有所论述，颇具启发。岳永逸说：“乡土宗教积德行善、奉人为神的素朴不是孤独存在的，而是儒、释、道三教三位一体的生活化呈现。它与传衍千年的‘修身、齐家、治国、平天下’以及‘穷则独善其身，达则兼济天下’等儒家的价值观、圣贤观和‘家天下’的世界观共生互促，与道家宣扬的小国寡民、修炼、得道成仙、物我两忘的人生观荣辱与共，与佛家因果报应的善恶观、转世轮回的生命观唇齿相依。”（岳永逸：《行好：乡土的逻辑与庙会》，浙江大学出版社 2014 年版，第 169—170 页）彭牧说：“俗并非单纯地由礼下庶人而到民间（野），而有其独立的发展轨迹和脉络。当代的民间礼仪是地方风俗传统和精英礼仪在长期的历史过程中为了生存而彼此斗争、互动融合的产物，而儒家的礼亦源于俗，所以俗与礼实际上是一对共生的二元……在当代，尽管儒家的礼不再拥有仪式权威的地位，精英和民间的互动也始终在延续。”（彭牧：《同异之间：礼与仪式》，《民俗研究》2014 年第 3 期）

获得空间意义上的公共性体认。① 民间信仰,在中国传统社会中经历了“因礼成俗”的历史过程,曾在不同的时空中呈现出不同的政治建构态势,并内化为人们组织生活、治理社会、运作政治的文化逻辑。从其知识逻辑与生活实践出发,深入理解其历史脉络和现实运作机制,对于理解中国本土传统乃至整个中国社会具有重要意义。

其三,包括民间信仰在内的中国民俗传统的价值,也绝不仅仅在于对一方水土文化景观的保持与延续,更应包括引导民众与国家的连接。历史上,当国家政治粗暴干预民间生活时,民众会通过种种改头换面的方式,实现对国家政治的应对或颠覆;而当国家为民间预留权力运作空间,乡村社会自治资源就会焕发生机。这种以民间权威崛起为表征的乡村组织传统的复兴,并不必然指向与国家政治的背离,导之以辙,则可在当代社会发展宏大格局中扮演重要角色。特别是21世纪以来,随着非物质文化遗产保护制度推行所持续产生的光晕效应,体现民俗传统认同的地方观念日益凸显,民生意识渐趋强化,已经呈现出民间社会与国家政治共同寻求利益共享与文化认同的良性发展态势。

当代国家治理与民俗传统发展之间如何建立互动共生的关系,其实一直是西方民主制政治传统所忽视的命题。中国向来有“礼”“俗”结合的礼治社会传统,以此引导国家政治理路,规范民众生活,并因之不同于讲究绝对法治的西方社会。毕竟,中国民俗文化有着绵延千载的历史,在含纳民众道德观念、

---

①　参见耿波:《礼俗互动传统中的徐复观农本政治观》,《中国政法大学学报》2014年第2期。

价值理念与文化逻辑的同时，还经常以“在野之礼”的角色努力对国家政治有所助益。这种在民间自发生成的规范力量，与国家政治的规范意志之间有分立也有合作，有异议也有对话，可在对话与合作中由地方生活规范上升为当代公共价值，从而为中国社会礼治传统的当代重构提供难得的契机，为中华民族伟大复兴奠定深厚基础。

“在乡的江湖”：近现代冀南乡村梅花拳的组织传统考察*

引　言

在中国传统社会中，“江湖”这一概念极富弹性。广义的“江湖”，是指与一般家庭生活环境不同的一个更多陌生人存在的地方，是一个各类离开家庭以及官场的人的总汇之所，其外延几乎同于“社会”①；狭义的“江湖”，则是指与正统社会相对立的秘密社会，有形形色色的人物、五花八门的团体、相对稳定的规矩和道义原则、稀奇古怪的语言等。② 显然，二者都强调“江湖”与正统社会的差异或对立，以及与民众常态生活

---

* 本文原载于《民俗研究》2021 年第 5 期，系国家社科基金重大项目“中国古代农耕图像的搜集、整理与研究”阶段性成果。本文在写作过程中得到王加华、朱振华、李海云等老师的指点，均受益匪浅；文中提出的“在乡的江湖”概念，基于本人长期的田野观察，在最后定名时受到中山大学博士研究生陈科锦的启发，特此说明。

① 乔健：《人在江湖：略说赛场概念在研究中国人计策行为中的功能》，乔健、潘乃谷主编：《中国人的观念与行为》，天津人民出版社 1995 年版，第 307 页。

② 参见闰泉编著：《江湖文化》，中国经济出版社 1995 年版，第 12 页。

的疏离。不过,我们在对冀南乡村地区梅花拳的考察中,却看到了"江湖"的另一样态。在近现代时期,该地区自然环境恶劣,社会灾变多发,由此引发了周期性的流民现象,在离乡-返乡的周期性社会流动中,衍生出形形色色的民间组织如梅花拳、菩萨会、醮会等,而某些"江湖规矩"亦借此在当地乡村生活中扎根,显示出某种"在乡的江湖"的地方社会空间的存在。在上述民间组织形式中,尤以梅花拳最见特色。

明末清初以来流行于冀南乡村地区的梅花拳,是一种以师门、教门为纽带的成年男性结社组织,通过武场与文场、入门与出师、开场和立驾、修功与跑道等话语建构与社会实践,成为地方社会中一股不可忽视的社会力量。梅花拳精英虽人数不多,却大都具有较强的社会组织能力,以"文武双修""修道行好"等为名义,通过操持社区公益,致力于乡村礼仪与国家礼治的同构,因而能够在地方社会中建构起"在乡的江湖"的社会空间。这一"在乡的江湖"可以视为总体社会结构意义上的"江湖中国"的一部分:

> "江湖"传统表面上看主要存在于下层群体当中,实际上深嵌于常态文化体系之内。"江湖"作为一个独特的视窗,在中西学者熟悉的"儒教中国"、"帝制中国"、"乡土中国"等局部意象之外,提供了一个关于传统中国的整合性框架,即"江湖中国"。由此,传统中国社会结构的立体特征能够得到完整呈现。
>
> 中西学术界关于传统中国的认识,大体形成了三种意象:"帝制中国"(Imperial China)、"儒教中国"(Confucian China)、"乡土中国"(Earthbound China)。这些意象分别

> 从政治制度、精英文化和基层社会三个侧面揭示了传统中国社会结构的特征。不过,它们之间还显得分散,有机联系还不够清晰。而"江湖中国"正好可以作为一个整合性的框架,将这些局部意象连接为一个有机的整体。①

此说甚有道理。可以说,无视"江湖"的存在,就难以认知中国社会生活的全貌。事实上,即便是乡土社会,也都在不同程度地运行着"江湖"逻辑。

冀南地区是近代义和团运动的中心地之一,1902年发生的景廷宾起义②亦发端于此,梅花拳在这两个重大历史事件中均担当了重要角色,这与它长期建构的"在乡的江湖"的地方社会空间是分不开的。冀南地区土地贫瘠,河患频发,治安不靖,民众尚武成风,梅花拳是其中影响最大的武术拳种③。梅花拳大致是从"武教""文教"④两个层面发生作用:"武教",即

---

① 李恭忠:《"江湖":中国文化的另一个视窗——兼论"差序格局"的社会结构内涵》,《学术月刊》2011年第11期。

② 1902年4月23日,广宗县武举景廷宾与义和团首领赵三多联合起义,高举"官逼民反""扫清灭洋"两面大旗,波及冀、鲁、豫三省24个县。同年7月25日,起义军被镇压,景廷宾被捕后被处死。参见中国人民政治协商会议广宗县委员会编:《景廷宾起义史料汇编》,中国文史出版社2007年版。

③ 如在冀南广宗县,根据广宗县政协原主席李云豪、广宗县梅花拳协会副会长李玉琢在1994年的统计,全县28万人口中有梅花拳民6万多人,213个行政村中有57个梅花拳村。梅花拳在整个冀南地区之盛行,由此可见一斑。访谈对象:李云豪、李玉琢;访谈人:王加华;访谈时间:2013年12月6日;访谈地点:广宗县后平台村。

④ 梅花拳宝卷《根源经》记载:"要论文通上天消灾去苦,要论武原来是武教天元。"一般认为,这是后世梅花拳建构武场、文场所援引的最初依据。

传授梅花拳的武术技艺;“文教”,即以“梅花拳文场”的名义为人解事治病。梅花拳“武教”与“文教”的实质,乃是梅花拳少数精英以“文武兼修”的名义,谋求与乡村生活的同构,在服务地方民众的同时,也逐渐成为地方社会生活的一部分,亦可视为广泛意义上的中国礼治传统的地方化表现。认识到这一点是重要的,因为不仅历史上有关于梅花拳的种种“污名”,20 世纪 30 年代以前华北某些地区仍有视梅花拳为“会道门”的现象。诚如赵世瑜所言:

> 明清以来的民间教门也常被强调了反叛力量的污名,忽略了其日常形态的本相,从而使研究落入朝廷官方话语的窠臼……仅仅依靠官方文献,而不注意搜集、整理和解读地方民间文献,将多种不同文献比勘互证,有可能会导致历史理解和解释的偏差,甚至可能在现实生活中造成错误的判断。①

要想理解冀南地区“在乡的江湖”的普遍存在,就必须深入分析梅花拳的组织形式特别是其精英人物的社会实践,以理解这一社会力量的聚散机制。学界关于梅花拳的研究已经不少,但对于梅花拳精英稍显神秘的活动方式、梅花拳组织的日常运行等方面的研究并不多见,更遑论从“在乡的江湖”的角度理解其建构社会空间、深嵌地方社会的实践机制。

---

① 赵世瑜:《“天运”纪年的利用及其本相——兼论明清以来民间教门的日常形态》,《南国学术》2017 年第 3 期。

不过,少数学者的研究其实已对此有所涉及,特别是关于梅花拳与义和团运动的社会关联、梅花拳与民间信仰的互构等方面的一些研究成果。如程歗基于对直鲁交界的冠县十八村和威县沙柳寨一带的考察,注意到梅花拳与地方花会、士绅精英及民间教派之间的社区共治关系,认为这一"社区精英群"在乡村社会动员中扮演着重要角色。① 唐韶军将梅花拳的社会动员与其"小组织结构"、"准家庭"网络以及独特的情感、符号及话语等结合起来,对这一社会力量的聚合机制予以分析。② 李海云将梅花拳组织与近现代乡村自治传统联系起来,认为梅花拳与当地庙会、醮会、香社等诸多组织系统的长期互动,是其文场、武场组织系统得以形成与维系的基本动因。③ 张兴宇将梅花拳视为华北乡村自治系统的一部分,认为梅花拳精英对社区公益的积极参与,是理解其行为、观念、逻辑等的出发点。④

上述研究尽管视角不同,但都关注到梅花拳实践活动与地方社会秩序的关系,并程度不同地涉及其组织形式在近现代社会变迁中的自我调适状况,这绝非偶然。事实上,近现代华北乡村社会中的梅花拳,基本上是以统合传统伦理、整饬地方秩

---

① 参见程歗:《社区精英群的联合和行动——对梨园屯一段口述史料的解说》,《历史研究》2001 年第 1 期。

② 参见唐韶军:《"玩拳、说拳、亮拳"对村落文化空间的构建——冀南广宗县前魏村梅花拳的田野调查》,《上海体育学院学报》2018 年第 6 期。

③ 参见李海云:《"自治"与"礼治":近现代冀南乡村社会中的梅花拳》,《民俗研究》2020 年第 5 期。

④ 参见张兴宇:《梅花拳与乡村自治传统:冀南北杨庄考察》,齐鲁书社 2019 年版。

序为基本社会面向,以师徒关系为纽带结成组织形式,不断向地方社会生活中延伸;梅花拳精英善于审时度势,因应国家政治情势而灵活调适生存策略,则是其扎根地方社会的关键。也就是说,梅花拳在乡村社会中建构的“在乡的江湖”,既是乡村生活中的日常存在,而一旦社会发生异变,又能促成重大历史事件的发生,甚或在其中扮演重要角色。本文选择冀南乡村地区梅花拳为个案,正是要借此讨论“江湖社会”如何在乡村社会中产生,以及“在乡的江湖”何以在乡村社会中普遍存在等问题。

一、地方灾乱与“在乡的江湖”的形成

冀南地区泛指以邯郸、邢台两市为主的河北省南部区域,处于古黄河和老漳河的冲积平原地带。历史上,古黄河、老漳河多次泛滥决口甚或改道,在县境内部形成了许多缓岗沙丘和封闭洼地,有盐碱地近 10 万亩。这一带属暖温带大陆性半干旱季风气候区,四季分明,旱涝灾害频发,有“东沙西碱,十年九旱”之说,冰雹灾害亦时有发生。据明万历二十六年(1598)《广宗县志》载:“广宗在畿内为弹丸地,又沙卤,无流峙之胜、膏腴之沃也……宗城环百里内,非直无培塿之山,畎浍之水,且多沙,不能厚植,又不可以井,旱则干枯,涝则淹没。人复椎,不能经营四方,此其穷困所由也。”①清康熙三十二年(1693)《广

① 广宗县旧志校注委员会编:《广宗县旧志校注》,2001 年,第 14、32 页。

宗县志》载:“广宗古称沙碛,地贫而民朴。”①民国二十二年(1933)《广宗县志》载:“广宗居河北南部,距海洋遥远。性近大陆,寒暑俱烈……春季,暴风飙起,沙尘横飞,咫尺莫辨,室中几案积土数分……其苦雨量短少,历年多患亢旱。”②当地土质以壤土为主,砂质化、盐碱化十分严重,不仅影响庄稼生长,而且地下水利用极为不便,乡村饮水较为困难。

历史上,冀南地区成为黄巾起义、义和团运动、景廷宾起义等的中心地,并非偶然。时至晚清民国,冀南地区依然普遍存在“半农半匪”的现象,是历史上区域暴力传统的延续:

> 冀南一带地处“黄泛区”,历史上经济贫困,灾乱频仍,社会长期处于不稳定状态,晚清民国时期就更是如此。每逢战乱或灾荒年头,人们为了生存而挣扎,道德底线极易被冲破,如冀南乡村地区就曾长期存在“半农半匪”之类的现象,发生在村际之间的烧杀抢掠也不少见,甚至会酿成村落之间的恶性仇杀。各村为了自保,除了传统的联庄会组织外,各种武术团体如梅花拳、红拳等主动承担起护村之责。特别是到了农忙时节,各村都会专门安排巡逻以“护青”“护麦”。③

---

① 广宗县旧志校注委员会编:《广宗县旧志校注》,2001年,第69页。

② 广宗县旧志校注委员会编:《广宗县旧志校注》,2001年,第515页。

③ 李海云:《“自治”与“礼治”:近现代冀南乡村社会中的梅花拳》,《民俗研究》2020年第5期。

上述重大历史事件的发生,似乎都起于偶然,却出人意料地迅速蔓延开来,看似无规可循,但其实都与当地社会组织传统的长期存在有关。总的说来,地方组织的形成与存在,与传统乡村社会的开放性与流动性有着密切关联,只不过后者长期被学界低估甚或漠视。事实上,学界关于市场圈、祭祀圈、婚姻圈等概念的讨论,都与中国乡村社会的开放性与流动性有关,而地方组织则存身其中,与之形成同构关系。在冀南地区,除了受到上述因素的影响之外,还受到自然灾害、社会灾乱等的强大影响,因而其地方组织又与区域暴力传统密切关联。如在冀南广宗县,传统节日普遍受到重视,就与这一社会状态有着莫大关系。比如,春节拜年:

> 大年初一,大伙成群结队到村中拜年。这天人们往往天不亮(很多是凌晨三点)即起床,先拜家堂,尤其是有家族祠堂的,一定要先到祠堂内磕头祭拜,然后再到各家去拜。而拜年的范围,不只限于本家族之内,通常邻里亲朋也要去,基本上要拜遍全村,尤其是对那些辈分小的人而言更是如此。拜年时既拜家堂,若有长辈,也要给其磕头拜年。①

拜年要“拜遍全村”的老规矩,显示出当地人们借助年节往来以强化村落生活共同体的普遍诉求。这一现象的发生与延续,既是当地土地贫瘠、河患频发、治安不靖的地方社会环境使然,也与梅花拳、菩萨会、醮会等民间组织的长期导引有着密

---

① 王加华:《河北省广宗县14村田野调查报告》,山东大学民俗学研究所编:《百脉泉·冀南广宗梅花拳调查专辑》,2014年,第5页。

切关系。

在坦荡如砥、无险可据的冀南平原地带,河水泛滥、决口、改道等自然灾害的周期性发生,往往会引发兵连祸结的恶性连锁反应,从而导致大规模流民的出现,并由此形成程度不同的社会动荡。但大批流民的空间流动,并非永久性离乡,随着自然灾害的结束或社会灾乱的平息,他们又会返归家园,由此呈现出周期性的离乡-返乡的社会流动现象,这是地方组织产生的温床。也就是说,这一带周期性流民现象的出现,虽然会引发颇具规模的社会流动,却并未导致地方人口结构的根本性变化,因为这些流民的社会属性依然是“在乡”,而这正是“在乡的江湖”得以形成的社会基础。“在乡的江湖”的出现,是民众基于生存底线的社会竞争态势,对地方社会秩序的自觉建构与维持,这在近现代华北乡村地区是常见现象,只不过在梅花拳流行的冀南地区有其特殊表现而已。练武之风的普遍存在,与当地土地贫瘠、水灾泛滥导致的土地产权争夺、受灾人口流动的周期性发生等所引发的区域暴力传统有关,这都为冀南地区“在乡的江湖”的社会空间的形成起到了推助作用。本文所重点关注的,正是作为一种男性结社组织的梅花拳,在与地方信仰传统相结合的过程中,如何借助国家礼治话语,建构其“文武并重”的组织形式并推及地方社会。

二、“天地君亲师”符号的活用

在冀南乡村地区,梅花拳的主要活动方式是武场“练架”与文场“立驾”,其精英人物通过对“天地君亲师”等符号的运用,谋求与国家礼治话语的同构,在对梅花拳体系予以神圣建构的同时,操持乡村社区公益,强化“在乡的江湖”的建构。

梅花拳武场所练之“架”与文场所立之“驾”,乍看起来,意涵完全不同:“练架”或“练架子”,几乎贯穿于梅花拳武术训练的所有阶段,“架子”由五个基本武术定势组成,名为“大、顺、拗、小、败”,分别代表“金、水、木、火、土”,又名“五势”或“架”;“五势变化”,即指“架”与“架”之间的动作转换,习练者在这一转换过程中可以有一定的自由发挥,但转换结果却要遵循金、水、木、火、土的动作规定,形成有序承接,然后再左右交替习练,此为一个完整的“五势变化”。在师徒授受的过程中,师父会将之解释为对“五行交替”“阴阳相生”等“宇宙大道”的遵循。“驾”则是文场所使用的一种木制神牌,象征着梅花拳所敬奉的各种神灵和祖师。但“架”与“驾”既同为梅花拳内部话语形式,通过同音假借,就极易被赋予同根同源的神圣关联。传统的梅花拳练习者,先要经过“三年架子两年锤”的独特训练,使其武术动作定型为一种标准功架,身体的力量、柔韧性逐渐增强,然后进入“成拳”、兵器的训练阶段。值得注意的是,通过三五年的持续而反复的基本功训练,习练者不仅体力、技艺有所增强,也在不知不觉中接受了以阴阳转化、五行循环为表征的一套哲学理念,并将之渗透于日常生活之中。

武场、文场的二元结构,并非冀南乡村梅花拳所普遍拥有,但与文、武相关的二元话语在这一带被梅花拳精英如此广泛地运用,就显示出梅花拳借此与乡村日常生活形成同构的倾向性。如当地流行的“有文没有武,当不了阵前虎;有武没有文,才是半边人”一句俗语,原本是民众的一般性话语,根据交流语境的不同而呈现出多种意涵,而并不一定与梅花拳的武场、文场有关。又如,在当地人的诸多交流场合中,“武”经常被用以代指一种善于捕捉机会、当机立断的社会能力,“文”则代指一种熟稔世情、遇事从容的雍容气度。然而,经过梅花拳精英的频繁借用,这句俗语已逐渐成为其强化梅花拳组织的经典话语,并为地方社会普遍接受。

再看冀南乡村梅花拳的组织形式,不仅内外有别,其内部亦等差有序,有着诸多边界设置。如“在拳”“不在拳”“门里”“门外”“一脚门里,一脚门外”“入三道门”“三师调教”“入室弟子”“老门口”等,作为梅花拳人耳熟能详的话语形式,都寓含着不同的仪式规定与文化认同,与梅花拳群体内部的边界设置及维护意识有关。又如关于“老门口”的说法,是对梅花拳传承世家的赞誉,意在表达对那些为梅花拳做出重大贡献者的尊崇,即便其后人已不再习练梅花拳,但在群体内部依然会被认为是可信赖的。再如“三师调教”之说,即梅花拳文场拜师须事先安排好送师、引师、恩师等,届时“三师”同时出席仪式。何谓“三师”?送师为主持拜师仪式者;引师相当于介绍人,通常由两人充任;恩师是即将授艺之师。① 按照传统的规矩,梅花拳文场拜谁为师、收谁为徒,并不由弟子、恩师本人决定,而是由引师、送师根据有拜师意愿者的状况商定,而以送师的意

---

①“恩师可在百里之外寻找,拜师之前不一定相识,需要以‘看香礼’的方式确定是否有缘,由此结成的师徒关系就被赋予一种神圣感——师徒双方都是受神差遣,因神而遇,此次拜师收徒符合‘神意’。当然,文场师父在现场讨论、揣测香礼所代表的祖师意愿时,会评估此次拜师收徒之举的利弊,比如对梅花拳的更好传承、对跨区域联络合作的促进等。”(张士闪:《民间武术的“礼治”传统及神圣运作——冀南广宗乡村地区梅花拳文场考察》,《民俗研究》2015 年第 6 期)

见最为关键。

与华北其他地区一样,冀南乡村梅花拳虽有大架、小架之分,但都会有意强化“大架小架是一花,五炉六炉是一家”①的观念,并以其共同敬奉“天地君亲师”牌位为佐证。在梅花拳第五辈祖师、于清康熙年间中过武探花的杨炳所著《习武序》一文中,“天地君亲师”牌位即被置于拳堂的显要位置②,这一传统至今仍被华北各地梅花拳普遍遵守。

写有“天地君亲师”的特制牌位,广泛使用于冀南乡村梅花拳武场、文场的重要礼仪场合,似可视为其核心符号。所谓“一天三炷香”“早晚一炷香”“一天四时有香火”“一年四季动香火”等说法,以及换季重整香火的仪式,都朝向“天地君亲师”牌位而进行,意在持续强化某种神圣权威。细察之,冀南乡村梅花拳群体所操持的上述叙事话语和仪式实践,主要是在

---

① 在华北地区流传的梅花拳活动中,有大架、小架之分,关于其历史渊源、功法区别的说法并不一致,但其最重要的标识是梅花拳大架供奉六炉香,梅花拳小架供奉五炉香,则无可疑。周伟良的观点大致代表了对梅花拳大架、小架之分的基本共识:清初第三辈传人邹宏义是梅花拳大架祖师,乾嘉时期的梅花拳第八辈传人张从富对梅花拳传统技术风格有所改变,使梅花拳影响扩大,故被尊为梅花拳小架师爷。详见周伟良:《梅花拳考略》,《成都体院学报》1992 年第 4 期。关于梅花拳大架供奉六炉香、小架供奉五炉香的情形,杨彦明有着较为清晰的解释:后起的张从富所创梅花拳小架的标志,是沿袭较早的梅花拳祭祀传统而以五炉香供奉五位神灵,即收元老祖(或法王老祖)、万圣老母(或无生老母、透天老母)、天佛教主、领法老爷、五方五帝;邹宏义所创梅花拳大架供奉六炉香,是其后世弟子在供奉前述五位神灵的基础上,为纪念邹文聚、邹志刚、孟有德、孟署恩做出的特别贡献,添加了嚨喇古佛(或续法老爷)一炉。参见杨彦明主编:《梅花拳文场探秘》下册,中国科技教育出版社 2018 年版,第 465—467 页。

② (清)杨炳:《习武序》,手抄本,现由广宗县北杨庄村民邢尚娥收藏。

强化某种神圣意识的培育与延续,而非总是指向“天地君亲师”所代表的特定价值观。因此,出现下列现象也就不足为怪:哪个文场师父“驾”前积攒的香灰较多,就会受到更多的尊敬;谁烧的香条直立不散,则被认为是修功精湛的体现。显然,持守礼仪的时间长度,代表着心灵皈依后虔心“修功”的持续积累,乃是梅花拳内部评价的重要尺度。

现今活跃在冀南地区梅花拳的诸多文场师父,对“天地君亲师”牌位的解释是:

> 天地生万物,皇帝代管天下,父母双亲是生命的源头,老师是圣贤,是帮助成人的。天地君亲师牌位,师排在最后,分量最重。①
>
> “天”代表风调雨顺;“地”代表五谷丰登;“君”代表国泰民安;“亲”代表父母亲人;“师”代表授业传道。②

流传于冀南乡村梅花拳内部的上述话语很值得分析。首先,在包括梅花拳群体在内的冀南乡村民众的心目中,“天”“地”是养育万物的物质空间,“君”是世俗社会的最高统治者,“亲”则是有着生养恩情的父母,四者的神圣地位似乎天经地义,不容置疑,唯有“师”的神圣地位需要论证。因此,虽然“师”在“天地君亲师”牌位中叨陪末座,但这一并置现象本身,就意味着对“师”的神圣地位的赋予。其次,当“天地君亲师”

---

① 访谈对象:李玉普;访谈人:张士闪;访谈时间:2019 年 2 月 11 日;访谈地点:广宗县前魏村。

② 访谈对象:邢银超(男,北杨庄村民);访谈人:张兴宇、蒋帅;访谈时间:2015 年 4 月 7 日;访谈地点:广宗县北杨庄。

这一牌位被用于梅花拳仪式场合,掌握仪式操持权和话语阐释权的恰是在场的“师”,而“天地君亲”则仅是虚拟的存在。最后,在梅花拳人相见叙礼的场合,其中辈分高的备受尊崇,而有师徒之谊者则更讲究尊师之道,“师”的神圣地位由此在日常生活实践中被一再凸显。显然,在梅花拳“天地君亲师”的神圣序列中,“师”其实是处于核心位置的,而其实质则是对“师门”这一拟亲属社会网络的建构。再看为冀南乡村梅花拳人所广泛认同的一首“认家歌”:“一领苇席半裹针,天地君亲师为尊。三教法礼传万古,五伦纲常运乾坤。若有解开其中意,走遍天下一家人。”①这首“认家歌”之所以被看重,是因为它寓含着梅花拳人遵奉“天地君亲师”的某种共识:如果说“天地君亲师”“三教法礼”“五伦纲常”等话语,旨在倡导某种超越血缘、跨越地缘的价值观与社会秩序,那么“走遍天下一家人”则表征着从对“师门”这一拟亲属社会关系的建构出发,最终实现“大同世界”的美好图景。

陈泳超认为,梅花拳的祖师崇拜并非普通的行业崇拜,而是借助对国家正统之礼的贴近,强化其组织形态,可谓切中肯綮:

> “天地君亲师”的大牌旁边,放的全是梅花拳的祖师,其实他们的落脚点就在一个“师”字,“天地君亲”是拿来压阵的高等符号……梅花拳的文场是借用外部更主流正统的“礼”,来把梅花拳本地的“俗”往上提升,让民间的祖

---

① 朱振华:《谷常相村调查报告》,山东大学民俗学研究所编:《百脉泉·冀南广宗梅花拳调查专辑》,2014年,第47页。

师崇拜与更高的价值阶位链接起来，其“上行”的运动轨迹显而易见。①

显然，中国社会语境中的“天地君亲师”话语，虽为不同阶层所共享，但对其理解并不一致。② 具体到冀南乡村梅花拳供奉“天地君亲师”牌位的现象，不能简单将其视作儒家教化的民间响应，而应注意梅花拳精英借此另有引申，如对“师”的神圣地位的强化，以及对“师门”组织的建构，等等。事实上，近现代冀南乡村地区的梅花拳精英，正是通过援引国家礼治话语而另立规矩，这些规矩有别于以家族、村落为单元的民俗规范，却又以乡村日常生活为基础，从而为所谓“在乡的江湖”提供了逻辑支撑。

三、师门与教门的同构

流传于冀南乡村地区的梅花拳，无论是武场还是文场，都

---

① 陈泳超：《礼俗互动的多样轨迹与多元机制》，《民俗研究》2020年第6期。

② “从发生学的角度看，‘天地君亲师’的牌位很可能来自民间，但却为大传统的儒家主流文化所赞赏或认同。这说明儒家在作‘民德归厚’的风俗教化工作时，既注意凭借民间本有的精神性文化资源，又重视提升、超越、雅化等方面的自觉引导。生活世界中百姓日用而不知的资源仍然相当普遍，尚有待于更多的有识之士去挖掘、提炼、升华和推广。”（张新民、蒋庆：《大小传统的符号释义学解读——关于“天地君亲师”与儒学民间形态的对话》，《原道》第17辑，首都师范大学出版社2012年版，第306页）

极为强调尊师重道。梅花拳内部通用的“师父”之名,是在“师”之后叠加一个“父”字,分量颇重。“师父”是梅花拳群体成员自觉予以神化的核心,因而与传统社会诸多行业中所使用的“师傅”一语颇不相同。事实上,某个梅花拳群体对于“师父”的神化程度,乃是该组织凝聚力强弱的表征,而不断被神化的“师父”则有义务为内部成员提供一整套以梅花拳命名的文化意义系统。这一现象的背后,是梅花拳精英社会影响力的强化过程。不过,冀南乡村梅花拳既然内在于乡村日常生活之中,其祖师崇拜亦是在乡村信仰体系中建构而成,也就不免与乡村社会中根深蒂固的祖先崇拜传统存在一定的竞争、磨合与磋商关系。

> 如同华北其他地区的村庄,这些村庄也都存在较为兴盛的祖先祭拜活动,如今很多村庄都复建了“文化大革命”期间被毁坏的祠堂或曰家庙,如西召东屯村的孙家祠堂、前张家村的张氏祠堂、前枣科村戴赵两家族各自之祠堂等。不过,家庙并非每个村庄或每个姓氏都有,相对之下,普遍都有的是家堂轴子,基本每个姓氏都有,并成为家族的神圣象征。每逢春节或有重要事件时,人们就会将家堂轴子挂于祠堂或自家供桌前。当然,并非同一家族的任何一个家庭都会悬挂家堂轴子,通常一个小的家族分支只要一家挂即可,即长辈之家。①

① 王加华:《河北省广宗县14村田野调查报告》,山东大学民俗学研究所编:《百脉泉·冀南广宗梅花拳调查专辑》,2014年,第34页。

家堂轴子的普遍存在,显示出祖先崇拜在冀南乡村地区的源远流长,即使"文化大革命"期间遭遇毁灭性打击,至今仍心有余悸,也并未影响其坚韧传承。因此,内在于乡村日常生活的梅花拳,不仅会受到当地农耕生活忙闲节律的影响,还会受到村落信仰体系的形塑。

> 春节期间的一项重要活动就是祭祀祖先。祭祀祖先要请家堂、挂家堂轴子……除祖先外,人们还会在庭院中供奉天地诸神,在门口神龛中供奉南海观音等。另外,家中设置有梅花拳"天地君亲师"牌位的,春节期间要一天四时(早六点、午十二点、晚六点、午夜十二点)不间断烧香祭拜,以示对祖师爷的恭敬之情。
>
> 就整个地区言之,六月六在当地并非一个重要的岁时节日。以前,人们会在这天于家中敬天,或到庙上烧香磕头求雨,往往会有很多村民一起参加。但对梅花拳弟子、尤其是供佛堂的弟子而言,六月六却是一个重要节日。因为对他们来说,每年阴历三月三、六月六、九月九、腊月初八是四个重要的日子,这天他们要重新布置佛堂香火。①

这两则材料,显示出梅花拳礼仪与乡村信仰体系的相互嵌套关系。六月六,被梅花拳人视为重新布置香火的重要日子,因而有别于一般村民的节俗活动。然而,这一礼仪并非梅花拳民所独有,还为许多供佛的村民所普遍遵奉,因而可以视作较

① 王加华:《河北省广宗县14村田野调查报告》,山东大学民俗学研究所编:《百脉泉·冀南广宗梅花拳调查专辑》,2014年,第5、7页。

为重要的乡村共享传统。再如,在冀南乡村地区针对孕妇有诸多禁忌,如不能上坟、不能参加出殡等,而供奉梅花拳祖师之所也一律不允许孕妇进入,也都说明了梅花拳礼仪与乡村信仰体系的同构性。不过,梅花拳既然内在于冀南乡村日常生活之中,村落之间的差异也就意味着梅花拳在不同村落中的传承是多元的。① 有趣的是,在我们的调查中,大多数梅花拳精英都会强调梅花拳礼仪的标准化,而着意弱化其在不同村落中的差异,并流露出对祖先崇拜的淡漠。不过,这恰好说明了他们对超越血缘、跨越地缘的某种价值观与社会秩序的着力倡导,以及建构某种拟亲属社会网络的强烈渴望,而他们选择的路径则是师门与教门的同构。

在中国社会历史上,师门与教门的社会渗透能力同样强大,都有可能结成疏密不一的社会网络。作为一种组织传统,师门或许比教门更为悠久,而当二者结合在一起,就有可能积聚起一种强大而稳定的社会力量。在冀南乡村地区,梅花拳既重师门又重教门,既将其武术实践视为"修行",又有着明确的社会教化面向即"传道",将操持社会公益(即"行好")视为不可或缺的"功德",因此而有别于一般拳种,具有较为强大的社会影响力。当然,梅花拳群体毕竟由诸多个体组成,而其社会

---

① 比如在冀南广宗县西召东屯村,尽管"在拳的"村民在村内所占比例(约五分之三)很高,但其梅花拳仪式并不有意凸显其特殊性,而是与当地的庙会、打醮等仪式活动保持高度叠合的嵌套关系。该村梅花拳人在提到先师的时候,并非极力渲染其武艺之高,而是津津乐道于其乐于助人、热心公益的品质。在村落日常生活中,占村落人口70%以上的孙氏家族分为四个门,是按照门(即家支)而非梅花拳的师门来组织各种事务。参见张帅:《广宗县西召东屯村梅花拳传承调查报告》,山东大学民俗学研究所编:《百脉泉·冀南广宗梅花拳调查专辑》,2014年,第23—25页。

教化也是面向芸芸众生而施行，即所谓“收人心”，因而其精英人物的社会实践过程就特别值得关注。事实上，梅花拳组织系统的形成与运转，正是通过少数精英人物的“传道”或“行好”实践而实现的。总的说来，梅花拳关于历代祖师、宝卷系统和习武过程的神圣叙事，对其师门与教门的同构起到了多重复合与多元强化的作用。

先看梅花拳宝卷《根源经》①中关于历代祖师的神圣叙事，主要依循四种逻辑。(1)与皇族、官员或神仙发生关联。如皇帝遇险救驾有功，或贵胄落魄相助得报，或行好遇仙梦中神授等。譬如，梅花拳小架一世祖张从富的传说，就与救驾乾隆皇帝有关。② 每年正月间，邢台市各地乡村纷纷举办梅花拳祭祖演武活动，多以“奉旨亮拳”为名，即由类似传说演化而来。

---

① “《根源经》是梅花拳内部的经卷抄本，因口碑相传，没有经文名称，所以在梅花拳内部统以‘根源经’称之。”（路遥：《义和拳运动起源研究》，山东大学出版社2018年版，第92页）目前在冀南乡村地区所见的梅花拳《根源经》诸多版本，以《梅花皇极皈真还乡宝卷》为宝典（当地俗称“皇极宝卷”），脱胎于明万历年间在东大乘教（又名大成教、闻香教、清茶门等）教主王森影响下创作的《皇极金丹九莲正信皈真还乡宝卷》（即《武当山玄天上帝经》），其叙事框架是将梅花拳的起源归于佛祖，收元老祖、法王老祖等接受派遣奉命临凡，超度“原人”返回“真空家乡”，特别是在明末李自成起义的“末劫之年”，再次派出神灵“下天盘”，开梅花大道，终于使梅花拳在东土传播开来。

② 梅花拳《根源经》记载：“时在乾隆元年正月初一中午时分，囉唎古佛临凡，落生在河北省平乡县八辛庄张门积善之家，名从富，字寿康，自幼家贫，心性良善，聪慧过人……出白云观。恰巧遇乾隆帝微服出访月明楼，遇歹徒行刺，驾处危境之际，张祖师相助，化险为夷。帝开金口，授官三品，黄金千两。张师辞而不受，愿恩典传道为宽。帝口谕：准奏。钦赐朝服一套，进出皇宫任听其便……自此梅花拳小架传遍数省，授教弟子无不成名。”该宝卷为河北省平乡县田二疃村田长海收藏。

(2)在梅花拳传承谱系中植入佛道仙灵系统。如梅花拳《根源经》宝卷系统，大都以明末李自成起义的社会战乱时期为背景，虚拟出“老母”“古佛”“收元老祖”等拳派始祖形象。(3)直接通神。以民间巫医逻辑为基础，如“天神下凡”或“头顶仙灵”①等，建构梅花拳历代祖师的非凡经历。(4)“我即皇裔”的逻辑。如一份梅花拳宝卷《三化大乾程》，就认为梅花拳第二代传人朱永元即大明王朝王子。②

再看梅花拳群体对其宝卷系统的神圣叙事，亦往往与历代祖师故事糅合在一起：

> 邢尚彬的祖父邢戌泰(1871 年生)是梅花拳第十三代弟子，他当时珍藏了一本“武功秘籍”——《习武序》，其作者叫杨炳，也是梅拳宗师，是清朝的一个武状元，当过朝廷的近身侍卫。这本“武学秘籍”在民间藏了 250 多年后，经山东大学的路遥教授之手得以面世……这 250 多年，谁也不知道梅花拳是怎么一回事儿，这些秘密全都藏在《习

---

① 梅花拳《前三炉根源经》记载：“正值三月初三日，王母蟠桃宴会，天气晴和。南海观世音菩萨，差遣二位仙童，手执神香，围绕张宅熏冲多时，香气冲天。张母轻卧罗帐，四周佛光环绕，睡梦之中还微微而笑。张母睡梦之间，梦一天日坠落怀中，四方仙乐齐鸣，佛光四射，醒来生一男孩，容貌俊秀，天庭饱满，地阁方圆……张父按尖山起名‘山’，官名‘登’，字‘三省’。”(该宝卷为河北省平乡县梅花拳协会秘书长邢改东收藏，转引自杨彦明主编：《梅花拳文场探秘》上册，中国科技教育出版社 2018 年版，第 170 页)

② 《三化大乾程》记载：“明朝失败，这王子便改名朱永元，隐居在这徐州北门里。此人早有灭清复明大计。”(该宝卷为山东省梁山县梁山镇姜庄续文彬收藏，转引自杨彦明主编：《梅花拳文场探秘》上册，中国科技教育出版社 2018 年版，第 285 页)

> 武序》中。
>
> 邢戌泰把这本《习武序》珍藏在家，不轻易示人。但他对待梅拳弟子，不论亲属，一视同仁且传授有方。那时候他的本族邢彦臣武功高强，年轻好胜，村中另一大族王家的一个梅拳弟子王文襄经常败在邢彦臣手下。于是，邢戌泰就暗中向王文襄传授《习武序》中的一些要领。不久，王文襄和邢彦臣再进行武艺切磋时，真是“士别三日当刮目相看”，王文襄根据邢戌泰的指点屡次反败为胜，但均点到为止，不伤和气。这么一来，邢戌泰就趁热打铁，以此为例向习武班的学员们灌输“深藏不露，以柔克刚”的道理，因此习武班的武艺和凝聚力均大为增加。①

这两段话的关键是对梅花拳“文比武高”的强调：被梅花拳人视为重要宝卷之一的《习武序》，不仅可使人的武功急速长进，更重要的是使人胸襟开阔，跳出胜负之外，以教化众生为乐。事实上，生活于清康熙年间的梅花拳第五代传人杨炳，曾中过武科探花，而非武状元，但这些细节是否属实，在梅花拳的神圣叙事中并不重要。

在梅花拳武艺的授受和习练过程中，经常要借助某种“通神”的意境加以引导，颇有助于其师门与教门的同构。在传统武术诸多拳种的传承实践中，其实都离不开对与天地万物、山川、神灵、祖师等有关意境的想象，如“拳打南山猛虎，脚踢北

---

①　项晓赟：《武学宝典〈习武序〉与其传承者——邢尚彬》，山东大学民俗学研究所编：《百脉泉·冀南广宗梅花拳调查专辑》，2014年，第105页。

海苍龙""脚踏中门夺地势,纵是神仙也难防"等。许多武术招式的名称,本身即寓含着某种意境,可以引导习练者在日复一日的习练中有所成就,如梅花拳中的"打虎势""指天画地""摘星布斗"等招式,即是如此。而"有精神头""神了""出神入化""神乎其神"等话语,则是对演武者的极大褒奖。武术传人对本门派技法的神化,其实与一般人对于一种食材、一段经历或一种自然物的崇拜一样,有助于个人提升信心,强化意志。这其实是与我国古老的通神仪式、历史悠久的神仙观念及修仙实践等联系在一起的,并借助地方社会中的神圣传统绵延至今,业已成为包括习武者在内的一方民众默会的知识。因此,武术与宗教极易结缘,因为宗教可以赋予武术以神圣感,而武术则可使宗教具有某种可实践性的现世色彩。

显然,在上述关于梅花拳历代祖师的诸多神圣叙事中,体现出如下特色:既努力贴近国家礼制,又因立足乡土实践而与"正统"话语有别;既可视为国家一统进程中礼仪教化的地方化结果,亦是"在乡的江湖"对中国"礼治社会"的生活支撑。当然,梅花拳精英对于自身系统的神圣建构,只有当他们在社区公益活动参与中获得口碑时才可能有效。

四、梅花拳文场的礼仪操持

梅花拳之于一般武术结社的不同之处,在于它拥有一个传道劝世、通释经卷的文场,并持续发散着某种道德影响力。时至今日,我们看到习练梅花拳的村民非常讲究礼数,而一般村民常说梅花拳"规矩大"。譬如梅花拳有"参驾"的礼仪,无论是到拳堂还是家中，只要有“驾”即祖师的画像或牌位，就需要行大礼，这是通行于梅花拳内部的一种重要礼仪。“参驾”前，需要有一系列自我净化程序，现在已大多简化为漱口、洗手两个环节——这已被强调是绝不可少的礼仪底线。

梅花拳文场的思想，滥觞于明嘉靖年间创立的无为教①，甚至被有的学者视为其中的一个支派。② 但就讲究朔望（即农历每月初一、十五）的梅花拳文场活动时间制度而言，似与清朝前中期的圣谕宣讲活动的联系更为密切。其实，自明代中期以降，民间宗教文本的大量印刷刊刻与规范散播民间，使无为教等教派观念在华北乡村社会扎下根基。而清朝前中期制定的圣谕宣讲制度，则在向整个社会实施儒学教化的同时，也衍生出民间讲唱、朔望聚会等地方传统，并在后来随着王朝政治的时移世易，不断改头换面，大致传承下来，近世华北乡村社会中颇为复杂的宗教生态即与此大有关联。就梅花拳宝卷系统而言，其中的《根源经》偏重对梅花拳作“三教合一”的宗教化阐释，表达了以无生老母为表征的某种历史观与价值观，《五戒五要》是清代教门互相渗透与借用的体现，而杨炳《习武序》则致力于官方儒学礼仪的引入等，不一而足。而就本质而言，梅花拳宝卷则是以《皇极金丹九莲正信皈真还

---

①　罗梦鸿（1442—1527），号无为居士，俗称罗祖，主要经典是“五部六册”，尊奉无极圣祖或无生父母，后来衍生出无生老母，以无生老母为最高崇拜，以真空家乡为理想境界，以龙华三会与未来佛即弥勒佛为信仰核心，主张三教归一，注重内丹修炼以及规范化的仪式等。

②　路遥、[日]佐佐木卫编：《中国的家庭·农村·诸神》（日文版），（东京）东方书店 1990 年版。

乡宝卷》[1]为叙事基调,以通俗讲唱等形式在民间推行的教化实践。梅花拳文场精英因应时势而灵活调整其实践形式,使梅花拳组织机制具有相当的开放性,相关礼仪活动亦兼具现实生活基础和宗教观念基础,这是它能够在华北乡村社会扎根的关键。梅花拳文场师父有“七分教育,三分拳脚”等说法,以凸显礼仪教化之重要。在梅花拳文场内部,这种礼仪教化具有一定的强制色彩,具体表现为对习武活动与行善实践的恒性要求。因此,当有人提出要拜师学习梅花拳文场时,资深的文场师父一般会劝其认真考虑,设置一个考验期。如在广宗县北杨庄,梅花拳“当家的”会熟练地用一套说辞以验其诚。[2] 入门考验期的设置,也说明梅花拳礼仪教化方面的强制性是有限的。比如,在诸多民间信仰组织中,都会有这样的入门誓词:

> 真心交给佛祖,凡体交给师父;不许保镖护院,不许拐卖跳道;如果违背上面誓言,天打五雷轰,挨关老爷一刀![3]

---

① 《皇极金丹九莲正信皈真还乡宝卷》是在明万历年间东大乘教(又名闻香教)教主王森的影响下创作的。参见马西沙、韩秉方:《中国民间宗教史》,上海人民出版社 2004 年版,第 421 页。

② 邢银超说:“你不要信这个! 信的话光耽误工夫……信了梅花拳,后悔十多年,磕的是冤枉头,花的是冤枉钱……你得不到架桌的那个利,看不到好处,你还埋怨天地君亲师不灵,这不是不灵啊,是你的心不真!”访谈对象:邢银超;访谈人:张兴宇;访谈时间:2015 年 4 月 4 日;访谈地点:广宗县北杨庄。

③ 访谈对象:李玉普;访谈人:张士闪;访谈时间:2019 年 2 月 11 日;访谈地点:广宗县前魏村。

尽管在冀南乡村梅花拳文场的拜师礼中，也会对上述誓词有所袭用，对于违反者是难以真正实施处罚的，因为梅花拳师徒还是现实生活中庄里乡亲的关系。由此看来，类似“违背上面誓言，天打五雷轰，挨关老爷一刀”的誓词，就主要是发挥一种震慑作用。毕竟，梅花拳所建构的“在乡的江湖”，只能采取一种柔性策略，而与江湖帮会对其成员的硬性管理模式有别。

一个人在进入梅花拳文场以后，将经历一个漫长的修行实践过程，终其一生。修行过程主要包括三个阶段：最初入门的拜师礼；“立驾”，“修功”；面向社会的“跑道”，即操行公益。每个阶段，各有修行的重点。如所谓“立驾”，就是专为供奉梅花拳历代祖师和诸多神灵的空间设置，是梅花拳文场师父个人用以“修功”与举行仪式的必备之所。① 所谓“跑道”，则强调一心一意为民众解决生活中的各种疑难杂事，同时利用一切机会宣讲传统伦理道德，如孝顺父母、爱护子女、和睦四邻、劝善行好等。正如广宗县文场师父挂在嘴边的《跑道歌》所言：“先学仁义礼智信，尊大让小不欺人。互尊互敬学道理，耳目留神细听真。”②显然，梅花拳文场师父的“跑道”，所对应的正是乡村民众普遍性的精神需求。

在传统乡村社会中，一般民众最基本的人生理想莫过于

---

① “驾”的构成大致是这样的：在内室供奉“天地君亲师”神位，这一空间被称为“驾屋”；设有供桌即“驾桌”，摆放香炉和供品等，“驾桌”前摆放数个跪拜用的布垫；“参驾”仪式包括烧香、跪拜、冥想、看香礼等。详见张士闪：《民间武术的“礼治”传统及神圣运作——冀南广宗乡村地区梅花拳文场考察》，《民俗研究》2015 年第 6 期。

② 访谈对象：李玉普；访谈人：张士闪；访谈时间：2019 年 2 月 11 日；访谈地点：广宗县前魏村。

“活得好”“死得顺”。所谓“活得好”,就是人生在世无病无灾,儿女双全,在当地有好的名声,并不奢望高官厚禄、万贯家财,只要没有烦心事,遇到坎儿能迈得过去就感到满足。所谓“死得顺”,则是期望免遭暴病而亡或意外横死,死亡过程不要受罪,死后能够顺利回到列祖列宗的身边,等等。然而,令人奇怪的是,冀南乡村地区却普遍漠视以生者与死者的“互惠”为主题的七月半“鬼节”之俗。①

本文以为,这可能与梅花拳的拔祭礼仪在当地深得人心有关。细看作为梅花拳文场师父“修功”与“跑道”时经常用到的宝卷《根源经》《拔祭文》,或许就会恍然大悟。梅花拳的宝卷系统,其实是承担着各种不同的功能的。如果说《根源经》意在阐述梅花拳的历史观与价值观,那么《拔祭文》则提供终极关怀。梅花拳文场师父在具体操持葬礼仪式时,正是通过对当地一般葬礼的仪式袭用与意涵别解,提供一种特别的礼仪服务。

按照《根源经》的说法,梅花拳拜师入门,即在尘世间“投师认祖”,并在师尊的指导下认清“本原”——知道自己从哪里来,如何获得“真灵”,以及死后“回老家”的正确方式。《拔祭文》使用于停尸期间的超度环节,将人死后“真灵”离身、离家、

---

① “七月十五是祭奠先人的日子,人们会在这天去先人坟前摆供、烧纸香并磕头祭拜。但即使在有此俗的村庄,这种行为也似乎并不普遍,如很多村民根本就不去坟地上坟。另外,还有一些村庄在这天根本就无上坟之俗,如在西召东屯村的东半部(以村中一条南北向的河流为分界线),连过七月半的风俗都没有,也就更谈不上上坟之俗了。另如后平台村,根本就没有过七月十五的习俗。”(王加华:《河北省广宗县14村田野调查报告》,山东大学民俗研究所编:《百脉泉·冀南广宗梅花拳调查专辑》,2014年,第7页)

离世的过程，设想为通过12道关口，最终回到“老母”身边。如设想人之初死，魂灵即由法王老祖转送幽冥教主，再转送九花地狱山雪花洞即阴间世界。其中最为关键的，是在九花地狱山雪花洞接受十帝阎君、城隍、土地爷等的共同考评，此时需要“有功自己拿功报上，无功另改善门从头修行”。如冀南广宗县后枣科村的一份《拔祭文》：

> ×省×县城×方×里×村，教下人×辈孙××，投师认祖，拜到×省×县×村×××门下为徒。自从进道，烧香叩头，招应教下人等，紧（疑为“谨”——引者注）遵佛法，按理所行，与老祖兴道称名，于公元一九××年×月×日，阳寿已尽，命归阴城。
>
> 将香火金银……呈送西域天盘云程孝县清静宫中法王老祖驾前……奉求法王老祖明文一道……有功叫他拿功报上，求张师爷照应。①

如果死者不是梅花拳弟子，则将最后一句“求张师爷照应”改为“无功让他另赶善门从头修行”，显示出梅花拳鲜明的边界意识。

显然，《拔祭文》所言之“功”，是通过“西域天盘云程孝县清静宫”“法王老祖”“张师爷”等意象，即人生在世的生命历程明确地与梅花拳修炼联系在一起。按照这一逻辑，一个人长期修炼梅花拳文场，是预备生前遇劫与死后通关而有“妙用”的。

---

① 该祭文为笔者于2019年2月12日在冀南广宗县后枣科村某村民家中搜集得来。

经此,梅花拳礼仪就嵌套于传统葬礼之中,并与之形成同构互补的关系,既凸显了梅花拳在操持临终关怀仪式时的内外有别,又是对其尊师理念的强化,因为死后"认祖"的关键是生前"投师",只有"投师"修功才能活得明白。再看冀南广宗县后枣科村用于梅花拳文场拜师"求礼"的一份《点礼·明场》,其更加清晰地显示出这一点:

> ×省×县×村几辈孙某名,拜师在某省某县某村某人门下为徒。因为大香礼不通,线香礼不明,一心要求法王老祖线香神礼,一心要求透天太母线香神礼,一心要求天佛教主线香神礼,一心要求领法老爷线香神礼,一心要求五方五帝老爷线香神礼。求准线香神礼!按理所行,遵师教导,谨遵佛法。①

换言之,在梅花拳的宝卷系统中,如果说《根源经》强调的是一个人在现世生活中要持之以恒地修炼,那么《拔祭文》则意在为之提供死后的安顿,以抵御人们普遍存在的对死亡的畏惧感。显然,在这样一种礼仪系统中,后者是服务于前者的,并为前者提供动力,因为无论是遭逢现世中的劫难,还是死后进入阴间世界的过程,都首先需要了解其中的规矩。换言之,人生在世唯有跟从名师"学规矩"最为切要,以明晓"阴阳"之理,不遭无妄之灾。这样一种叙事话语与礼仪实践,无疑是有助于以师为统领、以师门为纽带的社会组织的缔结与维持的。

---

① 该文本为笔者在冀南广宗县后枣科村某村民家中搜集,2019年2月12日。

结 语

钱穆曾言:“中国人传统提倡礼治,因此社会松弛散漫……而有社会,就不能无礼治。”①他认为,中国人提倡礼治,其实是希望将责任更多地寄放于社会层面。中国社会是“礼俗互动”②的社会,民间组织传统是在国家政治与地方生活的长期互动中,所形成的支撑中国社会发展运行的一种内生性自治机制。在冀南乡村地区流行的梅花拳,试图在地缘、血缘之外建构“在乡的江湖”,即是一例。

所谓“在乡的江湖”的社会空间,其性质仍然是一种以儒家价值伦理秩序(如敬天、法祖、尊贤)为基础的互惠性的社会契约形式,梅花拳精英努力将之运作为人与人交往的基本规则,以此为基础形成地方社会秩序。历史上,“江湖规则”试图超越血缘、地缘的乡土伦理,甚至试图超越社会法规,但并不指向对中国乡土社会差序格局及其观念的颠覆,而更重要的,是其努力与“天地君亲师”等中国主流社会思想相通连,自觉归于国家一统进程之中。梅花拳组织在冀南乡村社会中的落地生根,体现出地方尚武习俗与信仰传统的相互嵌套,其实是近现代时期社会流动加速的一种文化反映。近现代以降,国家力量介入乡村社会的程度日益加深,但乡村社会并未变得更加有

---

① 钱穆:《湖上闲思录》,生活·读书·新知三联书店2000年版,第48—50页。

② 张士闪:《礼与俗:在田野中理解中国》,齐鲁书社2019年版,第1页。

序,人们必然会求助于历史悠久的地方共享传统,整饬社会秩序。近现代中国社会的同一性与差异性的形成,与此大有关联。

在近现代冀南乡村地区,基于梅花拳等地方组织传统而建构的“在乡的江湖”,是在已有社会系统内植入一种富有弹性的组织形式,并不必然指向对现有社会系统的对抗或颠覆。参与梅花拳的村民,不排除个别人有借加入群体而公报私仇的冲动,但更多的则是基于生存底线而主动参与建构地方社会秩序的诉求。后者代表着一种在乡村社会中更为普遍却易被忽视的群体性冲动,即村民不甘于生活平庸,而自觉参与国家礼治建设。这样一种群体性冲动,深匿于民众日常生活之中,而一旦社会发生异变,就往往会在看似寻常的乡村公共性活动中被激活,并与历史悠久的地方信仰传统暗通款曲。梅花拳所依托的地方信仰传统,或许比儒学传统更为古老,并已在地方社会中蕴积为一种潜在的、可待唤醒的文化心理,一旦与梅花拳之类地方组织形成同构关系,就积聚为一种不可忽视的社会力量。① 而梅花拳之类武术结社组织与地方信仰传统,作为一种文化认同,乃是村民在现有社会状态下的某种精神旨趣或取向,而非谋求其农民身份的改变,因此也就特别容易与乡村日常生活形成同构互补的关系。

从另一方面来说,成功的国家政治实践,既需要在民众心中唤起对国家主流价值观的神圣性认可,将之导向人格价值观念、政治价值秩序的升华,又需要将国家政治话语与民众日用

① 参见张士闪:《民间武术的“礼治”传统及神圣运作——冀南广宗乡村地区梅花拳文场考察》,《民俗研究》2015 年第 6 期。

话语对接起来,以此构成社会生活中“礼俗互动”的全幅话语,引导人们共同参与、相互交流,以现实在场的方式获得空间意义上的公共性体认。[①] 而在国家统治的边缘地带,或是自然资源贫瘠、土地产权易生纠纷的地方,就需要某种“江湖规矩”来维持,成为滋养“在乡的江湖”的丰厚土壤。毕竟,“在乡的江湖”所赖以建构的“江湖规矩”,亦是广泛意义上的中国礼治传统的一部分。“在乡的江湖”这一社会现象,是近现代以降国家力量介入乡村程度日益加深、农民的社会流动加速的一种文化反映,循此路径探索与“儒教中国”“帝制中国”“乡土中国”共存的“江湖中国”,或有助于对近现代中国社会的同一性与差异性的理解。

---

① 参见耿波:《礼俗互动传统中的徐复观农本政治观》,《中国政法大学学报》2014 年第 2 期。

文武之道：冀南乡村梅花拳的宝卷叙事与武术实践*

引　言

冀南地区是晚清义和团运动发生的中心地之一，梅花拳则在整个过程中扮演了重要角色。梅花拳既是以步法见长、讲究实战的一个武术门派，又是以师徒关系为纽带缔结的一种乡村男性结社组织，普遍具有一定的民间信仰性质，至今仍在冀南乡村地区广泛传承。梅花拳精英人物多具有较强的组织能力，热衷社区公益活动，从而使梅花拳能够深嵌于当地乡村生活之中。

笔者自 20 世纪 80 年代后期即跟随山东大学燕子杰老师学习梅花拳，同时对冀鲁豫乡村的梅花拳活动进行了多次田野调查①。20 世纪 90 年代，这样一种关于社会边缘群体或特殊

---

* 本文原载于《民族艺术》2022 年第 1 期，系国家社科基金重大项目“中国古代农耕图像的搜集、整理与研究”阶段性成果。

① 最初的田野调查集中在河北省平乡县、广宗县、威县，以参加当地梅花拳的“亮拳”等庆典仪式活动为主，后来逐渐扩展到更多地区，如山东省菏泽市、聊城市、梁山县、阳谷县、东明县，河北省武强县、永年县，河南省濮阳市、安阳市等地。

民俗事象的研究,虽然民俗学界无人否认其合法性,但实际上较难获得学术评价,而我的研究是运用田野资料,试图从梅花拳的组织形式阐释义和团运动的民俗性①,亦的确处于初级阶段。1994 年 11 月,中国民俗学会、山东省民俗学会、山东大学民俗学研究所、乳山广播电视大学共同主办“中国民俗学 1994 年学术研讨会”,这是中国民俗学史上首次对民俗学田野作业的理论与方法进行专题研讨。笔者提交的会议论文,是以个人的梅花拳田野调查为例,认为应提倡一种“深井式田野作业”。我被选为四个大会发言人之一,实在出乎意料之外,这对我后续田野调查起到了异乎寻常的激励作用。此后,田野研究逐渐成为中国民俗学的主流范式②,关于梅花拳的田野研究日益增多③。受益于此,近年来笔者开始聚焦梅花拳的“社会性”研究,所选择的路径是将梅花拳组织实践与中国礼俗传统联系起

---

① 例如张士闪:《从梅花桩拳派看义和拳运动中的民俗因素》,《民俗研究》1994 年第 4 期;张士闪:《梅花桩拳派传承与源流蠡测》,《精武》1996 年第 5 期;等等。

② 李海云认为:“始发于 20 世纪 90 年代的田野调查热潮,意味着中国民俗学者自觉走出书斋,来到田野现场,在与活生生的人打交道的过程中,观察民众的具体行为与口述表达,由此掀开了注重民众主体之文化活用的新篇章……这样一种走向田野、关注村落的研究范式,在当时具有很强的学术递进意义。”(李海云:《边界视角:新时期中国民俗学发展脉络考察》,《民俗研究》2018 年第 6 期)

③ 2021 年 11 月 7 日,笔者以“梅花拳”为关键词在中国知网搜索,发现期刊文章共 140 篇,在各时期分布情况为:20 世纪 60 年代,1 篇;20 世纪 70 年代,1 篇;20 世纪 80 年代,23 篇;20 世纪 90 年代,17 篇;其他,99 篇。另有博士学位论文 4 篇、硕士学位论文 25 篇,均为 2017 年以后完成。

来予以理解。①

本文即循此路径,聚焦冀南乡村梅花拳②的武场、文场组织,试图深入理解其宝卷叙事与武术活动的关系。根据我 30 多年来的田野观察,冀南乡村梅花拳的传承方式主要包括五种形式:口头叙事、文字表达(如宝卷、拳谱)、身体规训(如拳法、礼仪)、器物使用(如立驾、兵器)、组织实践(如师门、亮拳)。在这五种传承方式中,对于文字表达的使用最少,如宝卷、拳谱一般要借助口头叙事的表达,而口头叙事、身体规训、器物使用、组织实践等唯有在强调其权威性时才会考虑借助宝卷、拳谱等文本形式。其中,梅花拳口头叙事与文字表达的结合最为紧密,明显地呈现出“文字-口述”的一体化特征。如果说以“架子”为表征的身体规训是梅花拳的标志,那么文字-口述、器物使用、组织实践等则是以之为基础的梅花拳系统建构。梅花拳的组织建构,以师门为单元,以亮拳为最重要活动形式,不仅在整个梅花拳系统中居于重要地位,亦是梅花拳能够在冀南乡村地区长期传承的关键性要素。不过,清代以来的梅花拳组织活动因受王朝政治压抑而长期处于隐匿状态,研究材料匮

① 参见张士闪:《灵的皈依与身的证验——河北永年县故城村梅花拳调查》,《民俗研究》2012 年第 2 期;张士闪:《民间武术的“礼治”传统及神圣运作——冀南广宗乡村地区梅花拳文场考察》,《民俗研究》2015 年第 6 期;张士闪:《“在乡的江湖”:近现代冀南乡村梅花拳的组织传统考察》,《民俗研究》2021 年第 5 期。

② 笔者在冀南广宗县乡村地区的调查始于 1988 年,此后大致持续。梅花拳在广宗县较为普及,按照广宗县政协原主席李云豪、广宗县梅花拳协会会长李玉普在 2015 年的统计,全县 28 万人口中“梅花拳民”有 6 万多人,213 个行政村中有 57 个“梅花拳村”。被访谈人:李云豪、李玉普;访谈人:王加华;访谈时间:2013 年 12 月 6 日;访谈地点:广宗县后平台村。

缺,我们只能透过诸多宝卷中扑朔迷离的记叙,分析或推断其历史存在,而通过当今梅花拳精英对宝卷文字的口述援引,观察宝卷在梅花拳的身体规训、器物使用与组织实践等活动的统合作用,或可成为我们理解冀南乡村梅花拳活动的重要路径。鉴于此,本文对冀南乡村梅花拳活动的考察,将聚焦其文字-口述系统中的宝卷叙事,理解文字-口述、身体规训、器物使用、组织实践等四个系统之间的复杂互动关系,分析梅花拳精英因应国家一统进程并自觉整合其中的文化心理结构和实践活动机制。

一、梅花拳的宝卷叙事

按照冀南乡村梅花拳群体内部的说法,宝卷有狭义和广义之分,狭义的宝卷仅指梅花拳群体内部流传的《根源经》①诸多版本;广义的宝卷则泛指传统意义上的梅花拳文字资料系统。在梅花拳群体内部的交流语境中,“宝卷”一语还具有“隐秘”“宝贵”“真经”等特别意味,而且与其信仰仪式有密切关联。然而,无论在哪种意义上,《根源经》都在梅花拳宝卷系统中居于核心位置,在冀南乡村梅花拳群体内部甚至有将“根源经”代指梅花拳宝卷系统的说法。在田野调查中笔者还注意到,更多的梅花拳人将阐发梅花拳源流、经义等的《根源经》诸多版

---

① 路遥认为:“《根源经》是梅花拳内部的经卷抄本,因口碑相传,没有经文名称,所以在梅花拳内部统以‘根源经’称之。”(路遥:《义和拳运动起源研究》,山东大学出版社2018年版,第92页)

本称为宝卷，而将另外的一些文本如拳谱、吊挂、香礼、立驾文、祷辞、拔祭文等，视作从属于《根源经》的应用文体，可以根据不同的仪式场合予以选用或组合使用。

目前在冀南乡村地区所见的《根源经》诸多版本，以《梅花皇极皈真还乡宝卷》最为常见，其他版本大多是在此基础上有所删改而成（当地俗称“皇极宝卷”或“根源经”，下文以《根源经》代称）。《梅花皇极皈真还乡宝卷》脱胎于明万历年间东大乘教（又名大成教、闻香教、清茶门等）教主王森影响下创作的《皇极金丹九莲正信皈真还乡宝卷》（《武当山玄天上帝经》）。① 据杨彦明统计，冀鲁豫地区的各种梅花拳《根源经》版本，大都是选用《皇极金丹九莲正信皈真还乡宝卷》的内容（约54%），再加以改编而成。其改编方式是：首先裁掉《皇极金丹九莲正信皈真还乡宝卷》原二十四品中的第十七品、第十八品、第二十品、第二十三品、第二十四品，择其中的部分内容留用；以留存的十九品为基本框架，新编二十四品；新编二十四品保留原十九品中的基本经文，删掉每品最后的散曲；第二十三品、二十四品完全变为对梅花拳源流、经义等的言说。② 杨彦明的统计数据，与路遥早些时候关于《根源经》“只有《皇极经》的58%”的统计数据相近。③

《根源经》的叙事框架，是将梅花拳的起源归于佛祖，即收

① 参见马西沙、韩秉方：《中国民间宗教史》，中国社会科学出版社2004年版，第421页。

② 参见杨彦明主编：《梅花拳文场探秘》上册，中国科技教育出版社2018年版，第90页。

③ 参见路遥：《义和拳运动起源研究》，山东大学出版社2018年版，第268页。

元老祖、法王老祖等接受佛祖派遣降临世间，超度“原人”返回“真空家乡”，但未完成使命，于是在明末李自成起义的“末劫之年”，佛祖再次派出神灵“下天盘”，开梅花大道，终于使梅花拳在东土传播开来。按照路遥的划分，《根源经》是由四部分组成的。第一部分从清中期黄德辉撰《皇极金丹九莲正信皈真还乡宝卷》删减而来，将原有的无生老母将弥陀遣到下界的内容，转换为“无为老祖”救度众多贤良。第二部分是《无字真经》，叙说领法古真佛（指宗师张三省）在江苏省铜山县（今铜山区）“创立文武大法”，续法囉唎佛（指宗师邹宏义）继续传法，从江南传到北方。经卷中还有“灵山赞”“送香歌”“五更佛歌”“拜船歌”等。第三部分《佛说一字根源真经》讲述末劫来临，老祖显现世间，救度元人回归云城等。第四部分把无生老母置于最高地位，讲述无生老母“修十二封家书”①，送给东土大地男女，让他们回到西方老家拜见“无生老母”，团圆聚会。②

路遥的“四分法”，大致代表了梅花拳《根源经》诸多版本的基本结构。然而，《根源经》何以设置这样的叙事框架，意欲何为？本文以为，这一叙事框架并非随意排列，而是四部分之间有着明确的逻辑顺承关系：第一部分，以佛祖创世、救世为主

---

① 1993年，笔者从梅花拳第十七辈弟子、河北省平乡县田二疃村田长海处见到的《根源经》版本，没有无生老母“修十二封家书”，而为梅花拳八代祖师、创建小架梅花拳的张从富的“十嘱咐”（略同于清《收元宝卷》的“十步修行”），包括真心守分，虔心守道，真心守志，虔心守礼，真心守把，真心守定，真心守正，真心实意，真心守住，虔心守卷。最后落款“寿八十有零。时在嘉庆二十一年正月五日”。

② 参见路遥：《义和拳运动起源研究》，山东大学出版社2018年版，第268页。

线,杂糅各种神话传说、民间信仰和佛道儒教义等,是关于宇宙生成、万物起源等的“大传统”叙事;第二部分,沿袭佛祖派遣神灵临凡救世的时间序列,以明末李自成起义为时间节点,顺述梅花拳谱系传承的“小传统”;第三部分,强化末劫来临、老祖救世之说,是在统合上述“大传统”与“小传统”的基础上,推出梅花拳的生命哲学理念;第四部分,则是在这一生命哲学理念的统摄下,在现实关怀层面推出“治世良方”。一言以蔽之,梅花拳《根源经》是从对“我从哪里来”的终极追问开始,以对“我该怎么做”的现实关怀作结,呈现为一个闭环式的叙事结构。

在冀南乡村地区广泛流传的“梅花拳规矩大,能拿得住人”等说法,即与梅花拳《根源经》这一闭环式的叙事结构有关。类似“梅花拳规矩大”之类的说法,表面看来是一般村民对梅花拳讲究传统伦理、祭拜仪式繁复的调侃,其背后却是以梅花拳《根源经》名义汇集的一大批宝卷文本作为支撑的。拥有梅花拳《根源经》宝卷的,是被称作“文场师傅”①的少量梅

① 在20世纪80年代以来的冀南乡村梅花拳调查中,笔者经常听梅花拳师傅谈及“文场”“武场”“文场师傅”“武场师傅”之类话题,似乎已经成为他们对自身群体的一种分类方式。笔者注意到,在清代官府档案和梅花拳《根源经》宝卷中,均未见“梅花拳文场”的提法,在20世纪60年代路遥主持的冀鲁乡村义和团运动调查所获的访谈资料中,亦未见“梅花拳文场”字样,直至20世纪80年代的访谈资料才有所见。参见路遥主编:《山东大学义和团调查资料汇编》,山东大学出版社2000年版,第55页。笔者据此认为,“梅花拳文场”的概念,是20世纪80年代由路遥、燕子杰等学者与冀鲁乡村梅花拳精英的共同建构,此后日益成为华北地区梅花拳群体普遍的自我表述。当然,不能否认的是,历史上的确曾有类似“梅花拳文场”的社会组织存在。对于这一现象,笔者将另外撰文予以专题讨论,在此不赘。

花拳精英,他们看起来与一般村民无异,却普遍擅长看病、解事和操持仪式等,更重要的是能讲一套套为人处世的规矩,因而受到当地乡民格外尊重。我们在调查中发现,这些文场师傅在操持上述事务之时或是在日常言谈中,既不见宝卷随身,也不将宝卷陈列于仪式场合。这或许意味着,文场师傅这一身份的获得,主要依靠的是在梅花拳群体内部的认同,而具有擅长看病、解事、操持仪式和阐释传统伦理的能力,则是获得群体内部认同的基本标准。换言之,一个梅花拳人是否被认定为文场师傅,要依据他在看病、解事、操持仪式和阐释传统伦理时的具体表现与效果认定,既与其现实社会地位没有直接关系,也与家藏宝卷状况无关。事实上,接触宝卷甚或通晓宝卷,是在一个人获得文场师傅资格以后所伴生的权利。因此,宝卷不离身或动辄引经据典的做派,与手捧拳谱练拳一样可笑,往往被视为修行不够,未能将宝卷精神了然于心,内化为气质,只能说明他距离“行住坐卧都是禅”的境界还差得很远。

理所当然地,冀南乡村梅花拳精英从不以在公开场合出示宝卷为能,而将宝卷内容主要用于私下场合的口头交流中,借助私密传播发挥效用。这样一种“秘宣”的风格,其实在清代民间宗教团体中就早已盛行,而其“秘宣”内容则与“秘宣者”对所处社会的认知有关。就笔者持续 30 多年的观察而论,冀南乡村地区梅花拳精英的“秘宣”内容,普遍遵循如下脉络发生变迁:20 世纪 80 年代,整个中国社会掀起“文化寻根热”,而在各地梅花拳群体中则普遍流行关于梅花拳“前百代”“后百代”等说法,并纷纷从《根源经》中寻找依据,努力将梅花拳谱系予以前推与补缀,甚至有人将梅花拳起源追溯到春秋时期①；20 世纪 90 年代，整个社会商业大潮涌动，而与梅花拳传统拜师礼、"三德请师"等有关的故事在梅花拳群体内部被频频讲述，借题发挥，师道衰微、武术传承危机等成为梅花拳群体的普遍焦虑；时至 21 世纪，则又流行梅花拳祖师因私家传拳而被佛祖降灾的故事，"子不拜父为师"等传统规矩亦被特意强调，这可能与梅花拳被列为国家级非物质文化遗产名录、多地因争夺非遗传承人名分而发生纠纷的现象有关。显然，在新时期以来的社会变迁过程中，梅花拳注意因应时势而有所作为，《根源经》则一以贯之地被视为"宝典"，被不断挖掘出诸多富有意味的话题，并借助神圣传统的名义调解现实纠纷，谋求生存和发展。下面仅以近年来流行的梅花拳祖师因私家传拳而被佛祖降灾的故事为例，略加分析。《根源经》诸多版本中都有载录的"邹氏父子"故事，虽则在具体情节、人物名姓等方面颇有差异，但并不妨碍其成为梅花拳群体内部的热门话题人物：

徐州邹家六少爷文武皆通，不传外人，单传亲生下代。别的少爷不提，单说六少爷的五辈乃孙兄弟二人，一名鸿恩，一名鸿义，在家自守荣华富贵，闭门不出。紧赶乾隆三

① 根据周伟良 1999 年、2001 年在河北、山东的调查，关于梅花拳起源的说法主要有三种。(1)西周说。依据是梅花拳经卷《三百六十处》中有"周昭廿五，古佛生焉，居伯阳后，占仲尼先"一段话。(2)春秋战国说。据 20 世纪 80 年代北京市的武术挖整材料，梅花拳起源于春秋时期，为著名军事家孙武创编，又称武子梅花拳，另据平乡县八辛庄张鸿印老人藏有的一份梅花拳抄件，梅花拳起源于公元前 447 年，创始人叫王秋白，传至明末已有一百代。(3)明末清初说。参见周伟良：《梅花拳拳理功法的历史寻绎》，《体育文化导刊》2002 年第 5 期。

十八年，家中连遭不幸，然犹不醒佛意，仍旧按道不传。佛祖见怪，家中连遭毁禄之灾。兄弟二人在家闷坐，一天忽听空中说话，二人立即细听：

本是佛祖在云端，高叫恩义二位男。

在前得到佛祖道，叫你流传在人间。

只顾在家贪富贵，为何按道不外传。

再要不往外传道，居家人等皆不安。

邹鸿恩、邹鸿义二兄弟分外惊慌，连忙商议。邹鸿恩说："鸿义弟弟在家看守家园，我即去传道也！"①

在这一故事中，邹氏父子是清初中期的梅花拳重要传人，佛祖则扮演了监管人间、行事刚硬者的角色，禁绝梅花拳私家授受，强制传人外出传道，对于违规者则毫不留情地予以降灾惩戒。这或许说明，梅花拳的私有化贯穿于清代社会，历代梅花拳精英试图对此有所阻遏，因而在《根源经》的传抄过程中不约而同地将这一故事予以载录或改写，而邹氏父子成为重师道、禁家传的叙事素材，也就并非偶然。② 不过，《根源经》诸多

---

① 《三教根源妙法经》，1993 年笔者从河北省平乡县田二疃村田长海处得见。

② 就目前所见梅花拳《根源经》的多种版本而论，多有因私家传拳而佛祖降灾的故事，而邹氏父子出现最多。如关于梅花拳第三代传人王红亮的类似故事，只见于河南省内黄县马上乡大黄滩村王现峰收藏的《梅花拳缘起》："（王红亮）回家后不再（为人）治病……终日用功习练刀枪，永没收徒。佛主知道此事，差龙王发水淹他家田地，一连淹了三年。红亮大驾求苦，说要是叫我设教传徒，请不要再来淹我，果然灵验。"（转引自杨彦明主编：《梅花拳文场探秘》上册，中国科技教育出版社 2018 年版，第 166 页）

版本中的相关叙事颇为杂乱,后世梅花拳精英要“古为今用”,也还面临着不小的难题。

我们兹以《根源经》的两个版本为例,梳理邹宏义、邹文聚父子的相关载录,以窥究竟。先看邹文聚在清乾隆年间所撰《家谱》[①],这应该是诸多版本中可信度最高的一种。虽名为“家谱”,其实它所记叙的乃是一份梅花拳传承谱系。其中有邹氏父子千里迢迢外出传授梅花拳之举,以及邹文聚在晚年迭遭灾变的状况。其中有三个关键信息:(1)邹宏义生平不详,据其子邹文聚描述,他“武艺独称强,如固国名将,能周游四方千余里,一时之从学门徒者不下数百人”。(2)邹文聚自述生平:生于康熙二十九年(1690),在乾隆九年(1744)从居住地徐州府铜山县迁居北直顺德广宗县,继而南和县,至乾隆二十四年(1759)又东迁于平乡县。(3)邹文聚自述晚年迭遭灾变情况:乾隆二十五年(1760)“遇年岁之灾荒”,乾隆二十六年(1761)“内室亡,仲男伤”。邹文聚时年72岁,痛彻心扉,由此“览我邹氏家谱”并作序文。再看流传于平乡县的《根源经》另一版本《三教根源妙法经》[②],讲述的是邹鸿恩、邹鸿义兄弟“在家自守荣华富贵,闭门不出”,乾隆三十八年(1773)“佛祖见怪,家中连遭毁禄(当为‘回禄’——引者注)之灾”[③],于是邹鸿恩在佛祖的警示下,远赴河南开州蔡吉屯传道。

显然,当今梅花拳精英对这一话题的推崇,与国家非遗保护语境中非遗传承人因名分争夺而发生的多种纠纷有关。他

① (清)邹文聚:《家谱》,河北省广宗县谷常相村谷恒通家藏。

② 《三教根源妙法经》,1993年笔者从河北省平乡县田二疃村田长海处得见。

③ (清)邹文聚:《家谱》,河北省广宗县谷常相村谷恒通家藏。

们试图从《根源经》中寻找某种神圣传统，引导人们超越与家族利益有关的短期功利，但要在上述素材中提炼出一种明晰的因果关系与叙事逻辑，至少需面对如下难题：邹文聚是在外出传拳十六年后迭遭灾变的，因而不能因果倒置，将其身罹灾变归因为不外出传拳而被佛祖怪罪降灾。难题的解决，得益于对平乡县《三教根源妙法经》与广宗县《家谱》两份宝卷的拼接：关于邹宏义“周游四方千余里，一时之从学门徒者不下数百人”的记载，与邹鸿义因私家传拳而“佛祖见怪，家中连遭毁禄之灾”的故事，虽然出自不同的宝卷版本，而且难以确认邹宏义、邹鸿义是否为同一人，但留下了可以运用的叙事空间。于是，在现今梅花拳精英的言说中，上述素材经过一番再造重新焕发生机——即使是如此有名望的梅花拳先师，亦需要不断地自我警醒，绝不能有将梅花拳家藏垄断的私心。这一强调道德诫训的叙事逻辑一旦明晰，与此不符的杂乱叙事就都成了无关宏旨的枝节问题，如因私家传拳而遭佛祖怪罪降灾无奈往外传道的主人公是邹宏义、邹文聚还是邹鸿恩就不再重要①，更重要的是如何在这一道德叙事逻辑中强化因果关系，添加细节，达到更具感染力的教化效果。

显然，这类故事所体现的梅花拳组织系统的自我维护与再

---

①　例如，在河南发现的梅花拳《立道根源》（马全文搜集本），对故事主人公予以虚化处理：“大清顺治即位至乙酉年……古真佛奉老祖敕令，于江南徐州府铜山县扑生下界。老祖遇上邹氏，乃名门仕宦人家，书香礼仪门第，世世清洁，门悬双千顷牌。佛祖奉收元老祖敕令，承天佛继续传道。古真佛安处江南教演大法，不思远游四海普施教化。老祖速命金龙四大王下界来催，家业遭水灾，乃弃家业，周游天下，说法展道。”（转引自杨彦明主编：《梅花拳文场探秘》上册，中国科技教育出版社 2018 年版，第 241 页）

生产机制，与前述《根源经》所呈现出的闭环式叙事结构是一致的。本文以为，梅花拳宝卷之所以采取一种师徒之间隐秘授受、口耳相传的“秘宣”方式，主要是与梅花拳在清代以降所处的历史境遇有关。

有清一代，像梅花拳这样的武术团体，多与诸多宗教团体之间有着分分合合、若即若离的关系，藕断丝连亦属常态，由此受到清政府的长期弹压。比如程啸认为，在清政府稽查德州宋跃隆集团的三个案例[嘉庆十九年(1814)一例、道光元年(1821)两例]中，梅花拳均受牵连绝非偶然：

> 梅花拳常在“邪教”案卷中出现，但梅花拳“案犯”和八卦教、义和拳等“邪教案犯”之间又有区别，被清查出的梅花拳师大多不是教门。这说明传习梅花拳和传习“邪教”之间并没有直接的联系。
>
> 但是应当指出，由于梅花拳流行在教门密布的直鲁豫地区，八卦教教徒中确有人传习这种拳术，这又使教门有可能利用、吸收和改造梅花拳，使这个民间拳种成为宗教化的义和拳的武术渊源。①

路遥也曾详述发生于乾隆年间的一则“邪教”案，梅花拳又一次受到牵连，其过程与结果均显诡秘：

> 乾隆四十三年十二月，山西壶关县有一位平民叫张九

---

① 程啸：《乾、嘉朝义和拳浅探——义和团源流论证侧记》，《近代史研究》1981年第1期。

> 锡,曾赴北京呈控河南黄河漫口派累民间办料折收钱文时,还呈控山东冠县碗儿庄(系垛儿庄之误)杨四海邀请村人学拳敛钱、聚众立义和拳“邪教”。
>
> 最值得我们惊异的是:清廷对张儿锡呈控案的处埋,把一个与本案似无关系的梅花拳拳师杨士增加以逮捕,连同杨四海儿子杨玉常和随杨四海习拳的杨之表侄李凤德等三人一起被处以杖一百、流三千里的严刑。①

这说明尽管统治者未将梅花拳定为“邪教”,但亦备加防范,时不时地采用“敲山震虎”之策予以震慑。

时至近现代,冀南乡村梅花拳在义和团运动和此后的多次社会改造活动中均曾遭受重大打击,这已作为惨痛教训积淀于这一群体的集体记忆中②。时至今日,冀南乡村地区的梅花拳群体仍对此心有余悸。

---

① 路遥:《“义和拳教”钩沉》,《近代史研究》1991 年第 2 期。

② 李海云在冀南乡村地区田野调查中采集到这样一则口述资料:“清政府出卖了义和团,与洋人勾结起来镇压,包括梅花拳在内的民间组织伤亡惨重……一场野蛮杀戮过后,件只村(现广宗县件只乡驻地)的人、牛全部加起来,也只剩下了八口,‘件只’村名由此而来。”(李海云:《“自治”与“礼治”:近现代冀南乡村社会中的梅花拳》,《民俗研究》2020 年第 5 期)关于“文化大革命”期间的惨痛记忆,笔者亦曾撰文论述:“‘文革’时期,梅花拳文场备受摧残,多名文场师傅遭刑拘,至今心有余悸……在三村梅花拳文场师傅的记忆中,‘文革’时期印象最深的就是‘破四旧,立四新,抓人’,梅花拳被当作反动会道门受到批判,武场的‘亮拳’和‘传拳’被禁止,文场被定为封建迷信,公开练拳传文的风险很大。”(张士闪:《民间武术的“礼治”传统及神圣运作——冀南广宗乡村地区梅花拳文场考察》,《民俗研究》2015 年第 6 期)

二、文武之道：清代武术团体的宗教化趋势

正如前文所述,在清代社会中的武术团体与宗教团体之间,往往因应社会情势而呈现出复杂的聚合或离散的关系。事实上,这也是清代以来民间组织的一般特征,而大量宝卷则在二者之间起到了黏合剂的作用。据路遥猜测,在清乾隆年间的八卦教起义中,就有梅花拳的参与①,而在嘉庆年间天理教起义时,则明确显示出梅花拳与天理教在组织层面的深度融合:

> 冯克善是天理教起义队伍中的第三号人物,是武卦主,管武场。……他所习的拳棒,最初也只是六趟拳或红拳。嘉庆五年(1800年)冯克善又向梅花拳第七辈传人河南滑县人唐恒乐学习梅花拳。这两个拳会都有文、武场组织,所以在嘉庆十六年王祥死后,冯就很自然地被推上武卦主地位。由于冯克善充任天理教武卦主,梅花拳组织因此进一步同离卦教文、武场结合。这从德州的宋跃隆集团受冯克善影响出现六趟拳与梅花拳相融合的情况,已十分明显地反映出来。②

---

① 路遥认为,在乾隆年间王伦起义队伍中出现的"义和拳",是以离卦的文、武场组织为核心,还融会八卦拳、七星红拳、大红拳、梅花拳等"异伙拳",而且其中的梅花拳亦有文、武场的组织形式。遗憾的是,他对此未提供材料依据,并在后文中承认"梅花拳之投入义和拳在王伦起义队伍中还只是一种模糊现象"。参见路遥:《"义和拳教"钩沉》,《近代史研究》1991年第2期。

② 路遥:《"义和拳教"钩沉》,《近代史研究》1991年第2期。

当然，梅花拳第八辈传人冯克善担任天理教武卦主即第三号人物，只能说明"梅花拳组织因此进一步同离卦教文、武场结合"，而不能推导出梅花拳与天理教"两个拳会都有文、武场组织"的结论，这是路遥文中有待进一步论证的。此外，在杨彦明《梅花拳文场探秘》一书所荟萃的梅花拳《根源经》众多版本中，有两份资料为我们留下了乾嘉年间梅花拳贴近宗教团体的重要信息。先看杨彦明书中收录、由马全文在河南搜集到的这份《立道根源》（"梅花拳六炉根源经"）：

惟兹一人居于辛庄①，名张从富者，他文武超群，名誉远扬，不想半途迷惑左道，专慕邪术。嚻唎古佛言曰：此人邪行，外人议论纷纷，传扬非言诽语，终受此人大害。不如书一柬帖，送于街市，永绝后患。

若问假人家居住，平乡辛庄有名声。
此人姓张名从富，文武成就处处通。
弃舍正法学邪法，专心学邪去妄行。
披头散发持宝剑，掐诀念咒要雨风。
撒豆成兵常习演，隔墙打牛牛作声。
捻土成山学逃遁，浑身铁甲最为能。
闭枪之法灭火咒，常使妖魔作天兵。
各样法子他都会，呼天动地显奇能。
……
师祖规矩有法令，笞杖三十逐门庭。
写章柬帖送出去，从今以后不许进。

① 即今河北省平乡县八辛庄村。

张师有语回言道,尊声老爷您是听:
既然不许我进门,有文有武要行动。
行动只许东西走,不许南北乱胡行。
往东开至山东地,往西直开山西中。
人人都称张太祖,看地如篩也有名。
祖传张邹梅花拳,留在世间把人传。
焚香供奉五炉位,倭身小架开新拳。①

再看被杨彦明“疑为清末民初的梅花拳弟子根据老本缩写”的《五炉根源经》,其中的关键情节,是在“老祖母”的安排下佛祖传法八世到张从富:

又临凡转八祖名张从富,天降文天降武圣中亲传。
老师爷把文武全都改过,祖祖传灯灯续度化人焉。
开武法在地上传流弟子,立文教度元人根召回还。
论文礼通上天消灾去苦,要论武本来是武教天元。
三时香四时功云行不断,原来是明扬法传在世间。
要说拳玩的是干枝梅花,度化人都叫他礼义当先。
老祖留梅花拳传遍世界,普天下都处都有梅花拳。

① 河南梅花拳六炉根源经《立道根源》(马全文搜集本),该版本叙事简略笼统,且多有不能自圆其说之处,应是较为原始、较少编纂的一个版本。该卷中有十阎君为测试混元老祖之真假,让其下油锅、入奈河等情节,为《根源经》其他版本所未有,亦可为证。杨彦明推测这部《立道根源》最早写于清道光年间,因为大架、小架的分立发生在乾嘉年间,而张从富逝于嘉庆二十一年(1816),再过四年即道光年间。参见杨彦明主编:《梅花拳文场探秘》上册,中国科技教育出版社 2018 年版,第 244 页。

改变的不像样惊动老祖，所以里再派佛又来临凡。
张师爷又临世传法教道，将文武全改过教化女男。
张教主将文武全然都换，又改礼文共武各样齐全。
这天地已分时道善于后，这天地未分时道开于先。①

两份资料均涉及梅花拳早期重要传人张从富，信息极为丰富。如果说《立道根源》中的描述贬多于褒，那么晚起的《五炉根源经》则褒扬有加，但二者都认可张从富在清代梅花拳传承中所扮演的重要角色。由梅花拳《根源经》诸多版本可推知，张从富生于乾隆帝即位之年（1736），逝于嘉庆二十一年（1816），是梅花拳大架、小架②分立的关键性人物——他在梅花拳大架谱系中被尊为第八代祖师，又“开枝散叶”创立梅花拳小架并被奉为始祖。在祭祀仪式上，梅花拳大架、小架最大的区别，在于所供奉的是六炉香还是五炉香③。

① 杨彦明主编：《梅花拳文场探秘》上册，中国科技教育出版社 2018 年版，第 233、236 页。

② 在各地梅花拳群体内部，有大架、小架之分，但关于其历史渊源、功法区别的说法并不一致，周伟良的观点大致代表了某些共识：清初第三辈传人邹宏义是梅花拳的大架祖师，乾嘉时期的梅花拳第八辈传人张从富对传统技术风格有所改变，影响扩大，被称为梅花拳小架，本人被尊为“小架”师爷。参见周伟良：《梅花拳考略》，《成都体院学报》1992 年第 4 期。

③ 一般认为，后起的张从富所创梅花拳小架的标志，是沿袭较早的梅花拳祭祀传统而以五炉香供奉五位神灵，即收元老祖（或法王老祖）、万圣老母（或无生老母、透天老母）、天佛教主、领法老爷、五方五帝；邹宏义所创梅花拳大架的标志是供奉六炉香，是后世弟子在供奉上述五位神灵的基础上为纪念邹文聚、邹志刚、蒙有德、孟署恩所做的特别贡献而添加了嚨唎古佛（或续法老爷）一炉。参见杨彦明主编：《梅花拳文场探秘》下册，中国科技教育出版社 2018 年版，第 465—467 页。

对比两份资料,均显示出张从富对于梅花拳传统做出了重要改造。改造之法是在承袭梅花拳身体规训系统的基础上,广泛吸纳当时诸多民间宗教的思想、“道术”,同时努力贴近以“文武”“礼义”“教化”等话语为表征的国家正统。无论是《五炉根源经》中“老师爷把文武全都改过”“张教主将文武全然都换”“将文武全改过教化女男”“又改礼文共武各样齐全”等褒奖之语,还是《立道根源》中指责张从富“迷惑左道,专慕邪术”以及最终被续法老爷逐出门外,均显示出张从富改造梅花拳传统的影响力之大,同时也说明当时梅花拳群体并非全都赞成向国家正统或民间宗教靠拢。颇为有趣的是,《立道根源》前后言语并不一致,前面抨击张从富“迷惑左道,专慕邪术”而另立“小架”,但在结尾部分又赞誉他“成佛作仙”“万代名传”,认为梅花拳的大架、小架是“一道两法万古传”“东西开法,普度英贤”,殊途同归。显然,这应是在梅花拳小架获得较大发展之后梅花拳大架精英的有意补续,以维护整个梅花拳群体内部的团结。时至今日,在梅花拳群体内部仍特别强调“天下梅花是一家”的说法,应是上述叙事话语的延续。

此外,另一份梅花拳宝卷《三化大乾程》,记叙了梅花拳内部的一场争执,最终以接受罗教教义而告终,显示出清代梅花拳在与民间宗教团体的互动中的选择性。该宝卷以徐州府铜山县尖山村张三为第一代传人,第二代传人朱永元为大明王朝王子,第三代传人为王红亮。这场争执,发生于第二代传人朱永元与第三代传人王红亮之间。

明朝失败,这王子便改名朱永元,隐居在这徐州北门里。此人早有灭清复明大计……闻张三名气便投其门下,学习武艺……张三见其心术不正,将其赶出门外。这朱永元,在明时曾拜无为道罗祖为师,习练无为道法,使得一手好刀法。

以前信奉罗教,常常把罗教经文讲丁弟子,那张刘二师(张振书、高刘氏)碍于情面,况那老师又是年近八旬之人,便不好发作理论。一日师父在真武庙设法事,饭后朱师父又讲起罗教香礼,王红亮借酒气问朱师父:"所讲是哪家经文,我怎没听师父讲过?"

朱永元一听面红耳赤。高刘氏又问:"那皇极宝卷是何人所传?张老师并无传授我等啊?那朱王二人便争吵起来……高刘氏、王红亮借故转回了湖西。"①

有清一代,在梅花拳等武术团体与众多民间宗教团体之间,为何会普遍出现"文武同构"的现象呢?李世瑜认为:

不晚于嘉庆初年,义和拳或梅花拳就已发展为不是单纯演习拳棒的结社了。他们与白莲教派的一些秘密宗教广泛接触,吸收了不少宗教活动方式,因此在演习拳棒的同时,还要供奉神像,习念经卷,持诵咒语,烧香磕头,坐功运气,也就是说他们所演习的拳棒已经宗教化了。演习拳棒而宗教化,秘密宗教而演习拳棒——它们结合在一起了。这种结合为它们双方都增添了新的血液,它们的生命

① 《三化大乾程》,山东省梁山县梁山镇姜庄续文彬家藏,转引自杨彦明主编:《梅花拳文场探秘》上册,中国科技教育出版社 2018 年版,第 285、291—292 页。

力更强了……

习武团体与宗教结合还不能只是吸收其形式方面的东西,更重要的还在于宗教哲学方面,否则它们是不易有所作为的。①

显然,像梅花拳这样的乡村武术团体,原本是以闲时练武、庙会“亮拳”为主要活动形式,以师门为纽带而缔结的结社组织,在日常生活中以声气互通、生活互助为基本功能。一旦社会发生灾乱,这类武术团体就有了凝聚成员、强化认同的强烈需求,并由此产生了贴近宗教教义甚至与民间宗教团体相结合的普遍诉求。而乾嘉以降的清代社会,却正以灾乱多发为特征。

三、宝卷:武术与宗教的黏合剂

梅花拳本即偏重个体性的一种身体运动形式,以及以师门为基础结成的一种男性结社组织,并与地方社会生活密切相关。那么,梅花拳如何贴近宗教,甚至与地方宗教团体形成互构呢?这需要结合地方社会语境中精英人物的作用发挥予以具体分析。

梅花拳与地方宗教之间的互动态势,可以从梅花拳武场、文场一体化建构的层面予以观察。如上所述,冀南乡村梅花拳

① 李世瑜:《义和团源流试探》,《历史教学》1979 年第 2 期。

文武一体化的建构，以武场“练架”①、文场“立驾”②的逻辑对接为基础。梅花拳武场、文场的共同之处，是都注意贴近“天地君亲师”“文武之道”等国家政治传统，试图借此在地方社会中建构“正统”秩序。梅花拳在冀南乡村地区的植入，是以精英人物积极操持社区公益的形式出现的，事实上已成为广泛意义上的中国礼俗传统的一部分。在这一过程中，梅花拳宝卷虽然经常处于隐匿状态，却潜在地发挥着重要作用。下文将从三个方面予以具体分析。

（一）宝卷对于武术习练活动的助益

综观冀南乡村地区的梅花拳群体，尽管有大架、小架之分，但其武术训练系统则大同小异，都是以桩步五势、架子和简单套路为基本功，经由徒手单练、器械单练、徒手对练、器械对练等训练环节，最终达到近似自由搏击的所谓“赢拳”“拧拳”“攻拳”等最高阶段。也就是说，它是从武术基本功出发，随着习练者功夫的加深，逐渐增加即兴发挥、随机应变的自由编创动作，以期达至“手无定形，脚无定步，见空按豆，随势而布”的自由境界。据说一些优秀的梅花拳师傅，总能在日常习武活动中

---

① “练架”是梅花拳武场训练的基本功，习练者需要反复练习“大、顺、拗、小、败”五个基本功架，俗称“桩步五势”。梅花拳有“三年架子两年锤”的说法，强调习练者需要先经过三至五年的“练架”训练，方能学习新技法。

② “立驾”是梅花拳文场的标志。梅花拳人举行“立驾”仪式，在家中安放“天地君亲师”牌位和象征梅花拳祖师的若干香炉，就意味着文场师傅身份的获得。同时，“立驾”还意味着天地神灵、梅花拳祖师已长住家中，需要每天香火供奉，梅花拳有一朝“立驾”终生不撤的讲究。

突发奇想，创造新的招式、套路或功法，或在遭遇强敌时灵机一动反败为胜。类似轶事不仅为后辈津津乐道，其中的武术创造还会被纳入梅花拳训练系统，视作密不外传的本门绝技。

梅花拳师徒之间的武术授受过程中，所使用的是一套专门语汇，如松紧、虚实、前后、上下、内外、老嫩、直横、刚柔、大小、深浅等，既生动可感，又富有弹性，以便于指导习练者借助内心体验及时矫正身体动作，以期早日达到所谓"内三合""外三合"的境界。如"练架"是梅花拳习练的初级阶段，需要反复练习"桩步五势"，即"大、顺、拗、小、败"五个基本功架，它们还分别被冠以金、水、木、火、土之名。"桩步五势"照此顺序左右转换习练，即称"五势变化"①。如何使"桩步五势""五势变化"达到"正、顺、圆、满、够"的传统标准？有经验的梅花拳师傅就善于借助上述语汇，提醒习练者同时保持头顶悬、舌舔上腭、沉肩坠肘、活腰松胯等，并掌握好动作的力度和速度。在"练架"的过程中，每个动作在转换前，需要保持不动 3—5 个呼吸，而一趟完整的"架子"即包括 100 余次动作转换，约需 40 分钟，但这仅仅是每次习练活动的开始。此后便是自选项目习练，如徒手或兵器的单练、对练和群练等，没有一定毅力者颇难坚持。再看梅花拳招式动作的命名，有指天画地、摘星布斗、伏虎、打虎势、虎抱头、反臂锤、对心锤等，很是古朴神秘，不仅有益于习练者领会动作要领，而且可以调剂在习练过程中容易产生的单调乏味感，并有助于习练实践中某种神秘感的生成，引导习练者逐渐寻找梅花拳武术技法的意境与韵味，唤醒或强化习练者的运动潜能。

---

① 详见张士闪：《"在乡的江湖"：近现代冀南乡村梅花拳的组织传统考察》，《民俗研究》2021 年第 5 期。

著名的梅花拳师傅在指导已具有一定根基的习练者之时,往往注意结合梅花拳宝卷加以启发。来看最常被引用的这两段话:

> 一条大道少人奔,寻到玄关始入门。性养灵台身有主,神存至善魄成魂。
>
> 我大道言面壁非有别件,端叠坐闭双目如同泰山。去不追来不想不生一念,恐不视惧不惊不开一言。无天地无日月无楼无殿,无飞禽无走兽无水无山。无人相无我相无纷无乱,无寿者无众生无火无烟。知止定定后静灵光闪闪,如北辰居其所龟息绵绵。心忘形性忘心真灵不散,静之久忽然的元神出关。见天地和三光百般景现,这乃是身内道显发外边。①

这类话语原本出自梅花拳宝卷,此时用于指导习练武术,就被赋予类似练武谚诀式的某种别解。如"寻到玄关始入门"中的"玄关",会被解释为鼻梁,"寻到玄关"即注意调息。后面一段,"我大道"被认为是专指梅花拳,"面壁"即梅花拳功夫修炼。于是,整段文字就被转换为梅花拳功夫修炼秘诀——从"以一念代万念"入门,逐渐达到内心活动与外形动作合一的物我两忘状态。此外,对于练武效果的夸大和对于武技功用的无限想象,也很容易使得练武体验向宗教意识贴近。一言以蔽之,宗教意识可以赋予武术以神圣性,练武体验能为宗教带来

① 《明道正宗》,封面题写"宣统元年夏月重刊"字样,河北省广宗县前魏村李玉普家藏。

某种似乎修炼可达的可操作性,而梅花拳宝卷则为二者的互动融合提供了逻辑支撑。

(二)宝卷与武德养成

在传统社会中,对于习武者的社会评价存在着武德与武艺的二元标准,并以"德艺双馨"为最高境界。评判武艺,以输赢结果为标准;评判武德,则以礼仪效应为标准。在乡村日常生活中,真正较量武艺的情形较少,需要评判的主要是习武者之间的社会交往。理所当然地,武德向来为乡村社会所推重。讲究武德被视为习武者的道德底线,不讲武德者不仅会被武术群体排斥,还会受到整个地方社会的道德压力。因此,无论哪种武术门派,都特别强调武德。

与众多武术门派一样,梅花拳的武德教育也是从尊师开始的,并以对"天地君亲师"的尊崇为最高话语形式。在冀南乡村地区,梅花拳群体普遍供奉"天地君亲师"牌位,并在祭祀礼仪流程中灵活引用宝卷话语,强化"师道尊严"观念。换言之,宝卷虽未被陈列于梅花拳礼仪场合,却为其提供了神圣叙事话语与礼仪操持依据。

我们在冀南乡村的田野调查中,经常听到村民类似的说法:"梅花拳都有桌子,都是'行好'的,都有个讲究。有桌子就有神。"①此处所说的"桌子",即专指供奉梅花拳祖师的供桌,也代指用于祭仪的整个空间设置,是梅花拳文场师傅用以个人

① 被访谈人:李淑文,66岁,河北省广宗县北杨庄村民;访谈人:崔丛聪,山东大学民俗学专业2013级硕士研究生;访谈时间:2015年4月7日;访谈地点:河北省广宗县北杨庄。

修功、操持仪式之地。事实上,梅花拳文场师傅的身份标志,就是家里安放了这种“桌子”。一般来说,梅花拳文场师傅都善于治病、预测、解事,通晓风水、阴阳之类的神秘知识,具有宣讲道德教化的能力,似与具有所谓“通灵”“接神”能力的乡村术士无异,而正是梅花拳《根源经》宝卷的拥有,使其获得了“梅花拳文场师傅”这一独特的文化身份。

在梅花拳群体内部,安放“桌子”的仪式还有一个更显庄重的说法——“立驾”。其仪式流程大致如下:先在内室的北墙面正位贴挂“天地君亲师”牌位,额书“一贯之道”,两侧是“振三纲须赖真武”“整五常全凭大文”的对联;在北墙下安放一张长方桌,上铺一块带有吉祥纹样的花布,摆放象征梅花拳祖师的五个或六个香炉,摆上各色供品,即为“供桌”。如上仪式称为“立驾”,此后的烧香、跪拜、祈祷、冥想、看香礼等礼仪,统称“参驾”。比较讲究的,还会在供桌前的地面上摆放数个布垫,方便人们行跪拜之礼。“立驾”是一个梅花拳人成为文场师傅的显在标志。“立驾”以后就意味着梅花拳祖师长住家中,每天香火供奉,终生不能撤。

梅花拳文场师傅如何理解自己供奉的“天地君亲师”牌位?

> 天地生万物,没有天地,一切都无有。君是代天管人的,当然要受尊重。亲是父母,是生命的源头。师就是圣贤,是帮助“成人”的。①

① 被访谈人:李玉普,69岁;访谈人:张士闪;访谈时间:2015年4月8日;访谈地点:河北省广宗县前魏村。

显然,持之以恒地对“天地君亲师”牌位的供奉及其对相关礼仪实践的操持,就意味着对天、地、君、亲、师五位一体的神圣体系的持续建构。不言而喻,与天、地、君、亲四者相比,师的神圣性是需要特别建构和不断强化的。“师”虽然在“天地君亲师”的牌位上叨陪末座,却是唯一的在场者,不仅是仪式现场的操持者,可以掌控仪式、训导徒弟、显示权威,而且是“天地君亲师”在现场仪式中唯一切身接受敬奉的。事实上,也正是借助于类似仪式的反复举行,以尊师为号召、以师缘为纽带的师门网络才得以形成。由此看来,对“天地君亲师”牌位的供奉及其礼仪实践,可谓梅花拳最重要的组织建构资源,对于这一社会网络的确立与扩展具有关键作用,而这正是梅花拳文场的核心意旨。

在梅花拳的组织实践中,文场与武场究竟是如何对接的?本文认为,借助身体规训、口头叙事的长期实践,谋求武场之“架”与文场之“驾”的融会贯通,应是理解梅花拳文武一体化现象的重要路径。“架”作为梅花拳武术基本功的专有名词,在众多习练者日复一日的训练中,其神圣性得以不断强化,并延伸到他们的日常生活中。“驾”则为梅花拳文场师傅反复言说,并通过家中“立驾”及“参驾”仪式的反复举行,不断强化其神圣权威。此外,梅花拳精英巧借“架”“驾”二字的同音异体,赋以同根同源的神圣关联性,亦为梅花拳武场、文场的一体化建构提供了一定的便利。具体而言,在梅花拳武术训练中,“架”是包括“大、顺、拗、小、败”五个动作在内的身体姿势定型,且以金、水、木、火、土命名,“拉架”则专指按照固定顺序进行动作转换的一套“桩步五势”练法,以上述五个动作的循环进行为基本框架。而在梅花拳文场师傅家中,“驾”即指天地全神、梅花拳祖师,“参驾”即梅花拳的祭拜仪式。事实上,当一个梅花拳习练者遵循传统,历经“三年架子两年锤”的持续身体规训,“架”寓含的以阴阳五行为表征的一套观念就逐渐渗透于心,乃至对其人生态度和日常行为发生重要影响,成为其日后接受以“驾”为表征的文场观念的心理内应。

当一个梅花拳习练者学有所成,同时被公认为人品可靠时,他就可能会被允许或鼓励参阅梅花拳宝卷。梅花拳宝卷数量颇多,而尊师重道则是贯穿其中的重要叙事。尊师重道的方式之一,是通过对历代梅花拳祖师的神化,强调师、道的神圣性。纵览各种梅花拳宝卷,可将其中神化祖师的方式分为四种类型:(1)奇异诞生;(2)神佛转世;(3)神佛差遣;(4)神佛附体。[①] 下文略举数例加以分析说明。

梅花拳第二代传人张山出世的传说,即属于“奇异诞生”类型:

> 正值三月初三日,王母蟠桃宴会,天气晴和。南海观世音菩萨,差遣二位仙童,手执神香,围绕张宅熏冲多时,香气冲天。张母轻卧罗帐,四周佛光环绕,睡梦之中还微微而笑。张母睡梦之间,梦一天日坠落怀中,四方仙乐齐鸣,佛光四射,醒来生一男孩,容貌俊秀,天庭饱满,地阁方

---

① 这是从神圣来源层面所做的类型划分。此外,《根源经》关于梅花拳历代祖师的神圣叙事,还可以从社会关系制造层面分为四种类型:(1)在梅花拳祖师与皇族、官员或神仙之间创造关联;(2)梅花拳祖师直接通神;(3)梅花拳祖师即皇裔;(4)在梅花拳传承谱系中植入佛道仙灵系统。详见张士闪《“在乡的江湖”:近现代冀南乡村梅花拳的组织传统考察》,《民俗研究》2021年第5期。

圆……张父按尖山起名“山”,官名“登”,字“三省”。①

关于梅花拳小架创始人张从富的传说,则属于“神佛转世”类型:

时在乾隆元年正月初一中午时分,囉唎古佛临凡,落生在河北省平乡县八辛庄张门积善之家,名从富,字寿康,自幼家贫,心性良善,聪慧过人。②

出白云观。恰巧遇乾隆帝微服出访月明楼,遇歹徒行刺,驾处危境之际,张祖师相助,化险为夷。帝开金口,授官三品,黄金千两。张师辞而不受,愿恩典传道为宽。帝口谕:准奏。钦赐朝服一套,进出皇宫任听其便……自此梅花拳小架传遍数省,授教弟子无不成名。③

显然,梅花拳《根源经》宝卷中关于张山、张从富的传说之所以较多,是因为他们作为梅花拳大架、小架的创始人,需要更多神圣叙事的支撑,以凸显其武术得自“神授”的神圣逻辑。于是,活跃于明末清初的张山,原为梅花拳宝卷中追溯最早的传人,但为服从这一神圣逻辑,就降为第二代,而虚拟出一位“收元老祖”作为梅花拳谱系中的第一代。活跃于清乾嘉时期的张从富,广泛吸纳当时流行的民间宗教而对梅花拳传统予以

① 《前三炉根源经》,河北省平乡县梅花拳协会秘书长邢改东收藏,转引自杨彦明主编:《梅花拳文场探秘》上册,中国科技教育出版社 2018 年版,第 170 页。

② 《根源经》,1993 年笔者从河北省平乡县田二疃村田长海处得见。

③ 《根源经》,1993 年笔者从河北省平乡县田二疃村田长海处得见。

再造,在师门内部受到“迷惑左道,专慕邪术”的指责,终被逐出师门,却由此另辟蹊径创梅花拳小架,这一过程容易引发争议,因而也需要足够多的神圣叙事来支撑。除了二位创拳祖师外,其他祖师如邹宏义等的神化叙事亦有不少。[①] 概言之,梅花拳武德的养成,以尊师重道为先导,而梅花拳宝卷则为之提供神圣依据与叙事逻辑,再经由梅花拳精英在日常间的不断言说,借助梅花拳“师门”与“道门”的同构,最终成为一种较为稳固的传统。

(三)宝卷与“行好”实践

冀南乡村地区的梅花拳,向来以热衷社区公益而受到欢迎,并主要体现在两个方面:一是梅花拳武场在乡村日常生活中的义务教拳与在庙会之期举行公益性“亮拳”演武活动;二是梅花拳文场师傅为人治病、预测、排解纠纷、宣讲伦理等。在当地民众看来,上述梅花拳活动是一概属于“行好”或“花花好”[②]之列的。近年来,梅花拳文场师傅更注意将关于“天地君

---

① 梅花拳第三代传人邹宏义的传说颇多,“关公附体”:“面朝正南落了坐,那时显出一尊神。面红好似朱砂抹,三缕胡须照雄身。蓝缎大巾头上戴,鹦歌绿袍穿在身。护心宝镜显明月,青铜大刀手内存。大刀一指先引路,要起大刀走四门。不见鲜血不落地,不见鲜血不落尘。佛孙一见心害怕,一只飞鸡空中云。刀斩飞鸡落在地,见了鲜血自落尘……好比关公来站世,关公站世教化人。”(《梅花拳根源经考》,河北省平乡县梅花拳协会秘书长邢改东收藏,转引自杨彦明主编:《梅花拳文场探秘》上册,中国科技教育出版社 2018 年版,第 184 页)

② 李生柱认为,“花花好”作为冀南乡村地区的俗语,既泛指制度性宗教以外的民间信仰活动,也专指日常生活中的公益实践。参见李生柱:《功・事・礼:冀南的乡村打醮》,福建教育出版社 2021 年版。

亲师”的神圣叙事话语与“人民有信仰，民族有希望，国家有力量”“中国梦”“乡村振兴”“精准扶贫”等当代国家政治话语相链接，试图以此统合乡村伦理，并在一定程度上承担了乡村社会治理的部分功能。

冀南广宗县北杨庄文场师傅邢银超，对此有这样的说法：“梅花拳供养天地君亲师……做哪一门也好，都得跟着社会走，不能与社会作对。”①事实上，“跟着社会走，不能与社会作对”仅代表冀南乡村梅花拳群体的行为底线，而梅花拳精英在现实生活中有着更多的积极作为。比如，1978 年以来梅花拳精英在计划生育、交公粮等“官事”上积极协助村委会，习练梅花拳者经常受到各级政府的表扬。特别是近些年来，随着农民外出打工的长期化、常态化，乡村地区每逢老人去世，葬礼筹办成为一大难题，梅花拳精英便以“助丧”名义，组织武术队前往义务帮工与表演，此举颇受欢迎。② 冀南乡村梅花拳精英声望颇高，与其积极操持这类“行好”“花花好”的公益活动是分不开的。

梅花拳精英何以将操持这类“行好”活动视为己任？翻阅梅花拳宝卷可知，其中对梅花拳传人的“传道”之责多有强调，近乎苛责。如前所述，宝卷中关于梅花拳传人因私家传拳、贪图安逸、忘记传道而遭佛祖降灾的传说，所强调的正是如下神圣逻辑——一个梅花拳精英的养成，与其持续不断地面向社会“行好”的苦行实践有关。反过来说，唯有借助“行好”所伴随

① 被访谈人：邢银超，河北省广宗县北杨庄村民；访谈人：张士闪；访谈时间：2015 年 4 月 7 日；访谈地点：河北省广宗县北杨庄。

② 张士闪：《民间武术的“礼治”传统及神圣运作——冀南广宗乡村地区梅花拳文场考察》，《民俗研究》2015 年第 6 期。

的苦行实践，才能证实其梅花拳精英的身份。对于梅花拳精英而言，“行好”实践兼具个人“修道”与外出“传道”的双重意义，是使其身心得以圣化的必由之径，应自觉担承，甘之若饴。在诸多梅花拳宝卷中，历代梅花拳先师正是顺循这一神圣逻辑，在持续终生的“行好”实践中，不断完善自己的道行，同时带动众人的内心觉悟与公益参与，将师“教”与圣“道”融为一体。一言以蔽之，为众生“超灾疗苦”应为梅花拳精英视若天职，是其集个人修功（“修道”）、社会公益（“行好”或“传道”）于一体的必要实践过程。

结　语

流行于冀南乡村地区的梅花拳，作为一种以师门为纽带而结成的男性结社组织，深深扎根于地方社会网络之中。梅花拳精英人物虽然不多，但组织能力强，并积极通过武场与文场、入门与出师、练架和立驾、修功与跑道等话语形式与行为实践，深嵌于乡村日常生活之中，致力于梅花拳叙事与国家政治的同构。在历史上层累而成的梅花拳《根源经》宝卷，则为之提供了神圣依据与叙事逻辑，有助于梅花拳群体超越现实中的各种世俗关系而建构起一种神圣认同，进而通过贴近以“文武之道”“天地君亲师”等为表征的儒家正统观念，统合佛道教义和民间宗教系统，在乡村社会中缔结某种较为稳定的组织形式。清代以降梅花拳谋求“文武合一”的现象，不应仅仅视为其自身传统的分蘖，亦非单纯出于对国家礼仪的模拟，而是因应国家一统进程“与时俱进”的选择，由此生成的地方性知识则以推动社区公益的方式渗透于地方社会。如果说“礼俗互动”①所表征的文化政治模式,为传统中国的复杂社会系统奠定了运行基础,那么以“文武之道”“天地君亲师”等为表征的话语形式与社会实践,则是落实这一文化政治模式的重要路径。冀南乡村梅花拳文场、武场的分立,以及借助宝卷谋求“文武合一”的现象,乃是民众在不同社会情势下缔结组织、统合伦理的结果。从类似个案出发,追溯其组织建构及文化认同的历史,有助于理解民众因应国家政治并积极整合其中的文化心理结构与社会实践机制。

① 张士闪:《礼与俗:在田野中理解中国》,齐鲁书社 2019 年版,第 1 页。

山东大学儒学高等研究院教授自选集

◎王绍曾　《文献学与学术史》
◎吉常宏　《古汉语研究丛稿》
◎龚克昌　《中国辞赋学论集》
◎董治安　《先秦两汉文献与文学论集》
◎孟祥才　《学史集》
◎张忠纲　《耘斋古典文学论丛》
◎徐传武　《古代文学、文化与文献》
◎马来平　《追问科学究竟是什么》
◎郑杰文　《墨家与纵横家论丛》
◎冯春田　《〈文心雕龙〉研究》
◎孙剑艺　《里仁居语言论丛》
◎王学典　《史料、史观与史学》
◎黄玉顺　《生活儒学与现象学》
◎张其成　《国学之心与国医之魂》
◎杨朝明　《洙泗文献征信》
◎戚良德　《〈文心雕龙〉与中国文论话语》
◎李平生　《中国近现代史研习录》
◎赵睿才　《唐诗纵横》
◎杜泽逊　《文献探微》
◎叶　涛　《民俗文化与民间信仰》
◎张士闪　《民俗之学：有温度的田野》
◎宋开玉　《语文丛考》

◎徐庆文 《儒学的现代化路径》

◎王承略 《古典文献与学术史论丛》

◎刘　培 《历史、思想与文学》

◎聂济冬 《汉唐文史论集》

◎周纪文 《和谐美散论》

◎赵卫东 《道教历史与文献研究》

◎何朝晖 《书与史》

◎孙　微 《杜诗的阐释与接受》

◎陈　峰 《重访中国现代史学》

◎王加华 《农耕文明与中国乡村社会》

◎龙　圣 《山河之间：明清社会史论集》